Heinrich Karl Wilhelm Berghaus

Deutschland seit hundert Jahren

Geschichte der Gebiets-Eintheilung und der politischen Verfassung

Heinrich Karl Wilhelm Berghaus

Deutschland seit hundert Jahren
Geschichte der Gebiets-Eintheilung und der politischen Verfassung

ISBN/EAN: 9783743690318

Hergestellt in Europa, USA, Kanada, Australien, Japan

Cover: Foto ©ninafisch / pixelio.de

Weitere Bücher finden Sie auf **www.hansebooks.com**

Deütschland vor funfzig Jahren.

Dritter Band.

Deütschland seit hundert Jahren.

Geschichte der Gebiets-Eintheilung

und

der politischen Verfassung des Vaterlandes.

Von

Dr. Heinrich Berghaus

von Groessen.

Zweite Abtheilung. — Dritter Band.

Leipzig,

Voigt & Günther.

1862.

Deütschland vor funfzig Jahren.

Geschichte der Gebiets-Eintheilung

und

der politischen Verfassung des Vaterlandes.

Von

Dr. Heinrich Berghaus

von Groessen.

Dritter Band.

Leipzig,

Voigt & Günther.

1862.

Inhalt des dritten Bandes.

Achtunddreißigstes Kapitel.

Deütsche Reichslande und die Batavischen Provinzen als Bestandtheile des Französischen Kaiserreichs im Jahre 1812.

1. Allmälige Entstehung der französischen Herrschaft in diesen Landen.

Durch das Gesetz vom 30. September 1795 (9. Vendemiaire des Jahres IV der Republik) verordnete die damalige französische Regierung, daß, wie es schon in den Monaten März und Mai des Jahres 1793 durch verschiedene Dekrete des National-Convents mit der Stadt Brüssel, der gefürsteten Grafschaft Salm, dem österreichischen Hennegau, den Städten Florennes, Gent, Doornik, Loewen, Franchemont, Logne, Namur, Ostende, Ghoi sur Sambre, Fleurus, Wasseigne, Brügge, den Gemeinden Biding, Enting, dem deütschen Theil von Lelling-Empre, 66 Gemeinden des Tournaisis, der Stadt Mainz (30. März 1793), mit dem Hochstift Lüttich und den Abteien Stablo und Malmedy geschehen war, nun auch all' die Länder, welche vor dem Kriege dem Hause Österreich gehört und den Burgundischen Kreis des Deütschen Reichs gebildet hatten, oder von der Republik der vereinigten Provinzen der Niederlande durch den haager Vertrag vom 16. Mai 1795 an Frankreich abgetreten worden waren*), mit der Französischen Republik nunmehr vollständig vereinigt werden sollten, nachdem man in Paris, wie es scheint einige Zeit, darüber

*) Die Generalstaaten traten an Frankreich ab: — 1) Staatsch-Vlanderen, mit Einschluß des am linken Ufer des Hond belegenen Gebiets; 2) Die Städte und Festungen Maastricht und Venloo, mit Zubehörungen, sowie die Enclaven südlich von Venloo. In dem festen Platze Vlissingen, auf Walcheren, mußten die Generalstaaten französische Besatzung einnehmen, während der dortige Handelshafen beiden Nationen gemeinschaftlich blieb.

gestritten, ob es für die Republik nicht besser sei, daß Belgien, wie man die österreichischen Niederlande jetzt allgemein nannte, eine Macht für sich bliebe, die mit der Einen und untheilbaren Republik in ein ewiges Bündniß zu treten habe. Aus diesen Ländern, mit Einschluß des Herzogthums Bouillon, welches durch ein Dekret vom 26. Oktober 1795 einverleibt wurde, und mit Einschluß der zum Westfälischen Kreise gehörig gewesenen Stiftslande von Lüttich rc., bildeten sich durch das angeführte Gesetz 9 Departements, nämlich:

1. Dyle	mit dem Hauptort:	Brüssel (Bruxelles).
2. Schelde (Escaut) . . .	„ „	Gent (Gand).
3. Lys oder Leie	„ „	Brügge (Bruges).
4. Jemappes	„ „	Mons.
5. Beide Nethen (Deux Nèthes)	„ „	Antwerpen (Anvers).
6. Unter-Maas (Meuse inférieure)	„ „	Maastricht.
7. Ourte	„ „	Lüttich (Liège).
8. Sambre und Maas .	„ „	Namur.
9. Wälder (Forêts)	„ „	Luxemburg.

Also zwei Jahre vor dem Frieden von Campo-Formio, vermöge dessen das Haus Österreich, einseitig und ohne Zustimmung des Reichs, seine burgundischen Lande an Frankreich überließ und dafür das Gebiet der altehrwürdigen Republik Venedig aus den Händen eines französischen Soldaten, der sich dieses Gebiets, mit Entsetzung seines rechtmäßigen Inhabers hinterlistig bemächtigt hatte, in Empfang nahm, hielten sich die republikanischen Machthaber in der sittlich verrotteten Hauptstadt der „Großen Nation", wie schon damals die Franzosen anfingen, sich prahlerisch zu nennen, für berechtigt, die österreichischen Niederlande als ihr Eigenthum anzusehen, und sie nach ihrer Weise politisch, gerichtlich, kirchlich und militärisch einzurichten. Ja, ihre Frechheit konnte bei der Entsetzen erregenden Schwäche und Zerspaltung von Kaiser und Reich so weit gehen, daß sie volle sechs Jahre vor Abschluß des luneviller Friedens, der die übrigen deütschen Reichslande auf dem linken Rheinufer staatsrechtlich mit Frankreich vereinigte, diesen Landen den republikanischen Verfassungs- und Verwaltungszuschnitt aufbürdeten; denn sie konnten sicher sein, daß es den deütschen Waffen nicht gelingen werde, sie vom Rheine zu verjagen, seitdem der Kurfürst-Erzkämmerer des Reichs, König von Preüßen, sich von der gemeinen Sache abgesondert und den Separatfrieden von Basel mit dem Erbfeinde geschlossen hatte!

Seitdem diesem Beispiele der Landgraf von Hessen-Kassel durch den baseler Frieden vom 28. August 1795 gefolgt war, der Herzog von Württemberg, durch den zu Paris am 7. August 1796, und der Markgraf von Baden durch den ebendaselbst am 22. August des nämlichen Jahres geschlossenen Friedensvertrag, — Verträge, kraft deren alle auf dem linken Rheinufer belegenen Länder dieser vier Fürsten theils einstweilen, theils endgültig der Republik abgetreten wurden. Letzteres war bei Württemberg und Baden der Fall.

Im Verlauf des Jahres 1794 wurde das Land zwischen Maas, Mosel und Rhein fast überall von den Franzosen dauernd in Besitz genommen. Am 1. September des genannten Jahres (15. Fructidor des Jahres II), legte der Volksrepräsentant Bourbotte den Bewohnern der durch die Kriegsvölker der Republik besetzten Theile des Erzstifts Trier und des Herzogthums Luxemburg eine Kriegsschatzung von 3 Millionen Livres auf, davon die Stadt Trier und deren Weichbild die Hälfte zahlen sollte. In seinem Bericht an den National-Convent zu Paris verglich Bourbotte das Erzstift Trier mit „einer Melkkuh, die fähig sei, die republikanischen Heere mit den glänzendsten Hülfsquellen zu versorgen". Es wurde eine Central-Verwaltungsbehörde für das eroberte Land zwischen Maas und Rhein angeordnet, die am 19. April 1795 (30. Germinal des Jahres III) eine vollständige Organisation der politischen, Finanz- und Gerichtsstellen nach französisch-republikanischer Schablone einführte, in den höheren Ämtern auch mit Franzosen besetzte.

Durch diese Anordnung, in deren Folge die bisherigen Behörden ihre Wirksamkeit verloren und einer Seits Menschen sich der Geschäfte bemächtigten, welche die Zustände und Verhältnisse des Landes nicht kannten, anderer Seits die Einheimischen jene Schablone sich erst zu eigen machen mußten, beide Theile aber in den allermeisten Fällen eines Dolmetschers bedurften, entstand Stockung und Verwirrung in allen Zweigen der Verwaltung. Dies veranlaßte den Oberbefehlshaber des Sambre- und Maasheeres, L. Hoche, zu verfügen, daß mit dem 21. März 1797 (1. Germinal des Jahres V.) alle französischen Verwaltungen ihre Amtsverrichtungen einstellen, an ihrer Statt, und um ihr Verfahren zu untersuchen, eine aus 5 Mitgliedern bestehende einstweilige Commission (commission intermédiaire) niedergesetzt werden und die alten Regierungsbeamten und Gerichtshöfe ihre Amtsverrichtungen wieder antreten sollten. Zum Sitz dieser Commission wurde die Stadt Bonn, ehemals die Residenz der Kurfürsten von Köln, bestimmt.

Das vollziehende Directorium der Republik verfügte durch Beschluß vom 23. Januar 1798 (4. Pluviose des Jahres VI), daß die eroberten Länder zwischen Maas und Rhein und Mosel in 4 Departements eingetheilt, und ein General-Commissariat für dieselben errichtet werden sollte. Die Organisation dieser „vier vereinigten Departements des linken Rheinufers," wie man sie nannte, kam bald zu Stande; denn schon am 12. März 1798 (22. Ventose des Jahres VI) erließ der General-Commissair Rudler eine Kundmachung, der zufolge besagte Departements folgende Namen erhalten hatten:

10. Saar (Sarre) . . . . . . mit dem Hauptort: Trier (Trèves).
11. Donnersberg (Mont Tonnere) " " " Mainz (Mayence).
12. Rhein u. Mosel (Rhin et Moselle) " " " Coblenz (Coblence).
13. Roer [sprich Ruhr], (Roër) . " " " Aachen (Aix la Chapelle).

Das aus 3 Artikeln bestehende Gesetz vom 9. März (18. Ventose des Jahres IX) bestimmte, auf Grund des vier Wochen vorher unterzeichneten luneviller Friedens, — im Art. 1: die endgültige Vereinigung dieser vier neüen Departements mit dem Gebiete der Französischen Republik, eine Vereinigung, die nunmehr erst staatsrechtlich gerechtfertigt war. — Der Art. 2 verfügte, daß der Umfang gedachter Departements, sowie der in denselben einstweilen begriffenen Gemeindebezirke (arrondissement comunaux), im Laufe des Jahres X definitiv festgestellt; und — der Art. 3, daß die Gesetze und Verordnungen der Republik auf gedachte Departements nur zu den Zeitpunkten in Anwendung gebracht werden sollten, wo die Regierung es schicklich erachten und in Verfolg von Beschlüssen, welche sie dieserhalb erlassen werde. — Unterzeichnet war dies Gesetz von Lefevre-Coyet, Präsidenten, und von Bordes, Guillemot, Papin (von den Landes) und Danet (vom Morbihan) den vier Secretairen der gesetzgebenden Körperschaft. Die Bestätigung Seitens der vollziehenden Gewalt lautete im Eingang also: „Im Namen des französischen Volkes, Buonaparte, erster Consul, proklamirt als Gesetz der Republik folgendes Dekret, erlassen von der gesetzgebenden Körperschaft den 18. Ventose IX. Jahres gemäß dem Vorschlage, der von der Regierung den 8. besagten Monats gemacht und dem Tribunat den nämlichen Tag mitgetheilt worden ist." Und die Schlußformel lautete: „Werde gegenwärtiges Gesetz mit dem Staats-Insiegel bedruckt, in die Gesetzsammlung (bulletin des lois) eingerückt, in die Register der Gerichts- und Verwaltungsbehörden eingeschrieben, und der Justizminister beauftragt, auf die Kundmachung desselben zu wachen. Zu Paris, den 28. Ventose des Jahres IX der Republik." Unterzeichnet von Bonaparte, erstem Consul; gegengezeichnet vom Staats-Secretair Hugo B. Maret, und mit dem Staats-Insiegel besiegelt. Die gleichlautende Abschrift bescheinigte der Justizminister Abrial. In den vier vereinigten Departements wurde dieses Gesetz bekannt gemacht vom Staatsrath, General-Commissair der Regierung Jollivet, und zwar am 12. April 1801 (22. Germinal des Jahres IX); den Eid der Treüe leisteten die nunmehr zu französischen Republikanern gewordenen Deütschen, ehemalige Vasallen und Unterthanen geistlicher und weltlicher Fürsten, ehemalige Stände und Glieder des Heil. röm. Reichs deütscher Nation, am 1. August 1801 in der Stadt Mainz, einst die Residenz des vornehmsten deütschen Fürsten, die in den ersten Jahren der französischen Staatsumwälzung und der Französischen Republik leider der Schauplatz gewaltiger Aufregungen und leidenschaftlicher Handlungen gewesen war, welche den Bewohnern, indem sie ihr Deütschthum verschmähten, zur großen Unehre gereichten.

Es ist nothwendig, hier auch von der Batavischen Republik, den vormaligen sieben vereinigten Provinzen der Niederlande, zu sprechen.

Die drohende Stellung, welche, während des österreichischen Krieges von 1805 die kur-braunschweigische Kriegsmacht im Verein mit englischen und russischen Völkern im nordwestlichen Deütschland eingenommen hatte, von wo aus sie eine Diversion gegen Batavien zu machen bestimmt war, wurde ein Vorwand, dieses Land von jetzt ab als einen der Punkte anzusehen, von denen aus Frankreich angegriffen werden konnte. Bonaparte redete deshalb sich selbst wie seinen Helfershelfern ein, es sei für die Franzosen vom größten Interesse, sich der Niederlande zu versichern. Schon bildete Murat, der Reiter-Führer, der auf dem rechten Rheinufer festgesetzt worden war, einen Vorposten, hinter dem ein minder kriegslustiger Häuptling über ein Volk herrschen konnte, das seiner ganzen Denkungsart und seinem Charakter nach durchaus friedfertiger Gesinnung ist, wie sie aus den Kreisen seiner Thätigkeit entspringt. Schon hatte man diesem Volke von weitem den Häuptling gezeigt, der dazu bestimmt war, die Herrschaft über selbiges zu übernehmen, indem Buonaparte seinem Bruder Ludwig den Oberbefehl über einen Heerhaufen anvertraute, der am Niederrhein zusammengezogen wurde, um die Batavische Republik gegen den Feind zu vertheidigen. Der presburger Friede machte diese militärischen Veranstaltungen überflüssig.

Am 18. März 1806 langte der Secretair der batavischen Gesandtschaft zu Paris im Haag an, als Überbringer einer Mittheilung, die Talleyrand-Périgard, damals Buonaparte's Minister der auswärtigen Angelegenheiten, dem Gesandten der Republik zu Paris, van Brantzen, gemacht hatte. Unmittelbar darauf wurden die Generalstaaten zu einer außerordentlichen Sitzung auf den 1. April berufen. Sie ernannten einen Ausschuß von sieben Mitgliedern, welche mit dem Groß-Pensionär geheime Berathungen pflogen, deren Ergebniß in der Entsendung einer außerordentlichen Deputation nach Paris bestand. Für die Geschichte ist es nicht gleichgültig, die Namen der Männer in Erinnerung zu bringen, die sich von Buonaparte gebrauchen ließen, um der republikanischen Regierungsverfassung den Garaus zu machen, unter der, und mit Beihülfe der Statthalter aus dem Hause Nassau-Orange, die vereinigten Niederlande groß und mächtig geworden waren. Es waren der Vice-Admiral Verhuel, Minister der Marine, der Finanzminister Gogel, Graf Limburg-Styrum, eines der Mitglieder der Generalstaaten, und der Staatsrath Six, die sich mit dem Gesandten van Brantzen zusammen thaten. Auf der pariser Schaubühne, die im Verlauf der zuletzt verflossenen 17 Jahre so viele weltumstürzende Trauerspiele zur Darstellung gebracht hatte, wurde in den Monaten März bis Juni des Jahres 1806 zur Abwechselung nun auch ein Mal ein Lustspiel aufgeführt, oder vielmehr eine politische Posse, in welcher die bedächtigen, die klugen und weisen, die hochmögenden Herren der Generalstaaten der vereinigten Niederlande, einst die Beherrscher des Weltmeers, die ihnen vom Verfertiger der Posse geschriebene Rolle ableiern, und den Haüptling der Franzosen bitten mußten, die alte Republik zum — Gottseibeiuns, dem leibhaften oder eingebildeten, zu jagen, ihnen eine monarchische Regierungsverfassung, und seinen Bruder Ludwig Buonaparte zum König, die schöne, lebenslustige Hortense Beauharnais zur Königin zu geben. Gleichzeitig laß man im Moniteur, der amtlichen Zeitung des Haüptlings, einen Artikel, welcher dem erstaunten Leser die Mähr verkündete, es sei dem Kaiser nicht eingefallen, der Verfassung vom 15. März 1805, die dem Oberhaupt der batavischen Regierung eine Gewalt verleihe, welche sogar ausgedehnter sei als diejenige des — großen Kaisers der Franzosen, seine Genehmigung zu ertheilen. In der That stand dem Groß-Pensionär, wie das Oberhaupt der Republik nach Väterweise hieß, nicht allein die ausübende Gewalt nach deren ganzem Umfange zu, sondern er hatte auch die Initiative der gesetzgebenden Gewalt und brauchte von der Verwendung der öffentlichen Gelder keine Rechnung abzulegen.

Die Unterhandlungen zwischen den nach Paris entsendeten Bevollmächtigten und dem schlauen Talleyrand verlängerte sich bis zum 24. Mai 1806. An diesem Tage war es, wo ein aus zehn Artikeln bestehender Vertrag unterzeichnet wurde, dessen bemerkenswerthe Einleitung folgender Maßen lautete: —

„Der Kaiser Napoléon und Ihro Hochmögenden erwägend:

1. daß, in Betracht der allgemeinen Stimmung und der gegenwärtigen Einrichtung von Europa, eine Regierung ohne Beständigkeit und ohne gewisse Dauer den Zweck ihrer Errichtung nicht erfüllen kann;

2. daß die zeitweilige Erneüerung des Staats-Oberhaupts in Holland immer eine Quelle der Uneinigkeit und außerhalb beständig ein Gegenstand von Aufregungen und Entzweiung zwischen den Holland befreündeten oder feindlichen Mächten sein wird;

3. daß eine erbliche Regierung allein im Stande ist, den ruhigen Besitz alles dessen zu gewährleisten, was dem holländischen Volke lieb und theüer ist, die freie Übung seiner Religion, die Aufrechthaltung seiner Gesetze, seiner politischen Unabhangigkeit und seiner bürgerlichen Freiheiten;

4. daß es ihm vor allen Dingen am Herzen liegen muß, sich eines mächtigen Schutzes zu versichern, unter dessen Schirm es seinen Gewerbfleiß frei üben und sich im Besitz seines Gebiets, seines Handels und seiner Kolonien behaupten könne;

5. daß Frankreich bei dem Glück des holländischen Volks, bei der gedeihlichen Wohlfahrt des Staats und der Beständigkeit seiner Einrichtungen wesentlich betheiligt ist, sowol in Betracht der nördlichen, offen liegenden und von festen Plätzen entblößten Gränzen des Reichs, als in Rücksicht der Grundsätze und Interessen der allgemeinen Politik;

haben zu ihren bevollmächtigten Ministern ernannt, u. s. w."

Im Art. 1 dieses Vertrags verbürgte Buonaparte den Holländern die Aufrechthaltung ihrer verfassungsmäßigen Rechte, die Unabhangigkeit ihres Landes, die Unverletzlichkeit ihrer überseeischen Besitzungen auf beiden Hemisphären, die politische, bürgerliche und Religionsfreiheit des Landes und die Abschaffung jeglichen Privilegiums auf Steüerbefreiung.

Der Art. 2 lautete wörtlich also: „Auf die von Ihro Hochmögenden, den Vertretern der Batavischen Republik, förmlich vorgetragene Bitte, daß der Prinz Ludwig Napoléon zum erblichen und verfassungsmäßigen Könige von Holland ernannt und gekrönt werden möge, willfahret S. M. dieser Bitte, und ermächtigt den Prinzen Ludwig Napoléon, die Krone von Holland anzunehmen, um von ihm besessen zu werden, und von seiner natürlichen, rechtmäßigen und männlichen Nachkommenschaft nach der Erstgeburtsordnung, mit ewiger Ausschließung der weiblichen Nachfolge und deren Abkömmlinge."

Der Art. 3 bestimmte die Kron-Domaine und setzte dieselbe auf ein jährliches Einkommen von 500,000 Gulden und den Betrag der Civilliste auf 1,500,000 Gulden fest.

Nach Art. 4 gebührte im Fall der Minderjährigkeit des Königs die Regentschaft von Rechtswegen der Königin-Wittwe; in deren Ermangelung sollte der Kaiser der Franzosen, in seiner Eigenschaft als immerwährendes Oberhaupt der kaiserlichen Familie, den Regenten ernennen, welchen er unter den Prinzen der königlichen Familie, und in deren Ermangelung unter den Landeseingeborenen zu wählen hatte. Die Minderjährigkeit des Königs sollte mit vollendetem achtzehnten Lebensjahre endigen. Das Witthum der Königin wurde in Art. 5 festgesetzt.

Die dem Kaiser der Franzosen vorbehaltene Ernennung des Regenten war eine Folge des von Buonaparte errichteten Verbündungs-Systems, kraft dessen die verbündeten Fürsten nichts weiter als die Vollstrecker des Willens des Oberhaupts dieses Systems sein sollten. Die Abhangigkeit von Frankreich, in welcher namentlich der König von Holland verbleiben sollte, war noch deütlicher in den Art. 6 und 7 ausgedrückt. Nicht allein, daß der König von Holland unter dem Titel eines Kronfeldherrn (connétable), für ewige Zeiten einer der Großwürdenträger des Reichs, auch die Glieder des regierenden Hauses in Holland sollten den Bestimmungen des Verfassungsstatuts vom 30. März 1806, welches das Hausgesetz der Buonaparteschen Sippschaft bildete, persönlich unterworfen sein.

Im Art 8 wurden alle Fremde von Staatswürden und Staatsämtern ausgeschlossen. So viel hatten die holländischen Bevollmächtigten doch erwirkt, um ihr Vaterland nicht von französischen Hungerleidern überschwemmt zu sehen. Doch hatten sie sich in Bezug auf den Hofhalt des Königs fügen müssen; diesen besetzte Buonaparte mit Franzosen, Leibeigenen seines hartnäckigen Willens.

Das Wappen des neüen Königreichs bestimmte der Artikel 9. Im 10. Art. endlich wurde der bevorstehende Abschluß eines Handelsvertrags in Aussicht gestellt, kraft dessen die Holländer als die begünstigste Nation behandelt werden sollten. Buonaparte versprach auch seine Vermittelung bei den Barbaresken, um der holländischen Flagge Seitens dieser Achtung zu verschaffen.

Am 5. Juni 1806 hatten die holländischen Bevollmächtigten feierlichen Zutritt bei Buonaparte, der an diesem Tage seinen Bruder Ludwig zum König von Holland ausrief, d. h. zu einem einfachen Präfecten, welcher, unter einem erhabenen Titel, allen Launen des Großgebietigers unterworfen war und eine Rolle zu spielen hatte, die dem Ehrlichkeitsgefühle dessen zuwider sein mußte, der es nicht gesehen hatte, daß er durch sich selbst eine Null sei, daß er nichts ohne die schöpferische und schützende Gewalt seines Bruders vermöge und daß ein knechtischer Gehorsam sowol vom eigenen Interesse, als von der Pflicht ihm geboten wurde. An demselben Tage, wo dieses politische Possenspiel zu Paris im feierlichen Aufzuge über die Bretter der Tuillerien ging, reichte der Raths-Pensionär Rutger Johann Schimmelpennink bei den im Haag versammelten Generalstaaten seine Abdankung von der hohen Stellung ein, mit der er durch die Verfassung vom 15. März 1805 bekleidet worden war. Auf Grund eben dieser Verfassung wurde er einstweilen vom Vorsitzenden der Generalstaaten, de Vos van Steenwijk tot den Hogenhof, ersetzt. Diese Vertretung dauerte aber nur ein paar Tage; denn schon am 9. Juni langte der Vice-Admiral Verhuel als Commissarius des neüen Königs im Haag an, und übernahm im Namen desselben die Zügel der Regierung. Einige Tage hernach verkündete derselbe dasjenige Schriftstück, welches man die neüe Verfassung zu nennen beliebte, ein Grundgesetz, welches nach alle Dem gemodelt war, was man bis dahin in dieser Art kannte, und eben so illusorisch bleiben mußte, als alle übrigen gleiches Schlages, an dessen Rechtsbeständigkeit aber der schwache und mürrische Ludwig Buonaparte mit derselben Gutmüthigkeit glauben zu müssen sich einbildete, die ihn vermogte, sich als einen wirklichen König zu betrachten, eine Würde, deren Annahme er Anfangs, und zwar aus einem sehr ehrenwerthen Grunde, entschieden abgelehnt hatte. Es bedurfte der ganzen Ueberredungskunst des listigen Talleyrand, um Ludwig zu überzeügen, daß der Erbstatthalter durch Annahme des fuldaischen Entschädigungs-Landes auf seine Rechte in den Niederlanden vollständig Verzicht geleistet habe, daß die batavische Nation, von Buonaparte gezwungen, einen König zu erbitten, ihm „aus freien Stücken" die Krone anbiete, weil sie fürchte, in andere Hände zu fallen, und endlich daß der Wille (volonté indomptable) seines Bruders unabänderlich fest stehe, und es demnach eine absolute Nothwendigkeit sei, sich diesem Willen gehorsamlichst zu unterwerfen.*) König Ludwig hielt am 23. Juni 1806 seinen feierlichen Einzug in den Haag.

Von da an war Holland dem Namen nach zwar ein selbstständiges, unabhangiges Königreich, thatsächlich aber eine Provinz des Französischen Kaiserreichs, deren Grundgebiet nach französischer Weise in Departements, Arrondissements, Cantons eingetheilt, und in welche Präfectenwirthschaft und bureaukratische Centralisation, überhaupt aller französische Schnickschnack, sofort eingeführt und alle freie Bewegung der Gemeinden und der Provinzialstaaten mit einem Schlage vernichtet wurde. Nur ihre Landessprache hatten die holländischen Unterhändler in Paris, wenigstens der Hauptsache, nach als amtlich zu führende Sprache zu retten gewußt. Ob die Departements, in welche das Grundgebiet des neüen Königreichs eingetheilt wurde, den Namen von Flüssen ꝛc. annehmen mußten, wie es späterhin wirklich geschah, oder ob sie die alten Namen der Provinzen beibehalten durften, ist dem Referenten nicht mehr recht erinnerlich; doch scheint letzteres der Fall gewesen zu sein. Hiernach gab es 10 Departements, nämlich: Zeeland, Maasland (das vormalige Zuidholland), Amstelland (das vormalige Noordholland), Utrecht, Gelderland, Over Yssel (d. h. jenseits der Yssel), Drenthe, Friesland, Groningen und Brabant. Amsterdam wurde 1808 zur Hauptstadt des Königreichs erklärt. Als Ludwig damals seine Residenz von Utrecht nach Amsterdam verlegen wollte, sandte die Stadt dem fremden Schattenkönige

*) Buonaparte belohnte Talleyrand für diesen ihm durch überwältigende Schwatzhaftigkeit geleisteten Dienst durch Verleihung des Fürstenthums Benevent, über welche die Urkunde noch am nämlichen Tage, den 5. Juni 1806, ausgefertigt wurde.

eine Deputation mit der unwürdigen Bitte: „dem schönsten Gebaüde ihrer Stadt die schönste Bestimmung, die es je erlangen könnte, zu schenken, und ihm die Ehre zu geben, es zu seinem Residenzpalaste zu erheben.“ Ludwig ging auf diesen Vorschlag ein, und das berühmte, 1648 von Jan van Kampen erbaute amsterdamer Rathhaus wurde zur Königswohnung eingerichtet.

Ludwig Buonaparte nahm sich indessen, was die Geschichtsschreibung niemals verleügnen darf, der Angelegenheiten des ihm aufgezwungenen neüen Königreichs mit großer Wärme an. Von Rathgebern, die ihr Vaterland liebten, unterstützt, gehörte es mit zu seinen ersten Regierungshandlungen nach Außen ein Unrecht auszugleichen, dessen sich sein Bruder schuldig gemacht hatte, und einen Landstrich zurückzufordern, der der Batavischen Republik lange Jahre hindurch vorenthalten worden war. Damit verhielt es sich folgender Maßen:

Vor hundert Jahren gehörten 1) die Stadt und das Amt Huissen mit Malburgen, das Amt Lijmers mit der Stadt Zevenaar, 2) die Herrlichkeit Wehl und 3) die Herrlichkeit Hüllhausen zum landräthlichen Kreise Emmerich des Herzogthums Cleve unter der cleve-märkischen Kriegs- und Domainenkammer zu Cleve (I. 1, S. 368, 369), drei Exclaven ausmachend, die vom niederländischen Gebiete der Provinz Gelderland und der Grafschaft Zütphen rings umgeben waren.

Als Friedrich Wilhelm II. nicht blos in seiner Eigenschaft als König von Preüßen, sondern auch in der eines Kurfürsten von Brandenburg und als Erzkämmerer und Mitstand des Deütschen Reichs, mit der Republik Frankreich einseitig Frieden schloß, was zu Basel am 5. April 1795 geschah, und er dadurch gezwungen wurde, den auf dem linken Ufer des Rheins gelegenen Theil seines Herzogthums Cleve dem westlichen Erbfeinde zur militärischen Besetzung einstweilen Preis zu geben, was sich aber, wie wir oben gesehen haben, alsbald in einen dauernden Besitz verwandelte, so wurde das Amt Huissen nebst Malburgen und Hüllhausen wahrscheinlich nicht dazu gerechnet, weil, wenngleich auf dem linken Ufer des eigentlichen Rheinstroms gelegen, doch der Waalstrom als Demarkationslinie zwischen beiden Mächten angenommen worden sein mag, wie aus der am 17. Mai 1795 zu Basel abgeschlossenen Übereinkunft wegen der militärischen Bewachung der als neütral erklärten Lande des Deütschen Reichs, so wie aus dem zu Berlin am 5. August 1796 unterzeichneten Vertrage wegen Verlängerung dieser Neütralität hervorzugehen scheint.

Als die Friedensunterhandlungen zwischen dem Deütschen Reiche und der Republik Frankreich auf dem Kongreß zu Rastatt, 1798, in vollem Gange waren, brachen die Franzosen jene Demarkationslinie am Niederrhein, indem sie Huissen rc. ohne weiteres militärisch besetzten, wie lebhaft auch der Landesherr dagegen Einspruch thun mochte. Ja der Nachfolger des Directoriums an der Spitze der Regierung von Frankreich, der — Deserteur aus Ägypten, der sich derselben am 9. November 1799 als oberster Häuptling unter dem Titel eines ersten Consuls bemächtigt hatte, war am 5. Januar 1800 frech genug, über Amt und Stadt Huissen nebst Malburgen und Hüllhausen zu Gunsten der Batavischen Republik zu verfügen, ohne daß der Besitzer auf diesen Landstrich Verzicht geleistet hatte, was erst zwei Jahre später geschah, durch einen zu Paris am 23. oder 24. Mai 1802 geschlossenen Vertrag, kraft dessen der König von Preüßen, als Herzog von Cleve, sich verpflichtete, nicht allein Huissen und Malburgen, sondern auch das Amt Lijmers nebst der Stadt Zevenaar und die beiden Herrlichkeiten Wehl und Hüllhausen an die Batavische Republik förmlich abzutreten.

In Folge dieses bündigen Staatsvertrags kam zwischen dem Herzoge von Cleve und der Batavischen Republik am 14. November 1802 zu Berlin ein Übereinkommen zu Stande, welches die näheren Bestimmungen dieser Abtretung regelte. War von da an ein uralter Bestandtheil des Herzogthums Cleve in den Besitz der benachbarten Batavischen Republik auch rechtlich übergegangen, so kam letztere doch nicht thatsächlich in den Besitz desselben. Der Mensch, dem jedweder Begriff von Treü und Glauben, von Recht und Gerechtigkeit fremd geblieben, oder abhanden gekommen war, behielt jene ehemaligen Bestandtheile des Herzogthums Cleve für sich und duldete es, daß sein Schwager, der Reiterführer Joachim Murat, den er, um daran zu erinnern, im Winter 1805/6 zu einem Herzoge von Cleve und Berg gemacht hatte, was der erstaunten Welt am 21. März 1806 verkündet wurde, während des preüßischen Kriegs von 1806/7 die Hand darauf legte, was auch immer in der ersten Zeit der Raths-Pensionär der weiland Batavischen Republik dagegen einwenden mochte.

Anderthalb Jahre nach Ludwig's Antritt der Königspräfectur gelang es endlich, jene Theilstücke an Holland zu bringen. Buonaparte, nachdem er den König von Preüßen geknechtet und ihm durch den tilsiter Frieden alle seine, auf dem linken Ufer der Elbe liegenden

Länder entrissen hatte, entschloß sich, einige Trümmer derselben dem Königreich Holland zu überlassen, als Lohn für die Dienste, die es im preüßischen Kriege geleistet hatte. Er gab den Schenkungsakten, vermöge deren er seinem Bruder Ludwig die abzutretenden Landschaften überließ, die Gestalt eines Staatsvertrags, welcher am 11. November 1807 zu Fontainebleau von Nompère de Champagny, Buonaparte's nunmehrigen Minister der auswärtigen Angelegenheiten, und den holländischen Commissarien Wilhelm Six, Johann Goldberg und Friedrich van Leijden van Westbarendracht unterzeichnet wurde.

Im Artikel 1 dieses Vertrags schenkte der Haüptling der Franzosen seinem königlichen Präfecten in Holland das Fürstenthum Ostfriesland und die Herrschaft Jever, wie sie ihm in den beiden tilsiter Friedensschlüssen abgetreten worden waren, mithin ehemalige Bestandtheile des Deütschen Reichs, Ostfriesland mit 116,000 Einwohnern auf 54 Flächenmeilen, die Herrschaft Jever mit 15,000 Einwohnern auf 5 Geviertmeilen.

Im Artikel 2 wurde die endliche Vereinigung der oben besprochenen ehemals cleveschen Ämter, Städte und Herrlichkeiten mit dem Königreich Holland versprochen und die näheren Bedingungen zur Ausführung dieses Versprechens einer binnen drei Monaten abzuschließenden Übereinkunft wegen Gränzregelung zwischen Holland und dem Muratschen Großherzogthum Berg vorbehalten. Es ist nicht mehr erinnerlich, wann ein solcher Gränzvertrag zu Stande gekommen; Thatsache aber ist es, daß die mehrgenannten, ehemals cleveschen Landestheile seit Anfang des Jahres 1808 dem Königreiche Holland einverleibt und mit dessen Departement Gelderland vereinigt waren.

Der Artikel 4 setzte einen Gebietsaustausch zwischen Frankreich und Holland fest. Dieses trat das Gebiet von Leemel und den südlichen Theil von Eertel gegen den nördlichen von Gerstel an Frankreich ab. Jene gehörten zum ehemaligen Quartier oder der Meierei von Staats-, dem jetzigen Departement Brabant und wurden unter die französischen Departements der beiden Nethen und der Unter-Maas vertheilt; Gerstel war ursprünglich Hochstift-Lüttichisch, jetzt zum Departement Unter-Maas gehörig, und wurde dem holländischen Departement Brabant beigelegt.

Die Souverainetät über die Herrschaften Kniphausen und Varel wurde Holland in dem Artikel 5 überlassen. Diese beiden kleinen Länder waren das Erbtheil des souverainen Reichsgrafen von Bentink-Kniphausen und Buonaparte stand nicht das Recht zu, die Souverainetät über die Herrschaft Kniphausen, sei es wem es wolle, zu verleihen. Was Varel anbelangt, so stand diese Herrschaft unter der Hoheit des Herzogs von Holstein-Oldenburg; folglich verletzte Artikel 5 der Schenkungsakte von Fontainebleau die Rechte dieses Fürsten. Auch erlangte derselbe, daß besagter Artikel für null und nichtig erklärt wurde, als er durch den Vertrag vom 14. Oktober 1808 dem Rheinbunde beitrat.

Der haager Vertrag vom 16. Mai 1795 hatte den Hafen von Vlissingen für gemeinschaftliches Eigenthum der Franzosen und Holländer erklärt und den ersteren das ausschließliche Besatzungsrecht in dieser Festung beigelegt (S. 1, Anmerkung). Der Artikel 6 der Schenkungsakte von Fontainebleau änderte in dieser Verfügung nichts Wesentliches, wenn er Stadt und Hafen mit einem Umring von 1800 Mètres Halbmesser gänzlich an Frankreich abtrat.

Die Artikel 7 bis 11 bezogen sich auf die Art und Weise, wie die holländischen Handelsfahrzeüge in Vlissingen wegen Zoll, Lothsen- und Hafengeld 2c. behandelt werden sollten, auf die Schulden der abgetretenen Länder, die Unterhaltung der Deiche, die Landesarchive und endlich auf die Auswechselung der Bestätigungsurkunden.

Die holländischen Angelegenheiten gingen dem Großgebietiger nicht nach Wunsch. Sein Bruder Ludwig fing an zu vergessen, daß er ein Würdenträger des Französischen Reiches sei; er nahm den Anlauf, wirklicher König sein zu wollen, und namentlich in Bezug auf den Handel seines Landes Maßregeln zu treffen, die den Verkehr mit England, wenn auch in verschleiertem Gewande, begünstigten. In den Augen Buonaparte's konnte Ludwig nichts — Infameres thun! Dem verhaßten Erzfeinde jenseits des Kanals Vorschub zu leisten, das war ein Ding, welches alle Begriffe des Wütherichs übersteigen mußte. Für den Ausbruch seines Zorns kein Maaß, keine Schranke mehr kennend, überschüttete er den unglückseligen König, der sich im November 1809 nach Paris begeben hatte, um sich und seine Handhabung der Präfecturgewalt zu rechtfertigen, mit Vorwürfen, ja mit den niedrigsten Schimpfworten, wie sie dem leidenschaftlichen Menschen, dem sittlich Entarteten zu eigen waren und drohte ihm mit Absetznng und Einverleibung Hollands ins große Kaisterreich, was sogar amtlich erklärt wurde durch eine Note, welche Champagny, des Großgebietigers Minister der auswärtigen Angelegenheiten, unterm 24. Januar 1810 an den holländischen Minister erlassen mußte.

Für dieses Mal ließ sich der wilde Gebieter beschwichtigen. Ludwig gab klein bei; er wendete den Schlag ab, indem er ungeheüere Opfer brachte. Sehr wahrscheinlich war die schöne, liebenswürdige und schmeichelnde Hortense nicht ohne Einfluß auf die Beschwichtigung des Zornerfüllten; raunten doch die Zeitgenossen sich ins Ohr, daß sie dem liebeglühenden Stiefvater mehr sei, als Tochter! Champagny und der holländische Admiral Verhuel schlossen am 16. März 1810 zu Paris einen sogenannten Vertrag, kraft dessen Ludwig Buonaparte die Unabhangigkeit des ihm übertragenen Landes erkaufen zu können glaubte, wie schmachvoll er auch für die Holländer war. Es ist hier nicht am Orte, den ganzen Vertrag einzuschalten. An einem Artikel wird es genügen, an dem Artikel 6, welcher die Abtretung eines sehr beträchtlichen Theils des holländischen Grundgebiets betraf. Dieser Artikel lautete wörtlich also:

Da es in Frankreich verfassungsmäßiger Grundsatz ist, daß der Thalweg des Rheins die Gränze des Französischen Kaiserreichs bilde, und die Schiffswerften von Antwerpen bei der gegenwärtigen Lage der Gränzen beider Staaten frei und offen liegen, so tritt S. M. der König von Holland folgende Theile seines Gebiets an S. M. den Kaiser der Franzosen &c. ab, nämlich: Das holländische Brabant, ganz Zeeland, mit Einschluß der Insel Schouwen; denjenigen Theil von Gelderland, welcher auf dem linken Ufer der Waal gelegen ist; so daß die Gränze zwischen Frankreich und Holland künftighin der Thalweg der Waal sein wird, von Schenkenschanz an, indem er Nijmegen, Bommel und Workum zur Linken läßt, darauf der Hauptarm der Merwede, der in den Biesbosch fällt," welcher von der Gränze durchschnitten werden wird, so wie das holländische Diep und die Walke Rack ('tVolke Rack), die als Vieningen und Gravelingen oder (Grevelingen) das Meer reichen, indem die Insel Schouwen zur linken Seite bleibt.

König Ludwig, dem der Vertragsentwurf von Champagny vorgelegt worden war, hatte zu jedem Artikel desselben Randglossen geschrieben. In der Glosse des Artikel 6 bemerkte er: „Ich habe über diesen Artikel nichts zu sagen, weil es der feste Wille des Kaisers ist. Doch lasse man der Nation einige Hoffnung und rechtfertige eine so große Gebietsabtretung durch die Einschaltung am Schlusse, daß ich mich auf die Gerechtigkeit und die Großmuth des Kaisers wegen der Entschädigungen verließe, die er mir bewilligen will. Ich bitte den

Herrn Herzog von Cadore (so wurde Champagny genannt) eine kleine Veränderung in den Ausdrücken, größerer Klarheit halber und zur Vermeidung jedweder Streitigkeit, vorzunehmen und statt der Worte: Ensuite la dérivation principale de la Merwede qui se jette dans le Biesbos die folgenden zu setzen: puis le bras appelé le Groote Kil. Auch bitt' ich den Kaiser zu erlauben, daß man hinzufüge, alle holländischen Verordnungen über das Deich- und Wasserbauwesen sollen in Kraft bleiben und können nur in Übereinstimmung mit dem General-Director des Waaterstaats von Holland (damals Kraijenhof) einer Änderung unterworfen werden, namentlich im Lande von Altena und im Bommelerwaard."

Daß auf diese und andere Bemerkungen nicht Rücksicht genommen wurde, versteht sich von selbst. Wie konnte sich der hartnäckige Sinn eines Buonaparte beugen lassen durch Einwendungen eines Mannes, den er als seine Creatur betrachtete, als einen hülflosen Wurm, den er mit dem Absatz seines Reiterstiefels zertreten konnte! Ludwig's Randbemerkungen zu dem Vertrage zeigten übrigens erstlich, daß er während seines vierjährigen Präfectenamts das Land und alle seine Verhältnisse gründlich studirt hatte; zweitens aber auch, daß es ihm sittlicher Ernst war, die Holländer glücklich zu machen, so weit seine stets geknebelten Kräfte zu reichen vermochten. Die oben in Artikel 6 in Parenthese stehenden Einschaltungen sind berichtigende Zusätze des Berichterstatters.

Also verlor das Königreich Holland durch die Beschwichtigungsschrift vom 16. März 1810 von seinem Grundgebiete über 130 deutsche Flächenmeilen, auf denen wol an eine halbe Million Menschen wohnten, die von nun an das — Glück genossen, der „Großen Nation" beigezählt zu werden! Buonaparte verfügte sofort eine anderweite Departementsbenennung: Zeeland wurde das Departement der Schelde-Mündungen genannt; der westliche Theil von Holländisch-Brabant, enthaltend die Baronie Breda und die Markgrafschaft Bergen op Zoom, nebst dem westlichen Abschnitt des auf dem linken Ufer des großen Kil und der Merwede belegenen Theils von Maasland wurde mit dem Departement Beider Nethen, als ein besonderes Arrondissement Breda, vereinigt; aus dem östlichen Abschnitt von Maasland aber sammt dem auf dem linken Ufer der Waal gelegenen Theile von Gelderland und der großen Osthälfte von Brabant, das Quartier Hertogenbosch enthaltend, ein besonderes Departement gebildet, welchem man, aller geographischen Kenntniß zum Hohn, den Namen der Rheinmündungen beilegte!

Die Zahl der Departements des französischen Kaiserreichs hatte sich demnach auf dieser Seite und auf Unkosten des Königreichs Holland um zwei vermehrt, und diese waren:

14. Scheldemündungen (Bouches de l'Escaut) mit dem Hauptort Middelburg.
15. Rheinmündungen (Bouches du Rhin) mit dem Hauptort: Herzogenbusch, den Bosch, Bois le Duc.

Das neüe Zollsystem, welches der Vertrag vom 16. März 1810 vorgeschrieben hatte und ausschließlich von französischen Zöllnern (douaniers) zur Ausführung gebracht werden sollte, konnte in Holland nicht eingerichtet werden, ohne auf ernstlichen Widerstand zu stoßen. Die Unzufriedenheit der Holländer war um so größer, als diese erfahrenen Handelsherren sich nicht über das Hirngespinst des Menschen taüschen konnten, der, in der Einbildung, der größte Staatsökonom seiner Zeit zu sein, Englands Handel durch Scherereien und Plackereien zu zerstören gedachte, deren ganze Wucht auf die Bewohner des Festlandes zurückfiel. Der Haß gegen die Franzosen stand auf dem Punkte, durch eine Volksbewegung zum Ausbruch zu kommen; Beleidigungen, welche den Leüten von Buonaparte's Gesandtschaft zugefügt wurden, waren davon die unzweideütigsten Anzeichen. Nun ließ der Großgebietiger 20,000 Mann, die schon seit Anfang des Jahres an der Gränze auf der Lauer gestanden hatten, in Holland einrücken; statt der 6000 Franzosen, die nach Artikel 2 des pariser Vertrags mit als Zollwächter an den Flußmündungen und den Küsten aufgestellt werden sollten. Jene große Heeresmacht, unter dem Befehle des Reichsmarschalls Oudinot, marschirte auf die Hauptstadt los. Das war der Streich, den Ludwig Buonaparte hatte vermeiden wollen. Die Erklärung, welche der französische Geschäftsträger über die Bestimmung dieser Heersaüle abgab, war in so drohenden Ausdrücken gefaßt, daß sie es vollendete, um dem gutherzigen Ludwig einen Schattenthron zu verleiden, den er nie hätte besteigen sollen. Er entschloß sich zur Abdankung, die er der gesetzgebenden Körperschaft von Holland am 1. Juli 1810 vermittelst einer Botschaft verkündete, die man auch heüte noch mit Vergnügen lesen würde, wenn nicht ihr Abfasser den unglücklichen Gedanken gehabt hätte, Ludwig als einen durch eine Revolution entthronten Monarchen, der das Bedauern seines Volkes mit sich hinwegnähme, darzustellen, während er doch nichts anderes war, als das zerbrechliche Werkzeüg eines fremden Usurpators; der Tyrann, der ihm eine Krone aufs Haupt gesetzt hatte, konnte ihm dieselbe auch entreißen, ohne daß die Nachwelt, welche den guten Absichten dieser Eintagsfliege von Scheinkönig alle Gerechtigkeit widerfahren läßt, in diesem trübseligen Ende nichts anderes erblickt, als ein ganz gewöhnliches Ereigniß, das nur eine geringe Theilnahme einzuflößen vermag. Ludwig hatte der Krone zu Gunsten seines ältesten, damals sechsjährigen Sohnes, Napoléon Ludwig, des Großherzogs von Berg und Cleve, entsagt, und dessen Mutter, die schöne Hortense, auf Grund des Pacts vom 24. Mai 1806, die Regentschaft übernommen, allein — nicht also! sprach der Gebieter; bereits am 9. Juli 1810 erscholl von Rambouillet aus das Machtwort: Das Königreich Holland hat aufgehört zu sein, sein Grundgebiet ist dem Kaiserreich für ewige Zeiten einverleibt!

Am 10. Dezember 1810 wurde Nachmittags drei Uhr eine der merkwürdigsten Sitzungen des sogenannten Erhaltungssenats des Kaiserreichs zu Paris unter dem Vorsitze des Fürsten Reichs-Erzkanzlers, Herzogs von Parma (sonst Cambacérès genannt) eröffnet. Der Herzog von Cadore (d. i. Nompère von Champagny) Minister der auswärtigen Angelegenheiten, der Staatsminister Reichsgraf Regnault von St. Jean d'Angely, und der Staatsrath Reichsgraf Cafarelli wurden eingeführt. Cambacérès theilte als Vorsitzender des Senats eine Botschaft mit, die, in hochtrabender Rede, wie das Buonaparte's Manier war, nicht allein das Dekret von Rambouillet bestätigte, sondern die Einverleibungswuth auf das ganze nordwestliche Deütschland ausdehnte (II. 2, S. 273). Die Botschaft lautete also:

Ich befehle meinem Minister der auswärtigen Angelegenheiten Eüch die verschiedenen Umstände bekannt zu machen, welche die Vereinigung Hollands mit dem Reiche erheischen.

Die Verfügungen, welche die britische Regierung in den Jahren 1806 und 1807 erlassen hat, haben das öffentliche Recht Europas vernichtet. Eine neüe Ordnung der Dinge beherrscht von nun an die Welt. Neüe Bürgschaften werden für mich nothwendig. Die ersten und wichtigsten schienen mir zu sein, die Schelde-, Maas-, Ems-, Weser- und Elbemündungen mit dem Reiche zu vereinigen und die innere Schiffahrt mit dem baltischen Meere in Verbindung zu setzen. Ich habe den Plan eines Kanals entwerfen lassen, der vor Verlauf von fünf Jahren ausgeführt sein und das baltische Meer mit der Seine verbinden soll.

Die Fürsten, welche unter diesen großen, von der Nothwendigkeit gebotenen

Maßregeln, wodurch die rechte Seite der Gränzen meines Reichs an das baltische Meer gestützt wird, leiden *), sollen Entschädigung erhalten.

Ehe ich mich zu diesen Maßregeln entschloß, ließ ich sie England zu wissen thun. Nicht unbekannt war es ihm, daß Hollands Unabhängigkeit nur dann gerettet werden könne, wenn es seine Verfügungen von 1806 und 1807 zurücknehmen oder friedliche Gesinnungen zeigen würde. Aber diese Macht hörte weder auf die Stimme ihres eigenen Interesses, noch auf den Ruf Europas. Ich hoffte eine Auswechselung der Gefangenen zwischen Frankreich und England zu Wege zu bringen und in der Folge bei dem Aufenthalte der beiderseitigen Commissarien zu Paris und London Gelegenheit zu einer Annäherung zwischen beiden Nationen zu finden. Allein meine Hoffnungen sind getaüscht worden. In der Art der Unterhandlung seitens der englischen Regierung sah ich nichts als Arglist und bösen Willen.

Die Einverleibung des Wallis ist eine vorhergesehene Folge der ungeheüeren Arbeiten, welche ich seit zehn Jahren in diesem Theil der Alpen habe ausführen lassen. Gleich bei meiner Vermittelungsakte trennte ich das Wallis von der Eidgenossenschaft. Ich sah damals schon eine für Frankreich und Italien so zuträgliche Maßregel vorher.

So lang der Krieg mit England nicht beendigt ist, darf das französische Volk die Waffen nicht niederlegen.

Meine Finanzen befinden sich im glücklichsten Zustande. Ich kann alle Ausgaben, welche dieses so große Reich erfordert, bestreiten, ohne von meinen Völkern neüe Opfer zu fordern.

Im Palast der Tuillerien am 10. Dezember 1810.

Napoléon.
Auf Befehl des Kaisers:
H. B. Herzog von Bassano.

Dieser Botschaft waren, außer dem Berichte des Ministers der auswärtigen Angelegenheiten und dem, die vertrauliche Unterhandlung mit dem Kabinet von St. James betreffenden Schriftwechsel, drei Entwürfe zu Senatsbeschlüssen beigefügt, welche auf die politische Organisation der einverleibten Lande und auf die Apanage des abgesetzten Königs von Holland Bezug hatten.

Der zweite dieser Entwürfe lautete in drei Artikeln also:

Die Apanage des Königs Ludwig wird in seiner Eigenschaft als französischer Prinz auf jährliche Einkünfte von zwei Millionen bestimmt und auf folgende Art festgesetzt; nämlich: — 1) Der Forst von Montmorency, die Gehölze von Chantilly, Ermenonville, l'Isle Adam, Coyn, Pont-Armé und Lys bis auf den jährlichen Belauf von 500,000 Francs; — 2) die Domainen, welche im Departement der Rheinmündungen sind, bis auf einen jährlichen reinen Ertrag von

*) Buonaparte bediente sich an dieser Stelle des Wortes froisser, welches zu Deütsch zerquetschen, zerknittern heißt.

500,000 Francs; 3) Eine jährliche Summe von 1,000,000 Francs aus den allgemeinen Einkünften des öffentlichen Schatzes. Artikel 1.

Nach dem Tode des apanagirten Prinzen und in Erwägung der bereits von S. K. K. M. mit dem Großherzogthum Berg zu Gunsten des ältesten Sohnes des apanagirten Prinzen getroffenen Verfügungen, soll diese Apanage, mit Ausnahme der auf den öffentlichen Schatz angewiesenen einer Million, die gänzlich heimfällt, dem zweiten Sohne des gedachten Prinzen zu Theil werden, und zwar so, daß sie auf die natürliche und legitime männliche Nachkommenschaft bis zu ihrer Erlöschung forterbt, in Gemäßheit dessen, was in der zweiten Section des vierten Titels der Verfassungsakte vom 19. Januar 1810 festgesetzt worden ist. Artikel 2.

Die durch gegenwärtigen Senatsbeschluß bestimmte Apanage ist allen Lasten und Bedingungen unterworfen, welche in der eben angezogenen Verfassungsakte festgesetzt worden sind. Artikel 3.

Nach den im Artikel 2 angezogenen Verfügungen sollte das Recht zum wirklichen Bezug eintreten, wenn der Prinz sich verheiratet oder das achtzehnte Jahr erreicht hatte. Für den Fall des Aussterbens einer männlichen Linie des Apanagirten, sollte die Apanage an die nächste männliche Linie fallen. Die Güter der Apanagirten mußten den Nachfolgern frei von allen Schulden und Verbindlichkeiten des Vorgängers überliefert werden, mit Ausnahme der Verpachtungen, die in Gemäßheit der Artikel 595, 1429, 1430 und 1718 des bürgerlichen Gesetzbuchs, Code Napoléon genannt, auf Zeit gemacht, oder der Erbpächter, wenn solche nach einem Gutachten des Staatsraths dekretirt waren.

Die im Departement der Rheinmündungen belegenen Domainen, welche zur Apanage angewiesen wurden, waren größtentheils Privateigenthum des Erbstatthalterhauses Nassau-Orange gewesen. Ludwig Buonaparte, der sich nach seiner Abdankung ins Privatleben zurückzog und einen Zufluchtsort in den Staaten des Kaisers von Österreich suchte, lehnte die ihm vom Bruder zugedachte Unterstützung ab, ein Beweis, daß er während seiner vierjährigen Königszeit in Holland doch wol Gelegenheit gehabt hatte, das zu sammeln, was man — ein kleines Vermögen nennt! Der Artikel 2 des Entwurfs bezog sich auf Ludwig's zweiten Sohn Karl Ludwig Napoléon Buonaparte. Hat dieser, seitdem er sich im Jahre 1852 der Haüptlingschaft über das Franzosenvolk bemächtigt hat, jenen nach Befehl gefaßten Senatsbeschluß von 1810 etwa wieder hervorgesucht, um sich in den Besitz wenigstens der im Art. 1 erwähnten Forsteinkünfte zum Betrage von einer halben Million zu setzen?

Der dritte Entwurf, welchen Buonaparte dem Erhaltungssenat vorlegen ließ, bezog sich auf die Organisation des Walliserlandes, welches ein Departement unter dem Namen des Departements des Simplon bilden sollte.

Der erste Senatsbeschluß betraf die Einverleibung des Königreichs Holland und der nordwestlichen Länder von Deütschland, und verordnete nach dem Wortlaut der einzelnen Artikel darüber Folgendes:

Holland, die Hansestädte, das Lauenburgische und die Lande zwischen der Nordsee und einer Linie, die vom Einfluß der Lippe in den Rhein bis Haltern, von Haltern bis zur Ems oberhalb Telget, von der Ems bis zum Einfluß der Werre (Verra stand im Moniteur vom 15. Dezember 1810) in die Weser, und von Stolzenau (Holzenau) an der Weser bis an die Elbe oberhalb des Einflusses der Steckenitz (Heckeriz) in die Elbe hinzieht, sollen einen Bestandtheil des Französischen Reichs ausmachen. Artikel 1.

In Bezug auf diese wild hingeworfene Gränzlinie ist zu bemerken: Die Lippe fließt bei Wesel in den Rhein. Die Stadt und Festung Wesel war schon ein französisches Bollwerk auf dem rechten Ufer des Rheins zur Knechtung Deütschlands und der Deütschen. Haltern ist eine kleine Stadt ebenfalls an der Lippe im vormals bischöflich Münsterischen und dem Herzoge von Croy unter herzoglich arembergischer Souverainetät gehörigen Amte Dülmen. Telget oder Telgte, ein ehemals münsterisches Städtchen, gehörte zum Großherzogthum Berg, und war Hauptort eines Cantons im Arrondissement Münster des Departements der Ems. Die Werre, ein kleiner Fluß, fällt oberhalb der Stadt Minden bei der sogenannten Porta Westphalica in die Weser. Stolzenau, ein zur vormaligen Grafschaft Hoya gehöriger Flecken, war an das Königreich Westfalen gekommen und bildete den Hauptort eines Cantons im District Nienburg des Departements der Aller. Die Steckenitz geht oberhalb der Stadt Lauenburg in die Elbe, und verbindet diesen Strom durch Canalisation mit der Trave, welche unterhalb Lübeck in die Ostsee geht. Die Länder, welche dem rheinischen Bunde 2c. verloren gingen, sind, mit ihrer Bodenfläche und Einwohnerzahl, weiter oben namhaft geworden (II. 2, S. 273, 274).

Wenn man erwägt, daß zur damaligen Zeit die Presse einer Beaufsichtigung und Censur unterworfen war, die man sich strenger und knechtender nicht denken kann; daß Nichts gedruckt werden durfte, was dem Inhaber der Gewalt mißliebig oder anstößig sein konnte, — und wie schwer fiel es da den Vollstreckern der Censur, die rechte Gränze zu treffen, da die Launenhaftigkeit des Haüptlings zum Sprüchwort geworden war; — daß insonderheit alle Druckwerke, die es sich herausnahmen, von Buonaparte's Maßnahmen in der innern und äußern Politik zu reden, von Regierungswegen so beeinflußt wurden, daß ein selbständiges Urtheil niemals zu Tage kommen konnte, vielmehr jedwede Mittheilung über politische Verhältnisse als Ausdruck der Gesinnung des Gewalthabers angesehen werden mußte: so konnten selbst Landkarten, die in Paris gedruckt wurden, über weitere Einverleibungspläne, mit denen der Haüptling der Franzosen schwanger gehen mochte, Bedenken erregen. Sie stellten nämlich die Gränze des Kaiserreichs bei Hamburg und Lübeck so dar, als wäre Finis Franciae noch nicht an der Elbe und Trave.*) Der König von Dänemark hatte aber auch mehr als diesen von Weitem gezeigten Grund zu der Besorgniß, seine Herzogthümer Holstein und Schleswig, ja wol seine ganze Monarchie dem Universalreiche einverleibt zu sehen.

Der Senatsbeschluß bestimmte in Artikel 2 die politische Eintheilung der einverleibten Lande in 10 Departements, die folgende Namen erhielten:

16.	Zuiderzee mit dem Hauptort	Amsterdam
17.	Mündungen der Maas (Bouches de la Meuse) . .	Den Haag (La Haye).
18.	Oberer Yssel (Yssel supérieur)	Arnhem (Arnheim).
19.	Mündungen des Issels (Bouches de l'Issel) . .	Zwolle (Zwol).
20.	Friesland (Frise)	Leuwarden.
21.	Westliche Ems (Ems occidentale)	Groningen.
22.	Östliche Ems (Ems orientale)	Aurich.
23.	Obere Ems (Ems supérieure)	Osnabrück.
24.	Mündung der Weser (Bouches du Weser)	Bremen.
25.	Mündung der Elbe (Bouches de l'Elbe)	Hamburg.

Die Zahl der Abgeordneten, welche diese Departements zur Gesetzgebenden Versammlung zu stellen hatten, ihre Ernennung und

*) Unter mehreren anderen, namentlich die große und schöne Übersichtskarte Carte de la France et du Royaume d'Italie divisés en Départemens indiquant 1° les chefs-lieux des Départemens, Arrondissemens Communaux, Justices de Paix et autres établissemens Civils et Militaires, 2° les Routes de diverses Classes, 3° les Fleuves, Rivières et canaux. Par E. Mentelle, Membre de l'Institut National, et Secretaire ordinaire de S. A. I. le Prince Louis, et P. G. Chanlaire, l'un des Auteurs de l'Atlas National de France. A Paris chez les Auteurs. 1811.

Classification, bestimmten die Artikel 3, 4 und 5. Für die sechs holländischen Departements 16—21 wurde ein kaiserlicher, das ist Appellationsgerichtshof im Haag, und ein zweiter zu Hamburg für die vier deütschen Departements 22—25 angeordnet, und in einem jeden dieser beiden Gerichtssprengel eine Senatorie errichtet. Artikel 6, 7, 8.

Die Städte Amsterdam, Rotterdam, Hamburg, Bremen und Lübeck gehören zu den guten Städten (oder lieben Städten, wenn man bonnes villes so übersetzen will), deren Maires bei der Eidesleistung des Kaisers, wenn er den Thron besteigt, gegenwärtig sind. Artikel 9.

Die Verbindung des baltischen Meers soll durch einen Kanal bewerkstelligt werden, welcher, am Kanal von Hamburg nach Lübeck (Steckenitzkanal) anfangend, von der Elbe nach der Weser, von der Weser nach der Ems, und von der Ems steigt, nach dem Rheine führt. Artikel 10.

Die Länder des Rheinbundes waren durch diese Besitzergreifung von aller unmittelbaren Verbindung mit der Nordsee abgeschnitten. Ohne von Holland zu sprechen, so war Hamburgs und Bremens solider und rechtlicher Handel, der schon lange große Einbuße erlitten hatte, nunmehr durch die französische Zollgesetzgebung und ihre strenge Handhabung in dreifacher Linienaufstellung bewaffneter Zöllner, unterstützt von bewaffneten Polizeireitern, sogenannten Gensd'armes, und eigentlichen Soldaten, gänzlich zu Grunde gerichtet. Dagegen blühte der Schleichhandel, wie wol niemals und nirgends. Das Felseneiland Helgoland vor der Elbmündung, von den Engländern militärisch besetzt und für die Franzosen unerreichbar, war die große Niederlage der Colonial- und der englischen Manufacturwaaren. Helgoland hat nie glücklichere Tage verlebt, als zur Zeit der Continentalsperre; es war das goldene Zeitalter für das kleine Friesenvölkchen, aber auch für viele Handelshaüser auf dem Lande, die, so tief war das sittliche Gefühl durch die Maßregeln des Gewalthabers herabgedrückt worden, im Schleichhandel kein Unrecht, kein Vergehen mehr erkannten, gegeschweige denn ein Verbrechen an der Gesellschaft und ihren Zuständen, die vom Machthaber überall mit Füßen getreten wurden. Der Schleichhandel konnte nur mit der Waffe in der Hand betrieben werden; da hieß es: Gewalt gegen Gewalt! Die Tage des Faustrechts hatten an der deütschen Nordseeküste wieder ihren Einzug gehalten und manch' kühner Schmuggler ist im heißen Scharmützel vom tödtlichen Blei getroffen worden, aber auch manch' tapferer Franzmann hat, als pflichttreüer Zöllner im Dienste seines Herrn und

Meisters, auf deütscher Erde am Nordseestrand sein Leben ausgehaucht. Welche gerichtliche Maßregeln gegen dieses Unwesen ergriffen worden waren, werden wir weiter unten sehen. Daß diese Zustände an der Küste auf den deütschen Handel, auch auf den böhmischen, brandenburgischen und schlesischen, einen außerordentlichen Einfluß haben mußten, leüchtet ein. Ob der Handel eine andere Richtung genommen haben würde, wenn der in Buonaparte's Botschaft und im Art. 10 des Senatbeschlusses erwähnte Kanal zu Stande gekommen wäre, läßt sich schwer sagen. Die Vorarbeiten zur Ausführung dieses großen Werkes, bestehend in sehr ausführlichen und gründlichen Terrainstudien zur Erforschung der zweckmäßigsten Kanallinie, wurden im Jahre 1811 mit außerordentlicher Lebhaftigkeit betrieben, kamen aber später, als Buonaparte seine großartigen Vorbereitungen zum russischen Kriege treffen mußte, in Stocken. Der Herausgeber dieses Gedenkbuchs hat an jenen Arbeiten seit dem Monat Juni des genannten Jahres Theil genommen in seiner Eigenschaft als Ingenieur-Geograph beim kaiserlichen Corps des Straßen- und Wasserbauwesens (ponts et chaussées). Generaldirector dieses Dienstzweiges war Graf Molé, unter dem Minister des Innern, Grafen Montalivet.

Am 13. Dezember 1810 hielt der Senat abermals eine Sitzung. In dieser erstattete der Graf Semonville, Namens einer Specialcommission, welche außer ihm noch aus vier Senatoren bestand, einen Bericht und entwickelte die Gründe, aus welchen die dem Senat vorgelegten Entwürfe zu Gesetzen zu erheben seien. Die Beráthungen des Senats und in der Gesetzgebungs-Versammlung waren im damaligen Stadio der Buonaparte'schen Wirthschaft reine Spiegelfechtereien und dienten dem Autokraten nur zur Spielerei, aber auch um sich auf dem „Altare des Vaterlandes" von Schönrednern und — Schwätzern unter seinen Creaturen, im Namen der „Großen Nation" Weihrauch streüen und zu neüen, nimmer endenden Usurpationen sich ermuthigen und auffordern zu lassen.

Semonville begann seinen Bericht mit der Bemerkung, wie man sich wundern müsse, daß die, von so vielen Umständen gebotene Begebenheit nicht schon längst stattgefunden habe. Seit der Epoche, wo das Glück der französischen Waffen Batavien der dreifachen Unterdrückung der coalisirten Mächte entriß, habe dieses Land sein politisches Dasein verloren. Seit den ersten Tagen der Eroberung desselben würde seine Einverleibung in Frankreich eine unschätzbare

Wohlfahrt für Holland gewesen sein, weil ihm dadurch eine lange Reihe von Entbehrungen, von Verlust und Unglück erspart worden wäre. „Und in der Berathung, die heüte Sie beschäftigt, ist die Frage so zu stellen: Holland und die Hansestädte können nicht durch sich selbst bestehen, wem aber sollen sie gehören, England oder Frankreich?“ Und diese kategorische Frage, die Semonville stellte, beantwortete er natürlich mit: Frankreich! Frankreich muß dem Blokadesystem Englands ein Blokadesystem des Festlandes gegen das Meer entgegensetzen. Es muß die innere Schiffahrt an das baltische Meer stützen, um ruhig und friedlich in jedem Krieg ungestört seinen Handel mit dem Norden treiben zu können. Dann brach der Redner mit Pathos in die Worte aus, die nur in seiner Muttersprache und für einen Franzosen Kraft und Saft haben: —

L'Empereure propose la paix. Vain espoir d'une grande ame! Trois fois le cri d'alarme se fait entendre de toutes parts; trois fois la victoire n'amêne que des victoires; et la paix, toujours offerte, toujours demandée et toujours poursuivie, recule devant nos aigles jusqu'aux extremités de l'Europe.

Die Geschichte hat es nicht aufgezeichnet, ob auch nur ein einziger der Senatoren Widerspruch gegen die Ausführungen ihres Berichterstatters erhoben habe; wol aber erzählt sie, daß eine Dankadresse an den Staatshaüptling beschlossen wurde, in welcher u. a. die zugeblasenen Worte vorkamen:

Setzen Sie, Sire, diesen heiligen Krieg fort, der für die Ehre des französischen Namens und für die Unabhangigkeit der Nationen unternommen wurde. Das Ende dieses Kriegs wird der Zeitpunkt des Friedens für die Welt sein. Die von E. M. ergriffenen Maßregeln werden zu diesem erwünschten Ziele führen. Da Ihre Feinde auf dem Ocean sind, so ist nothwendig, daß Sie sich aller der Häfen bemächtigen, durch welche der Ocean mit den inneren Provinzen Ihres Reichs in Verbindung stehen.

Wie verblendet waren doch die Creaturen des Machthabers, wie trübe und verworren geworden die Begriffe durch die Herrschaft der Leidenschaften, die von den gefügigsten, gehorsamsten Bedientennaturen durch eine hochtrabende Sprache ekelhaftester Schmeichelei kund gegeben wurde! Was aber war der eigentliche Grund des Kriegs, den England gegen Frankreich führte, was anders, als die Bekämpfung des Systems der Franzosen, bestehend in Grundsätzen, welche die gesellschaftliche Ordnung zerstörten und jedwede regelmäßige Regierung über den Haufen warfen; ein System, das von ihnen seit Ausbruch des Revolutionskriegs über alle Welt verbreitet und von Buonaparte auf einen Gipfelpunkt gesteigert worden war, von dem aus er sich der schändlichsten Gewaltstreiche und Usurpationen gegen die übrigen Völker und Staaten des Festlandes schuldig gemacht hatte.

Am 18. Dezember 1810 erging für die drei Departements der Ober-Ems, der Weser- und der Elbmündung eine, aus fünfundzwanzig Artikeln in sieben Titeln bestehende Verordnung, welche die Organisation dieser französirten deütschen Lande zum Gegenstand hatte.

Es wurde für diese Departements eine Regierungscommission eingesetzt, welche mit dem 1. Januar 1811 ihr Amt anzutreten und in Hamburg ihren Sitz zu nehmen hatte. Sie bestand: 1) aus dem Marschall Fürsten von Eckmühl, sonst Davoust genannt, als Generalgouverneur und Vorsitzender der Commission; 2) aus einem Staatsrathe, der die Amtsverrichtungen eines Intendanten des Innern und der Finanzen zu versehen, und 3) aus einem Staatsrathe, der den Auftrag hatte, die Gerichtshöfe zu organisiren. Ein Staatsraths-Auditor versah dabei das Generalsecretariat.

Diese Commission erhielt bis zum 1. Juli 1811 alle Vollmacht zur Regierung und Verwaltung der drei Departements. Sie hatte den Etat der Einnahmen und Ausgaben für die sechs ersten Monate zu fertigen, über das Interesse des kaiserlichen Haüptlings zu wachen und alle zur Einführung des Schattenbilds der Repräsentativverfassung erforderlichen Vorbereitungen zu treffen. Die Commission versammelte sich zu einem Rathscollegio und berathschlagte über alle Vorträge der beiden Staatsräthe. Ein schönes Collegium! das nur aus drei Mitgliedern bestand, von dem je zwei Nichts von Dem verstanden, was das dritte vorzutragen hatte! In der Sitzung der Commission führte der Auditeur das Protokoll, das an den Minister-Staatssecretair Daru nach Paris gesandt werden mußte.

Alle Akten der Commission wurden vom Generalgouverneut unterzeichnet und in seinem Namen und auf seinen Befehl in Vollziehung gesetzt. Alles, was auf den Befehl über die Kriegsvölker, deren ein großer Heerhaufen in diesen drei deütschen, so auch in den holländischen Departements vertheilt wurde, und auf die hohe Polizei, das heißt ein geheimes, nichtswürdiges Spionirsystem, Bezug hatte. gehörte ausschließlich zum Geschäftskreise des soldatischen Generalgouverneurs, der darüber seine Berichte beim Kriegsminister, dem sogenannten Herzoge von Feltre, einzureichen hatte.

Der Staatsrath, Intendant des Innern und der Finanzen, war mit allem Dem beauftragt, was auf die Verwaltung der Finanzen, die Organisation der Departements, der Arrondissements und Cantons und die Bestimmung ihrer Gränzen Bezug hatte. Er trug in den Sitzungen der Commission alle zu treffenden Maßregeln für die Bewachung der Haüptlings-Interessen vor, wobei ihm vorgeschrieben war, so viel als nur immer möglich Neüerungen zu vermeiden. Er hatte den Finanzetat für die ersten sechs Monate des Jahres 1811 im Ganzen, wie für jeden Ort zu entwerfen. Er hatte die Einrichtung der directen und indirecten Abgaben nach dem Steüersysteme Frankreichs mit den nöthig befundenen Veränderungen vorzubereiten. Über alle seine Arbeiten mußte er mit den Ministern des Innern und der Finanzen, und das waren Montalivet und der sogenannte Herzog von Gaëta, in Schriftwechsel stehen, und diesen alle von der Commission beschlossenen Einrichtungsentwürfe vorlegen. Diese mußten dann der Bestätigung des Staatshaüptlings bis zum 15. März vorgelegt werden. Die Präfecten der drei Departements standen als Commissaire der Verwaltung und Organisation eines jeden Departements unter seinem Befehle. Der Minister des Innern sollte dem Haüptling die Personen noch vor dem 1. Januar 1811 in Vorschlag bringen. Ebenso standen die vom Finanzminister ernannten Directoren der directen und der indirecten Steüern, sowie der Einschreibegebühren (enregistremens) als Commissarien der endgültigen Steüerorganisation unter seinem Befehle. Ein Generaleinnehmer und ein Generalzahlmeister sollten am 1. Januar 1811 alle Kassen in Beschlag nehmen und von da an alle Einnahmen und Ausgaben besorgen. Die Minister des Innern und des öffentlichen Schatzes, Mollien, hatten diese beiden Beamten unverzüglich zu ernennen. Zwei Staatsraths-Auditoren von der Section des Innern und der Finanzen waren diesem Staatsrathe beigegeben.

Der mit der Verfranzung des deütschen Gerichtswesens beauftragte andere Staatsrath hatte alle zur definitiven Organisation des Appellationsgerichtshofes, der Tribunale erster Instanz, sowie der Handels- und Friedensgerichte erforderlichen Vorbereitungen zu treffen. Er berichtete an den Großrichter-Justizminister, den sogenannten Herzog von Massa, und dieser wurde angewiesen, die endgültige Einrichtung des Gerichtswesens am 15. März 1811 dem Staatshaüptlinge zur Genehmigung vorzulegen. Dieser Staatsrath hatte alle vorbereitenden Maßregeln zur Einführung des bürgerlichen Gesetzbuchs, Code Napoléon genannt, der Gerichtsordnung fürs bürgerliche und peinliche Verfahren, des Straf- (code pénal) und des Handelsgesetzbuchs zu treffen. Sie sollten aber insgesammt erst noch durch einen besondern Befehl der Haüptlingschaft in Wirksamkeit treten und bis dahin die bisherigen Landesgesetze in Kraft bleiben. Das rechtskundige Mitglied der Commission war angewiesen, dem Justizminister Bericht zu erstatten über alle Gewohnheiten und Ortsverhältnisse in Hinsicht auf Zehnten, Lehnrechte, Grundzinsen, Renten und alle anderen Gegenstände dieser und ähnlicher Art, welche, so hieß es prahlerisch, „bei der hohen Achtung des Kaisers für Erhaltung jedes Eigenthums," mit den Grundsätzen der Gesetzgebung vereinbar sind und berücksichtigt zu werden verdienen. Dasselbe Mitglied hatte der Regierungscommission alle Maßregeln vorzuschlagen, die sie zur Handhabung der Gerechtigkeitspflege, zur Erhaltung der Archive und der peinlichen Gerichtsbarkeit für nöthig halten könnte, wobei sie dahin zu trachten angewiesen war, in diesen Gegenständen nichts zu ändern, als was einer unabweisbaren Abänderung bedurfte. Es sollte der Commission ein Gutachten über die Maßregeln erstatten, welche in Ansehung der Appellation in bürgerlichen und peinlichen Fällen, etwa an Gerichtshöfe außerhalb des Gebiets der drei Departements zu treffen sein würden. Unter dem Befehle dieses Staatsraths, dem zwei Auditoren des Staatsraths von der Section der Gesetzgebung zugetheilt waren, stand, als Commissair zur Einrichtung des Gerichtswesens der Generalprokurator beim Appellationsgericht zu Hamburg und die Prokuratoren bei den Tribunalen erster Instanz. Diese sollten unverzüglich vom Staatshaüptling auf den Vorschlag des Justizministers ernannt werden und schleünigst auf ihre Posten abgehen.

Der General-Postdirector wurde angewiesen, sich am 1. Januar 1811 in den Besitz aller Reit- und Fahrposten zu setzen und sie für Rechnung seines Geschäftskreises zu verwalten. Eine von ihm zu ernennende Commission hatte alles zu einer definitiven Organisation vorzubereiten, die bis zum 15. März vorzulegen und dann sogleich in Vollzug zu setzen war.

Bis zu demselben Zeitpunkte hatte der Finanzminister den Plan zur Organisation des Zollwesens für den Dienst im Lande wie für den an den Küsten einzureichen; bis dahin sollte es bei der vorgefundenen Einrichtung verbleiben, die der General-Zolldirector unter seinen Befehl zu nehmen hatte.

Durch eine weitere Verordnung vom 26. Dezember 1810 wurde die Territorialeintheilung der verschiedenen deütschen, mit Frankreich neüvereinigten Lande bestimmt. Sie bestand aus zweiundzwanzig Artikeln in fünf Titeln.

Diejenigen Lande, welche zwischen der Lippe, der Ems und der seit uralten Zeiten in Bestand gewesenen Gränze zwischen dem Deütschen Reiche und den vereinigten Provinzen der Niederlande belegen waren, wurden, obgleich ihr Verband schon seit langer Zeit gerissen war, insonderheit seit dem Reichsdeputations-Receß von 1803, nunmehr gänzlich von einander getrennt und mit den Departements des Ober-Yssels, der Ysselmündung und der West-Ems, das heißt mit einem Volksstamm vereinigt, zwischen dem und den Bewohnern dieser Lande eine Gemeinschaft nicht bestanden hatte, soweit die Geschichte nur immer zurückreichte. Diese deütschen Lande sollten unter die drei holländischen Departements auf folgende Weise vertheilt werden, und zwar sollte —

Zum Departement des Ober-Yssels kommen: — Das Land zwischen der Lippe, dem Rheine, der deütsch-holländischen Gränze bis zum Übertritt des Berkelflusses ins holländische Gebiet, dem Laufe der Berkel und einer Linie, die an die Ems hin gegen Greven zieht, dem Laufe dieses Flusses bis zum Einfall der Hessel folgte, und über Hiltrup bis nach Haltern fortgesetzt wurde, doch so, daß das Amt Lüdinghausen zu ihrer rechten Seite bleiben mußte. Diese, zur Zeit des Deütschen Reichs herzoglich clevesche, salm-salmische und hochstift-münsterische; seit 1803 königlich preüßische und salm-salmische und rheingräflich salmische Lande, und seit den Tagen des Rheinbundes und des tilsiter Friedens großherzoglich bergische und salmische Landestheile sollten zwei Arrondissements, Rees und Münster bilden, das Arrondissement Rees, bestehend aus den sechs Cantons Emmerich, Rees, Ringenberg, Bockholt, Borken und Stadtlohn; das Arrondissement Münster aus den fünf Cantons Münster, St. Mauritz, Telgte, Haltern und Dülmen.

Zum Departement der Ysselmündung kamen alle Lande, welche zwischen der altholländischen Gränze, der Straße von Nordhorn nach

Lingen, dem Laufe der Ems aufwärts bis Greven und der nördlichen Gränze der vorhergenannten Arrondissements belegen sind. Sie machten nur ein Arrondissement von sechs Cantons aus. Steinfurt war der Hauptort. Die Cantons waren: Coesfeld, Billerbeck, Steinfurt, Ochtrup, Rheine und Bentheim.

Zum Departement der West-Ems kamen alle Lande, welche zwischen der Ems, den alten Gränzen zwischen Deütschland und Holland bis hinab nach Ostfriesland und der Straße von Nordhorn nach Lingen liegen. Sie sollten ebenfalls nur Ein Arrondissement ausmachen, dem Neüenhaus als Hauptort angewiesen wurde. Dazu gehörten fünf Cantons, nämlich Nordhorn, Neüenhaus, Emblichheim, Heede und Wesewe.

Zu der Widersinnigkeit, die darin lag, daß Lande, die niemals zu einander gehört und so ganz verschiedene Interessen zu vertreten hatten, jetzt auf ein Mal verbunden sein sollten, gesellte sich in Münster ein lebhafter Verdruß darüber, daß diese alte, ehrwürdige Stadt, vorlängst noch die Haupt- und Residenzstadt eines deütschen Reichsfürsten, eines Fürstbischofs, nunmehr die untergeordnete Stellung eines Bezirkshauptortes einnehmen und der Sitz blos eines Unterpräfecten sein sollte, der von dem Präfecten in der holländischen Stadt Arnheim Befehle zu empfangen hatte. Das Domkapitel, der alteingesessene münsterische Adel und die vornehmsten der alten Bürgerfamilien der Stadt Münster beschlossen eine Deputation nach Paris zu entsenden, um an Ort und Stelle alles Mögliche zu versuchen, das Schicksal abzuwenden, womit Stadt und Land Münster durch die Verordnung vom 26. Dezember 1810 bedroht war. Nach langen Vorstellungen und Bitten und nach Anwendung noch anderer, nämlich klingender, Mittel, welche, wie die Zeitgenossen behaupteten, an den rechten Stellen nicht gespart wurden, gelang es dieser Deputation, die in Rede seiende Verordnung rückgängig zu machen. Der Erfolg war, daß am 27. April 1811 dem Senate der Entwurf zu einem, aus drei Artikeln bestehenden Beschluß vorgelegt und von dieser Körperschaft an dem nämlichen Tage angenommen und vollzogen wurde, davon der Artikel 1 also lautete:

Die Arrondissements Rees und Münster, welche mit dem Departement des Ober-Yssel vereinigt waren, das Arrondissement von Steinfurt, welches zum Departement der Ysselmündung gehörte, und das Arrondissement Neüenhaus, welches mit dem Departement der West-Ems vereinigt war, sollen von diesen Departements wieder getrennt werden und ein eigenes Departement bilden, unter dem Namen des Departements der

26. Lippe; . . . . der Hauptort ist: . . . . Münster.

Das war das letze Departement, welches Buonaparte aus deütschen Landen zusammengefügt und dessen politische Einrichtung er durcheine, aus dreiundzwanzig Paragraphen und vier Titeln bestehende Verordnung vom 28. April 1811 vorgeschrieben hat.

2. Die verschiedenen Departements-Behörden und ihre Geschäftskreise.

A. Verwaltung.

Der Präfect wurde vom Staatshaüptlinge ernannt und legte in dessen Hände den Eid der Treüe und — unbedingten Gehorsams bei Vollstreckung seiner autokratischen Befehle ab.

Das Gesetz vom 17. Februar 1800, (28. Pluviose des Jahres X), ordnete die Verwaltungsweise der Französischen Republik nach den consularischen Ideen Buonaparte's an, hob die bisherigen Administrationen und Commissarien der Departements auf und beauftragte den Präfecten allein mit der Verwaltung. Seine Verrichtungen und Einwirkungen waren so manchfaltig, daß es außer Dem, was schon den vormaligen Departements-Administrationen vorgeschrieben war, späteren Gesetzen und den Ministerialinstructionen vorbehalten bleiben mußte, sie zu bestimmen. Sie bestanden dem Wesen nach in Folgendem.

Er machte seinen Verwalteten die Gesetze, Verordnungen und Instructionen der höheren Behörden, insofern dieselben sie betrafen, bekannt und gab die nöthigen Anweisungen zu ihrer Ausführung. — Er untersuchte, würdigte oder verwarf die Vorschläge, die einen öffentlichen Nutzen bezwecken sollten und Verwaltungsangelegenheiten betrafen; er sah darauf, daß die untergeordneten Behörden ihre Pflichten erfüllten, — und ihre örtlichen Verordnungen nicht den allgemeinen und besonderen Vorschriften zuwider waren, — er steüerte dem Unrechte, welches von einer andern Behörde oder einer Privatperson begangen werden mochte, — er ernannte und konnte ihrer Stellen entsetzen die Maires, Beigeordnete und Mitglieder des Municipalraths in den Gemeinden, deren Bevölkerung nicht 5000 Seelen überstieg, in jenen mit mehr als 5000 Einwohnern suspendirte er bei Pflichtvergessenheiten oder groben Nachlässigkeiten die Ausübung der Amtsverrichtungen, und machte der Regierung Anzeige davon. — Der Präfect hatte für die Erhaltung des öffentlichen Eigenthums, der Wälder, der Flüsse, Heerstraßen, Kanäle und anderer öffentlichen Anstalten zu sorgen. — Er wies auf eingezogenen Bericht der technischen Baubehörde an Heerstraßen und in großen Städten die Baustellen an; — leitete den Verkauf der Nationalgüter oder deren Verpachtung, — schlichtete Streitfragen über Lieferungen an die Regierung, — leitete die Anlagen von Gefängnissen, Arrest- und Zuchthaüsern und Bettlerdepots, — die Verrichtungen bei den Wahlcollegien, die Versammlungen des Generaldepartements- und des Arrondissementsraths, — und bildete die Liste der Geschworenen.

Der Präfect hatte die obere Aufsicht über die Arbeiten, welche auf die Verfertigung des Steüerkatasters Bezug haben, und ernannte die zur topographischen Aufnahme erforderlichen Feldmesser (Arpenteurs); — er verordnete die Verfertigung der Steüerrollen, die Vertheilung unter die Steuerpflichtigen, und hatte die Aufsicht über die Erhebung und Ablieferung der Steüern, sowie über diesen Zweig der Verwaltung überhaupt und das dabei angestellte Personal im Besondern.

Er verordnete die Zahlungen auf diejenigen Summen, worüber die verschiedenen Minister ihm einen Credit eröffneten; er untersuchte die Kasse des Zahlmeisters und konnte sich dessen Rechnungen vorlegen lassen, — er nahm Theil an den Versendungen der Fonds aus der Departementskasse, — er prüfte und genehmigte die Etats der Gemeinden, welche eine Einnahme unter 10,000 Francs hatten — und nahm deren Rechnungen ab, — und er war mit der Verwendung derjenigen Gelder beauftragt, die zur Aufmunterung des Ackerbaues, des Gewerbfleißes und jedes andern gemeinnützigen Gegenstandes dienten.

Er leitete die Militärausshebung, vertheilte die Contingente unter die Arrondissements und Cantons; — er verordete die Aufgreifung der Ausreißer und Widerspenstigen, — theilte die Listen der letzteren den Gerichten mit, welche in Betreff der Verurtheilungen und Strafen gegen sie verfuhren und dem Präfecten die Urtheile mittheilten. Er ließ die Verurtheilten, in Rücksicht ihres und ihrer Ältern Vermögens, insofern diese haftbar blieben, wegen Erstattung der mitgenommenen Waffen, Monturen, wegen Kosten der Aufsuchung, Gefangennehmung ꝛc. verfolgen.

Er leitete die Geschäfte der Wohlthätigkeitsanstalten und der Hospitalverwaltungen, — er hatte die Aufsicht über die Erziehung und den öffentlichen Unterricht; — ein Theil des Kirchenwesens war seiner obern Aufsicht unterworfen, nur mit seiner Einwilligung konnte ein Geistlicher, welcher Religion er sei, das erste Mal zum Pfarrer ernannt werden, — und jeder von der Regierung als Pfarrer angestellte Geistliche mußte in seine Hände den vorgeschriebenen Eid ablegen.

Er war mit der Erhaltung der öffentlichen Sicherheit, Ruhe und Gesundheit beauftragt; — er sah auf Ordnung und Reinlichkeit in den Gefängnissen, — er traf Maßregeln gegen Bettler und Landlaüfer, — hatte die Aufsicht über die ausführende Polizeimannschaft (Gens-d'armerie), über Zollbeamte und Nationalgarde, — er empfing vom Commandanten der Polizeimannschaft täglich Bericht über Alles, was auf die Sicherheitspolizei Bezug hat; — er ertheilte die Erlaubnißscheine zum Waffentragen (Porte d'armes) und verweigerte dieselben, ohne über den Grund der Weigerung zur Rechenschaft gezogen werden zu können, — auf seine Verordnung wurde die Jagd geöffnet und geschlossen.

Er konnte so wenig wie eine andere Verwaltungsbehörde von den Gerichten in seinen Amtsverrichtungen gestört werden. — Beschwerden gegen sein Verfahren fanden nur bei den Ministern Statt, in deren Geschäftskreis die Sache gehörte.

Der General-Secretair wurde vom Staatshaüptling ernannt, legte aber den Amtseid in die Hände des Präfecten ab. — Ihm lag die Aufsicht über die Departements-Archive ob, und er beglaubigte die aus den Akten gegebenen Abschriften, von denen er, mit Ausschluß der ersten von Amtswegen gegebenen Ausfertigungen, gewisse Schreibgebühren, die durch das Gesetz vom 7. Messidor des Jahres II auf 75 Centimes für die Rolle festgesetzt war, nehmen konnte; — er hatte die Leitung des Bureau, — und versah, kraft einer dazu jedes Mal ertheilten Delegation, die Stelle des Präfecten, wenn derselbe im Departement verreist oder sonst verhindert war.

Der Präfectur-Rath bildete ein Collegium von 3—5 Mitgliedern, welche ebenfalls vom Staatshaüptling ernannt wurden und ihren Eid in die Hände des Präfecten ablegten.

Der Präfectur-Rath entschied über Beschwerden der Privaten, welche Abschreibung oder gänzlichen Nachlaß ihrer directen Steüern beanspruchten; — über Streitigkeiten, die sich zwischen Unternehmern öffentlicher Arbeiten und den Verwaltungsbehörden ereignen mogten, insofern sie die Auslegung der Ausführung der Vertragsbedingungen betrafen; — über die Forderungen der Privatpersonen, welche sich über Schaden beschwerten, der ihnen durch die persönliche Schuld der Unternehmer öffentlicher Arbeiten, nicht durch Handlungen der Verwaltungen zugefügt war; — über die Gesuche und Streitigkeiten wegen Entschädigungen, welche Privatpersonen für die ihnen beim Wege- oder Kanalbau, oder zu anderen öffentlichen Anlagen weggenommenen oder vergrabenen Grundstücke gebührten; — über die bei Gelegenheit des Straßen- oder Wasserbaues entstehenden Steitigkeiten; — über die Gesuche der Städte, Flecken und Dörfer und Hospitalsverwaltungen um Ermächtigung vor Gericht aufzutreten; — über die Streitigkeiten, die in Ansehung der National-Domainen entstehen mogten.

Der Präfectur-Rath erkannte ferner: — über die Entschädigungsgesuche wegen der durch Feindeseinfall verursachten Zerstörungen, oder wegen Verlust durch Hagelschlag, Feüer und Überschwemmungen; — über die Reclamationen der Einnehmer, deren Kassen bestohlen oder geplündert worden, wie auch über die Gesuche solcher Steüereinnehmer, deren Rollen, vor bewirkter Erhebung der Gelder ein Raub der Flammen geworden sein mogten; — über die Aufhebung der Pachtverträge, welche Mineralquellen zum Gegenstande hatten, im Falle, wo der Pachtschilling nicht bezahlt oder die Bedingungen des Vertrags vom Pächter nicht erfüllt würden; — über Streitigkeiten, die über die Vertheilungsrolle solcher Gelder entstehen, die zur Unterhaltung, Ausbesserung oder Wiederaufbauung von Kanälen und Deichen erforderlich sind. — Vor ihn gehörten ferner alle Streitigkeiten, welche auf die mit der Anlage neüer Kanäle und Landstraßen verbundenen Auflagen, so wie auf die bei Austrocknung der Sümpfe nöthigen Arbeiten Bezug haben; — auch entschied er über die an den Landstraßen durch Vieh oder sonst verübte Beschädigungen u. s. w.

Der Präfect hatte, wenn er den Sitzungen des Präfectur-Raths beiwohnte, den Vorsitz und alsdann bei getheilten Meinungen eine entscheidende Stimme. Bei der Verhinderung eines der Präfecturräthe wurde dessen Stelle durch ein Mitglied des General-Departementsraths, das aber nicht Richter sein durfte, ersetzt.

Die Unterpräfecten, deren es in jedem Arrondissements-Hauptorte einen gab, wurden ebenfalls vom Staatshaüptlinge ernannt und vom Präfecten verpflichtet. Im Hauptort des Departements war der Unterpräfect, der Regel nach, ein Staatsraths-Auditor, und konnte außer seiner eigentlichen Amtsthätigkeit auch zur Aushülfe beschäftigt werden.

Ihre Geschäfte bestanden zum Theil in denselben Gegenständen, wie die der Präfecten, jedoch hatten sie nicht in allen Sachen ohne Genehmigung des Präfecten Entscheidungen zu ertheilen. Sie waren die eigentliche Mittelbehörde zwischen dem Präfecten und den Maires; an sie gingen alle Berichte der Maires und Gesuche der Bezirkseingesessenen; sie bereiteten solche durch ihr Gutachten und Berichterstattung zur Entscheidung der Präfecten vor. Militärausheb̈ungs-Angelegenheiten, Begutachtung der Steüerreclamationen, Abnahme der Gemeinderechnungen, Verfertigung des Bürgerregisters, und Ertheilung der Bürgerkarten gehörten zu ihrem besondern Geschäftskreise.

Die Maires wurden in den Gemeinden, deren Bevölkerung 5000 Seelen und darüber betrug, vom Staatsoberhaupte, in den übrigen aber vom Präfecten ernannt. Sie und ihre Beigeordneten wurden alle fünf Jahre erneüert, gleichviel in welchem Zeitpunkte sie ernannt waren, konnten aber auch beibehalten werden.

Ihre Geschäfte bildeten ein Ehrenamt, ohne alle Entschädigung, daher nur wohlhabende Leüte diesem wichtigen Amte, dessen Einwirkung auf Verwaltung und Polizei groß und wichtig war, vorstehen konnten. — Sie verwalteten die Gemeindegüter und hielten auf den richtigen Eingang der Gefälle. — Sie leiteten die öffentlichen Arbeiten, die der Gemeinde oblagen. — Ihnen stand die Aufsicht und Sorge für die Erhaltung des öffentlichen Eigenthums zu; — sie brachten ihren Verwalteten die bestehenden Verordnungen in Erinnerung; — sie leiteten die Ausführung gemeinnütziger Vorschläge ein; — sicherten ihren Verwalteten die Vortheile einer guten Polizei, — sorgten für Ruhe, Sicherheit, Reinlichkeit und Ordnung in den Straßen, an öffentlichen Plätzen und Gebaüden, — setzten die Taxen fest, wonach Brod und Fleisch verkauft werden mußten, während andere Lebensmittel keiner Taxe unterworfen waren.

Im Municipal-Rathe hatte der Maire den Vorsitz. Diesen konnte er in Kraft des Gesetzes nur ein Mal im Jahre am 1. Mai zu einer vierzehntägigen Versammlung berufen, worin über die Abnahme der Jahresrechnung und die Aufstellung des Gemeindeetats Berathung und Beschluß gefaßt werden mußte. — Zu allen anderen außergewöhnlichen Gemeinderathsversammlungen, die der Maire für angemessen hielt, mußte er erst die Erlaubniß des Präfecten einholen. Unter dem Vorsitz des Maire berathschlagte der Municipal-Rath ferner über die Art der Vertheilung der gemeinschaftlichen Holzschläge, Weiden, Ärnte und anderer Früchte, — über die Art der Aufbringung besonderer Gemeindebedürfnisse durch Octrois (indirecte Abgaben oder Zulags-Centimen (zu den directen Steüern), — über Anhebung oder Fortsetzung von Prozessen, die zur Ausübung oder Aufrechthaltung von Gemeinderechten abzweckten, — über Vergleiche zwischen der Gemeinde und Privaten, wegen so eilig gewordener Eigenthumsrechte, wozu aber das Gutachten Dreier vom Präfecten ernannter Rechtsgelehrten erforderlich war.

Alle Berathungen des Municipal-Raths, wobei nicht wenigstens zwei Drittel der Mitglieder, mit Ausschluß des Maire, zugegen waren, hatten keine Gültigkeit. Der Maire schickte die Ausfertigungen der niedergeschriebenen Protokolle mit seinem Gutachten an den Präfecten. Übrigens führte der Maire auch bei den Versammlungen der Wohlthätigkeits-Bureaux, oder der Hospitalsverwaltungen, wenn er in denselben erschien, von Amtswegen den Vorsitz.

Die Beigeordneten hatten im Municipal-Rathe nur dann Sitz und Stimme, wenn sie — 1) die Geschäfte des abwesenden oder verhinderten Maire zeitweilig wahrnahmen, in welchem Falle die Reihenfolge in der Ernennungsliste denjenigen Beigeordneten bestimmte, welcher damit beauftragt werden mußte; oder — 2) wenn bei der Municipalversammlung nicht zwei Drittel der Mitglieder anwesend waren, dieses durch ein vom Maire abgefaßtes Protokoll festgestellt, und derselbe die Beigeordneten zur Vollzähligmachung des Municipal-Raths eingeladen hatte. Übrigens hatte der Maire das Recht, seine Beigeordneten zu versammeln und sich mit ihnen über Verwaltungsangelegenheiten zu berathen, so oft er es für nothwendig erachtete. — Auch konnte er ihnen einen Theil seiner Verrichtungen entweder für eine Zeitlang oder für immer übertragen.

Die Municipalverwaltung bestand in denjenigen Gemeinden, worin keine 2500 Einwohner waren, aus einem Maire, einem Beigeordneten und 10 Municipalräthen. Gemeinden von 2500—5000

Einwohner hatten einen Maire, zwei Beigeordneten und 20 Municipalräthe; jene aber, welche 5000—10000 Einwohner zählten, hatten einen Maire, zwei Beigeordnete, einen Polizeicommissarius und 30 Municipalräthe. In den Gemeinden mit größerer Bevölkerung wurde für jede 20000 Einwohner ein Beigeordneter und für jede 10000 Einwohner ein Polizeicommissarius mehr ernannt. In den Gemeinden unter 5000 Seelen versah der Beigeordnete die Amtsverrichtungen des Polizeicommissarius.

Der General-Departements-Rath wurde vom Staatshaüptling ernannt, bestand aus 16—24 Mitgliedern, die man alle fünf Jahre zum Drittel erneüerte. Er versammelte sich jährlich ein Mal, aber auch außerordentlich auf die Berufung des Staatshaüptlings, durfte aber seine Sitzungen nicht über 14 Tage hinaus verlängern, und ernannte in der Jahressitzung aus seiner Mitte einen Präsidenten und einen Secretair. — Er vertheilte die directen Steüern, welche das Departement aufzubringen hatte, unter die Arrondissements; — entschied über die Gesuche, welche der Arrondissements-Rath, die Städte oder Landgemeinden um Verminderung einlegten; — bestimmte die Anzahl der Zulags-Centimen, deren Aufbringung zur Deckung der Departements-Nothwendigkeiten erforderlich war, wobei jedoch die durch das Gesetz vorgeschriebenen Gränzen nicht überschritten werden durften. — Vom Departements-Rathe wurde die Jahresrechnung, welche der Präfect über Verwendung der Zusatz-Centimen anfertigen ließ, abgenommen. — Endlich stand ihm zu, seine Meinung über den Zustand und die Bedürfnisse des Departements abzugeben und sie unmittelbar dem Minister des Innern zu überschicken.

Der Arrondissements-Rath wurde ebenfalls vom Staatshaüptling ernannt und alle fünf Jahre zum Drittel erneüert, die Zahl seiner Mitglieder belief sich fast überall auf 11; seine Versammlungen, Präsidenten- und Secretairswahlen waren jenen des General-Departements-Raths gleich. — Er vertheilte die dem Arrondissement aufgelegten Steüerquoten unter die einzelnen Gemeinden des Arrondissements; — gab seine mit Gründen unterstützte Gutachten ab über die von den einzelnen Gemeinden eingelegte Abschreibungsgesuche; — nahm die vom Unterpräfecten über die zum Nutzen des Arrondissements verwendeten Zulags-Centimen geführte Rechnung ab; — und gab seine Meinung über den Zustand und die Bedürfnisse des Arrondissements in einem dem Präfecten zu übermittelnden Berichte ab.

Die Cantons-Versammlungen bestanden aus allen Bürgern, welche das einundzwanzigste Lebensjahr überschritten hatten, deren bürgerliche oder politische Rechte weder durch Gesetz noch Verfassung unterbrochen waren, und die folglich in den Bürgerlisten standen. Sie wählten die Friedensrichter, deren Ergänzungsmänner (suppléans), die Municipalräthe in den Mairien über 5000 Seelen, so wie die 120—150 Mitglieder zu den Arrondissements- und die 250—350 Mitglieder zu den Departements-Wahlcollegien, die in beiden Versammlungen auf Lebenszeit fungirten.

Die Bezirks-Wahlversammlungen (Collèges électoraux d'arrondissement) konnten nach dem Gutdünken des Staats-Oberhaupts um 10 von ihm ernannte Mitgliedern vermehrt werden, wie es denn auch den Vorsitzenden bei jeder Zusammenkunft bestellte. Zu jeder erledigten Stelle des Arrondissements-Raths erwählte diese Versammlung zwei Kandidaten, aus denen der Haüptling einen zu der erledigten Stelle ernannte; auch hatte es zu ihren Functionen gehört, zwei Bürger für die Kandidatenliste des Tribunats zu wählen. Buonaparte aber, in dessen Kopf ungeheüere, und mit seinem System in Einklang stehende Entwürfe gährten, und welcher nicht länger von den ihm widerwärtigen Schwätzereien der Rednerbühne gelangweilt sein wollte, hob unter dem Vorwande der Ersparnng am 19. August 1807 das Tribunat auf und setzte drei Commissionen für die Gesetzgebung, die Verwaltung und die Finanzen an dessen Stelle, wozu er die ihm zusagenden Personen aus der Gesetzgebenden Versammlung nahm, für deren Mitglieder er gleichzeitig ein Lebensalter von 40 Jahren vorschrieb. Diese willkürliche, obwol angeblich in gesetzliche Formen gekleidete Maßregel erregte nicht das mindeste Murren unter einem Volke, das sich nun schon gänzlich an unbedingten Gehorsam und an die soldatische Zuchtruthe des Haüptlings gewöhnt hatte.

Die Departements-Wahlversammlungen (Collèges électoraux de département) wählten, unter einem, bei ihrer jedesmaligen Zusammenkunft vom Haüptling ernannten Präsidenten, zu jeder erledigten Stelle des Departements-Raths zwei Candidaten, aus welchen, wie oben erwähnt, das Staatshaupt einen ernannte. Jedes dieser Departements-Wahlcollegien erwählte auch bei jedesmaliger Zusammenkunft zwei Bürger, die auch in einem andern Departement wohnhaft sein konnten, für die Kandidatenliste des Senats, und zwei oder drei für die Gesetzgebungsversammlung (Corps legislatif.)

Wie Buonaparte aus den drei norddeütschen Departements der Elb- und der Wesermündung und der Ober-Ems ein General-Gouvernement geschaffen hatte, so auch aus den holländischen Departements, dem das Lippe-Departement zugetheilt wurde. Das Gouvernement von Holland bestand aus dem General-Gouverneur und zwei Staatsräthen, der eine als Intendant für die Finanzen und den öffentlichen Schatz, der zweite als General-Intendant des Innern. Dazu kam durch Verordnung vom 8. Mai 1811 ein General-Polizeidirector zu Amsterdam, der zwei General-Polizeicommissaire in Rotterdam und Münster unter sich hatte. Auch beim General-Gouvernement zu Hamburg wurde ein solcher General-Commissair der Polizei aufgestellt. — Außer diesen zwei General-Gouvernements gab es noch fünf andere, nämlich: 1) von Paris; 2) für die Departements jenseits der Alpen; 3) für die Departements von Toskana; 4) für die Departements von Rom und 5) für die Illyrischen Provinzen, von welch' letzteren weiter unten die Rede sein wird.

Der General-Polizeicommissair wurde vom Staatshaüptlinge ernannt und vom Präfecten installirt. Seine Amtsbefugnisse waren nach der Verordnung vom 23. Fructidor des Jahres XIII folgende: — Er führte die Aufträge aus, welche er mittelbar durch die General-Polizei-Directoren in Holland und in Hamburg, oder auch unmittelbar von dem Minister der allgemeinen Polizei empfing, correspondirte mit den Staatsräthen, die mit der allgemeinen Polizei des Reichs beauftragt waren, oder auch unmittelbar mit dem Minister. — Unter der Aufsicht des Departements-Präfecten konnte er die in Kraft seienden Gesetze und Polizeiverordnungen in Erinnerung bringen und die Maßregeln treffen, ihre Ausführung zu sichern. — Der General-Polizeidirector in Holland und seine Commissairs zu Rotterdam und zu Münster, so wie der zu Hamburg mit seinen Commissairs zu Bremen und Lübeck waren beauftragt, ausschließlich die Pässe zur Reise ins Ausland, so wie auch die Pässe zur Reise im Innlande für jene Eingesessenen der deütschen und batavischen Lande auszufertigen, welche im Residenzorte dieser Polizeibeamten wohnten. Alle Pässe von Fremden, welche aus dem Auslande kamen, oder jene der Franzosen, welche von einer Reise im Auslande heimkehrten, mußten ihnen vorgelegt werden, und die Reisenden sich einem strengen Verhör über Erlebtes, Gesehenes, Gesprochenes unterwerfen. — Alle Pässe oder Marschrouten von Militärpersonen oder Matrosen, die einen beschränkten Urlaub hatten, mußten, falls sie in dem Amtsbezirke des General-Polizeicommissairs wohnten, ihm zur Durchsicht und Unterschrift vorgelegt werden. — Dieser Polizeibeamte mußte die gegen Bettler und Landstreicher gegebenen Gesetze zur Ausführung bringen lassen und konnte dergleichen Personen, mit Vorbehalt der von den Präfecten, Unterpräfecten und Maires getroffenen Maßregeln, in die Gefängnisse schicken. — In seinem Residenzorte hatte er die Aufsicht über die Gefängnisse und nur er allein konnte die Erlaubniß ertheilen, einen auf seinen Befehl Verhafteten zu besuchen. — Er hielt auf die Befolgung der Gesetze und Vorschriften, welche die Gastwirthe und Vermiether möblirter Zimmer betrafen; — er sorgte für die Ausführung der Gesetze und Vorschriften, welche die Buchdrucker, Buchhändler und Zeitungen betrafen. — Er hatte ein vorzügliches Augenmerk auf die Kirchen, und hielt darauf, daß die den geweihten Orten schuldige Ordnung und Ehrerbietigkeit stets gehandhabt wurde und er ließ diejenigen, welche die Freiheit und das Öffentliche der Gottesverehrung stören möchten, verhaften. — Er ließ die desertirten Militärpersonen und Seeleüte, so wie die entflohenen Kriegsgefangenen verfolgen und aufsuchen. — Er sicherte die Ausführung der in Betreff des Schleichhandels erlassenen Gesetze und Verordnungen und ließ die verbotenen Waaren mit Beschlag belegen. — Ihm gebührte die Ausführung der Gesetze, welche in Betreff der aus England oder anderen mit Frankreich in Krieg begriffenen Landen kommenden Personen erlassen waren. — Er ließ diejenigen Personen, welche Verbrechen halber angeschuldigt waren, vor die Correctionsgerichte stellen, in sofern diese zu deren Untersuchung berechtigt waren. — Gemeinschaftlich mit den Lokalbehörden übergab er den peinlichen Gerichten diejenigen, welche auf frischer That ertappt waren, ferner diejenigen, welche zufolge öffentlichen Gerüchts verhaftet wurden und endlich jene, welche solcher Verbrechen schuldig zu sein schienen, von denen die peinlichen Gerichte Kenntniß nehmen mußten.

Außer diesen öffentlich ausgesprochenen Amtsverrichtungen des General-Polizeicommissarius gehörten aber auch geheime Artikel in großer Menge zu seiner Dienstinstruction, die ihn zu dem gefürchtetsten Beamten in der bureaukratischen Hierarchie des buonaparteschen Kaiserreichs machten. Er war der Mittelpunkt und die Seele einer geheimen Polizei, deren schlaue und geschmeidige Agenten, — leider ist es zu sagen, daß sich auch deütsche Männer und Frauen zum schändlichen Gewerbe anwerben und mißbrauchen ließen, — sogar ins Innere der Familienkreise eindrangen, um als Späher, Horcher und Lauscher jedes Wort aufzufangen, was dem Gewalthaber und seinem Regimente mißliebig sein konnte. Der General-Polizei-Commissair war aber auch, als Agent des Ministers der allgemeinen Polizei, ein geheimer Inspicient der Beamten der kaiserlichen Haüptlingschaft; selbst die Präfecten in den deütschen und batavischen Departements waren vor diesem Spion nicht sicher und durften es nicht wagen, im gesellschaftlichen Verkehr mit den angesehensten der angesessenen Familien des Landes, die doch für die Franzosenwirthschaft allmälig gewonnen werden sollten, ein freimüthiges Wort fallen zu lassen. Wer vom ersten Beamten des Departements etwas zu erreichen wünschte, der durfte sich nur an den General-Polizeicommissair wenden, um, zumal wenn das Gesuch durch hübschen Frauen oder Tochtermund in französischer Sprache vorgetragen wurde, sicher zu sein, seinen Wunsch erfüllt zu sehen, denn der Präfect wagte es nicht, dem Spion des Ministers der hohen Polizei etwas abzuschlagen.

Die Gensd'armerie, oder die militärisch organisirte, aus alten, feldunfähig gewordenen Soldaten bestehende Polizeimannschaft, die hinsichtlich der Disciplin unter den Kriegsgesetzen und den Militärbehörden stand, bildete die vollziehende Polizeigewalt und war, nach den Verfügungen des Gesetzes vom 22. Germinal des Jahres VI, u. a. berufen — Züge, Gänge, Streifereien und Patrouillen auf den Hauptstraßen, Seiten- und Nebenwegen und in allen Bezirken der gegenseitigen Ortschaften vorzunehmen, wobei sie gehalten war, sich ihre Verrichtungen Tag für Tag auf den Dienstblättern von den Municipalbeamten, Gemeinde- und anderen öffentlichen Beamten bescheinigen zu lassen, bei Strafe der Einbehaltung ihres Soldes. Die Gensd'armerie war berufen — alle möglichen Erkundigungen über öffentliche Verbrechen und Vergehen einzuholen und zu sammeln und sie zur Kenntniß der zuständigen Behörden zu bringen; — die Uebelthäter aufzusuchen und zu verfolgen, — überhaupt für die Sicherheits-Polizei nach allen ihren Richtungen Sorge zu tragen, wohin insonderheit gerechnet wurde, mit Gewalt jede bewaffnete Zusammenrottung zu zerstreüen, welche durch den Art. 365 der Verfassungsakte als

Frevelthat gegen den Staat erklärt worden war; dem Art. 346 gemäß, jede auch unbewaffnete Zusammenrottung zuerst mittelst eines mündlichen Befehls, und wofern es nöthig sein sollte, durch Anwendung der Waffen auseinanderzutreiben, endlich alle Zusammenrottungen, welche die Gesetze als aufrührerisch erklärten, zu zerstreüen, vorbehaltlich jedoch hiervon den Verwaltungsbehörden sofort Anzeige zu machen. Diese Befugniß der Gensd'armerie gab den neü einverleibten deütschen Departements nicht selten zu den trostlosesten, aber auch lächerlichsten Mißverständnissen Anlaß, wenn die Polizeireiter, fast durchweg Nationalfranzosen, dazu alte, in den Feldschlachten und Feldlagern verwilderte Krieger, auf ihren Zügen durchs Land manche Dorfjugend bei ländlichen Festen, wie Kirmessen u. a. m. überraschte, und in diesem harmlosen Vergnügen ein Complot wider den Staat, d. i. wider dessen Oberhaupt, zu wittern vermeinten. — Die Gensd'armen waren aber auch eben so berechtigt, als verpflichtet, die Steüer-Executions-Diener und die bewaffnete Zöllnerschaar in ihren Verrichtungen zu schützen und zu unterstützen, und eben so die Vollstrecker gerichtlicher Befehle, wogegen sich nichts sagen läßt. — Sie hatten auch ein wachsames Auge über die beurlaubten Soldaten zu halten und mußten, wenn ein geschlossener Truppenkörper durchs Departement zog, diesen in einer gewissen Entfernung rückwärts und zu beiden Seiten begleiten, um die Ausreißer aufzufangen, an denen es in den letzten Jahren des Reichs niemals fehlte, und sie sofort dem Befehlshaber des Corps zu überliefern. — Jeder Reisende war verpflichtet, dem ihm auf der Landstraße begegnenden Gensd'armen auf dessen Verlangen seinen Paß vorzuzeigen; fehlte ihm dies Papier, so war sofortige Verhaftung und Abführung nach demjenigen Polizeigewahrsam, der dem Polizeireiter gut dünkte, mochte der betreffende Ort von der Landstraße, die der Reisende zu verfolgen hatte, noch so entfernt sein, die unausbleibliche Folge. — Gasthöfe, Wirthshaüser, Schankstätten und andere öffentliche Haüser standen der Gensd'armerie zu jeder Stunde des Tags und selbst der Nacht offen, um daselbst über Personen, die von der geheimen Polzei bezeichnet worden waren, oder solche, deren Verhaftung die zustehende Obrigkeit verordnet hatte, Nachforschungen anzustellen. Zur Nachtzeit war das Haus eines jeden Bürgers, dem Gesetze nach, eine unverletzliche Freistätte; die Polizeireiter durften daher zu dieser Zeit nicht anders hineingehen, als im Fall einer Feüersbrunst, Überschwemmung oder Anrufens aus dem Innern des

Hauses; und bei Tage sollten sie das Haus des Bürgers nur auf ausdrücklichen Befehl der zuständigen Behörde betreten, waren aber befugt, bis zur Ausfertigung dieses Befehls das verdächtige Haus zu umstellen und zu bewachen. Was aber machte sich der französische Gensd'arm aus dem Gesetz, dem neüfranzösischen Bürger gegenüber, dessen Sprache er nicht verstand, wenn es sich darum handelte, einen Bürger zu haschen, der in Weinlaune sich mißliebig über „Napoléon den Großen" geaüßert hatte, wenn ein Schleichhändler zu erwischen war, oder ein widerspänstiger Rekrut (Refractaire), deütscher Nation, der nicht Lust hatte, sich für den eiteln Kriegsruhm der „Großen Nation" von einem Spanier oder Russen todt schießen zu lassen!

Das Institut der Gensd'armerie, wie wohlthätig es in einer gut geordneten Gesellschaft, in der das Mißtrauen der Regierenden gegen die Regierten nicht überhand genommen hat, wirkt, hatte sich zu einer der verhaßtesten Einrichtungen des buonaparteschen Kaiserthums ausgebildet und mußte seiner ganzen Organisation und Handhabung nach vorzugsweise dazu beitragen, den innern Groll des davon betroffenen deütschen Volks gegen Franzosenherrschaft und Franzosenwirthschaft zu nähren und zum Ausbruch einer hellen Flamme des Aufruhrs zu schüren.

B. Finanz-Behörden.

Um die ungeheüeren Ausgaben zu decken, welche die ununterbrochene Kriegführung erheischte, mußte, trotz der Brandschatzungen, die in den eroberten oder besiegten Landen ausgeschrieben und erhoben wurden, Frankreich Summen aufbringen, von deren Höhe man bis dahin keinen Begriff gehabt hatte.

Das ist der Fluch der Revolution von 1789 und der daraus entsprungenen Imperatoren-Herrschaft, daß sie dem deütschen Volke, wie jedem andern, eine Last von Abgaben aufgebürdet hat, die, wie groß schon seit den Tagen der Religionskämpfe der Anlauf dazu genommen, in ihrer Stetigkeit und Unabänderlichkeit unleidlich und unerträglich geworden ist.

Die früher üblich gewesenen Abgaben waren in Frankreich durch unmittelbare und mittelbare Besteüerung der Staatsangehörigen ersetzt worden.

Die unmittelbare Besteüerung war vierartig, nämlich: 1) Grundsteüer; 2) Personen- und Mobilar-Steüer; 3) Thüren- und

Fenster- und 4) Patent-Steüer. So war also der Grund und Boden, von dem der Mensch lebt, besteüert, die Person des Menschen selbst und das Hausgeräthe, dessen er sich bediente; die Thüren, vermöge welcher deren er in sein Haus und in seine Wohnraüme gelangt und das Tageslicht, das die Sonne ihm hinein scheinen ließ, was manchen Hauseigenthümer veranlaßte, alle nur immer entbehrlichen Thüren und Fenster vermauern zu lassen, wie arg auch immer der Verstoß gegen die Architektonik sein mochte; und endlich war jedes Handwerk, jedes Gewerbe rc. unmittelbar besteüert, was ein darüber ausgefertigter offener Brief oder Patent kund gab.

Die richtige Erhebung der Steüern wurde von verschiedentlichen Beamten, die jeder in ihrem Geschäftskreise dazu wirkten, geleitet. In jedem Departement war —

Ein Steüer-Director, der die Ausfertigung der Steüerrollen besorgte, welche nachher vom Präfecten für vollstreckbar erklärt und durch die Steüerontroleurs den Empfängern zur Einziehung der Gelder übergeben wurden. — Er würdigte die ihm zugegangenen Untersuchungs-Protokolle über alle in Steüersachen vorkommende Reclamationen, und erstattete darauf sein Gutachten. — Er verfertigte auf Verlangen des Präfecten diejenigen Vorbereitungsarbeiten, welche den Departements- und Arrondissements-Räthen bei ihren Vertheilungen dienten. — Durch ihn gelangten an den Inspector und die Controleurs die auf den Dienst sich beziehenden Befehle der Regierung; — er leitete die Katasterarbeit; er verfertigte auf Ansuchen des Präfecten die Liste der 600 Höchstbesteüerten im Departement, die 100 Höchstbesteüerten in den Gemeinden über 5000 Seelen, und alle Nachweise, wobei es auf den Steüerbetrag ankam.

Der Steüer-Inspektor hatte die Aufsicht über die Controleurs und Bezirksempfänger; — er controlirte die Katasterarbeiten und wirkte in einigen Theilen selbst dabei mit; — es konnten ihm vom Präfecten und Steüerdirector besondere Arbeiten und besondere Kassenuntersuchungen übertragen werden; und — er vertrat den Steüerdirector, wenn dieser krank, abwesend oder seine Stelle eröffnet war.

Die Steüer-Controleurs, deren es in jedem Arrondissement einen, auch, je nach Umfang und Ausdehnung desselben, wol zwei gab, waren mit Anfertigung der Steüerrollen und Untersuchung der Steüerbeschwerden beauftragt; — sie hatten die Aufsicht über die

Geschäftsführung und den Kassenbestand der Einnehmer in den Gemeinden, und über die Amtshandlungen der Steüer-Executionsdiener.

Die Steüer-Empfänger hatten die directen Steüern in den Gemeinden zu erheben. In den meisten Fällen waren die Empfangsbezirke aus mehreren Gemeinden zusammengesetzt. In den Gemeinden, welche keine 10,000 Francs Revenuen hatten, waren die Steüerempfänger zugleich Communalempfänger; indessen konnte der Municipalrath, zufolge des Dekrets vom 24. August 1812, auch in den Gemeinden mit mehr als 10,000 Francs Einkünften dem Steüerempfänger die Erhebung übertragen.

Die Kataster-Behörde war mit der Vermessung und Bonitirung des steüerpflichtigen Grund und Bodens beauftragt, und bestand in jedem Departement aus einem Ober-Geometer, mehreren Unter-Geometern und Verificateurs. In den deütschen Departements diesseits des Rheins waren diese Katasterarbeiten noch nicht vollständig organisirt worden

Die mittelbaren Steüern wurden von verschiedenen Verwaltungszweigen erhoben. Dahin gehörten:

1) Bei der Einschreibungs- (Enregistrement) und Domainen-Verwaltung a) die Einschreibungsgebühren; b) die Kosten fürs Stempelpapier; c) die Kanzlei- und d) die Hypothekengebühren. Diese ganze Verwaltung wurde in jedem Departement von einem Domaine-Director geleitet, welcher mehrere Inspectoren, Verificatoren, Controleure, Enregistrements-Empfänger, Stempel-Einnehmer und Domainen-Rentmeister, in jedem Arrondissements-Hauptorte auch einen Hypothekenbewahrer unter sich hatte.

2) Die vereinigten Abgaben (droits réunis). Unter diesem Namen waren vorzüglich begriffen: — die Abgaben vom Verkauf des Weins, des Apfel- und Birnmostes; — vom Bierbrauen und Branntweinbrennen; — von der Freiheit Wein, Apfel- und Birnmost, Korn, Zuckersyrup, Kirschen, Kartoffeln und andere Säfte zu destilliren, die nach der Gährung eine weingeistige Flüssigkeit geben; — die Abgabe von öffentlichen Fuhrwerken und Miethwagen: — Stempelabgabe von Spielkarten, gestochenen Musiknoten und im Auslande gedruckten Büchern, eine Abgabe, die nach der Verordnung vom 5. Februar 1810 fünfzig Prozent vom Werth des Buchs betrug; —

die Versicherungsgebühren von Gold- und Silberarbeiten; — Abgaben von der Binnenschiffahrt, von Fähren und Kähnen; — von Verpachtungen der Fischereien in Kanälen. Die Salzsteüer. — Abgabe von Wegführungs- und Ortswechsel der Getränke. Diese Liste der vereinigten Abgaben könnte noch um ein Bedeütendes verlängert werden; wir begnügen uns indessen mit den aufgezählten Lasten, um noch hinzuzufügen, daß, nachdem Buonaparte durch Verordnung vom 29. Dezember 1810 das Tabaksmonopol eingeführt hatte, von dem er sich eine Revenue von 80 Millionen Francs versprach, diese Verwaltung allein das Recht hatte, Tabak fabriciren zu lassen; sie durfte dazu nur französische Tabaksblätter verwenden und höchstens ein Funfzehntel aus dem Auslande kommen lassen. Dieser Verwaltung war auch durch die Verordnung vom 8. Februar 1812 die Befugniß beigelegt worden, die den Gemeinden zustehende Consumtionssteüer oder Octroi, wie mans nannte, zu erheben.

Für diese Verwaltung, welche, wie sich leicht erachten läßt, ansehnliche Summen Geldes einbrachten, war in dem Hauptorte eines jeden Departements ein Director, ein Inspector, ein Hauptverwalter des Tabaksmagazins (Entreposeur principal des tabacs), zwei oder drei berittene Controleure angestellt. In jedem Arrondissement gab es einen Hauptcontroleur, einen seßhaften Hauptempfänger, einen Nebenverwalter (Entreposeur particulier) des Tabaksmagazins, in der größten Stadt des Arrondissements einen besonderen Controleur, und drei bis sechs im Bezirk umherreitende Empfänger.

Wo sich diese grün uniformirten Beamten plötzlich blicken ließen, da verbreiteten sie unter den Steüerpflichtigen, die eben kein ganz reines Gewissen haben mochten, Furcht und Schrecken; denn vor ihrem Späherblick war kein Raum sicher; und wehe dem Tabakraucher, bei dem ein Päckchen „nicht kaiserlichen Tabaks" gefunden wurde! Nicht selten kam es vor, daß der Defraudant von dem dazu requirirten nächsten Gensd'armen sofort verhaftet und ins Gefängniß abgeliefert wurde.

Zur Verwaltung der vereinigten Abgaben gehörten auch in den Rheindepartements die an verschiedenen Orten aufgestellten Empfänger und Controleure der Rheinschiffahrts-Octroi; und in jedem Departementshauptorte gab es einen Controleur und einen Probirer, welche beide das Versicherungsbureau der Gold- und Silberstoffe bildeten.

Wo in den neüeinverleibten deütschen Departements Salzwerke vorhanden waren, da standen die Betriebs- und Verwaltungsbeamten zunächst unter dem Hauptcontroleur des Arrondissements, innerhalb dessen die Salinen lagen. Was die Salinen in den deütschen Departements am linken Rheinufer betrifft, so gehörten dieselben zu denjenigen Salzwerken, welche am 1. Mai 1806 und 28. April 1807 einer Gesellschaft auf 99 Jahre in Pacht gegeben worden waren. Diese Gesellschaft hieß: „Compagnie der Salinen des Ostens" und hatte ihre Geldmittel durch 1200 Actien, jede zu 5000 Francs, zusammengebracht. Ihr Stammkapital betrug mithin 6 Millionen! Sie hatte die Salinen in den Departements der Meurthe, der Ober-Saône, des Doubs, des Jura, des Montblanc, des Nieder-Rheins, — des Rheins und der Mosel und des Donnerbergs zu Kreüznach und Dürkheim, welche in 3 Divisionen getheilt waren. Die Hauptverwaltung befand sich zu Paris und bestand aus einem Generalcommissair, einem Generalinspector, einem Präsidenten, einem Vicepräsidenten, drei Administratoren und einem Administrationsrath. Für jede der 3 Divisionen war ein Commissair angestellt, und für die 10 Salinen, aus denen der Pachtcomplex bestand, neün Directoren, da die zwei Salinen zu Kreüznach und Dürkheim einen gemeinschaftlichen Director hatten.

Eine Eigenthümlichkeit war es, daß die Verwaltung der Tabaksmagazine in den Arrondissementshauptorten auch Frauen anvertraut werden konnte. Offizierswittwen, deren Männer für die Republik oder das Kaiserthum auf dem Felde der Ehre gefallen waren, wurden dabei bedacht, nicht selten aber auch Frauen als Lohn für einst genossene Liebesgunst von längerer, nunmehr alternder Dauer!

3) Die Zollverwaltung hatte die Erhebung der Abgaben, die auf die Ein-, Durch- und Ausfuhr aller nur immer möglicher Gegenstände nach einem Tarif gelegt waren, der allem Handel und Wandel den Garaus machen mußte, abgesehen von der ungeheüeren Menge von Ein- und Ausfuhrverboten, über deren strenge Beobachtung die grünmontirten und mit Schießgewehr und Säbeln bewaffneten Zöllner zu wachen hatten.

Das ältere Gebiet des Französischen Reichs war in 4 Zolldivisionen eingetheilt, wovon jede einen Director hatte. In den Departements gab es 29 Zolldirectoren. Die neüeinverleibten deütschen und batavischen Lande waren nicht allein gegen das Ausland, sondern auch gegen die älteren Departements durch eine dreifache Zollinie abgesperrt, um dem Schleichhandel mit Colonial- und englischen Waaren gründlichst zu Leibe rücken zu können. Für die holländischen Departements gab es einen Oberzolldirector zu Amsterdam, von dem vier besondere Directoren in holländischen Städten abhangig waren. In den neüeinverleibten Departements des nordwestlichen Deütschlands hatte der Oberzolldirector seinen Sitz zu Hamburg, und Zolldirectoren, Inspektoren, Generalempfänger waren aufgestellt zu Wesel, Minden und Lüneburg für die Zollinie gegen das Großherzogthum Berg, das Königreich Westfalen und das Herzogthum Mecklenburg; zu Lübeck gegen die Ostsee; zu Hamburg gegen Holstein und gemeinschaftlich mit dem Zolldirector zu Bremen gegen die Seeküsten der Elb- und Wesermündungen; endlich zu Emden für die Zollinie gegen Holland und Frankreich. Das Verkehrsverbot mit den zuletzt genannten Landen sollte nach der Verfügung vom 21. Oktober 1811 mit dem Ende des Monats Juni 1812 außer Kraft treten; allein seine fernere Beibehaltung wurde durch die Verordnung vom 23. August 1812 entschieden. Welch' einen entsetzlichen Einfluß auf die Sittlichkeit des Volks diese Douanenbarrièren ausübten, ist bereits im Obigen kurz erwähnt worden.

4) Die Forstverwaltung. In Betreff des Forstwesens bestand in Paris unter dem Minister des Innern ein Oberforstverwaltungsrath von fünf Gliedern, der, was die Einkünfte der Forste betrifft, dem Finanzminister untergeben war. Zum Behuf des Betriebs war das Französische Reich in mehrere Oberforstbezirke eingetheilt und einem jeden derselben ein Generalinspector vorgesetzt. Diese Oberforstbezirke (Conservations des Forêts) führten fortlaufende Nummern und entsprachen den Sprengeln der Appellationsgerichte. In den Departements waren Inspectoren und Unterinspectoren, Ober- und Unterförster angestellt, die auf die Nutzung des Holzes und Bewirthschaftung der Staatsforsten Acht hatten. — Die den Gemeinden, Studienfonds, Armen- und anderen öffentlichen Anstalten gehörigen Wälder und Gehölze waren der Aufsicht der Forstverwaltung unterworfen, und nur auf ihre Anweisung konnten die jährlichen Holzschläge vorgenommen werden. In allen Forsten und Gehölzen ohne Unterschied, die Privatbesitzungen nicht ausgeschlossen, durften keine Eichen und Ulmen geschlagen werden, wenn nicht vorher ein Forstbeamter gemeinschaftlich mit einem Hochbootsmann der Marine anerkannt hatte, daß dieselben

nicht zum Schiffbau tauglich oder erforderlich seien. Jeder ohne solche Erlaubniß vorgenommene Hieb zog Beschlagnahme des gefällten Holzes und Bestrafung des Thäters nach sich. Ein anderer Zweig der Forstverwaltung bestand in der Aufsicht und Erhaltung der Fischereien, daher denn auch die Oberforstbezirke Conservations des Eaux et Forêts genannt wurden. — „Erhaltungen" nannte man diese Behörden, weil die Revolution in Wäldern und Gewässern arge Verwüstungen angerichtet hatte.

5) Die Verwaltung der Posten, insonderheit der Briefposten, stand unmittelbar unter der Generaladministration zu Paris, die einen Generaldirector an der Spitze und fünf Administratoren hatte. Die Vorsteher der Postanstalten in den Departements führten den Titel eines Postdirectors.

Alle diese Behörden der Finanzverwaltung gehörten unmittelbar zum Geschäftskreise des Finanzministers. Dagegen stand unter dem Minister des kaiserlichen Schatzes —

6) Die Generalkasse des Departements, die von einem Generalempfänger im Hauptorte des Departements verwaltet wurde, der auch besonderer Empfänger für das Arrondissement des betreffenden Hauptorts war. In jedem Arrondissement gab es einen Bezirksempfänger. Alle Einnahmen der directen und indirecten Steüern flossen in diese Bezirkskassen, von diesen in die Generalkasse, und zuletzt in den Schatz des gekrönten Haüptlings zu Paris, nach Abzug der ständigen Verwaltungskosten und außerordentlichen Ausgaben, die vom Minister angewiesen wurden. In jedem Departementshauptorte gab es —

7) Einen Hauptzahlmeister des kaiserlichen Schatzes, der alle im Departement vorkommenden gewöhnlichen und außergewöhnlichen Ausgaben, Besoldungen, Pensionen, Zinsen der Staatsschuld ꝛc. zu leisten hatte. Unter dem Minister des Schatzes standen auch —

8) Die Kriegszahlmeister in den 32 Militärdivisionen, in welche das Kaiserreich eingetheilt war, und von denen alle auf das Heer- und Militärwesen bezüglichen Zahlungen geleistet wurden.

In Hamburg für die vier Departements der Elb- und Wesermündung, der Ober- und Ost-Ems, und zu Amsterdam für die holländischen Departements, gab es einen Finanzintendanten. Diese beiden Beamten standen unter den zwei Geldministern, unter dem Finanzminister sowol als unter dem Minister des kaiserlichen Schatzes.

C. Rechtspflege.

Das bürgerliche Gesetzbuch der Franzosen (Code civil des François) mußte seine ursprüngliche officielle Benennung am 3. September 1807 gegen den anmaßlichen Namen Code Napoléon vertauschen. Eingeführt wurde es in Frankreich selbst seit 1803 und 1804, ebenso in den damals mit Frankreich schon vereinigten ehemaligen Landen des Deütschen Reichs. In Holland wurde im November 1807 eine Commission ernannt, um das französische Recht für das Königreich anpassend zu machen, was zu Stande gekommen war, als die holländischen Departements mit dem Kaiserreich vereinigt wurden. In den gleichzeitig vereinigten Departements vom nordwestlichen Deütschland kam das französische Recht in der zweiten Hälfte des Jahres 1811 überall da zur Geltung, wo es nicht schon in den sonst königlich westfälischen und großherzoglich bergischen Bestandtheilen in Kraft gewesen war

Der hohe kaiserliche Gerichtshof (Haute cour Impériale) zu Paris war die erste Rechtsbehörde im Reich und bestand aus dem Reichserzkanzler als Präsidenten, den sogenannten Prinzen der kaiserlichen Familie, den Großwürdenträgern des Reichs, dem Großrichter-Justizminister, den Großoffizieren des Reichs, aus sechzig der ältesten Senatoren, den Präsidenten der Staatsrathssectionen, aus vierzehn der ältesten Staatsräthe und zwanzig der ältesten Mitglieder des Cassationsgerichts, einem Generalprokurator und drei Beamten des Official du parquet, und einem Obergerichtsschreiber.

Dieser Gerichtshof erkannte —

1) In allen persönlichen Verbrechen der Glieder der Kaiserfamilie, mochten sie Könige, Großherzoge, Herzoge u. d. m. sein, der Großwürdenträger des Reichs, der Minister des Staatssecretairs, der Großoffiziere, der Senatoren und der Staatsräthe.

2) Über alle Verbrechen, Attentate und Complote gegen die innere und aüßere Sicherheit des Staats, gegen die Person des Staatshaüptlings und des muthmaßlichen Nachfolgers in der Haüptlingschaft.

3) Über die Verbrechen der amtlichen Verantwortlichkeit, welche von Ministern und Staatsräthen in besonderen Amtsaufträgen begangen worden.

4) Über Mißbrauch der Amtsgewalt von Seiten der Generalcapitains der Kolonien, der Kolonialpräfecte und der französischen

Niederlassungen jenseits des Meeres, auch der Generale zu Land oder zu Wasser, welche letztere jedoch noch der Militärgerichtsbarkeit in den durch die Gesetze bestimmten Fällen unterworfen waren.

5) Über Generale zu Land und zur See, die den ihnen ertheilten Verhaltungsbefehlen zuwider gehandelt hatten; — nota bene wenn sie vom Feinde geschlagen worden waren; im entgegengesetzten Falle wurden sie vom Haüptling belohnt und mit Ehren überschüttet, je nachdem der errungene Vortheil groß oder klein war!

6) Über Erpressungen und Vergeüdungen der Präfecte des Reich's in Ausübung ihres Amts.

7) Über schwere Vergehungen eines Appellations- oder peinlichen Gerichtshofes, so wie der Mitglieder des Cassationsgerichts.

8) Über Denunciationen in Betreff willkürlicher Verhaftnehmung oder Verletzung der Freiheit der Presse.

Das Cassationsgericht (cour de Cassation) zu Paris bestand aus einem ersten Präsidenten, drei anderen Präsidenten und achtundvierzig Räthen, einem Generalprokurator und einem Obergerichtsschreiber (greffier en chef) nebst vier Assistenten (Commis) und einem Secretair des Parquet. Dabei waren sechs Generaladvokaten und funfzig andere Advokaten, auch acht Huissiers. Für das ganze Französische Reich gab es nur dies eine Cassationsgericht. Es war in drei Sectionen getheilt, nämlich der Bittgesuche und Eingaben (des requêtes), für die bürgerlichen Streit- und die peinlichen Strafsachen. Bei jeder Section mußten wenigstens 11 Glieder gegenwärtig sein und abstimmen, wo die absolute Stimmenmehrheit entschied. Das Staatsoberhaupt ernannte nicht die Mitglieder dieses Gerichthofes, sondern mußte sich begnügen, für jede Stellenerledigung drei Kandidaten dem Senate zu präsentiren, von denen dieser einen erwählte und ernannte; was so ziemlich auf Eins hinauslief, auf Erfüllung des kaiserlichen Willens!

Das Cassationsgericht fällte keine Urtheile, sondern es cassirte oder vernichtete nur die in letzter Instanz von den Gerichtshöfen gefällten Urtheile, wenn im Verfahren etwas gegen die Gesetze versehen, oder wenn ein Urtheil dem ausdrücklichen Gesetz zuwider gesprochen worden war. Es verwies alsdann den Prozeß zur Entscheidung an einen andern Gerichtshof. Auch hatte dieses Gericht das Recht der Disciplin und Censur über die Appellations- und peinlichen Gerichtshöfe, und konnte in wichtigen Fällen die Richter ihres Amtes entheben oder sie vor den Großrichter-Justizminister fordern, um sich zu rechtfertigen. Endlich erkannte es auch darüber, ob eine Sache der öffentlichen Sicherheit halber, oder auch wegen gegründeten Verdachts der Parteilichkeit von einem Gerichtshofe an einen andern abgegeben werden sollte.

Die Appellationsgerichte hatten seit der Mitte des Jahres 1810 den Titel kaiserlicher Gerichtshöfe (cours Impériales) annehmen müssen. Frankreichs Gebiet war in vierunddreißig Appellations-Gerichtssprengel eingetheilt, davon sechs auf die ehemals deütschen und batavischen Lande trafen. Die Departements und die in einem jeden derselben befindlichen Gerichte erster Instanz, welche diesen sechs Appellationsgerichtsbezirken angehörten, ergiebt folgende Übersicht, in der die erste der bei den Appellationsgerichtssitzen in Parenthese stehenden Ziffern die Zahl der Departements, die zweite die Zahl der Gerichte erster Instanz bezeichnet.

Appellationsgericht zu	Departements.	Gerichte erster Instanz zu	
Brüssel (6; 22)	Dyle	Brüssel, Loewen, Nivelles	3
	Lys	Brügge, Veurne (Furnes), Kortrijk (Courtray) Ypern (Ypres)	4
	Schelde	Gent (Gand), Sluis (l'Ecluse), Termonde, Oudenaerde	4
	Beide Nethen	Antwerpen, Mecheln (Malines), Turnhout, Breda	4
	Jemappes	Mons, Doornik (Tournay), Charleroi	3
	Scheldemündung	Middelburg, Goes, Tholen, Zirikzee	4
Lüttich (6; 21)	Ourte	Lüttich, Malmedy, Huy	3
	Sambre u. Maas	Namur, Dinant, Marche, St. Hubert	4
	Unter-Maas	Maastricht, Hasselt, Roermonde	3
	Rheinmündungen	Herzogenbusch, Eyndhoven, Nimwegen	3
	Roer	Aachen, Köln, Crefeld, Cleve	4
	Lippe	Münster, Rees, Steinfurt, Neüenhaus	4
Trier (3; 11)	Saar	Trier, Prüm, Birkenfeld, Saarbrücken	4
	Donnersberg	Mainz, Kaiserslautern, Speier, Zweibrücken	4
	Rhein u. Mosel	Coblenz, Simmern, Bonn	3

Appellationsgericht zu	Departements.	Gerichte erster Instanz zu	
Metz (3; 12) . . .	Wälder . . .	Luxemburg, Neufchateau, Diekirch, Echternach	4
	Mosel	Metz, Saargemünd (Sarreguemines), Thionville	3
	Ardennen	Mezières, Sedan, Bouziers, Rethel, Rocroy	5
Dem Haag (6; 20) .	Zuijderzee . . .	Amsterdam, Utrecht, Amersfoort, Hoorn	4
	Maasmündungen .	Dem Haag, Rotterdam, Dortrecht	3
	Ober-Yssel . . .	Arnheim, Thiel, Zütphen . . .	3
	Yssel mündung . .	Zwolle, Almelo, Deventer . .	3
	Friesland . . .	Leüwarden, Sneek, Heerenveen	3
	West-Ems . . .	Groningen, Appingadam, Winschoten, Assen	4
Hamburg (4; 15) . .	Elbmündung . .	Hamburg, Lübeck, Lüneburg, Stade	4
	Wesermündung .	Bremen, Oldenburg, Bremerlehe, Nienburg	4
	Ober-Ems . .	Osnabrück, Minden, Quakenbrück, Meppen	4
	Ost-Ems	Aurich, Emden, Jever	3

Die Gesammtheit der Gerichtshöfe erster Instanz in diesen sechs Appellationsgerichtsbezirken betrug 101. Zieht man aber davon die zum alten Frankreich und zu der vormaligen Republik der sieben vereinigten Provinzen gehörigen ab, so verbleiben zweiundsechzig für die Lande, welche ehedem zum Deütschen Reiche gehört hatten.

Die Größe der Appellationsgerichtsbezirke war sehr verschieden, denn sie schwankte zwischen drei und sechs Departements und zwischen elf und zweiundzwanzig Gerichten erster Instanz. Daher kam es auch, daß das Richter= und sonstige Personal bei den Appellationsgerichten bald größer, bald kleiner war. Es bestand aus einem ersten Präsidenten und je nach Umfang der Geschäfte aus 3—4 Kammer= oder Senatspräsidenten, aus 21—35 Räthen, aus einem Rathsauditor, einem Generalprokurator, 2—4 Generaladvokaten, 4—7 Substituten, einen Obergerichtsschreiber (Greffier en chef), 4—5 Assistenten desselben, 50—70 Advokaten, 20 Avoués und 3—4 Dolmetschern, für diejenigen Appellationsgerichte, deren Sprengel sich auf die batavischen und neüeinverleibten deütschen Lande erstreck=

ten; denn auf das, am 21. Dezember 1810 dem Staatsoberhaupte erstattete Gutachten des Staatsraths wurde es nachgelassen, daß in diesen neüen Departements neben der französischen Sprache auch die deütsche und holländische bei allen Gerichtsverhandlungen, in allen Verwaltungsakten, in den Akten der Notarien und in Privathandlungen der freiwilligen Gerichtsbarkeit gebraucht werden durfte.

Ein Gericht erster Instanz (Tribunal de 1ère instance) befand sich in jedem Arrondissement. Vor sein Forum gehörten alle Eigenthumsklagen und Streitsachen, welche nicht von den Friedensrichtern hatten verglichen werden können, oder, worin in Betreff der Verwaltung nicht der Präfecturrath zu erkennen hatte. Es behandelte auch die correctionellen Gegenstände, wenn solche eine höhere Strafe als höchstens fünfjährige Einsperrung zur Folge hatte, so wie auch die streitigen Handelssachen überall da, wo es kein eigenes Handelsgericht gab.

Das Gericht erster Instanz, welches in dem Departementshauptort seinen Sitz hatte, war in zwei Kammern oder Senate abgetheilt und bestand, nach der Verordnung vom 18. August 1810, mit Einschluß des Präsidenten, Vicepräsidenten und Instructionsrichters, in der Regel aus acht Richtern und vier Ergänzungsrichtern (suppléants). Ein kaiserlicher Prokurator versah dabei die Stelle des Staatsanwalts, in dessen Geschäften er von zwei Substituten unterstützt wurde. Der Gerichtsschreiber hatte zwei Assistenten (Commis greffier). In den übrigen Arrondissements-Hauptorten des Departements waren die Gerichte erster Instanz nicht so zahlreich besetzt; hier konnten die Richter bisweilen bis auf drei beschränkt sein.

Die Berufungen in Civilsachen gingen an das zuständige Appellationsgericht, in Strafpolizei-, Zucht- oder correctionellen Sachen aber wurde von den Aussprüchen der Gerichte in den Bezirksorten an das Gericht des Departementsorts, und zwar von den Urtheilen, welche dieses Tribunal in correctionellen Sachen als Gericht erster Instanz sprach, an das Tribunal im Departementshauptort eines benachbarten Departements appellirt.

Als Criminalgericht fungirte das Tribunal in dem Departementshauptort, zu welchem Endzweck das zuständige Appellationsgericht vierteljährig eines seiner Mitglieder behufs Abhaltung des sogenannten Assisen- und des Specialgerichts deputirte. Ein kaiserlicher Criminalprokurator war beständig im Hauptorte des Departements. Das Urtel wurde in öffentlicher Sitzung auf Grund des Wahrspruchs von Geschworenen gefällt.

Friedensgerichte. In bürgerlichen Streitsachen wurde keine Hauptklage bei den Tribunalen angenommen, wenn nicht vorher der Beklagte zum Versuch der Güte beim Friedensrichter vorgeladen oder beide Parteien im Einverständnisse mit einander beim Friedensgericht erschienen waren. Eine Ausnahme hiervon fand indessen bei solchen Klagen Statt, die ohne Mittheilung an die Staatsanwaltschaft nicht entschieden werden konnten. Dahin gehörten vorzüglich Sachen, wobei die öffentliche Ordnung, der Staat, die Domainen, die Gemeinden, öffentlichen Anstalten, oder die Armen betheiligt waren, oder die auf den Personenstand Bezug hatten.

Außer der Sühneinstanz, welche bei den Friedensgerichten Statt haben mußte, hatten diese Richter auch in einigen Streitsachen ihre eigene Gerichtsbarkeit.

Sie erkannten in Personal- und Mobiliarklagen bis zum Betrage von 100 Francs und zwar bis zu 50 Francs in erster und letzter Instanz und bis zu 100 Francs mit Vorbehalt der Berufung an das Tribunal. Ebenso erkannten sie bis zum Werthe von 50 Francs in erster und letzter Instanz; und ohne alle Rücksicht auf den Werth der streitigen Gegenstände, mit Vorbehalt der Appellation, oder in erster Instanz in folgenden Fällen: — 1) Über alle Klagen wegen Beschädigung der Feldfrüchte, Ärnten und Äcker, sie mochten durch Menschen oder Thiere verursacht sein. — 2) Über die Verrückung der Gränzsteine, Usurpationen, sofern solche in den letzten zwölf Monaten vorgekommen waren, in Betreff von Grundstücken, Baümen, Hecken, Gräben und Einzaünungen; Störungen des bisherigen Wasserlaufs, die gleichfalls im letzten Jahre geschehen waren, und über alle anderen Klagen, die sich auf den Besitzstand gründeten. — 3) Über die dem Miethsmann und Pächter der Regel nach zur Last fallenden Ausbesserungen an den Pachtstücken. — 4) Über Entschädigungen, die ein Miether oder Pächter für entbehrten Genuß fordern konnte, wenn das Recht der Entschädigung unbestritten war, so wie über die von dem Eigenthümer eingeklagten Beschädigungen. — 5) Über Bezahlung des Arbeitslohns der Taglöhner, den Lohn der Dienstboten und den Vollzug der gegenseitigen Verbindlichkeiten zwischen Herren und Dienstleüten, Arbeitgebern und Arbeitnehmern. — 6) Über Streitigkeiten, die Erfindungspatente betreffend, und — 7) über solche Streitfragen, die aus dem Tarif der Municipalsteüer entstehen konnten.

Auf das Institut der Friedensgerichte stützte sich die Eintheilung der Arrondissements in Cantons. In jedem Canton gab es ein Friedensgericht, bestehend aus dem Friedensrichter, einem oder zwei Ergänzungsrichtern, einem Gerichtsschreiber und einem Huissier.

Polizeigericht. Die Friedensrichter waren auch in Polizeiübertretungsfällen, welche entweder eine Geldbuße von höchstens 15 Francs oder eine Gefängnißstrafe von höchstens fünf Tagen nach sich ziehen konnten, als Polizeirichter zu betrachten, und hatten darin mit den Maires gleiche Gerichtsbarkeit.

Jedoch erkannten die Friedensrichter in folgenden Fällen ausschließlich: — 1) Über polizeiwidrige Handlungen, die im Umfange der Gemeinde begangen worden, welche der Hauptort des Cantons war; — 2) über polizeiwidrige Handlungen in den übrigen Gemeinden ihres Cantons, insofern die Urheber nicht auf frischer That ertappt wurden, und die Übertretungen von Personen verübt worden waren, welche nicht in der Gemeinde wohnten, oder nicht anwesend waren, oder auch, wenn Zeügen, die Auskunft über die That geben sollten, entweder dort ihre Wohnung nicht hatten, oder doch nicht anwesend waren; — 3) über ähnliche Übertretungen, insofern der verletzte Theil bei seinem Antrage auf Schadenersatz entweder den Betrag nicht ausdrückte, oder mehr als 15 Francs für Entschädigung in Anspruch nahm; — 4) über Forstfrevel, wenn von Privatbesitzern hierüber Klage geführt wurde; — 5) über Verbalinjurien; — 6) wenn Schriften, oder Holz- oder Kupferstiche, welche den guten Sitten zuwider sind, öffentlich ausgestellt, angeschlagen, angekündigt, verkauft, vertheilt, oder sonst ins Publikum gebracht wurden; — 7) über die Klage wider diejenigen, welche aus dem Wahrsagen, Vorhersagen künftiger Dinge, oder der Traumdeüterei ein Gewerbe machen.

In gerichtlichen Polizeisachen wurde von dem Friedensgerichte die Stelle der Staatsanwaltschaft vom Polizeicommissar des Orts, wo das Gericht seinen Sitz hatte, und wenn dieser verhindert oder keiner da war, vom Maire versehen, der sich durch seinen Beigeordneten vertreten lassen konnte. Hingegen mußte in den Orten, wo der Maire das Polizeigericht versah, der Adjunct die Stelle des Staatsanwalts warnehmen, und wenn dieser abwesend war, oder für den Maire das Polizeirichteramt versah, ein Mitglied des Municipalraths eintreten, das zu diesem Ende vom kaiserlichen Prokurator für ein ganzes Jahr ernannt wurde. Das Amt eines Gerichtsschreibers in Polizeisachen vertrat beim Maire ein Bürger, der vor dem Antritt seiner Stelle bei dem Tribunale vereidigt wurde.

Die Berufung von den Aussprüchen der Polizeigerichte, insofern sie Verhaftung von fünf Tagen oder Geldbuße von 15 Francs, ohne die Kosten mitzurechnen, überstiegen, gingen an das Tribunal in dessen Eigenschaft als Zuchtgericht. Diejenigen Aussprüche, welche geringere Strafen erkannten, waren in letzter Instanz; daher fand auch keine Appellation davon Statt, und sie konnten nur auf dem Wege der Cassation angegriffen werden.

Die Handelsgerichte (Tribunaux de Commerce) entschieden Streitfragen, die sich auf Verpflichtungen zwischen Kaufleüten ꝛc., ihren Dienern, insofern sie Handelsgeschäfte zum Gegenstande hatten, bezogen, und es gehörte vor ihr Forum die Beurtheilung und Entscheidung solcher Streitigkeiten, die als Folge eines Bankerots zu betrachten waren. Ein Handelsgericht bestand, außer dem Präsidenten in der Regel aus vier Richtern und vier Ergänzungsrichtern, die dem Gelehrten- und dem Kaufmannsstande angehörten, aus dem Greffier und zwei Huissiers. Der Gerichtssprengel eines Handelsgerichts stimmte mit dem Arrondissement überein, in dessen Hauptort es seinen Sitz hatte. Eigene Handelsgerichte waren in jedem Departementshauptorte; in den übrigen Arrondissements nicht überall; wo sie fehlten, da versahen die Tribunale die Geschäfte des Handelsgerichts. Alle Kaufleüte, welche das 30. Lebensjahr zurückgelegt und fünf Jahre mit Ehren ihr Geschäft getrieben hatten, konnten als Richter zu den Handelsgerichten berufen werden. Die Berufungen gingen an eben die Appellationsgerichte, wohin jene der Tribunale erster Instanz liefen. In den neüeinverleibten Departements waren Handelsgerichte zu Münster, Osnabrück, Bremen, Hamburg, Travemünde, Lübeck.

Zollgerichte. Außer den oben angeführten Gerichtsbehörden befahl Buonaparte mittelst Verordnung vom 18. Oktober 1810 die Errichtung noch besonderer Tribunale, um dem Schleichhandel mit England Einhalt zu thun. Sie bestanden in gewöhnlichen Douanengerichten und in Obergerichts- oder Prevotalhöfen, deren letztere es sieben gab, nämlich zu Valenciennes, Rennes, Agen, Aix, Nancy, Alessandria und Florenz.

Die gewöhnlichen Gerichtshöfe der Douanen erkannten in allen

Contraventionsfällen, welche die Strafe der Confiscation, oder Geldstrafen, oder blos correctionelle Strafen nach sich zogen. Sie bestanden aus einem Präsidenten, vier Beisitzern, einem kaiserlichen Prokurator und einem Greffier und instruirten und richteten alle Sachen, welche irgend einen Unterschleif in Ansehung der Zollabgaben zum Gegenstand hatten, nach den Gesetzen der correctionellen Polizei. Dergleichen gewöhnliche Zollgerichte gab es in Frankreich dreißig. Von ihren Urtheilen wurde an die Prevotalhöfe appellirt.

Diese Gerichtshöfe bestanden aus einem Präsidenten-Grandprévôt, zum wenigsten aus acht Beisitzern, einem Generalprokurator und einem Gerichtsschreiber. Sie erkannten, mit Ausschluß aller anderen Tribunale, sowol über das Verbrechen des Schleichhandels mit bewaffneter Hand, als auch über das Verbrechen der Unternehmung eines Schleichhandels, dessen sich Diejenigen schuldig machten, welche an der Spitze einer Schmugglerbande standen, Schmugglerrotten zur Bedeckung dienten oder sie anführten, die Unternehmungen eines Schleichhandels assekurirten, oder daran betheiligt und ihre Mitschuldige waren; sie erkannten ebenfalls über die Verbrechen und Vergehen, die von den Angestellten beim Zollwesen in ihren Amtsverrichtungen begangen wurden. Die Generalprokuratoren bei diesen Gerichtshöfen waren verpflichtet, von Amtswegen gedachte Verbrechen zu verfolgen. Im neünunddreißigsten Kapitel werden wir Gelegenheit haben, von noch anderen Befugnissen dieser scheüßlichen Ausnahmegerichte zu sprechen.

Gegen die in der Berufungsinstanz ergangenen Urtheile des Prevotalhofes fand Rekurs zum Cassationshofe Statt. Dagegen hatte gegen die Endurtheile, welche die Prevotalhöfe erließen, nachdem sie sich vorher über die Sache zu erkennen für befugt erklärt hatten und diese Befugniß vom Cassationsgericht in den oben angeführten Fällen bestätigt worden war, kein Cassationsgesuch Statt.

Für die Zollinie, welche von der Direction zu Wesel ressortirte, war das Douanengericht in Wesel, jene aber, welche von der Direction zu Emden abhing, in Groningen. Wo diese Zollgerichte in den Departements der Ober-Ems, der Weser- und der Elbmündung, und in den holländischen Departements eingerichtet waren, ist dem Berichterstatter nicht mehr erinnerlich. Der Prevotalhof für alle war aber in Valenciennes. Dahin wurden die Übertreter der Zollgesetzgebung, wenn sie mit den Waffen in der Hand ergriffen worden waren, mit Ketten beladen, von Gensd'armen und Soldaten eskortirt, geschleppt, um vor Gericht gestellt zu werden, wo ihrer Galeeren-, in den mildesten Fällen Gefängnißstrafe wartete. So erinnert sich der Herausgeber des Gedenkbuchs eines Falles aus dem Jahre 1812, bei dem eine Schmugglerbande von mehreren hundert Personen im Lippe-Departement an der holländischen Gränze gesprengt und fünfzig bis sechszig dieser Schleichhändler, Männer und Weiber, gefangen genommen wurden; sie und die mitschuldigen Kaufleüte, die aus den Verhören vor dem Staatsprokuratur bald ermittelt waren, mußten in der angedeüteten Weise nach Valenciennes wandern, um dort von Richtern, die die Sprache der Schuldigen nicht kannten, verurtheilt zu werden.

D. Anderweitige Staatsanstalten.

Verwaltung des Straßen- und Wasserbaues und der öffentlichen Arbeiten. Für diese Verwaltung gab es einen eigenen, selbstständigen, unter dem Minister des Innern stehenden Dienstzweig, der Corps Impérial des Ponts et chaussées genannt wurde. An der Spitze dieser Körperschaft stand ein Generaldirector. Unter diesem fungirten einige Generalinspectoren und unter diesen mehrere Abtheilungsinspectoren (Inspecteurs divisionaires); denn zufolge der Verordnungen vom 7. Fructidor Jahres XII, und vom 14. November 1810 war das Gebiet des Französischen Reichs in mehrere große Baubezirke (divisions des Ponts et chaussées) abgetheilt, davon jeder eine gewisse Anzahl von Departements in sich begriff. Die deütschen und batavischen Lande waren unter fünf Divisionen vertheilt; davon umfaßte —

Die eine Division die Departements Donnersberg, Rhein und Mosel, Saar, Wälder.

Die andere die Departements Sambre und Maas, Ourte, Unter-Maas, Rheinmündungen, Roer, Lippe.

Die dritte die Departements Dyle, Beide Nethen, Scheldemündungen, Schelde, Lys und Jemappes.

Die vierte die Departements Elbmündung, Wesermündung, Ober- und Ost-Ems.

Die fünfte die Departements von Holland: Zuijderzee, Maasmündungen, Ober-Yssel, Ysselmündung, Friesland, West-Ems.

Ein Erlaß vom 11. Januar 1811 verordnete einen besondern Beamten, einen maître des Requêtes, für die Unterhaltung der Polders in Holland, unter dem Befehl des Generaldirectors des Straßen- und Wasserbauwesens. Durch ein anderes Dekret vom nämlichen Tage wurden die Polders ohne Weiteres für Staatseigenthum erklärt und den Domainen zugeschlagen. Die Eigenthümer sollten ihr Eigenthum erst beweisen! Waren sie in der Unterhaltung der Polders nachlässig, so wurde von Regierungswegen Vorsehung getroffen, und wenn dann die Eigenthümer die aufgewendeten Kosten nicht zu ersetzen bereit waren, so sollten die Polderländereien verkauft und die Regierung sich auf diese Weise bezahlt machen; ein Recht auf sonstige Güter des Eigenthümers wurde ihr jedoch nicht zugestanden, vielmehr bestimmt, daß der Eigenthümer den etwaigen Überschuß aus den Verkaufsgeldern der Ländereien erhalten sollte. Für den Fall, daß ein Polder von den Fluthen verschlungen würde, sollte der Eigenthümer nach Ablauf eines Jahres alles Recht darauf verlieren und der Polder sollte, wenn er sich wieder ansetzte, künftig Staatseigenthum sein.

In jedem Departement stand den öffentlichen Arbeiten, nach deütschem Begriff und Ausdruck, ein Baudirector (Ingénieur en chef des ponts et chaussées) vor, der die nöthige Anzahl Bauinspektoren (Ingénieurs ordinaires, in jedem Arrondissement einen), Bauführer (Ingénieurs-Conducteurs) und Landmesser (Ingénieurs-Géographes) unter sich hatte.

Die Hauptverrichtungen dieses Verwaltungszweigs bestanden in Anfertigung der Pläne, Kostenanschläge 2c. aller im Departement vorkommenden öffentlichen Arbeiten, die von Staats- oder von Departementswegen angeordnet wurden. Diejenigen Landstraßen, welche auf allgemeine Staatskosten erbaut und unterhalten wurden, waren in drei Klassen abgetheilt, die sich durch die Breite der Straße unterschieden. Sie hießen kaiserliche Straßen. Die Departementalstraßen, deren Erbauung und Unterhaltung dem betreffenden Departement oblag, waren die schmalsten, noch schmaler aber die Wege, welche die Gemeinden auf ihre Kosten anlegten. Der Baudirector und unter ihm die anderen Beamten hatten die Aufsicht und leiteten die Arbeiten, die beim Straßenbau in der Regel von Unternehmern ausgeführt wurden.

Bei Arbeiten der Gemeinden stand dieser Verwaltung die Oberaufsicht zu, und sie wurden, sobald sie mit Gemeindekosten verbunden waren, nicht anders als auf das Gutachten des Baudirectors gebilligt. Diese Verwaltung hatte auch die Leitung bei den Arbeiten der innern Schiffahrt und den Ausbesserungen der Deich- und Stromufer, überhaupt Alles, was sich auf den Wasserbau bezog. Es wurde keine

Erlaubniß zur Anlage einer Wassermühle, oder zur Ausführung irgend eines Baues in einer Stadt oder an den großen Heerstraßen gegeben, als nachdem der Baudirector vorher mit seinem Gutachten darüber gehört worden war.

Die Bergwerks- und Hüttenverwaltung stand, was den technischen Betrieb betrifft, unter dem Minister des Innern, rücksichtlich der Einkünfte aber unter dem Finanzminister. Ein Bergwerks-Collegium (Conseil des mines) stand an der Spitze dieses Verwaltungszweigs, der hinsichtlich des Beamtenpersonals ebenso eingerichtet war, als das Bauwesen.

Die Handelskammern, die gleichfalls zum Geschäftskreise des Ministeriums des Innern gehörten, hatten den Auftrag, ihre Ansichten über die Mittel und Wege dem Staatsoberhaupt vorzulegen, wie der Handel zu vergrößern und zu erweitern, und die ihn fesselnden Hindernisse wegzuraümen seien. Sie waren aus den angesehensten und erfahrensten Kaufleüten und Gewerbtreibenden zusammengesetzt, unter denen hin und wieder wol freimüthige Stimmen laut wurden, die man aber alsbald auf empfindliche Weise zur Ruhe verwies. Im Jahre 1810 gab es in 42 Städten derartige Handelskammern, darunter in Brüssel, Gent, Antwerpen, Lüttich, in Aachen, Köln, Mainz ꝛc. Dazu kamen seit Einverleibung der holländischen und norddeütschen Lande andere in Amsterdam, Rotterdam, Utrecht, Zwolle, Leüwarden, Groningen, Arnhem, Münster, Osnabrück, Bremen, Hamburg, Lübeck, Travemünde. Ferner stand unter dem Minister des Innern —

Der Generaldirector der Buchdruckerei und des Buchhandels zu Paris, dem acht Censoren beigegeben und eine Menge Inspektoren und Verifikatoren in den Departements untergeordnet waren. Diese Behörde wurde von Buonaparte durch Verordnung vom 14. Dezember 1810 ins Leben gerufen, und zugleich bestimmt, in welchen Städten Ankündigungsblätter (Feuilles d'annonces) gedruckt, und welche den Wissenschaften und Künsten gewidmete Journale und Zeitschriften ferner unter der Aufsicht des Ministers des Innern fortgesetzt werden dürften. Sodann wurde, wie schon oben erwähnt, die Abgabe von 50 Prozent auf alle im Auslande in lateinischer und französischer Sprache gedruckte Bücher gelegt und verordnet, daß alle in ausländische Sprachen übersetzten Werke mit 150 Francs von 100 Kilogrammen Gewicht belastet werden sollten.

Werke, die von Fremden in ausländische Sprachen verfaßt und außerhalb Frankreichs gedruckt waren, zahlten nur 2 Francs von 100 Kilogrammen.

Wie im alten Rom den öffentlichen Heiligthümern und dem Gottesdienste ein rex sacrificulus in den Zeiten des Kaiserthums vorgesetzt wurde und vorgesetzt blieb, nachdem dieses aufgehoben und eine Republik errichtet worden war; gleichwie dieses priesterliche Königthum an die Imperatoren überging, als diese — gleichsam um die aufgehobene Republik in sich zu verewigen — fast alle republikanische Würden in ihrer Person vereinigten, so entstand in Frankreich ein rex sacrificulus literarius, als die französische Literatur nunmehr aufhörte, eine republikanische Verfassung zu haben, oder ein Theil der allgemeinen literarischen Republik zu sein, und als sie eine monarchische und ausschließende, eine monopolische Form erhielt.

Dieser Diktator und Generaldirector der Buchdruckerei und des Buchhandels sollte, nach dem neüen Gesetz, genehmigen, was gedruckt, was verkauft und was von Zeit zu Zeit aus dem Auslande eingeführt werden durfte. Er war, wie es ehemals „Wissende" bei dem Vehmgerichte gab, der „Vielwissende", wenn nicht „Allwissende" in Rücksicht der Literatur für Frankreich; er durfte Alles einer wiederholten Prüfung unterwerfen, mit dem erhebenden Gefühl, daß er, wie er sich in einem Umlaufschreiben an die Buchhandlungen ausdrückte, „zum natürlichen Schutzherrn eines Handelszweiges auserfehen sei, welcher vor allen andern die Menschen mit einander zu vereinigen und die Einsichten aller civilisirten Völker zu einem Gemeingut zu machen die hohe Bestimmung hat!" Von diesem literarischen Diktator hing es nun ab, das Gebiet der weitausgedehnten und täglich sich vergrößernden wissenschaftlichen Welt vor Schriften zu bewahren, die ihr schädlich sein konnten; sowie es in seine Macht gestellt war, alle ausländischen Schriften, die für Frankreich verderblich scheinen möchten, von dessen Gränzen abzuhalten, oder, hatten sie sich dennoch eingeschlichen, über diese wieder hinauszuwerfen, oder mit Feüer und Flamme zu vertilgen! Aber nicht mit diesem literarischen Diktator begnügte sich Buonaparte, um die Presse zu knebeln, auch der Minister der hohen Polizei war angewiesen, ein sehr wachsames Auge auf Buchdruckerei und Buchhandel, ebenso auf das Theater zu halten, zu welchem Endzweck dieser Minister ein besonderes Bureau halten mußte, von wo aus in dringenden Fällen auf telegraphischem Wege die strengsten Befehle an die Polizeicommissare in den Provinzen, zu deren weitern Vollziehung durch Spione, ergingen.

Militärwesen. Das Gebiet des Französischen Reichs war in 32 Militärdivisionen abgetheilt, die nach der laufenden Nummer aufeinander folgten. Die deütschen und batavischen einverleibten Lande gehörten 7 dieser Abtheilungen an, wie nachfolgende Übersicht zeigt, in der die eingeklammerten Namen altfranzösische Landestheile sind:

Nr. der Div.	Dazu gehörige Departements.	Sitz des Commandos.
3.	Wälder, (Mosel)	Metz.
16.	Lys, (Pas de Calais, Nord)	Lille.
17.	Zuijderzee, Maasmündungen, Ober-Yssel .	Amsterdam.
25.	Sambre und Maas, Ourte, Unter-Maas, Rheinmündungen, Roer, Lippe	Lüttich, zuletzt Wesel.
26.	Donnersberg, Saar, Rhein und Mosel . .	Mainz.
31.	Ysselmündung, Friesland, West-Ems . .	Groningen.
32.	Elbmündung, Wesermündung, Ober- und Ost-Ems	Hamburg.

An der Spitze einer jeden Militärdivision stand ein commandirender General, der meistens ein felduntüchtig gewordener Divisionsgeneral war. Ihm lag die Ausführung aller vom Kriegsminister und vom Minister der Militärverwaltung eingehenden Befehle ob, die sich auf das gesammte Kriegswesen bezogen. Alle Kriegsanstalten, sie mochten Namen haben wie sie wollten, waren seiner Oberaufsicht übergeben; insonderheit hatte er die Rekrutirung zu überwachen, zu deren Endzweck in jedem Departement seiner Division Rekrutirungsoffiziere aufgestellt waren, die, in Gemeinschaft mit den Civilbehörden, für diesen wichtigen Zweig der buonaparteschen Verwaltung zu sorgen hatten. Unter dem Commando der Militärdivision stand auch die Gensd'armerie in Allem, was deren Disciplin und Verpflegung betraf. Sie war in eben so viele Legionen abgetheilt, als es Militärdivisionen gab, und unterschieden sich durch gleichlautende Nummern. Für das Artillerie- und Festungswesen gab es in jeder Militärdivision Artillerie- und Ingenieurdirectionen, die zuweilen an einem Ort vereinigt, zuweilen aber auch getrennt waren. Vereinigt waren diese Directionen in der 3. Division zu Metz, in der 16. zu Lille, in der 17. zu Amsterdam, in der 26. zu Mainz, in der 31. zu Groningen, in der 32. zu Hamburg, getrennt aber in der 25. Division, wo die Artilleriedirection zu Maastricht und die Geniedirection zu Köln war.

Besondere Ingenieurhauptleüte waren in gewissen Städten aufgestellt, so im Bereich der 25. Division zu Jülich, Wesel und Münster, und im Bezirk der 32. Division zu Lübeck, Cuxhafen, Carlsburg und Varel.

Im Jahre 1811, demjenigen Zeitpunkte, wo Buonaparte den Gipfel seiner Macht erstiegen hatte, stellten sich die militärischen Kräfte Frankreichs folgendermaßen:

1. Der militärische Hofstaat des Staatsoberhaupts (Maison militaire de l'Empereur) bestand aus —

a) dem Generalstab, und wozu vier Generalobristen gehörten, nämlich:
 1) der Herzog von Auerstädt, Fürst von Eckmühl (Davoust), Commandeur der Grenadiere zu Fuß;
 2) der Herzog von Dalmatien (Soult), Commandeur der Jäger zu Fuß;
 3) der Herzog von Istrien (Bessières), Commandeur der Reiterei;
 4) der Herzog von Treviso (Mortier), Commandeur der Artillerie und der Matrosen. Zehn Adjutanten: die Grafen Lemarois, Law v. Lauriston, Caffarelli, Rapp, Bertrand, Mouton, Reille, der Herzog von Rovigo (Savary), Devisionsgenerale . . . . 8.
 Der Graf Lebrun und Gardanne, Brigadegenerale . . . . . 2.
 Vier Ordonnanzoffiziere. — An den Generalstab schloß sich die General-Administration des militärischen Hofstaats.

b) Dem Corps der Grenadiere zu Fuß, bestehend aus zwei Regimentern Grenadiere, einer Compagnie Veteranen, einem Regiment Füselier-Grenadiere, und vier Regimentern Tiralleurs; zusammen sieben Regimenter und eine Compagnie.

c) Dem Corps Jäger zu Fuß, bestehend aus einem Regiment Jäger, einem Regiment Füseliers, vier Regimentern Voltigeurs und einem Regiment Nationalgarden; zusammen sieben Regimenter.

d) Dem Reitercorps, bestehend aus einem Regiment Grenadiere zu Pferd, einem Regiment Dragoner, einem Regiment Jäger zu Pferd, einer Compagnie Mameluken, zwei Regimentern leichter Reiterei; zusammen sechs Regimenter und eine Compagnie

e) Einer Legion Elitengensd'armen.

f) Dem Artilleriecorps zu Fuß und zu Pferde.

g) Einer Compagnie Sappeurs, und

h) Acht Compagnien Seesoldaten.

Die Obristcommandeurs dieser Truppen waren: für die Grenadiere zu Fuß (Vacant); für die Füseliere: der Baron Friederichs; für die Jäger zu Fuß: der Baron von Curiel; für die Grenadiere zu Pferd: der Graf Walther; für die Jäger zu Pferd: der Graf Lefebvre-Desnouettes; für die Mameluken: Kirman; für die leichte Reiterei (Chevaux légers): der Graf Krasinski; für die Dragoner: der Herzog von Padua; für die Artillerie: der Graf Lariboissière.

Diese ansehnliche Truppenmacht diente nicht blos, um Staat und Pomp zu machen bei großen Festlichkeiten am militärisch organisirten, nichtsdestoweniger aber sehr üppigen Kaiserhofe zu Paris, sondern sie bildete den Kern des französischen Heeres, der, aus altgedienten Leüten bestehend, auf Hunderten von Schlachtfeldern gekämpft, geblutet und den oft zweifelhaften Sieg durch seine Tapferkeit erfochten hatte. Diese Kaisergarde wurde aus dem Heere ergänzt, und jeder Truppentheil schätzte es sich zur größten Ehre, wenn einer, oder mehrere oder viele seiner bisherigen Kameraden in die Garde versetzt wurden.

2. Der große Generalstab der Armee bestand aus: — drei Lieutenants des Kaisers, einem Majorgeneral oder Chef des großen Generalstabes der Armee auf dem Kriegstheater der Iberischen Halbinsel, dreizehn Marschällen, mit Einschluß der oben genannten vier Generalobristen, vier Senatoren mit Marschallstitel und sechs Generalinspektoren. Acht Divisionsgenerale hatten besondere sonstige Anstellungen; bei der Armee waren 156 angestellt; der Brigadegenerale gab es 326, der Adjudanten-Commandanten 159.

3. Das Artillerie-Corps bestand aus: — 1 ersten Generalinspector, 11 Divisions- und 16 Brigadegeneralen, 48 dirigirenden Obristen, 59 Bataillons-Commandeurs, 172 Hauptleüten; — 9 Regimentern Fuß- und 6 Rigimentern reitender Artillerie, 2 Bataillone Pontonniers, 18 Handwerkscompagnien, 5 Waffenschmidtscompagnien, 27 Bataillone Train, 128 Compagnien Küstenkanoniere, 28 ständigen Compagnien (Sédentaires) und 18 Compagnien Veteranen. — Buonaparte stellte die Artillerie an die Spitze seiner Heeresmacht aus Achtung vor der Waffe, in der er seine Laufbahn begonnen hatte. Er bezahlte Offiziere und Soldaten der Artillerie auch besser, wie die der anderen Waffengattungen, wie die unten folgenden Nachweisungen zeigen.

4. Das Ingenieur-Corps bestand aus: — 3 Divisions- und 8 Brigadegeneralen, die zugleich zum großen Generalstab der Armee gehörten; ferner 43 Obristen, 8 Majors, 73 Bataillonschefs, 240 Hauptleüten und 70 Lieutenants; dazu 2 Bataillone Mineurs und 5 Bataillone Sappeurs, nebst 6 Compagnien Train und sogenannte Guiden.

5. Das Fußvolk bestand aus 103 Regimentern Linien- und 28 Regimentern leichter Infanterie. Jedes Regiment war 3 Bataillone stark, im Ganzen gab es also 363 Bataillone Fußvolk. Bei der Linieninfanterie hatte jedes Bataillon 1 Grenadier-Compagnie, 4 Füsilier-Compagnien und 1 Voltigeur-Compagnie, zusammen 6 Compagnien. Ebenso stark waren die Bataillone des leichten Fußvolks, bei dem aber alle 6 Compagnien gleicher Waffe waren.

6. Die Reiterei zählte 84 Regimenter, nämlich 2 Karabinierstegimenter, welches Panzerreiter waren und sich von den 14 Kürassierregimentern nur durch die Uniform unterschieden, 30 Dragoner-, 27 Jäger- und 11 Husarenregimenter.

Lehrreich wird der Nachweis sein, wie Buonaparte die Leüte bezahlte, die auf alle Schlachtfelder des europäischen Festlandes hinauszogen, um sich für ihn und die maßlosen Entwürfe seiner Ehrsucht, nicht minder auch für die Füllung seines Säckels — todtschießen zu lassen, nebenbei auch um jene trügerische Leidenschaft zu befriedigen, welche man den Kriegerruhm nennt!

Sold der Truppen, nach den Etatsbestimmungen von 1810.

Jahrgehalte.

Generale.	Frs.	Thlr.	Sgr.		Frs.	Thlr.	Sgr.
Commandirender General	40,000	10,666	20	Commissar 1. Classe	4,000	1,066	20
Divisionsgeneral	18,000	4,800	—	Commissar 2. Classe	3,500	933	10
Brigadegeneral	12,000	3,200	—	**Platz-Commandanten.**			
Adjudantur.				Von der 1. Classe	8,000	2,133	10
Adjudantgeneral	7,000	1,866	20	„ „ 2. „	4,800	1,280	—
Oberst	5,500	1,466	20	„ „ 3. „	3,600	960	—
Escadronschef	4,000	1,066	20	„ „ 4. „	2,400	640	—
Hauptmann	2,300	613	10	**Platz-Adjudanten.**			
Lieutenant	1,450	386	20	Capitain	1,800	480	—
Unterlieutenant	1,100	293	10	Lieutenant	1,200	320	—
Kriegs-Commissariat.				**Compagnie der sogenannten Guiden.**			
Chef des Commissariats	12,000	3,200	—	Capitain	3,000	800	—
Ordonnateur	8,000	2,133	10	Lieutenant	1,800	480	—

Offiziere der Feldheere.

Truppen.	Zu Fuß. Frs.	Thlr.	Sgr.	Zu Pferde. Frs.	Thlr.	Sgr.
Oberst	5,000	1,333,	10	5,500	1,466	20
Bataillons- oder Escadronschef	3,600	960,	—	4,000	1,066	20
Quartiermeister	1,200	320,	—	1,400	373	10
Oberarzt (Chirurgien-Major)	1,500	400,	—	1,500	400	—
Unterarzt (Chirurgien de 2. Classe)	1,250	333,	10	1,250	333	10
Hauptmann	2,400	640,	—	2,500	666	20
Hauptmann 2. Classe	2,000	533,	10	2,300	613	10
Lieutenant	1,250	333,	10	1,450	386	20
Lieutenant 2. Classe	1,100	293,	10	1,250	333	10
Unterlieutenant	1,000	266,	20	1,150	306	20
Artillerie.						
Oberst	6,250	1,666,	20	6,750	1,800	—
Bataillons- oder Escadronschef	4,250	1,133,	10	4,900	1,306	20
Quartiermeister	1,200	320,	—	1,400	373	10
Oberarzt	1,500	400,	—	1,500	400	—
Unterarzt	1,250	333,	10	1,250	333	10
Hauptmann	2,500	666,	20	2,800	680	—
Hauptmann 2. Classe	2,000	533,	10	2,300	613	10
Lieutenant	1,500	400,	—	1,700	453	10
Lieutenant 2. Classe	1,300	346,	20	1,500	400	—

Tägliche Löhnung der Unteroffiziere.

Truppen zu Fuß.	Infanterie.	Artillerie.
Adjudantunteroffizier	1,60 Frs.	1,60 Frs.
Regimentstambour	0,80 „	1,05 „
Korporaltambour	0,55 „	0,80,8 „
Hautboisten	0,55 „	0,58,3 „
Regimentsschneider	0,30 „	0,31,7 „
Regimentsschuhmacher	0,30 „	0,31,7 „
Regimentswaffenschmidt	0,36 „	0,75 „

Tägliche Löhnung der Unteroffiziere.

Truppen zu Pferde.	Karabiniers Artilleristen.		Kür. Drag. Hus. Jäger.	
Adjudantunteroffizier	1,75	Frs.	1,60	Frs.
Staabstrompeter	1,10	„	0,85	„
Hufschmidt	0,90	„	0,78,3	„
Regimentssattler	0,90	„	0,78,8	„
Regimentsschneider	0,38,3	„	0,33,3	„
Regimentshosenmacher	0,38,8	„	0,33,3	„
Regimentsstiefelmacher	0,38,8	„	0,33,3	„
Regimentschwertfeger	0,60	„	0,78,8	„

Sold der Truppen bei den Feldheeren.	Grenadiere.		Füsiliere.	
Sergeantmajor (Feldwebel)	0,85	Frs.	0,80	Frs.
Sergeant	0,71,7	„	0,61,7	„
Fourrier	0,61,7	„	0,61,7	„
Corporal	0,50	„	0,45	„
Grenadier und Füsilier	0,35	„	0,30	„
Tambour	0,45	„	0,40	„

Grade.	Artilleristen.	
Sergeantmajor	1,44,2	Frs.
Sergeant	0,98,3	„
Fourrier	0,98,3	„
Corporal	0,70,8	„
Kanonier	0,36,7	„
Tambour	0,45,8	„

Bei der Verwandlung des französischen Geldes in dem obigen Jahresgehaltetat in deütsches Geld ist der Franc nach seinem wahren Werthe von 8 Sgr. zum Grunde gelegt worden. Buonaparte hatte aber, wie am Schluß dieses Kapitels nachgewiesen werden wird, angeordnet, daß in den deütschen Departements bei Zahlungen an die öffentlichen Kassen, wenn diese nicht in französischer Münze geleistet werden konnte, statt 1 Franc 8 Sgr. 5²/₃ Pf. gegeben werden mußten!

Das Seewesen wurde, nach den Befehlen des Ministers der Marine und der Kolonien, von Seepräfecten geleitet, davon einer zu Antwerpen stationirt war. Bei Besitzergreifung der batavischen und norddeütschen Lande wurde die in Amsterdam schon vorgefundene Seepräfectur auch auf die deütsche Nordseeküste ausgedehnt. Von da an hatte sie drei Arrondissements, das eine zu Rotterdam, das zweite

5*

zu Harlingen und das dritte zu Cuxhaven, letzteres für die Departements der Elb- und der Wesermündung und der Oberems. In den Küsten- und nicht zuweit landein, besonders an großen schiffbaren Strömen belegenen Departements waren eigene Beamte zur Einschreibung junger Leüte, die zum Seedienst tauglich und tüchtig waren. Auch erging unterm 10. Dezember 1810 eine Verordnung, der zufolge die Küstencantons von dreißig genannten Departements künftig keinen Beitrag zur Rekrutirung des Landheeres mehr geben, sondern zur Ergänzung der Seemacht bestimmt sein sollen. Unter den genannten Departements waren auch die der Dyle, der Schelde, der Lys und der Beiden Nethen. Ob diese Verordnung in der Folge auch auf die holländischen und die norddeütschen Departements ausgedehnt worden, ist dem Berichterstatter nicht mehr gegenwärtig.

Senatorien. Ein Theil der Mitglieder des Senats, oder der höchsten gesetzgebenden Körperschaft, hatte zufolge Verordnung vom 22. Nivose des Jahres XI der Republik, 11. Februar 1803, die Aufsicht über bestimmte Bezirke, welche mit denen der Appellations- oder kaiserlichen Gerichtshöfe übereinstimmten. Solche Bezirke wurden Senatorien genannt. Ein Senator, der einem dieser Bezirke vorgesetzt war, mußte in jedem Jahre wenigstens drei Monate lang in der ihm angewiesenen Residenz, gemeiniglich dem Sitze des Appellationshofs, sich aufhalten, um über das öffentliche Wohl zu wachen und die Befehle des Großgebietigers zu vollstrecken, dem er alsdann Rechenschaft abzulegen hatte. Es ist vielleicht nicht uninteressant, hier die Bemerkung einzuschalten, daß im Jahre 1810 in der Senatorie Lüttich der berühmte Gelehrte Monge, und in der Senatorie Trier Lucian Buonaparte die beaufsichtigenden Senatoren waren. Der Senat sollte über die Aufrechthaltung der Verfassung wachen, zu welchem Ende ihm alle Beschlüsse der gesetzgebenden Versammlung zur Untersuchung vorgelegt werden mußten, ehe sie Gesetzeskraft erhalten konnten; das nannte man einen Senatusconsult. Eine besondere Commission hatte über die persönliche Freiheit der französischen Bürger zu wachen, eine andere über die Preßfreiheit. Wie alle diese Bestimmungen illusorisch waren, so im Besondern die den letztern Punkt betreffende, wie die oben erwähnte Verordnung vom 14. Dezember 1810 erwies. Als in dem nämlichen Monate Holland und das nordwestliche Deütschland dem Reiche einverleibt wurden, bestimmte der Gewalthaber die Zahl der Senatoren in den holländischen

Departements zu sechs, und die der Senatoren in den deütschen zu vier. Unter den holländischen ernannte er den frühern Rathspensionair Schimmelpennink. Der Senat war mit einem reichen Jahreseinkommen ausgestattet; durch Verfügung vom 30. Dezember 1810 wurde sein Etat um 600,000 Francs erhöht.

Die Cohorten der Ehrenlegion. Der Ritterorden der Ehrenlegion ist eine von Buonaparte's schlauesten Erfindungen. Am 19. Mai 1802 zur Belohnung von Verdiensten jeder Art gestiftet, hatte er eine dreifache Bestimmung, eine moralische, das Ehrgefühl zu entflammen, eine politische, die Distinctionen des altfranzösischen Erbadels zu vertilgen, und eine militärische, die Verdienste der Soldaten zu belohnen, die der Stifter Vaterlandsvertheidiger nannte, wiewol sie nur zur Erreichung seiner persönlichen Zwecke, überall nur als Angreifer ins Feld zogen. Die Ehrenlegion war mit ehemaligen Domainen, oder Nationalgütern, wie mans nannte sehr reich ausgestattet. Sie war in sechszehn Cohorten durch ganz Frankreich vertheilt. Jede dieser Cohorten bestand aus 7 Großoffizieren, 20 Commandeurs, 60 Offizieren und 538 Legionairs (membre de la légion d'honneur), folglich zusammen aus 625 Köpfen. Jede Cohorte hatte einen Verwaltungsrath von neün Gliedern, an deren Spitze der älteste der Großoffiziere stand, ein Commandeur war Kanzler, ein Offizier Schatzmeister der Cohorte. Die vormals deütschen Reichslande gehörten der dritten, vierten und fünften Cohorte an. Die Sitze dieser drei Cohorten und die Chefs derselben waren im Jahre 1810:

Dritte Cohorte: Die ehemalige Benedictinerabtei zu St. Peter in Gent; Chef: der Marschall Bessières, Herzog von Istrien.

Vierte Cohorte: Das ehemalige kurfürstlich-kölnische Schloß Brühl, im Roerdepartement; Chef: der Marschall Davoust, Herzog von Auerstädt und Fürst von Eckmühl.

Fünfte Cohorte: Das vormalige bischöflich-straßburgische Residenzschloß Zabern, im Departement des Nieder-Rheins; Chef: der Marschall Lefebvre, Herzog von Danzig.

Nicht zu leügnen ist es, daß die Ehrenlegion neben dem Zweck, einen neüen, einen buonaparteschen Adel heranzubilden, auch Wohlthätigkeitszwecke hatte; denn außer den auf den Schlachtfeldern immerwährender Feldzüge wohlverdienten Pensionen, welche die Mitglieder des Ordens aus den Gütern der Cohorten bezogen, besaß die

Ehrenlegion zwei Institute für die Erziehung der Töchter mittelloser Legionairs, das eine zu Ecouen, das andere zu St. Denis, jedes für 300 Zöglinge, und sechs Waisenhaüser, die aber am Schluß der kaiserlichen Laufbahn des Stifters noch nicht ganz organisirt gewesen zu sein scheinen. Wenn es Freüde macht, wenigstens diese gute Seite buonapartescher Wirthschaft umsomehr lobend anzuerkennen, als die Güter, mit denen der Gewalthaber den Ritterorden der Ehrenlegion zu jenen wohlthätigen Zwecken ausstattete, den ursprünglichen Eigenthümern zum allergrößten Theil schon von seinen Vorgängern in der Regierung Frankreichs geraubt worden waren; so tritt gerade der entgegengesetzte Fall bei einem Verwaltungszweige ein, dessen noch schließlich zu gedenken ist, und den man nicht anders als —

Die Verwaltung geraubten Gutes nennen kann, der aber im Staatskalender (Almanach Impérial) unter dem Namen von Administrationen der Schenkungen (donations) von der vierten und fünften Klasse aufgeführt wurde. Im Kapitel fünfunddreißig ist von einem Theile dieser, aus der Beraubung deütscher Fürsten entsprungenen Schenkungen gesprochen worden. Nach einem Dekret vom 23. September 1810 wurden alle Donationen der vierten und fünften Classe, welche im Königreiche Westfalen und den vormals kur-braunschweigischen Landen aus den für gute Kriegsbeüte erklärten landesherrlichen Domainen entstanden waren, in Gesellschaften vereinigt. Alle wurden in eine Masse geworfen, und nach Abzug aller Unkosten und Ausgaben alle sechs Monate eine Vertheilung gemacht. Für diese Gesellschaften nun war eine eigene Verwaltung ernannt. Die westfälische machte eine eigene, und die kur-braunschweigische wieder eine. Das Nämliche fand für die Güter Statt, welche der Gewalthaber in den Fürstenthümern Ansbach und Baireüth verschenkt hatte und ebenso in Schwedisch-Pommern, im Erfurtischen, in Fulda und Hanau.

E. Kirchliche Verhältnisse.

Seit Buonaparte sich des Staatsruders bemächtigt hatte, war in den Dingen der Religion, theils durch das Concordat mit dem Papste vom 10. Dezember 1801, theils durch die organischen Gesetze vom 8. April 1802 eine bestimmte Ordnung festgesetzt, vermöge welcher —

Die römisch-katholische Religion, mit ihren gallikanischen Freiheiten, als die Religion der Mehrheit des französischen Volks und der höchsten Regierung — damals des ersten Consuls und seiner untergeordneten Consularbrüder — anerkannt, von einer herrschenden oder gar Staatsreligion aber nicht die Rede war. Der Papst wurde zwar als Oberhaupt der Kirche angesehen, aber seine Befehle und Verordnungen waren in Frankreich ungültig, so lange sie nicht von der Regierung genehmigt waren, welcher sie also vorher zur Prüfung vorgelegt werden mußten. — Kein päpstlicher Nuntius, Legat, Vicar, Commissar, oder wie diese Art Leüte sich nur immer nennen mochten, konnten ohne Bewilligung der Regierung geistliche Verrichtungen in Frankreich ausüben. — Ohne diese durften die Priester es auch nicht wagen, eine National- oder bischöfliche Kirchenversammlung auszuschreiben oder gar abzuhalten; auch mußten die Beschlüsse auswärtiger Synoden, so wie der allgemeinen Kirchenversammlungen vor ihrer Bekanntmachung der Regierung zur Untersuchung eingereicht werden. — Der Staatshaüptling ernannte die Erzböschöfe und Bischöfe und diese mußten den Eid der Treüe in seine Hände ablegen. Sie ernannten die Geistlichen ihres Sprengels, aber diese Ernennung bedurfte der Bestätigung der Staatsregierung, um vollgültig zu sein. Die zu Pfarrern berufenen Geistlichen mußten, wie schon oben erwähnt wurde, den Eid der Treüe dem Präfecten ihres Departements schwören. — In allen Fällen, welche Klagen wegen Mißbrauchs der geistlichen Gewalt, oder Übertretung der den Priestern vorgeschriebenen Gesetze betrafen, wurde die Sache vor den Staatsrath gebracht. — Die Erzbischöfe und Bischöfe konnten zwar Kapitel und Seminarien errichten, doch ohne daß die Staatsregierung sich zu ihrer Unterhaltung verpflichtete. Die Einrichtung derselben mußte ihr zur Bestätigung eingereicht, so wie auch jährlich die Liste der Seminaristen, die sich dem geistlichen Stande widmeten, eingeschickt werden, um sich zu überzeügen, ob nicht der eine oder andere junge Mann sich dem Waffendienst und dem — Tode auf dem Felde der Ehre entziehen wolle; — darum durften die Bischöfe auch keinen zum Priester weihen, der nicht 25 Jahre alt war und nicht ein Vermögen besaß, das ihm wenigstens 300 Francs jährliche Zinsen trug, auch mußte die Regierung zu dieser Weihe ihre Einwilligung geben. — Jeder Erzbischof konnte sich drei, und jeder Bischof zwei Generalvicare zuordnen. — Die Erzbischöfe weihten die Bischöfe ihres Sprengels. — In Städten, wo Kirchen verschiedener Religionsgesellschaften waren, durfte keine Ceremonie außerhalb der Kirchengebaüde vorgenommen werden. Alle Processionen, Wallfahrten u. d. m. fielen hier folglich weg. — Kein Priester durfte sich unterfangen, ein neües Ehepaar einzusegnen, wenn es nicht rechtlich bewiesen hatte, daß es schon vorher von dem hierzu verordneten Civilbeamten seinen Ehebund nach den Gesetzen geschlossen hatte. Auch konnten die Auszüge aus den Tauf- und Begräbnißbüchern nicht für Geburts- und Todtenscheine gelten. — Die Kirche war in der Revolutionsperiode all' ihrer sehr beträchtlichen liegenden Güter, deren Einkünfte auf 150 Millionen Livres geschätzt wurden, beraubt worden; sie durfte deren keine neüen erwerben, weder durch Kauf, noch durch Schenkung, noch durch Vermächtniß rc. — Jeder Erzbischof erhielt vom Staate einen Jahrgehalt von 15,000, jeder Bischof einen von 10,000, jeder Pfarrer der ersten Klasse einen von 1500, und der zweiten einen von 1000 Francs. Doch konnten den Pfarrern in den größeren Ortschaften Seitens des Municipalraths Zulagen aus Gemeindemitteln bewilligt werden.

Alle vormals deütschen Lande auf dem linken Rheinufer machten eine Erzdiöcese aus, — die von Mecheln, — welche in 7 Diöcesen zerfiel, nämlich: Doornik (Tournay), Gent, Namur, Lüttich, Aachen, Trier und Mainz.

In den seit dem 10. Dezember 1810 mit dem Reiche vereinigten holländischen und deütschen Landen war der Kultus noch nicht organisirt; doch durch ein Dekret vom 24. August 1812 angeordnet, daß im Lippe-Departement das Domkapitel zu Münster beibehalten werden und aus 11 Mitgliedern bestehen, auch ein Erzpriester der Kathedralkirche an ihrer Spitze stehen sollte.

Die evangelisch-reformirte Religion, deren Bekenner außer im südlichen Frankreich, als Überbleibsel der Hugenotten, vorzüglich in den vier vereinigten Departements des linken Rheinufers wohnten, hatte gleiche Rechte mit den übrigen Kirchen und stand ebenfalls unter Aufsicht der Regierung. — Diese Religionsgesellschaft hatte Pfarrkirchen, welche zugleich Consistorialkirchen waren, und Synoden. Auf 6000 Seelen wurde eine Consistorialkirche gerechnet, und fünf Consistorialkirchen bildeten den Bezirk einer Synode. — Bei jeder Consistorialkirche war ein Consistorium, das aus dem, oder den bei derselben angestellten Geistlichen, und 6—12 der angesehensten Glieder der Gemeinde bestand, und sowohl das Kirchengut, als den Almosenkasten verwaltete, als auch bei Vocationen durch Mehrheit der Stimmen die Pfarrer erwählte, die jedoch vom Haüptling des Staats bestätigt werden mußten. Unter gleicher Bedingung allein durften auch Amtsentsetzungen ausgesprochen werden. — Um Pfarrer werden zu können, mußte der Kandidat französischer Bürger sein. — Eine Synode bestand aus der Zusammenkunft eines Pfarrers von einer jeden zu demselben Bezirke gehörigen Consistorialkirche und einem weltlichen Beisitzer eines jeden Consistoriums. Solche Zusammenkünfte, welche über Alles, was den reformirten Gottesdienst und dessen Glaubenssatzungen betrifft, wachen mußten, durften nur mit Erlaubniß der Regierung Statt haben, und ihre Sitzungen nicht über sechs Tage dauern. Der Präfect oder Unterpräfect wohnte denselben bei und alle ihre Beschlüsse mußten der Regierung zur Bestätigung vorgelegt werden. — Mit Auswärtigen durften weder Geistliche, noch Consistorien, noch Synoden in Verbindung treten. — Zu Genf hatten die Reformirten ein Seminar, oder eine theologische Lehranstalt, bei der die Professoren vom Staatshaüptling selbst ernannt wurden. Jeder reformirte Theolog mußte hier studirt haben.

Die evangelisch-lutherische Religion, deren Bekenner vorzüglich in den nordöstlichen Departements auf dem linken Rheinufer wohnten, hatte ihre vorigen Rechte behalten, indem sie vor Ausbruch der Revolution im Elsaß auch der katholischen Kirche beinah ganz gleich gestellt und in den Rheinlanden theilweise die Religion der Mehrheit der Bewohner war. — Die evangelischen Kirchen, Augsburgischen Bekenntnisses, deren jede ihr Lokal-Consistorium hatte, waren in Inspektionen abgetheilt, davon 2—5 unter Ober-Consistorien standen. — Um lutherischer Pfarrer werden zu können, mußte der Kandidat französischer Bürger sein und auf der theologischen Lehranstalt zu Straßburg, welche an die Stelle der frühern protestantischen Fakultät getreten war, studirt haben. Die Errichtung einer zweiten Lehranstalt für lutherische Theologen war schon seit 1806 beschlossen worden, bis zum Zusammensturz des Buonaparteschen Reichs aber nicht zur Ausführung gekommen. — Die Lokal-Consistorien hatten dieselbe Einrichtung, wie die bei den Reformirten. — Fünf Pfarr- oder Consistorialkirchen machten den Bezirk einer geistlichen Inspektion aus. Ein Pfarrer und ein weltlicher Beisitzer jedes Consistoriums machten die ganze Inspektion aus, welche nur mit Erlaubniß der Regierung sich versammeln durfte; sie erwählte einen beständigen Ausschuß, der aus einem Pfarrer des Bezirks, welcher den Titel Inspektor erhielt, und aus zwei weltlichen Consistorialbeisitzern bestand, die Oberaufsicht über Kirchen und Pfarrer führte und sein Amt kraft Bestätigung des Reichshaüptlings übte. Der Inspektor visitirte die Kirchen seines Bezirks und berief die Inspektionsversammlungen, denen der Präfect oder Unterpräfect beizuwohnen hatte. Ihre Beschlüsse mußten der Regierung zur Genehmigung vorgelegt werden.

Der Ober-Consistorien gab es drei, nämlich zu —

Straßburg — für die lutherischen Kirchen des Ober- und des Nieder-Rheins;
Mainz — für die des Donnersbergs und der Saar, und zu
Köln — für die lutherischen Kirchen in den zwei Departements von Rhein und Mosel, und Roer.

Jedes dieser Ober-Consistorien hatte einen weltlichen Präsidenten und zwei geistliche Inspektoren nebst einem Abgeordneten aus jeder Inspektion als Beisitzer. Den Präsidenten und die beiden geistlichen Assessoren ernannte der Staatshaüptling, welchem der Präsident den Eid der Treüe ablegte, und diesem mußten die Beisitzer schwören. Die Ober-Consistorien versammelten sich auch nur auf erhaltene Erlaubniß der Regierung und ihre Sitzungen durften ebenfalls nicht über sechs Tage dauern. In der Zwischenzeit besorgte ein Ausschuß die Angelegenheiten der evangelisch-lutherischen Kirche nach den alten Vorschriften und Verordnungen derselben, insoweit sie nicht der Staatsverfassung und den bestehenden Gesetzen des Reichs zuwider waren. Der Ausschuß bestand aus dem Präsidenten des Ober-Consistoriums, dem ältesten der beiden geistlichen und aus drei weltlichen Beisitzern, von denen das Staatshaupt einen und das Ober-Consistorium die beiden anderen erwählte. — Die Besoldungen der protestantischen Geistlichen wurden aus den Kirchengütern, welche die Protestanten aus dem allgemeinen Schiffbruch während der Revolution gerettet hatten, so wie von den Beisteüern der Gemeinde bestritten. — Im Übrigen galt Alles das, was den reformirten Glaubensgenossen zur Richtschnur von den Gesetzen gegeben war, auch für die lutherischen.

In den holländischen und deütschen Departements, welche dem Reich am 10. Dezember 1810 einverleibt wurden, verblieb es einstweilen bei der Kirchenverfassung der Reformirten und Lutheraner, welche daselbst bestand.

Die Oberaufsicht über das gesammte Religionswesen aller drei christlichen Kirchen in Frankreich führte der eigens dazu bestimmte Minister der Gottesverehrung (Ministre du Culte), dessen Geschäftskreis in vier Bureaux abgetheilt war.

Die Religionsangelegenheiten der Juden gehörten dagegen zum Ressort des Ministers des Innern. Eine Instruction vom 21. Dezember 1806 hatte diese Angelegenheit dahin geordnet, daß ein Central-Consistorium der Israeliten zu Paris und 16 Consistorien bei ebensoviel Synagogen in den Departements errichtet worden waren, deren Mitglieder von notablen Gemeindegliedern aus ihrer Mitte gewählt wurden. Diese Instruction wurde durch Verfügung vom 14. Juli 1812 auch in den neüeinverleibten Departements von Holland und Norddeütschland in Kraft gesetzt.

F. Unterrichtswesen.

Von mancherlei glücklichst zusammenwirkenden Umständen, — als Schutz der Regierung, Vorliebe und Achtung der großen und der vornehmen Welt für die höhere Geisteskultur, allgemein herrschender Geschmack der Lectüre, Belohnung und Beehrung der Gelehrten und Schriftsteller rc., — begünstigt, standen auf Frankreichs fruchttreibendem Boden alle Künste und Wissenschaften in herrlicher Blüte, als die Alles erschütternde Revolution ausbrach, und das ganz niederzutreten drohte, was aus dem sogenannten goldenen Zeitalter der französischen Literatur ererbt worden war. Wir brauchen keine Gelehrten, keine Dichter, nur Krieger und Waffenschmidte, so brüllten die wilden Jakobiner! Doch der Sturm ging nach wenigen Jahren wieder vorüber. Die Wissenschaften erhoben sich nach dem Orkane frischer und blühender, als zuvor; die verscheüchten Musen kehrten aus ihren Schlupfwinkeln auf den Parnaß zurück und die wahre Gelehrsamkeit faßte nun unter dem Schutze einer, Anfangs den Schein der Milde und der Gerechtigkeit annehmenden Regierung tiefere Wurzeln. Zuverlässig ist in dieser Periode der Geschmack der Franzosen für wissenschaftliche Bildung solider geworden, und die Oberflächlichkeit und Flüchtigkeit, die man ihnen sonst mit manchem Rechte vorwarf, wurde in manchen Fächern, zum Theil wenigstens, verbannt. Um die mathematischen Wissenschaften überhaupt, wie insbesondere um deren Anwendung auf die Himmelskunde, um die Erkenntniß der Naturkräfte, um die Scheidekunst und um die gesammte Naturgeschichte erwarben sich französische Forscher in der Consularzeit und in den ersten Jahren des Kaiserreichs Verdienste, deren Gedächtniß nie und nimmer von den Tafeln der Kulturgeschichte verwischt werden können, und wodurch sie in diesen Fächern unter ihren Zeitgenossen wirklich den ersten Rang erstiegen, wie alle Kenner eingestehen müssen, und einzugestehen mit wahrer Freüde gern bereit sind. Die tiefen Denker aber und die freimüthigen Bekämpfer der verjährtesten Vorurtheile verstummten allmälig, da mehr als Muth dazu gehörte, gegen — moderne Vorurtheile zu Felde zu ziehen; und hochglänzende, schöne Geister und sehr geübte Stilisten ließen, während der letzten Jahre der Imperatorswirthschaft, ihrer frevelnden Einbildungskraft und den Tintenströmen ihrer allezeitfertigen Feder freien Lauf nur im verkauften Dienst des gut zahlenden Machthabers.

Das höchste Tribunal in Sachen der Wissenschaften und Künste war das kaiserliche Institut, dem durch Wahl seiner Mitglieder anzugehören die größte Ehre war, die ein Gelehrter, ein Dichter, ein Künstler jeglicher Art erlangen konnte. Auch ein Ausländer mußte es sich mit Recht zur großen Ehre anrechnen, wenn er als Associé oder als Correspondent in den Schooß dieser ausgezeichneten Körperschaft gewählt wurde. Durch die Wahl war ihm das Zeügniß ausgestellt worden, daß er dem Kreise der größten Geister der Zeit angehöre. Das Institut war in vier Klassen eingetheilt, nämlich:

1) Der physischen und mathematischen Wissenschaften, welche in 11 Sectionen zerfiel, in denen 64 ordentliche Mitglieder, mit 2 beständigen Secretairen, saßen, und zu der 8 auswärtige Associés und 97 auswärtige Correspondenten gehörten;

2) Der französischen Sprache und Literatur, mit 39 Mitgliedern und einem beständigen Secretair;

3) Der Geschichte und alten Literatur mit 40 Mitgliedern und einem beständigen Secretair, nebst 7 auswärtigen Associés und 55 Correspondenten;

4) Der schönen Künste, welche Klasse in 5 Sectionen: für Malerei, Bildhauerkunst, Baukunst, Kupferstech- und Tonkunst zerfiel, 26 Mitglieder, einen beständigen Secretair, 8 auswärtige Associés und 35 Correspondenten hatte.

Die kaiserliche Universität war ausschließlich mit dem öffentlichen Unterricht im ganzen Reiche betraut. Es konnte daher außer ihr und ohne Ermächtigung ihres obersten Vorstehers keine Schule oder irgend eine Unterrichtsanstalt errichtet werden. Sie bestand aus ebenso viel Akademien, als es Appelhöfe gab, mit Ausnahme jedoch der Appellationsgerichte im Haag und in Hamburg, innerhalb deren Bezirke das Unterrichtswesen einstweilen so blieb, wie man es beim Übergang der holländisch=deütschen Lande ans Französische Reich gefunden hatte. Für die vormals deütschen Reichsländer auf dem linken Rheinufer waren mithin Akademien zu Brüssel, Lüttich, Trier und Metz.

Die zu jeder Akademie gehörigen Schulen folgten in nachstehender Ordnung:

1) Die 5 Fakultäten der Gottesgelahrtheit römisch-katholischen Glaubensbekenntnisses, der Rechtswissenschaft, der Arzneikunde, der mathematisch-physikalischen Wissenschaften, und der Wissenschaften im Allgemeinen (Faculté des lettres), worunter die philosophische Fakultät der deütschen Hochschulen zu verstehen ist.

2) Die Lyceen, vergleichbar mit den Gymnasien in Deütschland, und in 6 Klassen abgetheilt. In jedem akademischen Bezirk war ein Lyceum, in den volkreicheren Bezirken auch wol zwei. Diese Lyceen wurden eben so auf Staatskosten unterhalten, wie die Fakultäten, und bei beiden alle Lehrer von der Regierung ernannt.

3) Die Collegien (Colléges), deren Unterrichtsziel sich ungefähr mit dem unserer Progymnasien, höheren Bürgerschulen oder Realschulen vergleichen ließen.

4) Die Institutionen und 5) die Pensionate, welche beide mit den Collegien zusammen das bildeten, was man sonst auch Secondär-Schulen nannte, die aus Gemeindemitteln und vom Schulgelde unterhalten wurden, indeß die Regierung das Lokal hergab, den Lehrern auch zuweilen Gratificationen bewilligte.

6) Die Primär- oder niedern Schulen, deren in jeder Gemeinde wenigstens eine sein mußte, in welcher die Kinder von frühester Jugend an im Lesen, Schreiben und Rechnen und in den Grundregeln der französischen Sprache unterrichtet wurden. In den deütschen Departements des linken Rheinufers sprach der Lehrer mit seinen Schülern zwar deütsch, unterrichtete sie aber nicht in der Grammatik ihrer Muttersprache.

Das gesammte Unterrichtswesen gehörte zum Geschäftskreise des Ministers des Innern, unter dessen oberster Aufsicht ein Großmeister der Universität die Leitung führte. Unter ihm gehörten zum Universitätsrathe ein Kanzler, ein Schatzmeister und 10 Titularräthe, an deren Sitzungen als ordentliche Räthe 15 der 25 Generalinspektoren Theil nahmen, davon einem jeden ein oder zwei akademische Bezirke überwiesen waren, um in allen Schulen derselben auf Ordnung zu sehen und die vorschriftsmäßigen Prüfungen anzustellen. Für die Rechtsschulen waren 4 besondere Generalinspektoren angeordnet.

Von besonderen für den öffentlichen Dienst bestimmten Schulen befand sich eine Militärschule zu Mainz und eine Schule für Schiffsbaumeister zu Antwerpen.

In den neüeinverleibten deütschen Landen blieb das Unterrichtswesen, wie gesagt, beim Alten. Hier befand sich eine vollständig eingerichtete Hochschule nach deütscher Art in Münster mit vier Fakultäten, die aus der fürstbischöflichen Zeit in die preüßische, von dieser in die bergische und zuletzt in die französische Regierungszeit ohne große Anfechtung herüber gegangen war, weil sie, bei ihrem sehr ansehnlichen Grundvermögen, der Unterstützung des Staates nicht bedurfte.

3. Kürzere und längere Notizen zur Statistik der dem Deütschen Reiche angehörig gewesenen Lande.

In der Reihenfolge, wie sie im ersten Abschnitt genannt worden sind.

1) Das Departement der Dyle, das seinen Namen von dem Flusse Dyle führte, der durch die Mitte des Gebiets strömt, begriff einen Theil von Brabant, hatte einen Flächenraum von 66 Q.-M. mit 365,800 Einwohnern, und war in die 3 Arrondissements von Brüssel, Loewen und Nivelles abgetheilt, welche 388 Gemeinden in 38 Cantons enthielten.

2) Das Departement der Schelde, nach dem Flusse benannt, der es durchströmt, schloß den östlichen Theil von Österreichisch-Flandern, und ganz Holländisch-Flandern in sich, so daß der Hont oder die Wester-Schelde seine nördliche Gränze machte, hatte einen Flächenraum von 57 Q.-M. mit mehr als 596,000 Einwohnern, und war in die 4 Arrondissements von Gent, Oudenaarde Termonde und Sluis abgetheilt, welche 338 Gemeinden in 41 Cantons enthielten.

3) Das Departement der Lys oder Leie, nach dem gleichnamigen Flusse benannt, begriff den westlichen Theil von Österreichisch-Vlandern, lag an der Nordsee, hatte einen Flächenraum von 74 Q.-M. mit mehr als 470,000 Einwohnern, und war in die 4 Arrondissements von Brügge, Veurne, Ypern und Cortrijk abgetheilt, welche 250 Gemeinden in 36 Cantons enthielten.

4) Das Departement von Jemappes hatte diesen Namen

von einem gleichnamigen Dorfe, zum Andenken der Entscheidungsschlacht erhalten, welche die Franzosen unter dem Befehle des Generals Dumouriez am 6. November 1792 bei demselben über die deütschen Kriegsvölker gewonnen haben. Es begriff den größten Theil des Hennegau nebst Tournaisis und einige Stücke von Brabant und Namur und vom Hochstift Lüttich, hatte einen Flächenraum von 80 Q.=M. mit 415,000 Einwohnern und war in die 3 Arrondissements von Mons, Doornik und Charleroi abgetheilt, welche 423 Gemeinden in 32 Cantons enthielten.

5) Das Departement der Beiden Nethen hatte diesen Namen von den beiden Flüssen, die es bewässern, der großen und kleinen Nethe, begriff den nördlichen Theil von Brabant, umfaßte ursprünglich einen Flächenraum von 51 Q.=M. mit ungefähr 252,000 Einwohnern und war in die 3 Arrondissements von Antwerpen, Turnhout und Mecheln abgetheilt, welche 141 Gemeinden in 21 Cantons enthielten. Als Ludwig Buonaparte durch den Vertrag vom 24 Januar 1810 gezwungen wurde, das holländische Brabant an Frankreich abzutreten, wurden, wie oben erwähnt, die Baronie Breda nebst der Markgrafschaft Bergen op Zoom, als Arrondissement Breda, mit dem Departement Beider Nethen vereinigt.

6) Das Departement der untern Maas, welches diesen Namen von seiner Lage an der Maas hatte, begriff die vormaligen Gebiete von Maastricht und Venlo, nebst Theilen von Limburg, Geldern und dem Hochstift Lüttich, hatte einen Flächenraum von 68 Q.=M. mit 235,000 Einwohnern, und war in die 3 Arrondissements von Maastricht, Hasselt und Roermonde abgetheilt, welche 310 Gemeinden in 23 Cantons enthielten.

7) Das Ourte=Departement erhielt seinen Namen von einem Flusse, der im Departementsgebiete entspringt und bei Lüttich in die Maas fällt. Gebildet wurde es aus einem Theile des Hochstifts Lüttich, aus dem Herzogthum Limburg, dem Gebiete der Abtei Stablo, so wie aus einigen Theilen der Herzogthümer Luxemburg und Brabant und der Grafschaft Namur. Im Jahre 1812 gab man den Flächeninhalt des Departements zu 435,754 Hectaren oder 79 Q.=M., und die Volksmenge zu 352,264 Seelen an.

Das Departement gehörte zur 3. Serie,*) hatte drei Deputirte

---

*) Zum Behuf der Wahl der Abgeordneten zur Gesetzgebungsversammlung

zum gesetzgebenden Körper zu wählen, war in der 25. Militärdivision (Wesel) begriffen, und der 3. Cohorte der Ehrenlegion zugetheilt, so wie dem 23. Oberforstbezirk Lüttich, mit der Inspektion Malmedy und den drei Unterinspektionen Eüpen, Huy und Spa. Es gehörte zur Diöcese und der Senatorie Lüttich und zum Sprengel des kaiserlichen Gerichtshofes ebendaselbst.

Das Departement der Ourte bestand aus 383 Gemeinden in 3 Arrondissements und 27 Cantons, die folgendermaßen vertheilt waren:

1. Arrondissement Lüttich, — mit 9 Cantons: Dalhem, Fleron, Glons, Herve, Hollogne-aux-Pierres, Lüttich, Louvegnée, Serain, Waremme.

2. Arrondissement Huy, — mit 7 Cantons: Avenne, Budegnée, Ferrières, Heron, Huy, Landen, Landrin.

3. Arrondissement Malmedy, — mit 11 Cantons: Aubel, Cronenburg, Eüpen, Limburg, Malmedy, St. Vith, Schleiden, Spa, Stablo, Verviers und Viel-Salm.

8) Das Departement der Sambre und Maas, nach den sein Gebiet durchströmenden beiden Flüssen so benannt, begriff den größten Theil der Grafschaft Namur, nebst Stücken der Herzogthümer Brabant, hatte einen Flächenraum von 82 Q.-M. mit mehr als 165,000 Einwohnern und war in die 4 Arrondissements von Namur, Dinant, Marche und St. Hubert abgetheilt, welche 488 Gemeinden in 21 Cantons enthielten.

9) Das Wälder-Departement, wegen seines Waldreichthums also genannt, war aus dem größten Theil des Herzogthums Luxemburg, deütschen und wälschen Quartiers, gebildet worden. Es hatte, nach amtlichen Angaben vom Jahre 1811, einen Flächeninhalt von 691,035 Hectaren oder 125,5 Q.-M., und eine Bevölkerung von 246,333 Seelen, die nach einer in den Monaten September und October 1812 wiederholt vorgenommenen Zählung plötzlich bis auf 235,762 Seelen zusammengeschmolzen war.

Das Departement gehörte zur 2. Reihe, hatte zum gesetzgebenden Körper zwei Deputirte zu wählen, gehörte zur 3. Militärdivi-

---

waren die Departements in fünf Serien oder Reihen vertheilt, indem die Abgeordneten jährlich zum Fünftel erneüert wurden. Diese Gesellschaft von Kopfnickern hatte einen Präsidenten, vier Quästoren und 298 Mitglieder.

sion (Metz), zur 4. Cohorte der Ehrenlegion, zum 22. Oberforstbezirk (Metz), mit 3 Forstinspektionen (zu Luxemburg, Neufchateau und Echternach) und 5 Unterinspektionen (Arlun, Virton, Bastogne, Diekirch und Echternach). Es gehörte ferner zur Diöcese von Metz, zur Senatorie Metz und zum Sprengel des kaiserlichen Gerichtshofs zu Metz.

Eingetheilt war das Departement in 4 Arrondissements und 27 Cantons, 383 Gemeinden enthaltend, nämlich:

1. Arrondissement Luxemburg, — mit 8 Cantons: Arlun, Bettenburg, Betzdorf Grevenmachern, Luxemburg, Mersch, Mesancy und Remich.

2. Arrondissement Bitburg, — mit 5 Cantons: Arzfeld, Bitburg, Dudeldorf, Echternach und Neüerburg.

3. Arrondissement Diekirch, — mit 5 Cantons: Clervaux, Diekirch, Ospern, Vianden und Wiltz.

4. Arrondissement Neufchateau, — mit 9 Contons: Bastogne, Etale, Fauxvillers, Florenville, Houfalize, Neufchateau, Poliseul, Sibrét und Virton.

Von den 4 Tribunalen erster Instanz hatte das für den Bezirk Bitburg seinen Sitz nicht in der Arrondissementsstadt, sondern zu Echternach.

An directen Steüern hatte das Departement 1,921,056 Francs oder 548,873 Thlr. aufzubringen, und zwar an Grundsteüer mit Einschluß der Zusatz-Centimen 1,475,588 Francs, an Personal- und Mobiliarsteüer 132,874 Francs, an Thür- und Fenstersteüer 160,839 Francs, an Patentsteüer 101,755 Francs. In dieser Höhe wurden die Abgaben im Jahre 1813 entrichtet.

10) Das Saar-Departement verdankte seinen Namen der Saar, obwol dieser Fluß nur den westlichen Theil des Departementsgebiets, und zwar nur streckenweise berührte. Bunt zusammengewürfelt bestand dieses Departement aus Stücken des Erzstifts Trier, des Fürstenthums Zweibrücken und des Herzogthums Lothringen, so wie aus den Graf- und Herrschaften Manderscheid, Birkenfeld, Oberstein, Rheingrafenstein u. s. w. Nach Angabe vom Jahre 1810 hatte es eine Oberfläche von 525,229 Hectaren oder 95,4 d. Q.-M., zwei Jahre später aber gab man seine Größe nur zu 493,513 Hectaren oder 89,7 d. Q.-M. an. Seine Bevölkerung betrug —

1798: 219,049 Seelen.
1803: 257,385 „
1809: 275,694 „
1810: 273,569 „
1812: 277,599 „

Das Saar-Departement gehörte zur 4. Serie und hatte zwei Deputirte zur gesetzgebenden Körperschaft zu wählen. Behufs der Militärverwaltung war es der 26. Militärdivision (Mainz) zugetheilt. Es gehörte zur 4. Cohorte der Ehrenlegion und zum 28. Oberforstbezirk zu Coblenz, mit 3 Forstinspektoren zu Trier, Saarbrücken und Prüm, und 3 Unterinspektionen zu Birkenfeld, Blankenheim und St. Wendel. Zu Trier bestand ein kaiserlicher Gerichtshof; auch war hier der Sitz einer Senatorie.

Das Departement zerfiel in 4 Arrondissements, 34 Cantons, und 164 Mairien; es enthielt 1326 Ortschaften in 1082 Gemeinden.

1. Arrondissement Trier, — mit 8 Cantons: Bernkastel, Büdlich, Conz, Pfalzel, Saarburg, Schweig, Trier, Wittlich; zusammen mit 41 Mairien.

2. Arrondissement Saarbrücken, — mit 8 Cantons: Arneval, Blieskastel, Lebach, Merzig, Ottweiler, St. Wendel, Saarbrücken, Waldmohr, mit 42 Mairien.

3. Arrondissement Birkenfeld, — mit 9 Cantons: Baumholder, Birkenfeld, Cusel, Grumbach, Hermeskeil, Herstein, Meisenheim, Rhaunen, Wadern, 43 Mairien enthaltend.

4. Arrondissement Prüm, — mit 9 Cantons: Blankenheim, Daun, Gerolstein, Kyllburg, Lissendorf, Manderscheid, Prüm, Reiferscheid, Schönberg; zusammen 38 Mairien enthaltend.

Für das Jahr 1805—1806 oder das Jahr XIV der Republik war das etatsmäßige Soll-Einkommen an directen Steüern in diesem Departement 1,290,252 Francs, oder 368,643 Thlr.; davon betrug die Grundsteüer 949,000 Francs, die Personal- und Mobiliarsteüer 225,852 Francs und die Thür- und Fenstersteüer 115,400 Francs.

Die Domainenwaldungen hatten eine Ausdehnung von 104,338 Hectaren oder 18,9 Q.-M.; davon gehörten zum Arrondissement Trier 12,225, Saarbrücken 42,858, Birkenfeld 35,548, Prüm 13,707 Hectaren.

Als die Franzosen die deütschen Rheinlande besetzten, gab es in den vier Bezirken des Saar-Departements an Domainengrundstücken:

400 Haüser, 145 Mühlen, 15 Hüttenwerke, 18 Gruben, 1 Saline, 1 Mineralbrunnen. Den jährligen Ertrag gab man zu 202,128 Francs an. 37 nicht produktive Grundstücke, die zu öffentlichen Zwecken bestimmt waren, wurden zu dem geringen Miethswerthe von 13,750 Francs, oder 275,000 Francs Kapitalwerth abgeschätzt.

Die nachstehenden Erinnerungen über die französische Art der Staatswirthschaft mögen hier eingeschaltet werden.

Domainen-Verschleüderung. Die Gesetze vom 5. u. 6. Mai 1802 (Floraël 15. und 16. des Jahres X) und vom 25. Februar 1804 (Ventose 5 des Jahres XII) hatten den Verkauf aller Domainen, mit Ausnahme der Forsten, angeordnet. Spekulanten, die nichts zu verlieren hatten und nur gewinnen konnten, verbanden sich zu Gesellschaften, welche unter Begünstigung und Mitbetheiligung der mit dem Verkauf beauftragten Beamten, die Grundstücke in großen Massen, zu niedrigen Preisen kauften, und mit großem Gewinn im Einzelnen wieder verkauften. So wurde das Staatsgut auf die heilloseste Weise durch entsittlichte Agenten der Regierung verschleüdert. Konnte es anders sein in einem Lande dessen Haüptling das Sittengesetz überall mit Füßen trat? Nur an einem Beispiele möge gezeigt werden, wie man mit dem Staatseigenthum umsprang. Wir nehmen das Saar-Departement, aus dem ausführliche Nachrichten vorliegen.

In dem Zeitraum vom 22. April 1803 bis zum 4 September 1811 wurde daselbst aus dem Verkauf von 1849 Parzellen Domainengüter die Summe gelöst von Fr. 5,503,156

Ferner wurden in den Jahren 1807 bis 1812: 626 Loose für Rechnung der Tilgungskasse mit Einschluß von 112,005 Fr. für die Senatorien Lyon u. Nimes, verkauft	2,109,120
Außerordentliche Domainen-Verkaüfe fanden von 1810 bis 1812 in 68 Loosen statt, zum Betrage von	1,837,935
Aus dem Verkaufe der Dotation des Marschalls Berthier, genannt Fürst von Wagram, wurden drei Höfe in Kern, Thron und Schweich verkauft für	220,200
An Lieferanten wurden 109 Loose überlassen für	2,228,872
Den Hospitälern des Saar-Departements wurden als Entschädigung für die ihnen entzogenen Güter und Kapitalien, in Folge des Gesetzes vom 7. September 1807, 68 Parzellen überlassen, abgeschätzt zu	315,096
Summa in Pr.-Cr. 3,261,022 Thlr. 17 Sgr. oder Fr.	12,214,379

Raub an den Gemeindegütern. Die französische Regierung begnügte sich aber nicht mit dem Verkaufe der Domainen. Die immerwährenden Kriege verschlangen ungeheüere Summen, trotzdem man im Feindesland Brandschatzungen über Brandschatzungen eintrieb. Der Etat des Jahres 1813 wies eine Ausgabe von 1150 Millionen Francs nach, darunter 325 Millionen für den Krieg und 260 Millionen für die Kriegsverwaltung. Ein Theil dieser Ausgaben sollte durch den Verkauf der Gemeindegüter aufgebracht werden. Für diesen Zweck bestimmte das Gesetz vom 20. März 1813, daß die Grundstücke der Gemeinden (les biens ruraux, maisons et usines, possédés par les communes) der Schuldentilgungskasse abgetreten, von derselben in Beschlag genommen und öffentlich verkauft werden sollten. Von diesem Verkauf sollten nur die Weiden, Torfgräbereien und andere Gemeindenutzungen, die Hallen, Marktplätze, öffentliche Spaziergänge, die Kirchen, die Kasernen, Gemeindehaüser, Schauspielhaüser und andere Gebaüde, welche den Gemeinden gehörten und für den öffentlichen Dienst bestimmt waren, ausgenommen sein. Die Glaübiger der Gemeinden, welche Hypotheken auf die einzuziehenden Gemeindegüter hätten, sollten das Recht haben, ihre Hypotheken auf die den Gemeinden verbleibenden Güter zu übertragen. Sollten dergleichen Güter aber nicht mehr vorhanden sein, so wurde den Glaübigern ihr Recht auf die den Gemeinden zustehenden Renten und alle anderen Einkünfte der Gemeinde vorbehalten.

Der Verkauf der Gemeindegüter für Rechnung der Schuldentilgungskasse begann sofort. In den verschiedenen Domainen-Bureaux des Saar-Departements wurden in dem Zeitraume vom 18. Mai bis 7. Oktober 1813: 692 Parzellen verkauft, die einen Ertrag von 1,164,913 Francs oder 310,644 Thlr. 4 Sgr. gaben. Durch diese Verkaüfe verloren die Gemeinden nicht nur ein werthvolles Eigenthum und zum Theil bedeütende Einkünfte, sondern auch die Mittel zur Verminderung ihrer Schulden. Diese waren auf dem linken Rheinufer besonders im Kriege von 1793 auf eine sehr bedeütende Höhe gestiegen. Nach einer im Jahre 1807 amtlich festgestellten Nachweisung betrugen die Schulden der Gemeinden der vier Arrondissements des Saar-Departements die Summe von 7,241,015 Fr. oder 1,930,937 Thlr. In dem Nachweise sind die Schulden der Stadt Trier auf 61,247 Thlr. und die der Städte Saarbrücken und St. Johann zu 240,139 Thlr. angegeben. Diese bedeütende Schuld, die beiden

Städten gemeinschaftlich war, war dadurch entstanden, daß die Repräsentanten des Französischen Volks gleich beim Einrücken der französischen Kriegsvölker, im Jahre 1793 vom Magistrate zu Saarbrücken 1 Million Livres in baarem Gelde gefordert und demselben dagegen eine gleiche Nominalsumme in Assignaten übergeben hatten; der Magistrat erhob das baare Geld von den Einwohnern und gab denselben dafür zum Theil Assignate; indessen befand sich 1807 noch eine Summe von 155,008 Livres in Assignaten in der Stadtkasse, die ohne allen Werth waren.

11) Das Departement des Donnersberges hat seinen Namen von einem in demselben liegenden Berge (Mont Tonnerre), der zu der Reihe von Bergen gehört, welche man die Hart nennt, und die von dem Wasgauischen Waldgebirge, oder den Vogesen nordwärts auslaufen. Zusammengefügt war es aus Theilen des vormaligen Erzstifts Mainz, der Rheinpfalz, des Zweibrückenschen Landes, der Hochstifter Speier und Worms, u. s. w., hatte einen Flächenraum von 99 d. Q.=M., mit mehr als 342,000 Einwohnern, und war in die 4 Arrondissements von Mainz, Speier, Kaiserslautern und Zweibrücken abgetheilt, welche 685 Gemeinden in 37 Cantons enthielten.

12) Das Rhein= und Mosel=Departement hatte seinen Namen von den beiden Flüssen, welche sich innerhalb seines Gebiets vereinigen. Zusammengefügt war es aus Theilen der Erzstifte Trier und Köln, der Pfalz, der Grafschaft Sponheim und aus Besitzungen einiger Fürsten, Grafen und Herren. Im Jahre 1812 betrug die Oberfläche dieses Departements 588,419 Hectaren oder 106,8 d.Q.=M. und die Bevölkerung wurde am 1. Januar 1811 zu 273,840 Seelen mit Einschluß von 5293 Soldaten angegeben.

Das Departement gehörte zur 2. Serie und hatte zwei Deputirte zum gesetzgebenden Körper zu wählen. Zugetheilt war es der 26. Militärdivision (Mainz), der vierten Cohorte der Ehrenlegion und dem 28. Oberforstbezirk zu Coblenz mit 3 Unterinspektionen zu Andernach, Bonn und Simmern. In geistlicher Hinsicht war es ein Bestandtheil der Diöcese Aachen. Es gehörte zur Senatorie Trier, und zum Sprengel des kaiserlichen Gerichtshofes ebendaselbst.

Das Departement bestand aus 675 Gemeinden, die unter 3 Arrondissements und 31 Cantons vertheilt waren, nämlich:

1. Arrondissement Koblenz, — mit 12 Cantons: Andernach,

Boppard, Koblenz, Cochem, Kaisersesch, Lützerath, Mayen, Münster-Mayfeld, Polch, Rübenach, Treis und Zell.

2. Arrondissement Bonn, — mit 9 Cantons: Adenau, Ahrweiler, Stadt Bonn, Landcanton Bonn, Remagen, Rheinbach, Ulmen, Virneburg und Wehr.

3. Arrondissement Simmern, — mit 10 Cantons: Bacharach, Castellaun, Kreüznach, St. Goar, Kirchberg, Kirn, Simmern, Sobernheim Stromberg und Trarbach.

13) Das Roer-Departement, nach dem Flusse Roer (Ruhr) benannt, der es im südwestlichen Theile seines Gebiets bewässerte, begriff die auf dem linken Rheinufer liegenden landräthlichen Kreise und Ämter des Herzogthums Cleve und des Erzstifts Köln, das vormalige Herzogthum Jülich, den preüßischen Antheil an dem Herzogthum Geldern, das Fürstenthum Mörs, nebst den beiden altehrwürdigen Reichsstädten Aachen und Köln. Es erstreckte sich längs des Rheins von unterhalb der Stadt Bonn bis zur holländischen Gränze gegenüber der Stadt Nimwegen. Das Departement hatte einen Flächenraum von 93 d. Q.-M., mit mehr als 517,000 Einwohnern, und war in die 4 Arrondissements von Aachen, Köln, Crefeld und Cleve abgetheilt, welche 993 Gemeinden in 40 Cantons enthielten.

14—21) Die unter diesen Nummern weiter oben (S. 17 u. 22) aufgeführten 8 Departements übergehen wir, weil ihr Gebiet nicht zum Deütschen Reich gehört hatte.

22) Das Departement der Ost-Ems, welches diesen Namen schon zu der Zeit empfangen hatte, als es einen Bestandtheil des Königreichs Holland ausmachte, führte ihn von seiner Lage an der Ostseite des Emsflusses, welcher sich zwischen ihm und dem Departement der West-Ems, der vormaligen Provinz Groningen, nebst der Landschaft Drenthe, in die Nordsee ergießt. Das Departement der Ost-Ems begriff das vormalige Fürstenthum Ostfriesland nebst dem Harlingerlande, sowie die Herrschaften Jever und Kniphausen und die in Ostfriesland belegenen Güter des Johanniter-Ordens. Eingetheilt war es in die 3 Arrondissements von Aurich, Emden und Jever. Weder über die Größe des Departements, noch über die Zahl seiner Einwohner, Gemeinden und Cantons hat ein Nachweis aufgefunden werden können.

23) Das Departement der Ober-Ems führte den Namen nach seiner Lage längs des östlichen Ufers des Emsflusses eigentlich in

seinem Mittellauf, ohne den Oberlauf zu erreichen; denn die Verordnung vom 21. December 1810 bestimmte, daß dieses Departement aus den Landen zusammengesetzt werden solle, die zwischen einer Linie eingeschlossen sind, welche vom Einfluß der Hassel in die Ems zwischen Warendorf und Telgte anfängt, und die Ems hinab bis zu dem Punkte laüft, wo dieser Fluß nördlich an die Gränze von Ostfriesland stößt. Dann sollte die Linie längs dieser Gränze hinlaufen bis zu der Gegend, wo diese mit den Gränzen des vormaligen Herzogthums Oldenburg zusammentrifft. Hierauf zog diese Linie über Ehrenburg, schloß das Gebiet von Wildeshausen ein, folgte dem Laufe des Wassers, unter welchem Ausdruck der Huntefluß zu verstehen war, bis an das Gebiet, d. i. das Amt Vechte, welches dazu gehörte und ging dann bis zur Weser unterhalb Schlüsselburg, von wo sie dem Laufe dieses Stroms bis zum Einfluß der Werra folgte, und darauf an die Ems bei der Mündung der Hessel sich wieder anschloß.

So klar und deütlich die westliche und nördliche Gränze des Departements angegeben war, so unbestimmt blieb die Gränze auf der Nordost- und Südostseite. Indessen ergiebt sich aus der folgenden Uebersicht der Arrondissements- und Cantonseintheilung ein Nachweis der Landschaften, welche zu einem Präfectur-Complex vereinigt wurden. Es war ein Theil des Fürstenthums Münster, das ganze Fürstenthum Osnabrück, mit Ausnahme des Amts Reckenberg, ein Stück der Grafschaft Ravensberg, das Fürstenthum Minden mit Ausschluß des auf dem rechten Weserufer belegenen Theils, die beiden Grafschaften Tecklenburg und Lingen und die Grafschaft Diepholz, das Amt Wildeshausen und der größte Theil des den Herzogen von Oldenburg und Aremberg 1803 überwiesenen Entschädigungslande im Niederstift Münster.

Das Departement war in 4 Arrondissements, 41 Cantons und 101 Mairien abgetheilt, und enthielt bei seiner Bildung im Jahre 1811 eine Bevölkerung von 415,818 Einwohnern, welche folgendermaßen vertheilt waren.

Arrondissements:		Cantons:
Meppen:	9 Cantons, — 21 Mairien, 81,680 Einw.	Ibbenbühren (11,061, darunter die Stadt 4565 Einw.), Bevergern (8,958, davon die Stadt 4928), Fürstenau (11,503), Freren (11,634), Lingen (12262, darunter die Stadt, Sitz des Unterpräfecten, 4540), Haselünne (6075), Sögeln (8350), Papenburg (5408), Meppen, Stadt-Canton (6357).

Minden:	9 Cantons, — 23 Mairien, 104,808 Einw.	Minden (10,392, darunter die Stadt, 6915), Enger (12,497), Bünde (11,130), Levern (9909), Lübbecke (11,325), Petershagen (11,455), Quernheim (9672), Rahden (11,438), Uchte (5133), Werther (11,857).
Osnabrück:	12 Cantons, — 31 Mairien, 131,537 Einw.	Iburg (12,050), Ostbevern (10,425), Lengerich (10,138), Tecklenburg (9197), Osnabrück, Stadt-Canton, Sitz des Präfecten (9229), Osnabrück-Land, (9050), Bramsche (8381), Osterkappeln (11,942), Melle (12,982), Essen (12,610), Versmold (12,001), Dissen (13,532).
Quakenbrück:	10 Cantons, — 26 Mairien, 97,793 Einw.	Vörden (13,652), Ankum (9859), Diepholz (12,778), Vechte (11,136), Dinklage (9556), Cloppenburg (8387, davon die Stadt 5368), Wildeshausen (7586), Frisoite (5353), Löningen (7229), Quakenbrück (12,247, darunter die Stadt 4731).

Der Flächeninhalt weder dieses, noch der beiden folgenden Departements war in den amtlichen Nachrichten, wenigstens so weit sie dem Berichterstatter vorliegen, angegeben.

24) Das Departement der Wesermündung, vom Ausfluß der Weser ins Meer so genannt, enthielt, nach der Verordnung vom 21. Dezember 1810, alle diejenigen Lande, welche innerhalb einer Gränzlinie liegen, die an den Gränzen der Departements der Ober- und Ost-Ems hinzog. Sodann folgte sie der Meeresküste bis an die Gränze des hamburgischen Amts Ritzebüttel, welches in jenem Dekrete Gebiet von Cuxhaven hieß, von wo sie hinauf bis Bederkesa an der Gränze des Landes Hadeln hinzog. Weiter ging sie von Bederkesa bis an die Oste oberhalb Bremervörde, folgte diesem Flusse aufwärts bis an den Einfluß der Aue, und dieser alsdann bis an ihren Ursprung. Von da folgte sie einem Arme der Wümme übern Hillern oberhalb Soltau, von wo sie sich mit der in dem Einverleibungsbefehl vom 10. Dezember 1810 bestimmten Gränze bei Schlüsselburg vereinigte.

Hiernach gehörte zum Departement der Wesermündung der größte Theil des Herzogthums Oldenburg, nämlich die alten Grafschaften Oldenburg und Delmenhorst, die Grafschaft Hoya ganz, ein Theil der Grafschaft Diepholz, das Fürstenthum Verden fast ganz, ein kleines Stück von dem Fürstenthm Calenberg, die größere Hälfte vom Herzogthum Bremen und die freie Reichs- und Hansestadt Bremen sammt ihrem Gebiete, auch das braunschweig-wolfenbüttelsche Amt Thedinghausen.

Das Departement war in 4 Arrondissements, 34 Cantons und

118 Mairien abgetheilt, und enthielt bei seiner Zusammensetzung im Jahre 1811 eine Einwohnerzahl von 329,862 Seelen, unter die sich die Arrondissements und Cantons also theilten:

Arrondissements:		Cantons:
Bremen:	9 Cantons, 29 Mairien, 104,299 Einw.	— Bremen, die Stadt, Sitz der Präfectur (37,725), Bremer-Land (10,055), Achim (7242), Thedinghausen (9724), Lilienthal (7124), Syke (9036), Ottersberg (8940), Verden (8155, davon die Stadt 5063), Rothenburg (6298).
Oldenburg:	10 Cantons, 37 Mairien, 92,602 Einw.	— Burhave (8100), Ovelgönne (10,869), Elsfleth (10,064), Rastede (7088), Varel (10,187), Westerstede (10,056), Oldenburg (10,849, darunter die Stadt mit 5094), Berne (7926), Hatten (6826), Delmenhorst (10,637, davon 3500 in der Stadt).
Bremerlehe:	6 Cantons, 24 Mairien, 50,327 Einw.	— Vegesack (9348), Osterholz (7832), Hagen (7548), Bremerlehe (9094), Dorum (7921), Beverstedt (8584).
Nienburg:	9 Cantons, 28 Mairien, 82,634 Einw.	— Stolzenau (6198), Liebenau (7048), Nienburg (11,284, davon 3677 in der Stadt), Hoya (11,208), Alt-Bruchhausen (9744), Bassum (10,189), Sulingen (7134), Rethem (8376), Walsrode (11,453).

25) Das Departement der Elbmündung soll, so hieß es in dem mehrgenannten Erlaß vom 21. Dezember 1810, die übrigen vereinigten Lande enthalten, welche vom Departement der Wesermündung, dem baltischen Meere, der Elbe und einer Linie eingeschlossen sind, die genau an den jetzigen (!) Gränzen Holsteins hinzieht, und das lauenburgische, so wie das Gebiet von Lübeck bis zum Einfluß der Steckenitz und Alles, was in den durch die Einverleibungsverordnung vom 10. Dezember 1810 bestimmten Gränzen liegt, in sich enthält.

Dieses Departement war demnach zusammengesetzt aus Theilen des Herzogthums Bremen und der Fürstenthümer Lüneburg und Verden, aus dem Lande Hadeln, dem Herzogthum Lauenburg und den zwei freien Reichs- und Hansestädten Hamburg und Lübeck, sammt den dazu gehörigen Gebieten.

Eingetheilt war es in 4 Arrondissements, 30 Cantons und 69 Mairien. Im Jahre 1811 hatte 373,284 Einwohner, nach folgender Vertheilung:

Arrondissements:		Cantons:
Hamburg:	4 Cantons,	— Hamburg, blos die Stadt, Sitz des Präfecten,

	8 Mairien, 137,539 Einw.	(106,920), Wilhelmsburg (8972), Hamm (12,966), Bergedorf (8681).
Lübeck:	8 Cantons, 15 Mairien, 74,322 Einw.	— Lübeck-Stadt (25,526), Lübeck-Land (7371), Steinhorst (7724), Ratzeburg (8062), Mellen (6094), Lauenburg (5639), Schwarzenbeck (7621), Neühaus (6482).
Lüneburg:	8 Cantons, 21 Mairien, 65,981 Einw.	— Buxtehude (10,132), Harburg (7569, davon 5300 in der Stadt), Hittfeld (6003), Tosted (6269), Gadedorf (6947), Lüneburg-Stadt (10,039), Bardewiek (11,257), Winsen (7765).
Stade:	10 Cantons, 25 Mairien, 95,442 Einw.	— Ritzebüttel (10,434, davon 3757 im Flecken), Ottendorf (8994), Neühaus (10,995), Bremervörde (8822, davon 3457 im Flecken), Freiburg (11,526), Stade (9185, davon 6216 in der Stadt), Himmelpforten (11,048), Zeven (7711), Hornburg (8285), Jork (8442).

26) Das Lippe-Departement, also genannt von dem dasselbe auf einer Strecke seiner Südgränze berührenden Flusse Lippe, der bei Wesel in den Rhein geht, war, wie wir oben gesehen haben, aus vier Bezirken entstanden, welche bei der Einverleibung der batavischen und norddeütschen Lande drei holländischen Departements zugetheilt wurden. Das Dekret vom 26. Dezember 1810 hatte die Gränzen der vier Arrondissements bestimmt; durch eine aus einem französischen und einem bergischen Bevollmächtigten bestehende Special-Commission wurde indeß am 22. Februar 1811 die Gränze gegen das Großherzogthum Berg, die so wild hingeworfen worden war, berichtigt, wodurch u. a. die Stadt und das Kirchspiel Wolbeck, so wie das Dorf Angelmodde vom Arrondissement Münster getrennt wurde. Als nun aber am 28. April 1811 das Departement der Lippe geschaffen worden war, wurden auf Beschwerde der Behörden zu Münster besagte Ortschaften durch Dekret vom 6. August 1811 dem Arrondissement Münster, also dem Lippe-Departement, wieder beigelegt.

Das Departement gränzte gegen Morgen an das Departement der Ober-Ems, von dem es durch den Lauf des Emsflusses getrennt war, gegen Mitternacht an das Departement der Ost-Ems, gegen Abend an die holländischen Departements der West-Ems, der Yssel-mündung und der Ober-Yssel, gegen Südwesten an das Roer-Departement, von dem es durch den Rheinstrom getrennt war, auf der Strecke von der holländisch-deütschen Gränze aufwärts bis zum Einfluß der Lippe, doch so, daß die auf dem rechten Rheinufer gelegene Stadt und Festung Wesel zum Departement Roer gehörte, und endlich gegen Mittag an das Großherzogthum Berg.

Von deütschen Reichslanden nach den Bestimmungen des Deputationsrecesses von 1803 gehörten zum Lippe-Departement: das Herzogthum Cleve, so weit dasselbe auf dem rechten Ufer des Rheins (mit Ausschluß von Wesel) und auf dem rechten Ufer der Lippe belegen war; die fürstlich Salm-Salm- und Salm-Kyrburgischen Entschädigungslande, die Grafschaft Croy-Dülmen, der nördliche Theil des Fürstenthums Münster auf dem linken Emsufer, die Grafschaften Steinfurt und Bentheim, und die Entschädigungslande von Looz-Corswaren und vom Herzog von Aremberg, beide, so weit sie auf dem linken Emsufer, und die des Herzogs im vormaligen Niederstift Münster belegen waren.

Der Flächenraum des Departements wurde zu ungefähr 584,100 Hectaren angegeben, wofür man 103 d. Q.-M. setzte, die aber 106 d. Q.-M. ausmachen. Als das Departement durch Verordnung vom 27. April 1811 geschaffen wurde, gab man seine Bevölkerung zu 239,355 Seelen an, nach einer Zählung aber, die im Laufe von 1812 vorgenommen worden war und am 14. Dezember desselben Jahres zur Kenntniß gelangte, betrug sie 240,712 Seelen, so daß im Durchschnitt auf jeder der 103 Q.-M. 2337 Menschen wohnten.

Das Departement war in 4 Arrondissements, 22 Cantons und 86 Mairien so abgetheilt:

Arrondissements:		Cantons:
Münster:	23 Q.-M., —	Dülmen (11,130), Haltern (11,744), St. Mauritz
	5 Cantons,	(9937), Münster-Stadt, Sitz der Präfectur (14,748),
	17 Mairien,	Nottulen (10,082).
	57,641 Einw.	Einw. auf 1 Q.-M. im Bezirk = 2506.
Neüenhaus:	30 Q.-M., —	Bentheim (20,701), Heede (3844), Neüenhaus
	5 Cantons,	(11,842), Nordhorn (6021), Wesuwe (5975).
	17 Mairien,	Einw. auf 1 Q.-M. im Bezirk = 1280.
	38,383 Einw.	
Rees:	24 Q.-M., —	Bockhelt (Bocholt) (16,083), Borken (15,900), Emmerich (8513), Rees (9099), Ringenberg (10,527),
	6 Cantons,	
	25 Mairien,	Stadtlohn (9563).
	69,685 Einw.	Einw. auf 1 Q.-M. im Bezirk = 2904.
Steinfurt:	26 Q.-M., —	Ahaus (13,743), Billerbeck (9428), Coesfeld
	6 Cantons,	(11,306), Ochtrup (13,913), Rheine (12,428),
	27 Mairien,	Steinfurt (15,185).
	75,003 Einw.	Einw. auf 1 Q.-M. im Bezirk = 2885.

Unter der Einwohnerzahl von 1812 befanden sich 71,840 Knaben und Junggesellen, 70,623 Mädchen und ledige Frauenzimmer, 40,629 verheiratete Männer, 40,755 verheiratete Frauen, 5271 Wittwer, 9479 Wittwen und 2115 Soldaten. — Dem Glaubensbekenntniß nach spalteten sich die 240,712 Einwohner des Departements in 205,900 Katholiken, 29,043 Reformirte, 4146 Lutheraner und 30 Mennoniten, nebst 1593 mosaischen Glaubensgenossen. Im Arrondissement Münster waren alle Einwohner römische Katholiken, mit Ausnahme einer kleinen evangelischen Gemeinde in der Stadt Münster, die kaum 16 Familien oder etwa 80 Köpfe zählte. Im Arrondissement Neüenhaus gab es 18 katholische und 18 reformirte Pfarren, letztere in der vormaligen Grafschaft Bentheim, deren Bewohner, neben 7 katholischen Pfarren, überwiegend reformirten Glaubensbekenntnisses waren. Im Arrondissement Rees gab es 35 katholische, 16 reformirte und 10 lutherische Gemeinden, die protestantischen im vormaligen Herzogthum Cleve, auch zu Wehrt in der Salmschen Grafschaft Anholt und zu Gemen in der gleichnamigen ehemaligen Herrschaft. Die Menoniten-Gemeinde befand sich zu Emmerich. Mit Ausnahme von zwei reformirten Gemeinden in den Städten Steinfurt und Gronau bestand das Arrondissement Steinfurt nur aus römisch-katholischen Gemeinden.

Die Zahl der Ortschaften belief sich auf 551 Städte, Flecken, Dörfer und Bauerschaften. Der Städte waren 22, und zwar in alphabetischer Ordnung: Anholt, Bockholt (Bocholt), Borken, Coesfeld, Dülmen, Emmerich, Halteren, Horstmar, Isselburg, Münster, Neüenhaus, Nienborg, Nordhorn, Rees, Rheine, Schermbeck, Schüttorf, Steinfurt, Telgte, Vreden, Wehrt, Wolbeck. An Flecken gab es 8 Ortschaften, nämlich: Ahaus, Bentheim, Billerbeck, Elten, Gronau, Ochtrup, Ottenstein, Raesfeld.

4. Münz- und Maaß-Vergleichungen.

Bestimmung des Werths, in welchem nachbenannte Münzsorten in den öffentlichen Kassen der deütschen Departements, auch des Großherzogthums Berg, angenommen wurden, nachdem im letztern der französische Münzfuß vom 1. Januar 1810 an eingeführt worden war.

Goldsorten.

	Francs
Doppelter franz. Louisd'or von 48 Livres tournois	47,20
Einfacher Louis von 24 Livres	23,55
Brabanter Souverain	33,80
Friedrichsd'or od. preüß. Pistole	19,50
Holländischer Dukaten	11,42

Silbersorten.

Franz. Laubthaler von 6 Livres tournois	5,80
Ein halber von 3 Livres	2,75
Brabanter Kronenthaler	5,56
Ein halber	2,77
Ein Viertel	1,38
Deütscher Speciesthaler von 2 Gulden Conventionsmünze	5,04
Ein Halber oder Guldenstück	2,50
Thaler Conventionsmünze	3,85
Ein Drittel	1,25
Ein Sechstel	0,60

Silbersorten.

	Francs.
Preüßischer Thaler	3,50
Ein Halber	1,75
Ein Drittel	1,15
Ein Viertel	0,85
Ein Sechstel	0,54
Bergische Thaler	3,15
Desgl. ordinäres Geld	3,06
Desgl. ediktmäßiges Geld	3,23
Zwanzig Kreüzerstück oder sechs Batzen	0,75
Holländischer Gulden	2,03

Scheidemünzen.

Ein Zwölftel des preüß. Thalers	0,25
Doppelt. münsterischer Schilling	0,20
Münsterischer oder Hildesheimscher Gutegroschen	0,10
Münsterischer Schilling	0,10
Bergisches Dreistüber-Stück	0,10

In den Bestimmungen dieses Tarifs der deütschen Münzen und der im westlichen Deütschland gangbaren ausländischen Gold- und Silbersorten, die allesammt gegen ihren wirklichen Werth zu niedrig angesetzt waren, fanden Buonaparte und seine finanziellen Helfershelfer ein Mittel, das Nationalvermögen zu berauben und sich mit dem Raube zu bereichern. So wurde z. B. an jeder preüßischen Pistole, die in die öffentlichen Kassen floß, 1 Fr. 75 Cent. gewonnen, an jedem Speciesthaler 40 Cent., an jedem preüßischen Thalerstück 25 Cent. u. s. w.

Im Lippe-Departement war eine Commission ernannt worden, welche, zufolge einer im Jahre VI der Republik erlassenen Instruction des Ministers des Innern, eine genaue Vergleichung aller in diesem und den benachbarten Departements so sehr verschiedenen üblichen Maaße und Gewichte vorzunehmen hatte. Bis dahin, wo das Resultat dieser metrologischen Arbeiten beendigt und von der Regierung genehmigt sein werde, hatte der Präfect durch Umlaufsschreiben vom 25. September 1812 das möglichst genaue Verhältniß des neüfranzösischen Maaß- und Gewichts-Systems mit verschiedenen, im Departement bekannten und üblichen Maaßen und Gewichten kund gemacht, und die Unterpräfecte und Maires angewiesen, sich dessen in den von ihnen erforderten Berichten vorläufig zu bedienen. Hiernach waren, beim —

Längenmaaß.

1 Rheinländischer Fuß	$0,313_{,7}$	Mètre
1 Münsterischer Fuß .	$0,291_{,66}$	„
1 Rheinl. Ruthe v. 12 F.	$3,766_{,66}$	„
1 Münsterische Elle . .	$0,583_{,33}$	„
1 Brabanter „ . . .	$0,666_{,66}$	„
1 Kölnische „ . . .	$0,584_{,83}$	„
1 Berliner „ . . .	$0,627_{,4}$	„

Flächenmaaß.

1 Magdeb. Morgen von 180 Q.-Rthn. rheinl.	$0,212_{,7}$	Hectare
1 Malter Roggensaat zu 72 rheinl. Q.-R.	$1,225_{,8}$	„
1 Holländ. Morgen zu 600 Q.-Rthn. . . .	$1,437_{,5}$	„

Bestandsmaaß.

1 Klafter zu 108 Kubikfuß	3,500	Stères

Gehaltsmaaß.

a) Zu flüssigen Sachen.

1 Münsterische Kanne	$1,363_{,6}$	Litre
1 „ Ohm zu 108 Kannen	$1,471_{,7}$	Hectol.
1 Münsterische Tonne zu 112 Kannen	$1,526_{,2}$	„
1 Kölnische Kanne . .	$1,304_{,6}$	Litre
1 „ Ohm . . .	$1,500_{,4}$	Hectol.

b) Zu trockenen Sachen.

1 Münsterischer Scheffel	$0,362_{,3}$	Hectol.
1 „ Malter	$2,846_{,1}$	„
1 Kölnischer Scheffel .	$0,357_{,8}$	„
1 „ Malter .	$1,031_{,4}$	„
1 „ Last . .	21,471	„

Gewicht.

1 Münsterisches Pfund	$0,467_{,1}$	Kilogr.
1 Kölnisches „	$0,467_{,4}$	„

Neünunddreißigstes Kapitel.

Die Illyrischen Provinzen nach ihrer Verfassung und Verwaltung, 1809—1813.

Am Tage der Unterzeichnung des wiener und schönbrunner Friedensvertrags, also am 14. Oktober 1809, erließ Buonaparte aus seinem Hauptquartiere im Lustschlosse Schönbrunn eine Verordnung, kraft deren er die vom Kaiser Franz von Österreich an ihn selbst abgetretenen Provinzen, mit Ausnahme von Räzuns, sammt Dalmatien und dessen Inseln, zu einem einzigen politischen Körper vereinigte, dem er den Namen der Illyrischen Provinzen beilegte.

Den von Österreich abgetretenen Ländern, die im Ganzen eine Volksmenge von	1,206,118 Einw.
hatten, einverleibte er:	
Das venetianische Istrien mit ungefähr	90,000 „
Latus	1,296,118 Einw.

Übertrag	1,296,118 Einw.
Das venetianische Dalmatien sammt den Inseln und den Mündungen des Cattaro, mit	361,000 „
Ein Stück von Tirol, welches ihm der baierische König durch den Vertrag vom 28. Februar 1810 abtreten mußte, nämlich die Landgerichte Lienz und Sillian des Eisackkreises, 31¾ Q.-M. groß, mit	26,822 „
Und die ehemalige Republik Ragusa mit	56,000 „
Total der Bevölkerung der Illyrischen Provinzen, nach Angaben und Schätzungen vom Jahre 1809	1,739,940 Einw.
Im Jahre 1813 rechnete man aber, auf Grund amtlicher Zählungen, die wir weiter unten für jede Provinz einschalten, nur	1,506,000 „

mit dem Zusatze, daß diese Zahl die einheimische Bevölkerung darstelle. — In derselben Epoche gab man, amtlich, die Größe der Illyrischen Provinzen zu 50,210 Flächen-Kilometres an, d. i. in deütschem Maaße 797 Q.-M.; so daß die Volksdichtigkeit in diesem, fast ausschließlich dem Alpenlande und dessen südlicher Fortsetzung, den Dinarischen Alpen angehörigen Provinzen ungefähr 1890 betrug

Deütsche Schriftsteller jener Zeit, die den „großen Napoléon" ehrten und priesen, wo sich nur immer die Gelegenheit dazu fand, — leider hat es an niedrigen Speichelleckern dieses Schlages nirgends in Deütschand gefehlt, — liebten es, den in Schönbrunn geschaffenen Ländercomplex „Neü-Illyrien zu nennen, im Gegensatz zum Illyricum der Alten, die unter dieser Benennung den ganzen Strich Landes verstanden, der zwischen der Istrischen Halbinsel und dem Savefluß, Mösien und Macedonien, lag. Der kleine Fluß Titius, jetzt Kerka genannt, theilte Illyrien in zwei Theile, nämlich in Liburnien und in Dalmatien. Ersteres lag nordwestlich längs der Küste des Adriameeres, von Fiume an bis nach Zara herab, auch gehörte die Halbinsel Istrien mit zu diesem westlichen Theile von Illyrien. Das östliche hingegen lag nach Mösien und nach Macedonien hin. In Liburnien wohnten die Lapiden, ein seefahrendes Volk. Im damaligen Dalmatien aber, welches sich vom Titiusfluß bis an den Drinusfluß, den heütigen schwarzen Drino, längs des Adriatischen Meeres erstreckte, lagen die Städte Salona, als Hauptstadt, Epidaurus, jetzt Ragusa, Scodra, jetzt Scutari, Lissus, jetzt Alessio in Albanien, am schwarzen Drino, u. a. m.

In der Folge begriff man Croatien, Dalmatien und Albanien unter dem Namen Illyrien, und dehnte späterhin diese Benennung über noch andere Landschaften aus, so daß man Illyrien in das Venetianische, Ungarische und Osmanische Illyrien abtheilte. Das erstere begriff den Theil von Dalmatien, welchen die Republik Venedig besaß. Dagegen wurden zum Ungarischen Illyrien: Slawonien, Croatien mit Einschluß des österreichischen Dalmatiens gerechnet; wie der türkische Antheil von Illyrien die Provinzen Bosnien, Serbien zum größten Theil, nebst Türkisch-Croatien und Türkisch-Dalmatien, nebst Albanien begriff. Auch wurde von einigen Geographen die Republik Ragusa mit zu Illyrien gerechnet.

Buonaparte hatte ordentlich eine Berserkerwuth, sich und seine Person und die gesammte buonapartesche Verwandtschaft mit dem Alterthum unter einerlei Begriff zu bringen; darum legte er den Provinzen, um die Kaiser Franz beraubt wurde, den illyrischen Namen bei!

Hin und wieder ist behauptet worden, die Illyrischen Provinzen seien niemals mit dem Französischen Kaiserreiche vereinigt gewesen, und Buonaparte habe sie als sein besonderes persönliches Eigenthum angesehen und als unabhangigen Staat verwalten lassen.

Diese Behauptung ruht auf einer irrigen Ansicht: wie die deütschen und batavischen Lande mit dem Reiche nicht allein vereinigt, sondern, ihm vollständig einverleibt waren, so war es der Fall auch mit den Illyrischen Provinzen, welche, mit einem General-Gouverneur an der Spitze, genau dieselbe Verwaltungsorganisation hatte, wie Frankreich selbst, und nur dadurch sich unterschieden, daß sie die Unterabtheilungen nicht Departements, sondern Provinzen, der erste Beamte der Provinzen nicht Präfect, sondern Intendant, u. s. w. genannt wurde, auch dadurch, daß sie an der Repräsentativverfassung Frankreichs nicht Theil nahmen, was auf die Vermuthung führen mußte, daß der Zeitpunkt bald gekommen sein werde, wo der kühne Steüermann des französischen Staatsschiffes diesen ererbten Überrest des Freiheitsschwindels der Franzosen als überflüssige Zugabe der Erbschaft, als unnützen und hinderlichen Ballast mit bleierner Faust über Bord stürzen werde.

Buonaparte erließ am 15. April 1811 eine Verordnung, welche, 271 Paragraphen in 18 Titeln enthaltend, die politische Gestaltung der Illyrischen Provinzen zum Gegenstand hatte. Hiernach wurde, wie in den holländischen, den norddeütschen und einigen der italienischen Departements, —

Ein General-Gouvernement für die Illyrischen Provinzen niedergesetzt. Es bestand aus einem Generalgouverneur, einem Generalintendanten der Finanzen und einem Commissarius für das

Justizwesen. Unter dem Intendanten fungirte ein Generaleinnehmer und ein Schatzmeister; der Generalgouverneur hatte einen Gouvernementssecretair. — Titel I.

Der Generalgouverneur. Ihm wurden die nachstehenden Befugnisse und Obliegenheiten beigelegt: — Unter seinem unmittelbaren Befehle stand die ganze Land- und Seemacht, die Nationalgarde, die Gensd'armerie, und die Truppen aller Art, die regulären sowol als die irregulären. Ausgenommen war jedoch der Fall, wenn die Truppen in einen feldbereiten Heerhaufen zusammen gezogen werden mußten. Im Einverständniß mit dem Gentralintendanten oder den Offizieren vom Ingenieurcorps, je nachdem die Natur der Gegenstände es erforderte, schlug er vor, was für Befestigungen, neüe Wege oder Verbindungslinien mit den älteren, überhaupt, was für öffentliche Arbeiten aller Art ins Werk zu richten seien.

Die Offiziere der Gränzregimenter ernannte das Staatsoberhaupt auf den vom Generalgouverneur beim Kriegsminister einzureichenden Vorschlag. Auch die Intendanten, die Subdelegirten derselben und die Richter bei den Tribunalen wurden auf den, an den Finanz- und den Justizminister zu richtenden Antrag des Generalgouverneurs vom Staatshaüptling ernannt. — Den Gouvernementssecretair aber ernannte der Generalgouverneur, und dieser konnte die Beamten der Civilverwaltung auf den Bericht des Generalintendanten ihrer Amtsverrichtungen entheben. — Die Stellen bei der Finanzverwaltung wurden zwar von den verschiedenen Administrationen besetzt, aber keiner von den Angestellten konnte den Dienst wirklich antreten, wenn nicht die Genehmigung des Generalgouverneurs erfolgt war. — Die Beamten der verschiedenen Verwaltungszweige, welche aus Eingeborenen des Landes genommen werden mußten, sollten vom betreffenden Minister auf den vom Generalgouverneur genehmigten Vorschlag des Generalintendanten ernannt werden. — Dagegen wurden die Friedensrichter, die Mitglieder der Tribunale erster Instanz, die Notarien, Advokaten und Huissiers vom Generalgouverneur auf den Vorschlag des Justizcommissars ernannt. — Die Maires, jene von Laibach, Triest, Zara, Ragusa und Karlstadt ausgenommen, deren Ernennung sich der Kaiser vorbehalten hatte, ernannte der Generalgouverneur auf den Vorschlag des Generalintendanten.

Unter dem Generalgouverneur standen alle Zweige und alle

Bedienten der Verwaltung. In unvorhergesehenen und außerordentlichen Fällen traf derselbe auf der Stelle Vorsehung, mußte aber sofort davon dem Ressortminister Bericht erstatten. — Der Generalgouverneur hatte die Oberaufsicht über die Polizei sowol was die Ruhe im Innern, als die Sicherheit nach Außen betraf, und er übte, so oft er es für nöthig erachtete, die hohe Polizei selbst aus. Von allen Verfügungen in Hinsicht auf hohe Polizei mußte ihm binnen 24 Stunden Bericht abgestattet, und es durfte ohne seine Ermächtigung nicht weiter vorgeschritten werden. Er konnte das Ganze oder einen Theil seiner Polizeigewalt, wenn er es für nützlich fand, an einen Dritten übertragen. — Er traf Verfügungen wegen des Waffentragens; versah die von den Ortsobrigkeiten für die Reise nach Frankreich und ins Ausland gegebenen Pässe mit seiner Namensunterschrift, oder ließ solche von den, von ihm eigens hierzu bestellten Beamten ausfertigen. — Auch kam dem Generalgouverneur die Ausübung der hohen Polizei in Bezug auf das gesammte Postwesen zu. — Unter hoher Polizei verstand Buonaparte aber nichts anderes, als den, auf Spionerie, geheime Anschwärzungen, Eröffnung der den Posten anvertrauten Briefe gestützten niederträchtigen Mißbrauch der Regierungsgewalt.

Alle Befehle, Verordnungen, Verfügungen, die vom Generalgouverneur unmittelbar erlassen, oder von ihm auf den Antrag des Generalintendanten oder Commissars für das Justizwesen beschlossen wurden, so wie alle Urtheile der Tribunale mußten den Eingang haben: „Napoléon, Kaiser der Franzosen, König von Italien, Schutzherr des rheinischen Bundes, Vermittler des Schweizer Bundes 2c.“

Der Generalgouverneur stand mit einem jeden der verschiedenen Minister innerhalb seines Geschäftskreises in amtlichen Briefwechsel; was aber Militär-Croatien betraf, so korrespondirte er ausschließlich mit dem Kriegsminister. — Der Schriftwechsel des Großrichtersjustizministers mit dem Commissar für Rechtspflege ging durch den Generalgouverneur. Dieser gab die eingegangenen Befehle, Verfügungen 2c. des Großrichters an den Commissarius und sendete die Berichte und Antworten desselben mit den nöthigen Bemerkungen an den Großrichter. — Die Korrespondenz des Finanzministers ging an den Generalintendanten, so wie auch jene der Generaldirectoren des Straßen- und Wasserbaues, des Einschreibeamts, der Domainen, der Forsten, der Posten und der übrigen Verwaltungszweige mit ihren Beamten. Ihre Berichte übermachte der Generalintendant mit seinen besonderen Bemerkungen, wenn er sie für nöthig erachtete, an den Minister. — Das Nämliche fand bei dem Verkehr zwischen dem Minister des Innern und dem Intendanten in den Provinzen statt. — Der Minister der Gottesverehrung korrespondirte mit den Erzbischöfen, Bischöfen und anderen Würdenträgern der Kirche durch den Generalgouverneur, der ihren Antworten seine Bemerkungen hinzufügte, was auch bei dem Schriftwechsel des Ministers der hohen Polizei mit seinen Agenten Statt fand.

Alle sechs Monate hatte der Generalgouverneur an jeden der Minister einen allgemeinen Bericht über den Zustand der Illyrischen Provinzen, und zwar an jeden was seinen Geschäftskreis betraf, einzureichen. — Titel II.

Der Generalintendant der Finanzen war, wie gesagt, der Vermittler des Schriftwechsels der Minister mit den Intendanten, Directoren und sonstigen Vorstehern der Provinzialbehörden. In der Regel arbeitete er mit dem Generalgouverneur. Diesem mußte er alle Ergebnisse seines Schriftwechsels unterbreiten, und durfte ihm unter keinem Vorwande etwas verheimlichen. Der Generalgouverneur konnte, so oft er es für nöthig hielt, den verschiedenen Ministern seine Bemerkungen über die Geschäftsführung des Generalintendanten vorlegen.

Dieser hatte unter dem Befehle des Generalgouverneurs die Leitung und Verwaltung der Finanzen und der gesammten Civiladministration. Er wachte ausschließlich und unter seiner persönlichen Verantwortlichkeit über die Ausführung aller Gesetze, welche die Einkünfte und die Ausgaben von Illyrien betrafen. — Unter seinen Befehlen standen die Intendanten der Provinzen, der Generalempfänger, der Schatzmeister, die Zahlmeister und überhaupt alle Beamten der Civilverwaltung. — Er ließ Einsicht von ihren Kassen nehmen und sorgte für richtige Führung der Bücher und Ablegung der Rechnungen. — Er schlug zwar die verschiedenen Verfügungen in seinem Fache vor, entwarf sie und arbeitete sie aus, aber sie durften nicht anders erlassen und in Vollzug gesetzt werden, als mit Genehmigung des Generalgouverneurs, der sie vollzog und erließ. Der Generalintendant übermittelte sie dem Commissarius für die Rechtspflege, der sie sodann ohne Verzug einregistriren ließ, wenn es nothwendig war. — Zur

Ausführung der Befehle konnte der Generalintendant die Gensd'armerie und, erforderlichen Falls, selbst eine noch stärkere Gewalt requiriren.

Beim Generalintendanten war ein Rathscollegium verordnet, welches aus den Vorständen der verschiedenen Verwaltungszweige, die im Hauptorte des Gouvernements ihren Wohnsitz hatten, bestand. An dieses Collegium konnte von den Aussprüchen der Direction im Hauptorte der verschiedenen Provinzen appellirt werden. Er hatte indessen nur eine berathende Stimme und hielt über seine Berathschlagungen ein Protokoll.

Der Generalintendant durfte sich unter keinem Vorwande in die Amtsverrichtungen der richterlichen Gewalt mischen; eben so umgekehrt war es dem Justizcommissar und den Tribunalen verwehrt, die Amtsverrichtungen des Generalintendanten zum Gegenstand ihrer Einmischung zu machen. — Dieser konnte unter Ermächtigung und Vorwissen des Generalgouverneurs, oder in Gemäßheit seiner Dienstvorschriften, mit den französischen Consularagenten in Bosnien und Albanien korrespondiren; aber in diesem Falle mußte der Generalgouverneur an den Minister der auswärtigen Angelegenheiten darüber Bericht erstatten. — Titel III.

Der Commissarius für das Justizwesen hatte unter den Befehlen des Generalgouverneurs die Aufsicht über die Gerichtsbehörden und über alle zur Pflege des Rechts und der Gerechtigkeit angestellte Beamte. — Sein vorzüglichstes Augenmerk hatte er auf Beschleünigung der Justizverwaltung, sowol in bürgerlichen, als peinlichen Fällen, so wie auf die Sicherheit und Gesundheit der Gefängnisse zu richten. — Er konnte im Appelhofe zu Laibach, so wie in allen übrigen Gerichtshöfen, so oft er es für nöthig hielt, den Vorsitz führen, wobei ihm dann auch eine berathende Stimme zustand. — Er sorgte für die Ordnung in den Gerichtsschreibereien und für die Archive der Civilakten. — Die Bedienten der Regierung konnten wegen Verbrechen in ihren Amtsverrichtungen nicht gerichtlich verfolgt werden, wenn nicht der Generalgouverneur auf den gutachtlichen Bericht des Justizcommissars die Genehmigung hierzu ertheilt hatte. — Dieser hatte die Polizei wegen der Landstreicher und Störer der öffentlichen Ruhe und er konnte sie festnehmen lassen, unter Vorbehalt sie vor Gericht zu stellen. — Zur Vollstreckung seiner Befehle und der Urtheile der Gerichtshöfe konnte er die Gensd'armerie und selbst eine noch stärkere Gewalt in Anspruch nehmen. — Titel IV.

Des Generalempfängers Kasse war der Mittelpunkt, in welchem alle Einkünfte der Illyrischen Provinzen zusammen flossen; der Schatzmeister leistete alle Ausgaben. Der Generalempfänger korrespondirte mit allen besonderen Einnehmern, damit alle Einnahmen jeder Art in die Hauptkasse flossen. — In jeder Provinz hatte der Schatzmeister Zahlmeister, die von ihm ernannt, vom Generalintendanten aber bestätigt wurden. — Die besonderen Empfänger dagegen ernannte der Generalintendant auf den Vorschlag des Generalempfängers. Dieser sowol wie der Schatzmeister wurden auf den Vorschlag des Schatzministers vom Staatsoberhaupte ernannt. — Der Generalintendant bestimmte unter Genehmigung dieses Ministers, wie viel Geld aus der Generalkasse in jene des Schatzmeisters fließen sollte, und er setzte die Ausgaben fest. — Titel V.

Der Kleine Rath, welcher in den Illyrischen Provinzen angeordnet war, bestand aus dem Generalgouverneur als Vorsitzenden, dem Generalintendanten, dem Commissarius für die Rechtspflege und zwei Richtern vom Appelhofe zu Laibach. — Dieses Collegium sprach als Berufungsinstanz für Verwaltungsgegenstände in den an dasselbe gebrachten Appellationen von den Entscheidungen der den Provinzialintendanten beigegebenen Räthen. Der Kleine Rath bildete das Cassationsgericht in allen Sachen, wo das Kapital des Streits nicht über 200,000 Francs stieg. Übertraf es diese Summe, so ging das Cassationsgesuch an das Cassationsgericht zu Paris. — Der Kleine Rath hatte zu bestimmen, wie in gerichtlichen Dingen, vor Einführung der französischen Gesetze, verfahren werden solle. — Er entschied in allen Competenzstreitigkeiten zwischen den verschiedenen Gerichtsstellen. — Alle Gesuche um Begnadigung mußten an den Kleinen Rath gehen. — Er sprach über die Aufschiebung gerichtlicher Urtheile, und sendete die Vorstellung an den Großrichterjustizminister, der selbige dem Staatshaupte im Geheimen Rathe vorlegte. — Verfügungen in Dingen der hohen Polizei und von großer Wichtigkeit konnten vom Generalgouverneur nicht beschlossen werden, wenn solche nicht in dem Kleinen Rath untersucht und erörtert worden waren; aber in diesem Falle hatte er nur eine berathende Stimme und die Entscheidung hing ausschließlich vom Generalgouverneur ab. — Bei diesem Collegio waren für gerichtliche Sachen 6 Advokaten angestellt. — Titel VI.

Civilorganisation. Der hierauf bezügliche Titel der Verordnung vom 15. April 1811 zerfiel in sechs Abschnitte, und davon enthielt der erste —

Die Territorialeintheilung. Das Generalgouvernement von Illyrien war in 6 Civilprovinzen und 1 militärische eingetheilt. Jene hatten Districte (ursprünglich auf 20 festgestellt, 1812 war aber der Krainburger, in Krain, noch hinzu gekommen), und die Districte Cantons zu Unterabtheilungen; die Militärprovinz zerfiel nach der alten Verfassung in 6 Regimenter. Die Eintheilung war also:

Provinz.	Hauptort.	Districte.	Bestandtheile.
1. Krain . . 9859 Q.-K.	Laibach. 374,714 E.	1. Laibach . . . 2. Neustadt. 3. Adelsberg. 4. Krainburg. Cantonszahl 21.	Die Provinz Krain war gebildet aus den vormaligen Kreisen Laibach, Neüstadt und Adelsberg, mit Ausschluß von österreichisch Istrien und dem Gebiete von Wippach, welche der Provinz Istrien beigelegt worden waren.
2. Kärnten . . 7120 Q.-K.	Villach. 136,668 E.	5. Villach . . . 6. Lienz. Cantonszahl 11.	Die Provinz Kärnten war zusammengesetzt aus den Landgerichten Sillian und Lienz die vormals zum baierischen Tirol gehört hatten, und aus dem bisherigen Villacher Kreise.
3. Istrien . . . 5510 Q.-K.	Triest. 245,121 E.	7. Triest . . . 8. Görz (Goriza). 9. Capo d'Istria. 10. Rovigno. Cantonszahl 16.	Stadt und Gebiet Triest, Gebiet des vormals venetianischen Istriens, Monfalcone und Gebiet, die ehemalige Grafschaft Görz, und Wippach, welches vormals zum Villacher Kreise gehört hatte.
4. Civil-Croatien. 5357 Q.-K.	Karlstadt. 214,977 E.	11. Karlstadt . . 12. Fiume. 13. Segna, zuletzt Lossino piccolo. Cantonszahl 21.	Außer dem alten Civilcroatien begriff diese Provinz Fiume mit dem Gebiete, das vormalige österreichische Istrien, Mercovail und das unter dem Namen des ungarischen Littorale bekannte Land mit Einschluß der Stadt Segna, nebst den Inseln Veglia, Arbe, Cherso, Lossino piccolo und Lossino grande.
5. Dalmatien . 9739 Q.-K.	Zara. 220,127. E.	14. Zara . . . . 15. Spalatro. 16. Sebenico. 17. Mocarsca. 18. Lesina. Cantonszahl 17.	In dieser Provinz war das ganze Dalmatien nebst allen dalmatischen Inseln begriffen, wovon jedoch Curzola und alle zum Districte von Fiume gehörigen Inseln ausgeschlossen waren.
6. Ragusa . . 1030. Q.-K.	Ragusa. 74,393 E.	19. Ragusa . . . 20. Cattaro. 21. Curzola. Cantonszahl 10.	Diese Provinz begriff das ganze Gebiet der ehemaligen Republik Ragusa und die Provinz der Mündungen des Cattaro, alle Inseln von Ragusa und die Insel Curzola, welche sonst zu Dalmatien gehörte.

[NB. Der Flächeninhalt ist in gevierten Kilometers ausgedrückt.]

7. Militär-Croatien. Karlstadt 10,695 Q.-M. 240,000 E.	6 Regimenter . . Lika, Ottochatz, Ogulin, Slum, 1 u. 2 Bannale.	Ganz nach der frühern Abtheilung und Begränzung.

Die Civilprovinzen waren mithin in 21 Districte und 96 Cantons eingetheilt. — Es stand beim Generalgouverneur, nach vernommenen Gutachten des Kleinen Raths dem Minister des Innern Vorschläge wegen Vermehrung oder Abänderung der Districte zu machen. In Beziehung auf die Cantons hatte er hierin freie Hand, doch ebenfalls nach dem Gutachten des Kleinen Raths. — Die Civilverwaltung einer jeden Provinz war einem Intendanten anvertraut, und diesem ein Intendantursecretair beigegeben. In dem Hauptorte eines jeden Districts, wo der Intendant nicht wohnte, war ein Subdelegirter bestellt worden. Demnach gab es in den Illyrischen Provinzen 6 Intendanten und 15 Subdelegirte. — Tit. VII. Abschnitt 1.

Die Intendanten der Provinzen hatten die nämlichen Obliegenheiten und Befugnisse, wie die Präfecte in den Departements von Frankreich. Sie berichteten an den Generalintendanten und empfingen von ihm die Weisungen. Sie waren Richter in streitigen Gegenständen, die Steüern oder öffentlichen Arbeiten betreffend, und hatten in dieser Hinsicht die nämliche Gerichtsbarkeit, wie die Präfecte in Frankreich. — Das Gehalt eines jeden Intendanten war auf 8000 Francs festgestellt worden, und zur Bestreitung der Bureaukosten empfing jeder der Intendanten von Krain, Istrien und Dalmatien 10,000, in den drei anderen Provinzen aber nur 6000 Francs. — Von den Secretairen der Intendanten hatte ein jeder ein Jahrgehalt von 2666$^2/_3$ Francs.

In jeder Provinz war ein besonderer Empfänger als Vertreter des Generalempfängers, und ein Zahlmeister als Vertreter des Schatzmeisters angestellt. — Ferner gab es in jeder Provinz einen Straßen- und Wasserbaudirector, einen Einschreibungs- und Domainendirector, einen Hypothekenbewahrer, einen Steüerdirector, einen Forstinspektor, einen Zoll- und einen Lotterieinspektor. — Jeder dieser Beamten konnte mehrere Stellen zusammen versehen. — Die Vorstände dieser verschiedenen Verwaltungszweige bildeten in jeder Provinz einen Intendanturrath, der die nämlichen Befugnisse und Obliegenheiten hatte, wie der Präfecturrath im Innern des Reichs. — Tit. VII, Abschnitt 2.

Die Subdelegirten waren gleichbedeütend mit den Unterpräfecten in Frankreich; sie hatten in ihren Bezirken die nämlichen Amtsverrichtungen, wie die Intendanten in den Provinzen und den Districten, in denen der Hauptort der betreffenden Provinz lag. — Sie berichteten an ihren Intendanten und empfingen von demselben ihre Weisungen. — Die Subdeligirten waren in zwei Klassen eingetheilt: 12 gehörten zur ersten und 3 zur zweiten Klasse. Jeder der Subdelegirten erster Klasse bezog ein Jahrgehalt von 2500 Francs und 1000 Francs zur Bestreitung der Bureaukosten; und jeder der 3 Subdelegirten zweiter Klasse, nämlich zu Lossino piccolo Lesina und Curzola, 1000 Francs Jahrgehalt und 500 Francs für Bureaukosten. — Sämmtliche Gehalte der Intendanten, Intendantursecretaire und der Subdelegirten betrugen 97,00 Francs und sämmtliche Bureaukosten 61,500 Francs. — Tit. VII. Abschnitt 3.

Ein Militärintendant für Militär-Croatien, welcher zu Karlstadt seinen Wohnsitz hatte, und aus den Revueinspektoren der Armee genommen wurde, führte die Oberaufsicht über die Verwaltung der 6 illyrischen Gränzregimenter. Unter seinem Vorsitz bestand eine Centraldirection, welche aus einem Offizier höhern Rangs, einem Kriegscommissar und einem Auditor, die aus diesen Regimentern oder aus den Gränzbeamten genommen werden mußten, zusammengesetzt war. — Bei dieser Direction gingen alle Rechnungen und Berichte der Regimenter, sowol in Ansehung der Organisation, als der Administration und der Justizpflege, ein. — Der Militärintendant stand unmittelbar unter dem Befehle des Generalgouverneurs der Illyrischen Provinzen. Mit ihm korrespondirte er über Alles, was Bezug hatte auf militärische Einrichtungen, auf Ernennung und Veränderungen der Offiziere und auch des Personals der Regimenter; mit dem Generalintendanten über Alles, was sich auf die Verwaltung und Soldzahlung bezog; mit dem Commissar für das Justizwesen über die Handhabung und Pflege des Rechts. — Der Militärintendant sorgte dafür, daß alle drei Monate die Rechnungen der Regimenter von dem Oberkriegscommissar, Mitgliede der Centraldirection, provisorisch festgestellt wurden, zu welchem Ende derselbe die Regimenter in Begleitung eines Brigadekriegscommissars zu mustern hatte. — In der Organisation der Regimenter war nichts geändert worden; sie wurden auch forthin nach den von der k. k. österreichischen Regierung erlassenen Reglements regiert. — Tit. VII, Abschnitt 4.

Über die Competenz der Verwaltungsbehörden in streitigen Fällen und die Form der Procedur war dahin Verfügung getroffen worden, daß der Intendant der Provinz im Bezirk seines Districtshauptortes und der Subdelegirte im Umfange seines Bezirks, die erste Instanz sein sollte. — Von den Subdeligirten ging die Berufung an den Intendanten und dessen Intendanturrath. Sprach der Intendant in erster Instanz, so ging die Appellation an seinen Intendanturrath, und von dessen Entscheidungen ging die Berufung an den neben dem Generalgouverneur angeordneten Kleinen Rath. — Der Generalintendant konnte von Amtswegen die Entscheidungen der Intendanten durchsehen, auch abändern, mußte aber hierüber an den Generalgouverneur berichten. — Die Termine waren genau bestimmt, binnen welchen die Berufungen eingelegt und ausgeführt werden mußten. — Tit. VII, Abschnitt 5.

Die Municipalverfassung war genau dieselbe, wie im Französischen Reiche. Die Haushaltungsetats der Gemeinden wurden von den Maires und Beigeordneten rc. entworfen, und wenn die Gemeinde weniger als 10,000 Francs Einkünfte hatte, vom Generalintendanten auf den Vortrag des Intendanten, wenn sie aber mehr Einkünfte hatte, vom Reichsoberhaupte im Staatsrathe geordnet, festgestellt und bestätigt. — Einstweilen behielten die Gemeinden ihre bisherigen Einkünfte, außerdem wurden ihnen die Polizeistrafen und Zusatzcentimen von der Patentsteüer nach eben dem Maaßstabe, wie in Frankreich überwiesen. — Tit. VII, Abschnitt 6.

Handelskammern gab es zu Triest, Fiume und Ragusa; die in der zuerst genannten Hafenstadt mit 11, die in den beiden anderen Plätzen je mit 8 Mitgliedern. Zwei Abgeordnete der Handelskammer zu Triest, einer von Fiume und einer von Ragusa sollten zum Generalhandelsrath nach Paris berufen werden. — Tit. VIII. Später wurde eine vierte Handelskammer in Laibach errichtet. Als Handelshäfen waren 19 anerkannt, nämlich: Triest, Capo d'Istria, Rovigno, Pirano, Parenzo, in Istrien; — Fiume, Lossino piccolo, Cherso, Segna, Porto Ré, in Civil-Croatien; — Zara, Sebenico, Macarsca, Lesina, Trau, in Dalmatien; — Ragusa, Cattaro, Curzola, Portorese, in Ragusa. — Sanitätsräthe gab es vier, in Triest, Zara, Spalatro, Ragusa, die acht Sanitätsintendanten unter sich hatten und diese wiederum 98 Sanitätsdeputirte, welche die Sanitätspolizei gegen die Einschleppung der Pest von der Türkei und der

Levante her zu wahren hatten; was bekanntlich auch ein Hauptzweck der Verfassung von Militär-Croatien war und blieb.

Wohlthätigkeitsanstalten und Gefängnisse blieben in ihrer vorgefundenen Wesenheit und Einrichtung; doch wurde der Generalintendant angewiesen, über den Zustand beider Institute schleünigst Bericht an den Generalgouverneur zu erstatten, der den Bericht mit seinen gutachtlichen Bemerkungen an den Minister des Innern zu senden hatte, woraus sich dann die etwa nöthigen Verbesserungen ergeben würden. — Tit. IX.

Das Straßenbau- und Wasserbauwesen stand unter einem Abtheilungsinspektor, der in der Residenz des Generalgouverneurs seinen Wohnsitz hatte. Er war Mitglied des oben bemerkten Rathscollegiums des Generalintendanten, und unter ihm standen die Baubedienten in jeder Provinz, die nach denselben Abstufungen abgetheilt waren, wie in Frankreich. Mit dem Generaldirector des Bauwesens zu Paris stand er durch den Generalintendanten in amtlichem Verkehr. Der vom letztern entworfene und vom Generalgouverneur genehmigte Bauetat ging an den Minister des Innern, der ihn dem Staatsoberhaupte zur Bestätigung vorlegte. Alle Entwürfe zu neüen Straßenbauten oder großen Herstellungen wurden vom Generalgouverneur dem Minister des Innern eingeschickt, der sie an den Generaldirector abgab, um geprüft, untersucht und festgestellt zu werden. Dann unterbreitete sie der Minister dem Kaiser zur Bestätigung. — Tit. X. Des Forstwesens war in der Verordnung nicht Erwähnung gethan. 1813 bildeten die Illyrischen Provinzen einen Forstbezirk, der in sieben Forstinspektionen zerfiel, welche mit den Civilprovinzen zusammen trafen. In Dalmatien waren zwei, die zweite zu Gratschatz.

Öffentlicher Unterricht. Bis dahin, daß ein Lyceum zu Laibach und ein anderes zu Ragusa, und in jeder Provinzialhauptstadt und in jedem Districtshauptorte, und wenn es nöthig sein sollte, noch an mehreren anderen Orten eine sogenannte Secondairschule nach dem Zuschnitt der französischen Universität eingerichtet sein würden, sollte es bei den vorgefundenen Lehranstalten sein Bewenden haben. — Tit. XI. Im Jahre 1813 waren die beiden Lyceen eingerichtet.

Wegen der Bergwerksverwaltung hatte der Minister des Innern dem Staatshaüptling einen Organisationsplan vorzulegen. Die Verordnungen und Vorschriften, welche im Innern des Reichs maßgebend waren, sollten zum Grunde gelegt werden; doch war es gestattet worden, dabei auch die bis dahin geltend gewesenen Gesetze und Gewohnheiten, welche einstweilen in Kraft bleiben sollten, zu berücksichtigen. Neüe Concessionen konnten nur durch ein Dekret ertheilt werden, welches vom Staatsrathe auf den Bericht des Ministers des Innern begutachtet worden war. — Tit. XII.

Die hohe Polizei stand unter dem Befehle des Generalgouverneurs, der den Polizeiminister über Alles, was Gewöhnliches und Ungewöhnliches in den Illyrischen Provinzen vorging, in Kenntniß zu setzen hatte. Ausgeübt wurde sie durch die commandirenden Divisionsgenerale oder Platzcommandanten, durch die Intendanten und Subdelegirten, durch die Offiziere der Gensd'armerie und durch sonstige Civil- und Militäragenten, die der Generalgouverneur dazu bestimmte. Sie berichteten unmittelbar an denselben. Wegen des Paßwesens hatte der Generalgouverneur eine allgemeine Verordnung zu erlassen. Für die Illyrischen Provinzen war die Ernennung eines Grandprevot in Aussicht genommen worden, der in der Residenz des Generalgouverneurs seinen Wohnsitz aufgeschlagen hatte. Diese Stelle wurde in der Folge mit einem Obersten von der Gensd'armerie besetzt. Fünf Eskadronschefs der Gensd'armerie versahen die Dienste eines Prevot und hatten ihren Sitz zu Villach, Triest, Karlstadt, Zara und Ragusa. — Tit. XIII. In Laibach war neben dem Obersten ein Capitain der Gensd'armerie aufgestellt.

Wegen der kirchlichen Verhältnisse wurde verordnet, daß die Bischöfe, sowol des lateinischen als des griechischen Ritus, die Kathedral- und Collegiatkirchen, die Seminarien und Pfarrer, ihre bisherigen Verrichtungen fortsetzen und im Genusse aller Güter und Einkünfte verbleiben sollten, die zur Zeit der Übergabe der Illyrischen Provinzen zu ihrem Unterhalte bestimmt waren, mit Ausnahme der durch den Generalgouverneur bereits aufgehobenen Zehnten. Für diesen sollten sie entschädigt werden. — Der Villacher Kreis, der unter österreichischer Regierung zum Bisthum Klagenfurt gehörte, und die Landgerichte Sillian und Lienz, welche von Alters her ein Bestandtheil der Diöcese Brixen waren, machten von nun an einen Bestandtheil des Bisthums von Laibach aus. — Was auf dem rechten Ufer der Save liegt und sonst zur Diöcese von Agram gehörte, sollte nun mit dem Kirchensprengel von Segna vereinigt werden. — Güter und Einkünfte erledigter Bisthümer, oder solcher, deren Titularen abwesend waren, wurden von der Domainenverwaltung in Beschlag genommen und von derselben administrirt. — Tit. XIV.

Im Jahre 1813 bestanden in den Illyrischen Provinzen drei Erzbisthümer und einundzwanzig Bisthümer; nämlich in Krain: das Bisthum Laibach; — in Istrien: die Bisthümer Triest, Görz, Capo d'Istria, Citta-Nova, Parenzo, Pola; — in Civil-Croatien: Karlstadt; Novi in Vinodol, Arbe, Veglia, Osero, Cherso; — in Dalmatien: die Erzbisthümer Zara und Spalatro, die Bisthümer Sebenico, Macarsca, Lesina, Scardona, Trau, Nona; — in Ragusa: das Erzbisthum Ragusa und die Bisthümer Cattaro und Corzola.

Finanzen. Um die Schulden der Illyrischen Provinzen zu ermitteln und den Betrag der Gnadengehalte oder Pensionen festzustellen, wurde eine eigene Commission von Paris abgefertigt. — Wegen Tilgung der Landesschulden sollte der Finanzminister einen Plan einreichen, und wegen der Pensionen wurde bestimmt, daß für die Zukunft keine anders, als nach den Gesetzen des Französischen Reichs bewilligt werden dürfe.

Für das Rechnungsjahr 1810 betrugen —	
Die Einnahmen der Illyrischen Provinzen . .	20,536,154 Frs. 13 Ct.
Die Ausgaben dagegen	18,267,068 „ 88 „
Mithin mehr Einnahme als Ausgabe . . .	2,269,075 Frs. 25 Ct.

Dabei ist aber zu bemerken, daß für die öffentliche Schuld noch nichts angesetzt war. Alle alte, noch aus den Vorjahren von 1811 rückständige Abgaben sollten eingetrieben und der Betrag zur Bezahlung der in Rest gebliebenen Ausgaben verwendet werden. Überdies sollte ein Kapital von 6 Millionen Francs aus Nationalgütern und Grundrenten entnommen werden, um zur Tilgung sämmtlicher Rückstände zu gelangen; zu welchem Behuf der Finanzminister angewiesen wurde, die betreffenden Liquidationen des schleünigsten anfertigen und feststellen zu lassen.

Etat der Einnahmen und Ausgaben für das Jahr 1811.

Einnahmen.	Francs.	Ausgaben.	Francs.
Die Grundsteüer beträgt . .	4,500,000	Justizministerium	410,000
Patentsteüer	200,000	Minist. d. Finanz. 500,000 / Pensionen . . 700,000	1,200,000
Einschreibegebühren, Stempel, Domainen u. Forsten	1,200,000	Ministerium des Innern .	800,000
Zölle und Salz	2,600,000	Ministerinm des Schatzes .	200,000
Tabak nach den Regiepreisen	560,000	Kriegsministerium	2,400,000
Lotterie	60,000	Minist. d. Kriegsverwaltung	—
Pulver und Salpeter . . .	50,000	Marineministerium	1,000,000
Militär-Croatien	813,000	Ministerium des Kultus . .	527,000
Verschiedene Einnahmen .	60,000	Reservefonds	63,000
Zusammen	10,043,000	Zusammen	6,600,000

Der Überschuß der Einnahme zum Betrage von 3,443,000 Francs sollte zur Deckung der Ausgaben des Kriegsministeriums, in dessen Etat nur die croatischen Regimenter in der Provinz Militär-Croatien ausgeworfen waren und des Ministeriums der Kriegsverwaltung verwendet werden. Bei dem Einnahmeposten der Grundsteüer ist zu bemerken, daß für die Ausfälle noch zwei Centimes erhoben wurden, und überdem die erforderlichen Zusatzcentimes für die Erhebungskosten und die Gemeindeausgaben, doch durften sie die Zahl von 10 Centimes nicht übersteigen. — Titel XV.

Instanzorganisation. Mit Einführung des „bürgerlichen Gesetzbuches der Franzosen" und der damit zusammenhangenden Prozeßordnung u. s. w., wurde das Gerichtswesen ganz nach französischem Zuschnitt eingerichtet und demgemäß das Gebiet der Illyrischen Provinzen, mit Ausnahme von Militär-Croatien, in drei Appellationsgerichtsbezirke und in 13 Bezirke von Tribunalen erster Instanz, und in eben so viele Friedensgerichtsbezirke, als es Cantons gab, mithin in sechsundneünzig eingetheilt. Die gerichtliche Territorialeintheilung war folgender Maßen angeordnet:

Appellhöfe.	Tribunale erster Instanz.	
1) Laibach .	Laibach und Neüstadt in Krain; — Villach und Lienz in Kärnten; — Triest, Görz und Rovigno in Istrien; — Karlstadt und Fiume in Civil-Croatien	7.
2) Zara . .	Zara und Spalatro in Dalmatien	2.
3) Ragusa .	Ragusa und Cattaro in der Provinz Ragusa	2.

Das Gericht erster Instanz zu Villach erstreckte seinen Sprengel anfangs über die ganze Provinz Kärnten; später kam das Gericht Lienz hinzu und in Istrien das von Rovigno. In den Provinzen, wo mehr als eins angeordnet war, sollte der Umfang des Gerichtskreises näher bestimmt werden; vorlaüfig konnte dieses vom Generalgouverneur nach dem Gutachten des Justizcommissars geschehen. Abweichend von der Organisation in Frankreich, war also nicht für jeden District oder jedes Arrondissement ein Tribunal erster Instanz angeordnet. Jedes dieser Gerichte bestand aus einem Präsidenten, zwei Richtern, drei Ergänzungsrichtern, einem Prokurator und einem Schreiber. — Das Appellationsgericht zu Laibach hatte einen ersten Präsidenten, einen Präsidenten, acht Richter, vier Ergänzungsrichter, einen Generalprokurator, einen Substituten und einen Schreiber. Es theilte sich in zwei Sectionen oder Senate. Die beiden Appellationsgerichte zu Zara und Ragusa hatten jedes nur einen Präsidenten, vier Richter, zwei Ergänzungsrichter, einen Generalprokurator und einen Schreiber. — Zu Laibach, Triest, Fiume und Ragusa wurden Handelsgerichte eingesetzt, deren jedes aus einem Präsidenten, vier Richtern, zwei Ergänzungsrichtern und einem Schreiber bestand. Sie scheinen aber später wieder aufgelöst worden zu sein, denn 1813 wurden sie nicht mehr genannt.

Für jede der sechs Civilprovinzen wurde ein Prevotalhof angeordnet, der zwar seinen gewöhnlichen Sitz im Hauptorte der Provinz hatte, der sich aber überall hin innerhalb der Provinz begeben konnte, wo er es nöthig fand. Diese Prevotalhöfe bestanden aus dem Grandprevot oder dem Prevot, als Präsidenten, aus dem ältesten Richter des Tribunals erster Instanz, in dessen Umkreise das Urtheil zu fällen war, ferner aus militärischen Beisitzern, die wenigstens den Rang eines Hauptmanns haben mußten. Der Prevotalhof der Provinz Krain hatte einen Obrist der Gensd'armerie als Grand prévôt (Großprofoß), die übrigen Prevotalhöfe dagegen hatten einen Schwadronschef derselben Polizeimannschaft als Prevot zum Präsidenten. Der Prokuratur und der Schreiber des Tribunals erster Instanz in dem Bezirke, wo der Profoß seinen festen Wohnsitz hatte, versahen dies Amt auch bei dem Prevotalhofe. Diese militärischen Ausnahmegerichte erkannten ausschließlich über alle Verbrechen, welche von Landstreichern oder von jenen aufs Neüe begangen wurden, welche bereits früher zu entehrenden Strafen verurtheilt worden waren. Sie erkannten ferner — und das war die Hauptsache, welche man bei ihrer Einrichtung im Auge gehabt hatte, — in allen Sachen, die gawaltsamen Widerstand gegen die bewaffnete Macht betrafen: über Schleichhandel mit der Waffe in der Hand, oder auch blos in großen Rotten ohne Waffen betrieben; über Straßenraub, über Falschmünzerei und über Mord, der durch Vorbereitungen in bewaffneten Verbindungen oder auf der Heerstraße begangen worden war. Auf erhobene Anklage oder auch nur auf bloße Anzeige, welche mit Beweisstücken belegt sein sollten und nach dem Informationsprotokolle erklärten die Prevotalhöfe, nachdem sie das Gutachten des Prokurators entgegengenommen hatten, ihre Competenz durch einen Beschluß. Dieser wurde auf der Stelle an den Commissarius des Justizwesens abgefertigt und von diesem, dem gleich anfangs erwähnten Kleinen Rath (Titel VI) vorgelegt. Die Instruction der Sache wurde hierdurch nicht aufgehalten, aber zur eigentlichen Verhandlung konnte nicht eher fortgeschritten werden, bis die Entscheidung des Kleinen

Raths über die Competenz eingelegt war. War diese bestätigt, so fand gegen die von den Prevotalhöfen in der Hauptsache gesprochenen Urtheile kein Rekurs Statt. — Nicht genug an diesen Ausnahmegerichten, so wurden —

Verbrechen von fascher Werbung und Spionage, selbst wenn sie von Einwohnern der Illyrischen Provinzen begangen waren, vor eigends dazu eingesetzte Militärcommissionen zur Untersuchung und Aburteilung gebracht. Vor deren Forum gehörten auch: alle Verbrechen, die von zusammengerotteten Ausländern auf illyrischem Grund und Boden begangen wurden; alle Angriffe von Fremden auf die Ruhe und Sicherheit der Provinzen; und alle Versuche von Seiten der Ausländer, illyrische Unterthanen von dem ihrem Souverain schuldigen Gehorsam und Treüe abwendig zu machen. — An derlei außerordentlich niedergesetzten Militärgerichten hat es auch nicht in den vier Departements des nordwestlichen Deütschlands gefehlt. Buonaparte fühlte sich und sein despotisches Regiment unter den fremden Völkern, über die er seine eiserne Zuchtruthe schwang, nichts weniger als sicher, eher noch bei den gutmüthigen Deütschen, die sich allgemach daran gewöhnten, sich — skalpiren zu lassen. Die südlichen Slawen dagegen, und namentlich die heißblütigen Dalmatiner, unterwarfen sich nicht so leicht dem Joch, in das sie geschmiedet wurden.

In Militär-Croatien wurde die Justiz in der Weise verwaltet, die man vorgefunden hatte. In einigen Fällen ging jedoch die Berufung an das Tribunal zu Karlstadt in Civil-Croatien, dem alsdann zwei militärische Beisitzer zugetheilt wurden, und das im letzten Rechtsgange entschied.

Von den Cassationsinstanzen ist bereits oben (Tit. VI) die Rede gewesen und hier nur noch zu erwähnen, daß alle Tribunale, Gerichtshöfe, Prévôtés und Militärcommissionen nach gefälltem Urtheile die zu einer entehrenden Strafe Verurtheilten der Gnade des Staatsoberhaupts empfehlen konnten. Diese Empfehlung wurde in einem besondern und geheimen Protokoll, nach Vernehmung des kaiserlichen Prokurators oder des Staatsanwalts, niedergelegt, die Gründe wurden auseinander gesetzt, das Protokoll in der Urschrift wie in der Ausfertigung durch Namensunterschrift vollzogen, und durch den Justizcommissar dem Kleinen Rath übermittelt. Auch der Generalgouverneur konnte von Amtswegen einen Verurtheilten der Gnade des Großgebietigers empfehlen. In beiden Fällen wurde die Vollstreckung des Urtels bis nach erfolgter Entscheidung aufgeschoben. Diesen Aufschub konnte auch der Generalgouverneur verfügen. — Tit. XVI.

Zeitpunkt der Einführung der französischen Gesetzgebung. Die im Französischen Reiche geltenden Gesetze sollten in alle Sprachen übersetzt werden, welche in den Illyrischen Provinzen gebraüchlich sind, also in die deütsche und italiänische Sprache und in die verschiedenen Dialekte der slawischen Sprache, mithin ins Slawonische, Kroatische, Serbische, ꝛc. Sie sollten alsdann vom 1. Januar 1812 an Rechtskraft haben. Aber auch vor diesem Zeitpunkte blieb es dem Generalgouverneur vorbehalten, nach Vernehmung des Kleinen Raths, die Rechtskraft jener Gesetze im Ganzen oder zum Theil für diejenigen Provinzen zu verfügen, die nach seiner Ansicht dafür empfänglich sein würden.

Das sogenannte Asylrecht, welches bei den Südslawen bestand, um Mörder und Todtschläger durch die mißbräuchliche Macht der Kirche vor dem Arm der weltlichen Gewalt zu schützen, wurde sofort, und zwar mit Recht, beseitigt. — Alle blos persönlichen Dienste wurden ohne alle Entschädigung unterdrückt; dagegen mußten alle Gerechtsame, die ursprünglich auf Grund und Boden hafteten, selbst alle Lehnrechte, abgelöst werden. — Wo die Gemeindeobrigkeit nicht im Stande sein sollte, die Civilakten über Geburten, Trauungen, Sterbefälle ꝛc., zu fertigen, da sollte dies den Pfarrern aufgetragen werden, jedoch mußten diese die Obrigkeit dabei zuziehen. — Das Obsigniren und Resigniren, so wie die Errichtung von Inventarien wurde dem Friedensrichter übertragen. — Wenn irgend ein französisches Gesetz mit den Bestimmungen der hier in Rede seienden Verordnung vom 15. April 1811 nicht in Einklang sein sollte, so konnte es in den Illyrischen Provinzen erst durch einen besondern, neüen Befehl Gesetzeskraft erlangen. — Bis zur Einführung der französischen Gesetzgebung blieben in den Illyrischen Provinzen alle bisherigen Gesetze und Gewohnheitsrechte in Geltung. — Doch sollten von nun an allen Urtheilen die Entscheidungsgründe hinzugefügt werden, alle Verhandlungen in peinlichen Sachen sollten öffentlich geschehen und dem Beklagten mußte ein Vertheidiger beigegeben werden, entweder nach eigener Wahl oder von Amtswegen durch den Präsidenten des peinlichen Gerichts. Ob Geschworene beim Criminalverfahren hinzugezogen werden sollten, war in der Verordnung nicht ausgedrückt. — Tit. XVII.

Organisation der Land- und Seemacht ꝛc. Die Militärdivisionen und der Festungsdienst, der Dienst der Gensd'armerie, der Artillerie und des Ingenieurcorps, überhaupt Alles, was sich auf das Militärwesen bezog, war bereits durch frühere Befehle des Großgebietigers angeordnet worden, wobei es sein Bewenden haben sollte. Hiernach gab es zwei Militärdivisionen, die erste für Laibach für Krain, Kärnten, Istrien und Civil-Croatien; die zweite zu Zara für Dalmatien, Ragusa und Militär-Croatien. Ferner zwei Directionen für das Artillerie- und Ingenieurwesen zu Triest und Zara, und zwei Unterdirectionen zu Laibach und Ragusa. Zwei Inspektoren zu Laibach und Zara leiteten das Verpflegungswesen, das von sechs Commissars ausgeübt wurde. Alle Mittheilungen gingen durch den Kriegsminister an den Generalgouverneur, der den Dienst der Nationalgarde und der Küstenwachten geregelt hatte. — Die Aushebung zum Soldatendienst sollte der Generalgouverneur auf französischen Fuß stellen. — Für die Organisation der Marine, zu der ein ansehnlicher Stamm durch Übernahme der k. k. österreichischen Flottille vorhanden war war ebenfalls schon eine Verordnung erlassen worden, die nunmehr unverzüglich in Vollzug gesetzt werden sollte. — Die in den Häfen der Illyrischen Provinzen gebauten Handelsfahrzeüge, wenn sie als solche von der Marinebehörde und der Zollverwaltung anerkannt worden, wurden als französische Schiffe gehalten, selbst wenn sie eine Zeitlang unter fremder Flagge gefahren haben sollten. — Das ganze Prisenwesen wurde nach französischen Gesetzen behandelt. Die Intendanten waren hierin vorlaüfig Richter. — Auch galten alle französischen Gesetze in Ansehung der Kasse für Marineinvaliden. — Der Marineminister schickte einen Ingenieur mit der nöthigen Anzahl von Schiffsbaumeistern in die Provinzen, um alle Domanial-, Gemeinde-, Stiftungs- und Privatwaldungen zu untersuchen und daselbst alle zum Schiffbau dienlichen Baüme und diejenigen Orte zu bezeichnen, von wo der Transport derselben bis zum Bauplatz thunlich sein werde.

Vierzigstes Kapitel.

Das Fürstenthum Erfurt nebst der Herrschaft Blankenhain und die Niedergrafschaft Katzenellnbogen unter französischer Botmäßigkeit. — Wälschtirol, ein Bestandtheil des Königreichs Italien. — Historischer Überblick der Französirung Italiens.

1. Die deütschen Lande.

Als Erfurt und sein Gebiet sammt der Grafschaft Untergleichen, zu der die Herrschaft Blankenhain gehörte, durch den Reichsdeputations-Receß von 1803 als ein erbliches Fürstenthum an den König von Preüßen gekommen war, wurde dieser Landstrich zum Bezirk der neügebildeten Kriegs- und Domainenkammer zu Heiligenstadt geschlagen, und ihm, nach der damaligen politischen Verfassung der preüßischen Monarchie, eine Kammerdeputation als verwaltende Finanz- und Polizeibehörde und eine Regierung als Justizcollegium vorgesetzt.

Nach der Schlacht von Jena und Auerstädt, 14. Oktober 1806, war Erfurt eine der ersten Festungen, welche sich dem Feinde übergaben. Stadt und Land war von da von den Franzosen besetzt und blieb, als der tilsiter Friedensschluß die Eroberung staatsrechtlich anerkannt und bestätigt hatte, in ihren Händen, ohne daß Buonaparte anderweitig darüber verfügte. Denn mitten im Herzen von Deütschland eine so große und starke Festung, wie Erfurt es damals schon war, zu besitzen, um von ihr aus, die mit einer zahlreichen Militärmacht belegt war, die Beaufsichtigung seiner rheinbündlerischen Trabanten üben zu können, das war des Großgebietigers Zweck und Ziel, welches sieben lange Jahre hindurch mit eiserner Ausdauer verfolgt worden ist.

Die preüßischen Verwaltungsbehörden, welche Buonaparte vorfand, ließ er größtentheils bestehen. Doch konnte er es nicht unterlassen, ihnen mehr oder minder französische Benennungen aufzubürden und die französische Sprache als Amtssprache einzuführen. So wurde die Kammerdeputation in eine Administrationskammer umgewandelt; die Vorsteher ihrer einzelnen Geschäftskreise wurden zu Bureauchefs, auch Souschefs, gemacht, die Steüerempfänger zu Receveurs, die Stadtviertel zu Arrondissements. Die Justizbehörden behielten ihre Namen: Regierung und Stadtgericht; auf dem Lande blieben die Einzelrichter

Amtleüte. Diese waren aber auch Finanzbeamte, nämlich Steüer-einnehmer und hießen als solche Receveurs élémentaires. Für die Kirchen- und Schulverwaltung gab es ein katholisches geistliches Gericht, ein lutherisches Ministerium, ein Oberschulcollegium und zwei Schulinspektoren. Die allgemeine Polizei leitete ein Generalinspektor, der vier Commissars unter sich hatte, zwei in den Arrondissements der Stadt Erfurt und je einer in Sömmerda und Blankenhain. Alle Beamte waren Deütsche.

An die Spitze der Verwaltung hatte aber Buonaparte einen eingeborenen Franzosen als „Intendant der Provinz Erfurt" gesetzt, Peter Alfons Devismes, der diesen Posten mehrere Jahre und bis zuletzt bekleidete. Franzosen waren auch unter diesem Intendanten der Generaldirector und der Generalempfänger der ansehnlichen Domainen.

Statistische Aufnahmen ergaben für das Jahr 1811 folgende Zahlen der Bevölkerung in den zwei Städten, in den acht Ämtern und in der Herrschaft Blankenhain u. s. w.

Provinz Erfurt		Stadt Erfurt (16,573); Stadt Sömmerda (Großensömmern) nebst dem Amte Vippach-Sömmerda (4,132); Amt Mühlberg mit den Gütern Hesserode und Rinkhofen (1,084), die Ämter Vargula (730), Gisperleben (5,024), und Alach mit dem Gute Schakrode (3,709); das Stadtamt mit dem Gute Willrode (4,042); die Ämter Tonndorf (2,362) und Atzmannsdorf (4,637); die Dörfer Isserode (180) und Hain (86); die Herrschaft Blankenhain (5,047); und die Domainengüter zu Groß-Monra, Zelle, Frankenrode und Bischofferode (724).
13,78 Q.-M.	48,330 Einwohner,	
	110 Ortschaften,	
	12 Güter, . .	
	11,058 Haüser. .	

Im Fürstenthum Erfurt lebten 3,539, in der Herrschaft Blankenhain 3,027 Menschen auf der Quadratmeile. Die Mehrzahl der Einwohner waren Protestanten: im Erfurtischen verhielten sich die Protestanten zu den Katholiken wie 8: 1, in der Herrschaft Blankenhain wie 30; 1. — Auf 15 Acker Artland rechnete man 1 Acker Wiese. Zur Deckung seines Bedarfs hätte Erfurt 40,000 Acker Holzung besitzen müssen; es besaß aber nur 11,031 Acker (20 Erfurter Acker oder Morgen = 30 preüßischen Morgen). Dagegen baute Blankenhain nicht genugsam Früchte zum Verbrauch, hatte aber Holz noch zur Ausfuhr. Der Viehstand war in

8*

	Erfurt.	Blankenhain.	Zusammen.
Pferde	2,400	266	2,666
Ochsen und Kühe .	10,000	1,403	11,403
Schafe . . .	34,000	3,872	37,872
Schweine . . .	4,000	1,000	5,000

In alter Zeit war der Handel sehr zum Vortheil des Landes: noch 1805 kurz vor Einbruch der Franzosen, überstieg die Ausfuhr mit 128,000 Thalern die Einfuhr; 1811 überstieg die letztere jene mit 51,000 Thalern, so tief war der Gewerbfleiß dieser sonst so rührigen Stadt und Umgebung gesunken; und doch war ein Schriftsteller, ein eingeborenes erfurter Stadtkind, schamlos genug, noch im Jahre 1813 drucken zu lassen: seine Vaterstadt lebe „unter der Ägide des großen Kaisers"! — Die Einkünfte betrugen 1,246,671 Francs, darunter die Einnahmen aus den Domainengütern 425,289 Francs. Die Schulden, welche auf dem Lande hafteten, wurden zu 1,050,000 Francs angegeben. — Zur Ausübung der öffentlichen wie geheimen Polizei war ein Landreitercorps von dreizehn Mann vorhanden, welches eine fast eben so strenge Handhabung ihres Amtes walten lassen mußte, als die verhaßte Gensd'armerie der Franzosen. — Die uralte Universität zu Erfurt, mit katholischer und evangelischer theologischer Fakultät, blieb in ihrer Wirksamkeit, eben so die 1754 gestiftete Akademie gemeinnütziger Wissenschaften, und es gab ein lutherisches und ein katholisches Gymnasium.

Als Buonaparte nach dem Schlachttage von Jena und Auerstädt die Besitzungen des Kurfürsten von Hessen-Kassel für gute Kriegsbeüte erklärt hatte und sie zur Bildung eines Königreichs für seinen lustigen Bruder Hieronymus benutzte, legte er dieser Ausstattung des Handelsbeflissenen aus Baltimore —

Die niedere Grafschaft Katzenellnbogen nicht bei, weil sie von dem Länderbezirk des Königreichs Westfalen zu entfernt lag, er es auch nicht für angemessen erachtete, selbige den Nassauern, etwa gegen einen Gebietsaustausch auf westfälischer Seite zu überlassen. Er behielt sie für sich und unterwarf sie seiner unmittelbaren Verwaltung, die er durch einen Intendanten und einen Domainendirector ausüben ließ.

Die Niedergrafschaft Katzenellnbogen, welche Buonaparte eine seiner Provinzen nannte, war $6^1/_4$ Q.-M. groß, mit einer Bevölkerung von 18,000 Einwohnern in zwei Städten, einem Flecken, neünundsechszig Dörfern und Weilern und zehn Höfen, welche unter die drei Ämter Rheinfels rechtsrheinischer Seits, Reichenberg und Hohenstein und fünf Gerichte vertheilt waren.

Zum Amte Rheinfels gehörte die Stadt St. Goarshausen, und Neü-Katzenellnbogen, gewöhnlich die Katz genannt, eine Burg, welche Graf Johann III. von Katzenellnbogen ums Jahr 1393 erbaute, und die bis ins 18. Jahrhundert in baulichen Würden erhalten wurde, wo sie noch eine hessen-kasselsche Besatzung hatte. — Reichenberg, eine der merkwürdigsten Burgen Deütschlands, die ganz in morgenländischer Art ohne Dächer, und blos mit zugewölbten Mauern, auf Saülen ruhend, welche Kreüzgewölbe trugen, aufgeführt war, mit zwei hohen Thürmen, die, ein jeder vierfach nach Außen erhaben abgerundet, ihr ein majestätisches Ansehen gaben, war vom Grafen Wilhelm I. von Katzenellnbogen als Landesburg für den, in dieser Gegend durch seine Gemalin, eine Isenburgerin, erworbenen Dörferbezirk ums Jahr 1284 erbaut worden. Hier wohnten seit 1479, als das Geschlecht der katzenellnbogener Grafen mit Philipp erlosch, bis zur neüeren Zeit der hessische Oberamtmann oder Statthalter der Niedergrafschaft. Dem Thale oder Dorfe Reichenberg verlieh Kaiser Ludwig 1324 Stadtrechte, und es hatte seitdem sein eigenes Centgericht. — Zum Amte Hohenstein, dessen Sitz in der zweiten Hälfte des 18. Jahrhunderts nach Langenschwalbach verlegt wurde, diesem, seit 1587 durch ihre Heilquellen, ursprünglich Schwalborn, bekannter gewordenen kleinen Stadt, gehörte auch der noch berühmtere Curort Schlangenbad, dessen warme Quelle um 1635 zufällig entdeckt, und 1637 von einem Arzt aus Worms, Namens Glaxin, für zwei Ohm Weins erkauft wurde, der den Grund zu diesem Kurorte, jetzt ein stattlicher Flecken, legte. Nachher kam Schlangenbad an die hessische Landesherrschaft, die den Ort seit 1694 mit bedeütendem Aufwande von Kosten erweiterte und verschönerte. Auch Kur-Mainz legte ein Badehaus an und hielt einen eigenen Badeverwalter. Schlangenbad, früher auch Karlsthalerbad genannt, liegt in der Gemarkung des Kirchdorfes Bärstadt, in dessen Kirche es auch eingepfarrt ist.

Unter dem, was über die Zustände in einer tausendjährigen Vorzeit bis auf uns gekommen ist, stehen die Nachrichten über die alte Gerichtsverfassung an der Spitze. Denn von dieser floß die Eintheilung des Landes in Gaue oder Gerichtsbezirke aus, und sie wurde die Mutter der Grafschaften und Herrschaften und der ehemaligen Reichsstände. Die ganze Staatsverfassung unserer Vorfahren ruhte auf der einfachen und natürlichen Grundlage des Schutzes und der Sicherung des Rechts. Mit der Eintheilung in Gerichtsbezirke lief die Hierarchie zum größern Theil parallel. Einer der Gaue am Mittelrhein hieß der Einrich, auch Heinrich genannt. Er schloß sich auf der Mittagsseite an den Rheingau an, dessen Name noch heüte so gang und gäbe ist, wie vor tausend Jahren! Auf der Abendseite wurde der Einrich vom Rheinstrom begränzt, und auf der Seite der Mitternacht von der Lahn bis dahin, wo die Anara oder Einer bei Langenau in sie mündet. Diesem Bache folgte die Gränze und umschloß auf der rechten Lahnseite noch den Bezirk, der die Esterau (Predia Astine) hieß, und jetzt zum schaumburgischen Gebiet gehört. Auf der Morgenseite war der Dörsbach von seinem Ursprunge bis unter Klingelbach seine Gränze gegen den Rheingau und den Niederlahngau.

Die Malstätte des Gaus war Marvels, Merffels, jetzt Marienfels, der Mittelpunkt des ganzen Einrich, schon 915 genannt und bis in die neüeren Zeiten das höchste Landgericht, an das die Berufungen von den Centgerichten gingen, und das den Blutbann übte. Der älteste Gaugraf, welcher genannt wird, ist Hugo im Jahr 978. Auf ihn folgten die Grafen von Arnstein. Als diese mit Ludwig III. erloschen, überließ der, ein Mönch gewordene letzte Arnsteiner seine gaugräflichen Gerechtsame den Söhnen einer seiner sieben Schwestern, den Herren von Ysenburg, die sie 1158 an die Grafen von Nassau und Katzenellnbogen verkauften. Hierdurch entstand jene alte Gemeinschaft zwischen diesen beiden Familien, woran die Katzenellnbogener und nach ihnen die Hessen immer ein Halb, die Nassauer zu Dillenburg ein Viertel und die Nassauer zu Weiburg und zu Idstein ein Viertel besaßen, und die darum das Vierherrische oder das Vierherrengericht auf dem Einrich hieß. Vor hundert Jahren bestand noch diese Gemeinschaft (I. 1, S. 317, 318), getheilt aber wurde sie 1774 bis 1775, so zwar, daß die fünf Kirchspiele Kirdorf, Obertiefenbach, Weyer, Ober-Walmenach (nicht Walmenbach) und Abtenberg oder Egerod an die Niedergrafschaft Katzenellnbogen übergingen. Noch im Jahre 1646 heißt es von der Malstätte zu Marvels: „Was die vierherrischen Beamten auf ihren Tagen nicht schlichten können, wird nachher Marienfels ans Gericht verwiesen.“ Hier war auch die älteste Kirche des Einrich, die Mutterkirche aller anderen und an ihr während des ganzen Mittelalters der Sitz des Erzpriesterthums und das Ruralkapitel unter dem cisrhenanischen Archidiaconat von Ditkirchen der Erzdiöcese Trier. Ihren Kirchsatz erbten die Herren von Ysenburg von den Grafen von Arnstein, und belehnten die Herren vom Stein*) damit, die auch den Zehnten im ganzen Kirchspiele zogen.

Philipp der Großmüthige führte 1527 die lutherische Kirchenverbesserung in der niedern Grafschaft Katzenellnbogen ein, Landgraf Moritz 1608 das reformirte, und Darmstadt 1626 das lutherische, Kassel aber 1647 wiederum das reformirte Bekenntniß ein, bei dem denn auch die Bewohner der Grafschaft noch beharrten, als Buonaparte sie zu einer Provinz Nieder-Katzenellnbogen umgeschaffen hatte. Doch gab es auch Lutheraner und Katholiken in dem kleinen Ländchen, das trotz seiner geringen Größe gegen 215,000 Francs einbrachte, wozu die Revenuen der Curorte Langenschwalbach und Schlangenbad nicht wenig beitrugen. Auch die beträchtlichen Waldungen gaben einen ansehnlichen Ertrag.

Wälschtirol. Als der Kaiser von Österreich im presburger Frieden gezwungen wurde, die dem Hause Habsburg ans Herz gewachsene Grafschaft Tirol, sammt den damit seit 1803 vereinigten ehemaligen Hochstiften Brixen und Trient, an Buonaparte abzutreten, und dieser das Land an den neügewordenen baierischen König, seinen wackern und ehrenwerthen Bundesgenossen, verschenkte, wurde — bei Gelegenheit, daß Maximilian Joseph sich veranlaßt sah, durch die Verordnung vom 21. Juni 1808 die bisher bestandene Eintheilung seines Königreichs in Provinzen abzuändern und eine Vertheilung des Landes in möglichst gleiche Kreise mit Rücksicht auf die natürlichen Gränzen herzustellen, „indem Wir hierbei den Zweck vor Augen hatten, Unsere lieben und getreüen Unterthanen aller Theile des Reichs mit dem wohlthätigen Bande eines gemeinschaftlichen Vaterlandes zu umfassen“ — Tirol ꝛc. in drei Kreise und neünundzwanzig Landgerichte eingetheilt, und zu Hauptstädten der Kreise folgende bestimmt:

*) Das Stammhaus der Familie vom Stein, die seit 1158 in den Urkunden erscheint, lag im Burgfrieden von Nassau. Sie hatte die Burg zum Stein als ein Sammtlehn von beiden Linien des Hauses Nassau. Der älteste unter den noch vorhandenen Lehnbriefen ist von 1427. Die Burg stand 1636 noch in baulichem Wesen. Ausgestorben ist die Familie 1831 mit dem berühmten Minister vom Stein, dem großen Widersacher Buonaparte's, dem rüstigen Förderer deütscher Freiheit und Gleichheit, dem Wiederaufbauer einer tiefgesunkenen Monarchie!

Innkreis;	8 Landgerichte;	$176^{1}/_{4}$ Q.-M.	202,751 Einw.	Innsbruck.
Eisackkreis;	7 „	$154^{3}/_{4}$ „	191,611 „	Brixen.
Etschkreis;	14 „	$112^{1}/_{2}$ „	226,492 „	Trient.
	29 Landgerichte;	$443^{1}/_{2}$ „	620,854 Einw.	

Maximilian Joseph wurde aber in Folge des schönbrunner Friedens gezwungen, seinem lieben Freünde in den Tuillerien einen beträchtlichen Theil von Tirol zurückzugeben. Dies geschah durch den pariser Vertrag vom 28. Februar 1810. Die neüe Gränzlinie des Königreichs Baiern aber wurde durch Commissarien, welche von beiden Seiten ernannt worden waren, festgestellt und darüber am 7. Juni 1810 zu Botzen ein Protokoll, folgenden, in der amtlichen Übersetzung wörtlich lautenden Inhalts gefertigt:

Die Linie geht aus von den hohen salzburgischen Gränzgebirgen, folgt dem Scheitel der Höhen, indem sie zwischen den zwei Seen, dem Staller Alpe- und (Spital) Antholzersee durchgeht, und dem Scheitel der Höhen bis zum Konfin-Hornberg folgt. Von da steigt sie durch den Scheitel der Höhen, welche die Wässer des Gsießthales von dem Kuhbacherthale scheiden, herab gegen den Einfluß des Graubachs in die Rienz, geht über die Rienz zwischen Niederndorf und Toblach an den Graubach, folgt diesem Wildbach und den Gipfeln der Höhen, an deren Fuße derselbe entspringt, und in einer mit dem Laufe der Rienz beinahe parallelen Richtung bis ober den Ursprung des Hellbachs; gegen diesen Punkt wendet sich die Linie, um sich ober dem Stallathal an die Gränzen von Ampezzo anzuschließen. Die Linie folgt dann den Bergspitzen in der Richtung der Gränzen von Ampezzo über den Berg Camporosso bis zum Sasso di Stria, von da dem Scheitel der hohen Gebirge bis an Lagatscho, und dann den dermaligen Gränzen von Buchenstein über den Zissaberg, Campo longo und den Devoiberg. Die Linie geht fort über den Scheitel der Gebirge, welche die dermaligen Gränzen des Fassathales bilden,*) über den Langkofel und Blattkogel bis zum höchsten Punkt, welcher die Wässer des Saltariabachs vom Douronbach scheidet, indem sie den alten Gränzen des Gerichts Kastelruth folgt, und sich über die Spitzen des Schönbüchels und Schlerebergs zieht, von wo sie durch den Schwarzgrieß- und Seißerbach an den Eisack geht: von da steigt sie gegen Norden dem linken Ufer des Eisacks nach hinauf bis an den Einfluß des Rothwanderbachs, und indem sie auf das linke Ufer dieses Baches übersetzt, folgt sie demselben bis zu seinem Ursprunge, die Linie geht dann den gegenwärtigen Gränzen von Stein auf dem Ritten nach bis auf den Gipfel des Rittener Schienbergs und von da auf den Gipfel des Hörnerbergs, von wo sie auf das rechte Ufer des Gismanerbachs geht, und demselben bis zu seinem Zusammenfluß mit dem Danzbach folgt. Sie geht dann der nördlichen Gränze von Innesien nach bis zum Orgenkofel und von der nördlichen Gränze

*) „Dermalig"! welch' seltsamer Ausdruck beim Fassathale, als wenn dieses, in der Geologie durch Leopold Buch so denkwürdig gewordene Thal seine Gränzen binnen kurzer oder langer Frist verändern werde!

von Mölten nach bis zum Ursprung des Aschlerbachs, dessen linkem Ufer sie folgt bis zu seinem Einfluß in die Etsch: von diesem Punkt steigt sie durch den Thalweg der Etsch hinab, bis zum Einfluß des Baches, welcher zwischen Grissian und Sirmian herabkommt, und folgt dem linken Ufer desselben bis zu seinem Ursprunge, von wo sie auf die Schneide des Gebirgs steigt, welche die Gränze zwischen Tisens und Castelfondo bildet, von da über den Kampen- und Großlaugenberg der Schneide der Gebirge folgt, welche das Ultenthal vom Nonsberg, dem Val di Rum, Val di Bresem und Val di Rabbi scheiden, und endlich am Zufallferner sich an die Gränze des Königreichs Italien anschließt.

So lautete die holperige Übersetzung der Beschreibung der neüen Südgränze von Deütschland, wie sie König Max Joseph von Baiern in seinem offenen Briefe vom 23. Juni 1810 kundbar machte. In diesem Patente, vermöge dessen er die Bewohner und Beamten der jenseits der angegebenen Linie liegenden Theile von Tirol aller ihrer Unterthans- und Dienstpflichten gegen ihn entließ, tröstete er sich — in dem Bewußtsein für die Bewohner dieser wie der übrigen Bezirke, welche vor der neüesten Gebietsveränderung die Provinz Tirol bildeten, während seiner Regierung alles, was ihm die Wohlfahrt des Landes zu fordern schien, insofern es der Drang der Zeitumstände erlaubte, gethan zu haben, — über die Abtretung dieser Bezirke mit dem Gedanken, daß ihr Wohl durch die Vereinigung mit dem Königreich Italien „unter dem Scepter des mächtigen und erlauchten Kaisers“, nicht minder werde befördert werden; so wie er sich der „beruhigenden Hoffnung“ hingab, daß hinwieder deren Bewohner über ihr wahres Interesse aufgeklärt, und eben dadurch gegen die Stimme der Verführung gesichert, durch Treüe und Ergebenheit gegen ihren neüen Herrscher sich dessen „erhabener Vorsorge“ würdig bezeigen würden. — Das tiroler Bergvolk hatte eben, es sei daran zu erinnern, einen wüthenden Kampf gegen den ihm aufgezwungenen bajerischen König und für seinen Kaiser Franz geführt, der es im Stiche ließ!

Durch jene Gränzlinie ging ein Theil des ehemaligen Hochstifts Brixen und das ganze Hochstift Trient (seit ihrer Säcularisation, 1803, nannte man beide Hochstifte Fürstenthümer), für Deütschland verloren, oder, nach der neüen baierischen Eintheilung von 1808: vom Eisackkreise die drei Landgerichte Sillian und Lienz, von $31^3/_4$ Q.-M. Flächenraum mit 26,822 Einwohnern, die, wie wir oben gesehen haben, zu den Illyrischen Provinzen geschlagen wurden, und das Landgericht Botzen von $21^1/_4$ Q.-M. und 43,784 Seelen, welches mit dem Etschkreise zum Königreich Italien kam. Dieses gewann daher an Ausdehnung $133^3/_4$ Q.-M. und an Bevölkerung 270,276 Einwohner. Die Bestimmung des Art. 3 im Vertrage vom 28. Februar 1810, wonach König Max Joseph „Theile vom Wälschtirol abzutreten hatte, welche, in der Nähe und zur Convenienz des Königreichs Italien und der Illyrischen Provinzen gelegen, eine Bevölkerung von 280 bis 300,000 Seelen enthalten sollten," war bis auf ein Haar erfüllt, denn die Zahl der Tiroler, welche er aus seinem Unterthanenverbande entließ, belief sich auf 297,098.

Die Landgerichtseintheilung des Etschkreises
von 1808 war folgende:

Cles	$9^3/_4$	Q.-M.	17,719	Einw.
Male	12	„	11,445	„
Mezzo Lombardo	10	„	17,516	„
Vezzano	$3^1/_4$	„	7,192	„
Trient	$2^1/_2$	„	18,353	„
Civezzano	4	„	12,880	„
Pergine	$5^3/_4$	„	12,731	„
Levico	$12^3/_4$	„	19,942	„
Cavalese	$18^1/_4$	„	23,278	„
Roveredo	$9^3/_4$	„	43,721	„
Riva	$4^5/_8$	„	16,202	„
Stenico	$4^1/_8$	„	6,976	„
Tione	$7^5/_8$	„	10,639	„
Condino	$8^1/_8$	„	7,898	„

2. Kurze Geschichte der Französirung Italiens.

Nicht blos wegen des wälschen Tirols war Deütschland bei der politischen, und, man kann sagen auch socialen Umwandlung der Apenninenhalbinsel betheiligt, sondern auch noch in anderer Beziehung, wegen der Gerechtsame nämlich, die Kaiser und Reich hinsichts der Belehnung sowol einzelner Güter und Herrschaften, als auch ganzer Länder zustanden. An einer andern Stelle dieses Gedenkbuchs sind die kaiserlichen Reichslehne in Italien, wie sie vor hundert Jahren bestanden, im Allgemeinen nachgewiesen worden (I. 1, S. 13); nichtsdestoweniger wird es hier am Orte sein, an die —

1) Italiänischen Reichslehne

zu erinnern, welche beim Ausbruch der französischen Staatsumwälzung annoch vorhanden waren oder am 1. Januar 1792, welche Epoche als ein Wendepunkt in der Geschichte der politischen Revolution des Festlandes angenommen zu werden pflegt. Der leichtern Übersicht wegen wählen wir bei dieser Erinnerung die alphabetische Folge mit Angabe der damaligen Landesherrschaft.

1.	Arquatta, ligurisches Lehn, in der Riviera di Ponente	Republik Genua.
2.	Arquelli, lombardisches Lehn, im	Herzogthum Savoien.
3.	Bozzolo, Fürstenth. lomb. L., z. Fürstenth. Guastalla	Herzog von Parma.
4.	Campo, ligur. L., in der Riviera di Ponente . .	Republik Genua.
5.	Carrara, Fürstenthum, lombard. Lehn	Herzog von Modena.
6.	Castello Vecchio, ligur. L. in der Riviera di Ponente	Republik Genua.
7.	Castiglione, Fürstenthum, lombard. Lehn . . .	Österreich.
8.	Cavanzona, lombardisches Lehn im	Herzogthum Savoien.
9.	Comacchio, Grafschaft, toskanisches Lehn im . . .	Kirchenstaat.
10.	Concordia, Fürstenthum, bononisches Lehn . . .	Herzog von Modena.
11.	Correggio, Fürstenthum, bononisches Lehn . . .	Derselbe.
12.	Finale, Markgrafschaft, ligurisch. Lehn R. di Levante	Republik Genua.
13.	Fosdinuovo, Markgrafschaft, ligur. L. in der Riviera	Dieselbe.
14.	Francovilla, ligur. Lehn, in der Riviera di Ponente	Dieselbe.
15.	Gorzeni, lombardisches Lehn, im	Herzogthum Savoien.
16.	Guastalla, Herzogthum, lombardisches Lehn . . .	Herzog von Parma.
17.	Le Langhi, oder die Langhischen Güter, in Piemont	König von Sardinien.

Diese Güter, welche von den Bergen dieses Namens ihre Benennung bekommen haben, gehörten zum Lehnhofe der Lombardie. Sie wurden 1736 durch die zwischen dem römischen Kaiser und Frankreich getroffenen vorläufigen Friedensartikel und in dem nämlichen Jahre vom Kaiser und Reich als Afterlehn der unmittelbaren Botmäßigkeit des Königs von Sardinien überlassen, welcher sie dagegen als kaiserliche und Reichslehne zu erkennen haben solle. Es wurden auch die Vasallen und Unterthanen durch einen kaiserlichen Befehl angewiesen, ihre Lehne nicht mehr unmittelbar vom Kaiser und Reich, sondern als Afterlehne vom Könige von Sardinien zu empfangen und demselben als Landesherrn zu huldigen. Das den Friedenspräliminarien damals angehängte Verzeichniß zählte 59 dieser Langhischen Güter auf und lautete also:

Rochetta del Tanaro.	Fesolio.	Levico.	Caprana.
Rocca d'Arazzo.	La Niella.	Scalletta.	Alto.
Mombercelli.	S. Benedetto.	Menasllio.	Arnasco.
Vincio.	Gorsegno, Marquisat.	Brovida.	Lovanto.
Castel nuovo di Calea.	Montechiaro.	Caretto, Marquisat.	Rezzo.
Bozzolasco.	Mioglia.	Cencio.	Ceslo.
Albaretto.	Prunetto.	Rochetta del Cencio.	Testico.
Serravalle.	Tailo.	Spinola.	Garlenda.
Rocca Grimalda.	Francovilla.	Bisslo.	Passavenna
Capriata.	S. Christoforo.	Caroslo.	Rossl.
Montaldi.	Balestrino.	Nazino.	Duranti.
Bardinetto.	Tassaruolo.	Morra ½	Stanatiello.
S. Vincenzo.	Cairo ½.	Rochetta ½.	Belvedere ½.

Mornese ¼.	Cesseria ½.	Plodio ¼.	Vignarollo ¾.
Mellesimo ½.		Aqua fredda ¼.	Biestro ½.

Nr.	Lehen	Besitzer
18.	La Lunigiana, toskanisch. Lehn, ein Bezirk von Lehngütern, bestehend aus dem Thal Magra, darin Pontremali der Hauptort, Sassalbo, Regnano, Turiago, Magliana, Mazzola; Salto della Cerva und dem Fürstenthum Pietra Santa	Großherzog v. Toskana.
19.	Mailand, Herzogthum, lombardisches Lehn . . .	Österreich u. Sardinien.
20.	Mantua, Herzogthum, lombardisches Lehn . . .	Österreich.
21.	Massa, Fürstenthum, lombardisches Lehn . . .	Herzog von Modena.
22.	Mirandola, Herzogthum, lombardisches Lehn . .	Derselbe.
23.	Modena, Herzogthum, bononisches Lehn	Derselbe.
24.	Monaco, Fürstenthum	Fürst von Monaco, aus dem Hause Grimaldi, weibliche Linie.
25.	Montauto, toskanisches Lehn	Großherzog v. Toskana.
26.	Monteforte, lombardisches Lehn im	Herzogthum Savoien.
27.	Monte Santa Maria, toskanisches Lehn . . .	Großherzog v. Toskana.
28.	Montferat, Herzogthum, lombardisches Lehn . .	König von Sardinien.
29.	Novellara, Fürstenthum, lombardisches Lehn . .	Herzog von Modena.
30.	Novelli, lombardisches Lehn, im	Herzogthum Savoien.
31.	Parma, Herzogthum, 1718 als lombardisches Mannlehn erklärt, zu Gunsten des Infanten Don Carlos, Philipp's von Spanien Sohn	Herzog von Parma.
32.	Piacenza, Herzogthum, desgleichen	Derselbe.
33.	Piemont, Fürstenthum	König von Sardinien.
34.	Poggio, ligurisches Lehn, in der Riviera di Ponente	Republik Genua.
35.	Reggio, Herzogthum, bononisches Lehn	Herzog von Modena.
36.	Remo, San, Gebiet, ligur. L., in der Riv. di Pon.	Republik Genua.
37.	Rivolo oder Rollo, Grafschaft, bononisches Lehn .	Herzog von Modena.
38.	Roccabruna (Roquebrune), Fürstenthum . . .	Fürst von Monaco.
39.	Ronco, ligurisch. Lehn, in der Riviera di Ponente .	Republik Genua.
40.	Sabionetta, Fürstenthum, lombardisches Lehn . .	Herzog von Parma.
41.	Savoien, Herzogthum (gehörte nicht zu den italänischen, sondern zu den deütschen Reichsländern) . .	König von Sardinien.
42.	Solferino, Fürstenthum, lombardisches Lehn . .	Österreich.
43.	Toriglia oder Turrilia, Torriglia, ligurisch. Lehn, in der Riviera di Levante	Republik Genua.
44.	Tortona, lombardisches Lehn	König von Sardinien.
45.	Toskana, Großherzogthum, toskanisches Lehn . .	Großherzog v. Toskana
46.	Valcaldo, ligurisch. Lehn, in der Riviera di Ponente	Republik Genua.
47.	Vernio, toskanisches Lehn	Großherzog v. Toskana.
48.	Vintimiglia, ligurisch. Lehn, in der Riv. di Ponente	Republik Genua.
49.	Zeretti, im	Herzogthum Savoien.
50.	Zucarello, Markgrafschaft, ligurisches Lehn, in der Riviera di Ponente	Republik Genua.

2) Chronologischer Nachweis der französischen Eroberungen in Italien.

1792. Das Herzogthum Savoien wurde von einem französischen Heerhaufen unter Montesquiou am 22. September militärisch besetzt und gleichzeitig die Grafschaft Nizza, nebst Tende und Beuil, unter dem General Anselme. Die Nationalversammlung vereinigte diese Lande des Königs von Sardinien ohne Weiteres mit Frankreich und machte aus Savoien das Departement des Montblanc mit dem Präfectursitz zu Chambery, und aus Nizza das Departement der Seealpen, mit dem Sitz des Präfecten zu Nizza. Erst vier Jahre später wurde dieses Verfahren staatsrechtlich bestätigt durch den pariser Vertrag vom 15. Mai 1796, vermöge dessen der König von Sardinien der Coalition wider die französische Republik entsagte (Art. 2) und jene Provinzen an dieselbe abtrat (Art. 3).

1793 wurde dem Departement der Seealpen das Fürstenthum Monaco hinzugefügt, dessen Landesherr sich schon 1641 unter den Schutz der Könige von Frankreich gestellt hatte. — In Folge des siegreichen Feldzuges des französischen Generals Buonaparte in Oberitalien wurde —

1797 am 27. März die Cispadanische Republik errichtet, aus dem Herzogthum Modena und den päpstlichen Legationen, mit etwa 1,100,000 Einwohnern, bestehend, und gleichzeitig aus der österreichischen Lombardie die Transpadanische oder Lombardische gebildet, die indessen vom vollziehenden Directorium der französischen Republik so lange nicht anerkannt wurden, als das Schicksal von Italien noch zweifelhaft sein konnte; als aber nach Unterzeichnung der Friedenspräliminarien von Leoben (18. April 1797) Buonaparte den Entschluß gefaßt hatte, dem Hause Österreich die Festung Mantua, wie ihm versprochen worden sein soll, nicht zurückzugeben, anerkannte dieser General im Namen des Directoriums durch eine Kundmachung vom 29. Juni 1797, die Unabhangigkeit dieser Republiken, die sich vereinigt und in die

Cisalpinische Republik umgewandelt hatten, das Recht sich jedoch vorbehaltend, zum ersten Mal die Mitglieder der Regierung und der gesetzgebenden Versammlung zu ernennen. Die Verfassung, welche diesem neüen Staatskörper gegeben wurde, war von dem Grundgesetz der Französischen Republik fast wörtlich abgeschrieben.

Französische Emissarien hatten im Veltlin und in den Landschaften Worms und Cleven, diesen Unterthanenländern der Graubündner, welche zusammen 20,000 streitbare Männer stellen konnten, den Geist der Unzufriedenheit und des Aufruhrs verbreitet. Schutz und Stütze fanden die Unzufriedenen beim General Buonaparte. Die Regierung des Grauenbundes schickte einen Abgeordneten an ihn, mit dem Gesuche, den Rebellen keine Hülfe zu gewähren. Der Anführer des französischen Heeres nahm daraus Gelegenheit, sich zum Vermittler zwischen Unterthanen und Herrschaft aufzuwerfen. Als die Graubündner nicht zur rechten Zeit Abgeordnete zu einer Art Congreß, den er nach Edolo berufen, geschickt hatten, erließ Buonaparte am 10. Oktober 1797 eine Kundmachung, die also lautete:

In Erwägung, — 1) Daß die Aufrichtigkeit (la bonne foi), das ehrliche Benehmen und das Vertrauen, welches die Völker des Veltlin, von Chiavenna und Bormio gegen die Französische Republik bewiesen haben, diese zur Gegenseitigkeit und zur Hülfsleistung veranlassen müssen; — 2) daß die Französische Republik auf Verlangen der Graubündner die Vermittelung und das Schiedsrichteramt über das Schicksal dieser Völker übernommen hat; — 3) daß es außer allem Zweifel ist, daß die Graubündner die Vergleiche, welche sie den Bewohnern des Veltlin, von Chiavenna und Bormio gegenüber zu halten verpflichtet waren, gebrochen haben, und daß folglich diese in die Rechte wieder eingetreten sind, welche die Natur allen Völkern verliehen hat; — 4) daß kein Volk der Unterthan eines andern Volks sein kann, ohne die Grundsätze des Völker- und des Naturrechts zu verletzen; — 5) daß der Wille der Bewohner des Veltlin, von Chiavenna und Bormio sich entschieden für die Vereinigung mit der Cisalpinischen Republik ausgesprochen hat; — 6) daß die Übereinstimmung in der Religion und den Sprachen, die Landesbeschaffenheit, die Beschaffenheit der Verbindungen und des Handels zu dieser Vereinigung des Veltlin, von Chiavenna und Bormio mit der Cisalpinischen Republik, von der sie überdies in früheren Zeiten abgezweigt worden sind, ebenfalls berechtigen; — 7) daß seit Erlaß der Verordnung der Gemeinden, welche die drei Grauen Bünde ausmachen, die Partei, die der Vermittler hätte ergreifen sollen, um das Veltlin zu einem vierten Bunde einzurichten, verworfen worden; daß dem Veltlin folglich keine andere Zuflucht gegen die Tyrannei mehr verbleibt, als in der Cisalpinischen Republik; — beschließt der commandirende General im Namen der Französischen Republik, kraft der Mittlergewalt, mit der die Französische Republik auf Verlangen der Graubündner und der Veltliner bekleidet worden, die Erklärung abzugeben: daß es den Völkern des Veltlin, von Chiavenna und Bormio freisteht, sich der Cisalpinischen Republik anzuschließen.

Wenn der General Buonaparte im 6. Art. seiner Kundmachung

des ehemaligen Verbandes dieser Länder gedachte, so ist, zur Berichtigung seiner geringen historischen Kenntniß, daran zu erinnern, daß das Veltlin (Valtellina) sowol als die Land- oder sogenannten Grafschaften Worms (Bormio) und Cleven (Chiavenna) vor alten Zeiten durch kaiserliche Schenkung ans Bisthum Chur gekommen sind, demselben aber in der Folge bald durch die Herren von Como, bald durch die Herren von Stadt und Land Mailand entzogen wurden. Zwar gab Mastin, Herzogs Barnabas Visconti von Mailand Sohn, diese Lande, dem sie in der Erbtheilung zugefallen waren, dem Bisthume Chur zurück, dennoch konnte dieses nicht in den Besitz derselben gelangen, weil der mailändische Herzog sich dawider setzte. 1486 und 1487 suchte der Dreibund durch Gewalt in den Besitz der in Rede seienden Landschaften zu gelangen; allein er ließ sich dadurch beschwichtigen, daß ihm der Herzog Ludwig Morus von Mailand das Hochgericht Pusclav abtrat und außerdem eine Summe Geldes zum Betrage von 14,000 Gulden zahlte. 1512 führten der Fürstbischof von Chur und die Dreibünde ihre alten Rechte aufs Veltlin, Cleven und Worms mit gewaffneter Hand glücklich aus und nahmen von denselben die Huldigung ein. Zwei Jahre später wurde zwar zwischen dem Fürstbischofe und den Dreibünden ein Vertrag dahin errichtet, daß jener allemal den vierten Landeshauptmann über das Veltlin und die anderen zwei Landschaften setzen sollte; weil er aber 1525 und in der folgenden Zeit zu dem Kriege, welchen die Dreibünde zur Behauptung dieser drei Landschaften mit dem Castellan Johann Jakob von Medicis führen mußten, weder Mannschaft noch Geld beigetragen hatte, so wollten ihm die Dreibünde besagtes Recht nicht länger zugestehen; er trat auch 1530 des Hochstifts Gerechtsame in den Landschaften Veltlin, Cleven und Worms gänzlich und auf ewige Zeiten an die Dreibünde unter der Bedingung ab, daß dem jedesmaligen Bischofe zu Chur alle zwei Jahre aus dem Zolle zu Chiavenna 573 Gulden 24 Kreüzer entrichtet würden, was auch noch in voller Kraft war, als General Buonaparte seine Kundmachung erließ. 1620 kündigten das Veltlin und die Landschaft Worms den Dreibünden den Gehorsam auf und errichteten, nachdem alle evangelische Einwohner ermordet worden waren, eine eigene Regierung. Hierdurch wurden die Lande Veltlin, Cleven und Worms der Schauplatz langwieriger Kriegsunruhen, und die Dreibünde kamen erst 1637 wieder zum ruhigen Besitz derselben, aus dem sie nun zu Ende des 18. Jahrhunderts durch französisch Aufwiegler, den General Buonaparte an der Spitze wieder verdrängt wurden.

Es ist oben erwähnt worden, daß zur Bildung der Cispadanischen Republik die päpstlichen Legationen und das Herzogthum Modena die Bestandtheile hergegeben hatten.

Was das zuletzt genannte Land betrifft, so hatte der General Buonaparte dem Herzoge am 12. Mai 1796 einen Waffenstillstand bewilligt, um demselben Zeit zu lassen, einen Bevollmächtigten zur Friedensunterhandlung nach Paris zu entsenden. Dieser Fürst wurde gezwungen, innerhalb vier Wochen 7,500,000 Livres zu bezahlen und außerdem noch für 2,500,000 Livres an Lebensmitteln und Kriegsgeräth, so wie 20 Bilder aus seiner Gemäldegallerie zu liefern, deren Auswahl Buonaparte sich vorbehielt. Trotz dieses ungeheüren Opfers konnte der Herzog Herkules Reinald von Modena, dessen Erbtochter Marie Beatrix den Erzherzog Ferdinand Carl von Österreich, zweiten Bruder Kaisers Joseph II., zum Gemahl hatte, den Frieden nicht erhalten. Buonaparte kündigte vielmehr am 8. Oktober des nämlichen Jahres den Waffenstillstand, unter dem Vorwande, daß die österreichische Besatzung zu Mantua aus dem Modenesischen mit Lebensmitteln versorgt worden sei; und so wurde das Haus Este mit in den Abgrund gezogen, der alle Staaten Italiens verschlang.

Nachdem die österreichischen Waffen genöthigt worden waren, die Lombardie aufzugeben, und die Festung Mantua ihren eigenen Kräften zu überlassen, entsendete Buonaparte die Heerabtheilung des Generals Augereau, um den Kirchenstaat zu besetzen. Die Franzosen rückten am 9. Juni 1796 in Bologna ein, und bemächtigten sich nach und nach des Forts von Urbino, sowie der Plätze Ferrara und Ravenna. Buonaparte selbst und Salicetti, der Commissar der französischen Regierung begaben sich nach Bologna und erließen daselbst am 20. Juni eine Kundmachung, dahin lautend, daß die Beziehungen, in denen diese Stadt seit 1513 zum römischen Hofe gestanden habe, ihr Ende erreicht hätten und die Häupter der neüen Republik in die Hände des französischen Oberbefehlshabers, unter dessen Aufsicht sie regieren würden, den Eid der Treüe ablegen müßten. Drei Tage darauf wurde ein Waffenstillstand geschlossen, der dem heiligen Vater sehr harte Bedingungen auferlegte. Das französische Heer hielt die Legationen von Bologna und Ferrara besetzt, raümte aber die von Faenza; wogegen die Citadelle von Ancona den Franzosen übergeben werden mußte. Der Papst Pius VI. wurde gezwungen, der Französischen Republik 100 Gemälde, Büsten, Vasen oder Statuen, nach der Wahl der nach Rom zu entsendenden Commissarien, zu überlassen, und es wurde festgesetzt, daß unter diesen Kunstsachen namentlich die Bronzebüste des Junius Brutus und die Marmorbüste des Marcus Brutus, die alle beide auf dem Kapitole standen, mitbegriffen sein sollten, und außerdem 500 Manuscripte, ebenfalls nach der Auswahl der nämlichen Commissarien. Buonaparte prahlte damit, indem er die Büsten der beiden Brutus verlangte, und er wußte es, daß die Leute an der Spitze der Französischen Republik, die Mitglieder des ausübenden Directoriums, lauter Königsmörder, es liebten, sich mit den beiden Römern zu vergleichen. Demnächst mußte der Papst 15,500,000 Livres baar bezahlen und für 5,500,000 Lebensmittel, Handelswaaren, Pferde, Schlachtvieh ꝛc. liefern, unabhangig von den Brandschatzungen, welche in den Legationen von Bologna, Ferrara und Faenza bereits erhoben waren, oder noch ausgeschrieben werden sollten.

Seit Abschluß dieses schmachvollen Vertrags bemühte sich der römische Oberpriester vergeblich, einen endgültigen und ehrenvollen Frieden zu erlangen. Zwei Bevollmächtigte hatte er nach Paris entsendet; allein als diese Nuntien es ablehnten, auf den Grundlagen zu unterhandeln, die man ihnen vorgelegt hatte, erhielten sie im Monat August 1796 den Befehl, Frankreich zu verlassen. Die Bedingungen, welche Seitens der französischen Regierung gemacht worden waren, bestanden aus den folgenden zehn Punkten: —

Der Papst widerruft alle Breves, die er seit 1789 nach Frankreich erlassen hat; — er genehmigt den Eid, den die französische Geistlichkeit auf die Verfassung der Republik geleistet hat; — zehn Jahre lang liefert er ein gewisses Quantum Getreide nach Frankreich; — in Zeit von sechs Jahren zahlt er 6 Millionen römische Thaler; — er tritt die Legationen von Bologna, Ferrara und Ravenna ab; — er überliefert Frankreich für ewige Zeiten die Häfen von Ancona und Civita-Vecchia; — er zahlt für die Schenkungen, welche Karl der Große der Kirche zu Rom gemacht hat, einen gewissen Tribut; — auf seine Kosten wird er einen Gesandten der Republik in Rom unterhalten, der einen privilegirten Gerichtsstand, seine eigene Buchdruckerei und sein eigenes Theater haben muß; — die Standbilder des Clementinischen Museums sollen nach Paris verpflanzt werden; — die weltliche Herrschaft des Kirchenstaats soll von einem Senate und vom Volke ausgeübt werden.

Nichtsdestoweniger wurden die Unterhandlungen einige Zeit darauf in Florenz wieder eröffnet, die sich jedoch abermals zerschlugen, als die vorstehenden Bedingungen von einer außerordentlichen, aus zwanzig Cardinälen bestehenden Congregation, mit Entrüstung verworfen worden waren. Nun machte der Papst ernstliche Vorbereitungen zum Widerstande. Er rechnete auf den Schutz des Königs beider Sicilien, mit dem, wie man behauptet, ein förmlicher Allianztractat bestanden haben soll, und richtete an alle katholischen Mächte ein Manifest, worin er sie um ihre Unterstützung — anflehte! Der General Buonaparte, nachdem er, entweder mit Zustimmung seiner Regierung, oder aus eigener Machtvollkommenheit, die vom französischen Gesandten in Rom vorgelegten Ansprüche abgeändert hatte, nahm im Monat November 1796 die Zusammenkünfte mit dem Cardinal-Staatssecretair wieder auf; allein auch dieses Mal verwarf Pius VI. die neüen Vorschläge, welche nicht bekannt geworden sind. Er brachte seine Streitmacht auf 45,000 Mann und berief den österreichischen General Colli als Oberbefehlshaber in seine Dienste. Buonaparte kündigte am 1. Februar 1797 den Waffenstillstand, weil der Papst ihn leichtfertiger Weise gebrochen habe, und rückte mit seinem Heerhaufen von Bologna nach Imola vor. Eine Abtheilung päpstlicher Völker, welche, 4000 Mann stark, am Senio eine Stellung eingenommen hatte, wurde von den Franzosen umgangen und gänzlich in die Flucht geschlagen. Bestürzung und Schrecken verbreiteten sich in der heiligen Stadt; das geistliche Oberhaupt der Christenheit entfloh nach Terracina; eine Deputation ging den siegreichen Republikanern entgegen, ihren Oberbefehlshaber um Gnade zu bitten! Buonaparte forderte die ungesaümte Entlassung der neüangeworbenen Völker, so wie der österreichischen Kriegsobersten, und bewilligte eine Frist von fünf Tagen, binnen welcher der heilige Vater seine Bevollmächtigten nach Foligno zu bescheiden habe. Drei Cardinäle und ein Laie gingen am 14. Februar 1797 von Rom ab, um sich nach der bezeichneten Stadt, die im Herzogthum Spoleto liegt, zu begeben; allein unter Wegs bekamen sie vom General Buonaparte die Aufforderung, sich in Tolentino einzufinden. In dieser zur Mark von Ancona gehörigen kleinen Stadt, welche des heiligen Nikolaus wegen merkwürdig ist, dem, natürlich in seinem Abbilde, der Arm blutet, wenn ein Unglück über Italien bevorsteht, — ob dies Wunder (!) auch bei der damaligen unheilvollen Zeit sich kund gegeben, ist dem Herausgeber des Gedenkbuchs nicht bekannt, — wurde, in Gegenwart des Gesandten des Königs beider Sicilien, — welcher dem General

Buonaparte erklärte, sein Herr werde es niemals dulden, daß dem Papste Bedingungen auferlegt würden, welche wider die Religion und die bestehende Regierung im Kirchenstaate seien, — am 19. Februar 1797 der Friedensvertrag unterzeichnet, kraft dessen der Papst auf Avignon und das Comtat Venaissin, die beide bereits 1792 Frankreich einverleibt worden waren, förmlich und staatsrechtlich Verzicht leistete (Art. 6), die drei Legationen von Bologna und Ferrara und der Romagna abtrat (Art. 7), und die Stadt Ancona, nebst Gebiet, den Franzosen bis zum allgemeinen Frieden überließ (Art. 8). Zur Deckung der 16 Millionen, welche der heilige Vater auf die, im bononischen Waffenstillstandsvergleiche vom 23. Juni 1796 festgestellten 21 Millionen noch schuldig war, sollte er 10 Millionen in baarem Gelde und 5 Millionen in Diamanten und anderen Pretiosen entrichten und 800 tüchtige Cavalleriepferde so wie 800 Zugpferde, Ochsen und Büffel &c. liefern (Art. 10 und 11); außer diesen Summen aber noch 15 Millionen Livres Tournois in baarem Gelde, Diamanten und anderen Werthsachen zahlen, und zwar 10 Millionen im Monat März und 5 Millionen im April (Art. 12). Wegen der Kunstsachen und Handschriften verblieb es bei den Verabredungen des Waffenstillstandsvertrags (Art. 13). Die Französische Republik trat all' ihre Rechte und Gerechtsame auf die verschiedenen frommen Stiftungen in der Stadt Rom und beim heiligen Hause zu Loreto an den Papst ab; dieser aber trat an die Französische Republik all' die Allodialgüter ab, welche dem römischen Stuhle in den drei Provinzen Bologna, Ferrara gehörten, namentlich das Gut Merola nebst Zubehörungen; doch behielt sich der Papst, im Fall des Verkaufs, ein Drittel des Erlöses vor, das an seine Bevollmächtigten ausgezahlt werden sollte (Art. 17).

1797, 17. Oktober, im Frieden von Campo-Formio, leistete Kaiser Franz Verzicht auf alle seine Rechte an die Länder, aus denen der General Buonaparte die Cisalpinische Republik zusammengefügt hatte (Art. 7).

Diese Länder waren:

Die österreichischen Staaten der Lombardie, das ist der hierher gehörige Theil des Herzogthums Mailand und das Herzogthum Mantua mit der Stadt und Festung dieses Namens; von der vormaligen Republik Venedig: das Gebiet von Bergamo (il Bergamasco), das Gebiet von Brescia (il Bressano oder il Territorio Bresciano), das Gebiet von Crema (il Cremasco), die zum Gebiet von Verona (il Veronese) gehörig gewesene Festung Peschiera auf einer Landzunge des Gardasees, überhaupt alle vormals venetianischen Staaten, welche auf der Westseite einer Linie liegen, die im Art. 6 des Friedensvertrags näher beschrieben war; sodann das Modenesische, das Fürstenthum Massa und Carrara und die vom Papste abgetretenen drei Legationen von Bologna, Ferrara und der Romagna (Art. 8). Außerdem wurden mit der Cisalpinischen Republik vereinigt: die kaiserlichen Lehen in der Lunigiana, der Familie Malaspina, und, wie oben erwähnt worden ist, die vormaligen Graubündner Unterthanenlande der Valtellina, von Chiavenna und Bormio.

Der Art. 6 bestimmte die Gränzlinie zwischen der Cisalpinischen Republik und den vom Hause Österreich neüerworbenen Erbstaaten in Ober-Italien also: — Sie geht von Tirol aus, folgt dem Wildbache weiter hinaus von der Gardola, kreüzt den Gardasee bis zur Cisa; von da eine militärische Linie bis nach San Giacomo, welche beiden Theilen gleiche Vortheile zu gewähren hat, soll von Ingenieuroffizieren vor Bestätigung der Friedensurkunde bezeichnet werden. Die Gränzlinie geht von der Etsch nach San Giacomo, folgt dem linken Ufer dieses Flusses bis zur Einmündung des Weißen Kanals, mit Einschluß desjenigen Theils von Porto Legnago, welcher sich auf dem rechten Ufer der Etsch mit einem Bezirk von 3000 Klafter Halbmesser befindet. Die Linie setzt sich fort längs des linken Ufers des Weißen Kanals, des linken Tartaroufers und des linken Ufers vom Kanal Polisella bis zum Einfluß in den Po, und längs des linken Ufers des großen Po bis ins Adriatische Meer.

1797, den 22. Mai, wurde das aristokratische Genua in eine Ligurische Republik mit demokratischer Verfassung umgewandelt. Französische Aufwiegler, der französische Gesandte bei der Republik, Faipoult mit Namen, an der Spitze, hatten diese Staatsumwälzung erst eingeleitet und vorbereitet, welche durch den Vertrag von Montebello, 6. Juni 1797, anerkannt werden mußte. General Buonaparte und jener Wühler Faipoult schrieben diesen Vertrag vor, kraft dessen die Regierung der Republik Genua anerkannte, daß die Souverainetät in der Vereinigung aller Bürger des genuesischen Gebiets beruhe (Art. 1); daß die gesetzgebende Gewalt zwei repräsentativen Rathsversammlungen anvertraut werden müsse, davon die eine aus 300, die andere aus 150 Mitgliedern zu bestehen habe; daß die vollstreckende Gewalt einem, von der gesetzgebenden Gewalt ernannten Senate von 12 Mitgliedern, unter dem Vorsitze eines Dogen, gebühre (Art. 2); daß mit Errichtung dieser Verfassung alle früheren Privilegien, sie mochten Namen haben welche sie wollten, null und nichtig seien (Art. 5). Ein geheimer Artikel legte Genua eine Brandschatzung von 4 Millionen auf, der man die Maske einer Anleihe gab.

Die Übereinkunft von Montebello wurde vom Kleinen Rath bestätigt, nicht aber dem Großen Rath vorgelegt, weil man von dem darin sitzenden minder begüterten Adel Widerspruch besorgte. In der That konnte auch die neüe Verfassung erst nach kräftigem Widerstande

Seitens der Landbewohner zur Geltung gebracht werden. Der Eifer der Republik, dem Verlangen des französischen Soldaten entgegenzukommen, wurde durch eine ansehnliche Vermehrung ihres Gebiets belohnt. Alle die Districte, welche unter dem Namen der ligurischen Lehen bekannt waren und eine Bevölkerung von 100,000 Seelen zählten, — und unter denen die Markgrafschaft Fosdinuovo und das, von Kaiser Franz I. im Jahre 1760 dem Johann Andreas Doria Landi, Fürsten von Melfi, verliehene Fürstenthum Torriglia*) die beträchtlichsten waren, — überwies General Buonaparte der Ligurischen Republik mit allen Souverainetäts- und Eigenthumsrechten, was Seitens des kaiserlichen Reichsoberhaupts im Frieden von Campo-Formio anerkannt und zugleich von ihm die Verpflichtung übernommen werden mußte, all' seinen Einfluß beim Reichstage geltend zu machen, um das Deütsche Reich zur Verzichtleistung auf diese, so wie auf alle übrigen, in den verschiedenen Gegenden Ober-Italiens lelegenen Reichslehne zu bewegen (ges. Art. 11). Diese Lehne im Gebiete der Republik Genua wurden zu einem Departement vereinigt, welches den Namen des Departements der ligurischen Berge erhielt.

Eine ausführliche Geschichte der allmäligen Französirung der Apenninenhalbinsel liegt außerhalb des Zwecks der vorliegenden Erinnerungen, die sich auf die Hauptsachen beschränken müssen. So sagten sich in dem nämlichen Jahre —

1797, und zwar im Monat November, die Bewohner der Mark Ancona von der päpstlichen Regierung los, erklärten sich und ihr Land für unabhangig und stifteten, von Buonaparte und seinen Agenten aufgestachelt, eine Anconitanische Republik, die indeß von kurzer Dauer war, weil —

1798, den 15. Februar, die Römische Republik entstand, deren Verfassung, wenn sie auch nicht in die aüßeren Formen der Republik des alten Rom gegossen war, und nicht einmal dessen Grund-

---

*) An einer andern Stelle dieses Gedenkbuchs (I. S. 13) ist gesagt worden, daß das Fürstenthum Torriglia oder Turrilia aus den beiden Reichslehen Turrilia und San Stefano Vallis ovanti gebildet worden sei. Bei Errichtung desselben bestimmte Franz I, daß nach Abgang der männlichen Nachkommenschaft des Fürsten von Melfi das Reichslehn San Stefano unter der bisherigen Eigenschaft einer Markgrafschaft dem regierenden Kaiser wieder zur Verfügung heimfallen, das Fürstenthum Torriglia aber in dieser beharrlichen Eigenschaft den weiblichen Nachkommen des Hauses Doria verbleiben solle.

sätze nachgeahmt hatte, doch die Namen derselben als einen kleinen Beweis der Achtung fürs Alterthum, auffrischte. Wie alle Republiken, die aus der französischen Staatsumwälzung hervorgegangen sind, erhielt Rom eine gesetzgebende Versammlung in zwei Kammern, davon die eine, das Tribunat, die Initiative, und die andere, der Senat, die Bestätigung, hatte. Die vollziehende Gewalt bestand aus fünf Consuls mit untergeordneten Ministern, Prätoren und Quästoren. Am 20. März 1798 wurde diese Verfassung in den weltlichen Staaten des heiligen Vaters eingeführt. Papst Pius VI. war von dem Befehlshaber der französischen Armee in Rom unter militärischer Begleitung über die Gränze geschafft worden. — Der General Burkard, ein Deütscher, in Diensten des Königs Ferdinand beider Sicilien, rückte an der Spitze eines Heerhufens, bestehend aus katholischen Neapolitanern, griechischen Russen und mohamedanischen Türken im September 1799 auf Rom los, und zwang am 30. des genannten Monats die französische Besatzung zur Übergabe. So trug der Erbfeind der Christenheit zur Befreiung ihrer Hauptstadt mit bei. Am 29. November mußte sich auch Ancona dem österreichischen General Fröhlich ergeben. Die Römische Republik hatte ihr Ende erreicht nach anderthalb Jahren Lebensdauer!

1798, den 9. December, wurde Karl Emanuel, König von Sardinien, zur Verzichtleistung auf seine Festlandslandsstaaten genöthigt, oder er verzichtete, wie die Worte lauteten, auf Ausübung aller Regierungsgewalt und befahl seinen Unterthanen, einer einstweiligen Regierung Gehorsam zu leisten, die von französischen Soldaten, auf Befehl des pariser Directoriums, eingerichtet wurde. Alles was Karl Emanuel von der Großmuth der siegreichen Republikaner erlangen konnte, war die Erlaubniß, sich mit seiner Familie nach der Insel Sardinien zu begeben. Piemont, nebst dem Herzogthum Montferat und dem Antheile des Königs von Sardinien an dem Herzogthume Mailand, wurde von da an als eine Provinz der Französischen Republik behandelt.

1799, am 25. Januar, wurde in Neapel das Königthum gestürzt, und statt seiner für die Länder diesseits des Faro die Parthenopeische Republik verkündigt, an deren Spitze der französische General Championet den eingeborenen Fürsten Moliterei stellte. Diese Wirthschaft war von kurzer Dauer; denn schon am 10. Juli kehrte König Ferdinand IV. nach Neapel zurück. Der Pöbel dieser Hauptstadt übte eine gräßliche Rache an den Anhängern der Franzosen. Um diesen Auftritten ein Ende zu machen, ernannte der König ein Kriegsgericht, das den Fürsten Moliterei, den Markgrafen von Caraccioli, den Herzog von Cassano und mehrere andere Haüpter der Parthenopeischen Republik als Landesverräther zum Tode verurtheilte.

1799, den 25. März, rückten auf Befehl des Directoriums der General Gauthier mit 7000 Mann in Florenz, und der General Nollis mit 2000 Mann in Livorno ein. Ganz Toskana wurde von den Franzosen besetzt und der Großherzog unter militärischer Begleitung nach Venedig gebracht. Um diesen Fürsten mit Krieg zu überziehen, machte ihm das Directorium der Französischen Republik, in Ermangelung anderer Gründe, den Vorwurf, daß er die Absicht gehabt habe, die gesammte waffenfähige Bevölkerung seines Großherzogthums militärisch zu organisiren, ein Plan, den er sofort aufgab, als die französische Regierung ihre Besorgniß darüber zu erkennen gegeben hatte.

1801, den 9. Februar, Friedensschluß zu Luneville zwischen dem Deütschen Reich und der Französischen Republik. In dieser Urkunde wird mit Bezug auf Italien —

1) Der Artikel 6 des Vertrags von Campo-Formio, welcher sich auf die Vertheilung des Festlandsgebietes der ehemaligen Republik Venedig bezieht, erneüert, doch mit dem Unterschiede, daß die Gränze zwischen dem österreichischen Antheile und dem der Cisalpinischen Republik zu Gunsten Österreichs anders gezogen wurde. Die Etsch, von ihrem Austritt aus Tirol bis zu ihrer Mündung ins Meer wurde als Gränze angenommen und in Folge dessen die Stadt Verona getheilt, und ebenso die Stadt Porto-Legnago. (Art. 3.)

2) Das Deütsche Reich verzichtet auf die Lehnsherrlichkeit über das Herzogthum Modena, das als Bestandtheil der souverainen Cisalpinischen Republik im Artikel 18 des Tractats von Campo-Formio anerkannt worden ist, und nunmehr vom Reiche bestätigt. (Art. 4.)

3) Das Großherzogthum Toskana scheidet, indem sein bisheriger Landesherr, der Erzherzog Ferdinand von Österreich, von dem Infanten Herzoge von Parma ersetzt wird, aus dem Lehnsverbande zum Deütschen Reiche und erlangt die volle Souverainetät. (Art. 5.)

4) Ebenso verhält es sich mit allen Theilen Italiens, welche der Cisalpinischen Republik einverleibt worden sind; die Unabhangigkeit

dieser, so wie der Ligurischen Republik wird von Kaiser und Reich anerkannt. (Art. 11, 12); und endlich

5) Die Einverleibung der ligurischen Reichslehne in die Republik gleiches Namens zu deren vollen Souverainetäts- und Eigenthumsrechten bestätigt, demnach der Lehnsverband auch dieser Lehen von Seiten des Reichs gelöst.

Da weder der luneviller Friedensschluß, noch irgend ein späterer Staatsvertrag eine allgemeine Verzichtleistung des Deütschen Reichs auf alle seine oberherrlichen oder lehnsherrlichen Rechte auf das Königreich Italien, — diesen Ausdruck im Sinne des älteren deütschen Staatsrechts genommen, — ausgesprochen hat, so läßt sich vielleicht behaupten, daß es dieselben in Bezug auf diejenigen Theile des genannten Königreichs annoch besitze, die in der Friedensurkunde vom 9. Februar 1801 nicht genannt sind, und folglich —

1. Auf die Herzogthümer Parma, Piacenza und Guastalla; und die übrigen lombardischen Lehne, die damit zusammenhingen;

2. Auf das Fürstenthum Piemont, mit Einschluß der Langhischen Güter;

3. Auf das Herzogthum Montferat;

4. Auf denjenigen Theil des Herzogthums Mailand, welcher nicht mit der Cisalpinischen Republik vereinigt wurde; sowie endlich —

5. Auf das Herzogthum Savoien und die davon abhangenden besonderen Lehne, welche zur lombardischen Lehnscurie gehörten.

Wir gedenken hier dieser Thatsache als einer historischen, ohne daraus irgend eine Schlußfolgerung ziehen zu wollen; möge aber dereinst das Oberhaupt des wiederhergestellten Reichs ihrer eingedenk sein!

1801, den 21. März, wurde das Großherzogthum Toskana in ein Königreich Etrurien umgewandelt, und damit der Besatzungen-Staat (Stato degli Presidii), der dem Könige beider Sicilien gehörte, vereinigt.

1801, den 2. Mai besetzten die Franzosen die Insel Elba, deren, so wie des Fürstenthums Piombino Eigenthum, der König beider Sicilien vom 28. März 1801 an Buonaparte abgetreten hatte.

1801, den 23. Oktober, wurden Parma, Piacenza und Guastalla von den Franzosen besetzt, nachdem diese Länder bereits 1800 durch den Staatsvertrag von St. Ildefonso, den 1. Oktober, vom spanischen Hofe an die Französische Republik abgetreten worden waren.

1802. Zum 26. Januar beruft Buonaparte, erster Consul der Französischen Republik, eine aus 500 Mitgliedern bestehende Versammlung der Cisalpinischen Republik nach Lyon, um über die Lage dieser seiner Schöpfung, einer Art politischen Hanswurststreichs, Berathungen zu pflegen. Kaum sind 200 Abgeordnete angelangt, als diese von Talleyrand mit dem Vorschlage überrumpelt werden, den ersten Consul zum Präsidenten der Cisalpinischen Republik auszurufen. Das geschieht. Buonaparte verwandelt ihren Namen in den einer Italienischen Republik und giebt ihr eine neüe, mehr aristokratische als demokratische Verfassung. Sie bestand: —

1) Aus einem Präsidenten, dessen Amtsverrichtungen 10 Jahre dauern, und der den Vicepräsidenten, die Minister, die diplomatischen Agenten und die Abgeordneten zur gesetzgebenden Versammlung ernennt;

2) Aus einem Vicepräsidenten, welcher den Präsidenten in Allem vertritt;

3) Aus einem Staatsrath von 10 Bürgern, die mindestens 40 Jahre alt sein und das Richteramt bekleiden müssen;

4) Aus einem Gesetzgebungsrath von 10 Mitgliedern, die wenigstens 30 Jahre alt sind; sie ernennen den Präsidenten der Republik und können nach dreijähriger Dienstzeit abgerufen werden;

5) Aus drei Collegien, von denen die Consulta erwählt werden mußte. Es war die Kammer der Grundbesitzer, die der Gelehrten und die des Handelsstandes, der Reihe nach 300, 250 und 200 Mitglieder stark;

6) Aus einer politischen Censur: die 21 Censoren, aus denen sie zusammengesetzt war, wurden aus den drei Kammern nach deren Wahl genommen; endlich

7) Aus einer gesetzgebenden Versammlung von 75 Abgeordneten, die mindestens 30 Jahre alt sein mußten, und ohne Discussion über die Vorschläge der Regierung durch geheime Abstimmung entschieden.

Buonaparte aüßerte damals gegen seine neüen itäliänischen Unterthanen: „Die Kraft des Französischen Reichs (?) beruhet auf der Mäßigung, welche bei all' unseren politischen Verhandlungen den Vorsitz führt.“ (!!)

1802, am 21. September, wurde Piemont nebst Montferat und dem sardinischen Antheil an dem Herzogthume Mailand mit der Französischen Republik vereinigt, mit Ausnahme des auf dem linken Ufer der Sesia belegenen Gebiets von Mailand, das Novaresische und Lümollinische enthaltend, welches Buonaparte nach der Entscheidungsschlacht von Marengo, 14. Juni 1800, der Cisalpinischen Republik einverleibt hatte. Schon seit dem 20. April 1801 bildeten die Festlandsstaaten des Königs von Sardinien eine der Militärdivisionen der Französischen Republik und hatten für die bürgerliche Regierung einen General-Administrator. Jetzt wurde die Departementalwirthschaft eingeführt, und die Einführung des schon in der Vorbereitung begriffenen französischen Gerichtsverfahrens angebahnt.

1805, den 5. März, beraubte Buonaparte, nunmehr Kaiser der Franzosen, die Ludoviso-Buoncompagni, Herzoge von Sora, eine neapolitanische Familie, welche unter dem Pontificat Gregor's XII., im Anfange des 15. Jahrhunderts ihr Glück gemacht hatte, des Fürstenthums Piombino, welches sie unter der Oberherrlichkeit des Königs von Sicilien im Bereich des bisherigen Besatzungenstaats, besaßen. Buonaparte machte aus diesem Fürstenthum ein Thronlehn des Französischen Kaiserreichs, und belieh damit seine älteste Schwester Maria Anna Elisa, und deren Ehemann, einen gewissen Felix Bacciocchi, einen Mann von dunkler Geburt, den sie am 5. Mai 1797 geheiratet hatte. Im presburger Frieden wurde diese Verfügung vom Kaiser von Österreich anerkannt, wie überhaupt alle Veränderungen, welche Buonaparte seit dem luneviller Frieden in Italien vorgenommen hatte.

1805, den 15. März, verwandelte Buonaparte die Italiänische Republik in ein Königreich Italien und setzte sich am 26. desselben Monats in Mailand die eiserne lombardische Krone aufs Haupt. Durch das dritte constitutionelle Statut vom 5. Juni 1805, Tit. VI, Art. 1805, wurde das bürgerliche Gesetzbuch der Franzosen, nachmals Code Napoléon genannt, vom 1. Januar 1806 an, in diesem neüen Königreiche eingeführt. Vergrößert wurde das Gebiet desselben im presburger Frieden, 26. Dezember 1805, mit all' den Ländern, welche das Haus Österreich in den Friedensschlüssen von Campo-Formio und Luneville aus der Erbschaft der von demselben in Gemeinschaft mit Buonaparte — gemeüchelten Republik Venedig empfangen hatte. Kaiser Franz mußte auf diese Staaten zu Gunsten des Königreichs

Italien Verzicht leisten (Art. 4). — Schon vor Beginn der Krönungsfeierlichkeiten in Mailand erging an den Senat zu Genua der Befehl, daß derselbe um Einverleibung der Ligurischen Republik in das Französische Reich zu bitten habe.

1805, den 25. Mai, kam der Senat diesem Befehle durch einen sogenannten Beschluß nach, und am 4. Juni machte Buonaparte kund, daß er die Bitte des ligurischen Senats — erhört habe. Die alte Republik Genua (la Serenissima Republica di Genova) hatte nach tausendjährigem Bestande ihr Ende erreicht. In den drei Departements, in welche ihr Gebiet zerlegt wurde, bekam das bürgerliche Gesetzbuch der Franzosen am 5. Juli 1805 Gesetzeskraft.

An dem nämlichen Tage, an welchem der genuesische Senat erhört worden war, den 4. Juni, trug der Rath der Alten der Republik Lucca, weil er das politische Dasein dieses Landes, selbst auf Kosten der Freiheit, retten wollte, dem Kaiser der Franzosen, Könige von Italien, die Bitte um Gewährung eines Prinzen seiner Familie als Landesfürsten, vor. Weil Buonaparte seine Brüder für größere Dinge bestimmt hatte, gab er dem kleinen Völkchen der Lucchesen ein Frauenzimmer zur Herrin, Madame Bacciocchi, d. i. seine Schwester Elisa, welche, wie wir eben gesehen haben, schon Fürstin von Piombino war, und nun das Fürstenthum Lucca, (seit 1809 mit dem Titel einer Großherzogin), ihr Ehegespons aber den eines Fürsten von Lucca und Piombino, erhielt.

1805, den 21. Juli, wurden Parma, Piacenza und Guastalla, welche bis dahin eine abgesonderte Verwaltung gehabt hatten, dem Französischen Reiche förmlich einverleibt und in diesen Landen die Präfecturwirthschaft eingeführt, nachdem schon am 1. desselben Monats der bürgerliche Codex der Franzosen, und was daran hangt, als Gesetzbuch für dieselben verkündigt worden war. Das Herzogthum Guastalla hatte Buonaparte bereits am 30. März 1805 als Thronlehn seiner zweiten Schwester Marie Pauline verliehen, welche seit dem 6. November 1803 an Camille, Fürsten Borghese verheiratet war; das Ehepaar führte den herzoglichen Titel von Guastalla; das Ländchen selbst wurde in der Folge zum Königreich Italien geschlagen. — Massa-Carrara, Parma, Piacenza, Benevent und Ponte-Corvo erhielten um diese Zeit ebenfalls den Titel von Groß-Thronlehen des Kaiserreichs.

1805, den 26. Dezember, verkündete Buonaparte aus seinem

Hauptquartier in dem k. k. Lustschlosse Schönbrunn bei Wien, daß er dem General Saint-Cyr den Befehl ertheilt habe, nach Neapel zu marschiren, um den Verrath der Königin zu bestrafen, und dieses „verbrecherische" Weib vom Throne zu stoßen. Marie Karoline Ludovike, Erzherzogin von Österreich, Tochter Marien Theresien's und Kaiser Franz' I., Schwester Kaiser Joseph's II. und der unglücklichen Maria Anna Antonia von Frankreich, war die Gemalin des Königs Ferdinand IV. beider Sicilien. Tags darauf, den 27. Dezember, unterzeichnet Buonaparte eine feierliche Kundmachung, kraft deren er erklärt: die Dynastie von Neapel hat aufgehört zu regieren! schleüdert aber diese — famose an seine Soldaten gerichtete Kundmachung erst am 31. Januar 1806 von Paris aus in die Welt, als das französische Heer in vollem Marsch auf Neapel war. Joseph Buonaparte, dem sein Bruder den Oberbefehl, mit dem Titel eines Gouverneurs der Königreiche Neapel und Sicilien, gegeben hatte, überschritt, nachdem er am 9. Februar 1806 bekannt gemacht, daß er nicht komme, um das neapolitanische Volk mit Krieg zu überziehen, sondern einzig und allein um die Treülosigkeit des Königs zu bestrafen, die Gränzen des Königreichs. Am 15. Februar hält Joseph Buonaparte seinen Einzug in Neapel; am 21. desselben Monats ergreift er im Namen seines Bruders förmlich Besitz vom Königreiche beider Sicilien, auf dessen Thron er kraft kaiserlicher Ernennung berufen wird, am 31. März 1806. Joseph muß sich diesen Thron aber erst erobern! Einen gesicherten Sitz auf demselben erlangt er erst, nachdem Michael Pezzo, Fra Diavolo genannt, ein Hauptführer der Aufständischen, am 10. November 1806 auf dem Blutgerüst sein Leben ausgehaucht. Joseph Buonaparte wird am 6. Juni 1808 als König von Spanien und beider Indien nach Madrid — versetzt und der Reiterführer Joachim Murat am 15. Juli desselben Jahres mit dem neapolitanischen Throne belehnt. Frankreichs Verfassung, Gesetzgebung und Verwaltungsweise war gleich nach Joseph's Thronbesteigung eingeführt worden.

1806, den 19. Januar, ergreift der General Lauriston Besitz von den im presburger Frieden an Buonaparte abgetretenen venetianischen Provinzen. Dieser erläßt am 30. März ein Dekret, kraft dessen besagte Provinzen mit dem Königreich Italien vereinigt werden. Zugleich errichtet er zwölf Herzogthümer als Thronlehne (grands-fiefs) des Französischen Reichs, an die er ein Funfzehntel aller Revenuen dieser

Provinzen knüpft; 1,200,000 Francs in Renten auf den Monte-Napoleone in Mailand wurden zu Dotationen für französische Generale, Offiziere und Soldaten bestimmt. Ein Dekret vom 3. Mai 1806 änderte einen Theil dieser Verfügungen; statt des ein Funfzehntel der Landeseinkünfte wurde einem jeden der beiden Lehne, welche Herzogthümer Dalmatien und Istrien genannt worden waren, eine Rente von 100,000 Francs, und jedem der zehn anderen eine Rente von 60,000 Francs zugelegt. Die Renten auf den Monte-Napoleone wurden durch Scheine der Tilgungskasse ersetzt, und diese empfing 40,000,000 Frs. in Domainen des Malteser- oder Johanniter-Ordens und anderer Stiftungen, die aufgehoben worden waren.

1807, am 27. Oktober schließt Buonaparte mit dem Könige Karl IV. von Spanien zu Fontainebleau einen geheimen Vertrag über die Theilung Portugals. Dieses Königreich sollte in drei Theile zerfallen. Der nördliche Theil, bestehend aus der Provinz zwischen Duero und Minho, mit ungefähr 900,000 Einwohnern, war, unter dem Namen eines Königreichs Nord-Lusitanien, für den König von Etrurien bestimmt, der das Königreich dieses Namens, das frühere Großherzogthum Toskana, an Buonaparte abtrat. Die Bestimmungen dieses Vertrags verkündigte Marie Luise, Königin-Wittwe von Etrurien, im Namen ihres minderjährigen Sohnes Karl Ludwig, am 10. Dezember 1807, indem sie die Regierung niederlegte. Das Königreich Etrurien hatte ein Lebensalter von etwas über siebenthalb Jahren erreicht. Unmittelbar nach Marie Luise's Kundmachung wurde Toskana von französischen Kriegsvölkern besetzt; französische Verwaltung, mit völliger Einverleibung in Frankreich erhielt dieses Land am 24. Mai 1808; sein Titel eines Großherzogthums wurde am 2. März 1809 wieder hergestellt, ohne indeß aufzuhören, einen Theil des Kaiserreichs zu bilden. Diese Wiederherstellung geschah der Madame Bacciocchi zu Liebe, welche, neidisch auf ihre jüngere Schwester Karoline, die Königin von Neapel geworden war, doch mindestens eine Großherzogin sein wollte. Sie wurde zu gleicher Zeit mit der Statthalterschaft der Departements von Toskana betraut, ihr Schwager aber, der Fürst Borghese, mit der Statthalterschaft der Departements jenseits der Alpen.

1808, den 2. April, erläßt Buonaparte vom Lustschlosse Saint-Cloud einen Befehl, kraft dessen: „in Erwägung, daß der weltliche Souverain von Rom sich beständig geweigert hat, den Engländern den Krieg zu erklären, und sich den Königen von Italien und Neapel zur Vertheidigung der italiänischen Halbinsel anzuschließen; daß der Vortheil dieser Staaten und ihrer Kriegsheere es erheischt, daß ihre gegenseitige Verbindung nicht länger durch eine feindliche Macht unterbrochen sei; in Erwägung, daß Karl der Große, unser glorreicher Vorfahr, die Länder, welche den Kirchenstaat bilden, zum Besten der Christenheit geschenkt hat, und nicht zum Nutzen der Feinde unserer heiligen Religion", werden die Provinzen Urbino, Ancona, Macerata und Camerino dem Königreich Italien einverleibt.

1809, den 17. Mai, wurde der Überrest des Kirchenstaats eine französische Provinz kraft eines Befehls, welchen Buonaparte an diesem Tage aus seinem Hauptquartier im k. k. Lustschlosse Schönbrunn erließ, von wo er vier Jahre früher dem königlichen Hause Bourbon seine Staaten diesseits des Faro genommen hatte. Das Dekret vom 17. Mai 1809, welches der weltlichen Herrschaft des Papstes, wenigstens auf die Dauer einiger Jahre, ein Ende machte, ist so denkwürdig, daß wir es uns nicht versagen können, es hier in der Übersetzung mitzutheilen. Es lautete also:

Napoléon, Kaiser der Franzosen, König von Italien und Schutzherr des Rheinbundes;

In Erwägung, daß, als Karl der Große, Kaiser der Franzosen und unser erhabener Vorfahr, den Bischöfen von Rom mehrere Grafschaften zum Geschenk machte, er sie ihnen nur als Lehn und zum Besten seiner Staaten gab, und daß durch diese Schenkung Rom keineswegs aufhörte, ein Theil seines Reichs zu sein; — daß, seitdem diese Mischung einer geistlichen Gewalt mit einer weltlichen Macht die Quelle von Streitigkeiten gewesen ist, wie sie es noch ist, und die Päpste zu oft verleitet hat, den Einfluß des Einen anzuwenden, um die Ansprüche des Andern zu stützen; so daß also die geistlichen Interessen und die Angelegenheiten des Himmels, die unverrückbar sind, gemischt worden sind mit irdischen Dingen, welche, in Folge ihrer Natur und Art, je nach den Zeitumständen und den politischen Verhältnissen sich ändern; — daß Alles, was wir vorgeschlagen haben, um die Sicherheit unserer Kriegsheere, die Ruhe und das Wohlergehen unserer Völker, die Würde und die Unverletzlichkeit unseres Reichs mit den weltlichen Anmaßungen (prétentions) des Papstes in Einklang zu bringen, ohne Wirkung geblieben ist;

Haben wir befohlen und befehlen wir das, was folgt:

Art. 1. Die Staaten des Papstes sind mit dem Französischen Reiche vereinigt. — Art. 2. Die Stadt Rom, so berühmt wegen der großen Erinnerungen, von denen sie angefüllt ist, und erster Sitz der Christenheit, ist zur kaiserlichen und freien Stadt erklärt. Regierung und Verwaltung genannter Stadt werden durch ein besonderes Statut eingerichtet werden. — Art. 3. Die Überreste der von den Römern errichteten Denkmale werden auf Kosten unseres Schatzes unterhalten und aufbewahrt. — Art. 4. Die öffentliche Schuld ist zur kaiserlichen Schuld verordnet. — Art. 5. Die Landgüter und Domainen des Papstes sollen bis zum Belauf eines jährlichen reinen Einkommens von zwei Millionen vermehrt werden. — Art. 6. Die Landgüter und Domainen des Papstes, so wie seine Paläste, sind frei von allen Auflagen, Gerichtsbarkeiten und Durchsuchungen und sollen besonderer Immunitäten theilhaftig werden. — Art. 7. Am 1. Juni des gegenwärtigen Jahres wird eine außerordentliche Consulta in unserm Namen Besitz ergreifen von den Staaten des Papstes, und die nöthigen Verfügungen treffen, damit die verfassungsmäßige Regierung eingerichtet werde, und am 1. Januar 1810 in Kraft treten könne.

Man ersieht aus diesem Dekret, daß Buonaparte etwas darin suchte, nicht die Absetzung des heiligen Vaters in seiner Eigenschaft als souverainer Fürst auszusprechen; er erklärt blos die Vereinigung seiner Staaten mit dem Französischem Reiche. Die Rechtmäßigkeit dieser Maaßregel sucht er im Eingange zu rechtfertigen: wurde gleich die Stadt Rom den Päpsten von Karl den Großen überwiesen, so hörte sie doch nicht auf, ein Theil seines Reichs zu sein. Schon eine oberflächliche Kenntniß der Geschichte des Mittelalters zeigt, daß die Thatsache, auf welche diese Redensart anspielt, unter einem falschen Lichte dargestellt wurde; allein auch den Thatbestand zugestanden, so waren die Nachfolger Karl's des Großen doch nicht berechtigt, die Schenkung dieses Herrschers ohne Weiteres zurückzunehmen. Kein Besitz würde sicher, keiner heilig sein, wenn es nach Ablauf eines Jahrtausends dem ersten besten Liebhaber einfallen dürfte, den Ursprung desselben einer Untersuchung zu unterwerfen, und ihn in Frage zu stellen. Ein anderer Mißbrauch von Worten lag darin, daß Buonaparte die Ehre sich anmaßte, der Nachfolger Karl's des Großen sein zu wollen. Das Fränkische Reich hat nichts gemein mit dem s. g. Französischen Reiche, von dem Buonaparte der Stifter zu sein behauptete. Das Königreich der Franken war ein Theil des ersten Reichs und aus dessen Zerstückelung hervorgegangen; und der kaiserliche Titel, den sich der republikanische General Buonaparte angemaßt hatte, konnte der französischen Monarchie nicht ein Recht geben, in dessen Besitz sie niemals gewesen ist. Dieses Beispiel ist ein neüer Beweis von der Verwirrung der Begriffe, die aus der falchen Anwendung der Worte entspringt: nichts ist in Frankreich haüfiger, selbst in Schulbüchern, als die Franken, das deütsche Volk, welches Gallien erobert und ein Reich gestiftet hat, von dem das heütige Frankreich eine Provinz war, mit den Franzosen, oder demjenigen Volke zu verwechseln, welches aus der Mischung des keltischen Volks der Gallier und der Franken, ihrer Eroberer, entstanden ist, und seinen besonderen Beherrscher erst seit dem Jahre 843 gehabt hat. Eitelkeit, dieser Zug im Charakter der gallischen Kelten, wie er uns von den Berichterstattern der Alten geschildert wird, hat sich auf die Franzosen fortgepflanzt, und Buonaparte, der schlaue Corse, war zu pfiffig, um nicht auf die Nationaleitelkeit zu — spekuliren, die die Franzosen für das erste, das größte, und das älteste Volk der Erde hält, welches, wo möglich schon im Paradiese, den Reigen eröffnet hat!

Die zweite Erwägung, auf welche diese Gewaltthat gestützt wurde, hebt den Mißbrauch hervor, welcher aus der Vermengung der geistlichen und der weltlichen Macht entspringt; diesen Mißbrauch kann man zugestehen, ohne jedoch einem Buonaparte das Recht einzuraümen, sich für berufen zu fühlen, ihn abzuschaffen.

Die dritte Erwägung endlich bezeichnet zu gut die Willkür der Gewalt, als daß man nur ein Wort darüber verlieren sollte; es giebt keine Usurpation, die sich nicht durch solche Beweggründe rechtfertigen ließe.

Noch ein anderer Mißbrauch von Worten war es, daß die Stadt Rom zu einer kaiserlichen und freien Stadt erklärt wurde (Art. 2). Buonaparte hat niemals den Gedanken gehabt, der Weltstadt eine freie Verfassung zu geben; und das Wort kaiserlich, welches in Deütschland eine Stadt bezeichnete, die unmittelbar unter dem Kaiser stand und nach ihren eigenen statutarischen Gesetzen von einer Obrigkeit regiert wurde, welche aus dem Schooß der Bürgerschaft durch Wahl hervorgegangen war, bezeichnete in dem schönbrunner Befehl vom 17. Mai 1809 nichts anderes als einen Zustand absolutester Abhangigkeit von dem höchsten Willen des Mannes, den man Kaiser der Franzosen nannte.

Die in Art. 7 angeordnete Consulta (bestehend aus dem Divisions-General Miollis als Präsidenten, dem neapolitanischen Minister Solicetti, aus de Gérando, Jannet und del Pozzo, als Mitgliedern und Debalbe als Secretair) verkündete am 10. Juni 1809 den Römern die Veränderung ihres Looses. In der betreffenden Kundmachung versprach man, daß Rom der Sitz des sichtbaren Oberhaupts der Kirche bleiben solle, und daß der Vatikan reich ausgestattet, jeglichem fremden Einflusse entzogen und über alle irdische Ansichten und weltliche Gelüste erhaben, dem Weltall die reinste, doch aber mit noch mehr Glanz als bisher umgebene Religion zeigen werde. Als aber

Pius VII. am 11. Juni 1809 ein Breve erließ, vermöge dessen er den Napoléon Buonaparte, und alle seine Anhänger, Mandatarien, Helfershelfer und Räthe, überhaupt alle diejenigen Personen, welche sich an der Ausführung der Attentate betheiligt, die seit dem 2. Februar 1808 gegen die Immunitäten der heiligen Kirche und gegen die Rechte und selbst die weltliche Gerechtsame des heiligen Stuhls unternommen worden, in den Kirchenbann that, da bemächtigte man sich der Person des Papstes, und schleppte den ehrwürdigen Greis, den Buonaparte fünf Jahre vorher zu seiner Salbung in den heiligen Hallen zu U. L. F. in Paris mißbraucht hatte, von Kerker zu Kerker, bis endlich in Fontainebleau Halt gemacht wurde. Die Erzählung der Unbilden, welche das sichtbare Haupt der Kirche auf diesen Kreüz- und Querzügen durch Italien und Frankreich zu erdulden hatte, ist diesem Gedenkbuche fremd. Um aber das zu vollenden, was auf die Einverleibung des Kirchenstaats ins Französische Reich Bezug hat, schalten wir den Senatsbeschluß vom 17. Februar 1810 ein. Er bestand aus 18 Artikeln in III Titeln.

Der Titel I. handelte „von der Vereinigung der römischen Staaten mit dem Reiche". — Diese Vereinigung spricht der Art. 1 aus und bezeichnet den Kirchenstaat, d. h. dasjenige Gebiet, welches davon noch übrig war, als einen integrirenden Theil des Französischen Kaiserreichs. — Er wird aus zwei Departements bestehen, aus dem Departement von Rom und dem Departement des Trasimene (Art. 2). — Das Departement von Rom wird sieben, und das Departement des Trasimene vier Abgeordnete in der Gesetzgebenden Versammlung haben (Art. 3). — Das Departement von Rom steht in der ersten, das Departement des Trasimene in der zweiten Reihe (Art. 4). — In beiden Departements wird eine Senatorie errichtet. — Die Stadt Rom ist die zweite Stadt des Reichs. Der Maire von Rom ist bei der Eidesleistung des Kaisers, bei dessen Thronbesteigung, gegenwärtig. Er, so wie alle Deputationen der Stadt Rom, nehmen bei allen Gelegenheiten unmittelbar nach den Mairen und Deputationen der Stadt Paris den Rang ein (Art. 6). — Der kaiserliche Kronprinz trägt den Titel eines Königs von Rom und empfängt die dieser Würde gebührenden Ehrenbezeigungen (Art. 7). — In Rom soll ein Prinz von Geblüt oder ein Großwürdenträger residiren und daselbst Hof halten (Art. 8). — Die Güter, welche in Folge des Senatsbeschlusses vom 30. Januar 1810 die Ausstattung der kaiserlichen Krone bilden werden, sollen durch einen besonderen Senatsbeschluß geregelt werden (Art. 9). — Nachdem sie in der Kirche zu U. L. F. in Paris gekrönt worden, sollen die Kaiser vor Ablauf des zehnten Jahres ihrer Regierung auch in der Kirche des heiligen Petrus in Rom gekrönt werden (Art. 10). — Die Stadt Rom soll besonderer Privilegien und Immunitäten theilhaftig werden. Der Kaiser Napoléon wird sie bestimmen (Art. 11).

Der Titel II. handelt „von der Unabhängigkeit des kaiserlichen Throns von irgend einer Gewalt auf Erden". — Jedwede fremde Oberherrschaft ist mit der Ausübung jeder geistlichen Macht im Innern des Reichs unvereinbar (Art. 12). — Bei ihrer Erhebung haben die Päpste zu schwören, daß sie nichts und niemals etwas gegen die vier Hauptsätze der gallikanischen Kirche unternehmen wollen, welche in der Versammlung der Geistlichkeit von 1682 festgestellt worden sind (Art. 13). — Die vier Hauptsätze der gallikanischen Kirche werden dahin erläutert, daß sie allen katholischen Kirchen des Reichs gemeinsam sind (Art. 14).

Die vier Hauptsätze der gallikanischen Kirche sind, es möchte daran erinnert werden, — erstlich, daß die landesherrliche Gewalt über alle weltlichen Dinge völlig unabhangig, und der blos geistlichen Gewalt der Kirche und des Papstes, die sich nur auf die zur Seligkeit gehörigen Sachen erstrecken, weder unmittelbarer noch mittelbarer Weise unterworfen sei. Es könne also keine weltliche Obrigkeit von der Kirche abgesetzt, noch die Unterthanen von der Pflicht der Treüe und Unterthänigkeit gegen dieselbe, unter irgend einem Vorwande, losgesprochen, und zur Weigerung solcher Pflicht berechtigt und verpflichtet werden. — Zweitens, daß der Papst der allgemeinen Kirchenversammlung unterworfen sei; welche Lehre nicht nur von der vierten und fünften Costnitzischen Kirchenversammlung festgesetzt, sondern auch von der Kirche völlig bestätigt worden; daher sie nicht nur zur Zeit einer Kirchenspaltung, sondern beständig Statt finden und beobachtet werden müsse. — Drittens, daß die Gewalt der Päpste nicht unumschränkt, sondern an die Canones gebunden und in die, in denselben bestimmten Gränzen eingeschränkt sei. Daher sie nichts verordnen, erlauben und befehlen könnten, was den Canones oder den darauf gegründeten Gewohnheiten und beibehaltenen Freiheiten einzelner Kirchen zuwider laufe. — Viertens, daß bei der Entscheidung streitiger Glaubenssachen den Aussprüchen der Päpste zwar ein vorzügliches Ansehen zukomme; die verbindliche und zuverlässige Gewißheit oder Untrüglichkeit aber erst durch den Beitritt der allgemeinen Kirche ertheilt werde.

Der Titel III. setzte „die weltliche Existenz der Päpste" fest. — Es werden für den Papst Paläste in den verschiedenen Orten des Reichs, wo er seinen Wohnsitz aufzuschlagen gedenkt, eingerichtet werden. Er wird nothwendiger Weise einen in Paris und einen in Rom haben (Art. 15). — Zwei Millionen Einkünfte aus Grundbesitz, der frei von allen Auflagen und in den verschiedenen Theilen des Reichs belegen ist, werden dem Papste angewiesen (Art. 16). — Die Ausgaben des Heiligen Collegiums und der Propaganda werden hiermit für kaiserliche erklärt (Art. 17). — Der gegenwärtige Senatsbeschluß wird durch eine Botschaft S. M. dem Kaiser und Könige überreicht (Art. 18).

Vollzogen war der Beschluß vom Präsidenten des Senats, Cambacérès, Fürsten-Erzkanzler des Reichs; und von den Secretarien Franz Jaucourt und Cornet.

Von da an stand Pius VII., Barnabas Chiaramonti, geboren zu Cesena in der Romagna am 14. August 1742, Cardinal im April 1785, zum Papst erwählt zu Venedig am 14. März 1800, dessen sonst unter Rom nach dem Könige von Neapel gedacht wurde, zuerst im Jahrgange 1811 des Staatshandbuchs des Französischen Kaiserreichs, in der zweiten Section dieses Buchs an der Spitze der Cardinäle, die das Heilige Collegium bildeten. Überhaupt gab es damals nur noch 39 Cardinäle, und zwar vier Cardinalbischöfe von der Ernennung Pius' VI., einen Cardinalpriester ernannt von Clemens XIV., drei von Pius VI., und 23 ernannt von Pius VII.; vier Cardinaldiaconen, von der Ernennung Pius' VI. und vier von jener Pius' VII.

Seit dem Jahre 1810 war die Apeninnenhalbinsel eingetheilt in —

1) Siebzehn unmittelbare Departements des Französischen Kaiserreichs, welche, mit Ausnahme zweier Departements diesseits der Alpen und des Departements der Seealpen, unter drei General-Gouvernements oder Statthalterschaften gehörten: a) die der Departements jenseits der Alpen, mit dem Sitz in Turin; b) die der Departements des Großherzogthums Toskana, mit dem Sitz in Florenz; und c) die Statthalterschaft von Rom, deren Statthalter aber hier in Italien weniger wie in Hamburg und in Laibach eine Regierungsbedeütung hatten, als vielmehr rein zum Prunk und Staat dienten, wie es die Italiäner lieben.

2) Das Königreich Italien, mit einem Vicekönig zu Mailand an der Spitze, der ein vollständig eingerichtetes Ministerium zur Verfügung hatte.

3) Das Königreich Beider Sicilien, von dem aber nur das Festland dem Könige von Napoléon's Gnaden unterworfen war, daher man diesen auch gemeinhin König von Neapel nannte. Er war als Großadmiral einer der Großwürdenträger des Französischen Kaiserreichs, von dessen Oberhaupt er sein Königreich zu Lehn trug.

4) Die Fürstenthümer Lucca und Piombino, welche, ebenfalls als buonapartesche Thronlehne, zur Fröhnung weiblicher Eitelkeit geschaffen worden waren.

5) Der kleine Freistaat San Marino, mit kaum 6000 Einwohnern, den Buonaparte bei all' seinen italiänischen Umwälzungen aus, Gott weiß, welcher närrischen Laune, nicht angerührt hat. Im Gegentheil ließ er ihm, gleich nach dem Frieden von Tolentino, eine Vergrößerung an Land und Leuten anbieten; allein seine Regenten dankten dem Oberbefehlshaber der französischen Kriegsvölker mit dem Bemerken: „die Annahme seines großmüthigen Anerbietens könnte in der Folge wol die Freiheit in Gefahr bringen".

Dazu kamen die Inselstaaten, und zwar —

6) Die Insel Sardinien, in deren Hauptstadt Cogliari der König von Sardinien, und

7) Die Insel Sicilien, in deren Hauptstadt Palermo der echte König Beider Sicilien Hof hielt, beide Könige unter dem Schutze eng-

lischer Schiffskanonen, gegen die Buonaparte's ansehnliche Flotten nichts auszurichten vermochten.

Mit Ausnahme dieser beiden, dem Großgebietiger des Festlandes unzugänglichen Inseln war ganz Italien französisch eingerichtet, wie in politischer und gerichtlicher, so auch noch nach finanzieller und militärischer Verfassung.

3) Territorial-Eintheilung Italiens, 1812.

I. Die italiänischen Departements des Kaiserreichs.

Die Gränzen des königlichen Frankreichs, wie sie am 1. Januar 1792 bestanden, wurden von den republikanischen Machthabern und ihrem Erbnehmer, dem kaiserlichen Oberhaupt, nicht blos über ganz Italien ausgedehnt, sondern auch gegen die Schweiz hin überschritten, wie bereits oben an dem Beispiele des Veltlin ꝛc. gezeigt worden ist. Aber darauf beschränkte man sich nicht. Von den zugewandten Orten der Eidgenossenschaft fielen Mühlhausen und Genf im Jahre 1798 in die Hände des raüberischen Directoriums. Beide Orte unterwarfen sich der französischen Republik durch Vertrag: die Stadt Mühlhausen am 15. Januar, die Stadt Genf am 26. April 1798. In beiden Verträgen willigte das Derectorium in die Fortdauer der Neütralität der Bürger von Mühlhausen und Genf bis zum allgemeinen Frieden, und sie sollten weder zu realen, noch personalen Leistungen, noch zur Einquartierung für die Dauer des Krieges genöthigt werden. Dagegen wurden in Genf drei Bürger dieser Republik, ausgezeichnete Schriftsteller, die gegen die von französischen Wühlern betriebene Vereinigung mit Frankreich gesprochen und geschrieben hatten, der Ehre, französische — Citoyens zu werden, für unwürdig erklärt; und die Republik Genf bat sich aus, all' ihr Kriegsgeräth der Französischen Republik zum Geschenk anbieten, und all' ihre bisherigen Rechte an eine besondere Souverainetät in den Schooß der — großen Nation ausschütten zu dürfen!

Die Stadt Mühlhausen mit ihrem kleinen Gebiet, bestehend aus dem Dorfe Ilzach und der wüsten Feldmark Modenheim, von deren im 15. Jahrhundert durch Feüersbrunst verheerten Dorfe nur noch eine Mühle vorhanden war, wurde dem Departement des Hochrheins einverleibt und zwar dem Arrondissement Altkirch. Mit eben demselben Departement war, was hier nachträglich zu erwähnen ist, das im luneviller Frieden vom Deütschen Reich abgetretene Hochstift Basel, nebst der Grafschaft Mömpelgard (Montbeliard), als Arrondissements Delsberg (Delemont) und Bruntrut (Porentruy), einst die Residenz der Fürstbischöfe von Basel, vereinigt, nachdem diese vormaligen Reichslande eine Zeit lang, nämlich vom 27. November 1792 bis 23. März 1793 eine eigene selbständige Republik, die Rauracische, und von da an ein eigenes Departement, das des Mont-Terrible, gebildet hatten.

Der Freistaat Genf aber wurde zu einem italiänischen Departement geschlagen, weshalb er hier in Betracht zu ziehen ist. Er bestand nach den Verträgen, welche die Republik 1749 und 1754 mit dem König von Sardinien, als Herzog von Savoien, wegen gegenseitigen Abtretens und Tausches von Ortschaften, zur möglichsten Abrundung der Gränzen eingegangen war, aus der Stadt, dem Stadtbezirk, dem Mandement de Penny und dem Mandement de Jussy, welch' letzteres ganz vom savoischen Gebiete umgeben war, so wie aus den, unter dem Namen St. Victor und Chapitre bekannten Ortschaften, welche in den savoischen Landvoigteien Gaillard und Ternier zerstreüt lagen. Der Stadtbezirk, zu dem die Pfarrdörfer Cologny, Chesne, Le petit Saconex gehörten, stand unmittelbar unter der Stadtgerichtsbarkeit. Penny hatte einen Chatelain (Kastellan) zur Obrigkeit, ebenso Jussy; dieser Beamte wurde alle drei Jahre von der Stadt aus ihrem großen Rathe besetzt; von seinen Urtheilen wurde an die Appellationskammer, und von dieser an den Kleinen Rath appellirt.

An dem Tage, wo Buonaparte die Einverleibung Hollands und des nordwestlichen Deütschlands befahl, nämlich am 10. Dezember 1810, erfolgte auch, wie bereits oben mit seinen eigenen Worten der Beweggründe angeführt worden ist die des Wallis, eines andern der früher zugewandten Orte der Eidgenossenschaft. Sein Befehl, der an jenem Tage dem Senate vorgelegt wurde, lautete:

Das Walliserland wird mit dem Gebiete des Französischen Reichs vereinigt (Art. 1). — Es soll ein Departement unter dem Namen das Departement des Simplom bilden (Art. 2). — Das Departement des Simplom soll einen Abgeordneten zur Gesetzgebenden Versammlung entsenden, dieser soll im Jahre 1811 ernannt und in der vierten Reihe erneuert werden, zu welcher dieses Departement gehört (Art. 3). — Das Departement des Simplom gehört zum Sprengel des kaiserlichen Gerichtshofes zu Lyon (Art. 4).

Drei Tage darauf führte der Senat das Possenspiel der Beschlußfassung über den vorgelegten Befehl des Sultans der Franzosen 2c. auf, das, wie sich von selbst versteht, mit einem pagodenartigen Kopfnicken sämmtlicher hochweisen und staatsklugen Herren Senatoren zu Ende geführt wurde. Durch ein ferneres Dekret vom 26. Dezember 1810 wurde das neüe Departement des Simplom organisirt. Vor dem 1. Februar 1811 mußte das französische Zollwesen eingerichtet sein. Mit dem 1. April desselben Jahres hörten die bisherigen Abgaben auf, und es traten an ihre Stelle: Grund-, Personen- und Mobiliensteüer, nebst der Patentsteüer im Verhältniß wie im übrigen Reiche, ferner die Stempel- und die Einregistrirungsgebühr, jedoch nur zur Hälfte bei Veränderungsfällen durch Kauf, Schenkung, Urtheil und Erbfolge; endlich der ausschließliche Verkauf von Salz und Tabak, überhaupt die s. g. vereinigten Abgaben. Die französische Gerichtsverfassung trat mit dem 1. Juli 1811 in Kraft. Überall und in allen Schulen sollten sofort französische Sprachmeister angestellt werden. Oberwallis, oder die frühere eigentliche Republik Wallis, ist zum größten Theil ein rein deütsches Land; nur in den Zehnten Sitters und Sitten, so wie im Unterwallis, dem vormaligen Unterthanenbunde der Republik, wird eine schleche französische Mundart gesprochen; doch gehen in diesem Passagelande zwischen dem deütschen Norden und dem italiänischen Süden die deütsche und die französische Sprache Hand in Hand mit der italiänischen und dem Lateinischen, auch mit den romanischen Dialecten Rhätiens.

A. Die Departements diesseits der Alpen.

1. Das Departement des Simplom, auch Simplon, führte seinen Namen von dem Alpenjoche, über welches die Straße aus dem Rhonethal des Oberwalles nach Domo d'Ossola und dem Lago maggiore führt. Es bestand, wie gesagt, aus dem Walliserlande von 78 Q.-M. Flächenraum und zählte gegen 70,000 Einwohner. Eingetheilt war es in die drei Arrondissements von Sion oder Sitten, mit dem Sitz der Präfektur, und vier Cantons, von Brigg mit fünf, und von St. Moritz mit vier, überhaupt also mit 13 Cantons. Für das ganze Departement war nur ein Tribunal erster Instanz zu Sion, welches zugleich als Handelsgericht sprach. Die Appellationsinstanz war, wie der Befehl vom 10. Dezember 1810 angeordnet hatte, der Gerichtshof zu Lyon, zu dessen Senatorie das Departement gehörte, und zum 17. Oberforstbezirk. In militärischer Beziehung was es der siebenten Militärdivision zugetheilt, deren Hauptquartier Grénoble

war; in Ansehung der Artillerie und des Ingenieurwesens hing es von der Direction ab, die sich gleichfalls in der eben genannten Festung befand. Das Wahl-Collegium bestand aus 60, der Departementsrath aus 12 Mitgliedern; und die Zahl der Abgeordneten zur Gesetzgebungsversammlung wurde durch das Dekret vom 26. Dezember 1810 auf drei erhöht. Das Bisthum Sion behielt seinen bisherigen Sprengel und wurde zur Erzdiöcese Lyon geschlagen; die Abtei St. Moritz aber mit den Klöstern auf den Alpenpässen des Simplom und des St. Bernhard vereinigt. In Betreff der Pfarreien fand keine Abänderung statt. Die Haüser der Hospitaliterinnen und anderen Nonnenklöster blieben und behielten ihre bisherigen Einkünfte. Die deütsche Sprache konnte neben der französischen bei allen Verwaltungs- und Gerichtsbehörden, so wie in den Verhandlungen der freiwilligen Gerichtsbarkeit vor Notarien, &c. und im Privatverkehr beibehalten werden. Die Zehnten sollten bis zur Ablösung fortbestehen.

2. Das Departement des Leman hatte seinen Namen vom Genfer See, den die französisch sprechenden Anwohner Lac du Leman nennen, nach dem Vorgange der Römer, deren Lacus Lemanus in Gallia transalpina lag. Dies Departement war aus dem vormals zur Provinz Burgund gehörig gewesenen Ländchen Gex, aus Genf und seinem Gebiete, und aus dem nördlichen Theile des Herzogthums Savoien, insonderheit dessen Landschaften Chablais und Faucigny zusammengesetzt. Es umfaßte 46 Q.-M., hatte 218,000 Einwohner, war in die drei Arrondissements von Genf (Génève), mit dem Sitze der Präfectur, von Thonon und Bonneville abgetheilt, welche 276 Gemeinden in 23 Cantons enthielten. Das Departement des Genfer Sees gehörte zum Sprengel des Appellationsgerichts zu Lyon, zur Senatorie ebendaselbst und zum 17. Oberforstbezirk; ferner zum bischöflichen Sprengel Chambéry unter der Erzdiöcese Lyon, und zur siebenten Militärdivision zu Grénoble &c.

3. Das Departement des Montblanc empfing seinen Namen von dem an der nordöstlichsten Spitze desselben, auf der Gränze mit den Departements des Leman und der Doria belegenen Montblanc, dem höchsten Berge in Eüropa, und schloß den größten Theil von Savoien in sich, nämlich das Herzogthum Genevois, das eigentliche Savoien und die Grafschaften Tarantaise und Maurienne. Seine Bodenfläche war 118 Q.-M. groß und die Zahl seiner Bewohner betrug 285,000. Es war in vier Arrondissements abgetheilt: Cham-

béry, Sitz der Präfectur, Annecy in Genevois, Montiers, Monstiers (Monasterium) in Tarantaise, und St. Jean de Maurienne (St. Giovanni di Moriana), welche 420 Gemeinden in 32 Cantons enthielten. Das Departement gehörte zum Appellationsgerichtsbezirk und zur Senatorie Grénoble und zum 17. Oberforstbezirk. Der Sprengel des Bischofs zu Chambéry stand unter dem Erzbischof von Lyon. In militärischer Hinsicht war das Departement der siebenten Militärdivision mit dem Hauptquartier zu Grénoble zugetheilt.

4. Das Departement der Seealpen (Alpes maritimes) führte seinen Namen von dem hier gegen das Mittelländische Meer abstürzenden Alpengebirge, und bestand ursprünglich aus der Grafschaft Nizza und dem Fürstenthum Monaco, dem 1805 ein Stück der Riviera di Ponenti der Ligurischen oder der Republik Genua hinzugefügt wurde. Es war gegen 65 Q.-M. groß und zählte 120,000 Einwohner. Eingetheilt war es in die vier Arrondissements von Nizza (Nice), mit dem Sitz des Präfecten, von Monaco, Puget-Theniers und San Remo. Seine Tribunale hatten den Gerichtshof in Aix zur Berufungsinstanz; auch gehörte das Departement zur dortigen Senatorie und zum 16. Oberforstbezirk, so wie zur achten Militärdivision, deren Hauptquartier in Marseille war. Die bischöflichen Sprengel von Nizza und von Vintimiglia waren Theile der Erzdiöcese Aix.

B. Statthalterschaft der Departements jenseits der Alpen.

5. Das Departement des Po, nach seinem Hauptflusse genannt, hatte einen Flächenraum von 70 Q.-M. und 398,000 Einwohner, und war in die drei Arrondissements von Turin, mit dem Sitze des Präfecten, von Susa und von Pignerol eingetheilt, welche 325 Gemeinden in 42 Cantons enthielten. Dieses Departement bildete das Herz des eigentlichen Fürstenthums Piemont und bestand namentlich aus dem Turiner District, der Markgrafschaft (Marchesato) Susa, dem lucernischen District oder den piemontesischen Thälern (Waldenser) und dem District von Chieri.

6. Das Departement der Doria, nach dem Flusse Doria-Baltea benannt, hatte einen Flächenraum von 72 Q.-M. und 225,000 Einwohner und war in drei Arrondissements: Ivrea, Sitz der Präfectur, Chivasso und Aosta abgetheilt, welche 227 Gemein-

den in 27 Cantons begriffen. Vom eigentlichen Fürstenthum Piemont gehörte dazu der canavesische District; sonst bestand das Departement aus dem Herzogthum Aosta.

7. Das Departement der Sesia, nach dem gleichnamigen Flusse benannt, der hier, bis zum Einfall in den Po, die Gränze des Kaiserreichs gegen das Königreich Italien bildete, hatte einen Flächeninhalt von 43 Q.-M. mit 207,000 Einwohnern, und war in die drei Arrondissements Vercelli, Präfectur, Santhia (Saint Ya, Santa Agatha) und Biella abgetheilt, welche 189 Gemeinden in 23 Cantons umfaßten. Das Departement bestand aus der zu Piemont in weiterem Sinne gehörigen Herrschaft Vercelli.

8. Das Departement der Stura, nach dem gleichnamigen Flusse genannt, der, in den Seealpen entspringend, mit dem Tanaro vereinigt in den Po fließt, hatte einen Flächenraum von 82 Q.-M. und 400,000 Einwohner, und war in die vier Arrondissements von Coni, Präfectur, Saluzzo, Savigliano und Alba eingetheilt, welche 224 Gemeinden in 36 Cantons enthielten. Von dem eigentlichen Fürstenthum Piemont gehörten hierher die Districte Carra, Cherasco und Savigliano mit dem Fürstenthum Carignan, die Markgrafschaft Saluzzo und die Districte Coni und Mondovi, so wie ein Theil der kaiserlichen Reichslehne der Langhischen Güter; außerdem ein Stück des Herzogthums Montferat.

Diese vier Departements bildeten den Appellationsgerichtssprengel Turin, der zugleich die gleichnamige Senatorie ausmachte. Sie gehörten zum 29. Oberforstbezirk, dessen Mittelpunkt in Alexandria war, und machten zusammen die 27. Militärdivision aus, deren Hauptquartier in Turin, der vormaligen Haupt- und Residenzstadt des Königs von Sardinien sich befand. Die Erzdiöcese Turin bestand aus den sieben Bisthümern Acqui (im Departement Montenotte), Asti und Casale (beide im Departement Marengo), Ivrea, Mondovi, Saluzzo, Vercelli. Die vier Departements pflegte man die piemontesischen zu nennen.

9. Das Departement von Montenotte, nach einem auf dem nördlichen Abhange der Apenninen gelegenen kleinen Städtchen genannt, bei dem am 12. April 1796 die Österreicher unter dem General Argenteau von den republikanischen Kriegsvölkern mit überlegener Macht total aufs Haupt geschlagen wurden. An diesem Tage eröffnete Buonaparte, damals ein junger Mann von noch nicht vollendeten 27 Jahren, seine Laufbahn als Heerführer, welche Zeit seines Lebens eine glänzende gewesen ist. Die großen militärischen Talente

dieses Mannes wird selbst der Befangenste unter seinen Beurtheilern stets und immerdar anerkennen müssen, auch sein Talent zur Organisation verworrener Staats- und bürgerlicher Zustände, das er aber nur zu oft durch Maßregeln der Gewalt mißbrauchte. Das Departement von Montenotte war in die vier Arrondissements von Savona, Sitz der Präfectur, Porto-Mauritio, Ceva und Acqui eingetheilt und aus den verschiedenartigsten Landschaften zusammengewürfelt, wozu die Rivierra di Ponente der ehemaligen Republik Genua, das Fürstenthum Piemont von seinen südöstlichen Bezirken, und das Herzogthum Montferat Beiträge hergegeben hatten.

10. Das Departement von Marengo, benannt nach dem unfern Alessandria gelegenen Dorfe dieses Namens, — bei welchem am 14. Juni 1800 die berühmte Entscheidungsschlacht geschlagen wurde, mit der Buonaparte zugleich seine italiänischen Feldzüge, die ruhmvollsten seiner Kriegerlaufbahn, beschloß, — hatte einen Flächenraum von 43 Q.-M. und 318,000 Einwohner und war in die drei Arrondissements von Alessandria, mit dem Sitz der Präfectur, Casale und Asti eingetheilt, welche 250 Gemeinden in 31 Cantons begriffen. Zur Bildung dieses Departements hatte der auf dem rechten Ufer des Po gelegene Strich des sardinischen Antheils am Herzogthum Mailand Land hergegeben, außerdem das Herzogthum Montferat und ebenso das Fürstenthum Piemont, letzteres insonderheit die Grafschaft Asti.

11. Das Departement von Genua (Gênes) führte seinen Namen von der Stadt und der ehemaligen Republik dieses Namens, die man später die Ligurische nannte. Dieses Departement erstreckte sich von der Meeresküste nordwärts bis an den Postrom, der die Gränze gegen das Königreich Italien machte und war aus dem mittlern Gebiet der Republik mit Einschluß der ehemaligen Reichslehne Torriglia rc., und den auf dem rechten Poufer belegenen Theilen des sardinischen Herzogthums Mailand zusammengesetzt, welche in die fünf Arrondissements von Genua, Sitz der Präfectur, Novi, Bobbio, Voghera und Tortona zerfielen.

12. Das Departement der Apenninen hieß so von seiner Lage an und auf dem Scheitel der gleichnamigen Gebirgskette. Es bestand aus dem größten Theil der Rivierra di Levante der ehemaligen Republik Genua, aus einem Stück des Herzogthums Piacenza, namentlich dem Val di Taro oder Stato di Landi, und aus den ehe-

maligen Reichslehnen in der Lunigiana, die zum Großherzogthum Toskana gehört hatten. Eingetheilt war dieses Departement in die drei Arrondissements von **Chiavari**, **Sarzana**, beide in der Riviera di Levante, und von **Pontremoli**, in der Lunigiana. Der Sitz des Präfecten befand sich in der zuerst genannten Bezirksstadt. Seit dem 1. October 1811 war diesem Departement der District Villafranca des Departements Crostolo vom Königreich Italien einverleibt.

13. Das **Departement des Taro**, also genannt nach dem Flusse dieses Namens, der auf den Apenninen entspringt, und zwischen Cremona und Casale Maggiore in den Po fließt. Dieser Strom bildete auf der Mitternachts- und der Fluß Lenza auf der Morgenseite die Gränzscheidung zwischen dem Kaiserreich und dem Königreich Italien. Das Departement bestand aus den Herzogthümern Parma und Piacenza und war in die drei Arrondissements von **Parma**, mit dem Sitz der Präfectur, **Piacenza** und **Borgo a San Donnino** eingetheilt.

Die zuletzt genannten fünf Departements bildeten den Bezirk des Appellationsgerichts zu Genua, so wie auch der dortigen Senatorie. Überhaupt stellten die Departements jenseits der Alpen, mit Einschluß der toskanischen und der römischen, 15 Senatoren. Mit den vorher aufgeführten vier Departements machten die so eben genannten fünf Departements den 29. Oberforstbezirk aus, dessen Hauptort Alessandria war. Stadt und Festung Genua war das Hauptquartier der 28. Militärdivision, deren Bezirk ebenfalls aus diesen fünf Departements bestand.

Zur Erzdiöcese Genua gehörten sieben Bisthümer, nämlich Albenga (im Departement von Montenotte), Borgo a San Donnino, Brugunto (im Departement der Apenninen), Parma, Piacenza, Sarzana und Savona. Die fünf Departements pflegte man im gemeinen Leben die ligurisch-parmesanischen zu nennen.

Alle neun Departements des Generalgouvernements bildeten die 16. Cohorte der Ehrenlegion, welche Veneria, das ehemalige Lustschloß des vertriebenen Königs von Sardinien, eine Stunde Weges von Turin, zum Hauptsitz hatte. Diese Departements waren auch mit einem jener Prevotalhöfe bedacht, deren Geschäftsumfang weiter oben im 39. Kapitel geschildert worden ist. Er hatte seinen Sitz in Alessandria, dem Hauptort des Departements von Marengo. Hier befand sich auch eine Militärschule; in Turin eine Artillerieschule. Der Organisation des Unterrichtswesens entsprechend, waren in jedem der beiden Appellationsgerichtsbezirke der Departements jenseits der Alpen, nämlich zu Turin und Genua, eine Akademie.

Für die Fabrikation und den ausschließlichen Verkauf des Salzes und des Tabaks in den Departements jenseits der Alpen, mit Einschluß des Großherzogthums Toskana und der Römischen Staaten, bestand eine besondere Regie unter einem Generaldirector aus vier Administratoren. Für den Verkauf waren diese

Lande in sechs Divisionen eingetheilt, mit ebensoviel Directoren und zwölf Inspektoren. Für die Fabrikation des Tabaks gab es fünf besondere Directoren zu Turin, Genua, Parma, Florenz und Rom, und für die zwei Salinen zu Salo und Volterra, im Departement des Mittelländischen Meeres, zwei Directoren und einen Administrator.

Die Departements der Seealpen und der Apenninen, von Genua und von Montenotte gehörten mit zu denen, deren an der Küste belegenen Cantons, nach der Verordnung vom 10. Dezember 1810, von der Aushebung für das Landheer ausgenommen sein sollten, und nur für den Seedienst Mannschaften zu stellen hatten. Genua war der Sitz eines Seepräfecten, welcher alle Häfen der ligurischen Küste unter seiner Aufsicht hatte.

C. Statthalterschaft des Großherzogthums Toskana.

Überall und aller Orten hing das Gebiet des Französischen Kaiserreichs zusammen. So war die Regel. Die einzigste Ausnahme davon machte das Großherzogthum Toskana, welches von den ligurisch-parmesanischen Departements durch das kleine Fürstenthum Lucca getrennt war, dem Namen nach ein selbständiges Ländchen, in der That aber ebenso abhangig vom Großgebietiger, wie alle durch ihn geschaffene Staaten. Toskana war in drei Departements eingetheilt.

14. Das Departement des Arno, nach dem Hauptflusse des toskanischen Landes genannt, mit der Hauptstadt Florenz, bestand aus dem Dominio Fiorentino, dem Florentinischen Gebiet, und war in vier Arrondissements eingetheilt, nämlich in die von Florenz, Arezzo, Pistoia und Modigliana.

15. Das Departement des Mittelländischen Meeres (D. de la Mediterranée), nach seiner Lage an der Seeküste, zwischen den Fürstenthümern Lucca und Piombino, genannt, mit dem Hauptort Livorno, umfaßte das alte Territorio Pisano, das Pisanische Gebiet, und war in die drei Arrondissements von Livorno, Pisa und Volterra abgetheilt.

16. Das Departement des Ombrone, nach dem Flusse gleiches Namens genannt, mit der Hauptstadt Siena, war in die drei Arrondissements von Siena, Monte Pulciano und Grosseto abgetheilt, und fiel seinem Umfange nach mit dem alten Territorio von Siena zusammen, wie denn überhaupt in der alten Dreitheilung des Großherzogthums keine, oder doch nur sehr geringe Veränderungen vorgenommen worden waren.

Die drei toskanischen Departements hatten in Florenz ihren Appellhof und ihre Senatorie. Sie bildeten den dreißigsten Oberforstbezirk und die neünundzwanzigste Militärdivision, deren Hauptquartier in Florenz war.

In kirchlicher Beziehung scheint eine neüe Eintheilung während der französischen Verwaltungsperiode zwar angebahnt, aber nicht zu Stande gekommen zu sein. Nach der ältern Kirchenverfassung gab es in Toskana drei Erzdiöcesen, nämlich von Florenz, Siena und Pisa und fünf exemte Bisthümer. Zur Metropolitankirche Florenz gehörten die Kathedralen zu Borgo-San-Sepolcro, Colle, Fiesole, San Miniato al Tedescho und Pistoia. — Zur Erzdiöcese Siena die Bisthümer Chiusi, Grosseto, Massa und Sovanna. — Dem Erzbischof von Pisa waren, außer dem Suffraganbischof zu Livorno, auch die auf Buonaparte's Heimathsinsel Corsica untergeben, was aber nach der Revolution dahin abgeändert wurde, daß Corsica nur ein Bisthum, und zwar zu Ajaccio hatte, welches zur Erzdiöcese Aix gehörte. — Die exemten Bisthümer, d. h. also diejenigen, welche unmittelbar unter dem heiligen Stuhle stehen, waren zu Arezzo und Cortona im Departement Arno, und zu Monte-Aloino, Monte Pulciano und zu Pienza im Departement Ombrone.

D. Statthalterschaft der römischen Departements.

Es waren ihrer zwei und enthielten denjenigen Theil des Kirchenstaats, welche nicht zu dem Königreich Italien geschlagen worden war, d. h. alles Land auf der Abendseite des Apenninenkammes; und zwar: —

17. Das Departement von Rom, also genannt nach der ewigen Weltstadt. Zu seiner Bildung hatten beigetragen: das eigentliche römische Gebiet, die Campagna di Roma, das Patrimonium des heiligen Petrus, das Herzogthum Castro und die Grafschaft Ronciglione, das sabiner Land, Sabina, so wie der südliche Theil des Herzogthums Spoleto. Die Hauptstadt in diesem Departement war, wie sich von selbst versteht, die Weltstadt. Es zerfiel in sieben Arrondissements, nämlich: Rom, Tivoli, Viterbo, Narni, Rieti, Velletri und Frosione.

18. Das Departement des Trasimene. Es ist in diesem Gedenkbuche schon mehr als einmal erwähnt worden, daß es eine besondere Lieblingslaune des Großgebietigers gewesen, Namen wieder herzustellen, die dem Alterthum angehören. So nannte er dieses Departement nach dem See, welcher in der heütigen Welt von der Nähe der Stadt und des Gebiets von Perugia genannt wird, bei den Alten aber Lacus Trasimenus hieß. Zusammengesetzt war es aus dem nördlichen Theile des Herzogthums Spoleto, dem Gebiete von Orvieto, dem Gebiete von Perugia und der Grafschaft Citta di Ca-

stello; und eingetheilt in die vier Arrondissements von Spoleto, wo der Sitz des Präfecten war, von Todi, Foligno und Perugia.

Was oben über die Diöcesaneintheilung Toskanas gesagt worden ist, findet auch hier bei den Departements von Rom und des Trasimene seine Anwendung. Vor der Besitzergreifung des Kirchenstaats durch Buonaparte, gab es in dem mit dem Kaiserreiche vereinigten Theile desselben nicht weniger denn einunddreißig Bisthümer, und alle waren exemt oder standen unmittelbar unter dem Papste. Von dieser großen Zahl gehörten neünzehn zum nachmaligen Departement von Rom und zwölf zum Trasimenedepartement.

Die Bisthümer des Departements von Rom waren: Ostia-Velletri, Albano, Frascati, Tivoli, Palestrina, Anagni, Segni, Alatri, Ferentino, Veroli, Piperno-Terracina, Bagnarea, Montefiascone-Corneto, Viterbo-Toscanella, Orta-Civita-Castellana, Nepi-Sutri, Sabina (in dem Städtchen Magliana), Rieti und Narni.

Im Departement des Trasimene gab es, wie gesagt, zwölf Bisthümer und deren Sitz befand sich in Assisio, Nocera, Foligno, Spoleto, Todi, Amelia, Terni, Orvieto, Acqua-Pendente, Perugia, Citta della Pieve, Citta di Castello.

Als Grundzüge der Weise, in welcher die Franzosen die Verwaltung des Kirchenstaats leiteten, möchte Folgendes anzuführen sein: — Der General Miollis, welcher am 2. Februar 1808 die Weltstadt besetzte, hat als französischer Militärstatthalter der 30. Militärdivision, zu der die beiden römischen Departements vereinigt waren, trotzdem er Anfangs, nach den Befehlen seines Herrn und Meisters, strenge auftreten mußte, einen geachteten Namen hinterlassen, dessen Klang auch heüte, nach Ablauf von funfzig Jahren, noch nicht verhallt ist. Präfect zu Rom war der Graf Camill von Tournon, welcher mit verständiger Mäßigung einen wohlwollenden Sinn und gründliche Kenntniß vereinigte und sich ernstlich angelegen sein ließ, die Wunden, welche dem Lande geschlagen worden waren, durch Ordnung und Sparsamkeit zu heilen. Die Justizpflege stand unter Gregory und Legonidec. Der späterhin so rühmlich bekannt gewordene Baron de Gérando erwarb sich um wissenschaftliche und Wohlthätigkeits-Anstalten große Verdienste.

Die französische Verwaltung suchte die Lage der ärmeren Klassen so erträglich als möglich zu machen, indem sie zugleich der, alle Gränzen überschreitenden Bettelei kräftigen Einhalt that. Im ersten

Augenblick, als die Mönchsorden und Brüderschaften aufgehoben wurden und damit die Unterstützungen von den Klöstern aufhörten, war das Elend entsetzlich. Die von den Pfarren eingereichten Armenlisten enthielten nicht weniger denn 30,000 Namen und darüber! Für die Hausarmen wurden 55,000 Thaler bewilligt, für die Bettler Werkstätten eröffnet, wo Männer, Weiber und Kinder Beschäftigung fanden, endlich zwei Arbeitshaüser errichtet, in denen sich zu Anfang des Jahres 1814, als die französische Verwaltung auf die Neige ging, 400 Männer und 300 Frauen befanden, deren Unterhaltung gegen 23,000 Thaler jährlich kostete.

Die viel verzweigte päpstliche Justizverfassung wurde durch die einfachen Formen der französischen Gesetzgebung ersetzt, demgemäß man, wie im ganzen Kaiserreiche, so auch hier im Kirchenstaate, Friedensgerichte, Gerichtshöfe erster Instanz und einen kaiserlichen Gerichtshof in Rom hatte, der für beide Departements die Appellations-Instanz war. In den Jahren 1809—1814 wurden 8576 aus der päpstlichen Zeit übernommene rückständige Rechtshändel entschieden. Die Polizei war thätig, und wenn sie auch der Banditen im südlichen Theil des Landes nicht dauernd Herr zu werden vermochte, so wurde doch in den Städten eine vollständige Sicherheit hergestellt, und nie hat man im Kirchenstaat sicherer reisen können, als während dieser französischen Verwaltungsperiode.

Auf die Pontinischen Sümpfe wurden seit 1810 jährlich 50,000 Thaler verwandt. Die auf die Unterhaltung der Heerstraßen verwendete Summe von 592,500 Thaler war unzulänglich; besser sorgte man für Flußbauten an der Tiber.

Von den Einkünften der Stadt Rom, welche durchschnittlich 700,000 Thaler betrugen, wurden 112,500 Thaler für die Spitäler, 75,000 Thaler für den öffentlichen Gottesdienst, 65,000 Thaler für die Armen und 64,000 Thaler für den öffentlichen Unterricht verwandt. Der erste öffentliche Friedhof außerhalb der Stadt und der erste öffentliche Spaziergang, auf dem Piacio, wurden angelegt. Das Forum wurde freigelegt von den Bergen Schutt, welche zum Kapitol sich hinzogen; die Denkmäler desselben, so wie das Forum Trajani ausgegraben und so erst die Bestimmung mancher derselben erkannt; andere großartige Bauten des Alterthums wurden von moderner Zuthat gereinigt, das Colosseum und der Titustempel durch Strebepfeiler vor dem Einsturze geschützt. Größeres beachsichtigte man, was der Sturz Buonaparte's und seines Kaiserreichs verhinderte: Massive Uferdämme sollten an der Tiber sich hinziehen und der Haüserknaüel zwischen der Engelsburg und der Peterskirche verschwinden, welcher die geeignete Ansicht des großartigen Bauwerkes verdeckt.

Die Juden wurden frei gemacht; die Feüdallasten für abtragbar erklärt, so weit sie Geld- oder andere Abgaben betrafen; persönliche Dienste wurden wie überall im Kaiserreiche, so auch hier in Rom, ohne Entschädigung abgeschafft. Zum Schutz der im höchsten Grad vernachlässigten Wälder erließ man sehr strenge Gesetze. Die letzteren sehr weisen Anordnungen trafen alle unter französischem Einfluß stehende Länder Italiens. Die französischen Gesetze, so weit sie, wie der Minderung der Macht des Adels förderlich waren, blieben nicht nur auch nach Wiederherstellung der frühren Verhältnisse fortbestehen, sondern wurden auf Sicilien und Sardinien eingeführt, welche, schon oben erwähnt worden ist, durch ihre insulare Lage der französischen Herrschaft entzogen waren. In Parma und Lucca blieb der Napoléonische Codex wesentlich Gesetzbuch; in den meisten anderen Staaten blieb wenigstens in den untern Instanzen das öffentliche und mündliche Verfahren fortbestehen.

Eine neüe Epoche des Verkehrs begann für Italien mit der Herstellung der ersten fahrbaren Alpenstraßen über den Simplom und den Montcenis, die beide 1805 vollendet wurden. Eine Verordnung des Großgebietigers vom 20. Januar 1811 regelte die Abgaben, welche beim Übergange über den zuletzt genannten Paß zu erlegen waren. Sie waren nicht sehr hoch und fielen dem Kloster auf dem Cenis zu, welches aber auch für die Gangbarkeit der Straße auf gewisser Strecke, für die Wegraümung des Schnees zu sorgen, und sonstige Obliegenheiten hatte. Mailand verdankt der französischen Herrschaft die Herstellung seines Doms nach dem ursprünglichen Bauplane, bis 1805, das Amphitheater und das Militärcollegium, 1802; Venedig die öffentlichen Gärten, 1807; Bologna den Friedhof, schon 1801; Neapel den botanischen Garten und den größten Theil der Aufgrabungen von Pompeji. Alle diese Werke tragen den gemeinsamen Charakter des Großartigen und Gemeinnützigen, im Gegensatz zu der sonstigen ausschließlichen Thätigkeit vieler italiänischer Regierungen für abgeschlossene Paläste und Landhaüser, zu den Kirchenbauten und der kleinlichen Rücksicht auf die Bequemlichkeit einzelner Behausungen faullenzender Mönche, welche in Rom und anderswo immer noch eine genügende Erforschung der Überreste des Alterthums gehemmt hat. Das gemeinsame Münz-, Maaß- und Gewichtssystem haben die italiänischen Staaten gleichfalls verloren, und dafür eine Fülle neüer Zollschranken eingetauscht.

So trug die französische Herrschaft in Italien wesentlich einen andern Charakter, als in Deütschland. Vor Allem war Buonaparte ein Landsmann der Italiäner, er redete zu ihnen in ihrer Sprache, er hatte, was ihrem Nationalgefühl wohl that, die Einheit des größten Theils des Landes hergestellt und den alten Namen desselben wieder zu politischer Geltung gebracht; er war in Italien König, in Deütschland nur Beschützer des rheinischen Bundes, zugleich aber auch in seiner Abneigung gegen Alles, was Deütsch ist, sein Tyrann, dessen Schutz nur die Bewältigung des deütschen Volksgeistes, nur die Erpressung von Hab und Gut und der derben Faüste von Deütschlands männlicher Jugend zum Zweck hatte, um sie zur Ausführung seiner ehrsüchtigen Pläne der Weltherrschaft überall auf eüropäischer Erde zu mißbrauchen. An die Spitze der Regierung des Königreichs Italien hatte er seinen Stief- und Adoptivsohn, den ausgezeichneten Grafen Eugen von Beauharnais, als Vicekönig gestellt, der in der Wahl seiner Gehülfen sehr glücklich war. Buonaparte betrachtete Italien als sein Eigenthum und beschenkte es mit den großartigen Werken allgemeinen Nutzens. Die Priesterherrschaft, welche alle denkenden Italiäner als den Fluch ihres Landes zu betrachten gewohnt sind, hatte er in ihrer Wurzel angegriffen, als er 1809, vor Erlaß des schönbrunner Befehls vom 17. Mai, folgende Punkte vom Papste verlangte: 1) Einen Patriarchen für Frankreich; 2) Einführung des französischen Gesetzbuchs, also auch der Civilehe im Kirchenstaate; 3) Reformation des Bisthumwesens; 5) Abschaffung der Mönchsorden und 5) Abschaffung des Cölibats. Freilich erlangte er unter dem Einfluß einer moralischen Macht, die dem Haupte der katholischen Christenheit zur Seite stand, von diesen Punkten nur den Einen, daß die Einsetzung der Bischöfe der Willkür des Papstes entzogen wurde. Im Jahre 1810 auf dem Gipfel seiner Herrschaft trug sich Buonaparte schon mit dem Gedanken, den Sitz des römischen Pontifex nach Paris zu verlegen und den Papst hier unmittelbar dem Kaiser zu unterordnen, zu welchem Zweck er auch bereits Neübauten in St. Denis und Avignon angeordnet hatte; denn er wollte, daß das Papstthum hier wieder in seinen ehemaligen Residenzen Hof halte; indeß Rom auf die Ehre wartete, dem kaiserlichen Nachfolger seinen Namen zu leihen, als Symbol eines wiedererstandenen heiligen Römischen Reichs nicht deütscher, wol aber neüfränkischer, oder vielmehr französischer Nation!

Dem Menschenfreünde macht es großes Vergnügen, auch das Gute anzuerkennen, was die Franzosenwirthschaft in Italien zu Wege gebracht hat, von Männern durchgeführt, die sich ebensowol durch großen Reichthum an Kenntnissen, als durch wohlwollende Gesinnung ausgezeichnet haben. Mochten sie bei Ausrottung der unzähligen Mißbraüche, welche eine verwilderte Priesterherrschaft seit Jahrhunderten in der Weltstadt und ihrem Gebiete zur Regel gemacht hatte, dem aüßern Anscheine nach auch strenge, ja sogar hart verfahren, so hatten sie doch stets und immerdar das hohe Ziel der Humanität vor Augen, das allein die, mehr oder minder geistig und sittlich verkommenen Römer, edleren Ansichten, schöneren Gewohnheiten und gemüthlicheren Lebensgebraüchen entgegenführen konnte.

Fügen wir noch hinzu, was Buonaparte für den Unterricht und die Hebung literarischer Anstalten verordnete. Am 29. Dezember 1810 erließ er einen Befehl wegen der Universitäten zu Pisa und Siena, auf denen die Einrichtungen der kaiserlichen Universität gleich von Neüjahr 1811 an getroffen werden sollten. Das war nun seine gewöhnliche Hast, und die gelehrten Herren in Pisa und Siena mußten sich schon bequemen, Hand ans Werk zu legen, wenn sie nicht fürchten wollten, als ungehorsame Diener S. K. K. Majestät auf die erste beste Festung gebracht zu werden!

Die berühmte „Accademia della Crusca", d. h. wörtlich: „von der Kleie", also genannt, weil die Gesellschaft von Gelehrten, aus der sie besteht, alles Italiänische, was nicht gut toskanisch ist, gleichsam als Spreü vom reinen Korn der Sprache auszuscheiden strebt, war in den Kriegsstürmen der Staatsumwälzungen fast ganz zu Grunde gegangen. Durch ein Dekret vom 19. Januar 1811 befahl Buonaparte die Wiederherstellung dieser florentinischen Akademie. Hiernach bestand sie aus zwölf ordentlichen Mitgliedern, die vom Staatsoberhaupt, auf den Vorschlag des Ministers des Innern, zum ersten Mal ernannt wurden, und aus zwanzig Correspondenten. Ihre Aufgabe war vorzüglich. Die Durchsicht des Wörterbuchs der italiänischen Sprache; die Erhaltung der Reinheit derselben und die Prüfung der verschiedenen einkommenden Preisschriften. Die Mitglieder bekamen einen jährlichen Gehalt von 500 Francs, die Mitgleder der eigens zur Vorbereitung dessen, was auf die Verbesserung des Wörterbuches Beziehung hat, ausgehobenen Commission erhielten 1000, und der Secretair der Akademie 1500 Francs, Letzterer außerdem eine Vergütigung für Schreibmaterialien u. s. w.

In einem andern Dekret vom 25. Dezember 1810, welches Buonaparte in seiner Eigenschaft als italiänischer König erließ, bestimmte er: — Das Nationalinstitut des Königreichs Italien soll den französischen Namen führen: Institut des sciences, lettres et arts. Es hat seinen Sitz zu Mailand und vier auswärtige Abtheilungen: eine zu Venedig, eine zu Bologna, eine zu Padua und eine zu Verona. Die Zahl der wirklichen Mitglieder ist auf sechzig festgesetzt, die der Ehrenmitglieder ist unbestimmt. Das Institut hat einen Generalsecretair, der zu Mailand wohnt. Er unterhält den schriftlichen Verkehr mit den vier auswärtigen Abtheilungen über alles, was die Arbeiten des Institus betrifft; er korrespondirt mit allen gelehrten Gesellschaften sowol innerhalb als außerhalb des Königreichs; er hat den Auftrag, die Abhandlungen des Instituts bekannt zu machen. Die einheimischen Mitglieder versammeln sich wenigstens einmal in jedem Monate in der Stadt, wo eine der genannten Abtheilungen ihren Sitz hat. Alle zwei Jahre im Dezember sollen sämmtliche Mitglieder zu einer Generalversammlung nach Mailand kommen und daselbst die Arbeiten der verschiedenen Abtheilungen vorlegen. Die Ausgaben des Instituts werden auf 120,000 Liri jährlich bestimmt. Alle übrigen Akademien oder Gesellschaften sollen reformirt werden und zwar so, daß in jeder Stadt nur eine besteht. Diese erhält den Namen Athenäum.

II. Territorial-Eintheilung des Königreichs Italien.

Bodenfläche: 8,340,$_{704}$ Q.-Kilometres 1,520,$_{1}$ deutsche Q.-Meilen. Einwohnerzahl: 6,470,893 im Jahre 1812.

Departements.	Arrondissements.	Früheres Landesverhältniß.
1. Adda . . . . 3,189,$_{43}$ Q.-K. 80,796 E.	1. Sondrio	Die Graubündner Unterthanenlande Veltlin, Cleven und Worms.
2. Adige (Etsch) . . . . 3,420,$_{10}$ Q.-K. 284,872 E.	2. Verona . . . . . 3. Villafranca 4. Lonigo 5. Legnaco	Das veronesische und Theile des vicentinischen Gebiets, der vormaligen Republik Venedig.

Departements.	Arrondissements.	Früheres Landesverhältniß.
3. Adriatico . . . . 1,115,$_{07}$ Q.=K. 313,560 E.	6. Venezia (Venedig) 7. Chioggia 8. Adria 9. Portegruaro	Das Herzogthum Venedig (il Dogada di Venezia), und Theile des Polesine di Rovigo und der Landschaft Friaul (Patria del Friuli).
4 Agogna . . . . 5,323,$_{92}$ Q.=K. 328,712 E.	10. Novara . . . . . 11. Domodossola 12. Varallo 13. Vigevano 14. Arona	Der Antheil des Königs von Sardinien an dem Herzogthume Mailand, so weit dasselbe auf dem linken Ufer des Postroms liegt.
5. Alto Adige (Hochetsch) . . 7,050,$_{93}$ Q.=K. 265,035 E.	15. Trento (Trient) . 16. Cles 17. Bolzano (Botzen) 18. Roveredo 19. Riva	Der Etschkreis und das Landgericht Botzen vom Eisackkreise d. Königreichs Baiern, oder, nach älterer Sprachweise das Hochstift Trient und ein Theil des Hochstifts Brixen.
6. Alto Po (Hochpo) . . . . . 2,598,$_{11}$ Q.=K. 335,251 E.	20. Cremona . . . . 21. Crema 22. Lodi 23. Casalmaggiore.	Das Cremonesische und das Gebiet Lodigiano, vom österreichischen Antheil am Herzogthum Mailand, so wie das Territorio Cremasco v. d. Rep. Venedig.
7. Bacchiglione . . . . 2,436,$_{01}$ Q.=K. 310,251 E.	24 Vicenza . . . . . 25. Schio 26. Bassano 27. Asiago 28. Castelfranco	Das vicentinische Gebiet der Republik Venedig, nebst einem Theile ihrer Tarviser Mark (Marca Trevigiana), insonderheit des Gebiets von Treviso.
8. Basso Po (Niederpo) . . . 3,954,$_{18}$ Q.=K. 225,234 E.	29. Ferrara . . . . . 30. Comacchio 31. Rovigo	Ein Theil des Polesine di Rovigo der Republik Venedig, und das päpstliche Herzogthum Ferrara.
9. Brenta . . . . 2,248,$_{09}$ Q.=K. 269,759 E.	32. Padova (Padua) 33. Este 34. Pieve di Sacco. 35. Camposanpietro	Das paduanische Gebiet (il Paduano) der Republik Venedig.
10. Crostolo . . . . 1,982,$_{8}$ Q.=K. 168,812 E.	36. Reggio . . . . . 37. Villafranca 38. Guastalla.	Das modenesische Herzogthum Reggio und das Herzogthum Guastalla. (Das Arrondissement von Villafranca wurde am 1. Oktober 1811 dem Kaiserreich überwiesen (S. 155).

Departements.	Arrondissements.	Früheres Landesverhältniß.
11. Lario . . . . 2,556,74 Q.-K. 284,627 E.	39. Como . . . . . . 40. Varese 41. Menaggio 42. Lecco	Das comensische Gebiet und ein Theil des Milanese, so wie der Grafschaft Anghiera des österreichischen Antheils am Herzogthum Mailand.
12. Mella . . . . 3,090,58 Q.-K. 304,069 E.	43. Brescia . . . . . 44. Chiari 45. Verolanova 46. Salo	Das bressanische Gebiet der Republik Venedig.
13. Metauro . . . . 4,636,46 Q.-K. 304,069 E.	47. Ancona . . . . . 48. Pesaro 49. Sinigaglia. 50. Urbino 51. Gubbio	Theile des Kirchenstaats und zwar die Mark von Ancona zum Theil, und das Herzogthum Urbino.
14. Mincio . . . . 2,264,38 Q.-K. 218,252 E.	52. Mantua . . . . 53. Revere 54. Castiglione	Das österreichische Herzogthum Mantua, und die Fürstenthümer Castiglione und Solferino.
15. Musone . . . . 2,246,74 Q.-K. 227,678 E.	55. Macerata . . . . 56. Loreto 57. Tolentino 58. Camerino 59. Fabriano	Der größte Theil der Mark von Ancona im Kirchenstaat.
16. Olona . . . . 2,899,05 Q.-K. 538,782 E.	60. Milano (Mailand) 61. Pavia 62. Monza 63. Gallarate	Vom österreichischen Antheil an dem Herzogthum Mailand das Milanese und das Pavese.
17. Panaro . . . . 2,476,79 Q.-K. 166,468 E.	64. Modena . . . . . 65. Mirandola	Das Herzogthum Modena an sich, die Landschaft Frignano und das Herzogthum Mirandola.
18. Passeriano . . . . 7,967,38 Q.-K. 268,874 E.	66. Udine . . . . . . 67. Tolmezzo 68. Gradisca 69. Cividale	Die Patria del Friuli der Republik Venedig zum größten Theil, nebst der gefürsteten Grafschaft Gradisca ein österreichischer Antheil an Friaul.
19. Piave . . . . 3,781,77 Q.-K. 124,944 E.	70. Belluno . . . . . 71. Feltre 72. Pieve di Cadore	Das bellunesische Gebiet, das Feltrino und das Cadorino der Tarviser Mark in der Republik Venedig.

Departements.	Arrondissements.	Früheres Landesverhältniß.
20. Reno (Rhein)	73. Bologna	Das bononische Gebiet (Territorio di Bologna), und ein Stück der Romagna, im Kirchenstaat.
4,821,04 Q.-K. 399,252 E.	74. Imola	
	75. Cento	
	76. Porretta	
21. Rubicone	77. Forli	Vom Kirchenstaat die Romagna zum allergrößten Theil.
3,237,90, Q.-K. 277,050 E.	78. Cesena	
	79. Rimino	
	80. Ravenna	
	81 Faenza	
22. Serio	82. Bergamo	Von der Republik Venedig das Bergamasco und ein Stück des Bressano, insonderheit das Thal Camonica.
4,356,48 Q.-K. 290,586 E.	83. Treviglio	
	84. Clusone	
	85. Breno	
23. Tagliamento	86. Treviso	Von der zur Republik Venedig gehörigen Tarviser Mark das Gebiet von Treviso (il Territorio Trevigiano), ein Stück vom venetianischen Friaul.
3,364,89 Q.-K. 294,826 E.	87. Conegliano	
	88. Ceneda	
	89. Pordenona	
	90. Spilimbergo	
24. Tronto	91. Fermo	Vom Kirchenstaat ein Stück der Mark von Ancona.
	92. Ascoli	
	93. S. Ginesio	

Alle Departements des Königreichs Italien waren, wie wir aus der vorstehenden Liste ersehen, nach Gewässern benannt. Beim Departement des Lario hatte man den alten, heüt zu Tage nur noch selten gebraüchlichen Namen des Comersees, Lacus Larius, wieder hergestellt, und auch den Rubicon aus der Rumpelkammer der Geographie des Alterthums hervorgesucht, wiewol man nicht recht weiß, wo der Rubicon denn eigentlich zu suchen sei. Die Cesenaten halten den Pisciatello, oder vielmehr den aus dem Zusammenfluß dieses Gewässers und des Rugone entstehenden, Fiumicino für den Rubicon der Alten, welcher die Gränze zwischen Italien und dem cisalpinischen Gallien bildete, und die am Pisciatello, nicht weit von Cesena stehende Colonna di Rubicone für eine altrömische Gränzsaüle. Allein die Riminoten bestreiten diese Voraussetzungen und halten das bei ihrer Stadt vorübergehende Flüßchen Luso für den echten Rubicon, weshalb sie einen Stein, mit der Inschrift: heic Italiae Finis quondam Rubicon, am Ufer errichten ließen. Als der darüber zwischen Rimino und Cesena ausgebrochene Streit so lebhaft wurde, daß sich der Papst einmischte, so fiel dessen Urtheil, welches er am 4. Mai 1756 sprach, zu Gunsten der Riminoten aus.

Die 24 Departements zerfielen in 93 Arrondissements und diese in 366 Cantons. Der Hauptort des Departements war der bei einem jeden derselben zuerst genannte Arrondissementshauptort; also beim Departement der Adige (Etsch): Verona; beim Departement des Adriatico (Adriatischen Meers): Venedig, u. s. w. Da das Addadepartement zugleich auch nur ein einziges Arrondissement war, und in jedem Departementshauptort der Präfect die unmittelbare Verwaltung des Arrondissements hatte, so gab es im ganzen Königreich 68 Unterpräfecturen.

Für die Rechtspflege gab es 5 Appellationsgerichte, 24 Civil- und Criminaljustizhöfe, 21 Tribunale erster Instanz, 395 Friedensgerichte und 14 Handelsgerichte. Die Eintheilung war folgende:

Appelhöfe.	Justizhöfe.	Tribunale.	Handelsgerichte.	Departements.
1. Ancona (8)	Ancona	Pesaro Urbino	Ancona Sinigaglia.	Metauro.
	Macerata	. . . . .	. . . .	Musone.
	Fermo	Ascoli	. . . .	Tronto.
2. Bologna (12)	Ferrara	Rovigo	Ferrara	Basso Po.
	Reggio	. . . . . .	. . . .	Crostolo.
	Modena	. . . . . .	Modena	Panaro.
	Bologna	Imola	Bologna	Reno.
	Forli	Ravenna	Rimino	Rubicone.
3. Brescia (15)	Verona	. . . . . .	Verona	Adige.
	Trento	Bolzano	Bolzano Roveredo	Alto Adige.
	Brescia	Salo	Brescia	Mella.
	Mantova	Castiglione	Mantova	Mincio.
	Bergamo	Breno	Bergamo	Serio.
4. Milano (12)	Sondrio	. . . . . .	. . . .	Adda.
	Novara	Vigevano intra " extra	. . . .	Agogna.
	Cremona	Lodi	. . . .	Alto Po.
	Como	Varese Lecco	. . . .	Lario.
	Milano	Pavia	Milano	Olona.
5. Venezia (12)	Venezia	Chioggia	Venezia	Adriatico.
	Schio Bassano	Vicenzia	. . . . . .	Bacchiglione.
	Padova	Este	. . . .	Brenta.
	Udine	. . . . . .	. . . .	Passeriano.
	Belluno	Feltre	. . . .	Piave.
	Treviso	. . . . . .	. . . .	Tagliamento.

Die bei dem Namen eines jeden Appelhofes stehende Ziffer in Parenthese giebt die Anzahl der richterlichen Behörden an, von denen aus an das betreffende Appellationsgericht Berufung eingelegt wurde.

Für die Kirchenangelegenheiten gab es:

Einen Partriarchen zu Venedig;

Acht Erzbischöfe zu Ferrara, Urbino, Camerino, Milano, Udine, Bologna, Ravenna, Fermo; und

Einundfünfzig Bischöfe, von denen es nicht nachgewiesen werden kann, welcher der acht Erzdiöcesen sie untergeben waren, die sich aber unter die vierundzwanzig Departements also vertheilten:

Nr.	Bisthum	Departement
1.	Verona	Adige.
2.	Chioggia	Adriatico.
3.	Adria	
4.	Torcello	
5.	Concordia	
6.	Novara	Agogna.
7.	Vigevano	
8.	Trento	Alto Adige.
9.	Cremona	Alto Po
10.	Crema.	
11.	Lodi	
12.	Vicenza	Bacchiglione.
13.	Comacchio	Basso Po.
14.	Padova	Brenta.
15.	Reggio	Crostolo.
16.	Guastalla	
17.	Como	Lario.
18.	Brescia	Mella.
19.	Ancona	Metauro.
20.	Pesaro	
21.	Sinigaglia	
22.	Gubbio	
23.	Fano	
24.	Fossombrone	
25.	Jesi	
26.	Cagli	
27.	S. Angolo in Vade	
28.	S. Lorenzo in Campo	
29	Mantova	Mincio.
30.	Macerata	Musone.
31.	Fabriano	
32.	Osime	
33.	S. Severino	
34.	Recanati	
35.	Pavia	Olona.
36.	Modena	Panaro.
37.	Capri	
38.	Belluno	Piave.
39.	Feltre	
40.	Imola	Reno.
41.	Forli	Rubicone.
42.	Cesena	
43.	Rimino	
44	Faenza	
45.	Cesenatico	
46.	Bergamo	Serio.
47.	Treviso	Tagliamento.
48.	Ceneda	
49.	Ascoli	Tronto.
50.	Montalto	
51.	Ripatransone.	

Universitäten bestanden drei, nämlich zu Padua, Pavia und Bologna. Der Lyceen, mit denen Convicte verbunden sind, gab es sechs, und zwar zu Verona, Venedig, Novara, Ferrara, Brescia, Urbino; anderer Lyceen, ohne diese Einrichtung gab es sechzehn, nämlich zu Sondrio, Trient, Cremona, Vicenza, Reggio, Como, Mantua, Macerata, Mailand, Modena, Udine, Belluno, Faenza, Bergamo, Treviso und Fermo. Es war mithin im Königreich Italien durch drei Universitäten und zweiundzwanzig Lyceen, überhaupt durch fünfundzwanzig Anstalten für den höhern Unterricht gesorgt, der, wie es scheint, nicht nach dem modernen französischen System gemodelt worden war, sondern seine alte Verfassung behalten hatte.

Dagegen war das Handelswesen auf französischem Fuße. Es

gab drei Börsen: zu Ancona, Mailand und Venedig; und achtzehn Handelskammern, nämlich zu Verona, Venedig, Vigevano, Cremona, Crema, Lodi, Ferrara, Rovigo, Reggio, Como, Brescia, Mantua, Mailand, Pavia, Modena, Bologna, Rimino, Bergamo. Münzstätten bestanden drei: zu Venedig, Mailand und Bologna.

Für die Verwaltung des Finanzwesens war in jedem Departement ein Intendant angestellt, der im Hauptorte seinen Sitz hatte. Eine Ausnahme fand im Addadepartement Statt, woselbst der Intentant zu Morbegno oder Morben, im untern Theil, Terzero di sotto, des Veltlin, wohnte. In vier Departements gab es auch noch Unterintendanten, nämlich im Departement Agogna zu Vigevano, im Departement Alto Po zu Lodi, im Departement Olona zu Pavia, und im Departement Rubicon zu Rimino. Überhaupt gab es also achtundzwanzig dieser Finanzbeamten. Die Forstverwaltung stand unter vier Generalinspektoren und sieben Oberforstmeistern (Conservatori di Boschi). In Beziehung auf das Forstwesen wurden die Illyrischen Provinzen vom Königreich aus verwaltet, weshalb anfangs bei der Organisation der gedachten Provinzen ein Generalinspektor und drei Oberforstmeister für dieselben bestimmt waren; zuletzt aber, seit 1813, war die Stelle des Generalinspektors in Illyrien eingezogen, und statt der drei Oberforstmeister gab es nur einen einzigen. Im Königreich Italien waren demnach zufolge der neüen Einrichtung sechs Oberforstmeister oder Conservatoren, nämlich zu Ferrara, Brescia, Ancona, Mailand, Belluno und Treviso; und unter diesen standen zweiundzwanzig Forstinspektoren, nämlich zu Mestre im Departement des Adriatischen Meeres; — zu Novara und Domodossola, Departement Agogna; — zu Botzen und Roveredo, Departement der Hochetsch; — zu Cremona, Departement des Hochpo; — zu Padua, Departement der Brenta; — zu Reggio, Departement des Crostolo; — zu Como, im Lariodepartement; — zu Urbino, Departement des Metauro; — zu Mantua, im Departement des Mincio; — zu Macerata, im Musonedepartement; — zu Modena, im Departement des Panaro; — zu Udine, im Departement des Passeriano; — zu Sercivento, im Piavadepartement; — zu Bologna, im Rheindepartement; — zu Ravenna, im Rubicondepartement; — zu Bergamo, im Departement des Serio; — zu Ceneda, Pordenone und Giavera, im Departement des Tagliamento; — und zu Ascoli, im Departement des Tronto.

Die Verwaltung der öffentlichen Arbeiten stand auf dem nämlichen Fuß, wie im Kaiserreiche, und die betreffenden Baubeamten wurden ebenso genannt (Ingeneri di Ponti e Strade).

In Absicht auf die Militärangelegenheiten fanden die französischen Einrichtungen Statt. Das Königreich Italien zerfiel in sechs Militärdivisionen nach folgender Eintheilung:

Nummer der Division.	Hauptquartier.	Dazu gehörige Departements.	
Erste.	Mailand . .	Abda, Agogna, Lario, Olona	4.
Zweite.	Brescia . . .	Alto Po, Mella, Serio	3.
Dritte.	Mantua . . .	Adige, Alto Adige, Mincio	3.
Vierte.	Bologna . .	Basso Po, Crostolo, Panaro, Reno, Rubicone	5.
Fünfte.	Ancona . . .	Metauro, Musone, Tronto	3.
Sechste.	Venedig . . .	Adriatico, Bacchiglione, Brenta, Passeriano, Piave, Tagliamento	6.

Der Artilleriedirectionen gab es vier und eine Unterdirection, unter welche die Departements so vertheilt waren:

Artilleriedirection.	Sitz derselben.	Dazu gehörige Departements.	
Erste.	Pavia	Abda, Agogna, Alto Po, Lario, Olona . .	5.
Zweite.	Mantua . . .	Adige, Alto Adige, Crostolo, Mincio, Panaro, Reno.	6.
Dritte.	Venedig . . .	Adriatico, Bacchiglione, Basso Po, Brenta, Passeriano, Piave, Tagliamento	7.
Vierte.	Ancona . . .	Metauro, Musone, Rubicone, Tronto . .	4.
Unterdirection.	Brescia . . .	Mella, Serio	2.

Zeüghaüser waren zu Venedig, Ancona, Mantua, Mailand, Pavia; Stückgießereien zu Brescia und Pavia.

Das Ingenieurwesen der Kriegsleüte war unter fünf Directionen folgender Maßen vertheilt.

Geniedirection.	Deren Sitz.	Dazu gehörige Departements.
Erste.	Ancona . . .	Metauro, Musone, Rubicone, Tronto.
Zweite.	Palmanova .	Passeriano, Piave; vom Departement Tagliamento die Bezirke Ceneda, Pordenone und Spilimbergo; vom Departement des Adriameeres auch ein Stück.
Dritte.	Venedig . . .	Adriatico, zum größten Theil; Bacchiglione, Basso Po, Brenta, Reno, ein Stück vom Tagliamento.
Vierte.	Mantua . . .	Adige, Alto Adige, Crostolo, Mella, Mincio, Panaro.
Fünfte.	Mailand . . .	Abda, Agogna, Alto Po, Lario, Olona, Serio.

Das Verpflegungswesen des Kriegsheeres und die gesammte Militärverwaltung wurde von zwei Inspektoren zu Mailand und Bologna, von fünf Unterinspektoren zu Verona, Venedig, Brescia, Ancona, Mailand und vier Ordinateurs zu Brescia, Mailand, Bologna und Trevisa geleitet, welche fünfundvierzig Kriegscommissarrien in den verschiedenen Garnisonorten des Landes unter sich hatten. An allen diesen Orten war für die Unterbringung der Besatzung in Casernen gesorgt. Die größten Casernements bestanden zu Mailand, für 10,400 Mann Fußvolk und 2780 Pferde; zu Mantua 6,400 Fußvolk, 496 Pferde; zu Verona 6,380 Fußvolk, 1,065 Pferd; Bologna 6000 Fußvolk, 300 Pferde; zu Cremona 4,546 Fußvolk, 1,472 Pferde, u. s. w. Militärschulen gab es überhaupt sechs, nämlich zwei Elementarschulen zu Mailand, Pavia und eine höhere zu Modena, so wie drei sogenannte praktische zu Verona, Venedig und Pavia für die Bildung tüchtiger Unteroffiziere.

Die Gensd'armerie war in drei Regimentern organisirt. Der Oberst des ersten Regiments hatte seinen Standplatz in Mailand, und unter ihm standen zwei Escadronschefs zu Cremona und Como, und sieben Hauptleüte zu Novara, Cremona, Como, Brescia, Mantua, Mailand und Bergamo. Der Oberst des zweiten Regiments, zu Forli hatte die zwei Escadronschefs zu Ancona und Bologna, und acht Hauptleüte zu Ferrara, Reggio, Ancona, Macerata, Modena, Bologna, Forli und Fermo unter seinem Befehl. Und endlich der Oberst des dritten Regiments zu Vicenza, zwei Escadronschefs zu Verona und Treviso und acht Hauptleüte zu Verona, Venedig, Trient, Vicenza, Padua, Udine, Belluno und Treviso.

Kriegshäfen waren drei, nämlich Venedig, Chioggia und Ancona. Die Häfen an der Küste des Adriatischen Meeres waren unter zwölf Seebezirke (Circondri Maritime oder Sindacati) folgendermaßen vertheilt: Venedig, Chioggia, Portoguaro, Grado, Departement Adriatico; — Comacchio, Ponte la goscuro, Departement Basso Po; — Padua, Departement Brenta; — Ancona, Pesaro, Sinigaglia, Departement Metauro; — Rimino, Departement Rubicone; — Grottamare, Departement Tronto. — Eine Schifferschule befand sich zu Venedig, und Schiffswerften zu Venedig, Ancona und Rimino. — Sanitätsposten waren an der Küste einunddreißig aufgestellt, und zwar, im Departement des Adriatischen Meeres elf, zu Venedig, Chioggia, Grado, Sdoba, Lignago, Caorle, Lido, Malamacco, Caleri,

Levante, Maestre; — im Departement des Niederpo sechs: zu Valano, Goro, Cinocca, Primaro und Magnavace, Tolle; — im Departement des Metauro sieben: zu Ancona, Pesaro, Sinigaglia, Fano, Cattolica, Falconera, Portonuovo; — im Departement des Musone zwei: zu Recanati, Civitanova; — im Departement des Rubicon drei: zu Rimino, Cervia, Cesenatico; — und im Trontodepartement zwei: im Porto di Fermo und zu Grottamare.

So sah es um die politische Gestaltung der deütschen und italiänischen Länder aus, welche sich Buonaparte zur unmittelbaren Herrschaft unterworfen hatte. Mit Stillschweigen übergehen können wir das Land von Unteritalien, wie unsere deütschen Erd- und Staatsbeschreibungen es zu nennen pflegen, das Königreich des Einen Siciliens, da das andere Sicilien, das insulare, durch Schiffskanonen von Alt-England geschützt wurde vor den Übergriffen des Corsen. Wir können die ganz französirte politische Gestaltung des Königreichs Neapel, wie das Land diesseits der Meerenge von Messina, doch endlich genannt werden mußte, weil man sich des jenseitigen nicht bemächtigen konnte, um so mehr mit Stillschweigen übergehen, als die Vasallenschaft des zweiten Haüptlings, den Buonaparte nach Neapel gesetzt hatte, sich lockern zu wollen schien. Das gebieterische Auftreten Buonaparte's gegen seinen Schwager, wie das nach allen Regungen des menschlichen Herzens ganz in der Ordnung war, und die nicht minder erklärliche Abneigung des ehemaligen Reiterführers Murat, der sich in der Königsrolle, die er spielte, was Rechtes dünkte, waren beider Seits die Ursache dieser Verstimmung, welche der „Re arliquino," wie ihn die Neapolitaner nannten, endlich zu einer förmlichen Verschwörung gegen seinen Herrn, gegen seinen Wohlthäter, verleitete.

Zu diesem Trauerspiele in Buonaparte's vielbewegtem Leben hatte er selbst den Grund gelegt. Er hatte dem Ehemann seiner Schwester und der ehrgeizigen Schwester selbst über ihre künftige Stellung Bedenken erregt, ja sie recht eigentlich erschreckt durch den Titel eines Königs von Rom, welchen er dem, von Marie Luise von Österreich am 20. März 1811 geborenen Knaben verliehen hatte; er setzte das, in seiner Hauptstadt Neapel schwelgende Ehepaar noch mehr in Unruhe durch ein Sendschreiben, vom 30. August 1811, worin die drohende Stelle vorkam: — „Erinnere Dich, lieber Joachim, wohl, daß ich Dich nur meines Systems, d. h. meines eigenen Vortheils wegen, zum König gemacht habe; und überleg' es Dir reiflich, daß, wenn Du aufhören solltest, Franzose zu sein, Du in meinen Augen nichts mehr sein wirst." In dem lebhaften Briefwechsel, der damals zwischen Neapel und Paris Statt fand, vermaß sich Freünd Murat in einer — diplomatischen Note, die er selbst abgefaßt hatte, mehr als einmal die — hochverrätherische Floskel einfließen zu lassen: „Nein, der König von Neapel ist nicht der Vasall des Kaisers", also nicht allein die Hand vergessend, die ihn gekrönt hatte, sondern auch seinen eigenen Schwur, und vor Allem die eiserne Faust, die allein ihn aufrecht zu erhalten oder mit einem Ruck in den Staub zu drücken vermochte.

Nichtsdestoweniger führte Murat — seine Neapolitaner 1812 mit in die moskowitischen Einöden, um sie, die Kinder einer üppigen Natur, eines ewig heitern und warmen Himmels, tausend Meilen von ihrer schönen Heimath, die keinen Mangel kennt, verhungern, verschmachten, erfrieren zu lassen. Jener Drohungen seines Lehns- und Kriegsherrn stets eingedenk, sah sich Murat nach einer andern Stütze um und leitete in dieser Richtung sogar mündlich geführte Unterhandlungen ein. Auf dem Rückzuge aus Rußland von Buonaparte mit dem Oberbefehl eines Heeres betraut, dessen geringe Überreste in wilder Flucht der Heimath zueilten, legte Murat, in Posen angelangt, dieses trübselige Commando am 16. Januar 1813 nieder, alle seine Gedanken nur auf die Mittel richtend, wie er eine Krone retten könne, die unter den Trümmern des Kaiserthums unwiederbringlich ihr Grab finden mußte. Schon vier Wochen vorher, als das völlig zerrüttete Heer seine siechen Glieder noch in den russischen Eisfeldern daher schleppte, hatte er seinen geheimen Gedanken Worte geliehen und sich in Berthier's Gegenwart zu der Aüßerung hinreißen lassen: „Kein Mensch in Eüropa traut mehr den Worten des Kaisers, ich hätte mit den Engländern Frieden schließen können; ich bin König von Italien ebenso gut, wie der Kaiser von Österreich Kaiser von Österreich ist; ich kann machen, was ich will!"

Buonaparte warf seinem Schwager die Raümung Wilnas vor, eines Platzes, der nicht zu halten war; er warf ihm die Zerstückelung des Heeres vor, die unvermeidliche Folge seiner Auflösung; und endlich sein plötzliches Verlassen der Armee, was er einem geheimen Einverständniß mit Österreich zuschrieb. So schrieb Buonaparte voll Verdruß am 24. Januar 1813 an seine Schwester Caroline: „Dein Mann ist einer der tapfersten Kerle auf dem Schlachtfelde, aber schwächer, wie ein Weib oder als ein Mönch, wenn er den Feind nicht vor sich sieht.“ Und zwei Tage darauf an Jochen selbst: „Ich setze voraus, daß Du nicht zu Denen gehörst, die da glauben möchten, der Löwe sei schon todt und man könne ihn anp. . . n; solltest Du so rechnen, so machst Du Dir ein ganz falsches Exempel. Du hast mir alles Böse zugefügt, was Du nur gekonnt hast. Der Königstitel hat Dir den Kopf verdreht; willst Du diesen Titel erhalten, so führe Dich darnach auf.“

Was Murat's Eitelkeit noch mehr verletzen mußte, das war ein Artikel in Buonpaarte's amtlicher Zeitung, im Moniteur vom 27. Januar 1813, worin es hieß: „Der König von Neapel hat das Commando der Armee ab- und dem Prinzen Vicekönig (von Italien, Grafen Eugen Beauharnais) übergeben müssen; letzterer hat mehr Geschick zu einer großen Verwaltung; er besitzt das ganze Vertrauen des Kaisers.“ Das war eine öffentliche Beschimpfung; und weil Buonaparte mit heiler Haut aus Rußland entschlüpft war und in der Lage zu sein schien, seinen Feinden auch ferner noch Widerstand zu leisten, so mußte Murat den Tag schon anbrechen sehen, wo er vom Throne herniedersteigen werde, ohne sogar die Hoffnung zu haben, wieder ein Großherzog von Berg werden und also eine Souverainetät zurückerlangen zu können, die er für kleinlich und jämmerlich hielt, seitdem sie dem Knaben Ludwig's Buonaparte zu Theil geworden! Sein Hochmuth litt ebenso sehr, als sein Ehrgeiz; er fuhr darum fort, über seinen Abfall zu sinnen, wiewol der Gedanke dazu Anfangs schreckhaft für ihn war; und war er denn auch sicher, daß Erbkönige, nachdem sie ihn zur Abtrünnigkeit fortgerissen, nicht ein Werkzeüg zerschlagen würden, welches aufgehört, ihnen nützlich zu sein, um nur nicht in ihren Reihen einen Emporkömmling zu dulden, den Sohn eines armseligen Gastwirths von Cahors?

Murat verdankte es seiner glänzenden Tapferkeit auf dem Schlachtfelde und einer aufbrausenden Ausdauer in republikanischen Wühlereien, die er aber späterhin verleügnete, um zu Buonaparte's Erhebung auf den Thron mitzuhelfen, der ihn dafür mit der Hand seiner Schwester belohnte, diesen Eigenschaften hatte er es zu danken, daß er zur obersten Gewalt in einem Lande gelangt war, welches immer dazu bestimmt gewesen ist, von Fremdlingen beherrscht zu werden, wiewol die Bewohner dieses Landes unaufhörlich darnach gestrebt haben, sich selbst zu regieren.

Neapel ist in der That in einem ewigen Zustande der Aufregung gewesen: heüte wird es von einem Mächtigen unterworfen, morgen empört es sich! Anfangs eine Republik, fällt diese in der Folge dem römischen Joche anheim; nach und nach wird es von Vandalen, Herulern, Gepiden, Gothen, Lombarden, Hunnen, Griechen, Sarazenen verwüstet; dann wird es ein Vasallenreich des Oberpriesters zu Rom unter dem Schwerte einer Bande normannischer Abenteürer und seine Krone ein Zankapfel für Franzosen, Deütsche und Spanier. Von Sicilien getrennt, oder mit demselben vereinigt, gerieth dies Königreich unter die Herrschaft Philipp's V., als Erben Karl's II.; dann wurde es im utrechter Frieden an Kaiser Karl VI. abgetreten; aber ohne Sicilien, welches damals dem Herzoge von Savoien zu Theil ward, der sich aber späterhin genöthigt sah, die Insel Sardinien in Tausch zu nehmen; es wurde vom Infanten Don Carlos, dem jüngern Sohne Philipp's V., erobert, der im wiener Frieden von 1730 als König Beider Sicilien anerkannt wurde, und dies Land, als er auf den spanischen Thron gelangte, am 10. August 1759 Ferdinand, seinem dritten Sohne, überließ und zugleich bestimmte, daß die Kronen von Spanien und Beider Sicilien niemals vereinigt werden dürften. An die Schicksale, welche dieses Land bis zu seiner Französirung erlebt hat, ist bereits oben erinnert worden. Neapel, seit so langen Jahrhunderten der Spielball politischer Wechselfälle und dynastischer Leidenschaften, konnte sich, so bildete es sich Murat wenigstens ein, nicht innig an diese Königsfamilie gekettet haben; allein der heldenmüthige Soldat hatte eine zu hohe Meinung von sich und seinen Thaten, wenn er sich schmeichelte, es in Zufällen des Glückes mit dem alten und ritterlichen Geschlecht der Hauteville aufnehmen zu können. So kam es, daß er, vom russischen Kriegszuge nach Neapel zurückgekehrt, den Einflüsterungen habsburgischer Zwischenträger verrätherischer Weise ein offenes Ohr lieh; mußte doch das Haus Habsburg auf dem neapolitanischen Throne lieber einen Soldaten ohne Namen und ohne Stütze sehen, den es bei gelegener Zeit zu seinem Vortheile vertreiben konnte, als einen Bourbon, der durch das Blut, wie durch gemeinsames Interesse mit den beiden Prätendenten von Frankreich und Spanien verbunden war! Österreich hatte sich noch nicht gegen Buonaparte erklärt, allein in der Aussicht eines möglichen Kriegs mußte Murat's Anschluß seine ohnehin so schöne politische Lage verstärken und seiner an sich schon großen militärischen Macht noch mehr Wichtigkeit verleihen, indem es seine Angriffskräfte weniger zu zersplittern brauchte. Doch blieben die Sachen einstweilen auf diesem Standpunkte; man wollte ja diesseits wie jenseits zusehen, wie die noch ungewissen Würfel des Kriegs oder des Friedens fallen würden!

Murat wollte zwei — Fliegen mit Einer Klappe schlagen, und nicht allein seinen, sondern auch Buonaparte's Thron retten; so schrieb er am 3. April 1813 an seinen Schwager, um ihn im Namen der Menschheit, seiner Zukunft und seiner ruhmvollen Vergangenheit zu beschwören, einem Kriege ein Ende zu machen, der für Frankreich, für ganz Europa und hauptsächlich für Neapel so verderblich sei, wo die Carbonari, auf Anstiften der Engländer zu Royalisten oder Freünden des vertriebenen Königshauses geworden waren, mit einer Erhebung drohten. Weder dieses Sendschreiben, noch andere, welche Murat an Marie Luise von Österreich richtete, wurden einer Antwort gewürdigt; allein weil man ihm wegen seiner seit dem Monate März eingefädelten Verbindungen mit dem wiener Hofe von Paris her keine Vorwürfe machte, so schmeichelte er sich mit der Hoffnung, diese geheimen Umtriebe seien in den Tuilerien unbekannt geblieben; er beruhigte sich und war in der damals allgemein herrschenden Ungewißheit über den Weg, den das wiener Cabinet einschlagen werde, der kommenden Ereignisse gewärtig.

Mehr als einen Grund hat man zu der Voraussetzung, daß sich Buonaparte späterhin mit seines Schwagers geheimen Unterhandlungen in Wien ausgesöhnt habe, weil er sie als ein Mittel zur Ergründung der Pläne Österreichs ansah. Buonaparte lud im Monat August 1813, vor Aufkündigung des Waffenstillstandes, den „tapfern Reiter in der königlichen Harlekinsjacke" zu sich nach Dresden ein. Am 16. Oktober 1813 kämpfte Murat mit 25,000 Mann den ganzen Tag gegen Kleist's und Klenau's überlegene Macht, und am Entscheidungstage von Leipzig befehligte er den rechten Flügel des französischen Heeres bei Connewitz, Probstheida und Stötteritz. Nunmehr die Angelegenheiten seines Schwagers völlig für verloren erachtend, eilte Murat nach Neapel, um eine Politik zu ergreifen, von der er hoffte, daß sie ihn auf dem rechtswidrig bestiegenen Throne, selbst nach dem Sturze Desjenigen erhalten werde, der ihn darauf gesetzt hatte. Kaum in seiner Hauptstadt angelangt, erließ Murat eine Kundmachung, die ihm die Freündschaft der Engländer anbahnen sollte: Dieser Erlaß schaffte das Continentalsystem ab und erlaubte den Schiffen aller Nationen den Zugang im Hafen von Neapel. Gleichzeitig schickte er einen Unterhändler nach Palermo, um dem dort weilenden Lord Bentink seinen Wunsch, mit England Frieden zu schließen, auszudrücken, und einen zweiten Sendboten nach Wien, um wegen seines Beitritts zur Coalition gegen Buonaparte zu unterhandeln.

So wurde Joachim Murat, der Gastwirthssohn aus Cahors, im Monat November 1813 ein Abtrünniger, ein Verräther an seinem Herrn und Meister; ja, er verschleierte den Verrath so geschickt, daß als eine seiner nach Oberitalien in Bewegung gesetzten Heersaülen am 2. December 1813 in Rom einrückte, die neapolitanischen Kriegsvölker von Miollis, Buonaparte's dortigem Militärstatthalter, als Freünde mit offenen Armen aufgenommen wurden.

Schweigen wir zu dieser Schandthat! Schweigen wir auch zu dem Offensiv- und Defensivbündniß, welches Kaiser Franz von Österreich mit Murat durch den Vertrag einging, welcher am 11. Januar 1814 zu Neapel unterzeichnet wurde!

Sehen wir dagegen nun zu, wie die neüen souverainen Herren des Rheinbundes es bei sich eingerichtet hatten, um Alles — manierlich und bequem zur Hand zu haben; zu schwelgen im Schwindel der Unbeschränktheit, da sie den selbstgewählten Oberherrn in die Polterkammer des weiland heil. Römischen Reichs deütscher Nation gesperrt, und sich der Zuchtruthe eines fremden Abenteürers unterworfen hatten!

War es ein gewisses Gefühl der Achtung für die zerstörte Reichsverfassung, oder wollte man dem Erben des vormaligen ersten Standes im Deütschen Reiche eine Schmeichelei erweisen, oder dem Stief- und Adoptivsohne, Eugen Beauharnais, als künftigen Inhaber von vornherein die erste Stelle im Rheinbunde sichern, — wir wissen's nicht; genug, Buonaparte stellte in seinem Staatshandbuche, das er den „kaiserlichen Almanach" nannte, seit dem Jahre 1811 nicht die Könige an die Spitze der Rheinbundfürsten, sondern, wie wir schon an einem andern Orte gesehen haben, den

Herrn Karl Theodor (Anton Maria) Freiherrn von Dalberg, aus dem reichsfreiadlichen Geschlecht der Kämmerer von Worms, mit dem Titel eines Erzbischofs, Fürsten-Primas des rheinischen Bundes, Großherzogs, souverainen Fürsten von Aschaffenburg, Frankfurt, Fulda, u. s. w.

Nach Herrn Dalberg kamen im Staatshandbuche erst die vier Könige, dann die Großherzoge von Baden, Berg, Hessen, Würzburg, dann die Herzoge u. s. w. in der Reihenfolge vor, welche an einer andern Stelle bereits nachgewiesen worden ist. Doch blieb sich Buonaparte bei den kleineren Rheinbündlern seiner Reihenfolge nicht immer treü, namentlich wechselte er bei den Anhaltinern, den Reüßen und den Schwarzburgern die Stellung, indem er bald den größern Umfang nach Land und Leüten, bald die alphabetische Ordnung entscheiden ließ.

Wir beginnen demnach unsere Nachweisungen über die innere Verfassung der Staaten des Rheinbundes mit dem Großherzogthume Frankfurt, dieser Eintagsfliege, welche ihr Leben auf eine Dauer von etwa viertehalb Jahren brachte, von 1810 den 16. Februar, bis 1813 den 28. und 29. Oktober, den Schlachttagen von Hanau.

Einundvierzigstes Kapitel.

Das Großherzogthum Frankfurt nach Verfassung und Verwaltung. 1810—1813.

Karl Theodor von Dalberg, der am 16. April 1810 auf sein 67. Lebensjahr lossteüerte, erließ an diesem Tage von Aschaffenburg aus eine, die Einrichtung des Großherzogthums Frankfurt betreffende Verordnung, in deren Einleitung er, ein deütscher Mann von altem reichsfreiherrlichen Geschlecht, dazu ein Greis, dem Grabe näher, als dem Leben, schamlos genug war, folgende auf den Großherrn der Franzosen Bezug habende Stellen, als dessen unterthänigster Speichellecker einfließen zu lassen:

Unsere Pflicht erfordert, daß wir den Rest unserer Tage dem Wohle derjenigen Länder widmen, welche die göttliche Vorsehung und die persönlichen wohlwollenden Gesinnungen des Kaisers Napoléon uns anvertraut haben. — Die Bestandtheile des Großherzogthums Frankfurt bilden nunmehr ein Ganzes. Einheit der möglich besten Verfassung wird für diesen Staat wohlthätig und zweckmäßig sein. — Die bestdenkbare Verfassung ist diejenige, in welcher der allgemeine Wille der Mitglieder durch vernünftige Gesetze ausgedrückt wird, in welcher die Verwaltung der Gerechtigkeit durch unabhangige wohlbesetzte Gerichtsstellen besorget wird, in welcher die vollstreckende Gewalt der Hand des Fürsten ganz anvertraut ist. — In allen Staatsverfassungen, welche aus dem Geiste des Kaisers

Napoléon geflossen sind, erkennt man Anwendungen dieser Grundsätze; allenthalben haben gewählte Volksvertreter Einfluß auf die Annahme der Gesetze und Verwendung des Staatsvermögens; allenthalben sind die Gerichtsstellen von dem Einflusse fremder Gewalt unabhangig; allenthalben ist die Vollstreckung der Gesetze kraftvoll und wirksam, weil sie in der Hand des Regenten ist. — Unter allen Verfassungen, welche dem Kaiser Napoléon ihr Dasein zu verdanken haben, enthält die Verfassung des Königreichs Westfalen die weisen Grundsätze, die man nach unserer Überzeügung auf das Wohl des Großherzogthums Frankfurt anwenden kann. Sie ist eigenes Werk des Kaisers Napoléon, ist für einen deütschen Staat bestimmt, hat sich bereits durch die Regierung Sr. Majestät des Königs Hieronymus Napoléon bewährt. — Nach beschränkteren Verhältnissen und besonderen Lokalumständen fließt aus der Anwendung dieser Grundsätze, nach unserer Überzeügung, folgende Organisation unsers Großherzogthums Frankfurt.

Und nun folgte das aus 47 Paragraphen bestehende Organisationspatent, wodurch mehr als 300,000 Deütsche in die Zwangsjacke des französischen Verfassungs-, Verwaltungs- und Gerichtskrams gesteckt wurden. Wie aber konnte Karl Dalberg so keck sein, seinen alten und neüen Unterthanen, und dem gesammten Rheinbund- (wir sagen nicht dem Deütschen) Volke, so viele Lügen in so wenigen Zeilen ins Gesicht zu sagen? Ist's nöthig, jetzt noch, nach Ablauf von fast funfzig Jahren, all diese Lügen im Einzelnen zu specificiren? Das dürfte wol mehr als überflüssig sein!

Der offene Brief vom 16. August 1810 zählte als Bestandtheile des Großherzogthums Frankfurt auf:

1) Die Stadt Frankfurt mit ihrem Gebiete;
2) Das bisherige Fürstenthum Aschaffenburg;
3) Den größten Theil des bisherigen Fürstenthums Fulda;
4) Den größten Theil des Fürstenthums (sollte heißen: der bisherigen Grafschaft Hanau, diese beiden Lande nach den Bestimmungen des Art. 1 im Vertrage vom 16. (ratificirt den 19.) Februar 1810, mit Ausnahme der Ämter Herbstein, Michelau, Babenhausen, Dorheim, Heükelsheim, Münzenberg, Ortenberg und Rodheim, welche in den Großherzogthümern Hessen und Würzburg liegen; und
5) Die Stadt Wetzlar. (§ 1.)

Karl Theodor von Dalberg glaubte seinem kriegslustigen Schutzherrn einen ganz besondern Gefallen dadurch erweisen zu müssen, daß er die Anzahl Soldaten seines Kontingents zum Rheinbündlerheere, der im Vertrage vom 16. Februar am Schluß desselben auf 2800

Mann festgestellt worden war (Art. 10), im Organisationspatente gleich mit obenan stellte (§ 3).

Er wiederholte sodann die anderweitigen Bestimmungen des gedachten Vertrags, namentlich diejenigen, welche sich auf die Erbfolge im Großherzogthum und auf die Verschenkung der landesherrlichen Domainen an Buonaparte's Soldaten und Schreiber bezogen und machte sich auf seine Lebenszeit für den Unterhalt seines Hofstaates und aller damit verbundenen Ausgaben an Hofpersonal, Hofdienerschaft, Tafel, Marstall, Reisekosten, Geschenken und für den Unterhalt seiner Person ein jährliches Einkommen von 350,000 Gulden aus, welches, wie er sich ausdrückte, „dem Verhältnisse in jeder Hinsicht angemessen ist", in der That aber sehr bescheiden und mäßig war, wenn man die Ansprüche in Erwägung zieht, die an einen fürstlichen Hofhalt, namentlich an einen geistlichen Herrn der damaligen Zeit, gemacht zu werden pflegten. Diese Summe wurde vom Ertrage der Waldungen, der Domainen und anderer Gefälle überhaupt in Quartalraten aus der Generalkasse erhoben (§ 10).

Die Gleichheit aller Unterthanen vor dem Gesetze und die freie Ausübung des Gottesdienstes der verschiedenen verfassungsmäßig aufgenommenen Religionsbekenntnisse wurde verbürgt (§ 11). Nach einer Verordnung vom 28. Dezember 1811 wurde insonderheit die Judengemeinde zu Frankfurt mit den anderen Unterthanen für rechtsgleich erklärt. — Die besonderen Verfassungen der Provinzen, Städte und Körperschaften wurden für aufgehoben erklärt, eben so die Privilegien einzelner Personen und Familien, so weit sie mit Befolgung der Gesetze im Widerspruch standen. Durch diese Bestimmung sollten jedoch diejenigen Befugnisse nicht aufgehoben sein, welche durch die rheinische Bundesakte den mediatisirten Fürsten und Herren zugesichert worden waren (§ 12). — Und so ging es fort in allen übrigen Paragraphen des Grundgesetzes, welches von der für das Königreich Westfalen erlassenen Verfassungsurkunde, die wir weiter unten im Kapitel 45 mittheilen werden, wörtlich abgeschrieben war. Nur in der Zahl der Minister, der Mitglieder des Staatsraths und der Ständeversammlung mußte sich der Großherzog von Frankfurt wegen des geringern Umfangs seines Staats, der nur ein Neüntel der Größe von Westfalen betrug, mehr einschränken.

So sollen die Stände des Großherzogthums aus 20 Mitgliedern bestehen, deren 12 aus den reichen Grundeigenthümern, vier aus reichen

Kaufleüten oder Fabrikanten, vier aus vorzüglichen Gelehrten von den Departementscollegien ernannt werden. Sie bekommen vom Staate keinen Gehalt, wol aber mäßig bestimmte Taggelder von jedem der Departements (§ 26). Dalberg berief die Ständeversammlung schon im Monat September 1810 und ließ ihr ein Gesetz über den Wirkungskreis des Cassationsgerichts, den Entwurf eines Gesetzes über die Strafgewalt der Polizeibehörden, im Verhältniß gegen die Correctionstribunale und Civil- und Criminalgerichte, so wie den Etat der wahrscheinlichen Staatseinnahmen und Ausgaben für das Jahr 1811 vorlegen, was von ihr alles angenommen wurde, worauf sie am 26. Oktober wieder auseinander ging.

Das Großherzogthum wurde, nach der französischen Schablone, in vier Departements, in Districte und Municipalitäten eingetheilt. Es waren die —

Departements.	Bestandtheile.	Q.-M.	Feüerst.	Einwohner.
Frankfurt	Die Stadt nebst Gebiet	6	5,306	52,576
Aschaffenburg	Das ehemalige Fürstenthum	34	16,032	91,296
Fulda	Desgleichen, mit oben angeführten Ausnahmen	38³/₄	13,794	100,366
Hanau	Desgleichen	18	9,087	57,854
	Zusammen:	96³/₄	44,219	302,092

In jedem Departement bestand ein Wahl- oder Departementscollegium, deren Mitglieder vom Großherzoge auf Lebenszeit ernannt wurden. Sie bestanden zu zwei Drittel aus den Meistbegüterten, zu ein Sechstel aus den reichsten Kaufleüten und zu ein Sechstel aus vorzüglichen Gelehrten und Künstlern. Ihre Verrichtungen waren wie die ganz gleichen Collegien in Westfalen (§ 32—35). Das Departement Frankfurt, mit Einschluß der Stadt Wetzlar, hatte 50, Aschaffenburg 80, Fulda 90 und Hanau 60 Mitglieder in seinem Wahlcollegium; das ganze Großherzogthum mithin 280, zufolge Verordnung vom 16. September 1810.

Das französische Maaß- und Gewichtssystem sollte im Großherzogthume eingeführt werden, was bei Erlaß des Organisationspatents zum Theil schon geschehen war. Eine Verordnung vom 31. März 1812 enthielt die näheren Bestimmungen.

Der Hofstaat des Großherzogs bestand aus einem Obersthofmeister, einem Oberststallmeister, einem Obersilberkämmerer, einem Schloßhauptmann sämmtlicher großherzogl. Schlösser zu Frankfurt,

Hanau, Aschaffenburg und Fulda, aus 24 Kammerherren, einem Hofprediger, einem Hofarzt, einem Hof- und Kammermusikintendanten und einem Kapellmeister.

Das Ministerium, das in der Stadt Frankfurt seinen Sitz hatte, zählte drei Mitglieder: 1) einen Minister für die innern Angelegenheiten, die Justiz und die Polizei; 2) einen Minister der Finanzen, der Domainen und des Handels; und 3) einen Minister-Staatssecretair, welchem die auswärtigen Angelegenheiten, die Beschützung des Kultus und die Aufsicht über die Verwaltung der Kriegskasse anvertraut war (§ 17). Vier Referendare und ein Kabinetssecretair gehörten zum Ministerium. Den Vorsitz im Staatsrathe führte der Großherzog selbst. Die Beisitzer waren die drei Minister und sechs Staatsräthe, deren Ernennung eben so, wie jene des Generalsecretairs des Staatsraths, vom Großherzoge geschah. Die Amtsverrichtungen dieser höchsten Behörde waren dieselben, wie im Königreich Westfalen. Wie hier, bildete auch in Frankfurt der Staatsrath das Cassationsgericht, mit dem Justizminister als Präsidenten. Seine Amtsverrichtungen als Cassationshof regelte die Verordnung vom 24. Oktober 1810.

Jedes Departement hatte einen Präfecten u. s. w., den Präfecturrath mit vier Personen. Unterpräfecten gab es nicht, wol aber Districtsmaires, ähnlich den Cantonsmaires in Westfalen, welche die Mittelbehörden zwischen dem Präfecten und den Maires waren. Nur in der Stadt Wetzlar wurde ein Unterpräfect angestellt. In der Stadt Frankfurt gab es einen Oberpolizeidirector, in den drei anderen Departementshauptorten Polizeidirectoren, in Wetzlar einen Polizeicommissarius. Eine Verwaltungsordnung erschien am 27. Oktober 1810.

Mit dem 13. Januar 1811 wurde das französische Gesetzbuch mit einigen Abänderungen eingeführt, und nach der Verordnung vom 19. Dezember 1811 galt auch das französische Strafgesetz als Norm. Das kleine Land hatte zwei Appelhöfe, den einen zu Frankfurt, der zugleich das peinliche und correctionelle Gericht der Departements Frankfurt und Hanau war, und der andere zu Aschaffenburg, welcher zugleich als Criminal- und Correctionsgericht für die Departements Aschaffenburg und Fulda fungirte. Das Appellationsgericht zu Frankfurt hatte einen Präsidenten und acht Räthe, das zu Aschaffenburg zwei Präsidenten und neun Räthe. In jedem Departement bestand ein Gericht erster Instanz, das man Departementsgericht nannte, deren es also vier gab, außerdem aber noch ein fünftes für die Stadt Wetzlar. Sie sprachen auch in Handelssachen. In jedem der Districte, so weit sie unmittelbare landesherrliche Gebiete waren, gab es einen Friedensrichter. Die Stadt Frankfurt war in drei Friedensgerichtsbezirke eingetheilt. Für die standesherrlichen Besitzungen war eine gemeinschaftliche Justizkanzlei zu Kreüz-Wertheim als zweite Instanz; alle übrigen Gerichtsstellen dauerten hier in Civil- und Criminalsachen einstweilen wie früher fort. Eine Verordnung vom 5. Oktober 1812 regelte das gesammte Gerichtsverfahreu, welches mit dem 1. Jaunar 1813 in Kraft trat.

Was den Kirchenstaat anbelangt, so stand der Großherzog als Erzbischof zu Regensburg an der Spitze der katholischen Geistlichkeit. Er hatte ein regensburgisches Generalvicariat angeordnet; sein Metropolitankapitel aber war zu Aschaffenburg. Fulda bildete nach wie vor seine eigene bischöfliche Diöcese. Die Protestanten hatten ein lutherisches Consistorium zu Frankfurt und ein reformirtes zu Hanau.

Aus besonderer Vorliebe für Künste und Wissenschaften behielt sich Karl von Dalberg, wie bisher, unmittelbar vor die Leitung der aschaffenburger Universitätsgeschäfte und des frankfurter Kunstmuseums, desgleichen auch der aschaffenburger Bibliotheken und seiner Gemäldesammlung. Doch wollte er hierüber, wie er im Organisationserlaß (§ 42) sagte, unter Berathung mit seinem Minister des Innern, das Nähere noch bestimmen. 1813 hatte die Universität Aschaffenburg fünf Professoren der Gottesgelahrtheit, sieben der Rechts-, Staats-, Finanz- und Polizeiwissenschaften und sechs der allgemeinen Kulturwissenschaften, zusammen 18 Lehrer. Durch einen offenen Brief vom 7. Juni 1808 hatte Dalberg beschlossen in Wetzlar eine Rechtsschule zu gründen, theils zur Beförderung des Rechtsstudiums, insonderheit des französischen Codex, theils um der verwaiseten Stadt Wetzlar in etwas wieder aufzuhelfen. Außer ihrem Curator bestand ihr Personal aus sechs Professoren, einem Secretair, zwei Bibliothekaren bei der Bibliothek, zu der die vorhandene treffliche Bibliothek des ehemaligen kaiserlichen Reichskammergerichts benutzt worden war. Durch ihre Statuten war diese Rechtsschule als Lehranstalt und als Spruchcollegium organisirt, und eröffnet wurde sie am 4. November 1808, dem Namenstage des Fürsten-Primas. In

Folge der neüen Justizverfassung von 1810 scheint sie ihre Eigenschaft als Spruchcollegium verloren zu haben.

An Finanzbehörden gab es seit dem 30. Januar 1811 eine eigene Centralschuldentilgungscommission unter dem unmittelbaren Vorsitz des Großherzogs; sodann vier Steüerdirectoren für die Departements; die Generalkasse; ferner vier Generalinspektoren: der herrschaftlichen Kasse, der directen Steüern, der indirecten Abgaben und der Domainen; und an technischen Beamten einen Generalsalinendirector, einen Director des Bauwesens und einen Oberforstbeamten in jedem der vier Departements.

Der Etat der Staatseinnahmen und Ausgaben war für 1811 also:

Einkünfte.

Departement	Frankfurt .	908,030	Gldn.	44 Kr.
„	Aschaffenburg	774,197	„	59 „
„	Hanau . .	368,218	„	14 „
„	Fulda . .	525,083	„	— „
Im Ganzen		2,575,529	„	57 „

Ausgaben.

Schuldenwesen . .	300,000 Gldn.	Transport	1,184,000 Gldn.
Civilliste . . .	350,000 „	Finanzen ꝛc. . . .	500,000 „
Staatsrath . . .	34,000 „	Kriegswesen . . .	400,000 „
Justiz und Inneres .	500,000 „	Unvorhergesehen . .	100,000 „
Auswärt. Depart. .	100,000 „	Pensionen	275,000 „
Latus	1,284,000 Gldn.	Im Ganzen . . .	2,559,000 Gldn.

Muthmaßlicher Überschuß 16,529 Gldn. 57 Kr.

Aus einer Erklärung, welche Karl von Dalberg unterm 1. Dezember 1810 erließ, erfuhr man, daß der Domainenertrag von Hanau und Fulda, nach Abzug derjenigen Domainen, die sich Buonaparte vorbehalten hatte, nach runden Summen in jährlichen 250,000 Gulden bestand. Sämmtliche Domainen standen damals noch unter französischer Verwaltung und waren mit mehreren älteren Schulden beschwert. Nach Vorschrift des Reichsschlusses von 1803 erhielt der ehemalige Kurfürst von Mainz wegen Verlustes seiner meisten Kurlande eine Entschädigung auf die Rheinoctroirente von 350,000 Gulden. Diese Rente erlosch durch die Erwerbung von Hanau und Fulda. Allein sein Vorzugsrecht blieb ihm noch auf die Rückstände des ihm in den verflossenen sieben Jahren zustehenden Betrags, Rückstände, welche wegen Hemmung des Handels und der Schifffahrt auf die

Summe von mehr als 600,000 Gulden angeschwollen waren. Mit Rücksicht aber darauf, daß Fulda und Hanau durch die unvermeidlichen Folgen des Kriegs so Manches gelitten hatten, ließ sich Karl von Dalberg herbei, beiden Landen den ihm aus dem Vorzugsrecht zustehenden Betrag von 600,000 Gulden in vierjährigen Raten von 150,000 Gulden zu ihrer Aufhülfe zu schenken, und mit dem Anfange des Jahres 1811 einen Theil seiner eigenen Einnahme dazu zu bestimmen, in den nächst bevorstehenden vier Jahren denjenigen, im Reichsschluß von 1803 bestimmten Inhabern des abgetretenen Octrois mit Vorschüssen an die Hand zu gehen, denen er dadurch Beweise seiner Achtung geben könne. Das war sehr hübsch, ja es war edel von Karl von Dalberg! Die folgenden Zeitereignisse haben aber seine ferneren guten Absichten, denen zufolge die Octroirenteninhaber 1815 in den vollen Genuß ihrer Renten treten sollten, nicht zur Ausführung kommen lassen.

Nach dem Wortlaute des Artikels 7 im pariser Vertrage vom 16. Februar 1810 könnte es scheinen, daß diejenigen fuldaischen und hanauischen Domainen, über welche Buonaparte unter dem Titel von Donationen nicht verfügt hatte, oder in dieser Weise noch verfügen wollte, das Eigenthum des neüen Großherzogs hätten sein sollen. Allein so wurde der genannte Artikel des sogenannten Vertrags französischer Seits nicht verstanden; es bedurfte einer neüen Übereinkunft, um diese Domainen in den Besitz des Großherzogs gelangen zu lassen. Dieses Abkommen ward am 28. Dezember 1811 geschlossen: der Großherzog wurde dadurch gezwungen, seinem verehrten Freünde Buonaparte alle jene Domainen, welche dieser noch nicht vergeben hatte, — abzukaufen, und zwar für eine Summe, welche nicht weniger als 3½ Millionen Francs betrug, was, ohne Zehnten und Zinsen zu rechnen, den vierten Theil der ehemaligen fürstlichen Domainen in beiden Ländern ausmachte. Diese denkwürdige Übereinkunft, die so recht geeignet ist, den Charakter des corsischen Zwingherrn in ein helles Licht mit tiefem Schlagschatten zu stellen, gab Veranlassung, daß des Freiherrn Karl von Dalberg Finanzminister, Graf Leopold von Beust, sein Ministerium niederlegte und als Gesandter nach Dresden ging, der Großherzog aber die Verwaltung des Finanzministeriums auf ein Jahr selbst übernahm, in Folge dessen er am 31. Dezember 1811 die Grundsätze kund gab, die ihn bei der Finanzeinrichtung leiten würden. Es ist hier nicht der Ort, auf eine Erörterung dieser Grundsätze einzugehen; auch müssen wir die Edikte mit Stillschweigen übergehen, welche Karl von Dalberg wegen der Hülfsbedürftigkeit des „guten fuldaer Landes“, und der Unterstützung, die er demselben zudachte, am 12. August und am 29. September 1812 aus seiner Residenzstadt Fulda erließ. Dagegen möge einer Verordnung vom 27. Juli 1812 gedacht werden, welche die Besoldungen der Verwaltungs- und Justizstellen feststellte. Hiernach stellte sich der Etat der

Verwaltungbeamten:

Departement	Präfect	Bureau	General-Secret.	Präfect.-Rath	Polizei-Dir.	Bureau	Maire in den Hauptst.	Bureau
Frankfurt . . .	5000	6000	2500	800	4300	2000	2000	4000 fl.
Aschaffenburg .	4000	6000	1500	600	1600	200	1500	400 :
Fulda	3500	5500	1500	600	1500	400	1500	900 :
Hanau . . .	3500	5000	1500	600	1500	400	1500	1800 :
Wetzlar . . .	1200	—	800	—	800	—	—	— :

Justizbeamten.

1. Appellationsgerichte.

Departement	Präsid.	Ältester Rath	Jüngster Rath	Untersuchrichter	Erster Secretair	Zweiter Secretair	Dritter Secretair	Kanzlei
Frankfurt .	4000	2500	2000	2000	2000	1000	—	2400 fl.
Aschaffenburg	3500	2200	1800	1800	1800	900	—	2100 :
2. Departementsgerichte.								
Frankfurt .	2500	1800	1500	—	1500	1000	1000	2400 :
Aschaffenburg	2000	1600	1200	—	1200	800	—	noch unbestimmt. :
Fulda . . .	2000	1600	1200	—	1200	800	—	:
Hanau . .	2000	1600	1200	—	1200	800	—	:
Wetzlar . .	1000	800	—	—	800	—	—	:

Durch das Organisationspatent vom 16. August 1810 war die Militärconscription nach französischem Fuß ein Grundgesetz des Großherzogthums Frankfurt (§ 41). Ein späteres Edikt ordnete die Ausführung dieses Gesetzes. Außer dem ordentlichen Kriegskontingent von 2800 Mann gab es noch einige Compagnien, auch Reiterei, zum Dienst im Lande, und in den Hauptstädten der vier Departements bestand ein organisirtes Bürgermilitär.

Am Schluß seines mehrerwähnten Patents äußerte sein Abfasser, daß es Grundzüge enthalte, deren nähere Bestimmung und Entwickelung sich nach und nach durch Verhandlungen und Zusammenwirken der Behörden mehr und mehr ausbilden würden. „Wenn uns der Allmächtige das Leben fristet, so behalten wir uns vor, die zweckmäßig befundene Verfassung der Prüfung und Genehmigung unseres verehrungswürdigen Herrn Nachfolgers (Eugen Beauharnais) und der

Bestätigung des Kaisers Napoléon Majestät ehrerbietigst vorzulegen (§ 46)!!" Und in der Erklärung vom 1. Dezember 1810, den Rheinschiffahrtsoctroi betreffend, las man die Worte: „J. M. der Kaiser Napoléon rc., gründete das Großherzogthum Frankfurt. Diese Wohlthat erkennt und verehrt der Fürst-Primas und Großherzog von Frankfurt mit tiefschuldigstem Danke."

Konnte der Erbe des ehemaligen Reichserzkanzleramts dem Deütschthum noch eine größere Schmach anthun, als durch diese Sprache gegen den Tyrannen der Deütschen?

Zweiundvierzigstes Kapitel.

Das Königreich Baiern nach seiner politischen Gestaltung 1808—1813.

Constitutionsurkunde.

„Maximilian Joseph, von Gottes Gnaden König von Baiern. Von der Überzeügung geleitet, daß der Staat, so lange er ein bloßes Aggregat verschiedenartiger Bestandtheile bleibt, weder zur Erreichung der vollen Gesammtkraft, die in seinen Mitteln liegt, gelangen, noch den einzelnen Gliedern desselben alle Vortheile der bürgerlichen Vereinigung in dem Maaße, wie es diese bezweckt, gewähren kann, haben wir bereits durch mehrere Verordnungen die Verschiedenheit der Verwaltungsformen in unserm Reiche, so weit es vor der Hand möglich war, zu heben, für die directen Auflagen sowol als für die indirecten ein gleichförmiges System zu gründen, und die richtigsten öffentlichen Anstalten dem Gemeinsamen ihrer Bestimmung durch Einrichtungen, die zugleich ihre besondere sichern, entsprechender zu machen gesucht. Ferner haben wir, um unseren gesammten Staaten den Vortheil angemessener gleicher bürgerlicher und peinlicher Gesetze zu verschaffen, auch die hierzu nöthigen Vorarbeiten angeordnet, die zum Theil schon wirklich vollendet sind. Da aber diese einzelnen Ausbildungen besonderer Theile der Staatseinrichtung nur unvollkommen zum Zwecke führen, und Lücken zurücklassen, deren Ausfüllung ein wesentliches

Bedürfniß der nothwendigen Einheit des Ganzen ist; so haben wir beschlossen, sämmtlichen Bestandtheilen der Gesetzgebung und Verwaltung unseres Reichs mit Rücksicht auf die äußeren und inneren Verhältnisse desselben, durch organische Gesetze einen vollständigen Zusammenhang zu geben, und hierzu den Grund durch gegenwärtige Constitutionsurkunde zu legen, die zur Absicht hat, durch entsprechende Anordnungen und Bestimmungen den gerechten, im allgemeinen Staatszwecke gegründeten Forderungen des Staats an seine einzelnen Glieder, so wie der einzelnen Glieder an den Staat, die Gewährleistung ihrer Erfüllung, dem Ganzen feste Haltung und Verbindung, und jedem Theile der Staatsgewalt die ihm angemessene Wirkungskraft nach den Bedürfnissen des Gesammtwohls zu verschaffen. Wir bestimmen und verordnen demnach wie folgt:

Titel I. Hauptbestimmung. — Das Königreich Baiern bildet einen Theil der rheinischen Conföderation. § 1. — Alle besondere Verfassungen, Privilegien, Erbämter und landschaftlichen Corporationen der einzelnen Provinzen sind aufgehoben. Das ganze Königreich wird durch eine Nationalrepräsentation vertreten, nach gleichen Gesetzen gerichtet und nach gleichen Gesetzen verwaltet: demzufolge soll ein und dasselbe Steüersystem für das ganze Königreich sein. Die Grundsteüer kann ein Fünftel der Einkünfte nicht übersteigen. § 2. — Die Leibeigenschaft wird da, wo sie noch besteht, aufgehoben. § 3. — Ohne Rücksicht auf die bis dahin bestandene Eintheilung in Provinzen, wird das ganze Königreich in möglichst gleiche Kreise, und so viel thunlich, nach natürlichen Gränzen getheilt. § 4. — Der Adel behält seine Titel und, wie jeder Gutseigenthümer, seine gutsherrlichen Rechte nach den gesetzlichen Bestimmungen; übrigens aber wird er in Rücksicht der Staatslasten, wie sie dermalen bestehen und noch eingeführt werden mögen, den übrigen Staatsbürgern ganz gleich behandelt. Er bildet auch keinen besonderen Theil der Nationalrepräsentation, sondern nimmt mit den übrigen ganz freien Landeigenthümern einen verhältnißmäßigen Antheil daran. Eben so wenig wird ihm ein ausschließliches Recht auf Staatsämter, Staatswürden, Staatspfründen zugestanden. Die gesammten Statuten der noch bestehenden Corporationen müssen nach diesen Grundsätzen abgeändert oder seiner Zeit eingerichtet werden. § 5.

Dieselben Bestimmungen treten auch bei der Geistlichkeit ein. Übrigens wird allen Religionstheilen ohne Ausnahme der ausschließliche und vollkommene Besitz der Pfarr-, Schul- und Kirchengüter, wie sie nach der Verordnung vom 1. October 1807 unter die drei Rubriken: des Kultus, des Unterrichts und der Wohlthätigkeit in einer Administration vereinigt sind, bestätigt. Diese Besitzungen können weder unter irgend einem Vorwande eingezogen, noch zu einem fremden Zwecke veräußert werden. Dasselbe gilt auch von den Gütern, welche seiner Zeit zu den zu errichtenden Bisthümern und Kapiteln zur Dotation angewiesen werden sollen. § 6. — Der Staat gewährt allen Staatsbürgern Sicherheit der Person und des Eigenthums — vollkommene Gewissensfreiheit — Preßfreiheit nach dem Censurедikt vom 13. Juni 1803, und den wegen der politischen Zeitschrieften am 6. September 1799 und 17. Februar 1806 erlassenen Verordnungen. Nur Eingeborene, oder im Staat Begüterte, können Staatsämter bekleiden. Das Indigenat kann nur durch eine königliche Erklärung, oder ein Gesetz, ertheilt werden. § 7.*) — Ein jeder Staatsbürger, der das 21. Jahr zurückgelegt hat, ist schuldig, vor der Verwaltung seines Kreises einen Eid abzulegen, daß er der Constitution und den Gesetzen gehorchen — dem Könige treü sein wolle. Niemand kann ohne ausdrückliche Erlaubniß des Monarchen auswandern, ins Ausland reisen oder in fremde Dienste übergehen, noch von einer auswärtigen Macht Gehalte oder Ehrenzeichen annehmen, bei Verlust aller bürgerlichen Rechte. Alle jene, welche außer den durch Herkommen oder Verträge bestimmten Fälle eine fremde Gerichtsbarkeit über sich erkennen, verfallen in dieselbe Strafe und können nach Umständen mit einer noch schärferen belegt werden. § 8.

Titel II. Von dem Königlichen Hause. — Die Krone ist erblich in dem Mannsstamme des regierenden Hauses, nach dem Rechte der Erstgeburt und der agnatisch linealischen Erbfolge. § 1. — Die Prinzessinnen sind auf immer von der Regierung ausgeschlossen

---

*) Unterm 24. März 1809 erschien ein Edikt, welches, in vier Abschnitten und 118 Paragraphen, die allßeren Rechtsverhältnisse der Einwohner des Königreichs Baiern in Bezug auf Religion und kirchliche Gesellschaften zur nähern Bestimmung der §§ 6 und 7, Tit. I der Constitution, ordnete. Darin hieß es u. a.: — Die Wahl der Religionspartei ist jedem Staatseinwohner nach seiner eigenen freien Überzeügung überlassen. § 7; und in Rücksicht der Kinder aus gemischten Ehen: — Sind keine Ehepakten oder sonstige Verträge (über das Glaubensbekenntniß der Kinder) errichtet, so folgen die Söhne der Religion des Vaters; die Töchter werden in dem Glaubensbekenntniß der Mutter erzogen. § 16.

und bleiben es von der Erbfolge in so lange, als noch ein männlicher Sprosse des regierenden Hauses vorhanden ist. § 2. — Nach gänzlicher Erlöschung des Mannsstammes fällt die Erbschaft auf die Töchter und ihre männliche Nachkommenschaft. § 3. — Ein besonderes Familiengesetz wird die Art, wie diese Erbfolge eintreten soll, bestimmen; jedoch mit Vorbehalt der im § 34 der rheinischen Föderationsakte erwähnten erblichen Ansprüche, so weit sie anerkannt und bestimmt sind. Der Letztlebende vom königlichen Hause wird durch zweckmäßige Maßregeln die Ruhe und Selbständigkeit des Reichs zu erhalten suchen. § 4. — Die nachgeborenen Prinzen erhalten keine liegenden Güter, sondern eine jährliche Appanagialrente von höchstens 100,000 Gulden aus der königlichen Schatzkammer in monatlichen Raten ausgezahlt, die nach Abgang ihrer männlichen Erben dahin zurückfällt. § 5. — 200,000 Gulden jährliche Einkünfte nebst einer anständigen Residenz sind als Maximum für das Witthum der regierenden Königin bestimmt; das Heiratsgut einer Prinzessin ist auf 100,000 Gulden festgesetzt. § 6.

Alle Glieder des königlichen Hauses stehen unter der Gerichtsbarkeit des Monarchen und können bei Verlust ihres Erbfolgerechts nur mit dessen Einwilligung zur Ehe schreiten. § 7. — Die Volljährigkeit der königlichen Prinzen tritt mit dem zurückgelegten 18. Jahre ein. § 8. — Einem jeden Monarchen steht es frei, unter den volljährigen Prinzen des Hauses den Reichsverweser während der Minderjährigkeit seines Nachfolger zu wählen. In Ermangelung einer solchen Bestimmung gebührt sie dem nächsten volljährigen Agnaten. Der weiter Entfernte, der wegen Unmündigkeit eines Nähern die Verwaltung übernommen hat, setzt sie bis zur Volljährigkeit des Monarchen fort. Die Regierung wird im Namen des Minderjährigen geführt; alle Ämter, mit Ausnahme der Justizstellen, können während der Regentschaft nur provisorisch vergeben werden. Der Reichsverweser kann weder Krongüter veräußern, noch neüe Ämter schaffen. In Ermangelung eines volljährigen Agnaten verwaltet der erste Kronbeamte das Reich. Einer verwittweten Königin kann die Erziehung ihrer Kinder unter Aufsicht des Reichsverwesers, nie aber die Verwaltung des Reichs übertragen werden. § 9. — Es sollen vier Kronämter des Reichs errichtet werden. Ein Kronoberst-hofmeister — ein Kronoberstkämmerer — ein Kronoberstmarschall — ein Kronoberstpostmeister, die den Sitzungen des geheimer Raths beiwohnen. Alle wirklich dirigirende geheime Staatsminister genießen alle mit der Kronämterwürde verbundenen Ehren und Vorzüge. § 10. — Die am 10. Oktober 1804 wegen Unveraüßerlichkeit der Staatsgüter erlassene Pragmatik wird bestätigt, jedoch soll es dem Könige frei stehen, zur Belohnung großer und bestimmter, dem Staate geleisteter Dienste vorzüglich die künftig heimfallenden Lehne oder neü erworbenen Staatsdomainen dazu zu verwenden, die sodann die Eigenschaft von Mannlehen der Krone annehmen, und worüber keine Anwartschaft ertheilt werden kann. § 11.

Titel III. Von der Verwaltung des Reichs. — Das Ministerium theilt sich in fünf Departements: jenes der auswärtigen Verhältnisse, der Justiz, der Finanzen, des Innern und des Kriegswesens. Die Geschäftssphäre eines jeden ist und bleibt durch die Verordnungen vom 26. Mai 1801, 29. Oktober 1806 und 9. März 1807 bestimmt. Mehrere Ministerien können in einer Person vereinigt werden. Das Staatssecretariat wird von einem jeden Minister für sein Departement versehen; daher müssen alle königlichen Dekrete von demselben unterzeichnet werden, und nur mit dieser Formalität werden sie als rechtskräftig angesehen. Die Minister sind für die genaue Vollziehung der königlichen Befehle sowol, als für die Verletzung der Constitution, welche auf ihre Veranlassung oder ihre Mitwirkung Statt findet dem Könige verantwortlich. Sie erstatten jährlich dem Monarchen einen ausführlichen Bericht über den Zustand ihres Departements. § 1.

Zur Berathschlagung über die wichtigsten inneren Angelegenheiten des Reichs wird ein Geheimer Rath angeordnet, der neben den Ministern aus 12 oder höchstens 16 Gliedern besteht. Die geheimen Räthe werden vom Könige anfänglich auf ein Jahr ernannt, und nicht eher als nach sechsjährigem Dienste als permanent angesehen. Der König und der Kronerbe wohnen den Sitzungen des Geheimen Raths bei; in beider Abwesenheit präsidirt der älteste der anwesenden Staatsminister. Der geheime Rath entwirft und diskutirt alle Gesetze und Häuptverordnungen nach den Grundzügen, welche ihn vom Könige durch die einschlägigen Ministerien zugetheilt werden, besonders das Gesetz über die Auflagen oder das Finanzgesetz. Er entscheidet alle Competenzstreitigkeiten der Gerichtsstellen und Verwaltungen, wie auch die Frage: ob ein Verwaltungsbeamter vor Gericht gestellt werden könne oder solle? Zur Führung der Geschäfte wird der Geheime

Rath in drei Sectionen getheilt: jene der bürgerlichen und peinlichen Gesetzgebung, der Finanzen und der innern Verwaltung. Eine jede Section besteht wenigstens aus drei Mitgliedern, und bereitet die Geschäfte zum Vortrage im versammelten Rathe vor. § 2.

Der Geheime Rath hat in Ausübung seiner Attribute nur eine berathende Stimme. § 3.

An der Spitze eines jeden Kreises steht ein königlicher Generalcommissar, dem wenigstens drei, höchstens fünf Kreisräthe untergeordnet sind; ferner besteht in einem jeden Kreise

a) eine allgemeine Versammlung und

b) eine Deputation.

Erstere wählt die Nationalrepräsentanten; letztere wird vom Könige aus der Mitte der Kreisversammlung gewählt und bringt

1. Die zur Bestreitung der Lokalausgaben nöthigen Auflagen in Vorschlag, welche gesondert in den jährlichen Finanzetat aufgenommen, von den Rent- und Steüerbeamten mit den Auflagen des Reichs erhoben und ausschließlich zu dem Zwecke, wozu sie bestimmt sind, verwendet werden müssen.

2. Läßt sie die, die Verbesserung des Zustandes des Kreises betreffenden Vorschläge und Wünsche durch das Ministerium des Innern an den König gelangen.

Die Stellen bei der allgemeinen Versammlung werden vom Könige auf Lebenszeit vergeben; sie werden aus denjenigen 400 Landeigenthümern, Kaufleüten oder Fabrikanten des Bezirks, welche die höchste Grundsteüer bezahlen, nach dem Verhältniß von 1 zu 1000 Einwohnern gewählt, und versammeln sich, so oft die Wahl eines Repräsentanten vorfällt, oder es der Monarch befiehlt. Ihre Versammlungen dauern höchstens acht Tage. Der König ernennt den Präsidenten und die übrigen Beamten auf eine oder mehrere Sessionen; erstere Selle kann auch dem Generalcommissar übertragen werden. Die Kreisdeputation wird jährlich zum dritten Theil erneüert. Der König ernennt die Glieder derselben aus den Deputirten der allgemeinen Versammlung. Der Name des Austretenden wird durch das Loos bestimmt. Die Deputation versammelt sich jährlich auf höchstens drei Wochen. Zeit und Ort des Zusammentritts werden von dem Monarchen bestimmt. Mit dem Vorstande und den Secretairen wird es so, wie bei der Generalversammlung gehalten § 4.

Die Landgerichte üben die Lokalpolizei unter der Aufsicht des

Generalcommissars aus, und erhalten zu diesem Behufe einen oder mehrere Polizeiaktuarien. Für eine jede städtische und Rural-Gemeinde wird eine Lokalverwaltung angeordnet werden. § 5. — Die Gefälle, Steüern und Auflagen des Reichs werden, so wie die Lokalnebenbeischläge durch die Rentämter und die übrigen zur Einnahme der Auflagen bestimmten Beamten erhoben. § 6. — Alle Verwaltungsbeamte, vom wirklichen Rathe an, unterliegen den Bestimmungen der Hauptverordnungen vom 1. Januar 1805 und 8. Juni 1807: jedoch werden alle künftig Anzustellende nur dann als wirkliche Staatsbeamte angesehen, wenn sie ein Amt, welches dieses Recht mit sich bringt, 6 Jahre lang ununterbrochen verwaltet haben. Wegen der Unterstützungsbeiträge der übrigen königlichen Diener und ihrer Wittwen wird eine eigene zweckmäßige Verordnung erlassen werden.

Titel IV. Von der Nationalrepräsentation. — In einem jeden Kreise werden aus denjenigen 200 Landeigenthümern, Kaufleüten oder Fabrikanten, welche die höchste Grundsteüer bezahlen, von den Wahlmännern sieben Mitglieder gewählt, welche zusammen die Reichsversammlung bilden. § 1. — Der König ernennt einen Präsidenten und vier Secretaire aus den Mitgliedern der Versammlung auf eine oder mehrere Sitzungen. § 2. — Die Dauer der Functionen der Deputirten wird auf sechs Jahre bestimmt, jedoch sind sie nach Verlauf dieser sechs Jahre wieder wählbar. § 3. — Die Nationalrepräsentation versammelt sich wenigstens ein Mal im Jahre auf die vom König erhaltene Zusammenberufung, welcher die Versammlung eröffnet und schließt. Er kann sie auch vertagen und auflösen; jedoch muß im letztern Falle wenigstens innerhalb zwei Monate eine neüe zusamen berufen werden. § 4. — So oft die Wahl eines Deputirten oder auch der ganzen Reichsrepräsentation vorzunehmen ist, werden entweder alle oder die betheiligte Kreisversammlung durch königliche offene Briefe, welche der Minister des Innern expedirt, hierzu aufgefordert. § 5. — Die Versammlung wählt unter sich Commissionen von drei, höchstens vier Mitgliedern: jene der Finanzen, der bürgerlichen und peinlichen Gesetzgebung, der innern Verwaltung und der Tilgung der Staatsschulden. Diese versammeln sich und korrespondiren mit den einschlägigen Sectionen des geheimen Raths über die Entwürfe der Gesetze und Hauptreglements sowol, als den jährlichen Finanzetat, so oft die Regierung es von ihnen verlangt. § 6. — Die auf solche Art vorbereiteten Gesetze werden an die Repräsentation durch zwei, höchstens drei Mitglieder des geheimen Raths gebracht; die Versammlung stimmt darüber durch den Weg des geheimen Scrutiniums nach der absoluten Mehrheit der Stimmen. Niemand ist befugt, das Wort zu führen, als die königlichen Commissairs aus dem geheimen Rathe und die Glieder der einschlägigen Commission der Repräsentation. § 7.

Titel V. Von der Justiz. — Die Justiz wird durch die in geeigneter Zahl bestimmten Ober- und Untergerichte verwaltet. Für das ganze Reich besteht eine einzige oberste Justizstelle. § 1. — Alle Gerichtsstellen sind verbunden, bei Endurtheilen die Entscheidungsgründe anzuführen. § 2. — Die Glieder der Justizcollegien werden vom Könige auf Lebenszeit ernannt und können nur durch einen förmlichen Spruch ihre Stellen verlieren. § 3. — Der König kann in Criminalsachen Gnade ertheilen, die Strafe erlassen oder mildern, aber in keinem Falle irgend eine anhangige Streitsache oder angefangene Untersuchung hemmen, viel weniger eine Partei ihrem gesetzlichen Richter entziehen. § 4. — Der königliche Fiskus wird in allen streitigen Privatrechtsverhältnissen bei den königlichen Gerichtshöfen Recht nehmen. § 5. — Die Güterconfiscation hat in keinem Falle, den der Desertion ausgenommen, Statt, wol aber können die Einkünfte während der Lebenszeit des Verbrechers sequestrirt und die Gerichtskosten damit bestritten werden. § 6. — Es soll für das ganze Reich ein eigenes bürgerliches und peinliches Gesetzbuch eingeführt werden. § 7.

Titel VI. Von dem Militärstande. — Zur Vertheidigung des Staats und zur Erfüllung der durch die rheinische Bundesakte eingegangenen Verbindlichkeiten wird eine stehende Armee unterhalten. § 1. — Die Truppen werden durch den Weg der allgemeinen Militärconscription ergänzt. § 2. — Die Armee handelt nur gegen den äußern Feind; im Innern aber nur dann, wenn es der Monarch in einem besondern Falle ausdrücklich befiehlt, oder die Militärmacht von der Civilbehörde förmlich dazu aufgefordert wird. § 3. — Die Militärpersonen stehen nur in Criminal- und Dienstsachen unter der Militärgerichtsbarkeit; in allem übrigen aber sind sie, wie jeder Staatsbürger, den einschlägigen Civilgerichten unterworfen. § 4. — Die Bürgermiliz wird bestätigt. Zur Erhaltung der Ruhe in Kriegszeiten wird eine Nationalgarde und zur Handhabung der Polizei eine Gensd'armerie errichtet werden.

Dieses sind die Grundlagen der künftigen Verfassung unseres Reichs. Ihre Einführung wird hiermit festgesetzt auf den 1. Oktober dieses Jahres. In der Zwischenzeit werden die hiernach zu entwerfenden Gesetzbücher, so wie die einzelnen organischen Gesetze, welche obigen Bestimmungen theils zur nähern Erlaüterung dienen, theils die Art und Weise ihres Vollzugs vorzeichnen, nachfolgen.

Völker unseres Reichs! Die Befestigung eürer gemeinschaftlichen Wohlfahrt ist unser Ziel. Je wichtiger eüch dasselbe erscheint, und je durchdrungener ihr von der Erkenntniß seid, daß kein besonderes Wohl sich anders, als in der engsten Verbindung mit dem Allgemeinen dauerhaft erhalten kann, desto sicherer wird dies Ziel erreicht und unsere Regentensorge belohnt werden.

So gegeben in unserer Haupt- und Residenzstadt München, am ersten Tage des Monats Mai im achtzehnhundertachten Jahre, unseres Reichs im dritten.

(gez.) Max Joseph.

Freiherr von Montgelas. Graf Morawitzky Freiherr von Hompesch.

Königliches Familiengesetz.

Das in § 4, Titel II der Constitutionsurkunde vorbehaltene Familiengesetz erließ der König unterm 28. Juli 1808. Es bestand aus neünzig Artikeln und zehn Titeln. Hierin bestätigte er für sich und seine Nachfolger auf dem Throne als allein gebraüchlichen Titel in öffentlichen Erlassen die Form: „Wir N. N. von Gottes Gnaden, König von Baiern, ohne allen weitern Zusatz frührerer Titulaturen, die bei völlig veränderten staatsrechtlichen Verhältnissen keinen Sinn mehr haben konnten; und es wurde bestimmt, daß die Prinzen und Prinzessinnen der königlichen Hauptlinie das Prädikat Königliche Hoheit, die der Nebenlinien aber den Titel Herzog, Herzogin in Baiern und das Prädikat Herzogliche Durchlaucht erhalten sollten. Artikel 6, 7, Titel I. — Alle Ehen, welche von baierischen Prinzen oder Prinzessinnen ohne Einwilligung des Hauptes der Familie geschlossen worden, sollen keine rechtliche Wirkung haben und als nichtig angesehen, auch alle aus einer solchen Ehe erzeügten Kinder als unechte betrachtet werden rc. Artikel 13, 14, Titel II. — Nach gänzlicher Erlöschung des Mannsstammes geht das Recht der Erbfolge auf die männliche Nachkommenschaft der Töchter über. Zur Ergänzung der Bestimmung in § 4, Titel II der Constitution setzte das

Familiengesetz fest, daß die Erbfolgeordnung in dieser die nämliche bleibe, welche in § 1, Titel II der Constitutionsurkunde für den Mannsstamm vorgeschrieben worden. Artikel 30. — Hiernach succedirt in dem vorausgesetzen Falle unter den männlichen Nachkommen der Töchter der erstgeborene Sohn der ältesten Tochter, oder derjenigen Prinzessin, welche dem letzten Monarchen im Grade am nächsten verwandt ist; bei mehreren im gleichen Grade verwandten Prinzessinnen hat der erstgeborene Sohn der ältesten Prinzessin in der Erbfolgeordnung den Vorzug vor den übrigen. Artikel 31. — Wenn keine männliche Nachkommenschaft von der ältesten Tochter vorhanden ist, so fällt die Succession auf den erstgeborenen Sohn der zweitgeborenen Tochter, u. s. w. Artikel 32. — Wenn die eben bestimmte Successionsordnung in der weiblichen Discendenz auf einen Prinzen fällt, welcher zur Succession in einem auswärtigen, in dem rheinischen Bunde nicht begriffenen Staate berufen ist, oder schon wirklich einen solchen Staat als Regent besitzt und nicht geneigt ist, auf den Besitz dieses Staats oder auf die Succession in demselben zu verzichten, so soll in diesem Falle an dessen Stelle der zunächst folgende Sohn treten, oder wenn in dieser Linie nur ein einziger Prinz vorhanden wäre, derjenige Prinz, welcher nach Artikel 31 zur Succession berufen ist. Artikel 33. — Sollte der unglückliche Fall sich ergeben, daß unser ganzes Haus ausstürbe, so wird es dem letzten Monarchen zur Pflicht gemacht, durch Annahme eines Prinzen aus einem fürstlichen Hause, welcher noch keinen Staat besitzt, und zur Regierung desselben nicht unmittelbar berufen ist, an Kindesstatt sich einen Nachfolger zu bestimmen. Artikel 34. — Der adoptirte Prinz tritt in die Linie der direkten Nachkommenschaft des Monarchen und erhält den Titel eines baierischen Prinzen. Art. 37, u. s. w. — Bei Antritt der Regentschaft hat der Reichsverweser nachstehenden Eid zu leisten: „Ich schwöre, die Geschäfte des Staats in Gemäßheit der Constitution des Reichs und der Gesetze zu verwalten, die Integrität des Königreichs, die Rechte der Nation und der königlichen Würde zu erhalten und dem künftigen Könige die Gewalt, deren Ausübung mir anvertraut ist, getreu zu übergeben." Artikel 60. — Er hat über ein jährliches Einkommen von 500,000 Gulden aus der Kronschatzkammer zu verfügen. Artikel 67. — Nachdem der König das Alter von achtzehn vollen Jahren erreicht und den nachstehenden Eid: „Ich schwöre, nach der Constitution des Reichs und den Gesetzen zu regieren, und jeder Zeit unparteiische Justiz administriren zu lassen," abgelegt hat, so werden alle Akten der Regentschaft geschlossen. Artikel 71. — Real- und vermischte Klagen gegen ein Glied des königlichen Hauses werden bei den einschlägigen Appellationsgerichten angebracht. Artikel 77. -- Für alle andere persönliche gerichtliche Angelegenheiten der Prinzen und Prinzessinnen des königlichen Hauses wird der König einen Familienrath verordnen, bestehend aus ihm selbst, dem Kronprinzen, den volljährigen Prinzen des Hauses, den Ministern und übrigen Kronbeamten. Art. 79, 80. — Der Justizminister hat bei dem Familienrathe den Vortrag. Artikel 86. — Sollte eine gerichtliche Angelegenheit von großer Wichtigkeit und Umfang eintreten, so nimmt der Familienrath die Eigenschaft eines königlichen obersten Gerichtshofes an, und alsdann werden die Präsidenten der obersten Justizstelle und des Appellationsgerichts der Residenzstadt demselben für diesen Fall beigeordnet. Artikel 87.

„Da wir in dieses Familienstatut", so schloß der König seine Kundmachung, „alle jene Verfügungen aufgenommen haben, welche in den älteren Familiengesetzen und Verträgen unseres Hauses enthalten und auf die gegenwärtigen Verhältnisse desselben noch anwendbar sind, so erklären wir alle in dem gegenwärtigen Gesetze nicht ausdrücklich bestätigten älteren Familiengesetze und Verträge als aufgehoben und denselben soll künftig keine rechtliche Wirkung mehr beigelegt werden. Alle Glieder unseres königlichen Hauses, die Nationalrepräsentation und alle Landesstellen werden hierauf als ein pragmatisches Staatsgesetz verpflichtet und zur genauen Befolgung desselben angewiesen."

Man könnte sich darüber wundern, daß Max Joseph von Baiern, seitdem er zur Souverainetät gelangt, sein Land ein „Reich" nannte, da dieser Ausdruck als ein Concretum in engerer Bedeütung nur auf die größten Reiche Anwendung gefunden, wie auf das Römische Reich des Alterthums, auf das Römische Reich deütscher Nation rc.; allein er nahm ihn ohne Zweifel in weitere Bedeütung zur Bezeichnung eines jeden Gebiets, welches Jemandes Herrschaft unterworfen ist. Oder sollte ihm der Gedanke vorgeschwebt haben, daß sein kleines Baiern der Anfang eines neüen Deütschen Reichs sei und er der Stammvater eines neüen deütschen Erbkaisergeschlechts? Im neüen Wappen wurden durch zweiundvierzig theils sichtbare, theils durch das Herzschild, welches das Symbol der Souverainetät, der vollkommenen Unabhangigkeit und unumschränkten Herrschermacht ist, verdeckte Rauten alle mit Baiern vereinigte, in Franken, Schwaben und Tyrol gelegene Provinzen und Bezirke, Herzog- und Fürstenthümer, Graf- und Herrschaften als wahre einverleibte Bestandtheile des einen und untheilbaren Königreichs angedeütet, ohne daß für dieselben noch besondere Symbole aufgeführt wurden, wie denn auch die Namen derselben im königlichen Titel weggefallen waren.

Politische Eintheilung des Königreichs Baiern, 1808.

In Folge des presburger Friedens, der die baierischen Lande so ansehnlich vermehrte, sah sich König Max Joseph veranlaßt, zur Ausführung des § 4, Titel I der Constitutionsurkunde, sein „Reich" in Kreise einzutheilen. „Indem wir hierbei den Zweck vor Augen hatten", so sprach der König in seinem Erlaß vom 21. Juni 1808, „unsere lieben und getreüen Unterthanen aller Theile des Reichs mit dem wohlthätigen Bande eines gemeinschaftlichen Vaterlandes zu umfassen, haben wir zugleich dahin getrachtet, ihnen die Vortheile nähergelegener unmittelbarer Administrationsbehörden zu verschaffen, und diejenigen Bezirke, welche durch gleichere Sitten und die Gewohnheiten langer Jahre, oder durch die von der Natur selbst bezeichnete Lage näher mit einander verbunden sind, in ihrer engeren Vereinigung zu belassen."

Von diesen Grundsätzen geleitet, hatte er auf den Rath seines ersten Ministers Montgelas und der beiden anderen seiner Rathgeber, Graf Morawitzky und Freiherr von Hompesch, beschlossen, sein „gesammtes Reich" in fünfzehn Kreise abzutheilen, die, in Nachäfferei französischen Departementswesens, ausschließlich nach Flüssen genannt wurden, dabei alles althistorisch Überlieferte in die — Rumpelkammer des weiland heiligen Römischen Reichs deütscher Nation verweisend! Diese Eintheilung des Königreichs Baiern war, mit Nachweis der zu einem jeden Kreise gehörigen Landgerichte und mit möglichst annähernden Angaben des Flächeninhalts und der Bevölkerung, folgende:

Kreise.	Hauptstädte.	Landgerichte rc.
1. Main . . . $72^1/_2$ Q.-M.	Bamberg . 190,652 E.	Lauenstein und Teüschnitz (9,850), Kronach (17,011), Stadtsteinach (7,269), Weißmain (11,496), Lichtenfels (9,954), Banz (8,397), Gleüsdorf (Baunach), (10,316), Hallstadt (9,047), Scheßlitz (7,211), Zell (5,614), Schweinfurt (7,760), Burgebrach (7,462), Bamberg

Kreise.	Hauptstädte.	Landgerichte zc.
		I und II (19,696), Stadt Bamberg (19,385), Ebermannstadt (9,618), Weischenfeld (11,490), Ebrach (5,301), Höchstadt (10,806), Sulzheim (3,469) 19
2. Pegnitz . . . 42 Q.-M.	Nürnberg . . 141,930 E.	Forchheim (11,500), Pottenstein (8,706), Neünkirchen am Brand (9,339), Gräfenberg, Hilpoltstein und Bezenstein (6,056), Schnaitach (9,371), Reicheneck und Hersbruck (9,281), Lauf und Altdorf (7,790), Stadt Nürnberg (27,000), Stadt Fürth (12,705), Amt Fürth mit Gostenhof (2,400), Feücht (7,700), Schwabach (12,817), Cadolzburg (17,265) . . . . 11.
3. Nab . . . . $130^{1}/_{4}$ Q.-M.	Amberg . 220,835 E.	Waldsassen (12,321), Tirschenreüth (13,443), Neüstadt mit Parkstein (21,608), Kemnath (24,081), Eschenbach (15,772), Treßwitz mit Pleistein (22,073), Neünburg vorm Wald (26,037), Waldmünchen (11,891), Nabburg (16,380), Pfaffenhofen (13,568), Amberg (21,432) Stadt Amberg (8,889), Sulzbach (13,330) . . 12.
4. Rezat . . . $67^{3}/_{4}$ Q.-M.	Ansbach . . 190,077 E.	Markstift (8000), Uffenheim (12,225), Stadt Rothenburg (5,651), Rothenburg I (8,004), Rothenburg II (4,576), Leütershausen (7,058), Mediatgebiet Schillingsfürst (2,938) und Kirchberg (4,191); Greilsheim (20,895), Feüchtwang (14,170), Dünkelsbühl (6,435), Wassertrüdingen (11,814), Herrieden (4,431), Stadt Ansbach (11,924), Amt Ansbach (16,095), Aurach (810), Lichtenau (1,680), Biernsberg (2,210), Windsbach (8,505), Gunzenhausen ohne Weißenburg und Ellingen (14,670); die Mediatgebiete Wiesentheid mit Kastell und Limburg-Speckfeld (13,783) und das Schwarzenbergische (10,012) . . . . 16.
5. Altmühl . . . $94^{1}/_{4}$ Q.-M.	Eichstädt . 202,107 E.	Neümarkt (25,870), Spalt, Pleinfeld und Abenberg (5,500), Roth (5,500), Ellingen und Weißenburg (8,800), Heidenheim (12,331), Stauf und Geyer,

Kreise.	Hauptstädte.	Landgerichte ꝛc.
		(7,158), Pappenheim (7,117), Hilpoltstein (12,010), Beilengries (9,219), Kipfenberg (7,066)), Raitenbach (3,245), Eichstädt (11,189), Stadt Eichstädt (5,596), Monnheim und Donauwörth (27,353), Rain (9,826), Neuburg 10,466), Stadt Neuburg (3,924), Ingolstadt (12,201), Stadt Ingolstadt (4,817) Donaumoos-Gericht (1,643), Riedenburg (11,196) . . . . 18.
6. Ober-Donau . 79 Q.-M.	Ulm . . . . 258,589 E.	Mediatbesitzungen der Fürsten von Öttingen-Spielberg (14,917) und Öttingen-Wallerstein (41,934); Nördlinger Stadt (5,804), Nördlingen Landger. (30,600), Dischingen (2,619), Neresheim (2,952), Höchstädt (22,464), Dillingen (6,371), Stadt Dillingen (3,118), Wertingen (11,390), Burgau (11,497), Günzburg (13,619), Roggenburg (7183), Illertissen (15,731), Fugger-Glött (3,962), Fugger-Nordendorf (2,251) Fugger-Kirchberg und Weißenhorn (9,343), Stadt Weißenhorn (1,116), Stadt Ulm (14,225), Söflingen (9,753), Elchingen (8,828), Alpeck (6,082), Geislingen (12,830) . . . . 12.
7. Lech . . . 91 Q.-M.	Augsburg . 223,176 E.	Schrebenhausen (9177), Aichach (18,541), Friedberg (14,494), Stadt Augsburg (28,902), Göggingen (12,570), Zusmarshausen (12,448), Ursberg (13,807), Schwabmünchen (8,756), Buchloe (7,214), Landsberg (26,334), Türkheim (8,684), Mindelheim (13,064), Kaufbeuern (12,316), Ottobeuern (14,122), Stadt Memmingen (6,442); Mediatgebiete des Fürsten Fugger-Babenhausen (11,005), und des Grafen Fugger-Kirchheim (2,324); die Herrschaften Buxheim, Winterrieder, Thanhausen und Edelstetten (2,976) . . . 13.
8. Regen . . 121 Q.-M.	Straubing . 237,095 E.	Cham (16,867), Wetterfeld (14,904), Burglengenfeld (23,785), Parsberg (5,920), Hemau (10,947), Kellheim (13,802) Abensberg (15,330), Pfaffenberg (25,649), Stadtamhof (22,805),

Kreise.	Hauptstädte.	Landgerichte. rc.
		Straubing (13,446), Stadt Straubing (6,188), Mitterfels (29,114), Viechtach (17,179), Kötzting (21,159) . . 13.
9. Unter-Donau . 118 Q.-M.	Passau . . 215,661 E.	Regen (12,579), Schönberg (9,924), Wolfstein (10,583), Wegscheid (13,125), Passau (16,170), Stadt Passau (6,161), Vilshofen (21,836), Griesbach (27,421), Pfarrkirchen (18,432), Landau (27,869), Deggendorf (25,511) . . . . 10.
10. Isar . . . . 155¾ Q.-M.	München . . 302,530 E.	Pfaffenhof. (20,020), Moosburg (16,817), Landshut (24,699), Stadt Landshut (7,817), Erding (27,356), Freising (12,447), Stadt Freis. (3,510), Dachau (21,556), München (25,282), Haupt- und Residenzstadt München (48,000 ohne Militär), Schwaben (16,187), Stahrenberg (10,957), Wolfratshausen (12,054), Miesbach (20,712), Weilheim (18,850), Tölz (10,733), Werdenfels (5,533) . . . . 14.
11. Salzach . . . 103½ Q.-M.	Burghausen . 190,967 E.	Vilsbiburg (23,296), Eggenfeld. (22,566), Simbach (7,638), Mühldorf (26,180), Burghausen (20,384), Stadt Burghausen (3,010), Wasserburg (20,643), Troßburg (17,654), Rosenheim (23,886), Traunstein (21,369), Reichenhall (4,335) . . . . 10.
12. Iller . . . . 118 Q.-M.	Kempten . . 237, 097 E.	Leütkirch (6,679), Stadt Leütkirch (1,300), Grönenbach (11,492), Ober-Günzburg (8,921), Oberdorf (7.795), Schongau (15,661), Amt Vils (794), Füßen (12,806), Sonthofen (14,358), Kempten (20,000), Stadt Kempten (2,704), Immenstadt (12,051), Weiler (13,975), Wangen (1,785), Stadt Wang. (1,485), Ravensburg (1,777), Stadt Ravensburg (3,233), Tettnang (11,416), Stadt Buchhorn (361), Lindau (6,316), Stadt Lindau (2,701), Bregenz (15,770), Inner-Bregenzerwald (13,758), Dornbirn (12,186), Feldkirch (14,391), Sonnenberg (13,627), Montafon (9,755) . . . . 19.
13. Inn . . . . 169½ Q.-M.	Innsbruck . . 202,831 E.	Kitzbühel (15,306), Kufstein (14,719), Rattenberg (14,868), Schwaz (14,279),

Bemerkung.

Wegen Ravensburg und Buchhorn siehe Kapitel 45, Württemberg; Kreis Altdorf.

Kreise.	Hauptstädte.	Landgerichte ꝛc.
		Hall (14,372), Innsbruck (16,096), Stadt Innsbruck (9,306), Steinach (8,674), Silz (11,925), Imst (11,267), Reütte ohne das Amt Vils (16,162), Telfs (11,941), Landeck (12,927), Nauders (12,652), Glurns (18,337) 13.
14. Eisack . . . 154¾ Q.-M.	Brixen . . 191,611 E.	Meran (32,318), Botzen oder Bolzano (43,784), Klausen (19,288), Brixen (27,724), Brunegg (41,675), Sillian (12,545), Lienz (14,277) . . . 7.
15. Etsch . . . . 112½ Q.-M.	Trient . . . 226,492 E.	Cles (17,719), Male (11,445), Mezzo lombardo oder Wälsch-Metz (17,516), Vezzano (7,192), Trient (18,355), Civezzano (12,880), Pergine (12,731). Levico (19,942), Cavalese (23,278), Roveredo (43,721), Riva (16,202), Stenico (6,976), Tione (10,639), Condino (7,898) . . . . 14.

Der König verordnete in Bezug auf diese neüe Territorialeintheilung, daß vom 1. Oktober 1808 anfangend, mit welchem Zeitpunkte dieselbe in allen Verwaltungszweigen in Wirksamkeit gesetzt wurde, in allen öffentlichen Verhandlungen keine anderen Benennungen, als wie sie oben bezeichnet sind, gebraucht, und die bis dahin üblich gewesenen Provinzialbenennungen durchgehends unterlassen werden sollten.

Die Macht einer Jahrhunderte langen Gewohnheit ist aber stärker als die Macht eines königlichen Befehls. Niemand im Königreich Baiern hat sich mit den vorgeschriebenen Benennungen vertraut machen können; sie erinnerten zu lebhaft an Franzosenwesen, als daß sie den Deütschen vom Stamme der Baiern, Franken und Schwaben hätten mundrecht werden können. Max Joseph's Sohn und Nachfolger auf dem baierischen Throne, König Ludwig, hat sich darum auch veranlaßt gesehen, die französische Schablone bei Seite zu legen und die alten historischen Namen der Provinzen wieder herzustellen.

Kurze Wiederholung

Kreise.	Hauptstädte.	Landgerichte.	Q.-M.	Einwohner.
1 Mainkreis . .	Bamberg	19	72½	190,652
2. Pegnitzkreis .	Nürnberg	11	42	141,930
3. Nabkreis . .	Amberg	12	130¼	220,835
	Latus	42	244¾	553,417

	Übertrag	42	244¾	553,417
4. Rezatkreis .	Ansbach	16	67¾	190,077
5. Altmühlkreis .	Eichstädt	18	94¼	202,107
6. Oberdonaukreis	Ulm	12	79	258,589
7. Lechkreis . .	Augsburg	13	91	223,176
8. Regenkreis .	Straubing	13	121	237,095
9. Unterdonaukreis	Passau	10	118	215,661
10. Isarkreis . .	München	14	155¾	302,530
11. Salzachkreis .	Burghausen	10	103½	190,967
12. Illerkreis . .	Kempten	19	118	237,097
13. Innkreis . .	Innsbruck	14	169½	202,851
14. Eisackkreis . .	Brixen	7	154¾	191,611
15. Etschkreis . .	Trient	14	112½	226,492
	Ganz Baiern . .	202	1,629¾	3,231,670

Territorialeintheilung des Königreichs Baiern, 1810.

Nachdem einer Seits durch die neüeren, seit dem schönbrunner Frieden eingetretenen politischen Verhältnisse die Gränzen Baierns verschiedene Veränderungen, theils durch Abtretungen, theils durch Zuwachs erlitten hatten (Kapitel 35, Artikel 5, 6) und âuf der andern Seite die Verschmelzung mehrerer zuvor fremdartiger Gebietstheile in die bisherigen Kreise durch einen Übergang es erleichtert hatte, zur Vereinfachung der Verwaltung größere Gebietsmassen zu bilden, so beschloß König Max Joseph, nach vorgängiger Prüfung der verschiedenen ihm hierüber vorgelegten Pläne, sein Reich in neün Kreise einzutheilen. Dies geschah durch die Verordnung vom 23. September 1810, der zufolge es nunmehr gab einen —

1. Mainkreis,	4. Oberdonaukreis,	7. Isarkreis,
2. Rezatkreis,	5. Unterdonaukreis,	8. Salzachkreis,
3. Regenkreis,	6. Illerkreis,	9. Innkreis.

Es waren mithin sechs Kreise aufgelöst worden, nämlich der Pegnitz-, Nab-, Altmühl-, Lech-, Eisack- und Etschkreis, von denen der letzgenannte ganz an das Königreich Italien gekommen war.

1. Der Mainkreis bestand nun aus a) dem bisherigen Mainkreise, nach Abgang der an das Großherzogthum Würzburg abgetretenen Gebietstheile und des Landgerichts Höchstadt, welches dem Rezatkreise zugetheilt wurde; — b) aus dem vom Großherzogthum Würzburg cedirten Landstriche an der sachsen-coburgischen Gränze; — c) aus dem Landgerichte Pottenstein vom bisherigen Pegnitzkreise; — d) aus dem Fürstenthume Baireüth oberhalb Gebürgs, welches jedoch rücksichtlich der Finanzverwaltung noch abgesondert wurde; —

e) aus den Landgerichten Eschenbach, Kemnath, Waldsassen, Tirschenreüth und Neüstadt an der Nab vom bisherigen Nabkreise.

Der Sitz des General-Kreiscommissariats war in Baireüth, der Sitz des Appellationsgerichts in Bamberg.

Der Landgerichte in diesem Kreise gab es 34, nämlich: —

Baireuth,	Guttenberg,	Lauenstein,	Scheßlitz,
Bamberg I,	Hallstadt,	Lichtenfels,	Selb,
Bamberg II,	Hof,	Münchberg,	Stadtsteinach,
Banz,	Hollfeld,	Naila,	Teüchnitz,
Burgebrach,	Kemnath,	Neüstadt a. d. Nab,	Tirschenreüth,
Ebermannstadt,	Kirchenlamitz,	Pegnitz,	Waldsassen,
Eschenbach,	Kronach,	Pottenstein,	Weidenberg,
Ebrach,	Kulmbach,	Rehau,	Weißmain,
Gefrees,			Wunsiedel.

2. Der Rezatkreis enthielt a) den bisherigen Rezatkreis, mit Ausnahme der an Württemberg und Würzburg abgetretenen Gebietstheile; — b) das bisher würzburgische Amt Schlüsselfeld; — c) das Landgericht Höchstadt vom Mainkreise; — d) das Fürstenthum Baireüth unterhalb Gebürgs, wobei rücksichtlich der Finanzverwaltung die obige Bestimmung wiederholt wurde; — e) den bisherigen Pegnitzkreis, mit Ausnahme des an den Mainkreis abgegebenen Landgerichts Pottenstein.

Der Sitz des General-Kreiscommissariats, so wie des Appellationsgerichts war in Ansbach. Die Stadt Nürnberg erhielt einen eigenen Commissair.

Der Landgerichte waren in diesem Kreise 26, und zwar: —

Altdorf,	Feüchtwangen,	Höchstadt,	Marktscheinfeld,
Ansbach,	Forchheim,	Lauf,	Schwabach,
Bibert,	Gräfenberg,	Leütershausen,	Uffenheim,
Cadolzburg,	Gunzenhausen,	Neüstadt a. d. Aisch,	Wassertrüdingen,
Dinkelsbühl,	Heilsbronn,	Nürnberg,	Windsheim.
Erlangen,	Herrieden,	Pleinfeld,	
Erlbach,	Herrschbruck,	Rothenburg,	

3. Der Regenkreis wurde zusammengesetzt aus a) dem bisherigen Regenkreise, mit Ausnahme der Landgerichte Biechtach, Mitterfels und Straubing, welche zum Unterdonaukreise kamen, wogegen die westlich gelegenen Patrimonialgerichte des Landgerichts Mitterfels beim Regenkreise verblieben; — b) der Stadt und dem Fürstenthume Regensburg, nebst dem Amte Hohenburg; — c) den Landgerichten

Stilzbach, Pfaffenhofen, Amberg, Nabburg, Treswitz, Neünburg vorm Walde und Waldmünchen vom bisherigen Nabkreise; — d) dem Landgerichte Riedenburg vom bisherigen Altmühlkreise.

Der Sitz des General-Kreiscommissariats war in Regensburg, der Sitz des Appellationsgerichts in Amberg.

Der Regenkreis war in 20 Landgerichte abgetheilt; und diese waren: —

Abensberg,	Kellheim,	Pfaffenberg,	Sulzbach,
Amberg,	Kötzting,	Pfaffenhofen (Kastel),	Vohenstrauß,
Burglengenfeld,	Nabburg,	Regenstauf,	Waldmünchen,
Cham,	Neünburg v. Wald,	Riedenburg,	Wetterfeld,
Hemau,	Parsberg,	Stadtamhof,	Wörth.

4. Der Oberdonaukreis bildete sich aus folgenden Bestandtheilen: a) vom bisherigen Oberdonaukreise, die Landgerichte Lauingen, Dillingen, Höchstädt, Burgau, Wertingen und Nördlingen, die Besitzungen der Grafen Fugger zu Glött und Nordendorf, dann die fürstlich Öttingenschen Besitzungen, nach Abzug der an die Krone Württemberg überwiesenen Gebietstheile; b) das bisher königlich württembergische Amt Weiltingen; — c) den bisherigen Altmühlkreis, mit Ausschluß des an den Regenkreis übergehenden Landgerichts Riedenberg; d) die Landgerichte Zusmarshausen und Göggingen und die Stadt Augsburg vom bisherigen Lechkreise.

Der Sitz des General-Kreiscommissariats war in Eichstädt und der Sitz des Appellationsgerichts in Neüburg. Die Stadt Augsburg erhielt ihren eigenen Commissair.

Der Kreis hatte 23 Landgerichte, und zwar zu —

Beilngries,	Günzburg,	Lauingen,	Pain,
Burgau,	Heidenheim,	Monnheim,	Paitenbuch,
Dillingen,	Hilpoltstein,	Neüburg,	Weißenburg,
Donauwörth,	Höchstädt,	Neümarkt,	Wertingen,
Eichstädt,	Ingolstadt,	Nördlingen,	Zusmarshausen.
Göggingen,	Kipfenberg,	Pleinfeld,	

5. Der Unterdonaukreis begriff in sich — a) den bisherigen Unterdonaukreis; — b) die Landgerichte Viechtach, Mittterfels und Straubing vom bisherigen Regenkreise, mit Ausnahme der westlich gelegenen Patrimonialgerichte des mitterfelser Landgerichts, welche beim Regenkreise verblieben; — c) das Landgericht Eggenfelden vom bis-

herigen Salzachkreise; — d) den ganzen Umfang des ehemaligen Landgerichts Schärding, nebst dem an dasselbe gränzenden Theile des Hausruckviertels und dem Amte Obernberg.

Der Sitz des General-Kreiscommissariats war in Passau, und des Appellationsgerichts in Straubing.

Der Landgerichte waren 18, nämlich zu —

Deggendorf,	Mitterfels,	Regen,	Viechtenstein,
Eggenfelden,	Obernberg,	Schärding,	Vilshofen,
Gräfenau,	Passau,	Straubing,	Waitzenkirchen,
Giesbach,	Pfarrkirchen,	Viechtach,	Wegscheid,
Landau,			Wolfstein.

6. Der Illerkreis war zusammengesetzt aus — a) dem bisherigen Illerkreise, nach Abzug der an die Krone Württemberg übergangenen Gebietstheile; — b) den abgetretenen württembergischen Parzellen; — c) dem Langerichte Reütte, vom bisherigen Innkreise; — d) den Landgerichten Ursberg, Schwabmünchen, Mindelheim, Türkheim, Burglöe, Kaufbeüern, Ottobeüern, nebst Memmingen, dann die Mediatbesitzungen von Fugger-Babenhausen, Fugger-Kirchheim, Buxheim, Winterrieden, Thanhausen und Edelstetten, vom bisherigen Lechkreise; — e) den Landgerichten Günzburg, Elchingen, Roggenburg und Illertissen, nebst den Besitzungen des Grafen Fugger-Kirchberg und Weißenhorn, mit Ausschluß der an die Krone Württemberg abgetretenen Gebietstheile.

Der Sitz des General-Kreiscommissariats war zu Kempten und des Appellationsgerichts in Memmingen.

Der Landgerichte gab es im neüen Illerkreise 27, nämlich zu

Babenhausen,	Ober-Günzburg,	Mindelheim,	Schongau,
Bregenz,	Illertissen,	Montafon,	Schwabmünchen.
Buchlöe,	Immenstadt,	Oberdorf,	Sonnenburg,
Dornbirn,	Innerbregenzerwald,	Ottobeüern,	Sonthofen,
Feldkirch,	Kaufbeüern,	Reütte,	Türkheim,
Füßen,	Kempten,	Roggenburg,	Ursberg,
Grönnenbach,	Lindau,		Weiler.

7. Der Isarkreis hatte folgende Bestandtheile: — a) den bisherigen Isarkreis, mit Ausnahme des an den Innkreis abgegebenen Landgerichts Werdenfels; — b) die Landgerichte Schrobenhausen, Aichach, Friedberg und Landsberg vom bisherigen Lechkreise; — c) die

Landgerichte Vilsbiburg, Mühldorf, Wasserburg, Trosburg und Rosenheim vom bisherigen Salzachkreise.

Der Sitz des General-Kreiscommissariats und auch des Appellationsgerichts war in München.

Der Kreis enthielt 22 Landgerichte, und zwar zu

Aichach,	Landshut,	Pfaffenhofen,	Tölz,
Dachau,	Miesbach,	Rosenheim,	Trosberg,
Erding,	Moosburg,	Schrobenhausen,	Vilsbiburg,
Freising,	Mühldorf,	Schwaben,	Wasserburg,
Friedberg,	München,	Stahrenberg,	Weilheim,
Landsberg,			Wolfratshausen.

8) Der Salzachkreis enthielt: a) vom bisherigen Salzachkreise die Landgerichte Simbach, Burghausen, Traunstein, Reichenhall; — b) das Landgericht Kitzbühel vom bisherigen Innkreise; — c) das Fürstenthum Salzburg und Berchtesgaden, mit Ausnahme des an den Innkreis übergehenden Zillerthals (die im Salzburgischen gebildeten Landgerichte sind im nachfolgenden Verzeichnisse mit S. bezeichnet); d) das bisherige Innviertel nebst dem abgetretenen Stück des Hausruckviertel, mit Ausnahme dessen, was dem Unterdonaukreise zugewiesen wurde.

Der Sitz des General-Kreiscommissariats war in Salzburg, und des Appellationsgerichts in Burghausen.

Der neüe Salzachkreis war in 33 Landgerichte und diese in drei Klassen, folgender Maßeneingetheilt:

Erster Klasse:		Zweite Klasse:	Dritte Klasse:
Altenötting,	Laufen, S.	Berchtesgaden, S.	Abbenau, S.
Braunau,	Mauerkirchen,	St. Johann, S.	Gastein, S.
Burghausen,	Neumarkt, S.	Mattighofen,	Hopfgarten, S.
Frankenmarkt,	Ried,	Mittersill, S.	St. Michel, S.
Grieskirchen,	Teisendorf, S.	Radstadt, S.	Saalfelden, S.
Haag,	Thalgau, S.	Reichenhall, S.	Tamsweg, S.
Hallein, S.	Traunstein,	Salzburg, S.	Taxenbach, S.
Kitzbühel,	Völlabruck,	Tittmoning, S.	Werfen, S.
			Zell am See, S.

9) Der Innkreis begriff in sich: — a) den bisherigen Innkreis, mit Ausnahme der Landgerichte Reütti und Kitzbühel, deren ersteres dem Illerkreise, letzteres dem Salzachkreise zugetheilt worden war; b) das Landgericht Werdenfels vom Isarkreise; — c) das bis-

der salzburgische Zillerthal (jetzt das Landgericht Zell im Zillerthale); — d) den bisherigen Eisackkreis, nach Abzug dessen, was an das Königreich Italien und die Illyrischen Provinzen abgetreten worden.

Der Sitz des General-Kreiscommissariats war in Innsbruck, und ebendaselbst auch das Appellationsgericht.

Der Innkreis hatte 30 Landgerichte, und diese waren —

Erster Klasse:			Dritter Klasse:
Hall,	Schwatz,	Klausen,	Castelruth,
Imst,	Sterzing,	Lana,	Enneberg,
Innsbruck,	Telfs,	Ried,	Mühlbach,
Kufstein,	Werdenfels,	Schlanders,	Nauders,
Landeck,	Zweiter Klasse:	Steinach,	Passeyr,
Meran,	Brixen,	Taufers,	Sarnthal,
Rattenberg,	Brunegg,	Walsberg,	Stubay.
Silz,	Glurns,	Zell, S.	

Diesem Gebietsumfange des Königreichs Baiern, 9 Kreise und 233 Landgerichtsbezirke enthaltend, legte man einen Flächenraum von 1,736½ Geviertmeilen, und 1812 eine Bevölkerung von 3,800,000 Seelen bei. Ein ins Einzelne der Kreise gehender Nachweis der Bodenfläche und Einwohnerzahl ist nicht vorhanden.

Die höchsten Reichsbeamten, der Hofstaat, das Ordenswesen.

Die Staatsminister eröffneten den Reigen der baierischen Beamtenschaft. König Maximilian Joseph begnügte sich im Jahre 1812 mit zwei Ministern, wie wir bereits an einem anderen Orte gesehen haben Der dort mit genannte General Triva war nicht wirklicher Minister, sondern verwaltete als Ministerstaatssecretair die Angelegenheiten des Kriegsdepartements. Montgelas, geboren 12. September 1759, gestorben 13. Juni 1838, — einem aus Savoien abstammenden Geschlecht angehörend, davon ein Zweig in der ersten Hälfte des 17. Jahrhunderts in Baiern einwanderte, — dessen diplomatischer Gewandtheit und Staatsklugheit Max Joseph von Baiern die erstrebte Souverainetät und vergrößerte Ländermacht vorzugsweise zu danken hatte, wurde von seinem Könige am 29. November 1809 in den Grafenstand des „Baierischen Reichs“ erhoben. Max Joseph's zweiter Minister, Heinrich Aloys Graf von Reichersberg, war der letzte der Reichskammergerichts-Präsidenten; er stammte aus der alten Familie dieses Namens, die in dem kur-mainzischen Fürstenthum Aschaffenburg ihren Ursprung und 1074 die Abtei Reigersberg gestiftet hat, und erlangte von Kaiser Franz II. die Reichsgräfliche Würde am 3. September 1803.

Die Großbeamten der Krone sind Mannlehen und werden vom Könige auf dem Throne verliehen. Sie können auf die Lebenszeit des Würdenträgers oder auf dessen männliche Erben verliehen werden. Die Kronbeamten haben den Rang unmittelbar nach den Staatsministern. Sie erscheinen bei Hoffeierlichkeiten und Thronbelehnungen und bei der Eröffnung der Reichsversammlung ohne eine Einberufung zu erwarten. Die Insignien des Reichs sind ihnen anvertraut: die Krone dem Kronobersthofmeister, — der erste war der Fürst Ludwig Karl Kraft zu Öttingen-Wallerstein; — der Scepter dem Kronoberstkämmerer, der zuerst belehnte: Fürst Anselm Maria Fugger, Fürst zu Babenhausen, Boos und Kettershausen; das Schwert dem Kronoberstmarschall, — dies Amt war 1812 vacant; und der Reichsapfel dem Kronoberpostmeister, — erster: Fürst Karl Alexander von Thurn und Taxis, Graf von Valsassina ꝛc. König Max Joseph bestimmte, daß dem Kronobersthofmeister bei großen Feierlichkeiten die oberste Polizei in den Gebaüden, in denen der König sich aufhält, zustehen solle, und der Kronoberstkämmerer die feierlichen Deputationen beim Könige einzuführen habe; durch den Kronoberstmarschall ertheilt der König die Befehle über Feierlichkeiten außerhalb des Bezirks der Residenz und der königlichen Schlösser; der Kronoberstpostmeister hat die Oberaufsicht bei feierlichen Zügen und Auffahrten.

Hofstaat. Zum Hofstaate des Königs verordnete Max Joseph, unter Bestätigung oder Abänderung älterer Hofgebraüche, einen Oberhofmeisterstab, bestehend aus dem Obersthofmeister, dem Stabsökonomierath und Hofkultusadministrator und dem Stabssecretair und Rechnungsführer; — einen Hofkirchensprengel, bestehend aus der katholischen und der evangelischen Hofkapelle, letztere für die Königin, welche, als badensche Prinzessin, Protestantin war; — eine Leibgarde der Hatschier, bestehend aus einem Capitain, drei Lieutenants und zwei Cornets; — einen Oberstkämmererstab, mit einem Oberstkämmerer und einer unbestimmten Zahl von Kämmerern, 1812 gab es ungefähr 350, einem Leibarzt und einem Leibwundarzt; — einen Obermarschallstab, bestehend aus dem Obersthofmarschall, dem Oberstsilberkämmerer, dem Ökonomierath, dem Secretair und Rechnungsführer, einem Offizianten und sieben Truchsessen; -- einen Obermarstallstab, mit einem Oberststallmeister und einem Viceoberststallmeister, nebst drei adlichen Stallmeistern; — einen Oberstceremonienmeisterstab, mit einem Oberstceremonienmeister, zwei Ceremonienmeistern, einem Aide des Ceremonies und einem Balletmeister; — eine Hofmusikintendanz, mit einem Intendanten, einem Secretair und drei Kapellmeistern (1812 waren es Paula, Grua, Peter Winter und Felix Blangini); — und eine Hoftheaterintendanz,

Zum Hofstaate der Königin gehörte 1812 der Oberhofmeister, der Leibarzt, die Obersthofmeisterin, zwei Kammer- und drei Hofdamen. — Der Kronprinz hatte einen Hofmarschall und zwei Adjudanten; die Kronprinzessin einen Oberhofmeister, eine Oberhofmeisterin und zwei Hofdamen.

Orden. Zu den zwei Orden, 1) dem des heiligen Hubert, welcher 1444 von Gerhard V., Herzoge zu Jülich, Cleve und Berg zum Andenken eines am Hubertustage erfochtenen Sieges über Arnold von Egmont gestiftet, und vom Kurfürsten Johann Wilhelm von der Pfalz 1709 erneüert worden war, und zu 2) dem Orden des heiligen Georg, der seinen Ursprung im Zeitalter der Kreüzzüge hat und vom Kurfürsten Karl Albrecht, nachmaliger römischer Kaiser Karl VII., 1729 aufgefrischt wurde (I. 1, S. 217) kamen als Stiftung des ersten Königs in Baiern: 3) der Militär-Max-Josephorden in drei Klassen: Großkreüze, Commandeurs und Ritter, mit jährlichen Pensionen von 1500 Gulden für jedes der sechs ältesten Großkreüze, für acht Commandeurs 500 und für funfzig Ritter jährlich 300 Gulden; und 4) der Orden der baierischen Krone, zur Belohnung des Civilverdienstes bestimmt, aus vier Klassen bestehend, mit zwölf Großkreüzen, vierundzwanzig Commandeurs, hundert Rittern und einer unbestimmten Zahl von Inhabern der Civilverdienstmedaille. Auch für diesen Orden setzte der König einen Fond fest, aus welchem die jährlichen Einkünfte einer bestimmten Zahl von Mitgliedern entnommen werden. Der König erklärte sich zum obersten Großmeister aller seiner Orden, wie es seine Vorfahren schon für die beiden ältesten Orden gewesen waren.

Die höchsten Staatscollegien.

1. Das Ministerium theilte sich, nach den Bestimmungen der Constitution, in fünf Departements, die aber 1812 nur von zwei

wirklichen Staatsministern und einem Minister-Staatssecretair für das Kriegswesen verwaltet wurden. (S. oben S. 208.)

Der Geschäftskreis des Ministeriums der auswärtigen Angelegenheiten erstreckte sich über alle Gegenstände des auswärtigen Staatsrechts, als Anstellung und Instruction der Gesandten und Agenten, Differenzen mit anderen Staaten, Forderungen an dieselben ꝛc. Ferner über alle Landeshoheits- und Lehnsachen im Königreich, über constitutionelle Fragen, die Prärogative der privilegirten Klasse betreffend; über die Prozesse bei den Justizstellen über Territorialgerechtsame, Fideicommißstücke des Adels und über die Familienverträge des königlichen Hauses. Demzufolge war das Ministerium eingetheilt in — 1) eine politische Section; — 2) eine Leben- und Hoheitssection, von der die Thronfiskale (in jedem Kreise einer) ihre Instructionen in allen fiskalischen Prozessen empfingen, mit Ausnahme der finanziellen, worüber sie von der Steüer- und Domainensection des Finanzministeriums die Weisungen erhielten; — 3) die Heroldenamtssection, zu deren Wirkungskreise die öffentliche Verkündigung großer Begebenheiten, die Ausführung feierlicher Züge, das Ceremoniel, die Rangordnung u. s. w., gehörte; — 4) die Section der Generalpostdirection, welche dem Minister über Postangelegenheiten Vortrag zu halten hatte und den ihr untergebenen sechs Oberpostämtern des Reichs unmittelbare Befehle ertheilte; diese Oberpostämter waren zu Augsburg, Baireüth, München, Nürnberg, Regensburg und Salzburg. — Dem Minister der auswärtigen Angelegenheiten waren untergeordnet: — Das statistisch-topographische Bureau, dem die Landesvermessung und die Abfassung der statistischen Beschreibung des Königreichs, nach einem vortrefflich geordneten Plane, oblag; so wie sämmtliche Archive, nämlich das geheime Hausarchiv, das geheime Staats- und das Reichsarchiv. — Der König hatte 1812 Gesandten und diplomatische Agenten zu Berlin, Darmstadt, Dresden, Frankfurt und für Nassau, zu Karlsruhe, Kassel, Neapel, Paris, in der Schweiz, zu Stuttgart, Venedig, Wien und Würzburg. — Von auswärtigen Höfen ließen sich in München vertreten: Baden, Frankfurt, Frankreich, Hessen, Neapel, Österreich, Preüßen, Sachsen, Westfalen und Würzburg.

Zum Finanzministerium gehörte, unter dessen unmittelbarer Leitung, der oberste Rechnungshof, der im Allgemeinen das ganze finanzielle Abrechnungswesen zu besorgen hatte; — sodann die Hauptbuchhaltung, der die Bearbeitung des Generalfinanzetats ꝛc. oblag; sie hatte überdem das Centralhauptbuch über das Detail aller Staatseinnahmen und Ausgaben zu führen; — die Centralstaatscasse; — und die Steüer- und Domainensection.

Der Staatshaushaltungsetat war, in Ermangelung der Nationalrepräsentation (siehe unten), nicht in die Öffentlichkeit gedrungen. 1812 schätzte man die Einkünfte auf 18 Millionen und die Staatsschulden auf 90 Millionen Gulden. Letztere waren hinlänglich fundirt, und schmeichelte man sich mit der Hoffnung, sie in dreißig Jahren zu tilgen.

Das Ministerium des Innern spaltete sich in fünf Sectionen: Polizei-, Stiftungs- und Communalstudiensection, für kirchliche Gegenstände der Protestanten und das Medizinalwesen. Im Justizministerium fand keine Trennung in einzelne Geschäftskreise Statt. Ebensowenig im Kriegsministerium, welches unter der unmittelbaren Leitung des Königs stand. Die zur unmittelbaren Berichterstattung angewiesenen Stellen und Behörden der Armee waren: das Generalauditorium, der Kriegsökonomierath, die Generallazarethinspection, die Generalcommandos, die Hadschierleibgarde, die Artilleriebrigade, die Zeüghaushauptdirection, die Commandantschaften München und Passau und das Cadetencorps.

2. Geheimer Rath. Zur weitern Ausführung der Bestimmung im § 2, Titel III der Constitution, erließ König Max Joseph unterm 4. Juni 1808 ein organisches Edict, die Bildung des geheimen Raths betreffend. Er bestätigte die dort getroffenen Anordnungen über die Zusammensetzung dieses höchsten berathenden Collegii, welches anderwärts meistentheils Staatsrath genannt wird, und bestimmte ergänzend, daß auch die vier Kronbeamten den Sitzungen desselben beiwohnen könnten, und übertrug die Geschäfte des Generalsecretairs beim geheimen Rath seinem geheimen Conferenzsecretair. Der Gehalt eines Mitgliedes des geheimen Raths wurde auf 4,500 Gulden festgesetzt, und der des Generalsecretairs auf 4000 Gulden, in beiden Fällen mit Einschluß desjenigen Einkommens, welches aus anderer Dienststellung floß. Das Edict bestimmte den Geschäftskreis des geheimen Raths in weiterer Ausführlichkeit und schrieb den innezuhaltenden Geschäftsgang vor. 1812 bestand diese hohe Behörde, außer den Ministern und Kronbeamten, aus fünfzehn wirklichen geheimen Räthen des ordentlichen Dienstes (je fünf in den zwei Sectionen des

Innern und der Finanzen, vier in der Section der Justiz und einer für militärische Gegenstände und dem Generalsecretair; sondann aus elf wirklichen geheimen Räthen des außerordentlichen Dienstes, sechzig wirklichen, nicht frequentirenden geheimen Räthen und dreizehn Titular-Geheimen-Räthen, unter welch' letzteren sich auch Gelehrte, Mitglieder der Akademie der Wissenschaften, wie Friedrich Heinrich Jacobi, Sam. Thom. Sömmering, Karl Ehrenb. von Moll, befanden.

Stände des Königreichs.

Die Bestimmung über die in der Constitutionsurkunde, Tit. IV, angeordnete Nationalrepräsentation, Kreisversammlungen und Kreisdeputationen war bis zum Jahre 1813 noch nicht erfolgt.

Obere Landesbehörden.

1. In politischer Hinsicht.

General-Kreiscommissariate. Jedem Kreise war nach den Bestimmungen der organischen Edicte vom 1. Oktober 1807 und 17. Juli 1808 ein Generalcommissar vorgesetzt, welchem ein Kreiskanzleidirector zugegeben, so wie vier Kreisräthe, ein Schulrath, ein Medizinalrath und das nöthige Unterpersonal untergeordnet waren. Die Städte Nürnberg und Augsburg hatten jede einen eigenen Commissar, welche in Beziehung auf diese Städte gleichen Wirkungskreis mit den Generalcommissaren in den Kreisen hatten. Der Wirkungskreis eines General-Kreiscommissars war größtentheils vollstreckend. Er bezog sich auf staatsrechtliche, auf sämmtliche Polizei-, militärische und staatswirthschaftliche Gegenstände und zwar auf beide letzteren, insofern sie in dem Geschäftskreise des Ministeriums der auswärtigen Angelegenheiten oder des Innern einschlägig sind, und eine Verordnung vom 7. Oktober 1810 erweiterte den Wirkungskreis der Generalcommissare auf die Oberaufsicht der Verwaltung der Stiftungen und auf das Wasser-, Brücken- und Straßenbauwesen, so weit unabhangig vom Gebiete der Technik und der Verrechnung, polizeiliche und rechtliche Concurrenzgegenstände dabei in Betracht kommen. Der General-Kreiscommissar war, mit einem Worte ein — Präfect, dessen Stelle in Abwesenheitsfällen vom Kanzleidirector vertreten wurde, wenn der König keine andere Verfügung traf. Die Vertheilung der Geschäfte unter das Kreispersonal hing lediglich vom Ermessen des Generalcommissars ab.

Der Kreiskanzleidirector und die Kreisräthe hatten nur eine berathende Stimme. Bei mehreren Gegenständen, die in collegialischer Form behandelt wurden, stand denselben aber eine entscheidende Stimme zu. Dahin gehörten u. a.: streitige Nachsteüersachen, Appellationssachen bei Polizeivergehen, Aburtelung der Polizeistrafen, Kultur- und Gewerbsstreitigkeiten, Entscheidung der Streitigkeiten über Kirchen-, Pfarr- und Schulgebaüde, Beschwerden über die Vertheilung besonderer Kreisauflagen, streitige Gemeindberechte u. s. w. — In der Haupt- und Residenzstadt München und in der Kreisstadt Bamberg hatte das Edict vom 8. Dezember 1808 besondere Medizinalcommités angeordnet; eine dritte Behörde dieser Art wurde auch seit Erwerbung des Fürstenthums Salzburg in der Hauptstadt des Salzachkreises bestellt. Sie waren, dem Ministerio des Innern unmittelbar untergeordnete, wissenschaftliche Stellen, mit collegialischer Form, denen alle bei den General-Kreiscommissariaten auf die Gesundheitspolizei Bezug habenden Acten mitgetheilt werden mußten. Sie waren zugleich die Prüfungsbehörden für Ärzte und verhandelten überhaupt alle medizinischen Landesangelegenheiten. In München war auch eine Centralveterinairschule für das ganze Königreich errichtet worden.

Die Verordnung vom 7. Oktober 1810 regelte das Einkommen der Kreisbeamten, oder bestätigte die in dieser Hinsicht früher erlassenen Bestimmungen, wonach man bei den höheren Stellen Standesgehalt und Dienstesgehalt unterschied. Für den Generalcommissar wurde ersteres auf 4000, letzteres auf 3000, zusammen auf 7000 Gulden festgestellt; für den Kanzleidirector auf 2000 und 1000, zusammen auf 3000 Gulden. Der Gesammtgehalt des ältesten Kreisraths auf 2000, des zweiten auf 1,800, der beiden übrigen und des Schulraths auf 1,600 und des Medizinalraths auf 800 Gulden. Jeder der zwei ältesten Subalternen erhielt 1000, jeder der zwei jüngeren 800 Gulden jährlichen Gehalts. Die Lokalcommissare in den Städten Augsburg und Nürnberg bezogen 3000 Gulden, Standes-, und 1,500 Gulden Dienstesgehalt und ihr Secretair 900 Gulden. Auch war ihnen ein Medizinalrath zugegeben.

2. In finanzieller Hinsicht.

Dem Finanzministerium waren folgende obere Landesbehörden untergeordnet: — Die General-Salinenadministration, — die General-Bergwerksadministration, — die unmittelbare Münzcommission,

— die General-Forstadministration, — die Generalzoll- und Mauthdirection, — die Generaldirection des Wasser-, Brücken- und Straßenbauwesens, — die Steüer- und Katastercommission, — die General-Lottoadministration, — die Centraladministration der ehemaligen Johanniterordensgüter, — die Administration der Staatsgüter Schleisheim, Fürstenried und Weihenstephan, deren Zweck wissenschaftlicher Betrieb der Landwirthschaft war, — die Brauwesensadministration — die Redaction des allgemeinen Regierungsblattes, — die Staatsschulden-Liquidationscommission, — die Commission zur Tilgung der Staatsschulden, und die —

Finanzdirectionen in den Kreisen, denen alle Theile der Finanzverwaltung oblag und unmittelbar an das Finanzministerium berichteten. Das Personal dieser Stelle bestand aus einem Kreis-Finanzdirector, drei Finanzräthen, einem Oberaufschläger nebst einem Controleur, einem Siegelbeamten, einem Landbauinspector und dem nöthigen Unterpersonal.

Die seit dem schönbrunner Frieden erworbenen Fürstenthümer Baireüth, Regensburg, Salzburg und Berchtesgaden, so wie das Innviertel und Hausruckviertel waren 1812 einstweilen noch besonderen Finanzadministrationen unterworfen.

3. Unterbehörden.

Unter der Leitung und Curatel des Generalcommissars standen alle im Kreise befindlichen Untergerichte, so weit sie die Polizei handhabten, die Polizeicommissare in den Städten, die Municipalitäten und Gemeinden.

Die Untergerichte, als Stadt- und Landgerichte, konnten in Rechtssachen weder vom Generalcommissar noch vom Finanzdirector Befehle annehmen und waren in dieser Hinsicht, als Justizbehörden, nur den Appellationsgerichten untergeordnet. — In größeren Städten war die Polizeiverwaltung den Polizeidirectoren anvertraut; auf dem Lande wurde die Polizei vom Landgericht administrirt. Die Landgerichte waren ihrem Wirkungskreise nach sehr gemischte Behörden: theils gehörten staatsrechtliche, theils Polizei- und Militärgegenstände zu ihrem Geschäftskreise, theils waren sie Pfleger des Rechts und der Gerechtigkeit. Die Stadtgerichte hatten gleichen Wirkungskreis als Polizei- und Justizbehörden.

Die Gemeinden waren eingetheilt in die Klasse der Städte und größeren Märkte und in die Klasse der kleineren Märkte und Dörfer. Die Gemeindegränzen sollten so viel wie möglich mit den Steüerdistricten zusammenfallen, so daß ihr Umkreis auch zugleich die Gränze des Pfarrsprengels und des Schulbezirks bestimmte. Jede Stadt, jeder Markt, jedes große Dorf bildete eine Gemeinde. Die kleineren Märkte und die Dorfgemeinden besorgten ihre Angelegenheiten durch Beschlüsse in den Gemeindeversammlungen und hatten keine beständigen Vertreter. In den Städten und größeren Märkten wurde die Gemeinde durch einen aus ihrer Mitte gewählten Municipalrath repräsentirt. Die Gemeinden und der Municipalrath durften nur auf Berufung und unter Leitung der Polizeistelle zusammentreten; sie konnten ohne Wissen und Genehmigung derselben nichts beschließen; sie konnten auch keine Gerichtsbarkeit ausüben, sondern sich nur über ihre Gemeindegüter und Gemeindeverbindlichkeiten berathen. Bei den Gerichtsstellen durfte keine Gemeinde ohne obrigkeitliche Bewilligung als Kläger auftreten; sie mußte sich deswegen an den Generalcommissar wenden. Der Gemeinderath übte das Amt des Friedensrichters aus und kein Rechtshandel durfte anhangig gemacht werden, ohne ein Zeügniß des Gemeinderaths, daß er die friedliche Vermittelung vergebens versucht habe. Der Gemeinderath führte auch die Aufsicht über die Grundbücher.

Justizbehörden.

1. Das Oberappellationsgericht war für das ganze Königreich die einzige letzte Instanz in bürgerlichen und peinlichen Rechtsfällen. Es hatte seinen Sitz in der Hauptstadt München und bestand aus zwei Präsidenten, vier Directoren und einunddreißig Räthen, vier Secretairen, einen Rathsdiener, zwei Boten. Dieser höchste Gerichtshof theilte sich in drei Senate, oder, je nachdem die Geschäfte es erheischten, in vier. Ihm stand die Oberaufsicht über sämmtliche Appellationsgerichte des Königreichs zu. Ein berggerichtlicher Senat mit einem Director und zwei obersten Bergräthen, war ihm zugeordnet.

2. Die Appellationsgerichte, deren jeder Kreis eins hatte, waren die zweite Instanz in streitigen Civilrechtsachen und die erste entscheidende Stelle in peinlichen Rechtsfällen. Sie bestanden, mit einem Präsidenten an der Spitze, in der Regel aus zwei Directoren, davon der älteste das Prädikat eines Vicepräsidenten zu führen pflegte, und aus sechzehn Räthen, in einigen Sprengeln mehr, in anderen

weniger, vier Secretairen, einem Expeditor, zwei Registratoren, acht Kanzellisten, einem Rathsdiener, zwei Boten.

3. Die Untergerichte theilten sich in Stadtgerichte, — in Landgerichte, — und in die ihnen gleich geachteten Patrimonialgerichte. In peinlichen Sachen waren sie nur instruirende Behörden; sonst aber erstreckte sich ihre Competenz auf alle in ihrem Bezirk angebrachten Real- und Personalklagen, mit Ausnahme der mediatisirten, ehemals reichsunmittelbar gewesenen Fürsten, Grafen und Herren, und den ihnen gleich geachteten höheren Staatsbeamten, deren erste Instanz die Appellationsgerichte waren.

In peinlichen Fällen, mit Ausnahme der Militärverbrechen, genossen die Haüpter der mediatisirten Haüser, nach § 28 der Rheinbundacte das Recht einer Austrägalinstanz, nämlich durch Richter ihres Standes gerichtet zu werden. Der König berief in diesen Fällen die gesetzliche Zahl von Beisitzern zu einem solchen Gericht aus dem Stande des Inquisiten. Der Justizminister fungirte als Großrichter und Präsident dieses Gerichts. Der Angeklagte konnte sich einen Rechtsbeistand wählen, der bei dem Gericht seine Vertheidigung übernahm. Das Urtheil wurde dem Könige zur Bestätigung vorgelegt und alsdann in gewöhnlicher Art vollzogen. — Eine ständige Justizstelle war —

4. Das Handelsappellationsgericht zu Nürnberg, welches in zweiter und letzter Instanz in streitigen Wechsel- und Merkantilsachen seines Bezirks erkannte. Es bestand, unter einem Director, aus drei Räthen.

5. Wechselgerichte waren zu München und Augsburg.

Specialgerichte konnten, zufolge Verordnung im Regierungsblatt vom 9. August 1809, in außerordentlichen Fällen angeordnet werden, als bei allgemeinem Aufruhr und Empörung. Diese Gerichte erkannten, mit Ausschließung aller anderen ordentlichen Gerichte, über Verbrechen des Staatsverraths im ersten und zweiten, der beleidigten Majestät im ersten und zweiten und des Aufstandes im dritten und höchsten Grade. Das Specialgericht bestand aus sieben vom Könige ernannten Richtern, unter denen einer den Vorsitz führte, und zwei aus dem Militärstande genommen wurden, einem Kronfiskal, zwei Beisitzern aus der Gemeinde des Orts, in welchem das Gericht seinen Sitz aufschlug, und einem Protokollführer. Das Verfahren dieses Gerichts war summarisch.

In dringenden Fällen bei Volksbewegungen konnte, nach eben derselben Verordnung, der Generalcommissar des Kreises, im Einverständniß mit dem Appellationsgerichte, oder, wenn Gefahr aus dem Verzuge zu fürchten war, aus alleiniger Machtvollkommenheit ein Standrecht aus drei, in dem Criminalrichteramte bewährten, unbefangenen Männern constituiren, welches in ununterbrochener Sitzung binnen vierundzwanzig Stunden das Urtheil zu fällen und es sofort vollziehen zu lassen hatte.

In allen Theilen des Königreichs war der Codex Bavarici judiciarii als bürgerliches Gesetzbuch eingeführt und hatte mit dem 1. Januar 1811 gesetzliche Kraft erlangt.

Was die Besoldung der höheren Justizbeamten anbelangt, so hatte die Verordnung vom 24. Juli 1808 darüber Folgendes festgesetzt:

Beim Oberappellationsgericht, — der erste Präsident 8000, der älteste Director 4000, der zweite 3,500, der dritte 3000 Gulden. — Später war noch ein zweiter Präsident und ein vierter Director hinzugekommen; — von den funfzehn ältesten Räthen jeder 2,500, von den folgenden jeder 2,200, die älteren zwei Secretaire jeder 1,500, die folgenden jeder 1,200, der Rathsdiener 600, der Bote 400 Gulden.

Bei den Appellationsgerichten, — der Präsident 4000, der älteste Director 3000, der zweite 2,500, die vier ältesten Räthe jeder 2000, die nachfolgenden sechs jeder 1,800, die sechs jüngsten jeder 1,600, der erste Secretair und der Expeditor jeder 1000, der zweite, dritte und vierte Secretair 900, 850, 800, der erste Registrator 900, der zweite 800, von den zwei ältesten Kanzellisten jeder 600, von den zwei letzten jeder 550, der Rathsdiener, d. i. in Norddeütschland der Botenmeister, 500 und der Bote 400 Gulden.

Kirchenstaat.

Die Kirchenverfassung der Katholiken erwartete, zu ihrer endgültigen Einrichtung, noch ein Abkommen oder Concordat, mit dem Oberpriester oder heiligen Vater, der jedoch in dem Zeitpunkte, der uns hier zum Anhalte dient, durch Buonaparte's Macht und — Gewaltstreiche in Rom abhanden gekommen war. Es war, wie es scheint, die Absicht, das Königreich Baiern zu einer selbständigen, von Rom unabhangigen Kirchengemeinschaft zu verhelfen, und derselben einen Erzbischof an die Spitze zu stellen, der nur, nächst Gott dem Vater, Gott dem Sohne und Gott dem heiligen Geiste verantwortlich, dem weltlichen Herrn und Staatsoberhaupte unterthan sein sollte; allein wie freisinnig und dem Fortschritte huldigend auch König Maximilian Joseph und sein vornehmster Rathgaber Montgelas sein mochten, sie konnten doch den übermächtigen Geist der römischen Priesterschaft nicht so weit bändigen, um sich und 3 Millionen Glaübiger aus der Leibeigenschaft des heiligen Stuhls zu befreien.

Die Bischöfe übten theils selbst, theils durch die ihnen untergeordneten Generalvicariate die geistliche Gewalt in dem Umkreise ihrer Sprengel aus. Das Königreich war in dieser Hinsicht neün, aus der alten Reichszeit stammenden Bisthümern zugetheilt worden, nämlich: Augsburg, Bamberg, Brixen, Eichstädt, Freising, Constanz, Passau, Regensburg und Salzburg. Der Sitz des Bisthums Constanz war im Auslande (Württemberg) und sein Sprengel erstreckte sich noch zur Zeit, mit Bewilligung des Königs, über einen kleinen Theil des Illerkreises, oder jener Lande des ehemaligen Schwäbisches Kreises, die zur Costnitzer Diöcese gehört hatten; und der amtliche Verkehr über allgemeine Kirchenverordnungen mit diesem Ordinariate war dem Generalcommissar des Illerkreises zu Kempten übertragen. Vier unter den einheimischen Bischofstühlen wurden erledigt und der Regensburger mit einem ausländischen souverainen Landesfürsten besetzt, mit Karl von Dalberg, dem Fürsten Primas und Großherzog von Frankfurt, der sich Erzbischof von Regensburg nannte, wiewol ihn der König von Baiern nur als Bischof, den Bischof von Salzburg dagegen als Metropolitan, und bei der Erledigung dieser Stelle, den Fürstbischof von Chiemsee, als Verweser der Metropolitanfunctionen anerkannte.

Die protestantische Kirche, welche im Königreich Baiern 1812 gegen 800,000 Bekenner zählte, hatte ihr Generalconsistorium in der oben erwähnten Section des Ministeriums des Innern, welche aus einem Präsidenten, drei ordentlichen und drei außerordentlichen Oberkirchenräthen bestand. Eine Centralcommission zur Aufnahmsprüfung evangelischer Pfarramtskandidaten bestand zu Nürnberg, unter der Leitung des dortigen Lokalcommissars aus fünf Mitgliedern; und Generaldekanate, als Mittelstellen zwischen den Kirchengemeinden und dem Generalconsistorium, hatten die Protestanten vier, nämlich zu Baireüth für den Mainkreis, zu Ansbach für den Rezatkreis und die Stadt Nürnberg, zu Regensburg für den Regen- und die beiden Donaukreise, so wie für die Stadt Augsburg, und zu München für die zerstreüten evangelischen Gemeinden in den Kreisen Isar, Iller und Salzach. Im Innkreise gab es keine protestantische Gemeinde. Die Dekane wurden Kreiskirchenräthe genannt.

Unterrichtswesen, Anstalten für Kunst und Wissenschaft xc.

Was die Regierung des ersten Königs in Baiern besonders ausgezeichnet hat, das ist die Sorge, in den altbaierischen Landen überall da Licht im geistigen Leben zu verbreiten, wo vor seines Vorgängers, des Kurfürsten Karl Theodor, Zeit tiefdunkle Finsterniß herrschte. Die wissenschaftlichen Anstalten hoben sich unter Maximilian Joseph, nach den Rathschlägen seines ersten Ministers, rasch zu einem Flor, von dem man vor ihm kaum eine Ahnung der Möglichkeit gehabt hatte. Der öffentliche Unterricht, von der Volks- bis bis zur Hochschule, wurde fast durchgängig zweckmäßig, zum Theil musterhaft eingerichtet. Die den Behörden und den Schulinspektoren von der Studiensection im Ministerio des Innern ertheilten Instructionen, den Unterricht der Jugend, die Nationalerziehung und das Schulwesen überhaupt betreffend, athmete durchaus den Geist des vernünftigen Fortschritts und des großmüthigen Wohlwollens von Seiten des Königs, dem nach seiner ganzen Sinnesart die Einsicht zu eigen geworden war, daß es eines Königs würdiger ist, ein aufgeklärtes, sich selbst bewußt gewordenes Volk zu beherrschen, als den Scepter über einen Haufen unwissender, in den Banden des Aberglaubens gefesselter Menschen zu schwingen.

Die katholische Universität zu Landshut zählte im Jahre 1812 nicht weniger denn 37 Lehrer. Sie war in zwei Klassen, die der allgemeinen und die der besonderen Wissenschaften, eingetheilt. Die erste Klasse hatte in der Section der Philosophie zwei, in der Section der Mathematik und Naturlehre drei, in der Section der Geschichte und Statistik drei, und in der Section der Ästhetik und Philologie drei, überhaupt 11 Lehrer; die zweite Klasse zählte in der theologischen Abtheilung sieben, in der juristischen sieben, in der Abtheilung der Staatswissenschaften fünf, und in der Section der Heilkunde sieben, im Ganzen 26 Lehrer. Unter diesen Lehrern glänzten Namen, welche die Geschichte der Wissenschaften und der Gelehrsamkeit stets mit Anerkennung nennen wird. Eben so verhielt es sich mit den Professoren an der protestantischen Universität zu Erlangen, welche vier Lehrer in der theologischen Fakultät, fünf in der juristischen, 10 in der medizinischen und 17 in der philosophischen, überhaupt 36 Lehrer hatte.

Die Akademie der Wissenschaften zu München und die Akademie der bildenden Künste ebendaselbst sind Anstalten, bei denen Max Joseph mehrere der ausgezeichnetsten Gelehrten und Künstler des In- und Auslandes mit großer Freigebigkeit vereinigt hatte, nicht etwa des Prunkes wegen, sondern um echte Aufklärung und Veredlung des Geschmacks und des Gemüths unter den Baiernvolke zu verbreiten, wozu die reich ausgestatteten Kunstsammlungen, wie die Gemäldegallerien zu München, im königlichen Schlosse zu Schleisheim und zu Lustheim, zu Augsburg, Nürnberg, Landshut und Regensburg, ebenfalls nicht wenig beigetragen haben.

Maximilian Joseph und sein aufgeklärter Minister Montgelas gaben auch die Anregung zur Errichtung eines musterhaften landwirthschaftlichen Vereins in Baiern, welcher eine freiwillige Verbindung von Freünden der Landwirthschaft ist, und den Zweck hat, praktische Landwirthschaft und die damit in Verbindung stehenden Gewerbe auf theoretischer und rationeller Grundlage zu befördern.

Militärstaat.

Obwol der König von Baiern nach den Bestimmungen der rheinischen Bundesakte nur zu einem Kontingent von 30,000 Mann verpflichtet war, so hielt er doch ein weit zahlreicheres actives Heer, welches im Jahre 1811 auf 45,600 Mann gesteigert worden war und Nationalgarde erster Klasse genannt wurde. Außer ihm bestand noch eine Nationalgarde zweiter und dritter Klasse. Die zweite Klasse theilte alle Pflichten und Verhältnisse der activen Armee, folgte allenthalben dem Rufe zur Vertheidigung des Vaterlandes, und bildete die mobilen Legionen, welche jedoch nur in Zeiten wirklicher Gefahr aufgeboten wurden, und innerhalb der Gränzen des Landes die Sicherheit und Ordnung gegen innere und aüßere Feinde handhabten. In jedem Kreise war eine mobile Legion errichtet, und wurde nach demselben genannt. Die dritte Klasse endlich, oder die Bürgermiliz bestand aus denjenigen Mannschaften, welche lediglich zur Erhaltung der Ruhe und Sicherheit innerhalb der Gränzen ihrer Landgerichtsbezirke verpflichtet waren, und in der Regel nicht gegen einen aüßern Feind verwendet werden sollten.

Als eigentliche Polizeimannschaft diente die im Jahre 1812 errichtete Gensd'armerie, welche, in drei Legionen zu Pferd und zu Fuß, 1332 Mann stark, in alle Kreise vertheilt war.

Die Militärakademie für das Cadetencorps zu München bestand aus einem Generalmajor, einem Obersten, einem Hauptmann, fünf Inspectionsoffizieren, 18 Lehrern und 200 Cadeten und Zöglingen.

Die Formation des activen Heeres war im Jahre 1811 folgende:

a) 12 Linieninfanterieregimenter. Jedes theilte sich in zwei Feld- und ein Reservebataillon. Ein Feldbataillon bestand aus einer Grenadier-, einer Schützen- und vier Füsiliercompagnien, ein Reservebataillon aus vier Füsiliercompagnien. Der Stab zählte 36 Personen, die 16 Compagnien 2400 Mann, worunter 2048 Gemeine. Die 12 Regimenter enthielten mithin 432 Personen vom Stab, und 28,800 Mann, worunter 24,576 Gemeine.

b) Sechs Bataillone leichter Infanterie, zusammengesetzt aus einer Karabiner-, einer Schützen- und sechs Füsiliercompagnien. Zwei von diesen letzteren bildeten eine Reservedivision. Der Stab dieser Bataillone zählte 24 Personen, die acht Compagnien 1200 Mann, worunter 1024 Gemeine. Die leichte Infanterie war demnach 144 Personen vom Stab und 7200 Mann stark, darunter 6144 Gemeine.

Das gesammte Fußvolk: 576 vom Stab und 36,000 Mann, darunter 30,720 Gemeine. Außerdem waren Garnisoncompagnien zu Donauwörth, Nymphenburg, Oberhaus-Passau, Rosenberg, Rothenburg und Wülzburg, deren Stärke nicht angegeben war.

c) Die Kavalerie bestand aus sechs Regimentern Chevauxlegers, zu drei Felddivisionen à zwei Eskadronen und eine Reserveschwadron. Es enthielt also jedes Regiment sieben Eskadronen und bestand aus 18 Personen vom Stab, 1050 Mann und 875 Pferden, die ganze Reiterei also aus 108 Personen vom Stab, 6300 Mann und 5250 Pferden.

d) Ein Artillerieregiment in vier Bataillonen, jedes zu fünf Compagnien. Der Stab zählte 35 Personen, die 20 Compagnien 2000 Mann.

e) Ein Artillerie- und Armeefuhrwesensbataillon à vier Divisionen, jede zu zwei Compagnien. Der Stab mit 22 Personen, die acht Compagnien 1200 Mann stark, nebst 80 Reit- und 640 Zugpferden.

f) Eine Arbeitercompagnie von 100 Mann.

Das ganze baierische marschfertige Heer bestand also aus

	Stab	Mann	Pferde
1. Lienienfußvolk . .	432	28,800	—
2. Leichtes Fußvolk .	144	7200	—
3. Reiterei . . .	108	6300	5250
4. Schweres Geschütz	35	2000	—
5. Fuhrwesen . . .	22	1200	720
6. Arbeitercompagnie	—	100	—
Zusammen	741	45,600	5970

Dreiundvierzigstes Kapitel.

Das Königreich Württemberg nach Territorialeintheilung, Verfassung und Verwaltung. 1808—1813.

Gebietsstand im Jahre 1808.

Das königlich württembergische Staatshandbuch, welches im Juni des Jahres 1808 zu Stuttgart ans Licht gestellt wurde, verkündete, — das Königreich Württemberg sei in 12 Kreise, jeder Kreis aber wieder in Oberämter eingetheilt, denen als Souverainetätsbeamtung zugleich die Patrimonialämter untergeordnet seien.

Jedem Kreise war ein Kreishauptmann und ein Kreissteüerrath mit einem Actuar vorgesetzt. Das Personal des Oberamts war verschieden. Außer dem Oberamtmann war für die Patrimonialämter noch eine besondere Souverainetätskameralverwaltung angeordnet, die ihren Sitz nicht immer in der Oberamtsstadt hatte. Unter Patrimonialämtern wurden nicht blos die ehemaligen reichsritterschaftlichen, sondern auch die reichsfürstlichen und reichsgräflichen verstanden; letztere hießen aber Patrimonialobervoigteiämter,

Bei der Bemerkung der Volkszahl in der nachstehenden Übersicht der Territorialeintheilung hat man zuerst die des Oberamts mit Einschluß der Patrimonialämter angesetzt, sodann aber besonders bemerkt, wie viel Patrimonialunterthanen unter der Hauptzahl befindlich waren. Die Zahl der Patrimonialunterthanen mag indessen in einigen Oberämtern doch wol noch größer gewesen sein, da bei einigen

Condominien und Lehnen, die besondere Zahl einiger mittelbaren Unterthanen nicht unter besonderen Patrimonialämtern angegeben wurde; bedeütend war diese Zahl auf keinen Fall.

Die beiden Residenzstädte Stuttgart und Ludwigsburg waren nicht eingekreist und werden also hier besonders angeführt.

Eintheilung und Bevölkerung des Königreichs Württemberg.

Im Jahre 1808.

	Einwohner.
Erste Residenz- und Hauptstadt Stuttgart, ohne das Hofpersonal und ohne Militär, aber mit dem zur Stadt gehörigen Weiler nebst den Mühlen (1974 Seelen)	22,771
Darunter 22,523 Lutheraner, 140 Katholiken, 16 Reformirte, 92 Juden.	
Zweite Residenzstadt Ludwigsburg, ebenfalls ohne Hof und Militär, jedoch mit Einschluß eines Hofguts (16 Seelen), des Zucht- Arbeits-, Weisen- und Irrenhauses (398) und der Porzellanfabrik (83) so wie der 23 Juden	5890

Erster Kreis: Stuttgart.

Oberämter	Zahl der Patr.-Ämter		Einwohner	P.-U.
1. Böbligen	2 a	. . .	20,358	492
2. Cannstatt	1 b	. . .	16,408	607
3. Eßlingen	—	. . .	17,143	—
4. Leonberg	—	. . .	19,932	—
5. Stuttgart	—	. . .	23,348	—
Kreis Stuttgart	3	. . .	97,189	1099

a) — 1. Mauren: v. Röder. — 2. Dützingen-Rohrdorf. Dem Commenthur zu Rohrdorf, Freiherrn v. Flaxlanden gehörig. — b. Mühlhausen am Neckar: Freiherr v. Palm.

Zweiter Kreis: Ludwigsburg.

Oberämter	Zahl der Patr.-Ämter		Einwohner	P.-U.
1. Besigheim	1 a	. . .	19,504	288
2. Ludwigsburg	2 b	. . .	19,032	721
3. Marbach	2 c	. .	13,220	1179
4. Maulbronn	—	. . .	23,233	—
5. Vaihingen	2 d	. . .	15,944	1243
6. Waiblingen	—	. . .	17,986	—
Kr. Ludwigsburg	7	. . .	108,919	3431

a) — Schozach: Freiherr Sturmfeder.

b) — Die zwei Patrimonialämter waren: — 1. Heütingsheim: Freiherr Kniestedt, und 2. Unter-Riexingen: Freiln Zwierlein, vermälte v. Steigentesch. Dieser Ort war ein Condominatort mit der Krone, welche fünfundzwanzig Zweiunddreißigstel besaß. Zur Patrimonialherrschaft gehörten 161 Seelen, und von der gemeinschaftlichen 86 gehörten 19 dazu.

c) — 1. Kleinbottmar: Freiherr Kniestedt. — 2. Neckar-Bechingen, ein Condominatort, dessen Unterthanen nach Haüsern abgetheilt waren, woran die Krone zwei Fünftel, die Familie v. Gemmingen drei Fünftel besaß. Im letztern Antheil gab es 386 Seelen.

d) — 1. Hochdorf: v. Tessin. — 2. Rieth: v. Reischach. Da Württemberg von jeher die hohe Gerichtsbarkeit hatte, und auch an der niedern betheiligt war, so befand sich die Einwohnerzahl bei dem Orte Nußdorf mit unter den unmittelbaren. Für Rieth waren 700 Seelen angesetzt, die aber hier unter der Hauptzahl stecken.

Dritter Kreis: Heilbronn.

Oberämter	Zahl der Patr.=Ämter		Einwohner	P.=U.
1. Backnang	5a	. . .	24,221	8377
2. Beilstein	2b	. . .	15,021	173
3. Brackenheim	—	. . .	19,500	—
4. Heilbronn	6c	. . .	20,165	5713
5. Neckarsulm	5d	. . .	14,375	443
6. Weinsberg	3e	. . .	13,954	2494
Kr. Heilbronn	21	. . .	107,236	17,200

a) — 1. Patrimonialstabsamt Abstadt: Fürst zu Löwenstein-Werthheim. — 2. Patrimonialvogteiamt Löwenstein; 3. P.-A. Lammersbach; 4. P.-A. Sulzbach, alle drei den beiden Grafen zu Löwenstein-Werthheim. Die Patrimonialämter 1—4 machten aber die Patrimonialherrschaft Löwenstein aus.

5. Oppenweiler: Freiherr Sturmfeder von und zu Oppenweiler.

b) — 1. Helfenberg, theils königlich, wovon die Einwohnerzahl unter der Hauptsumme; theils und zwar pro indiviso: v. Gaisberg, v. Bouwinghausen und Gräfin Pückler. — 2. Schloßgut Lichtenberg: Freiherr Weiler.

c) — Schloßgut Horkheim: v. Buol. — 2. Thalheim: Freiherr Gemmingen. — 3. Bonfeld, und 4. Fürfeld; beide verschiedenen Linien der freiherrlichen Familie v. Gemmingen. — 5. Massenbach: v. Massenbach. — 6. Schwaigern: Graf Neipperg.

d) — 1.—4. Burg, Schloß Kochendorf, Hofgüter Ilgenberg und Lobenbach: Freiherr Gemmingen. — 5. Schloßgut Ödheim: Cappler v. Ödheim.

e) — 1. Affalterach: Freiherr v. Truchseß. — 2. Eschenau: v. Ürküll. — 3. Eylenbaud: Steinsfeld v. Gemmingen.

Vierter Kreis: Öhringen.

Oberämter	Zahl der Patr.=Ämter		Einwohner	P.=U.
1. Neuenstein	16a	. . .	38,445	38,445
2. Nizenhausen	11b	. . .	26,927	25,412
3. Schönthal	11c	. . .	15,775	8,136
Kr. Öhringen	38	. . .	81,147	71,993

a) — Neüenstein war ein Souverainetätsoberamt, welches die oberst-herrlichen Rechte des Königs über die Gebiete der mediatisirten Fürsten 2c. ausübte, und bestand aus folgenden Patrimonialämtern:

Ämter	
1. Obervogteiamt Neüenstein 2. Amt Beütingen 3. „ Künzelsau 4. „ Ingelfingen 5. „ Michelbach 6. „ Niedernhall 7. „ Forchtenberg 8. Obervogteiamt Öhringen	Den Fürsten von Hohenlohe-Ingelfingen, doch so, daß Hohenlohe-Kirchberg und Hohenlohe-Langenburg an Forchtenberg Antheil hatten.
9. Obervogteiamt Waldenburg 10. Amt Adolfürth mit Ohrenthal 11. „ Kupferzell	Hohenlohe-Schillingsfürst.

12. Obervogteiamt Meinhardt }
13. „ „ „ Ybedelbach } Hohenlohe-Bartenstein.
14. „ „ „ Sindringen }
15. Patrimonialamt Mayenfels, zu zwei Dritteln: Freiherr Gemmingen; ein Drittel: v. Weiler.
16. Weiler mit Lichtenberg: v. Weiler.

b) — Im Oberamte Nizenhausen waren die Patrimonialämter:
1. Bartenstein: Fürst von Hohenlohe-Bartenstein.
2. Halbergstetten }
3. Braunsbach } Dem Fürsten von Hohenlohe-Jagstberg.
4. Jagstberg }
5. Döttingen: Hohenlohe-Kirchberg. — 6. Langenburg: Hohenlohe-Langenburg. — 7. Schrözberg: Hohenlohe Ingelfingen. — 8. Weickersheim mit Hollenbach: gemeinschaftlich den drei Linien Hohenlohe-Langenburg, Ingelfingen und Kirchberg. — 9. Kocherstetten: Freiherr Stetten. — 10. Morstein: Freiherr Crailsheim. — 11. Wachbach: Freiherr Adelsheim und der Deütsche Orden.

c) — 1. Aschhausen: Graf Zeppelin. — 2. Jagsthausen mit Berlichingen: Freiherr Berlichingen. — 3. Dörzbach: v. Eyb. — 4. Krautheim: Fürst Salm-Krautheim. — 5. Korb: Freiherr Berlichingen. — 6. Rossach: der nämliche. — 7. Laibach: Freiherr Racknitz. — 8. Meßbach: Freiherr Thuna. — 9. Assumstadt: Freiherr Ellrichshausen. — 10. Schloß und Hofgut Domeneck, nebst Seehof: Regierungsrath Uhische und Sicherische Erben. — 11. Widdern: Freiherren Zyllenhardt und Gemmingen.

Fünfter Kreis: Calw.

	Oberämter	Zahl der Patr.-Ämter	Einwohner	P.-U.
1.	Alpirsbach	— . . .	7984	—
2.	Altenstaig	1a . . .	9669	967
3.	Calw	— . . .	17,836	—
4.	Freüdenstadt	— . . .	13,696	—
5.	Nagold	2b . . .	16,427	718
6.	Neüenburg	— . . .	14,583	—
	Kr. Calw	3 . . .	80,195	1685

a) — Berneck: Freiherr Gültlingen.

b) — 1. Der zum Patrimonialamt Dätzingen, Oberamts Böblingen, Kreis Stuttgart, gehörige Patrimonialort Rohrdorf, dem Commenthur zu Rohrdorf, Freiherrn Flarlanden gehörig. — 2. Unter-Schwandorf: Freiherr Kechler.

Sechster Kreis: Rothenburg.

	Oberämter	Zahl der Patr.-Ämter	Einwohner	P.-U.
1.	Balingen	3a . . .	28,470	7021
2.	Herrenberg	— . . .	12,624	—
3.	Horb	9b . . .	14,486	9477
4.	Rothenburg	3c . . .	14,860	1714
5.	Sulz a. Neckar	2d . . .	14,590	650
6.	Tübingen	7e . . .	34,555	1120
7.	Herrschaft Stetten am kalten Markt	f . . .	1328	1328
	Kr. Rothenburg	24 . . .	120,913	21,310

a) — 1. Obervogteiamt Geislingen: Graf Staufenberg. — 2. Oberhausen: Freiherr Pach. — 3. Werenwaag mit Kallenberg: Freiherr Ulm.

b) — 1. Patrimonialort Baisingen (in a 2). — 2. Felldorf: Freiherr Ow. — 3. Mühringen mit Gündringen: Freiherr München. — 4. Nordstetten: Keller von Schleitheim Freiherr von und zu Isenburg. — 5. Ober- und Unter-Thalheim: Freiherr Kechler. — 6. Patr.-Ort Rexingen, zum Patrimonialamte Hemmendorf, Oberamts Rothenburg gehörig: Graf von Thurn und Valsassina. — 7. Obervogteiamt Vollmaringen: Fürst von Waldburg zu Zeil-Trauchburg. — 8. Wachendorf: Freiherr Ow. — 9. Weitenburg: Freiherr Raßler.

c) — 1. Frommenhausen: v. Wagner. — 2. Obervogteiamt Hemmendorf: Graf von Thurn und Valsassina (siehe b 6). — Obervogteiamt Hirrlingen: der König von Dänemark.

d) — 1. Leinstetten: Graf Spaneck. — 2. Patr.-Ort Neünthausen: Freifrau Gaisberg und Freifrau Linden.

e) — 1. Patr.-Gut Ammern, nach Marchthal gehörig: Fürst von Thurn und Taxis. — 2. Patr.-Gut Bläsing: Baron Schott von Schottenstein, genannt von Hopfer. — 3. Kilchberg: v. Tessin. — 4. Poltringen mit Oberndorf: ein Drittel der Krone, zwei Drittel dem Freiherrn Ulm gehörig; die Seelenzahl der zwei Drittel war nicht besonders angegeben. — 5. Patr.-Ort Rübgarten: Freiherr Kniestedt. — 6. Schloßgut Thalheim: Baron Schilling von Cannstatt. — 7. Wankheim: v. Saint-André.

f) — Die Herrschaft oder das Obervogteiamt Stetten am kalten Markt: die Markgrafen Ludwig und Friedrich von Baden zu Karlsruhe.

Siebenter Kreis: Rottweil.

	Oberämter	Zahl der Patr.-Ämter		Einwohner	P.-U.
1.	Hornberg	1 a	. . .	17,595	6487
2.	Spaichingen	2 b	. . .	15,362	1481
3.	Rottweil	4 c	. . .	20,124	1554
4.	Stockach	{16 / 8} d	. . .	26,260	18,256
5.	Tuttlingen	2 e	. . .	22,882	5154
	Kr. Rottweil	25	. . .	102,223	32,932

und 8 Herrschaften.

a) — Schramberg: Graf Bissingen-Nippenburg.

b) — 1. Obervogteiamt Balgheim: Fürst von Waldburg zu Zeil. — 2. Obervogteiamt Dotternhausen: Graf Bissingen-Nippenburg.

c) — 1. Harthausen: Freiherr Stein zum Rechtenstein. — 2. Hackendorf: Freiherr Ifflingen von Granegg. — 3. Weichheim: Freiherr v. Fiarlanden. — 4. Wellendingen: Freiherr Freiberg und Eisenburg.

d) — 1. Patr.-Gut Berenberg: Graf Beroldingen. — 2. Bodmann: Freiherr von und zu Bodmann. — 3. Patr.-Ort Bünssingen: Junker im Thurn. — 4. Patr.-Hofgut Harthof: Allmayersche Erben. — 5. Heilsberg: Freiherr Deuring. — 6. Hohenkrähen: Freiherr Reischach. — 7. Hohenstoffeln: Freiherr Hornstein. — 8. Hoppetenzell: Freiherr Ulm. — 9 Obervogteiamt Langenstein mit Beüren an der Ach: Graf Welsberg-Raitenau. — 10. Mühlingen: v. Buol. — 11. Randegg: Freiherr Deuring. — 12. Patr.-Gut Rickelshausen: v. Seeger. — 13. Schlatt unter Krähen: Freiherr von und zu Bodmann. — 14. Obervogteiamt Schlatt am Randen: Fürst von Fürstenberg. — 15. Obervogteiamt Singen: Graf v. Enzenberg. — 16. Steißlingen: Freiherr Rotzing:

Zum Oberamte Stockach gehörten einstweilen ferner die Herrschaften: 1. Hilzingen und 2. Münchhof mit Mainwangen, des Markgrafen Friedrich von Baden zu Durlach; — 3. die Herrschaft Homburg mit Stahringen; — 4. Stadt- und Spital- Überlingensche Niedergerichtsorte; — 5. Die Meinauschen Niedergerichte; — 6. die Herrschaft Blumenfeld; — 7. vier fürstl. Fürstenbergsche Orte; und — 8. vier andere dergleichen. Alle diese Herrschaften und Ortschaften standen bis zur endgültigen Bestimmung ihrer Verhältnisse im Wege der mit dem Badenschen Hofe eingeleiteten diplomatischen Unterhandlungen unter dem Oberamte Stockach.

e) — 1. Mühlheim an der Donau: die Freiherren von Enzberg. — 2. Gutenstein: Graf Schenk von Castell.

Achter Kreis: Urach.

	Oberämter	Zahl der Patr.-Ämter		Einwohner	P.-U.
1.	Kirchheim	1 a	. . .	21,814	685
2.	Münsingen	2 b	. . .	9219	581
3.	Nürtingen	1 c	. .	21,087	404
4.	Reutlingen	—	. .	20,495	—
5.	Urach	—	. . .	23,908	—
6.	Wiesensteig	—	. . .	8476	—
	Kr. Urach	4	. . .	104,999	1670

a) — Steinbach: Freiherr v. Palm.

b) — 1. Bullenhausen: Freiin v. Liebenstein. — 2. Ennabeüren: Fürst von Fürstenberg.

c) — Unter-Boybingen: Freiherr Thumb v. Neuberg.

Neunter Kreis: Ehingen.

	Oberämter	Zahl der Patr.-Ämter		Einwohner	P.-U.
1.	Biberach	10 a	. . .	23,586	14,400
2.	Blaubeuren	1 a'	. . .	9417	806
3.	Ehingen	8 b	. . .	14,530	6461
4.	Rietlingen	4 c	. . .	15,872	9404
5.	Saulgau	2 d	. . .	16,373	8514
6.	Zwiefalten	8 e	. . .	12,730	7655
	Kr. Ehingen	33	. . .	92,508	47,240

a) — 1. Achstetten: ein Drittel Graf Törring-Guttenzell, zwei Drittel Freiherr Reutere von Weil. — 2. Bußmannshausen: Freiherr Hornstein. — 3. Ellmannsweiler: Freiherr Reichlin von Meldegg. — 4. Obervogteiamt Heggbach: Graf Waldbott-Bassenheim. — 5. Hürbel: Freiherr Freiberg zu Hürbel. — 6. Groß- und Klein-Laupheim: Freiherr Welden. — 7. Mittel-Biberach: Freiherr Ulm auf Erbach. — 8. Obervogteiamt Schemmerberg: Fürst von Thurn und Taxis. — 9. Obervogteiamt Sulmingen: Graf Plettenberg. — 10. Obervogteiamt Warthausen: Graf von Stadion und Thannhausen. — a' — Schelklingen: Graf Schenk von Castell.

b) — 1. Emerkingen: Graf Stadion und Freiherr Stein gemeinschaftlich. — 2. Gammerschwang: Freiherr Raßler. — 3. Granheim: Freiherr Speth-Schülzburg. — 4. Ober-Dischingen mit Berg: Graf Schenk von Castell. — 5. Obervogteiamt Ober-Stadion: Graf Stadion. — 6. Obervogteiamt Öpfingen: Fürst Thurn und Taxis. — 7. Rißlissen: Graf Staufenberg. — 8. Alsheim mit Allmendingen: Freiherr von Freiburg und Eisenburg.

c) — 1. Vereinigtes Obervogteiamt Buchau und Dürmettingen: Fürst Thurn und Taxis. — 2. Grüningen: Freih. Hornstein-Grüningen. — 3. Obervogteiamt Neufra: Fürst von Fürstenberg. — 4. Wilflingen: Freiherr Schenk von Staufenberg.

d) — 1. Königseck-Wald: Graf Königseck-Aulendorf. — 2. Obervogteiamt Scheer: Fürst Thurn und Taxis.

e) — 1. Ehrenfels: Graf Normann-Ehrenfels. — 2. Das zum Obervogteiamt Neufra gehörige Unteramt Hayingen: Fürst von Fürstenberg. — 3. Hohen-Gundelfingen: Fürst Palm. — 4. Nieder-Gundelfingen: Freiherr Reichlin von Meldegg. — 5. Obervogteiamt Ober-Marchthal: Fürst Thurn und Taxis. — 6. Rechtenstein mit Wilzingen: Graf Fugger-Kirchberg-Weissenhorn, und Freiherr von Freiberg-Hürbel. — 7. Schülzburg: Freiherr Spath. — 8. Unter-Marchthal: Freiherr Spath.

Zehnter Kreis: Altdorf.

Oberämter	Zahl der Patr.-Ämter	Einwohner	P.-U.
1. Altdorf	11 a . . .	41,633	18,491
2. Waldsee	9 b . . .	31,113	29,238
Kr. Altdorf	20 . . .	72,746	47,729

a) — Das Oberamt Altdorf hatte die Ausübung der königlich württembergischen Hoheits- und Jurisdictionsrechte über die königlich baierische Stadt Ravensburg und die zu derselben gehörigen Niedergerichte, ferner über die Stadt-Buchhornschen Besitzungen, was, in Verbindung mit den unmittelbaren württembergischen Ortschaften, durch 29 Ämter und Unterämter zum Vollzug kam. Sodann waren dem nämlichen Oberamte folgende Patrimonialorte unterworfen: —

1. Amtzell: Freiherr Reichlin von Meldegg. — 2. Obervogteiamt Baindt: Graf Aspermont-Linden. — 3. Bettenreüthe: Freiherr Rahlingen. — 4. Obervogteiamt Eglofs: Fürst von Eglofs-Windischgrätz. — 5. Obervogteiamt Isny: Graf Quadt. — 6. Obervogteiamt Kißlegg-Wolfegg: Fürst zu Waldburg-Wolfegg. — 7. Obervogteiamt Kißlegg-Wurzach: Fürst zu Waldburg-Wurzach. — 8. Obervogteiamt Neü-Ravensburg: Fürst zu Dietrichstein. — 9. Obervogteiamt Waldburg-Zeil: Fürst zu Waldburg-Zeil-Trauchburg. — 11. Obervogteiamt Weißenau: Gräfin Sternberg.

b) — Die Obervogteiämter — 1. Guttenzell: Graf Törring-Guttenzell. — 2. Königsegg-Aulendorf: Graf Königsegg. — 3. Ochsenhausen: Fürst Metternich-Winneburg. — 4. Roth: Graf Wartenberg-Roth. — 5. Schussenried: Gräfin Sternberg. — 6. Thannheim: Graf Schaesberg. — 7. Waldburg-Waldsee: Fürst Waldburg-Wolfegg-Waldsee. — 8. Waldburg-Wolfegg: der Fürst daselbst. — 9. Waldburg-Wurzach: der Fürst daselbst.

Elfter Kreis: Schorndorf.

Oberämter	Zahl der Patr.-Ämter	Einwohner	P.-U.
1. Gmünd	5 a . . .	20,073	6690
2. Göppingen	8 b . . .	25,745	5701
3. Schorndorf	— . . .	31,155	—
4. Welzheim	— . . .	9202	—
Kr. Schorndorf	13 . . .	86,175	12,391

a) — 1. Alfdorf: Freiherr von Holz. — 2. Hohen-Rechberg: Freiherr von Rechberg und Rothenlöwen. — 3. Obervogteiamt Horn: Graf Beroldingen. — 4. Verschiedene zum Patr.-Amt Essingen, Oberamts Aalen, Kreis Ellwangen, gehörige Ortschaften: Freiherr Wöllwarth-Essingen. — 5. Heinzell: v. Lang. — Außerdem 22 einzelne Mediatunterthanen.

b) — Die Obervogteiämter — 1. Dürnau: Graf Degenfeld-Schornburg. — 2. Groß-Eißlingen: der nämliche. — 3. Rechberghausen: der nämliche. — 4. Ramsberg: Graf Preising. — 5. Wäschenbeüren: Graf von Thurn-Valsassina und Freiherr Freiberg-Hürbel, und die Patr.-Ämter — 6. Filseck: Freiherr Münch. — 7. Jebenhausen: Freiherren Liebenstein. — 8. Winzingen: Freiherr Bubenhausen.

Zwölfter Kreis: Ellwangen.

Oberämter	Zahl der Patr.-Ämter	Einwohner	P.-U.
1. Aalen	5 a . . .	12,776	5440
2. Ellwangen	2 b . . .	17,384	1756
3. Gaildorf	7 c . . .	21,525	14,441
Latus	14 . . .	51,685	21,637

	Übertrag 14	. . .	51,685	21,637
4.	Hall 1d	. .	21,485	1403
5.	Heidenheim —	. . .	21,611	—
6.	Hohnhart mit Stimpfach e		2794	—
7.	Nördlingen f —	. . .	521	—
8.	Weilsingen g —	. . .	1735	—
	Kr. Ellwangen 15	. . .	99,831	22,040

a) — 1. Essingen: Freiherr Wöllwarth und Graf Degenfeld-Schornburg. — 2. Fachsenfeld: Freiherr Wöllwarth. — 3. Hohenstadt: Graf Adelmann. — 4. Laubach: Freiherr Wöllwarth. — 5. Neubronn: v. Gemmingen und v. Werneck.

b) — 1. Nieder-Alfingen: Graf Fugger zu Nordendorf. — 2. Adelmannsfelden, spaltet sich in a) Hohenlohe-Waldenburg-Bartenstein sechs Sechzigstel, b) Grafen von Rechtern dreißig Sechzigstel, c) die Wild- und Rheingräflichen Salm-Grumbach'schen Erbesinteressenten sechs Sechzigstel, d) Graf Löwenstein-Wertheim ein Sechzigstel, e) Gräfin Pückler von Limburg ein Sechzigstel, f) die übrigen sechzehn Sechzigstel besitzt die Krone.

c) — Zum Oberamte Gaildorf gehörte die Grafschaft Limburg, welche aus sieben Patrimonialämtern bestand, nämlich aus den —

1.	Gemeinschaftlichen Stadtobervogteiamte Gaildorf mit	Einw.	1351
2.	Limburg-Gaildorf Wurmbrandischen Landobervogteiamte Gaildorf .	„	3471
3.	Limburg-Gaildorf-Solms-Aschenheimischen Obervogteiamte Oberroth	„	3093
4.	Limburg-Sontheim-Gaildorf-Pücklerischen Landobervogteiamte Gaildorf	„	1790
5.	Limburg-Sontheimischen Obervogteiamte Michelbach	„	1189
6.	Limburg-Sontheimischen Obervogteiamte Ober-Sontheim . . .	„	1653
7.	Limburg-Sontheimischen Obervogteiamte Gröningen	„	1894
		Zusammen Einw.	14,441

d) — Nieder-Steinbach: Freiherr von Gemmingen. Sonst ist dies Oberamt mit Patrimonialunterthanen sehr vermischt, und die Verhältnisse sind eben so verwickelt, wie bei der Grafschaft Limburg.

e) — Von diesem Oberamte gilt das nämliche wie bei 4) Hall. — f) Die Stadt Nördlingen gehört bekanntlich zum Königreich Baiern. — g) Weiltingen ist ein königlich württembergisches Patrimonialgericht, welches der königlich baierischen Souverainetätsbeamtung, und zwar dem Landgericht Wassertrüdingen, Rezat-Kreises, untergeordnet ist.

Hauptübersicht des Königreichs Württemberg, 1808.

	Kreise	Ober-Ämter	Patr.-Ämter	Volksz. überhaupt	Patr.-Unterth.
I.	Stuttgart . . .	5	3	96,589	1099
II.	Ludwigsburg . .	6	7	108,919	3729
III.	Heilbronn . .	6	21	107,286	17,160
IV.	Öhringen . . .	3	38	81,147	71,993
V.	Calw	6	3	80,195	1685
VI.	Rothenburg . .	6	24	120,913	21,310
VII.	Rottweil . . .	5	33	102,223	32,932
VIII.	Urach	6	4	104,999	1670
IX.	Ehingen . . .	6	33	92,185	45,240
X.	Altdorf . . .	2	49	72,746	47,729
XI.	Schorndorf . .	4	13	86,172	12,391
XII.	Ellwangen . . .	8	15	99,831	22,040
	Hauptstadt Stuttgart	—	—	22,771	—
	Stadt Ludwigsburg	—	—	5890	—
	Überhaupt	63	243	1,181,866	278,978

Die Bodenfläche innerhalb der Gränzen von 1808 wurde zu 329½ Q.-M. angegeben; mithin betrug die relative Bevölkerung 3580 Einwohner auf der Geviertmeile.

Eintheilung im Jahre 1810.

Nach den, in Folge des schönbrunner Friedens, stattgehabten Abtretungen und Erwerbungen an Land und Leüten, deren weiter oben im Kapitel 35 Erwähnung geschehen ist, wurde eine anderweite Eintheilung des Königreichs beliebt, welche der königliche Befehl vom 27. Oktober 1810 anordnete. In der Zahl der größeren Verwaltungsbezirke trat keine Änderung ein, diese blieb wie zuvor zwölf, aber man nannte sie von nun an nicht mehr Kreise, sondern Landvogteien, und diese vornehmlich nach Flüssen, ganz nach französischer Weise, ja es wurden in dem betreffenden Erlaß die Landvogteien geradezu Departements genannt, ein Landvogt Grand Drossart, der Oberamtmann Grand Bailli, die Oberämter Grand Baillages; auch wurden diese um eins vermehrt, also auf 64 gebracht und unter die Landvogteien anders vertheilt. Das Schema dieser Eintheilung war folgendes.

Landvogteien	Sitz des Landvogts	Oberämter	
1. Am obern Neckar .	Rottweil	Balingen, Oberndorf, Rottweil, Spaichingen, Tuttlingen . .	5
2. Am mittlern Neckar	Rothenburg	Herrenberg, Horb, Rothenburg, Sulz, Tübingen	5
3. Am Schwarzwald .	Calw	Böblingen, Calw, Freüdenstadt, Nagold, Neüenburg . . .	5
4. Am Rothenberg . .	Stuttgart	Cannstatt, Eßlingen, Leonberg, Stuttgart, Waiblingen . .	5
5. An der Enz . . .	Ludwigsburg	Besigheim, Ludwigsburg, Marbach, Maulbronn, Vaihingen . .	5
6. Am untern Neckar .	Heilbronn	Backnang, Brackenheim, Heilbronn, Neckarsulm, Weinsberg . .	5
7. An der Jaxt . . .	Öhringen	Hall, Ingelfingen, Öhringen, Mergentheim, Blaufelden . . .	5
8. Am Kocher . . .	Ellwangen	Aalen, Ellwangen, Gaildorf, Heidenheim, Neresheim, Crailsheim	6
9. An der Fils und Rems	Göppingen	Gmünd, Göppingen, Schorndorf, Lorch, Geißlingen	5
10. Auf der Alp . . .	Urach	Kirchheim, Münsingen, Nürtingen, Reütlingen, Urach	5

Landvogteien	Sitz des Landvogts	Oberämter	
11. An der Donau . .	Ulm	Riedlingen, Ehingen, Biberach, Wiblingen, Blaubeüren, Ulm, Alpeck	7
12. Am Bodensee . . .	Schloß Weingarten	Leütkirch, Ravensburg, Saulgau, Tettnang, Waldsee, Wangen .	6

Der Umfang und die Bevölkerung der einzelnen Landvogteien war im Jahre 1812 noch nicht bekannt, indessen rechnete man für das ganze Königreich 368 Q.-M. mit einer Bevölkerung von 1,340,000.

In sechs Epochen des 18. Jahrhunderts hatte das Herzogthum Württemberg, und zwar

1734	428,000 Einwohner		1770	506,000 Einwohner
1754	477,000 „		1782	564,793 „
1760	482,000 „		1785	579,321 „

1803 hatte Alt-Württemberg	708,634 E.
Und für die Entschädigungslande oder Neü-Württemberg rechnete man	116,534 „
Das Kurfürstenthum Württemberg zählte mithin	825,168 „
1810 aber das Königreich, wie oben bemerkt	1,340,000 „

Seit 1803 hatte demnach ein Zuwachs von mehr als einer halben Million stattgefunden, und seit 1785 mehr als eine Verdoppelung der Einwohnerzahl.

Von den ehemaligen reichsunmittelbaren Fürsten, Grafen und Herren, welche nunmehr — simple Unterthanen des Königs von Württemberg geworden waren, rechnete man auf die Besitzungen —

der Fürsten von Hohenlohe	56,840 Einw.
„ „ von Waldburg	26,472 „
des Fürsten von Thurn und Taxis . .	22,701 „
„ Grafen von Löwenstein-Wertheim .	6334 „
„ Fürsten von Metternich	5939 „
„ „ von Fürstenberg	3389 „
„ Grafen von Stadion	3285 „
„ Fürsten von Salm-Krautheim . .	2331 „
„ „ von Windischgrätz . .	2235 „
u. s. w.	u. s. w.

Verfassung.

Souverain! — Welch' ein Klang, welch' einen Wohlklang hatte dieses fremdländische Wort in den Ohren eines Fürsten von der Sinnes- und Gemüthsart, wie sie Friedrich von Württemberg eigen war!

Wenige Tage nach Abschluß des presburger Friedens, nämlich am 30. Dezember 1805, erfolgte, wie wir bereits an einer andern

Stelle dieses Gedenkbuchs bemerkt haben die vollständige Auflösung der Stände in dem eben aus dem Ei gekrochenen Königreich Württemberg. Wir erzählen dieses Ereigniß mit den Worten der „National-Zeitung der Deütschen" Jahrg. 1806, Stück 3, S. 60:

Die wichtigste, heißt es daselbst, von der Erhebung des Kurfürsten zum König zu erwartende Folge für dies Land — eine gänzliche Aufhebung seiner freien landständischen Verfassung — ist bereits eingetreten. In keinem deütschen Lande hatten die Landstände so große Vorrechte, als hier, wie aus den seit mehreren Jahren mit dem Landesfürsten obwaltenden Streitigkeiten zu ersehen. Und die Landschaft bestand nicht, wie anderwärts, größtentheils aus adlichen, mit dem Hofe näher verbundenen Gutsbesitzern, sondern seit der im Jahre 1552 erfolgten Absonderung der damals reichsunmittelbar gewordenen Ritterschaft, aus 14, nicht katholischen, sondern lutherischen Prälaten oder Äbten, d. i.: gelehrten Vorstehern der ehemeligen, jetzt in Gymnasien und Generalsuperintendenturen verwandelten reichen Abteien und Klöster, und aus 72 Deputirten theils von Städten, theils auch von Dörfern, welche aber nur 69 Stimmen hatten. Zum Ausschuß jedoch gehörten, neben vier Prälaten 12 Bürgermeister. Die Verwaltung des großen, meistens zu den öffentlichen Unterrichtsanstalten bestimmten Vermögens dieser Abteien führte der von der Landschaft gesetzte Kirchenrath, und dem Regenten waren auch in der Verfügung über andere Landeskassen die Hände gebunden.

Nun wurde bei der Bekanntmachung von der Annahme der Königswürde in den Landescollegien am 30. Dezember 1805 denselben zugleich ein unbedingter Eid der Treüe und Unterwürfigkeit abgefordert. Alle schwuren, bis auf fünf Glieder des Kirchenraths, welche den Eid Anfangs verweigerten. Doch legten sie ihn in der Folge auch ab, bis auf ein Mitglied, welches beharrte und daher mit 1200 Gulden Pension entlassen wurde. Am nämlichen Tage kamen der Präsident von Ende und der Regierungsrath von Wintzigerode, der jüngere, in die Landschaft, und eröffneten unter Vorzeigung ihrer Bevollmächtigung, den anwesenden Gliedern des Ausschusses, daß, da S. D. der Kurfürst nun vermöge des geschlossenen Friedens König und voller Souverain, gleich Österreich mit Exemtation von der Jurisdiction der höchsten Reichsgerichte sei, er kraft desselben die bisherige Landesrepräsentation für aufgelöst erkläre, sämmtliche Diener von ihrem Eide entbinde, und jede Versammlung oder collegialische Berathschlagung als eine Empörung ansehen und bestrafen werde; jedoch die Versicherung ertheile, daß er ihnen ihre Besoldung und rechtmäßige Emolumente bis zu ihrer anderweiten Anstellung lassen werde. Hierauf wurde Alles unter Siegel gelegt und den Einnehmern erklärt, daß, wenn sie S. M. dem Könige nicht den Eid leisteten, sie sogleich das Haus räumen müßten. Sie legten denselben hierauf ab und die Landschaft war solchergestalt gänzlich aufgelöst.

Ist es bei solchen Vorgängen recht zu sagen, — Revolutionen haben ihren Ursprung stets in den unteren Schichten, im Volke?

Tags darauf wurde eine feierliche Kundmachung erlassen, worin sich der Kurfürst Friedrich II. zum Könige erklärte. In dieser Kundmachung wurde weder der ständischen Verfassung noch ihrer Aufhebung gedacht, sondern es war darin nur von Dienern und Unterthanen die Rede. Die Proklamation schloß mit den Worten:

Die neüen hiernach eintretenden Verhältnisse eröffnen uns zugleich die frohe Aussicht, den Wohlstand unserer sämmtlichen sowol angestammten als erworbenen Lande, uns das unserm Herzen so nahe liegende Glück unserer sämmtlichen Unterthanen immer mehr erhöhen und befestigen zu können. Unser hierauf rastlos gerichtetes Bestreben wird aber auch durch die sichere Hoffnung belebt, in dem Danke, der aufrichtigsten Treüe und unerschütterlichen Anhangigkeit unserer gesammten Unterthanen eine stete Belohnung zu finden.

So war Friedrich von Württemberg, seit das Jahr 1805 zu Ende gegangen war, unumschränkter Selbstherrscher, der weder bei der Gesetzgebung, noch bei der Besteüerung irgend eine nicht von ihm ausgehende Gewalt anerkannte. Er allein hatte das Recht, Abgaben und Militärconscription auszuschreiben, oder mit anderen Worten: in den Geldbeütel seiner Unterthanen zu greifen und die jungen Männer nach Belieben in den bunten Rock zu stecken; er allein hatte, wie billig, das Recht, Privilegien zu bewilligen, Titel und Würden und Gnaden zu ertheilen; in seinem Namen allein wurde von den von ihm ernannten Beamten die executive Gewalt nach ihrem ganzen Umfange geübt; in seinem Namen allein von den von ihm bestellten Richtern Recht gesprochen, indem er in der Folge, den ausdrücklichen Bestimmungen der Rheinbundakte zuwider, allen seinen ehemaligen Standesgenossen im Reich, so wie den Gliedern der Reichsritterschaft, innerhalb seines Bereichs, die ihnen verbürgte Patrimonialgerichtsbarkeit nahm und sie für null und nichtig erklärte.

Am „ersten Januar im Jahr nach Christi Geburt 1808, seiner königlichen Regierung im dritten“, erließ Friedrich von Württemberg ein Hausgesetz, welches mit dem königlich baierischen Familiengesetz in den Hauptsachen übereinstimmt, worin aber eine wesentliche also lautende Bestimmung vorkommt: — „Bei den sehr bedeütenden Erweiterungen, welche wir den uns angestammten Staaten gegeben haben, und welche während unserer Regierung etwa noch Statt finden könnten, bedienen wir uns andurch des jedem ersten Erwerber zustehenden Rechts, die Gesammtheit unserer königlichen Staaten zu einem ewigen und unveräußerlichen Fideicommiß unseres königlichen Hauses zu constituiren, welches in einer Substanz wesentlich von einem Könige auf den andern übergeht. Es kann daher kein künftiger König auf keinerlei Art eine Verfügung treffen, wodurch das Königreich in seinen wesentlichen Bestandtheilen, oder in demjenigen, was zu den Staatsinventarien gehört, vermindert würde." § 6.

Trotz dieser bündigen Vorschrift wich der Hausgesetzgeber selbst zwei Jahre später von ihr ab, indem er beträchtliche Theile des — Staatsinventars an Baiern überließ, dafür aber freilich andere Landstriche vom badenschen Nachbar erwarb, und dadurch, was schon bei Abfassung des Hausgesetzes vorgeschwebt hatte, das Staatsinventar vergrößerte. Wie aber soll sich jenem § 6 gegenüber ein Nachfolger verhalten, wenn er, durch Gott weiß welche große Staatenumwälzung, gewaltsam gezwungen werden sollte, von dem ewigen und unveräußerlichen Fideicommißgut ein Stück fahren zu lassen, oder am Ende gar das Ganze? Was ist ewig im politischen Leben? Mit dem Worte „Ewigkeit" soll man in Staatsverträgen und Hausgesetzen regierender Familien kein leichtfertiges Spiel treiben!

Königstitel. Abweichend von Maximilian Joseph von Baiern, der sich auf eine edle, geschmackvolle und staatsrechtlich begründete Einfachheit beschränkte, nahm Friedrich von Württemberg den folgenden weitlaüfigen und pomphaften Tittel an:

Wir Friedrich, von Gottes Gnaden, König von Württemberg, souverainer Herzog in Schwaben und von Teck, Herzog zu Hohenlohe, Landgraf von Tübingen, Fürst von Mergentheim, Ellwangen und Zwiefalten, Oberherr der Fürstenthümer Buchau, Waldburg, Baldern, Ochsenhausen und Neresheim, Graf zu Gröningen, Limburg, Montfort, Tettnang, Hohenberg, Biberach, Schecklingen und Egloffs, Oberherr der Grafschaften Aulendorf, Scheer-Friedberg, Roth, Baindt und Isny, Herr zu Altdorf, Leütkirch, Heidenheim, Instingen, Crailsheim, der Donaustädte: Ulm, Rothweil; Heilbronn, Hall und Wiesensteig rc. rc. rc.

Wozu sollten diese Erinnerungen an das weiland heil. Röm. Reich deütscher Nation dienen, zu dessen Zerstörung und Zertrümmerung man so redlich beigetragen hatte? War es nicht an dem Könige von Württemberg genug, an diesem Staate, mit dem alle übrigen Bestandtheile zu einem souverainen königlichen Ganzen vereinigt und aufs innigste verschmolzen waren? Eben so umfangreich, wie der Titel, wurde das königliche Wappen von Württemberg ausgerüstet; und wie in Baiern, so sprach man auch in Württemberg, in diesem 368 Q.-M. großen Lande nur von einem — Reiche!

Kronämter. König Friedrich errichtete vier Kronerbämter, nämlich: 1) Das Reichs-Erb-Marschallamt, welches dem fürstlichen Hause Hohenlohe; 2) das Reichs-Erb-Oberhofmeisteramt, welches dem fürstlichen Hause Waldburg; 3) das Reichs-Erb-Oberkammerherrenamt, welches dem fürstlichen und gräflichen Hause Löwenstein; und 4) das Reichs-Erb-Panneramt, welches der gräflichen, von dem Grafen Johann Friedrich Karl von Zeppelin abstammenden Familie Zeppelin zu Lehen mit der Bestimmung verliehen wurde, daß immer der Senior des Hauses das Amt bekleiden, und dessen Functionen bei eintretenden feierlichen Gelegenheiten ausüben solle. Der Reichsmarschall trägt das Schwert vor, der Reichsoberhofmeister die Krone, der Reichsoberkammerherr den Scepter, der Reichspanner die Fahne. Diese Kronämter erhielten, außer einer stattlichen Kleidung, als äußeres Zeichen die mit Brillanten besetzte Decoration des Reichsadels, welche an einem gelben gewässerten Bande um den Hals zu tragen war.

Orden. Im Jahre 1800 gab es in Württemberg blos den herzoglichen großen Jagdorden, dessen Mitglieder in drei Klassen getheilt waren: Fürsten, regierende Reichsgrafen, Ritter. Diese Einrichtung war auch 1804 im Kurfürstenthum beibehalten. Die Herzoge von Württemberg waren des Deütschen Reichs Jägermeister, daher Herzog Eberhard Ludwig 1702 diesen Jagdorden stiftete. König Friedrich gab diesem Orden unterm 6. März 1807 eine andere Einrichtung. Er nannte ihn —

1) Den großen Orden des goldenen Adlers, und bestimmte ihn für „Tugend, Verdienst und Freündschaft", um gekrönten Haüptern und souverainen Fürsten die „ausgezeichnete Hochachtung und Freündschaft des Königs zu bezeügen", und von der anderen Seite „Männern edler Herkunft ein Zeichen des besonderen gnädigen königlichen Wohlwollens zu verleihen". Die Anzahl der Ritter wurde, mit Ausnahme der Glieder des königlichen Hauses und der regierenden Fürsten, auf 50 bestimmt. Die Kinder des Königs sollten das Ordenszeichen gleich nach der Taufe erhalten. 1812 befand sich im Orden an der Spitze der „gekrönten Haüpter und regierenden Herren", der unvermeidliche „Napoléon, Kaiser der Franzosen" ꝛc. und seine Verwandtschaft, darunter aber nicht der spanische König, Joseph Buonaparte, wol aber Joachim Murat, der Mann von „edler Gastwirthsherkunft", König von Neapel. Unter den übrigen Rittern fand man, der großen Mehrheit nach, Buonaparte's Helfershelfer vom Schwert und

von der Feder, und einige der ehemaligen, nunmehr der württembergischen Krone unterthänigen Reichsfürsten und Reichsgrafen. Bei diesem Orten war ein Kanzler, ein Ceremonienmeister, ein Secretair, ein Schatzmeister, ein Prälat, ein Registrator.

2) Der Militärverdienstorden, welcher an die Stelle des vom Herzoge Karl 1759 gestifteten Militär-Karlsordens getreten ist, und vom Könige Friedrich noch zu einer Zeit als er Herzog war, nämlich am 6. November 1790 erneüert wurde, bestand aus Großkreüzen, Commandeurs erster und zweiter Klasse und aus Rittern, deren man 1812 nicht weniger als 239 zählte. Mit diesem Orden waren Pensionen für die ältesten Mitglieder jeder Klasse verbunden, zu welchem Endzweck durch Befehl vom 3. Februar 1810 die Gefälle der Johanniter-Comthureien im Königreich inkamerirt wurden. Zwei Großkreüze erhielten jeder jährlich 2000 Gulden, vier Commandeure erster Klasse jeder jährlich 1200 Gulden, 12 Commandeure zweiter Klasse jeder jährlich 1000 Gulden und 52 Ritter jeder jährlich 300 Gulden. Der Jahresetat betrug also 36,400 Gulden. Der Orden hatte seinen Kanzler, Secretair und Schatzmeister. Sämmtliche Mitglieder besaßen für ihre Person die Rechte und Vorzüge des Adels, was auch von den Gliedern des

3) Civil-Verdienstordens zu sagen ist, den König Friedrich zur Belohnung ausgezeichneter Verdienste für diejenigen stiftete, welche durch ihre Geburt oder ihre Stellung von dem großen Orden des goldenen Adlers ausgeschlossen bleiben mußten. Hier gab es drei Klassen: Großkreüze, Commandeure und Ritter, letztere 122 an der Zahl im Jahr 1812. Die Ordensbeamten waren wie beim Soldatenorden.

Außerdem war in dem ebengenannten Jahre —

4) Der Malteser- oder Johanniterorden im Königreich Württemberg noch durch ein Subprioriat vertreten, zu dem der Großbailiff zu Appenweiler als Subprior, und zwei Commenthure gehörten, deren Güter also wol noch nicht eingezogen waren.

Hofstaat. Während zur herzoglichen Zeit, im Jahre 1800, der Oberstkammerherren-Stab aus den Oberstkammerherrn und 81 wirklichen Kammerherren bestand, und zur kurfürstlichen Zeit, 1804, von den letzteren 106 vorhanden waren, hatte König Friedrich sich und seine Familie mit einem ansehnlichen und glänzenden Hofstaate umgeben; denn 1808 hatte er 158 und vier Jahre später schon 204 wirkliche Kammerherren. Im Jahre 1800 zählte man 60 Kammerjunker, 2 charakterisirte Kammerjunker, 11 Hofjunker und neün Edelknaben; 1812 gab es 104 Kammerjunker, 20 Edelknaben, u. s. w. Statt der früheren drei Kammerdiener, mit denen der Herzog sich begnügte, hatte der König einen Kammerfourier, einen geheimen Kämmerirer, und vier Kammerdiener, ferner einen Kammersergeant, zwei Kammer-Thürhüter, vier Leibjäger, vier Leibhusaren, sechs Laüfer, drei Leib-laquaien und drei Mohren. Dem Herzoge von Württemberg hatte es auch an einem Trabantencorps nicht gefehlt, der König mußte es, wie sich von selbst versteht, vermehren: 1812 hatte es einen Hauptmann (ein Generallieutenant), einen Wachtmeister (ein Hauptmann), zwei Ober- und 40 ordinaire Trabanten; der letzteren hatte der Kurfürst nur 22 gehalten. Wirklicher Leibärzte bedurfte der König nicht weniger als vier.

Sollen wir den Leser langweilen mit Aufzählung all der Bedienten beim Ober-Hofmarschallamte, die an den Fürstenhöfen aller Orten gleichen Schlages sind, und am Hofe zu Stuttgart seit den herzoglichen Zeiten keine sonderlichen Veränderungen erfahren hatten! Unter der königlichen Ober-Schloßintendanz, welche 1800 nicht besonders aufgeführt wurde, standen alle Schlösser, Gärten und Anlagen, das Münz-, Medaillen-, auch Pretiosen- und Kunstkabinet, das Pflanzenkabinet, das Mineral-, Naturalien- und Thierkabinet, die Gemäldesammlung, und die Privatgalerie des Königs. Das königliche Oberstallmeisteramt hatte seit den herzoglichen Zeiten einen sehr ansehnlichen Zuwachs an einem Reise-Oberstallmeister, einem Hof-Oberstallmeister und 12 Reisestallmeistern, auch sonst bei dem untern Personale erhalten. Man unterschied einen Leibstall und einen Marstall. Hierher gehörten auch die Gestüte zu Urach, Marbach, Offenhausen und Einsiedel. Der Landbeschelerstall zu Hohenheim schien eingegangen zu sein, wenigstens wurde er seit 1808 nicht mehr aufgeführt. Beim Oberst-Jägermeisteramt war seit 1800 keine Veränderung von Bedeütung vorgegangen. 1812 gab es einen Oberjägermeister, einen Landoberjägermeister, zwei Landjägermeister, zwei Hofoberforst- und Vicelandjägermeister, neün Jagdjunker, rc. Die Hof-Ökonomiecommission, sammt der Hofküche rc., übergehen wir mit Stillschweigen.

Die Hofkapelle bestand 1812 aus einem Ober-Hofprediger und einem Hofprediger. Zur königlichen Privatbibliothek gehörte ein Oberbibliothekar (Matthisson) und ein Lecteur-Bibliothecaire! Die königliche öffentliche Bibliothek hatte einen Staatsminister als Oberintendanten an der Spitze, sodann einen Oberbibliothekar und vier Bibliothekare. Die Hofmusik war ansehnlich vermehrt worden: die Direction hatte seit Annahme der Königswürde zwei Kapellmeister, einen Musik-, einen Orchesterdirector, zwei Concertmeister. Das ganze Orchester bestand aus 70 Personen, 1800 nur aus 50. Damals wurde blos Schauspiel und Ballet aufgeführt; seit 1804 fand man schon Schauspiel, Oper und Tanzbelustigung, und zwar gab es 1812 30 Schauspieler, Sänger und Tänzer und 21 Schauspielerinnen, Sängerinnen und Tänzerinnen.

Beim Hofstaate der Königin, der Prinzen und Prinzessinnen waren wenige Veränderungen vorgekommen. Nur bei der Königin und seit 1812 beim Kronprinzen, hieß der vorige Oberhofmeister nun Obersthofmeister, und die vorige Oberhofmeisterin nun Obersthofmeisterin.

Zum Hofstaate des Königs wurden auch die geheimen Räthe gerechnet, und deren gab es im Jahre 1812 fünf verschiedene Rangstufen, nämlich 22 wirkliche adliche geheime Räthe, einen wirklichen gelehrten geheimen Rath, fünf charakterisirte adliche und drei charakterisirte gelehrte geheime Räthe, so wie Personen, welche den Charakter und Rang eines wirklichen geheimen Legationsraths führten.

Die ehemaligen unmittelbaren Reichsfürsten, Grafen und Ritter hatten, um noch ein Mal daran zu erinnern, zwar ihre Titel behalten, mit Weglassung derjenigen, die sich auf ihr voriges Verhältniß zum Deütschen Reiche bezogen; sonst aber waren sie, mit Schmälerung ihrer Einkünfte, die aus den Regalien entsprangen, S. M. von Würtemberg treügehorsamste Unterthanen geworden, die nur für ihre Person und Familienglieder das Vorrecht hatten, vom Soldatenzwang befreit zu sein; und diesen Vorzug theilten sie mit den wirklichen Staatsdienern. Alle Unterthanen wurden in Rangklassen eingeschachtelt und in derselben nach der größern und geringern Wichtigkeit ihrer Staatsdienste geordnet. Die höhern Klassen hatten einen privilegirten Gerichtsstand. Alle christlichen Glaubensverwandten genossen gleiche Rechte. Friedrich von Württemberg ahmte das Beispiel nach, welches sein guter Freünd und Schutzherr, Napoléon Buonaparte, in Frankreich gegeben hatte: folgenden sieben Städten seines — Reichs hatte er das Prädikat: „Unsere gute Stadt" verliehen, wenn ihrer in Verordnungen und Verfügungen oder sonst im Namen des Königs Erwähnung geschah, nämlich Stuttgart, Ludwigsburg, Tübingen, Ellwangen, Ulm, Heilbronn und Reütlingen.

Höchste Landescollegien für die Verwaltung 2c.

Im Civilstaat war eine gänzliche Umwandlung vorgegangen. Am Schluß des 18. Jahrhunderts bestand ein herzogliches geheimes Secretariat mit einem Director, fünf geheimen Secretarien und zwei geheimen Kanzellisten. Alle Geschäfte liefen im geheimen Rathscollegium zusammen, das eine adliche und eine gelehrte Bank, und einen einzigen Minister an der Spitze hatte. Auf der adlichen Bank saßen 12, und auf der gelehrten Bank fünf geheime Räthe mit dem Prädikat Excellenz, dann fünf adliche und drei geheime Räthe ohne dieses Prädikat, überhaupt 25. Ferner gehörten dazu 11 geheime Secretarien, vier geheime Archivarien, zwei geheime Registratoren, sechs Secretarien und Kanzellisten. Gesandtschaften wurden blos am Reichstage zu Regensburg, zu Wien, London und im Haag, nebst der schwäbischen Kreisdirectorialgesandtschaft, unterhalten.

Im Jahre 1804 gab es ein kurfürstliches Staatsministerium von drei Ministern, sechs dabei angestellten Referenten, einen geheimen Secretair, einen geheimen Registrator und einen geheimen Kanzellist. Das kurfürstliche geheime Secretariat war im Unterpersonal um drei vermehrt worden. Die adliche Bank des geheimen Rathscollegiums hatte einen Zuwachs von sieben Excellenzen bekommen, die gelehrte Bank dagegen ein Mitglied dieser Kategorie verloren, und ein Mitglied ohne Excellenz gewonnen. Sodann gab es ein Ministerialdepartement der auswärtigen Angelegenheiten, und Gesandten wurden in Berlin, Dresden, Frankfurt, Haag, London, München, Nürnberg, Paris, St. Petersburg, Regensburg und Wien unterhalten, dann die schwäbische Kreisdirectorialgesandtschaft. Die Stellen zu Karlsruhe und Kassel waren noch unbesetzt.

Anders stellte sich der Civilstaat nach Annahme der Königswürde. Im Jahre 1812 bestand —

Das geheime Kabinet des Königs aus zwei Abtheilungen — für die Militärexpeditionen, mit einem Director, drei Mitgliedern, einem Kanzellisten, zwei Stabsfourieren; — für die Civilexpeditionen, mit einem Director, vier geheimen Kabinetssecretairen, zwei geheimen Kabinetskanzellisten und vier Kabinetscourieren. Dann folgte unter der Aufsicht königlicher Ministerien und Collegien —

Das **Staatsministerium**, in welchem der Kronprinz, die Minister der sieben Ministerialdepartements, und noch einige andere vom Könige dazu bestimmte Minister, so wie in Abwesenheit des Königs der Staatssecretair (Director der Civilexpeditionen im geheimen Kabinet) Sitz und Stimme hatten. Das Ministerium verfügte über ein geheimes Secretariat mit vier geheimen Secretarien, einem geheimen Registrator, drei Secretarien.

Der **Staatsrath**, der seit dem 1. Juli 1811 bestand, war die höchste Stelle zur Berathschlagung über allgemeine das Ganze umfassende Reichsangelegenheiten, oder sonstige wichtige Gegenstände, die in einzelne oder mehrere Geschäftskreise zugleich einschlagen. Er theilt sich in 10 Sectionen, für — die Lehenssachen, — den Straßen-, Brücken- und Wasserbau, — das Gemeindeverwaltungswesen, — die Rechtspflege, — das Kriegsdepartement, — die Steüern und Krondomainen, — das Staatsrechnungswesen, — den Kultus. In dieser hohen Behörde führte der König den Vorsitz. Mitglieder waren: der Kronprinz, die Prinzen des königlichen Hauses, die zugleich im Staatsministerium saßen, die Staatsminister und 27 Staatsräthe, die übrigens auch andere Posten bekleideten. Die geheimen Secretaire des Ministeriums versahen den Dienst auch beim Staatsrathe.

Die Ministerialdepartements und die davon abhangenden Behörden.

1. **Das Departement der auswärtigen Angelegenheiten**, welches auch das königliche Kabinetsministerium hieß, bestand, außer dem Minister, aus einem Generalsecretair, einem Kanzleidirector und sieben geheimen Legations- und Legationsräthen, ohne das Prädikat „geheim". Fünf geheime Legationssecretaire, zwei geheime Registratoren, ein Wappenherold, ein Wappenmaler, vier geheime Kanzellisten und ein Accessist bildeten das Unterpersonal dieses Ministeriums, zu dessen Ressort folgende Stellen gehörten:

1) Das königliche Archiv, bestehend aus dem Haus- und dem Staatsarchiv, nebst einem Depot der älteren Akten; — 2) Der Ober-Ceremonienstab; — 3) die Reichs-Oberpostdirection.

Mit den Gesandtschaften war gegen die kurfürstliche Zeit in so fern eine Abänderung getroffen worden, daß man in der Schweiz einen außerordentlichen bevollmächtigten Minister und in Rom einen Geschäftsträger hielt; und es war, wie sich von selbst versteht, die

Directorialgesandtschaft beim Schwäbischen Kreise weggefallen und die Gesandtschaft in St. Petersburg 1812 aus naheliegenden Gründen vacant! Von Rheinbundstaaten ließen sich Baden, Baiern, Frankfurt, Sachsen und Westfalen am württembergischen Hofe vertreten; von fremden Staaten Frankreich, Österreich und Preußen; die russische Legation war 1812 nicht besetzt!

2. Das Departement des Innern spaltete sich in sieben Sectionen, deren jede bald einen, bald zwei Chefs und mehrere Ober-Regierungsräthe und Assessoren zu Mitgliedern hatte. Die Sectionen waren 1812 folgende: — für innere Administration, — für Lehenssachen, für das Medicinalwesen, — fürs Straßen-, Brücken- und Wasserbauwesen, — für die Gemeindeverwaltung, — eine Commission für das Staats- und Regierungsblatt, — eine Commission für Prüfung der Feldmesser.

3. Das Justizdepartement hatte, unter dem Minister, einen Generalsecretair und vier Oberjustizräthe, die zugleich ein Revisionscollegium bildeten.

Die Justizverfassung hatte, wie alle anderen Zweige der Staatsregierung und Verwaltung, durch König Friedrich eine neüe, zweckmäßigere Einrichtung erhalten.

1) Die Untergerichte, oder der erste Rechtsgang für den Bürger- und Bauerstand waren die Oberamtsgerichte und die Provinzialjustizcollegien. Erstere entschieden in Klagesachen bis zur Höhe von 50 Gulden, und in Strafsachen durften sie bis auf 10 Gulden und bis auf 8 Tage Einsperrung erkennen. An die Provinzialjustizcollegien aber mußten die Akten von allen, bei den Oberamtsgerichten schriftlich verhandelten Klagesachen, welche die Summe von 50 Gulden übersteigen oder wo in Gantsachen die ganze Masse über 500 Gulden beträgt, zu Abfassung eines Urtels eingesendet werden.

2) Solcher Provinzialjustizcollegien errichtete König Friedrich drei, nämlich zu —

1. Ludwigsburg — für die Hauptstadt Stuttgart und die Landvogteien am Rothenberg, an der Enz, am untern Neckar und an der Jaxt;
2. Rothenburg — für die Landvogteien am obern Neckar, am mittlern Neckar, auf der Alp und am Schwarzwald, und
3. Ulm — für die Landvogteien am Kocher, an der Rems und Fils, an der Donau und am Bodensee.

Jedes dieser Justizcollegien bestand aus einem Director, vier Justizräthen, einem Assessor, einem Aktuar und einem Decopisten.

3) Dagegen war zur Führung von peinlichen Untersuchungen in jeder der 12 Landvogteistädte ein einzelner Criminalrath angestellt worden. Sie ressortirten vom —

4) Criminaltribunal zu Eßlingen, welches die peinlichen Fälle zu beurtheilen hatte, den Fall bestimmte, wo Gantprozesse Statt finden sollen und die dahin gehörigen Straffälle behandelte. Der Untersuchungsrichter erstattete Vor- und Fortgangsberichte und schickte nach geschlossener Untersuchung die Akten ein. Das Criminaltribunal erkannte hierauf und zwar endgültig und ohne daß weitere Berufung Statt fand, bei Vergehen von einer Strafe bis drei Monat Festungshaft oder Zuchthaus, oder wo Geldstrafen von 100 Gulden und darunter eintreten durften. Bei höheren Straffällen aber legte das Tribunal sein Strafgutachten erst dem, unter dem Vorsitze des Justizministers versammelten Ober-Revisionshofe vor, von welchem es sofort mit Bericht vor den König zur Bestätigung gebracht wurde. Das Tribunal hatte einen Director und zehn Tribunalsräthe und Assessoren.

5) Das Ober-Justizcollegium zu Stuttgart zerfiel in zwei Senate. Es hatte die Inspection über die Civil-Justizverwaltung der Untergerichte und bildete das Wechselgericht, das Lehengericht, die erste Instanz für die Eximirten, als die ehemaligen Reichsfürsten, Grafen und Adlige und die in den ersten neün Klassen der Rangordnung aufgeführten Hof- und Staatsdiener; und die Berufungsinstanz von den Untergerichten. Dieses Collegium bestand aus einem Präsidenten und sieben Ober-Justizräthen im ersten, und neün Ober-Justizräthen und Assessoren im zweiten Senat.

6) Das Ober-Appellationstribunal zu Tübingen hatte einen Präsidenten, einen Director, einen Vicedirector und acht Ober-Tribunalräthe. Es bildete die erste Instanz in bürgerlichen Rechtsstreitigkeiten gegen die Glieder des königlichen Hauses; — den privilegirten Gerichtsstand für das gesammte bei denselben angestellte Personal und die obervormundschaftliche Behörde desselben; — die Appellationsinstanz von den Erkenntnissen des Ober-Justizcollegiums in Sachen, welche 200 Gulden und darüber betragen, oder welche die Ehre, die Gerechtsame oder das ganze Vermögen einer Partei betreffen; — die Revisionsinstanz von seinen eigenen Erkenntnissen in

Sachen deren Objekt 1500 Gulden beträgt, oder die ebenfalls die Ehre, Gerechtsame, oder das ganze Vermögen einer Partei betreffen; — die protestantischen Ober-Tribunalsräthe endlich bildeten das Ehegericht, zu welchem noch zwei protestantische Professoren der Theologie als geistliche Gerichtsräthe zugezogen wurden.

7) Der Titularrath, aus einem Präsidenten und sechs Ober-Justizräthen bestehend, hatte die Oberaufsicht über das Pupillen-, Inventur- und Theilungswesen im ganzen Königreich, und dessen unmittelbare Besorgung bei den Eximirten. — Sodann gab es noch —

8) Die Rechnungskammer, mit zwei Rechnungsräthen; und —

9) Die Consulentencollegien zu Stuttgart und zu Tübingen, jenes mit vier, dieses mit sieben Consulenten. Die Untergerichte waren nach dem Organisationsmanifeste angewiesen, in Fällen, wo Consilia eingeholt wurden, entweder an die Juristenfakultät zu Tübingen, oder an eins der Consulentencollegien sich zu wenden.

Im ganzen Lande gab es 1808 und 1812 — vier königliche ordinaire und beziehungsweise 134 und 173 extraordinaire Advokaten und 65 und 66 königliche Notarien.

Dieser königlichen Justizverfassung stand die aus herzoglicher und kurfüstlicher Zeit von 1800 und 1804 gegenüber, wo es 1. ein Regierungsrathscollegium mit einer adlichen und gelehrten Bank, 2. einen Lehenhof, 3. ein Ehegericht und — 4. ein Hofgericht, ebenfalls mit zwei Bänken gab.

4. Kriegsministerium. Zu Ende des 18. Jahrhunderts bestand ein Kriegsrathscollegium von einem Präsidenten, vier Kriegsräthen, die 1804, zur kurfürstlichen Zeit, um einen Vicepräsidenten und einen Rath vermehrt wurden. Seit der Königszeit war ein Kriegsminister an die Spitze gestellt worden. Unter seiner Leitung gab es 1812 —

1) das Kriegsdepartement unter einem Präsidenten und einem Vicepräsidenten, in acht Sectionen: — Kassenwesen, — Naturalverpflegungs-, Quartier- und Marschsachen, — Montirungssachen, — Arsenaldirection, — Rekrutirungswesen, — Casernengegenstände, — Remontirung vi commissionis und unabhangig vom Kriegsdepartement; und — die Section für Justizsachen, welche zugleich das Oberkriegsgericht in Civilsachen bildete.

2) Das General-Kriegscommissariat;

3) Die Militär-Rechnungskammer;

4) Die General-Kriegskasse.

Im Militärstaat waren seit herzoglicher Zeit, wie sich das von selbst versteht, große Veränderungen vorgegangen. 1800 gab es zwei Generallieutenants und sieben Generalmajors; — 1804 aber zwei Generalfeldzeügmeister, zwei Generallieutenants und 11 Generalmajors; und 1808 — zwei Feldmarschälle, drei Feldzeügmeister, neün Generallieutenants und neün Generalmajors. Der König hatte zwei General- und vier Flügeladjutanten. Von Adjutanten der Generalität wurden vier aufgezählt. Der General-Quartiermeisterstab bestand 1808 aus sieben Offizieren, das Ingenieurcorps ebenfalls aus sieben Personen. Ganz neü formirt wurde das Militärinstitut zur Erziehung von Offizieren. Es bestand aus dem Commandeur, einem Gouverneur, drei Offizieren und fünf Aufsehern. Hier wurden 54 Zöglinge auf königliche Kosten unterhalten, andere mußten für Unterhalt und Unterricht jährlich 350 Gulden bezahlen.

Im Jahre 1812 hatte die bewaffnete Macht —

1 Regiment Garde zu Fuß von 2 Bataillonen,

8 Regimenter Linieninfanterie, wovon jedes 2 Bataillone und ein Bataillon 4 Compagnien enthielt;

2 Bataillone Fußjäger, jedes zu 4 Compagnien;

2 Bataillone leichter Infanterie, ebenso; — überhaupt also 22 Bataillone Fußvolk; — sodann

1 Regiment Garde zu Pferd,

2 Regimenter Jäger zu Pferd, zu 4 Schwadronen,

2 Regimenter leichter Reiterei, Chevauxlegers genannt; und

1 Dragonerregiment; zusammen

22 Schwadronen Reiterei. — Sodann

1 Corps Fuß- und reitende Artillerie

1 Garnisonbataillon; und

Die Gensd'armerie, welche 8 Oberoffiziere, 14 Unteroffiziere und 140 Gemeine zu Pferd, und 15 Unteroffiziere und 200 Gemeine zu Fuß stark war.

5. Das Finanzdepartement spaltete sich in neün Sectionen: — für directe und indirecte Steüern; — Krondomainen in zwei Abtheilungen; — Staatsrechnungen; — Kronforsten; — Bergwerks-, Eisen- und Salinenwesen, mit der Münze; — Landbauwesen; — Staatskassen, nämlich Generalstaatskasse, Generaldominal-, Tax- und Stempelkasse, Generalsteüerkasse, Generalstaatsschuldenzahlungskasse; — Section der Salzadministration; und die — der Tabaksregie.

Dem Finanzdepartement zwar zugewiesen, aber unmittelbar unter dem Könige stehend, waren das Ober-Hofbaudepartement und die Hof- und Domainenkammer.

Zur Section der Kronforste ist zu bemerken, daß Württemberg in 21 Ober-Forstämter eingetheilt war und jedes von diesen in eine gewisse Anzahl von Huthen oder Revieren zerfiel. Die Oberforsten waren in alphabetischer Ordnung:

Altdorf,	Heidenheim zu Schnellthheim,	Reichenberg
Altenstaig,	Kirschheim,	Rottweil zu Wurmlingen,
Comburg,	Leonberg,	Stromberg,
Crailsheim,	Ludwigsburg,	Tübingen zu Babenhausen,
Ellwangen,	Mergentheim,	Ulm,
Engelberg,	Nellenburg,	Urach,
Freudenstadt zu Alpirsbach,	Neuenstadt,	Zwiefalen.

6. Das geistliche Departement. Von diesem Ministerialdepartement ressortirten:

1) Das Ober-Consistorium, welches in Gemeinschaft mit den sechs Generalsuperintendenten von Urach, Heilbronn, Tübingen, Maulbronn, Ulm, den Synodus bildeten. Zu den sechs Generalsuperintendenzen gehörten 53 Dekanate.

2) Der katholische geistliche Rath. Württemberg hatte noch keinen eigenen katholischen Bischof, sondern die Katholiken gehörten noch unter die Sprengel der Bischöfe von Augsburg, Constanz, Speier und Worms diesseits des Rheins, Würzburg und den exemten Sprengel Ellwangen. Unter diesen Bisthümern standen die im Königreich befindlichen 38 Landkapitel und 653 Pfarreien, davon 502 unter Constanz.

3) Die Ober-Studiendirection. Unter ihrer Oberleitung standen: die evangelische Landesuniversität zu Tübingen mit sechs Professoren in der theologischen, sechs in der juristischen, sieben in der medicinischen und 10 in der philosophischen Fakultät, und allen möglichen Hülfsanstalten. Das Collegium illustre ebendaselbst; die katholische Landesuniversität zu Ellwangen, gestiftet durch königliche Verordnung vom 6. Oktober 1812, und eingeweiht am 5. März 1813, mit nur fünf Professoren, und ausschließlich für Theologen bestimmt; das Priesterseminar ebendaselbst, für 46 Studirende; die evangelisch-theologischen Seminarien zu Tübingen, Maulbronn, und Schönthal; sowie die Lyceen und Gymnasien zu Stuttgart, Ulm, Heilbronn,

Rottweil, Ehingen, und Mergentheim; ferner das Hauptschullehrerseminar zu Eßlingen, das Seminar in Öhringen und dasjenige, welches mit der Waisenanstalt zu Stuttgart verbunden war. Eine vorzügliche und musterhafte Generalverordnung, das deütsche Elementarschulwesen in den evangelischen Ortschaften des Königreichs Württemberg betreffend, wurde unterm 26. Dezember 1810 erlassen. Die Universität Tübingen erhielt am 17. September 1811 ein neües organisches Gesetz.

7. Das Polizeiministerium war im Jahre 1812 neü errichtet worden. Vor diesem Departement ressortirten folgende Stellen:

1) Das Ober-Censurcollegium, welches Censoren in Stuttgart, Tübingen, Ulm und Heilbronn unter sich hatte, und —

2) Die Ober-Polizeidirection zu Stuttgart und Ludwigsburg, die Ober-Polizeicommission zu Ulm und das Polizeicommissariat in Cannstatt.

Provinzielle Verwaltung.

Der Landvogt bildete zwar die Spitze der Verwaltung in jeder Landvogtei, doch waren die Oberamtmänner ihm nicht in allen Dingen untergeben, vielmehr berichteten diese in manchen Sachen unmittelbar an das einschlägige Ministerium. In jeder Landvogtei gab es einen Steüerrath, einen Weginspektor, und einen Wegebaucontroleur. Doch kam es auch vor, daß diese Baubeamten zwei Landvogteien unter ihrer Aufsicht hatten, was für den Landbaumeister die Regel war.

Finanzkräfte.

Im Jahre 1804 haben die landesherrlichen Einkünfte 2,117,500, die der Landschaft 1,060,000 und die des Kirchenraths über 1,000,000 Gulden betragen. Seit dem 1. Januar 1806 flossen diese verschiedenen Einkünfte in die allgemeine Staatskasse, wohin im Jahre 1811 auch die Einkünfte der Hospitäler und milden Stiftungen, so wie die der Universität Tübingen gezogen wurden. Für das Jahr 1812 schätzte man die sämmtlichen Staatseinkünfte Württembergs auf 11,000,000 Gulden, hinter welcher Summe die Ausgaben etwas zurückblieben. Die stärkste Rubrik unter den Ausgaben hatte der Militäretat, der auf 3,500,000 Gulden angegeben wurde.

Die Staatsschulden wurden im Jahre 1812 zu 30 Millionen Gulden angegeben, mit Einschluß derjenigen der ehemaligen Reichsstadt Ulm. Zur allmäligen Tilgung derselben war 1811 ein Amortisationsfonds von jährlichen 300,000 Gulden errichtet worden. Nach der Verordnung vom 2. August 1811 geschah die Zurückbezahlung der Staatsschuld nach dem Loose, ohne Rücksicht, ob die Capitalien In- oder Ausländern gehörten, ob solche früher gekündigt worden oder nicht. Die Verloosung sollte zwei Mal des Jahres in der Art vorgenommen werden, daß die gezogenen Nummern der Obligationen sogleich abgelöst wurden.

Wie in anderen Staaten des Rheinbundes, so wurden auch in den von Württemberg neüerworbenen Landen wenige Monate nach der am 23. August 1806 erfolgten Besitznahme, in dem bis dahin bestandenen Steüersystem sehr erhebliche Veränderungen vorgenommen; denn neben der ordinairen, oder der sogenannten Jahressteüer, welche alle Jahre zu Georgi umgelegt zu werden und wegen der fortwährenden außerordentlichen Staatsbedürfnisse oft sehr ansehnlich zu sein pflegte, wurden nach und nach folgende Steüern und Abgaben verordnet.

1) Wurde vermöge Generalrescripts vom 1. Oktober 1806 neben der eingeführten Ordinaristeüer (Jahressteüer) auch eine außerordentliche Steüer ausgeschrieben und damit jene Gegenstände belegt, welche nach dem bisher eingeführten Steüersysteme der Besteüerung nicht unterworfen waren, als: — a) die Hauptbestandtheile des Vermögens der geistlichen und weltlichen Hospitäler, Siechenpflegen, Lazarethe, Kirchen, Fabriken, Armenkassen und anderer piorum Corporum. — b) Alle und jede weitere Corpora und Institute, welche einen bestimmten öffentlichen Zweck haben, sowie Familienstiftungen, Brüderschaftskassen 2c. mit Ausnahme der als allgemeine Landesanstalten zu betrachtenden Zucht- und Waisenhaüser, auch der allenfalls vorhandenen Geistlichen- und Schulmeisters-Wittwenkassen. — c) Alles steüerfreie liegende Eigenthum. — d) Zehnten, Gülten und andere Patrimonialgefälle, insofern sie nicht bereits unter dem Vermögen der Litt. a und b genannten Körperschaften begriffen sind. — e) Das liegende Eigenthum, welches eine pactirte Steüer entrichtete. — f) Alle verzinsliche Kapitalien der Landeseinwohner. — g) Die Handlungs- und Waarenfonds. — h) Die Weinvorräthe. — i) Das durch Auswanderung, Erbschaft oder Heirat außer Landes gehende Vermögen; und — k) Viehcontracte.

2) Die in den altwürttembergischen Landen eingeführte Stempelordnung wurde auch für die neüen Lande vorgeschrieben, und der 1. Oktober 1806 als terminus a quo ihrer Gültigkeit festgesetzt.

3) Verordnete die Accisedirection am 9. Oktober 1806, daß künftig von allem Brenn-, Kloz-, Handwerks- oder Nutzholze, auch Reißig, welches zum eigenen Gebrauch, zum Gewerbe oder zum Handel im Lande verkauft wird, eine Accise von $^1/_2$ Kreüzer von jedem Gulden entrichtet werden solle. Die neüe Acciseordnung von 1808 erhöhte diese Abgabe auf einen ganzen Kreüzer vom Gulden Erlös.

4) Durch ein weiteres Generalrescript vom 9. Oktober 1806 wurde rücksichtlich der Ein-, Aus- und Durchfuhr und des innern Verbrauchs mit Wein und anderem Getränk verfügt, daß theils 50 Prozent und die Hälfte des Ankaufspreises von Rheinweinen sowol aus deütscher Fürsten-, als aus französischem Gebiete, ferner von Markgräfler-, Franken-, See-, Schweizer- und anderen ausländischen Weinen; theils 25 Prozent oder der vierte Theil des Ankaufspreises von Champagner, Burgunder und allen anderen französischen Weinen rc. bezahlt werden sollen, welch letzteren Abgaben auch der ausländische Essig unterworfen wurde.

5) Wegen der Vermählung der Prinzessin Katharina, mit Hieronymus Buonaparte wurde unterm 12. Dezember 1806 in ganz Württemberg die in solchen Fällen gewöhnliche Vermählungssteuer ausgeschrieben.

6) Am 20. Februar 1807 schrieb man zur Deckung außerordentlicher Staatsbedürfnisse eine außerordentliche Kriegssteuer auf die der gewöhnlichen Steuer unterworfenen Gegenstände in den neüesten Besitzungen des Königs aus, und verordnete dabei, daß die Umlage nach dem bisher üblichen Brauch eines jeden Orts geschehen solle.

7) Wurde am 23. Februar 1807 jeder Taubenschlag einer jährlichen Abgabe von sechs Kreüzern unterworfen.

8) Die Einfuhr alles ausländischen verarbeiteten Stahls und Eisens, und insonderheit der Sensen und Sicheln wurde unterm 9. April 1807 mit einem Impost von 8 Gulden pro Centner belegt, die Sensen und Sicheln aber sowie die Strohmesser, Strohblätter und eiserne Pfannen noch insbesondere einer Stempeltaxe unterworfen.

9) Für die Bewilligung und jährliche Anerkennung der verschiedenen Wirthschaftsgewerbe wurden am 31. Juli 1807 bestimmte Concessions-Recognitions- auch andere Umgeldsabgaben nach Verschiedenheit der Fälle festgesetzt.

10) Durch ein inneres Rescript vom 12. Februar 1808 wurde — a) die Einfuhr des rohen Eisens und Stahls gänzlich verboten, die des ausländischen raffinirten Stahls aber, der Pfannen, Sensen, Sicheln und Strohmesser nur gegen einen Impost von 32 Gulden pro Centner freigegeben; b) ausländische Öfen, Platten, Stangen, Stab- und Zaineisen wurden mit 16 Gulden pro Centner belegt; und — c) von jenen Eisen- und Stahlwaaren, wovon im Inlande keine ähnliche gemacht wurden, 8 Gulden pro Centner für die Einfuhr zu bezahlen, festgesetzt, aber noch — d) alle außer Landes gefertigte, obengenannte und gegen Entrichtung des Impostes eingeführte Eisen- und Stahlwaaren noch besonderen Stempelungstaxen unterworfen.

11) Nach einer Verfügung vom 1. März 1808 wurde eine allgemeine Umlage von Brandversicherungsbeträgen sowol für die bisherigen Brandkassen von Alt- und Neüwürttemberg, als auch für die neüe allgemeine Brandversicherungskasse in der Art angeordnet, daß a) für die altwürttembergische Kasse 9 Kreüzer auf 100 Gulden des Gebaüdeanschlags, b) für die ehemalige neüwürttembergische Brandversicherungskasse 12 Kreüzer, und endlich c) für die neüe allgemeine Brandversicherungskasse des ganzen Reichs 3 Kreüzer auf 100 Gulden des Gebaüdeanschlags bestimmt wurden.

12) Am 23. Mai 1808 hatte sich König Friedrich „allergnädigst entschlossen,

für das eingetretene neue Rechnungsjahr auf das ganze Königreich überhaupt, mit Einschluß der bisherigen Exemten und mit Ausnahme desjenigen liegenden Eigenthums, was der ehemaligen Reichsfürsten und unmittelbaren Reichsgrafen, welche Sitz und Stimme auf Reichs- oder Kreistagen gehabt hatten, bei denen es einstweilen in statu quo, was die Steuerfreiheit betrifft, bleiben sollte, die Summe von 2,100,000 Gulden an directen Steuern auszusetzen".

13) Ein Befehl vom 25. Mai 1808 erließ die neue Zollordnung zur allgemeinen Kenntnißnahme und ein weiteres Rescript vom 15. Juni desselben Jahres verfügte, daß die neue Acciseordnung vom 20. d. M. an zur Vollstreckung kommen sollte. Unterm 22. Juli wurden Abänderungen im Zolltarif vorgenommen.

14) Am 1. August 1808 wurde befohlen, von allen außer Landes gehenden Fohlen 32 Kreuzer pro Stück und 12 Kreuzer Accise vom Gulden einzuziehen; und an dem nämlichen Tage verordnet, daß jeder Pferdeinhaber von allen Pferden die er besitzt, einen jährlichen Gestütsbeitrag von 3 Kreuzern für jedes Stück zu bezahlen, und davon nur allein die Mitglieder des königlichen Hauses, die vormaligen Reichsfürsten und Grafen, und die zum Militär gehörigen Personen ausgenommen sein sollten.

15) Durch ein Rescript vom 18. August 1808 wurde zur Bestreitung außerordentlicher Staatsbedürfnisse eine allgemeine Kapitaliensteuer angeordnet und zwar zum Betrage von ½ Prozent vom Kapitale, wobei die Passivschulden von der Aktivkapitaliensumme nicht in Abzug gebracht werden durften.

16) Gleichzeitig wurde die communordungsmäßige Bürger- und beziehungsweise Wehrsteuer auf weitere 10 Jahre verlängert.

17) Am 30. September 1808 erfolgte die Verordnung, daß bei Viehcontracten, welche von Ausländern auf königlichem Gebiet geschlossen, neben dem tarifmäßigen Ausgangszolle von jedem Gulden des Erlöses 1 Kreuzer an Accise eingezogen werden solle.

18) Wurde der Tabakshandel im Königreiche einer eigenen Regie unterworfen, und die Bestimmung darüber unterm 26. November 1808 in einer ausführlichen Verordnung bekannt gemacht.

19) Am 10. März 1809 wurde eine neu revidirte und geschärfte Stempel- und Taxordnung zur allgemeinen Kenntniß gebracht.

20) Am 12. März wurde für das gesammte Königreich, sowol zur Verpflegung des königlichen Militärs, als zur Bestreitung eines weiteren dahin gehörigen Aufwandes eine außerordentliche Steuer ausgeschrieben, wozu auch die bisher steuerfreien Objecte, jedoch mit Ausnahme der vormaligen Reichsfürsten und Grafen, beigezogen wurden.

21) Wurde zur Deckung der Staatsbedürfnisse für das Jahr 1809—1810 unterm 24. April 1809 neben der Ordinaristeuer auch eine Kapitalsteuer von 2 Kreuzern von 100 Gulden unter den, bei der letzten Kapitalsteuer vom 18. August 1808 (Nr. 15) festgesetzten Bestimmmungen und Modificationen im ganzen Königreich ausgeschrieben. Wie damals, so wurden auch jetzt alle verzinslichen Kapitalien der Unterthanen, Gemeinden und Körperschaften, insonderheit der geistlichen und weltlichen Hospitäler, Lazarethe, Kirchen-, Fabriken- und Armenhauskasten und anderer piorum corporum, der Familienstiftungen, Zunft-

kassen, und anderer dergleichen öffentlichen und Privatanstalten in die Besteüerung gezogen.

22) Am 16. Mai 1809 fanden wiederum Abänderungen im Zolltarif Statt und am 6. Juni wurde für das allgemeine Brandversicherungsinstitut auf Georgi 1809—1810 zur Leistung der Entschädigungen bei vorkommenden Brandfällen eine neüe Brandschadensumlage im ganzen Königreich von 6 Kreüzern auf 100 Gulden des Gebaüdeanschlags ausgeschrieben.

23) Ein Generalrescript vom 6. Juli 1809 führte in den sämmtlichen königlichen Staaten eine Hundetaxe ein, die jeden Hund mit 2 Gulden jährlicher Taxe belegte, wovon nur die herrschaftlichen Hunde und diejenigen, welche den Mitgliedern der königlichen Familie zugehörten rc., ausgenommen waren.

24) Unterm 24. Juli 1809 wurde für das allgemeine Brandversicherungsinstitut wegen einer bedeütenden Feüersbrunst, wiederum eine außerordentliche Brandschadensumlage von 16 Kreüzern auf 100 Gulden des Gebaüdeanschlags in ganz Württemberg ausgeschrieben.

25) Durch ein am 8. Mai 1809 ergangenes Dekret wurde verordnet, daß von den mediatisirten Fürsten und Grafen ein Viertel der unterm 1. Oktober 1806 ihnen auferlegten außerordentlichen Steüern (s. Nr. 1. Lit. d.) als Extrakriegssteüer erhoben werden sollte.

26) Eine Genearlverordnung vom 11. Februar 1810, die neüe Einrichtung der Waisen- Zucht- und Irrenhaüser betreffend, bestimmte, im § 13 und fg., wer und bei welchen Gelegenheiten, dann wieviel zum Behuf jene Anstalten Beiträge zu geben haben.

27) Ein Dekret vom 15. Mai 1810 schrieb für das Jahr 1810 und 1811 eine Kapitalsteüer von 30 Kreüzern von 100 Gulden nach dem Besitzstande vom 24. August 1810 aus.

28) Die Oberfinanzkammer und das Forstdepartement verordneten unterm 11. September 1810, daß von dem Erlös und beziehungsweise vom taxirten Werthe alles in Commun-, Corporation-, Privat- und Patrimonialwaldungen gehauenen Holzes 4 Kreüzer vom Gulden, unter der Rubrik: Stammmiethe an die betreffenden Forstkassen und zwar als Surrogat der, zufolge einer früheren Verordnung vom 24. Mai 1808 cessirenden, vormals den königlichen Forstbedienten gereichten Emolumente und Accidentien gezahlt werden sollten. Für die Unterthanen war diese Stammiethe nur eine erhöhte Steüer, da sie die Forstaccidentien überstieg; aber für die Patrimonialherren war sie eine neüe Steüer, indem sie, vermöge der ihnen in der rheinischen Bundesakte zugesicherten forsteilichen Gerichtsbarkeit und Polizei Alles, was die königlichen Forstbedienten für die in Frage seienden Accidentien in den Privatforsten zu besorgen hatten, durch ihre eigenen in ihrem Brote stehenden Forstbedienten verrichten ließen, folglich nicht in den Fall kommen konnten, den königlichen Forstbedienten etwas abreichen zu müssen. Zwar sollte diese Stammiethe a) von verkauftem Holze der Kaüfer tragen; allein da derselbe, wie leicht zu ersehen ist, bei der Übereinkunft über dem Holzpreis diese und andere Abgaben nicht außer Anschlag ließ, so folgt von selbst, daß nur der Waldeigenthümer sie trug; b) hingegen sollte sie von allem zum eigenen oder anderen Gebrauch gefälltem Holze der Waldeigenthümer bezahlen.

Der Patrimonialherr, der gewöhnlich die Holzbesoldungen der Geistlichen und anderer Diener, welche seinem Pflichtnexus nunmehr entzogen waren, fortbestreiten mußte, hatte also auch von diesem die Stammiethe zu berichtigen.

29) Durch ein Generalrescript vom 5. Oktober 1810 wurde das Wegegeld aufgehoben und dagegen den Pferde-, Ochsen- und Eselshaltern eine gewisse jährliche Straßenbauabgabe aufgelegt. — Endlich verdienen in diesem Verzeichniß auch —

30) Jene Lasten einen Platz, welche im größern Publikum nicht, sondern nur bei den Oberämterm bekannt wurden, die vielen Ausgaben nämlich, welche die sogenannten Amtspflegekassen für die Kosten der Soldatenaushebung, für die der Stadt- und Amtsschreibereien zu zahlende Kapitalgebühren verschiedener Bekanntmachungen, für Entschädigungen wegen Ritt- und Botenlohn in Militär- und anderen königlichen Angelegenheiten, Beiträge zu den neüerrichteten Kreisarbeitshaüsern zu bestreiten hatten.

So weit die Übersicht aller der verschiedenen directen und indirecten Steüern, welche bis zum Herbst 1810 bekannt geworden waren und die man in chronologischer Ordnung darzustellen versucht hat. Die Quellen der Staatseinkünfte waren aber, außer den Steüern, auch 1) die Krondomainen, die Meiereien, Schäfereien, Verpachtung einzelner Höfe und Güter, die Forsten ꝛc. und 2) die Regalien, als: Land- und Wasserzoll, Einkünfte des Bergbaues und der Salinen, Fischereien, Post, des Salpetergrabens u. s. w.

Vierundvierzigstes Kapitel.

Das Königreich Sachsen, nach Verfassung und Verwaltung, 1807—1813.

Verwaltung.

Der König von Sachsen war zwar durch den posener Vertrag vom 11. Dezember 1806 zur vollen Souverainetät gelangt, nichtsdestoweniger blieb die Staatsform seines Königreichs die einer beschränkten Monarchie. In auswärtigen Verhältnissen war der König von den Gesetzen des Rheinbundes abhangig und in inneren Angelegenheiten theilte er die Staatsgewalt mit den Landständen. Friedrich August von Sachsen folgte nicht dem Beispiele seines württembergischen Herrn Bruders.

Der Titel des Königs war, zufolge einer Bekanntmachung vom 29. Dezember 1806, „vor der Hand und bis auf weitere Anordnung“: Wir von Gottes Gnaden Friedrich August, König von Sachsen ꝛc.

Das königliche Wappen, wie es in der eben angeführten Bekanntmachnng, „vor der Hand“ bestimmt wurde, bestand aus dem bisherigen herzoglich-sächsischen Wappen der fünf schwarzen Balken im goldenen Felde mit dem, durch selbige gezogenen Rautenkranze und der darüber gestellten königlichen Krone, und der Umschrift: Friedericus Augustus Rex Saxoniae etc.

Der König hatte die vollziehende Gewalt des Staates, er hatte das Recht, im Verein mit den Gliedern des Rheinbundes, Krieg zu führen und Frieden zu schließen, er ernannte die Mitglieder der höheren Staatscollegien, hatte das Recht der Begnadigung, das Recht in verbotenem Grade zu dispensiren, alle Militärgewalt und die Landeshoheit in allen königlich sächsischen Landen. Bei der Besteüerung und Gesetzgebung aber mußten die Landstände zu Rathe gezogen werden.

Auch war der König in dem Gebiete der, seiner Landeshoheit unterworfenen Standesherren nicht im Besitz aller Regalien, indem diese an den nutzbaren Regalien Antheil hatten. Diese Theilungen der königlichen Rechte beruhen nicht auf reinen und bestimmten Begriffen von Landeshoheit, sondern auf zufällig entstandenen Verträgen. Der König hatte dieselben gewissenhaft geachtet, obgleich sein im posener Frieden erfolgter Beitritt zum Rheinbunde ihm die volle Souverainetät in seinen Staaten zusicherte. Ebenso hatte er auch die alte landschaftliche Verfassung in ihrer Einrichtung unverändert gelassen; sowie die verschiedenen Regierungsverfassungen der einzelnen Provinzen, aus welchen der Staat nach und nach gebildet worden ist, beibehalten wurden.

Daß der König, bei völlig veränderten Verhältnissen, an die bei dem Regierungsantritte des Regenten ausgestellten Reversalien, an Landtagsabschiede und andere in früheren Zeiten abgeschlossene Verträge, sich gebunden hielt, erzeügte die höchste moralische Achtung für ihn.

Durch die verschiedenen Verfassungen der Provinzen erhielt der nunmehr souveraine Staat ein sehr complicirtes Ansehen, wobei sich keine, das Ganze umfassende, allgemeine Constitution angeben läßt, indem dieselbe nur eine Sammlung von Privilegien war. Nach dieser

Verschiedenheit der Verfassungen wurden die Provinzen eingetheilt: in die vereinigten und in die nicht vereinigten Lande. Dieser Unterschied bestand seit dem posener Frieden dem Namen nach nicht mehr, wol aber der Sache nach, weil der Unterschied der Verfassung nicht aufgehoben war.

Die vereinigten Lande, deren Stände die sächsische Landschaft bildeten, waren wieder unter sich, in Hinsicht auf Verfassung und Administration, verschieden, und wurden eingetheilt: in die unmittelbaren und in die mittelbaren Provinzen. Zu den ersteren gehörten die sieben Kreise; zu den anderen die Stifter. — Zu den nicht vereinigten Landen rechnete man die beiden Lausitzen, das Fürstenthum Querfurt und den Antheil an Henneberg.

Das gesammte Königreich bestand demnach aus folgenden Landen:

I. Lande, welche zur allgemeinen Landtagsversammlung gehörten, oder die ehemals sogenannten unmittelbaren Provinzen. Sie sind aus den Besitzungen der Herzoge von Sachsen, aus dem Hause Askanien, aus der alten Mark- und Burggrafschaft Meißen, aus der Landgrafschaft Thüringen, aus dem Oster- und Pleißener und aus dem Vogtlande entstanden, und standen unmittelbar unter der königlichen Regierung. Sie waren wie vor hundert Jahren, so auch vor funfzig Jahren in sieben Kreise eingetheilt, nämlich in den Kur, Thüringischen, Meißnischen, Leipziger, Erzgebirgischen, Vogtländischen und Neüstädter Kreis. Die Stände dieser Kreise erschienen persönlich auf dem Landtage.

II. Die Sifter, oder die ehedem sogenannten mittelbaren Provinzen, bestanden aus secularisirten Stiftern, welche, auch nach Annahme der Kirchenreformation, ihre domcapitularische Verfassung beibehalten hatten; hierher gehörten die Stifter Meißen (mit Wurzen), Merseburg und Naumburg-Zeitz. Sie hatten eine eigene Regierung, wozu das Kapitel einige Räthe ernannte, eine eigene Kammer und ein Consistorium. Die Stände in Merseburg und Naumburg-Zeitz hielten eigene Stiftstage und erschienen daher nicht persönlich auf allgemeinen Landtagen, sondern schickten nur Deputirte aus ihrer Mitte. Die Vasallen der Stifter Meißen hatten keine eigene Landtage, sondern besuchten den allgemeinen Landtag zu Dresden. — Zu diesen ehemals mittelbaren Provinzen gehörten auch einige Besitzungen auswärtiger Fürsten und die Standesherrschaften der sächsischen Dynasten, oder ehemaligen unmittelbaren Reichsgrafen und Herren, welche schon seit längerer Zeit, und nicht erst seit der Auflösung des Deütschen Reiches, unter sächsische Hoheit gekommen waren und Deputirte zum Landtage schickten, nämlich A) die Ämter Kelbra und Heringen*) und das Rittergut Ebeleben, welche den Fürsten von Schwarzburg gehörten, aber unter sächsischer Hoheit standen; daher auch die Fürsten von Schwarzburg, obgleich souveraine Mitglieder des Rheinbundes, Deputirte zum sächsischen Landtage schickten. — B) Das anhalt-dessauische Amt oder eigentlich Rittergut Walter-Nienburg, in gleichem Verhältniß wie die vorgenannten schwarzburgischen Ämter. — C) Die Standesherrschaften der Grafen Solms. — D) Die Grafschaft Stollberg, welche den beiden Linien Stollberg-Stollberg und Stollberg-Roßla gehörte. Die Grafen Stollberg genossen große Vorrechte und hatten sogar einige Regalien im Besitz, als die Zölle und das Münzregal. Die Grafschaft wurde durch eigene Kanzleien und Consistorien regiert. — E) Die Standesherrschaften der Fürsten und Grafen von Schönburg, als Glauchau, Waldenburg, Lichtenstein, Hartenstein und Stein, welche zu Glauchau eine gemeinschaftliche Regierung, einen Lehnhof und ein Consistorium hatten. Die Herren von Schönburg besaßen das Recht, von ihren Unterthanen Steüern zu erheben, von welchen sie den dritten Theil an den König zahlten; sie hatten ferner das Begnadigungsrecht, ausgenommen bei Todesstrafen; endlich hatte das Haus Schönburg auch Vasallen, welche bei der Regierung zu Glauchau zu Lehen gingen. — Zu den ehedem mittelbaren Provinzen gehörte auch die Ballei Thüringen,**) die dem vormaligen Deütschen Orden zustand, und endlich kann man gewissermaßen auch die Universitäten

*) An beiden Ämtern hatten auch die Grafen von Stollberg Antheil.

**) Der König nahm die Deütschordensgüter in Thüringen, nämlich die Commenthurhöfe Zwätzen, Liebstädt und Nagelstädt, sammt den dabei befindlichen Dörfern und Dorfantheilen, ingleichen den von der ehemaligen Ballei Hessen abhangig gewesenen Commenthurhof zu Grisestädt, infolge des französischen Dekrets vom 24. April 1809 und nach dem schönbrunner Frieden, in Besitz und überließ diese Güter, nebst allen selbigen gehörenden Rechten und Einkünften den beiden Universitäten Leipzig und Wittenberg, ingleichen den drei Landesschulen: Pforta, Meißen und Grimma als Eigenthum. Diese Güter sollten alle Rechte der geistlichen Güter und piae causae genießen. Diese Besitzergreifung ist die einzige gewaltsame Bemächtigung fremden Eigenthums, deren sich Friedrich August von Sachsen, nach der Zertrümmerung des Deütschen Reichs, schuldig gemacht hat.

Wittenberg und Leipzig hierher rechnen, insofern sie eine eigene Verfassung hatten.

Alle diese Provinzen hatten sich in eine gemeinschaftliche Landschaft vereinigt. Der König allein hatte das Recht, die Stände zusammen zu berufen; er that dieses, wann und wo er wollte. Gewöhnlich geschah es alle sechs Jahre, in außerordentlichen Fällen auch öfter, oder es wurde, bei unerwarteten Bedürfnissen auch nur der Ausschuß der Stände zusammenberufen. Die Art und Weise der Verhandlung wurde durch die Landtagsordnung von 1728 bestimmt. Die Landstände theilten sich in drei Klassen. Die erste Klasse

1. Aus den Prälaten bestehend; dahin gehörten
   a) Die Domkapitel von Meißen, Merseburg und Naumburg-Zeitz.
   b) Die Universitäten Leipzig und Wittenberg.
2. Aus den Fürsten, Grafen und Herren, als den Fürsten von Schwarzburg, dem Herzoge von Anhalt-Dessau, den Fürsten und Grafen von Schönburg und den Grafen von Stollberg und von Solms.

Es war nicht nöthig, daß die Deputirten dieser Stände der ersten Klasse von Adel sein mußten.

Die zweite Klasse der Stände bestand aus der Ritterschaft oder aus den Besitzern der Rittergüter; diese erschienen persönlich auf dem Landtage, doch nur wenn sie einen Stammbaum von wenigstens acht Ahnen aufzuweisen hatten. Bei den Rittergütern fand noch der Unterschied Statt, daß nur die Besitzer der schriftsässigen Güter persönlich auf dem Landtage erscheinen durften, die Eigenthümer der amtsässigen Güter aber Deputirte aus den altadelichen Amtsassen bevollmächtigen mußten. Der Unterschied der Schrift- und Amtsässigkeit gründet sich auf die Gerichtsbarkeit der Güter, ob sie nämlich den Hofgerichten oder den Ämtern zu Recht standen. — Bei den Schriftsassen unterschied man noch alte und neüe Schriftsassen; die letzteren durften zwar, nach erwiesener Ahnenprobe, auf dem Landtage erscheinen, erhielten aber keine Taggelder, oder wie es hier hieß: keine Auslösung. — Bei dieser Klasse der Stände fanden zweierlei Arten von Ausschuß Statt: der engere Ausschuß bestand aus vierzig und der weitere aus sechzig Personen. Beide waren Deputationen aus der allgemeinen Ritterschaft, wovon der engere Ausschuß die wichtigeren und schwierigeren Sachen, der weitere aber die minder wichtigen

Landschaftsangelegenheiten zu untersuchen hatte. Der allgemeinen Versammlung stand es frei, der Meinung oder dem Beschlusse der Ausschüsse beizutreten oder ihn zu verwerfen. Sonach bildeten die beiden Ausschüsse und die allgemeine Ritterschaft die drei Collegien der gesammten Ritterschaft.

Die dritte Klasse der Landstände waren die Abgeordneten derjenigen 128 Städte, welche dem Herkommen gemäß Sitz und Stimme auf Landtagen hatten, und deren aus den Stadträthen gewählte Deputirte Auslösung und Reisekosten erhielten. Auch die Städte hatten ihren engern und weitern Ausschuß; jener bestand aus acht, dieser aus zwanzig Städten.

Die Anzahl aller auf dem Landtage erscheinenden und deputirten Stände betrug 540 Köpfe, — eine Repräsentation, welche, im Verhältniß zu dem Umfange des Landes, ungewöhnlich groß war, und dem Staate lästige Ausgaben verursachte.

Die erste Klasse der Stände, welche eigentlich einen Staat im Staate bildete, übergab eine besondere Schrift über ihre eigenthümlichen Beschwerden und berathschlagte für sich allein über die königlichen Vorschläge und Anträge. Die Landesversammlung bestand demnach, mit Ausschluß der ersten Klasse, aus der Ritterschaft und den Städtern. Die Ritterschaft tagte unter sich nach ihren drei Collegien; die Städte nach ihren zwei Ausschüssen. Hatte jeder von beiden Theilen seine Beschlüsse in sich gefaßt, so traten sie zusammen und brachten gemeinschaftlich Beschlüsse zu Stande, wobei die Stadt Leipzig von Alters her die Pflicht hatte, die schriftlichen Aufsätze abzufassen. Des Königs Resolution auf die Hauptschriften, welche die in der Landtagspräposition des Königs erhaltenen Punkte beantworteten und durch welche Resolution der König zugleich die Stände entließ, hieß der Landtagsabschied. Der Souverain stellte am Ende des Landtags einen Revers aus, in welchem er die ständischen Gerechtsame bestätigte.

Die übrigen Provinzen oder ehedem sogenannten nicht vereinigten Lande waren nun: die Ober- und die Niederlausitz; der neüerworbene Kottbuser Kreis, ursprünglich ein Theil der Niederlausitz; das Querfurtische und der königlich sächsische Antheil an der gefürsteten Grafschaft Henneberg.

III. Die Oberlausitz war in zwei Kreise, in den Bautzener und in den Görlitzer und diese waren wieder in Unterkreise getheilt.

Jeder der beiden Kreise hatte seinen eigenen Lehnhof und ein eigenes Gericht in Angelegenheiten der Vasallen: diese Stellen hießen Ämter. Beiden Ämtern war ein Oberamt in Bautzen vorgesetzt, welches auch einen Lehnhof mit Vasallen constituirte und mit dem Amte Bautzen verbunden war. Es war merkwürdig, daß dieses Oberamt, welches gleiche Gewalt, wie die übrigen Regierungen hatte, ohne collegialische Verfassung, blos aus dem Oberamtshauptmann bestand, dem zwei Kanzler zugegeben waren. — Die Oberlausitz hatte keine eigenen geistlichen Gerichte und Behörden; die betreffenden Angelegenheiten gehörten in erster Instanz vor die Ortsgerichte, in höherer vor das Oberamt. — Man unterschied in der Verfassung der Stände das Land und die Städte. Zum Lande gehörten: 1) Vier Standesherrschaften, nämlich Hoyerswerda, Königsbrück, Muskau und Seidenberg; 2) das Domstift St. Petri in Budissin, die Klöster Marienstern und Marienthal (diese beiden erschienen auf den Landtagen durch evangelische Klostervögte); 3) die Ritterschaft von 400 Rittergütern. — Zum Stande der Städte gehörten die verbundenen sechs Städte: Budissin, Görlitz, Zittau, Lauban, Kamenz, Löbau. Die zwei Klassen der Städte bildeten die Landschaft. Die Rittergutsbesitzer mußten sechzehn adliche Ahnen haben, um landtagsfähig sein zu können. Die Stände versammelten sich zu den kleineren Angelegenheiten in dem Bautzener Kreise jährlich drei Mal in Bautzen und in dem Görlitzer Kreise jährlich zweimal in Görlitz, außerdem schrieb der König zu den Bewilligungen alle fünf Jahre einen allgemeinen Landtag aus. Fast alle adlichen Stellen wurden von den Ständen gewählt und dem Könige vorgeschlagen.

IV. Die Niederlausitz hatte eine ähnliche Verfassung. Das Land war in fünf Kreise getheilt und die Stände spalteten sich auch hier in Land und Städte. Zum Lande gehörten 1) zwölf Standesherrschaften, nämlich: Dobrilug, Forste, Pförten, Sorau, Spremberg, Leüthen, Sonnewalde, Drehna, Straupitz, Liberose, Lübbenau und Amtitz, von denen jedoch die Herrschaft Dobrilug blos in Steüersachen zur Niederlausitz gehörte, in allen übrigen Angelegenheiten aber den Oberbehörden zu Dresden untergeordnet war; 2) das Stift Neüzelle, 3) die Ritterschaft. Zum Stande der Städte gehörten nur vier Städte, nämlich die Kreisstädte Luckau, Guben, Lübben, Kalau; und zwar hatten die zwei zuerstgenannten das Vorrecht, daß ihre Abgeordneten (allemal Bürgermeister) bürgerliche Landesältesten waren.

Die Stände versammelten sich jährlich zwei Mal in Lübben. Zum Landgerichte, oder der Justizbehörde, ernannten die Stände die Mitglieder und der König erwählte aus drei ihm vorgeschlagenen Subjecten den Präsidenten. Die Mitglieder des Consistoriums wurden gleichfalls von den Ständen erwählt.

Der König hatte, nach erlangter Souverainetät, auch in den beiden Lausitzen nichts in der zu Recht bestehenden Verfassung geändert.

V. Der Kottbuser Kreis war in Justiz-, Polizei- und Consistorialsachen den Niederlausitzer Behörden untergeordnet, stand aber in allen Steüer- und Finanzsachen unter dem geheimen Finanzcollegio zu Dresden. Der Kottbuser Kreis hatte seine eigenen Kreisversammlungen. Das preüßische Landrecht war in demselben einstweilen noch beibehalten, doch sollte die Rechtsverfassung allmälig mit der sächsischen in Übereinstimmung gesetzt werden.

VI. Das Querfurtische bestand aus zwei Kreisen und vier Ämtern, hatte seine besonderen Stände und bewilligte auf eigenen Landtagen besondere Subsidien. Das Land gehörte eigentlich unbedingt zu den oben unter Nr. I bemerkten Provinzen, außer daß es seine eigenen Landtage und demnach eine eigene Steüerverfassung hatte.

VII. Der Antheil an Henneberg bestand aus den Ämtern Schleüsingen, Suhl und Kühndorf, dem Centgericht Bennshausen nebst den Klöstern Rohr und Vesra. Es stand unter einer eigenen Administration, deren Mitglieder sämmtlich von Adel sein mußten.

Gleichwie der König in der Verfassung der Provinzen keine Änderung vorgenommen hatte, so waren auch alle bisherigen, von seinen Vorfahren auf dem Königsthrone der Adelsrepublik Polen mehr oder minder ererbten zahlreichen Hofämter unverändert beibehalten worden. Diese waren, das Oberhofmarschallamt, die Oberkämmerei, unter welcher die dresdner Schätze der Gelehrsamkeit und die vortrefflichen Kunstsammlungen und Kunstakademien standen; das Oberstallamt, das Oberjägermeisteramt und das Amt eines Directeur des plaisirs. Die Hofordnung von 1764 und 1785 bestimmte den Rang der Hof- und Staatsdiener nach fünf Klassen.

Die einzige neüe Einrichtung seit Sachsens Beitritt zum Rheinbunde, war die Einrichtung des Ordens der sächsischen Rautenkrone, den der König am 20. Juli 1807 stiftete. Dieser Orden bestand nur aus Rittern von einer Klasse, und wurde zur Ehrenbezeügung für regierende Herren, Fürsten und für die ersten Staatsbeamten bestimmt.

Der Heinrichsorden ist ein militärischer Verdienstorden. Er wurde 1736 vom Kurfürsten August, als König in Polen der III., zu Hubertusburg, zu Ehren des Kaisers Heinrich's II. gestiftet und war 1766 erneüert worden.

Die Mitglieder wurden in Großkreüze, Commandeurs und Kleinkreüze getheilt und eine bestimmte Anzahl der Ritter mit einer Pension bedacht. Der König erklärte sich zum Großmeister beider Orden.

Sachsen hatte zwei Gesetzsammlungen; eine ältere Privatsammlung war das Corpus juris saxonici. Diese Gesetzsammlung ist aus dem Sachsenspiegel, dem vermehrten Sachsenspiegel, dem Richtsteig Landrechts, dem sächsisch-magdeburgischen Weichbildrecht, dem Richtsteig Lehnrechts, aus den Landesordnungen von 1550 und 1555, den Constitutionen von 1572, und aus verschiedenen Generalien und Mandaten, zusammengefügt. Eine neüere, 1722 als Privatunternehmung angefangene und sodann 1772 und späterhin bis 1800 unter öffentlicher Autorität fortgesetzte Sammlung ist der Codex Augusteus. Außerdem existirten in Sachsen verschiedene Provinzial- und Localrechte, daher es geschehen konnte, daß in Naumburg etwas Recht war, was in Leipzig für Unrecht angesehen werden konnte, und umgekehrt. Auch galten das römische und canonische Recht als subsidiarische Rechte. — Der Prozeßgang war langsam und kostspielig und den Advokaten blieb ein ungeheürer Spielraum, die Rechtshändel in die Länge zu ziehen.

Verwaltung.

Die Landesverwaltung war in eben dem Grade verwickelt, als es die Verfassung in den verschiedenen Provinzen war. An der Spitze der Staatsverwaltung stand der König; jedoch war er nicht in allen Theilen seines Königreichs im Besitz der ganzen vollstreckenden Gewalt; denn in den Standesherrschaften übten die Standesherren mehrere Rechte aus, die nach den neüeren Begriffen des Staatsrechts, nur der souverainen Gewalt gebühren. Alle Provinzialadministrationen liefen indessen in den höchsten Landescollegien zusammen; daher es denn auch möglich war, daß die Unterthanen der Staaten im Staate gegen die großen und mächtigen Vasallen ihr Recht finden konnten. Diese höchsten Landescollegien waren:

1) Das geheime Kabinet, welches als das Staatssecretariat des Königs zu betrachten war. Ihm kam die Entscheidung in allen

Angelegenheiten zu, welche der Landesherr seiner eigenen Kenntnißnahme und Leitung vorbehalten hatte. Der Vortrag desselben an den König geschah von einem der Kabinetsminister, von welchen jeder einem besonderen Departement vorgesetzt war: 1) Departement der inneren Angelegenheiten, 2) Departement des Kriegswesens, 3) des Auswärtigen. Der Kriegsminister hatte nur in Commandosachen der Armee den Vortrag, die Verpflegung der Armee stand unter dem Minister des Innern. — Die Ausfertigungen des geheimen Kabinets geschahen auf des Königs eigenen Befehl und mit dessen Unterschrift. Zur Förderung des Verkehrs mit den fremden Staaten unterhielt der König Gesandte oder Geschäftsträger in München, Frankfurt, Kassel und Stuttgart, in Wien und Berlin, in Paris, Madrid, Kopenhagen und Konstantinopel. Die meisten der genannten Höfe hatten auch in Dresden ihre diplomatischen Agenten.

2) Das geheime Consilium war die höchste Landesstelle für die ganze innere Staatsverwaltung mit Einschluß derjenigen auswärtigen Angelegenheiten, welche Landesgerechtsame betreffen, mit Ausschluß aber der Kassenangelegenheiten bei der Armee. Alle Collegien, besonders alle stiftische Collegien zu Merseburg und Zeitz, das Oberamt zu Budissin, die Oberamtsregierung und das Consistorium in der Niederlausitz und alle Specialcommissionen waren ihm allein untergeben, außer dem geheimen Finanzcollegio, mit dem es communicirte. Zugleich war es für die Lausitzen und das Hennebergische die höchste Appellationsinstanz, indem es entweder die Appellationen verwarf, oder vom Appellationsgericht Urtheil sprechen ließ. Es theilte sich in fünf Departements: a) für die erbländischen Sachen, pacta domus, Recesse und Verfassung der Collegien, Kirchensachen und die stiftischen Angelegenheiten; b) für Kammersachen, Berg-, Münz- und Commerzialwesen; c) für Justiz-, Lehn- und Polizeiwesen; d) für die Angelegenheiten der beiden Lausitzen, und e) für die Landtags-, Steüer-, Accis und Militärsachen. Die Direction in jedem Departement führte ein wirklicher Geheimer Rath, der zugleich Conferenzminister war. Der Vortrag bei jedem derselben geschah durch die geheimen Referendarien.

3) Das geheime Finanzcollegium besorgte das gesammte Finanzwesen, außer in den beiden Stiftern, wo nur das Salz- und Postwesen, die gebauten Heerstraßen und die Generalaccise der Aufsicht dieses Collegii unterworfen waren, das Übrige aber den stiftischen

Kammern zu Theil war. Es war in drei Departements getheilt, die sich bei wichtigen Veranlassungen im Pleno versammelten. 1) Zu dem ersten Departement gehörten die Regalien, Bergbau, Salz, Münze, Post, Straßen- und Uferbau, Stutereien u. s. w. und alle, an keines der übrigen zwei Departements gewiesenen Sachen, namentlich im Allgemeinen die Hauptkasse, die Rentkammer-, General-, Kriegs- und Generalaccisakasse nebst der Staatsbuchhalterei. 2) Zum Geschäftskreise des zweiten Departements gehörten alle indirecten Abgaben und zugleich die Querfurter, Lausitzer und Kottbuser Steüern. 3) Unter dem dritten Departement stand alles königliche Grundeigenthum, die Ämter, Kammergüter, die Jagd, die Forsten nebst den Flössen. Das Collegium erstattete, so wie das geheime Consilium, unmittelbar an den König Vortrag und bestand aus einem Präsidenten, drei Departements-Directoren und dreizehn Geheimen Finanzräthen. — Dem Collegium waren untergeordnet die Kreis- und Amtshauptleüte, die Oberforstmeister, die Bergämter, die Oberpostämter, die Landaccis- und Geleits- auch Generalaccis-Commissare u. s. w.

4) Das geheime Kriegsrathscollegium bestand aus einem Präsidenten und vier Räthen. Der Präsident war allemal ein General. Das Collegium leitete die Gesammtheit der militärischen Angelegenheiten, mit Ausnahme der Commandosachen. Die Militärangelegenheiten der Stifter und der Lausitzen gehörten zunächst zu dem Wirkungskreise des geheimen Consilii. Das geheime Kriegscollegium erstattete Bericht an den König in Kassen-, und an das geheime Consilium in Militärverfassungsangelegenheiten.

5) Das Appellationsgericht war in Justizangelegenheiten das höchste richterliche Tribunal. Selbst der König nahm in Kammersachen bei diesen Collegium Recht. Es bestand aus einem Präsidenten, dem Vicepräsidenten sechs adlichen und zwölf bürgerlichen Appellationsräthen; und theilte sich in zwei Senate. — Das Oberhofgericht zu Leipzig und das Hofgericht zu Wittenberg waren Gerichtshöfe für gewisse Sachen, die durch die Observanz ihnen zugewiesen waren. — Spruchcollegia waren: der Schöppenstuhl zu Leipzig, der Schöppenstuhl zu Wittenberg, die Juristenfakultäten an diesen beiden Orten, der Bergschöppenstuhl zu Freiberg, das Judicium ordinarium zu Bautzen, für die Oberlausitz und das Landgericht zu Lübben für die Niederlausitz.

6) Das Oberconsistorium verwaltete theils als Kirchenstaat

die landesherrlichen Jura circa Sacra, und in dieser Beziehung standen, mit Ausschluß der Lausitzen und Stifter, alle Consistorien, die Universitäten und Landesschulen unter demselben; theils war es das Consistorium für einige der sieben Kreise. Die Stifter und die Niederlausitz hatten ihre eigenen Consistorien. In der Oberlausitz gehörten alle Kirchen- und geistlichen Sachen vor das Oberamt und die ordentlichen Gerichte jedes Orts.

Gewisse Angelegenheiten, insonderheit der Finanzverwaltung, besorgten Commissionen, die einer der Conferenzminister dirigirte, und aus Räthen verschiedener der genannten Collegien zusammengesetzt waren, als: Eine Oberrechnungs-Deputation, welche alle Rechnungen der gesammten königlichen Hauptkassen revidirte und wachte, daß alle Einnahmen nur dazu angewendet wurden, wozu sie bestimmt waren; eine Landesökonomie-, Manufaktur- und Comerz-Deputation; — eine Commission zur Besorgung der allgemeinen Straf- und Versorgungsanstalten; — eine Commisson wegen der Brandschäden; — eine Gesetzcommission, die Kammer-Creditkassen-Commission, die Kassenbillets-Commission, die Steüer-Creditkassen-Deputation und die seit 1807 bestehende Landes-Commission zu Regulirung der aus dem letzten Kriege und deren Folgen entspringenden Vergütungen.

In den Provinzen hatte jede derselben in der Regel ihre eigene Landesstelle. Für die sieben Kreise und das Querfurtische war solches die Landesregierung zu Dresden. Zum Ressort dieses Collegiums gehörten die gesammten Justiz-, Polizei- und Lehnsachen, die Entwerfung und Publication ihrer neüen Gesetze, die Vormundschafts-, Hoheits- und Landesgränzangelegenheiten. Auch war die Landesregierung Appellationsinstanz aller anderen Provinzialregierungen insofern, als sie die Appellationen entweder verwarf oder an das Appellationsgericht wies; — so wie sie auch der eigentliche sächsische Lehnhof war. — Die Regierung bestand aus zwei Senaten, einem Kanzler, einem Vicekanzler, zehn adlichen und zehn bürgerlichen Räthen. — In den sieben Kreisen wurde das Steüerwesen von einem eigenen Ober-Steüercollegium verwaltet, welches aus einem Obersteüerdirector, vier königlichen und vier von der Landschaft erwählten Obersteüereinnehmern bestand. Es empfing und berechnete sämmtliche, von der Landschaft bewilligte Steüern; die Kreissteüereinnehmer waren demselben untergeordnet. In den Stiftern Merseburg und Naumburg verwalteten das Steüerwesen die Kammern, in den Lausitzen ständische Deputationen.

Die übrigen Provinzialcollegien waren:

1) Die drei Stiftsregierungen zu Wurzen, Merseburg und Zeitz, welche in den Stiftern die Justiz-, Polizei- und Lehnssachen administrirten. Sie standen unter dem geheimen Consilium. In Prozeßsachen konnte von ihnen an die Landesregierung appellirt werden, welche letztere, im Fall sie erkannte, daß eine Appellation Statt finde, die Sache an das Appellationsgericht abgab.

2) Das Oberamt zu Bautzen, als höchste Landesstelle in der Oberlausitz, und

3) als solche für die Niederlausitz und den Kottbuser Kreis, die Oberamtsregierung zu Lübben.

4) Das Oberaufseheramt zu Schleüsingen für Henneberg, als Provinzialcollegium für alle Arten von Geschäften.

5) Die akademischen Gerichte der beiden Universitäten.

Die Justiz bei dem Militär wurde durch eigene Militärgerichte verwaltet. Das General-Kriegsgerichtscollegium war die oberste Militärinstanz und bestand aus einem Präsidenten (dem Gouverneur in Dresden), dem Generalauditeur, drei Kriegsgerichtsräthen und vier (aus der Landesregierung und dem Appellationsgerichte) deputirten Räthen.

Für wissenschaftliche Kultur war durch die Universitäten Leipzig und Wittenberg, die Fürstenschulen zu Meißen, Pforta, Wurzen und Grimma und durch mehrere Lyceen gesorgt.

Das Lehrerpersonal an den beiden Landesuniversitäten 1812.

Ordentliche Professoren.	Theol.	Jurist.	Mediz.	Philos.	Außerordentl.	Zusammen:
Leipzig	4	6	6	12	17	45
Wittenberg . .	4	6	4	10	5	29
Zusammen .	8	12	10	22	22	74

Die Bergakademie zu Freiberg stand unter Werner's Leitung in hoher Blüthe. Das Schulwesen, obgleich in neüeren Zeiten verbessert, war dennoch nicht überall mit dem Geiste des Zeitalters in Übereinstimmung gebracht worden. Es existirten zum Theil zu viele, nur gering fundirte Schulen; einige Versuche, die man gemacht hatte, mehrere zusammenzuschmelzen und dann mit einem vergrößerten Fond zweckmäßigere Anstalten zu errichten, waren durch den Widerspruch der Stadträthe vereitelt worden, welche nicht auf die Ehre Verzicht leisten wollten, eine gelehrte Schule in ihrer Stadt zu besitzen. — Sachsen hatte keine Akademie der Wissenschaften, aber mehrere gelehrte Gesellschaften. Für artistische Cultur fand man die trefflichsten Anstalten, als: die Akademie der Künste in Dresden, die herrlichen Kunstsammlungen, die Bildergallerie, das Antikenkabinet, die Abgüsse von Mengs u. s. w.

Staatsrevenuen.

Die Staatsrevenuen wurden 1) aus den Domainen und Regalien, und 2) aus den Steüern bezogen. Die Domainen waren sehr einträglich und bestanden theils aus Ämtern mit ökonomischen Nutzungen und manchen Gefällen, welche die Kurfürsten, aus dem vorigen Verband mit den deütschen Kaisern, als Landesherren besaßen; theils aus Ämtern und Vorwerken, welche, vormals Privatbesitzungen, den Kurfürsten als eröffnete Lehen angefallen, oder von diesen erkauft worden waren. Zu den Regalien gehörten die Bergwerke, Forsten, Salinen, Flüsse, Posten und Lehngefälle. — Directe Steüern waren als Grundsteüern die Land- und Pfennig- oder Schulsteüer; als Gewerbesteüer die Quatembersteüer; dann die Milizgelder, die Magazinmetzen nach den Hufen, die Personensteüer, die Ritterpferdssteüer, die Donativgelder, die Aversionalquanta der Standesherrschaften. Zu den indirecten Steüern gehörten die Land-, Wasser- und Brückenzölle, die Tranksteüer, die Fleischsteüer, der Mehlgroschen, die Landaccise, die Generalconsumtionsaccise, der Stempelimpost u. s. w.

Die Staatseinkünfte konnten auf 8 Millionen Thaler geschätzt werden. Im Jahre 1787 brachte Sachsen auf:

An Grundsteüern	1,752,921	Thlr.
An Gewerbesteüern	1,187,030	„
An Consumtionssteüern	2,114,997	„
Dominial- und Regalnutzung	1,669,379	„
Unbestimmte Einnahmen	55,400	„
Summe	6,779,727	Thlr.

Seitdem hatten sich die Einkünfte beträchtlich vermehrt. Die Staatsschulden betrugen 22 Millionen Thaler, wovon 15 Millionen alte Schulden und 4 Millionen seit 1807 neücreirte Steüerscheine und 3 Millionen öffentliche Anleihen. Es war merkwürdig, daß das Land, ungeachtet der neüen Schulden und des von $1\frac{1}{2}$ auf 4 Millionen vermehrten Papiergeldes, durch die Zuverlässigkeit der Staatsverwaltung seinen Credit vor anderen erhalten hatte.

Kriegsmacht.

Die Armee bestand aus 34 -- 35,000 Mann, nämlich:

Garden	1,745
Infanterie . . .	21,576
Kavallerie	6,320
Artillerie	1,828
Sonstige Corps . .	3,317
Zusammen:	34,786

Im Februar 1810 erhielt die Armee eine neüe Formirung und ward in eine Kavallerie- und zwei Infanteriedivisionen eingetheilt. Zugleich wurde ein Generalstab des Königs und für jede Division ein besonderer Generalstab errichtet. Die bisherigen Generalinspektorate wurden aufgehoben, einige Regimenter aufgelöst und neüe errichtet; zu den letzteren gehörten die auf französischen Fuß formirten zwei Regimenter leichter Infanterie, die Brigade reitender Artillerie und ein Trainbataillon. Auch in der Uniformirung waren einige zweckmäßige Veränderungen getroffen worden: die schwere Kavallerie erhielt Helme, die leichte Kavallerie, Artillerie und Infanterie durchgängig Tschakkos. Für die gesammte Armee ward ein Inspecteurgeneral aux revues und für jede Division ein Sousinspecteur aux revues ernannt. Die Infanterie bestand aus 11 Regimentern, nämlich: ein Regiment Leibgarde, und vier Brigaden Linieninfanterie, jede zu zwei Regimentern (oder vier Bataillonen und einem Bataillon Grenadiere) und eine Brigade oder zwei Regimenter (jedes zu zwei Bataillonen) leichte Infanterie. — Die Kavallerie bestand aus acht Regimentern, nämlich: ein Regiment Garde du Corps, zwei Regimenter Kürassire, vier Regimenter Chevaux legers, und ein Regiment Husaren.

Bodenfläche und Bevölkerung.

Das Königreich Sachsen enthielt 723 Q.-M. mit einer Bevölkerung, welche im Jahre 1811 zu 2,000,650 Einwohner angegeben wurde, nachfolgende Berechnung der Bestandtheile:

	Q.-M.	Seelen
Die sieben Kreise	476	1,390,970
Die Stifte Merseburg und Naumburg	33	75,100
Querfurt	8 1/2	23,700
Die Lausitzen	180	448,890
Henneberg	9	23,770
Kottbuser Kreis	16 1/2	38,220
Summa:	723	2,000,650

Die Anzahl der Städte belief sich auf 250, der Flecken auf 34, der Dörfer auf 6182. Im ganzen Königreiche befanden sich 77 Superintendenturen, wozu 2831 Kirchen gehörten.

Die Einwohner waren größtentheils Deütsche. In den Lausitzen und in einigen meißnischen Dörfern wohnten, wie noch heüte, Wenden, welche bekanntlich eine der slavischen Mundarten reden. — Die Religion des Hofes war und ist die katholische; die der großen Mehrheit der Einwohner aber die protestantische nach der augsburgischen Confession; die meisten Katholiken fanden sich und finden sich noch heüte in der Oberlausitz und im Meißner Kreise. Die Anzahl der Reformirten überstieg nicht 600. Auch gab es Anhänger der evangelischen Brüdergemeinde, namentlich in ihrer Urheimat Berthelsdorf, und deren Kolonie Herrnhut; ferner Anhänger der unverfälschten böhmischen Brüder, und in der Lausitz Quäker, Methodisten und Anhänger von Jakob Böhme und Schwenkfeld. Juden wurden etwa 2000 angegeben; sie wurden öffentlich nicht geduldet, und genossen keine bürgerlichen Rechte.

Nach ihrer bürgerlichen Verschiedenheit, deren Gränze in Sachsen noch strenge beobachtet wurde, bestanden die Einwohner aus Standesherren oder dem hohen Adel, aus dem niedern Adel, Gelehrten, Bürgern und Bauern, zu welchen in den Lausitzen noch die Leibeigenen kamen.

Ob die oben angegebene Zahl von 2 Millionen und etwas darüber für die Bevölkerung des Königreichs Sachsen im Jahre 1811 auf einer wirklichen Volkszählung beruhe, vermag der Herausgeber dieses Gedenkbuchs nicht anzugeben. Hiernach betrug die Volksdichtigkeit, oder die relative Bevölkerung auf der Fläche einer Geviertmeile 2767 Seelen. Als eine wirkliche Zählung ist die am Schlusse 1807 vollbrachte bekannt. Die Ergebnisse dieser Zählung sind in der obigen Tabelle enthalten. Dabei ist aber zu bemerken, daß unter der

Volksmenge des Königreichs Sachsen

zu Ende des Jahres 1807.

Kreise und Provinzen.	Kinder bis mit Ende des 14. Jahres.		Personen von Anfang des 15. bis mit Ende des 60. Jahres.		Personen, welche über 60 Jahre alt.		Summa aller männlichen Consumenten.	Summa aller weiblichen Consumenten.	Summa aller Consumenten.
	Männliche	Weibliche	Männliche	Weibliche	Männliche	Weibliche			
Wittenberger . . .	22,423	22,034	41,298	43,813	4,448	5,098	68,169	70,945	139,114
Thüringischer . . .	31,212	31,422	57,655	63,405	6,090	6,320	94,957	101,147	196,104
Meißnischer . . .	41,183	42,674	87,730	95,775	9,484	10,819	138,397	149,268	287,665
Leipziger	35,749	36,177	73,147	79,065	7,737	8,822	116,633	124,064	240,697
Erzgebirgischer . . .	68,145	70,528	128,740	141,923	12,968	14,281	209,853	226,732	436,585
Voigtländischer . . .	15,086	15,556	25,951	28,411	2,271	2,413	43,308	46,380	89,688
Neilstädtischer . . .	5,945	6,126	11,415	12,662	1,241	1,305	18,601	20,093	38,694
Stift Merseburg . .	6,236	6,380	12,372	13,883	1,267	1,441	19,875	21,704	41,579
Stift Naumburg . .	4,611	4,669	9,622	10,157	1,108	1,127	15,341	15,953	31,294
Grafschaft Henneberg .	3,803	3,748	7,246	7,722	701	782	11,753	12,252	24,005
Markgrafthum O.-Lausitz	49,241	50,647	96,440	103,763	9,246	10,665	154,927	165,075	320,002
Markgrafthum N.-Lausitz	19,600	19,389	39,033	41,050	4,259	5,024	62,892	65,463	128,355
Bergämter	1,254	1,270	1,890	2,092	65	143	3,209	3,505	6,714
Ganerbschaft Treffurt .	1,128	1,199	2,122	2,302	299	265	3,549	3,766	7,315
Summa:	335,616	311,819	594,661	646,023	61,187	68,505	961,464	1,026,347	1,987,811

Zahl von 1,987,811 Seelen die Bevölkerung von dem im tilsiter Frieden erworbenen Kottbuser Kreise noch nicht begriffen, dagegen aber jene der an das Königreich Westfalen durch den Vertrag vom 19. März 1808 abgetretenen Districte noch enthalten ist. Beachtungswerth ist der sehr bedeütende Unterschied zwischen den Zahlen des männlichen und weiblichen Geschlechts; er belaüft sich auf beinahe 65,000 Seelen und kann unmöglicher Weise auf Rechnung gewaltsamer Tödtung der Männer durch Krieg geschrieben werden, da der Kurfürst von Sachsen sich an der Bekämpfung der französischen Revolution seit 1792 nur wenig betheiligt hatte.

Fünfundvierzigstes Kapitel.

Das Königreich Westfalen, nach seiner Verfassung und Verwaltung, 1807—1813.

Am 15. Dezember des Jahres 1807 erließ Hieronymus Buonaparte in seiner Hauptstadt Kassel und in allen seinen, ihm vom Bruder überwiesenen Landen eine Kundmachung, die in französischer Sprache abgefaßt war, und in deütscher Übertragung also lautete:

„Einwohner Westfalens! Ihr habt eine Verfassung, angepaßt Eüeren Sitten und Eüeren Interessen. Sie ist die Frucht des Nachdenkens eines großen Mannes und der Erfahrung einer großen Nation. Ihre Grundsätze stimmen überein mit dem gegenwärtigen Zustand der Bildung Eüropas, und enthalten Aussichten zu Verbesserungen, welche reichlich die Opfer ersetzen werden, die ein und anderer von Eüch der neüen Ordnung der Dinge vielleicht bringen muß;" u. s. w.

Bei einer früheren Gelegenheit, als er seinen Stiefsohn, den Grafen Eügen Beauharnais, zu seinem Adoptivsohn ernannte, — es war zu München am 12. Januar 1806 — bei dieser Gelegenheit aüßerte Buonaparte: „Die Geschichte aller Zeiten lehrt uns, daß die Einförmigkeit der Gesetze, der Kraft und der guten Einrichtung der Reiche wesentlich schadet, sobald sie sich weiter ausdehnt, als die Sitten der Nation oder die geographischen Rücksichten es erlauben." Welch' eine Versündignng gegen sich selbst ließ sich der Mensch der Widersprüche zu Schulden kommen, als er nach Ablauf von noch nicht vollen zwei Jahren seiner aus geraubten Ländern deütscher Stämme und deütscher Fürsten zusammengefügten Schöpfung des Königreichs Westfalen ein Verfassungsgesetz aufzwang, welches, weil es eine Abschrift der neüesten sogenannten Constitution des Französischen Reichs, und demnach auf die revolutionären Sitten und Anschauungen der Franzosen berechnet war, den Sitten Gewohnheiten und althergebrachten Überlieferungen der unterjochten Deütschen und ihrem ewig heilig gehaltenen Herkommen widerwillig war, die darauf gestützte uralte Gesetzgebung mit einem Schlage zerstörte, und überdem eine Einförmigkeit in höchster Potenz zur Darstellung brachte die in der, von willenlosen und gehorsamen Landvögten, oder Präfecten, zur Ausführung gebrachten Mittelpunktswirthschaft ihren Gipfelpunkt erreichte.

Sechs Jahre lang hat dieses, nach französischer Schablone ausgefertigte Verfassungsgesetz in einem großen Theile Deütschlands rechtliche Geltung gehabt. Hören wir, wie selbiges, das natürlich in französischer Sprache geschrieben war, in deütschen Tönen lautete:

Grundgesetz für das Königreich Westfalen.

Wir Napoléon, durch die Gnade Gottes und die Verfassungen, Kaiser der Franzosen, König von Italien und Schutzherr des Rheinbundes, haben, in der Absicht, den Art. 19 des tilsiter Friedensschlusses schleünig in Vollzug zu setzen, und dem Königreiche Westfalen eine Grundverfassung zu geben, welche das Glück seiner Völker sichern, und zugleich dem Souverain, als Mitglied des rheinischen Bundes, die Mittel gewähre, zur gemeinsamen Sicherheit und Wohlfahrt mitzuwirken, verordnet und verordnen wie folgt:

Tit. I. Das Königreich Westfalen ist aus folgenden Staaten zusammengesetzt, nämlich: (hier folgte nun die Liste der Länder, welche bereits die Vordnung vom 18. August 1807 genannt hatte; doch waren zu zwei, die dem Königreiche Westfalen einverleibten preüßischen Provinzen schärfer so aufgeführt: der auf dem linken Ufer der Elbe gelegene Theil der Altmark [d. i. die ganze Altmark, denn auf dem rechten Elbufer lag, mit Ausnahme eines ganz kleinen Stücks vom Tangermündischen Kreise, nichts von der Altmark]; der auf dem linken Elbufer gelegene Theil des magdeburger Landes, das hallesche Gebiet [d. i. der Saalkreis des Herzogthums Magdeburg], das halberstädtische und das hildesheimische Land und die Stadt Goslar, das Land Hohenstein und das Gebiet von Quedlinburg, die Grafschaft Mannsfeld, das Eichsfeld nebst Treffurt, Mühlhausen, Nordhausen, das Hochstift [Fürstenthum] Paderborn, Minden und Ravensberg. Bei den braunschweig-lüneburgischen Landen wurden auch die Zubehörungen von Hohenstein und Elbingerode genannt.) Art. 1. — Wir behalten uns die Hälfte der Allodialdomainen des Fürsten vor, um solche zu den Belohnungen zu verwenden, die wir den Offizieren unseres Heeres versprochen haben, von denen im gegenwärtigen (preußischen) Kriege die meisten Dienste geleistet worden sind. Die Besitznahme dieser Güter soll unverzüglich durch unsere Intendanten geschehen, und das Protokoll darüber soll von dem 1. Dezember mit Zuziehung der Landesbehörden aufgesetzt werden. Art. 2. (Wie es mit dieser Bestimmung gehalten worden, haben wir bereits oben erwähnt). — Die besagten Ländern auferlegten außerordentlichen Kriegssteüern sollen abgetragen, oder es soll für ihre Abzahlung, vor dem 1. Dezember, Sicherheit gegeben werden. Art. 3. (Vergleiche ebendaselbst.) — Den 1. Dezember soll der König durch Commissarien, welche wir zu dem Ende ernennen werden, in den Besitz des vollen Genusses und der Souverainetät seines Gebiets gesetzt werden. Art. 4.

Tit. II. Das Königreich Westfalen macht einen Theil des rheinischen Bundes aus. Sein Kontingent soll aus 25,000 Mann wirklich dienstthuender Soldaten aller Waffen, nämlich: 20,000 Mann Fußvolk, 3500 Mann Reiterei und 1500 Mann zur Bedienung des groben Geschützes, bestehen. Während der ersten Jahre sollen nur 10,000 zu Fuß, 2000 Mann zu Pferd und 500 Mann Artillerie gehalten werden. Die übrigen 12,500 Mann stellen wir, sollen aber vom Könige von Westfalen besoldet, verpflegt und gekleidet werden. Art. 5.

Tit. III. Das Königreich Westfalen soll in des Prinzen Hieronymus Napoléon gerader, natürlicher und rechtmäßiger Nachkommenschaft, männlichen Geschlechts, in Folge der Erstgeburt, und mit beständiger Ausschließung der Weiber und ihrer Nachkommenschaft erblich sein. Falls der Prinz Hieronymus Napoléon keine natürliche und rechtmäßige Nachkommenschaft haben würde, soll der Thron Westfalens uns und unseren natürlichen und rechtmäßigen oder adoptirten Erben und Nachkommen, in Ermangelung dieser, den natürlichen und rechtmäßigen Nachkommen des Prinzen Joseph Napoléon, Königs von Neapel und Sicilien, in Ermangelung dieser Prinzen, den natürlichen und rechtmäßigen Nachkommen des Prinzen Ludwig Napoléon, Königs von Holland, und in Ermangelung dieser letzteren, den natürlichen und rechtmäßigen Erben des Prinzen Joachim, Großherzogs von Berg und Cleve, anheimfallen. Art. 6. — Der König von Westfalen und seine Familie sind in dem, was sie betrifft, den Verfügungen der kaiserlichen Familienstatuten unterworfen. Art. 7. — Im Fall der Minderjährigkeit soll der Regent des Königreichs von uns oder unseren Nachfolgern, in unserer Eigenschaft als Haupt der kaiserlichen Familie, ernannt werden. Er soll unter den Prinzen der königlichen Familie gewählt werden. Die Minderjährigkeit des Königs endigt mit dem zurückgelegten 18. Jahre. Art. 8. — Der König und die königliche Familie haben zu ihrem Unterhalte einen besondern Schatz, unter dem Titel Kronschatz, welcher fünf Millionen Franken Revenuen beträgt. Der Ertrag der Domanialforsten und ein Theil der Domainen sind zu diesem Behufe bestimmt. Falls der Ertrag der Domainen nicht zureichend sein würde, so soll das fehlende aus der Staatskasse mit einem Zwölftel jeden Monat zugeschossen werden. Art. 9.

Tit. IV. Das Königreich Westfalen soll durch Satzungen regiert werden, welche die Gleichheit aller Unterthanen vor dem Gesetze und die freie Ausübung des Gottesdienstes der verschiedenen Religionsgesellschaften einsetzen. Art. 10. — Die Landstände, die allgemeinen sowol als die provinziellen, der Länder, aus denen das Königreich zusammengesetzt ist, alle politischen Körperschaften dieser Art, und alle Privilegien besagter Körperschaften, Städte und Provinzen, sind aufgehoben. Art. 11. — Gleichergestalt sind alle Privilegien einzelner Personen und Familien, insofern sie mit den Verfügungen vorstehenden Artikels unverträglich sind, aufgehoben. Art. 12. — Alle Dienstbarkeit (servage, Leibeigenschaft), von welcher Beschaffenheit (nature) sie sein und wie sie heißen möge, ist abgeschafft, indem alle Bewohner des Königreichs Westfalen die nämlichen Rechte genießen sollen. Art 13. — Der Adel soll in seinen verschiedenen Graden und mit seinen verschiedenen Benennungen fortbestehen, ohne daß solcher jedoch ein ausschließendes Recht zu irgend einem Amte oder Dienste oder einer Würde, noch die Befreiung von irgend einer öffentlichen Last verleihen könne. Art. 14. — Die Statuten der adlichen Abteien, Priorate und Kapitel sollen dahin abgeändert werden, daß jeder Unterthan des Königreichs darin zugelassen werden könne. Art. 15. —

Das Steüersystem soll für alle Bestandtheile des Königreichs ein und dasselbe sein. Die Grundsteüer soll das Fünftel des Ertrags (revenu) nicht übersteigen dürfen. Art. 16. — Das Münzsystem und das System der Maaße und Gewichte, welche dermalen in Frankreich bestehen, sollen im ganzen Königreiche eingeführt werden. Art 17. — Die Münzen sollen mit dem Wappen Westfalens und mit dem Bildnisse des Königs geschlagen werden. Art. 18.

Tit. V. Es sollen vier Minister sein, nämlich: einer für das Justizwesen und die inneren Angelegenheiten; einer für das Kriegswesen; einer für die Finanzen, den Handel und den Staatsschatz; es soll ein Minister Staatssecretair sein. Art. 19. — Die Minister sind, jeder in seinem Fache, für die Vollstreckung der Gesetze und der Befehle des Königs verantwortlich. Art. 20.

Tit. VI. Der Staatsrath soll zum wenigsten aus 16 und höchstens aus 25 Mitgliedern bestehen, welche vom Könige ernannt werden, und deren Ernennung von ihm nach Gutdünken zurückgenommen werden kann. Der Staatsrath wird in drei Sectionen abgetheilt, nämlich: Abtheilung für das Justizwesen und die inneren Angelegenheiten; Abtheilung für das Kriegswesen; Abtheilung für Handel und Finanzen. Der Staatsrath soll die Verrichtungen des Cassationsgerichts versehen. Für die Sachen, welche geeignet sind, vor das Cassationsgericht gebracht zu werden, und für die streitigen Fälle in Verwaltungssachen sollen bei demselben Advokaten angestellt worden. Art. 21. — Das Gesetz über die Auflagen, oder das Finanzgesetz, die bürgerlichen und peinlichen Gesetze sollen im Staatsrathe eröffnet und entworfen (redigé) werden. Art. 22. — Die im Staatsrathe entworfenen Gesetze sollen den von den Ständen ernannten Commissionen mitgetheilt werden. Diese Commissionen, deren drei sein sollen, nämlich für die Finanzen, für die bürgerliche und für die peinliche Gerechtigkeitspflege, sollen aus fünf Mitgliedern der Stände bestehen, welche in jeder Sitzung ernannt und erneüert werden müssen. Art. 23. — Diese ständischen Commissionen können mit den respectiven Abtheilungen des Staatsraths die ihnen mitgetheilten Gesetzentwürfe erörtern. Die Bemerkungen besagter Commissionen sollen in der unterm Vorsitz des Königs Statt findenden Versammlung des Staatsraths verlesen, und es soll, wenn es nöthig sein sollte, über die Abänderungen, deren die Gesetzentwürfe für empfänglich werden gehalten werden, berathschlagt werden. Art. 24. — Die endgültig angenommene Fassung der Gesetzentwürfe soll durch die Mitglieder des Staatsraths unmittelbar den Ständen überbracht werden, welche, nach Anhörung der Gründe jener Gesetzentwürfe und der Commissionsberichte, darüber berathschlagen werden. Art. 25. — Der Staatsrath hat die Verwaltungsverordnungen zu erörtern und selbige abzufassen. Art. 26. — Er hat über die unter den Verwaltungs- und Gerichtsbehörden sich erhebenden Jurisdictionsstreitigkeiten, über streitige Verwaltungsgegenstände und über die Frage zu erkennen, ob Verwaltungsbeamte vor Gericht gestellt werden können und sollen. Art. 27. — Der Staatsrath hat in Ausübung seiner Attribute nur eine berathende Stimme. Art. 28.

Tit. VII. Die Stände des Königreichs sollen aus 100 Mitgliedern bestehen, welche durch die Departementscollegien ernannt werden, nämlich: 70 werden aus der Klasse der Grundeigenthümer ausgesucht (choisis), 15 unter den Kaufleüten und Fabrikanten, und 15 unter den Gelehrten und anderen Bürgern, welche sich um den Staat verdient gemacht haben. Die Mitglieder der Stände bekommen keinen Gehalt. Art. 29. — Sie sollen alle drei Jahre zu einem Drittel erneüert werden; die austretenden Mitglieder können unmittelbar wieder gewählt werden. Art. 30. — Der Vorsitzer der Stände wird vom Könige ernannt. Art. 31. — Die Stände versammeln sich auf die vom Könige anbefohlene Zusammenberufung. Sie können blos vom Könige berufen, verschoben, vertagt und aufgelöst werden. Art. 32. — Die Stände berathschlagen über die vom Staatsrathe abgefaßten Gesetzentwürfe, welche ihnen auf Befehl des Königs vorgelegt worden, sowol über die Auflagen oder das jährliche Finanzgesetz, als über die im Civil- und im Criminalgesetzbuche und im Münzsystem vorzunehmenden Veränderungen. Die gedruckten Rechnungen der Minister sollen ihnen alle Jahre vorgelegt werden. Die Stände berathschlagen über die Gesetzentwürfe in geheimer Abstimmung durch absolute Mehrheit der Stimmen. Art. 33.

Tit. VIII. Das Gebiet soll in Departements, die Departements in Districte, die Districte in Cantone und diese in Municipalitäten eingetheilt werden. Die Zahl der Departements soll weder unter acht, noch über zwölf sein. Die Zahl der Districte soll in einem jeden Departement nicht unter drei, noch über fünf sein. Art. 34.

Tit. IX. Die Departements sollen durch einen Präfecten verwaltet werden. Es soll in einem jeden Departement ein Präfecturrath für die streitigen Sachen, und ein General-Departementsrath sein. Art. 35. — Die Districte sollen durch einen Unterpräfecten verwaltet werden. Es soll in einem jeden District oder in jeder Unterpräfectur ein Districtsrath sein. Art. 36, — und jede Municipalität durch einen Maire verwaltet werden. Es soll in jeder Municipalität ein Municipalrath sein. Art. 37. — Die Mitglieder der General-Departementsräthe, der Districtsräthe und der Municipalräthe sollen alle zwei Jahre zur Hälfte erneüert werden. Art. 38.

Tit. X. Es soll in jedem Departement ein Departementscollegium gebildet werden. Art. 39. — Die Zahl der Mitglieder der Departementscollegien soll in dem Verhältniß von einem Mitgliede auf 1000 Bewohner sein, ohne daß sie jedoch unter 200 sein darf. Art. 40. — Die Mitglieder der Collegien werden vom Könige ernannt und folgendermaßen ausgesucht, nämlich: vier Sechstel unter den 600 Höchstbesteüerten des Departements; ein Sechstel unter den reichsten Kaufleüten und Fabrikanten; und ein Sechstel unter den ausgezeichnetsten Gelehrten und Künstlern, und unter den Bürgern, die sich am meisten um den Staat verdient gemacht haben. Art. 41. — Es kann Niemand, der nicht das 21. Jahr vollendet hat, zum Mitgliede eines Departementscollegium ernannt werden. Art. 42. — Die Amtsverrichtungen der Mitglieder der Departementscollegien sind lebenslänglich; es kann keines derselben anders, als durch einen Urtheilsspruch entsetzt werden. Art. 43. — Die Departementscollegien sollen die Mitglieder der Stände ernennen, und dem Könige Kandidaten für die Stelle der Friedensrichter, Departements-, Districts- und Municipalräthe vorschlagen. Für jede Ernennung sollen zwei Kadidaten vorgeschlagen werden. Art. 44.

Tit. XI. Der Codex Napoleon soll vom 1. Januar 1808 an das bürgerliche Gesetzbuch des Königreichs Westfalen sein. Art. 45. — Das gerichtliche Verfahren soll öffentlich sein, und in peinlichen Fällen sollen die Geschworenengerichte Statt haben. Diese neüe peinliche Gerechtigkeitspflege soll spätestens am 1. Juli 1808 eingeführt sein. Art. 46. — In jedem Canton soll ein Friedensgericht, in jedem Districte ein Civilgericht erster Instanz, und in jedem Departement ein peinlicher Gerichtshof, und für das ganze Königreich ein einziges Appellationsgericht sein. Art. 47. — Die Friedensrichter sollen vier Jahre im Amte bleiben, und gleich darauf wieder gewählt werden können, wenn sie als Kandidaten von dem Departementscollegien vorgeschlagen werden. Art. 48. — Der Richterstand ist unabhängig. Art. 49. — Die Richter werden vom Könige ernannt. Ernennungen auf Lebenszeit sollen sie erst erhalten, wenn man, nachdem sie ihr Amt fünf Jahre lang werden verwaltet haben, überzeugt sein wird, daß sie in ihren Ämtern beibehalten zu werden verdienen. Art. 50. — Das Appellationsgericht kann auf die Anzeige des königlichen Prokurators sowol, als auf jene eines seiner Präsidenten, vom Könige die Absetzung eines Richters begehren, welchen es in der Ausübung seiner Amtsverrichtungen einer Verletzung seiner Pflichten für schuldig hält. In diesem einzigen Falle kann die Amtsentsetzung eines Richters vom Könige ausgesprochen werden. Art. 51. — Die Urtheile der Gerichtshöfe und Tribunale werden im Namen des Königs ausgesprochen. Er allein kann Gnade ertheilen, die Strafe erlassen oder mildern. Art. 52.

Tit. XII. Die Militärconscription soll Grundgesetz des Königreichs Westfalen sein. Es dürfen keine Werbungen für Geld Statt haben. Art. 53.

Tit. XIII. Gegenwärtige Verfassung soll durch des Königs, in seinem Staatsrathe erörterte Verordnungen ergänzt werden. Art. 54. — Die Gesetze und Verwaltungsverordnungen sollen in der Gesetzsammlung bekannt gemacht werden, und haben zu ihrer Verbindlichkeit keiner anderweiten Veröffentlichungsweise nöthig.

Gegeben in unserem Palaste zu Fontainebleau, am 15. Tage des Monats November im Jahre 1807.

gez. Napoléon.

Auf Befehl des Kaisers, der Minister Staatssecretair:

Hugo B. Maret.

Dieses in der ersten Nummer der „Gesetzsammlung für das Königreich Westfalen“ (Bulletin des Lois du Royaume de Westphalie) bekannt gemachte Grundgesetz war mit folgender Verordnung begleitet:

Wir Hieronymus Napoléon, durch die Gnade Gottes und die Verfassungen König von Westfalen, französischer Prinz u. s. w., nach Ansicht der Verfassungsakte des Königreichs Westfalen vom 15. November 1807, befehlen, daß dieselbe in die Gesetzsammlung eingerückt und im ganzen Umfange des Königreichs bekannt gemacht werden soll.

Gegeben in unserm Königlichen Palaste zu Napoléonshöhe am 7. Dezember 1807, im ersten Jahre unserer Regierung.

gez. Hieronymus Napoléon.

Auf Befehl des Königs, in Abwesenheit des Minister Staatssecretair, der Cabinetssecretair: Cousin von Marinville. Als gleichlautend bescheinigt, der provisorische Justiz- und Minister des Innern: Siméon.

So stürzte Buonaparte mit einem einzigen Anlauf ein Gebaüde über den Haufen, an dessen Aufbau ein Jahrtausend gearbeitet worden war, und in dessen vielartig gestalteten Räumen Deütsche sächsischen und fränkischen Stammes ein gar gemüthliches und behagliches Leben geführt haben. Mit einem Male war das vorbei; der Eroberer, der ein unterjochtes Volk sich ganz zu eigen machen will, muß ihm die Gesetzgebung des Eroberers und auch dessen Sprache gewaltsam aufdringen. Also geschah es von Buonaparte in den Landen seines Königreichs Westfalen, dessen Bewohner er zu Franzosen machen wollte; ja es war seine Absicht, noch andere Deütsche in den Kreis seiner Französirung zu ziehen, wie der erste Entwurf zum Grundgesetze des Königreichs Westfalen erwies, der den im Herbst 1807 nach Paris berufenen Abgeordneten der Provinzen des Königreichs vorgelegt wurde. Darin hieß es:

Die Fürsten von Anhalt-Dessau (auch die beiden anderen Anhaltiner zu Bernburg und Köthen), von Waldeck, von Lippe-Detmold und Schauenburg, die von Schwarzburg, Mitglieder des rheinischen Bundes, deren Besitzungen innerhalb des Umfangs des Königreichs Westfalen belegen sind, sollen mit demselben durch besondere und innigere Beziehungen vereinigt werden, welche, ohne die Rechte zu beeinträchtigen, die ihnen von der Bundesakte zugesichert sind, den Vortheil haben, eines Theils zwischen dem Königreiche und ihren Fürstenthümern stets den besten Einklang aufrecht zu erhalten, andern Theils, diesen die Wohlthat einiger Einrichtungen zu verschaffen, die nur größere Staaten geben, sei es endlich, um zum allgemeinen Vortheil des Bundes zu dienen. Demgemäß werden die genannten Fürsten ein Zoll- und indirectes Steüersystem bei sich einführen, welches dem im Königreich Westfalen in Kraft stehenden gleich sein soll; die Posten des Königreichs sollen bei ihnen eingeführt werden; und endlich soll das von ihnen zu stellende Kontingent dem Kontingente des Königreichs Westfalen einverleibt werden. Der Befehl und die Aufsicht darüber stehen beim Könige.

Es ist nicht mehr erinnerlich, was der Ausführung dieses Plans, der nach einer Richtung die Stiftung eines — Zollvereins bezweckte, nach zwei anderen aber die eben erst ausgesprochene oberhoheitliche Macht der genannten Fürsten wieder zerstörte, in den Weg getreten ist. Nur die Postvereinigung mit den Anhaltinern, mit Waldeck und Schaumburg-Lippe war zu Stande gekommen.

Politische Eintheilung des Königreichs Westfalen 1807 und 1811.

Die öfteren Umwandlungen, welche in dem Länderbestand und der Begränzung des Hieronomytischen — Reichs (!) Statt gefunden haben, indem vom Allgebietenden große Landstriche bald ihm zugelegt, bald ihm abgerissen wurden, können nicht im einzelnen hier angegeben werden. Wir beschränken uns auf den Zustand, zu Anfang des Königreichs im Jahre 1807, und auf die vier Jahre spätere Zeit, zu Ende des Jahres 1811, was ein Zeitpunkt ist, wo Buonaparte den Scheitelpunkt seiner Macht, wenigstens diesseits der Pyrenäen, erreicht hatte. Diese Epoche ist auch in statistischer Beziehung dadurch bemerkenswerth, weil im Monat Dezember des genannten Jahres eine genaue Volksschätzung Statt gefunden hatte, während die Bevölkerungsangaben von 1807 nur genäherte Werthe enthalten zu haben scheinen. Beider Ergebnisse sind in den zwei nachstehenden Übersichten eingeschaltet.

Das Königreich Westfalen war beide Male in acht Departements eingetheilt, welche, ganz in Nachahmung französischer Weise, nach den Hauptflüssen, welche das Land bewässern, genannt worden waren, mit Ausnahme eines einzigen Departements, das seinen Namen vom Harzgebirge führte. Sie hießen in alphabetischer Reihenfolge, die ebenfalls von Frankreich entlehnt, in allen Staatsschriften maßgebend war, in der ersten Epoche 1807: Elbe, Fulda, Harz, Leine, Ocker, Saale, Werra und Weser; in der zweiten Epoche 1811: Aller, Elbe, Fulda, Harz, Leine, Ocker, Saale und Werra.

Die Befehle, welche Buonaparte seinem, in Saus und Braus lebenden und in Pontak und Liebfrauenmilch badenden, lustigen Bruder zu Kassel und — Napoléonshöhe, — so war das Lustschloß Wilhelmshöhe umgetauft worden, was Landgraf Wilhelm zu Hessen mit dem Blutgelde erbaute, das er aus dem Verkauf seiner kriegstüchtigen Unterthanen von England bezogen hatte, — im Jahre 1810 den 14. Januar und den 10. Dezember zugehen ließ, gaben dem französischen Lehnreich zwischen der Weser und der Elbe auf dessen Nordseite eine andere Gestalt. Durch die diktatorische Verfügung vom 14. Jan. 1810,

a) Eintheilung und Bevölkerung des Königreichs Westfalen, bei seiner Stiftung im Jahre 1807.

Departements.				Districte.			
Name.	Cantone.	Gemeinden.	Volksmenge.	Name	Cantone.	Gemeinden.	Volksmenge.
I. Elbe .	51	463	253,210	1. Magdeburg	16	102	104,440
				2. Neuhaldensleben	10	102	47,405
				3. Stendal . .	13	119	50,799
				4. Salzwedel .	15	110	50,566
II. Fulda	55	301	251,779	5. Kassel . .	21	100	122,992
				6. Hörter . .	17	120	65,793
				7. Paderborn .	14	81	62,994
III. Harz	37	285	207,591	8. Heiligenstadt	13	108	69,494
				9. Duderstadt	8	68	49,546
				10. Nordhausen	9	79	45,984
				11. Osterode .	7	30	42,567
IV. Leine	33	302	41,350	12. Göttingen	18	158	75,025
				13. Einbeck . .	15	144	69,325
V. Ocker	56	456	267,878	14. Braunschweig	18	140	100,645
				15. Helmstedt .	11	82	48,045
				16. Hildesheim .	16	143	69,664
				17. Goslar . .	11	91	49,524
VI. Saale	45	284	210,272	18. Halberstadt .	16	82	79,429
				19. Blankenburg	11	53	53,294
				20. Halle . . .	18	149	77,519
VII. Werra	54	532	255,075	21. Marburg	15	169	78,727
				22. Hersfeld .	21	205	93,351
				23. Eschwege .	18	158	82,997
VIII. Weser	60	375	325,162	24. Osnabrück	22	*	122,035
				25. Minden .	15	117	85,356
				26. Bielefeld .	14	121	81,519
				27. Rinteln .	9	107	36,252
Summa:	394	2998 *)	1,915,317				

*) Excl. Osnabrück.

* Örtliche Umstände verstatteten die Bildung der Gemeinden, im französischen Sinne nicht.

die man in die Form eines Staatsvertrags zu kleiden sich herausnahm, vereinigte Buonaparte die kur-braunschweigischen Lande allesammt mit dem Königreich Westfalen, wodurch sich die Einwohnerzahl desselben um 594,223 Seelen vermehrte, und das Königreich drei neüe Departements erhielt, welche, nach der Verordnung vom 19. Juli 1810, das Aller-, Niederelbe- und Nörddepartement genannt wurden. Das Norddepartement war in die Districte Stade, Bremervörde und Verden, das Departement der Niederelbe in die Districte Lüneburg, Harburg und Salzwedel (vom Elbdepartement genommen) und das Allerdepartement in die Districte Hannover, Celle und Nienburg eingetheilt. In der Eintheilung des Leine-, Elbe- und Weserdepartements fanden Veränderungen Statt. Dieser Zustand dauerte aber kein volles Jahr, denn das Dekret vom 10. Dezember 1810 riß, wie bereits eben gesagt worden, den allergrößten Theil dieser nördlichen Landschaften vom Königreich wieder ab, die beiden zuletzt genannten Departements ganz, ein Stück des Allerdepartements, so wie auch ein Theil des Weserdepartements, welches aufgelöst wurde. So stellte sich denn folgendermaßen die —

b) Eintheilung und Bevölkerung des Königreichs Westfalen, im Monat Dezember des Jahres 1811.

I. Departement der Aller.

Es bestand aus einem Theile der Fürstenthümer Calenberg und Lüneburg, nämlich aus dem Quartiere Hannover und einigen Amtsbezirken des Quartiers Lauenau, aus dem Quartier Celle und einem Theile der Quartiere Lüneburg und Gifhorn, aus den Cantonen Sarstedt und Algermissen, die vom Departement Ocker, und aus den Cantonen Sachsenhagen und Rodenberg, welche vom ehemaligen Weserdepartement, von 1807—1810, abgezweigt waren.

Es gränzte gegen Norden an das Französische Kaiserreich und die Elbe; gegen Osten ans Elbdepartement; gegen Süden an die Departements der Ocker und Leine; gegen Westen an das zuletzt genannte Departement und an Frankreich.

Bodenfläche: 158,6 Q.-M. Einwohnerzahl ohne Militär: 243,288.

Districte.	Cantonmairien.
1. Hannover, ... Q.-M. 115,874 Einw.	Stadt Hannover, Sitz des Präfecten, (16,816 Einw.), Hannover Landcanton (9534), Langenhagen und Osterwald (11,717), Wunsdorf und Gehrden (16,467), Sachsenhagen (3896), Rodenberg (5647), Springe und Elze (15,506), Pattensen (9309), Sarstedt und Ilten (12,977), Rehburg (5476), Neüstadt (8890).
2. Celle . . . . 52 Q.-M. 61,267 Einw.	Celle (8330), Bissendorf und Burgwedel (10,098), Burgdorf und Ütze (9496), Meinersen und Gifhorn (9575), Wienhausen und Beedenbostel (10,574), Winsen an der Aller

Districte.	Cantonmairien.
	und Bergen (9727), Hudemühlen und Sollingbostel (8355).
3. Ültzen . . . . 65³/₄ Q.-M. 61,835 Einw.	Ültzen und Ebsdorf (12,336), Medingen und Bienenbüttel (8920), Oldenstedt und Bodenteich (11,137), Bergen und Klenze (9014), Hitzacker und Dannenberg (9584), Bleckede und Scharnebeck (6186).

II. Departement der Elbe.

Dieses Departement war aus dem größten Theil des Herzogthums Magdeburg auf dem linken Elbufer, aus der Grafschaft Barby und dem Amte Gommern, dem Amte Calvörde, einigen Theilen des halberstädter Landes, und aus der Altmark, einem Theile des Fürstenthums Lüneburg und einigen Orten auf dem rechten Ufer der Elbe im Halbkreise der Stadt und Festung Magdeburg zusammengefügt.

Gegen Norden gränzte es an das Herzogthum Mecklenburg, gegen Osten an den Preüßischen Staat, gegen Süden an die sächsischen und anhaltischen Lande und gegen Westen an die Departements der Saale und der Ocker.

Bodenfläche: 160,12 Q.-M. Einwohnerzahl: 294,505.

Districte.	Cantonmairien.
4. Magdeburg . . . . 27,96 Q.-M. 105,588 Einw.	Magdeburg, Sitz des Präfecten (28,317), Neüstadt und Sudenburg (1523), Acken (4100), Barby (4466), Calbe, Stadt- und Landcanton (9367), Egeln und Germersleben (8117), Gommern (4702), Langenwebdingen (5161), Olvenstedt (4214), Rosenburg (3249), Schönebeck und Groß-salza (10,691), Seehausen (4513), Staßfurt (3651), Wansleben (5551).
5. Neühaldensleben . . . . . 39,39 Q.-M. 63,989 Einw.	Alvensleben (6510), Calvörde (4933), Eichenbarleben und Gr.-Ammersleben (10,226), Erxleben (5455), Neühaldensleben (5973), Öbisfelde (4049), Rogätz und Wolmirstedt (10,504), Walbeck (3534), Gardelegen-Stadt (5974), Gardelegen-Land (2075), Mieße (2211), Zichtau (2546).
6. Stendal . . . . 39,73 Q.-M. 56,734 Einw.	Tangermünde und Grieben (7693), Burgstall und Lüderitz (5649), Stendal-Stadt und Land (10,331), Schiene (2874), Bismark (3700), Arneburg (4493), Werben (4691),

Districte.	Cantonmairien.
	Osterburg-Stadt und Land (5480), Bretsche und Pollitz (6191), Seehausen (5444).
7. Salzwedel .... 53,4 Q.-M. 62,647 Einw.	Salzwedel-Stadt (7974), Salzwedel-Land (2588), Arendsee (4501), Diesdorf (4468), Betzendorf und Azenburg (5666), Calbe (3940), Jöbar (6149), Quickborn und Gartow (10,574), Lüchow und Wustrow (6806).

III. Departement der Fulda.

Es bestand aus einem Theile Niederhessens, dem Fürstenthum Fritzlar, den Ländern Paderborn, Corvey, und Ravensberg, der Grafschaft Rittberg, den Ämtern Münden, Reckenberg und einigen Stücken der vormaligen Cantone Reineberg, und hatte seinen Namen vom Fulda-Flusse, der es von Süden nach Norden durchfloß.

Seine Gränzen waren, nordwärts das Französische Kaiserreich, die Lippeschen Lande und das Leinedepartement, ostwärts die Departemente der Leine und der Werra, südwärts das zuletzt genannte Departement, und westwärts die Herzogthümer Berg und Hessen, nebst dem waldeckischen Lande.

Bodenfläche: 96,1 Q.-M. Einwohnerzahl: 317,554.

Distrikte.	Cantonmairien.
8. Kassel .... 37,4 Q.-M. 132,176 Einw.	Kassel, Hauptstadt des Königreichs und Sitz des Präfecten (22,803), Ober-Velmar und Zwehren (11,452). Münden (7466), Veckerhagen (3768), Karlshaven (3245), Hofgeismar und Nieder-Meißer (8943), Grebenstein (6222), Wolfhagen und Volkmarsheim (10,621), Zierenberg und Hof (8281), Gudensberg und Felsberg (8690), Wabern (3902), Fritzlar (4926), Melsungen und Grasungen (8092)*), Körle (3613), Ober-Kaufungen und Waldau (13,395), Naumburg (3842)
9. Höxter .... 21,75 Q.-M. 65,673 Einw.	Höxter und Albaxen (8744), Beverungen und Borgentreich (9748), Rösebeck (4295), Warburg (6065), Peckelsheim (3406), Gehrden (2845), Brakel und Börden (8547), Nie-

*) Dazu kam die vormalige Amtsvogtei Melsungen der Freiherren Riedesel, mit zwei Burgsitzen in der Stadt Melsungen und dem Dorfe Röhrenfurt, 270 Einwohner enthaltend.

Districte.	Cantonmairien.
	heim und Steinheim (7971), Lügde (1702), Trendelburg (4477).
10. Paderborn . . . . 26,9 Q.-M. 67,893 Einw.	Paderborn (5303), Wünneberg (5849), Atteln und Lichtenau (8210), Büren (5583), Kirchborchen (3959), Salzkotten (3324), Lippspringe (3907), Neuhaus und Delbrück (9962), Ringborke (3428), Rittberg (5616), Neuenkirchen (5843), Wiedenbrück (7010).
11. Bielefeld . . . . 10,7 Q.-M. 51,812 Einw.	Bielefeld (5613), Herforden (5626), Blotho (10,864), Brackwede (8768), Brockhagen (5926), Schildesche (6821), Heepen (9194).

IV. Departement des Harzes.

Selbiges war aus dem Eichsfelde mit Treffurt und Dorla, den Gebieten von Mühlhausen und Nordhausen, den auf dem rechten Werraufer zwischen Treffurt und Höheberg belegenen Stücken von Niederhessen, aus der Grafschaft Hohenstein, einem Theile von Grubenhagen, nämlich der Stadt Osterode, den Ämtern Herzberg und Scharzfeld und dem hannoverschen Harz, mit Ausschluß von Elbingerode, aus dem Amte Walkenried, der Vogtei Gönningen, und einigen Stücken des Fürstenthums Blankenburg zusammengesetzt.

Es gränzte gegen Norden an das Ockerdepartement, gegen Osten an das Saaledepartement, das Fürstenthum Schwarzburg und an königliche und herzoglich sächsische Lande, gegen Süden an die Provinzen der Herzoge zu Sachsen und ans Werra-, so wie gegen Westen ans Leinedepartement.

Bodenfläche: 58,04 Q.-M. Einwohnerzahl: 201,051.

Districte.	Cantonmairien.
12. Heiligenstadt . . . . . . 19,77 Q.-M. 68,899 Einw.	Heiligenstadt, Sitz des Präfecten (5986). Udra (4642), Garbershausen (3986), Allendorf (5116), Ershausen (6378), Bartlof (6189), Dingelstedt (6345), Dachrieden (4223), Dörna (3570), Mühlhausen (9228), Dorla (3610), Treffurt (4891), Wanfried (4235).
13. Duderstadt . . . . . . 10,22 Q.-M. 42,787 Einw.	Duderstadt (8179), Gieboldehausen (6748), Seulingen (4415), Weißenborn (4015), Worbis (6289), Teichtungen (3594), Bellern (4599), Nieder-Orschel (4948).
14. Nordhausen . . . . . . 12,15 Q.-M. 46,033 Einw.	Nordhausen (10,459), Wechsungen (4132), Pustleben (5238), Bleicherode (5586), Bütz-

Districte	Cantonmairien.
	lingen (2638), Sachsa (4965), Ellrich (5853), Benneckenstein (3568), Neüstadt unterm Hohenstein (3594).
15. Osterode . . . . 16,26 Q.-M. 43,412 Einw	Osterode (7742), Lindau (4686), Herzberg (4316), Lauterberg (4697), Andreasberg (4179), Clausthal (10,181), Cellerfeld (7499).

V. Departement der Leine.

Dieses Departement bestand aus dem Fürstenthum Göttingen, mit Ausnahme desjenigen Theils vom Amte Münden, welcher auf dem linken Werraufer liegt; einem Theile des Fürstenthums Wolfenbüttel, dem Amte Hunnesrück, einem Theile der Ämter Bilderlah und Winzenburg, aus der Herrschaft Plesse und einigen anderen Stücken des hessischen Landes zwischen Werra und Leine; aus dem hamelnschen Quartier, der Grafschaft Spiegelberg, einigen Ämtern des lauenauer Quartiers, und den Cantonen Ottenstein, Rinteln, Windheim und Hausberge, die zum vormaligen Weserdepartement gehört hatten.

Es gränzte gegen Norden mit dem Aller- und dem Ockerdepartement, gegen Osten mit dem Harzdepartemeut vom Dorfe Unterrieden bis an die Werra, gegen Süden mit der Werra und Weser bis zum Dorfe Aspen, gegen Westen mit dem Departement der Fulda, dem Französischem Kaiserreiche und den Ländern Lippe und Pyrmont.

Bodenfläche: 75,64 Q.-M. Einwohnerzahl: 234,661.

Districte.	Cantonmairien.
16. Göttingen . . . . . . 26,61 Q.-M. 86,899 Einw.	Göttingen (9506), Grone (6136), Lühnde (3246), Friedland (5622), Dransfeld und Hedemünden (7207), Bremke (3809), Radolfshausen (4267), Bovenden (3817), Nordheim (7362), Adelebsen (3631), Hardegsen (3994), Moringen (4794), Harste (3339), Nienover (3175), Uslar (5616), Bodenfelde (4208), Nörten (3794).
17. Einbeck . . . . 22,65 Q.-M. 73,778 Einw.	Einbeck-Stadt (4917), Einbeck-Land (3409), Mark Oldendorf (5017), Dassel (5307), Rothenkirchen (4672), Westerhof (5589), Seesen (7668), Gandersheim (6636), Grene (3321), Delligsen (5764), Eschershausen (5775),

Districte.	Cantonmairien.
	Stadt Oldendorf (6069), Holzminden (6280), Fürstenberg (3374).
18. Rinteln . . . . 26,32 Q.-M. 77,460 Einw.	Rinteln (7270), Oldendorf (6771), Hameln und Ärzen (13,745), Münder und Hemmendorf (18,593), Bodenwerder und Börry (16,785), Hausberge (7477), Windheim (6819).

VI. Departement der Ocker.

Es war zusammengefügt aus den zwei nördlichen Districten des Fürstenthums Wolfenbüttel, mit Ausnahme der Ämter Calvörde und Hessen; den Ämtern Harzburg, Langelshaim, Lutter, einem Theile des Amts Seesen und dem Gericht Bodenburg; aus einigen Stücken des Fürstenthums Halberstadt, die auf der nördlichen Seite des Bruchgrabens liegen; aus einigen Stücken vom Herzogthum Magdeburg auf dem linken Ufer der Aller; aus dem größten Theile des Fürstenthums Hildesheim, aus der Stadt Goslar, und einigen Strichen der Fürstenthümer Calenberg und Lüneburg.

Seine Gränzen waren, auf der Nordseite die Departements der Aller und der Elbe, auf der Ostseite das zuletzt genannte Departement, auf der Südseite die Departements der Saale, des Harzes und der Leine, auf der Westseite die Departements der Leine und der Aller.

Bodenfläche: 92,45 Q.-M. Einwohnerzahl: 273,105.

Districte.	Cantonmairien.
19. Braunschweig (Brunswick) . 30,78 Q.-M. 104,142 Einw.	Braunschweig-Stadt, Sitz des Präfecten, (27,059), Braunschweig-Land im West, (5012), Braunschweig-Land im Ost (3833), Wolfenbüttel-Stadt (6680), Wolfenbüttel-Land im West (3799), Wolfenbüttel-Land im Ost (3421), Peine-Stadt (3421), Peine-Land (2959), Lafferde (4688), Bettmar (3924), Lesse (3867), Gebhardshagen und Salder (7375), Rötgersbüttel (5231), Wendhausen (3667), Kremlingen (3581), Remlingen (4261), Scheppenstedt (5240), Jerxheim (5240).
20. Helmstedt . . . . 24,6 Q.-M. 55,430 Einw.	Helmstedt-Stadt (5179), Helmstedt-Land (2987), Königslutter (6927), Schöningen (6795), Warsleben und Hamersleben (6651), Oschersleben (4621), Harbke (4835), Weser-

Districte.	Cantonmairien.
	lingen und Bardorf (9334), Fallersleben (5305), Vorsfelde (3796).
21. Hildesheim ...... 18,34 Q.-M. 60,966 Einw.	Hildesheim-Stadt (10,768), Hildesheim-Land (2242), Stattlingen (3183), Hoheneggelsen (3293), Schwiecheld (3641), Hohenhameln (4728), Ottbergen (3811), Borsum (3448), Moritzberg (4181), Burgstemmen (2832), Gronau (6580), Alfeld (5553), Salzbetfurt (3206), Bodenburg (3440).
22. Goslar .... 51,555 Einw.	Goslar-Stadt (5945), Goslar-Land (3942), Vienenburg (4164), Schladen (4016), Harzburg (4257), Liebenburg (3292), Salzgitter (6130), Lutter (2960), Holle (4368), Bockenem (7982), Lamspringe (4504).

VII. Departement der Saale.

Es bestand aus dem Fürstenthum Halberstadt, der Herrschaft Derenburg, der Grafschaft Wernigerode, der Herrschaft Hasserode, dem Amte Elbingerode, dem Fürstenthume Blankenburg, dem Amte Hessen, einer Stadt und einigen Dörfern des Herzogthums Magdeburg, die auf dem rechten Bodenufer belegen sind, aus dem Fürstenthum Quedlinburg, dem Saalkreise und einem großen Theil der Grafschaft Mansfeld.

Seine Gränzen waren, gegen Norden das Ocker-, gegen Osten des Elbdepartement, das anhaltische Land und das Königreich Sachsen, gegen Süden das anhaltische Land Bernburg und das Harzdepartement, gegen Westen das Departement der Ocker.

Bodenfläche: 80,07 Q.-M. Einwohnerzahl: 238,160.

Districte.	Cantonmairien.
23. Halberstadt ...... 24,13 Q.-M. 77,207 Einw.	Halberststadt-Stadt, Sitz des Präfecten, (13,206), Halberstadt-Land (4540), Aschersleben-Stadt (7658), Aschersleben-Land (2296), Kroppenstedt (4933), Kochstedt (3365), Gröningen (4072), Wegeleben und Gatersleben (8432), Schwanebeck (3824), Schlenstedt (4244), Dedeleben (3839), Hessen (3483), Osterwick (9436), Dardesheim (3269), Hornburg (3414).
24. Blankenburg ...... 22,72 Q.-M. 55,391 Einw.	Blankenburg (7073), Wernigerode-Stadt (4026), Wernigerode-Land (4220), Quedlinburg-Stadt (10,630), Quedlinburg-Land

Districte.	Cantonmairien.
	(7036), Hasselfelde (3512), Elbingerode (4617), Ilsenburg (5677), Derenburg (3948), Ermsleben (4652).
25. Halle . . . . 32,22 Q.-M. 105,562 Einw.	Halle-Stadt (14,710), Halle-Land (3958), Glaucha (4572), Mansfeld (5208), Leimbach (3217), Gerbstedt und Polleben (7889), Fienstedt (2851), Helfta und Seeburg (7277), Schrapplau (4317), Dieskau (2356), Neumarkt und Oppin (7486), Wettin und Löbejün (10,065), Cönnern (5724), Alsleben (4006), Hettstedt und Wippra (10,139), Endorf (5665), Eisleben 6036).

VIII. Departement der Werra.

Dieses Departement war aus dem kur-hessischen Antheil an Oberhessen, der Grafschaft Ziegenhain, dem Fürstenthum Hersfeld, den ehemals zur reichsunmittelbaren Ritterschaft gehörigen Gütern im Quartier von Buch, einem Theil von Niederhessen, einigen Stücken von Fritzlar, der Herrschaft Schmalkalden, und einigen Dörfern des Amts Treffurt zusammengefügt. Die sechs Cantone, welche aus der Herrschaft Schmalkalden gebildet werden, lagen abgesondert.

Die Gränzen des Werradepartements waren, im Norden das Fürstenthum Waldeck und das Departement der Fulda, im Osten das Harzdepartement und die herzoglich sächsischen Lande, im Süden die Großherzogthümer Frankfurt und Hessen, im Westen die hessischen und nassauischen Provinzen. Die schmalkaldischen Cantone waren von königlichen und herzoglich sächsischen Landestheilen umschlossen.

Bodenfläche: 104,4 Q.-M. Einwohnerzahl: 261,290.

Districte.	Cantonmairien.
26. Marburg . . . . 32,51 Q.-M. 82,046 Einw.	Marburg, Sitz des Präfecten, nebst Kaldern und Lohra (14,949), Amöneburg, Kirchhain, Rauschenberg und Ebsdorf (22,708), Treysa, Neustadt und Jesberg (18,385), Gemünden, Rosenthal und Wetter (16,124), Frankenau und Frankenberg (9910).
27. Hersfeld . . . . 42,14 Q.-M. 94,718 Einw.	Hersfeld, Holzheim, Obergeis, Petersberg und Nieder-Aula (22,406), Rothenburg, Bebra, Nentershausen und Friedewald (18,495),*) Bach, Lengsfeld, Landeck und

*) Hierzu gehörte das vormalige Gericht Ludwigseck, auch Erserode genannt.

Districte.	Cantonmairien.
	Heringen (17,551), Homberg, Borken und Frielendorf (17,070), Neükirchen, Ziegenhain, Schwarzenborn, Ober-Aulau und Breitenbach (19,196).
28. Eschwege . . . . 30,39 Q.-M. 84,526 Einw.	Eschwege, Aue, Abderode und Reichensachsen (17,774), Sontra, Netra, Bischhausen und Stenterhausen (22,134), Spangenberg und Lichtenau (10,288), Witzenhausen und Sooden (10,804), Schmalkalden, Seligenthal, Floh, Brotterode, Herrenbreitungen und Hallenberg (21,855).

Übersicht der Grundfläche des Königreichs Westfalen, Dezember 1811.

Departements.	Grundfläche.		
	Deutsche Q.-Meilen.	Quadrat-Lieues.	Morgen.
Aller	158,60	441,0	3,497,684,2
Elbe	160,12	444,4	3,529,201,5
Fulda	96,10	268,3	2,131,365
Harz	58,04	160,01	1,267,343,6
Leine	75,64	229,9	1,667,184
Ocker	92,45	257,06	2,037,959,3
Saale	80,07	219,9	1,964,871,2
Werra	104,04	289,0	2,292,194,6
Im Ganzen	825,06	2309,6	18,387,803,4

In der amtlichen Druckschrift, aus der die vorstehenden Zahlen entlehnt sind, — es ist der Almanach Royal de Westphalie pour l'an MDCCCXIII. — findet sich für die drei ersten Departements auch die Größe der Waldfläche angegeben; danach betrug sie für das Departement der Aller 432,710, für das der Elbe 511,600 und für das Fuldadepartement 548,012 Morgen, oder, der Reihe nach, ungefähr ein Achtel, ein Siebentel und ein Viertel der ganzen Bodenfläche eines jeden der drei Departements.

---

der freiherrlichen Familie Riedesel, es bestand aus dem Amtsitz Ludwigseck, dem Pfarrorte Benhausen, sieben anderen Dörfern, vier Höfen und einem Hause in der Stadt Rothenburg, zusammen mit 1412 Einwohnern.

Bevölkerungsverhältnisse.

Sie sind in der auf S. 290 stehenden Tabelle enthalten: nach den zwei Geschlechtern, und nach der Verschiedenheit des kirchlichen Bekenntnisses der Glaübigen, wobei auch die Zahl derjenigen angegeben ist, die da noch auf den Messias hoffen und warten! Die Richtigkeit dieser Ziffern scheint, wiewol sie auf amtlichen Erhebungen beruhen, sehr zweifelhaft zu sein; zieht man die Personen männlichen und weiblichen Geschlechts zusammen, so kommt eine kleinere Zahl heraus, als diejenige ist, welche für die Gesammtvolksmenge angegeben wurde; und noch kleiner ist die Summe der verschiedenen Religionsverwandten. Auf Genauigkeit in statistischen Ziffern scheint man in Kassel nicht viel gehalten zu haben, wiewol ein grundgelehrter Mann an der Spitze der amtlichen Statistik stand, Georg Hassel nämlich, schon vor Beginn des königlich westfälischen Wesens, ganz besonders aber nach dessen Zertrümmerung ein sehr fleißiger Arbeiter im Weinberge — der Staatenkunde!

Was soll man z. B. dazu sagen, wenn eine Druckschrift, wie das ebenerwähnte Staatshandbuch, an einer Stelle die Zahl der römischen Katholiken mit 267,582 Gläubigen angiebt, während die Addition in der nebenstehenden Tabelle über 8600 weniger nachweist?

Als Buonaparte das Königreich Westfalen errichtet und ihm das Grundgesetz vom 15. November 1807 gegeben hatte, da gab es unter den Deütschen — leider Schwachköpfe genug und entartete Speichellecker, die da einen Jubelruf erhoben über das Glück, das Heil und den Segen, der mit der Morgenröthe der Stiftung des rheinischen Bundes vom „Völkerbeglücker", dem „großen Kaiser Napoléon" über das deütsche Vaterland sich ergießen werde; insonderheit jubelten sie über den Art. 5 der westfälischen Verfassung, der da vorschrieb: Bruder Hieronymus solle 25,000 Soldaten in seinem Königreich halten. Soviel, schrieen die Erbärmlichen, hielten ehedem Kurhessen und der Herzog zu Braunschweig-Wolfenbüttel zusammen, und der Kurfürst zu Kassel stellte wol gar im Nothfall eine solche Anzahl Soldaten für sich allein. Überdem, so jauchzten sie weiter, kommt noch der Umstand hinzu, daß in den ersten Jahren nur die Hälfte dieser Truppen von den Einwohnern des Königreichs Westfalen gestellt zu werden braucht, da die andere Hälfte aus französischen Hülfstruppen bestehen soll, welche die Besatzung von Magdeburg ausmachen werden. Wie

Des Königreichs Westfalen Einwohnerzahl und Wohnplätze

im Monat Dezember 1811.

Departements	Einwohner.								Cantone.	Gemeinden.	Wohnplätze.							Deputirte zur Stände-Versamml.
	Gesammtheit.	Männl. Geschl.	Weibl. Geschlechts.	Lutheraner.	Reform.	Kathol.	Israeliten.	Menoniten und Herrnhuter.			Städte.	Flecken.	Vorstädte.	Dörfer.	Weiler.	Einzelne Häuser.	Feuerstellen.	
Aller	243,288	118,130	125,158	238,299	551	2,702	1,734	—	39	445	17	12	10	770	428	227	29,987	12
Elbe	294,505	143,182	151,323	286,648	3,923	2,803	986	144	59	531	29	10	11	820	168	157	42,870	15
Fulda	317,554	150,906	161,648	65,206	111,735	133,727	5,567	57	61	432	47	6	6	467	131	228	48,286	15
Harz	201,051	97,167	103,864	114,679	7,746	77,858	748	—	37	286	20	12	3	290	59	111	34,081	10
Leine	234,661	114,390	120,271	216,830	11,086	4,561	2,184	—	42	362	19	22	5	526	96	222	32,970	10
Ocker	273,105	132,329	140,774	245,037	914	25,738	1,414	—	56	559	14	11	12	572	79	130	37,381	14
Saale	238,160	113,355	124,805	230,255	3,229	3,745	795	36	48	273	31	9	24	259	125	94	38,817	11
Werra	201,290	125,929	135,361	59,981	122,253	7,818	4,865	81	54	537	28	11	1	626	120	150	38,088	13
Summa	2,063,614	995,388	1,063,204	1,456,935	261,737	258,962	18,293	318	396	3525	205	93	72	4329	1406	1319	302,480	100

wird der hessische Bauer sich freüen, künftig seinen Acker mit seinen Söhnen selbst gehörig und in Ruhe bestellen zu können, ohne, wie in den Jahren 1777, 1778 und 1783 geschah, Greise, Weiber und Kinder den Pflug führen zu lassen, weil alle rüstige Bauern damals nach Amerika geschickt, und für englisches Geld verkauft waren.

Eine schöne Freüde die! Wie der hessische Landmann von damals den altangestammten Landesherrn wegen seines schändlichen Menschenhandels verfluchte, so hatte er dreißig Jahre später nicht minder Grund, den Fremdling zu verwünschen, der seine Söhne in den bunten Rock steckte, dem Kalbfell zu folgen auf die Schlachtfelder im Abend-, wie im Morgenland der eüropäischen Erde, da zu verbluten für des Ehrsüchtigen Hirngespinst einer Universalmonarchie. Und mit welchem Hohn, mit welcher Verachtung sprach dieser Mensch von den Deütschen, die sich für ihn todtschlagen ließen! Nach dem russischen Feldzuge, 1812, schätzte eines Tages, als Buonaparte mit einigen Leüten seiner Umgebung über die Verluste des französischen Heeres sprach, einer der Anwesenden, der General Coulaincourt, dieselben auf mehr als 200,000 Mann. „Nein, nein", sagte Buonaparte, „Sie täuschen sich, es ist nicht so viel"; und nach einem Augenblick des Nachsinnens: „Sie können doch wol Recht haben; aber es waren viele Deütsche darunter."

Der sehr bedeütende Unterschied zwischen der Zahl des männlichen und der Zahl des weiblichen Geschlechts, der sich seit dem Anfang des Königreichs Westfalen im Jahre 1811 auf beinah 68,000 Personen zu Ungunsten des erstern herausstellt, ist auch hier ebenso bemerkenswerth, als bei Sachsen. Muß auch ein Theil offenbar den Verlusten zugeschrieben werden, welche die westfälischen Kriegsvölker auf dem spanischen Kriegsschauplatz seit 1808, und im österreichischen Feldzuge von 1809 erlitten hatten, so reichen doch diese Verluste nicht aus, um jenen großen Unterschied zu erklären. Da walteten vor einem halben Jahrhundert andere Ursachen ob, deren Erörterung außerhalb dieser historischen Nachweisungen liegen, wie wichtig auch für die Kenntniß allgemeiner statistischer Verhältnisse und für die der Fortpflanzung des Menschengeschlechts sie sein mag.

Die Volksdichtigkeit oder die relative Bevölkerung betrug im ganzen Königreich Westfalen 2500 Seelen auf dem Raume einer deütschen Geviertmeile.

Da die französische Verfassung keinen Unterschied macht zwischen

Stadt und Land, von ihr alles Gemeindewesen vielmehr über einem Kamm geschoren wird, so läßt sich auch nichts über das Verhältniß der städtischen und der ländlichen Bevölkerung sagen. Nur von den Departements- und Districtshauptstädten enthalten die obigen Nachweisungen die Einwohnerzahl. Hiernach war Magdeburg die volkreichste Stadt, dann folgte Braunschweig und erst auf der dritten Stufe stand Kassel, die Hauptstadt des Königreichs, die Residenz des Königs und aller obersten Landesbehörden; auf vierter Stufe stand die Stadt Hannover.

In jedem Hause des Königreichs Westfalen wohnten beinah 7 Menschen, oder, schärfer ausgedrückt, 683 in je 100 Haüsern.

Sehen wir nun zu, wie es um die Verwaltung des Landes stand, d. h. welche Behörden, oder vielmehr Beamten, vorhanden waren, um die in dem Grundgesetz ausgesprochenen Prinzipien ins Leben treten zu lassen, die mithin den Beruf hatten, die Staatszwecke zur Erfüllung zu bringen. Sehen wir aber auch vorher, wie die Formen der in Frankreich auf den Trümmern der Demokratie mit ihrer Beihülfe gegründeten neüen Monarchie beschaffen waren, die Buonaparte nach deütschen Landen verpflanzt hatte, um ihnen auch hier durch seinen jungen Bruder Ansehn zu verschaffen. An der Spitze standen —

Die Minister und die Ober-Kronbeamten. Dem Grundgesetz zuwider gab es 1812 nicht vier, sondern fünf, nämlich für die Justiz, für das Staatssecretariat und die auswärtigen Angelegenheiten, für die inneren Angelegenheiten, für das Kriegswesen, und für die Finanzen, den Handel und den Staatsschatz. Die beiden ersten Ministerien waren mit Franzosen besetzt: Justizminister war Siméon; der Staatssecretair und Minister der auswärtigen Angelegenheiten führte zwar einen deütschen Namen, war aber ein französischer Creole, Namens Peter Alexander le Camus, dessen Familie nach den Antillen ausgewandert war und sich daselbst als Kaffee- und Zuckerbauer ansässig gemacht hatte. Nach dem Aussterben des althessischen edlen Geschlechts der „Diede von Fürstenstein" erhielt le Camus am 24. Dezember 1807 das heimgefallene Lehen Fürstenstein als Allodium, sammt dem aus diesem dynastischen Besitze mit aller Gewalt hergeleiteten Grafentitel, davon in Hessen bis dahin nichts bekannt gewesen war. Wie gering die Macht des Königs von Westfalen war, sieht man daraus, daß jene Verleihung erst der obersten Bestätigung Buonaparte's bedurfte, die am 17. April 1812 erfolgte, von wo ab le Camus erst berechtigt war, sich Graf von Fürstenstein zu nennen. Das Gut Fürstenstein kam aber, nach Auflösung des Königreichs Westfalen, und nachdem dasselbe als ein durch Erlöschen der „Diede" an Kurhessen heimgefallenes Lehen in Anspruch genommen ward, wieder aus dem Besitz des Ministers, der sich 1809 mit einer Tochter aus dem Hause Hardenberg verheiratet hatte. Die drei anderen Minister waren Deütsche von Geburt.

Der Ober-Kronbeamten gab es acht, davon sechs bürgerliche und zwei militärische waren. Zu jenen zählten: der Oberst-Almosenier, der Oberst-Palastmarschall (Oberst-Schloßhauptmann), der Oberst-Kammerherr, der Oberst-Stallmeister, der Oberst-Jägermeister, der Ober-Ceremonienmeister. Zwei dieser Kronämter waren unbesetzt, die vier anderen bekleideten Deütsche: Groß-Almosenier war der Fürstbischof von Corvey; Oberst-Kammerherr, — noch nach Ablauf eines halben Jahrhunderts schämt man sich, es niederschreiben zu müssen, — es war ein Glied des Hauses Hessen-Philippsthal, Prinz Ernst Constantin, geb. 1771, der sich erniedrigte, bei einem Abenteürer, der am Comptoirpulte in Baltimore an seinem rechten Platze sein mochte, die Stelle eines ersten Bedienten zu spielen. Die Oberst-Kronbeamten vom Militärstaat führten den stolzen Titel von Oberst-Hauptmann der Leibwache (Capitaine générale des gardes). Nur eine dieser Stellen war besetzt, und die hatte ein Franzose inne.

Der Oberst-Almosenier und der Oberst-Kammerherr wurden Hoheit und gnädiger Herr genannt; die übrigen Oberst-Kronbeamten hatten das Prädikat Excellenz. So auch der Großkanzler und die Groß-Commenthure des Ordens der westfälischen Krone, die mit den Oberst-Kronbeamten unter allen Umständen gleichen Rang halten und dieselben bürgerlichen wie militärischen Auszeichnungen und Ehren genossen.

Zum Hofstaate des Königs (maison du Roi) gehörte: das Almosenamt, bestehend aus dem Groß-Almosenier, einem ersten und zwei anderen Almosenieren, davon einer Ceremonienmeister war, aus zwei Hofkapellanen, der Oberstmarschall; der Hofmarschall; zwei Palastpräfecten im ordentlichen und drei im außerordentlichen Dienst; drei militärische Gouverneure der königlichen Schlösser zu Kassel, Braunschweig und Napoléonshöhe; zwei militärische Schloß-Commandanten (Maréchaux-des-logis du palais); zwei Schloßadjuncte und Fouriere, und ein Schloßquartiermeister zu Kassel, alles Hofämter, welche größtentheils mit Franzosen besetzt waren. Die Gesellschaft der Kammerherren eröffnete der Oberstkammerherr. Erster Kammerherr war wiederum ein Sohn aus einem vormals regierenden deütschen Fürstenhause, ein Prinz von Löwenstein-Wertheim, und die 12 Kammerherren im gewöhnlichen Dienst zur Aufwartung des Comptoiristen von Baltimore bestanden, mit Ausnahme eines einzigen Franzosen, nur aus Deütschen, die meistentheils alten Geschlechtern vom Grafen- und Freiherrenstande angehörten. Ebenso verhält es sich mit den 15 Kammerherren im außerordentlichen Dienste. Kammerjunker (Gentilshommes de la chambre) gab es am Kasseler Königshofe 10, darunter 2 im außerordentlichen Dienst; es waren Leüte theils von der Feder, theils vom Schwerte. Das Kabinet des Königs bestand aus 4 Personen, sämmtlich Franzosen; und seltsamer Weise war dem Kabinet das topographische Büreau zugeordnet, dem ein Oberst als Haupt und ein Bataillonschef als dessen Adjunct vorgesetzt war. Beide waren auch Franzosen. Bibliothekar der Kabinetsbibliothek des Königs war — Grimm, zugleich Auditor im Staatsrath für die Justiz- und inneren Angelegenheiten.

Der Hofmarstall hatte den Oberststallmeister und einen ersten Ehrenstallmeister an der Spitze. Im gewöhnlichen Dienst befanden sich 8, im außergewöhnlichen 4 Ehren-Stallmeister, unter denen sich ein Graf zu Stollberg-Wernigerode befand. Zum Geschäftskreise des Hofmarstallamtes gehörten die Gestüte zu Beberbeck und Neühaus.

Das Pagenhaus war militärisch eingerichtet, hatte einen Brigade-General zum Gouverneur, und zwei Unter-Gouverneure, 14 Lehrer, und bestand aus 26 Pagen, davon 4 überzählig waren. Es befanden sich darunter sechs Franzosen und ein Spanier. Viele altadlige Geschlechter des Hessenlandes &c. hatten ihre Söhne in dieses — Treibhaus französischer Anmaßlichkeit gegeben; selbst ein Prinz zu Hessen-Philippsthal befand sich darin.

Das Hof-Jagdamt bestand, unter dem Oberstjägermeister (grand veneur), aus 1 Jagdkapitän, 6 Jagdlieutenants und 2 Jagdinspektoren. Letztere waren zu Waldau, im Canton gleiches Namens im Kasseler District des Fuldadepartements, und zu Scharzfeld im Canton Lauterberg des Osteroder District vom Harz-Departement.

Es gab einen Generalcontroleur der Verwaltung der Civilliste, der einen Generalsecretair zum Gehülfen hatte; einen Kronschatzmeister mit zwei Unterbeamten und einen Intendanten des königlichen Hauses, zu dessen Geschäftskreise 4 Inspektoren der königlichen Gärten, 3 Architekten und 4 Inspektoren der Krongebaüde und das aus 8 Personen bestehende Hof-Medizinalamt gehörte. Endlich gehörten zum Hofstaat ein Kapellmeister und ein Maler des Königs.

Das Hofmarschallamt (Conseil de la maison du Roi) bestand aus den oben genannten Oberst-Kronbeamten, aus dem General-Controleur, dem Schatzmeister und dem Hausintendanten.

Der Hofstaat der Königin (maison de la Reine) bestand aus der Obersthofmeisterin (grande-maitresse, die Gemalin des Oberstceremonienmeisters, Comte de Bocholtz, welche sich in der chronique scandaleuse des Kasseler Hofes einen anrüchigen Namen erwarb); einem Ehrencavalier; einem ersten Ehrenstallmeister; 11 Hofdamen (dames du Palais, darunter drei Prinzessinnen von Hessen-Philippsthal und Löwenstein-Wertheim, eine Gräfin Pappenheim, die Gemalin des Staatssecretairs le Camus, Grafen Fürstenstein); 2 Vorleserinnen (beide Französinnen), 1 Secretair und 1 Beichtvater und Hofprediger.

Der militärische Hofstaat des Königs (maison militaire du Roi) bestand aus einem Generalstab, einer Compagnie Leibwächter zu Pferde (Gardes-du-Corps), einem Bataillon Grenadiere zu Fuß, einem Bataillon Jäger zu Fuß, einem Füsilier- und einem Regiment leichter Reiter, jenes das Regiment der Königin genannt, aus 2 Bataillonen, dieses aus 4 Schwadronen bestehend. Eine Batterie leichten Geschützes, eine Compagnie des Fuhrwesens und ein Bataillon Carabinerjäger waren der Garde beigegeben, ohne ihr einverleibt zu sein. Es gab zwei Generalcapitaine der Garde, welche, wie oben erwähnt, die militärischen Oberstkronbeamten waren. Unter ihnen führten zwei Brigade-Generale den Befehl über das Fußvolk und über die Reiterei der königlichen Leibwache. Der König hatte 6 Adjudanten und 5 Ordonnanz-Offiziere; unter jenen befand sich ein Glied aus dem fürstlichen Hause Salm-Salm!

Die Staatsverwaltungs-Einrichtungen.

Der Staatsrath zerfiel, wie im Grundgesetz vorgeschrieben worden, in drei Abtheilungen, und bestand aus den 6 Ministern und

18 Staatsräthen, davon 6 auf Lebenszeit ernannt waren. Außerhalb der Abtheilungen gab es noch 3 Staatsräthe im ordentlichen und 4 im außerordentlichen Dienst, so daß die aüßerste Zahl 25 der Staatsräthe erfüllt war. 5 Requetenmeister waren beim Staatsrath beschäftigt, und nicht weniger denn 41 Auditoren, davon 24 im ordentlichen und 17 im außerordentlichen Dienst. Der König-Präfect führte den Vorsitz im Staatsrathe, oder in seiner Abwesenheit dasjenige Mitglied, welches er dazu zu ernennen für gut fand.

Ein Heroldsamt, wie man die Commission du sceau des titres nennen kann, bestehend aus dem Justizminister als Vorsitzenden, zwei Staatsräthen, dem General-Prokurator und einem Generalsecretair und einem Archivar, hatte zu seinen Amtsvorrichtungen die Prüfung und Beglaubigung der alten Adelstitel, die Verleihung neüer Titel und die Aufsicht über die Majorate und ihre Erhaltung nach den durch das Gesetz bestimmten Regeln. Alle westfälischen Unterthanen, welche vor Gründung des Königreichs Westfalen im Besitz adeliger Würden gewesen waren, mußten sie von — Herrn Hieronymus Buonaparte anerkennen lassen, und zu dem Endzweck die Beweisstücke zur Prüfung des Heroldsamts mittelst einer Bittschrift beim Secretariat des Staatsraths einreichen, die einer der 10 beim Staatsrathe angestellten Advokaten anzufertigen und zu unterzeichnen hatte. Waren die Gesuche instruirt, so legte der Justizminister, nachdem er die Meinung der Commission gehört hatte, dem Könige die offenen Briefe zur Vollziehung vor. Sie waren auf Pergament geschrieben, enthielten die bewilligten oder bestätigten Titel, Wappen und Farben des also — Begnadigten! und waren mit dem großen Staatssiegel versehen. Die Westfälinger — man erwäge, daß dazumal von einem westfälischen Volk, von einer westfälischen Nation geschwatzt und gefabelt wurde, — durften keine anderen Wappen führen und zur Kleidung ihrer Dienerschaft keine anderen Farben wählen, als diejenigen, welche in den Adelsbriefen neüer Auflage angegeben waren. Die alten Familienwappen wurden zwar beibehalten, indessen die unterscheidenden Merkmale hinzugefügt, welche für jeden Adelstitel bestimmt waren. Anerkannte Titel waren: Fürst, Graf, Freiherr (Baron), Ritter (Chevalier).

Kann man sich etwas Lächerlicheres, zugleich aber auch Anmaßlicheres denken, wenn ein Glied des hessischen Fürstenhauses, wenn sich die Hammerstein, die Hardenberg, die v. d. Malsburg, die Münchhausen, die Pappenheim, die Witzleben ꝛc. dem — erhabenen Throne Sr. allerfleißigsten Comptoiristen-Majestät von Baltimore in allerunterthänigster Demuth sich nähern müssen, um ihr Fürsten- und Adelsrecht von einem französischen Rechtsgelehrten untersuchen und prüfen zu lassen? Und das ist in Kassel vorgekommen! Verbot doch ein Dekret vom 4. September 1811 allen Notarien und öffentlichen Beamten, in ihren Akten, die sie nach dem 4. September 1813 abzufassen haben würden, Adelstitel keiner Person beizulegen, die nicht von Sr. allerliebreichsten Majestät einen Bestätigungs- oder Verleihungsbrief des besagten Titels aufzuweisen vermöge! Nun, — die Notarien u. s. w. sind wol nicht in die Lage gekommen, die ihnen angedrohte Strafe zu erleiden, denn nach dem terminus a quo verflossen nur noch wenige Wochen, und das Königreich Westfalen war — alle geworden!

Ein Dekret vom 21. Januar 1810 hatte beim Staatsrath eine sog. Bittschriftencommission (Commission des pétitions) errichtet, der alle an den Haüptling zu Kassel, oder an sein Kabinet gelangenden Gesuche überwiesen wurden, und deren Vorsteher, welcher den Titel eines Oberbittschriften (requêtes)-Meisters führte, darüber besondern Vortrag zu halten hatte, wenn Se. Maj., wegen anderweitiger überhaüfter Beschäftigungen im Boudoir, im Bade oder bei der Toilette, Zeit gewinnen und demnach — geruhen konnten, den Vortrag — allergnädigist entgegen zu nehmen!!

Der Staatsrath versah, wie wir aus dem Grundgesetz (Tit. VI. Art. 21) wissen, die Verrichtungen des Cassationsgerichts. Cassationsgesuche in peinlichen und correctionellen Sachen mußten vom Verurtheilten innerhalb 3 Tagen angebracht werden, dem königlichen Prokurator oder öffentlichen Ankläger war bei Freisprechungen nur eine Frist von 24 Stunden gewährt. Bei bürgerlichen Streitigkeiten war die Cassationsfrist 3 Monate, vom Tage des Urtheils gerechnet. Wurde Urtheil eines Districts- oder eines Criminalgerichts kassirt, so ging die Sache zur erneüerten Untersuchung an das zunächst gelegene Gericht; betraf die Cassation das Urtel eines Appellationsgerichts, so wurde die Sache dem andern überwiesen. Von Sprüchen der Friedensrichter und der Kriegsgerichte konnte keine Berufung auf Vernichtung des Urtheils eingelegt werden, es sei denn, daß es sich um Incompetenz- oder um Fälle überschrittener Gewalt handelte.

Unter den Ständen des Königreichs, nach Anleitung des

Grundgesetzes (Tit. VII.) befanden sich, in der Klasse der Grundbesitzer, viele Vertreter der altangesessenen Geschlechter des Landes: so 2 Alvensleben, 1 Blumenthal, 1 Bodungen, 1 Brabeck, 1 Dörnberg, 1 Hammerstein, 1 Hiddersen, 1 Keller, 1 Klenker, 1 Mengersen, 1 Motz, 2 Münchhausen, 1 Plesser, 1 Schlieffen, 3 Schulenburg, 1 Sierstorpf, 1 Stockhausen, 1 Stollberg-Wernigerode (der Erbgraf) 1 Trott (von Solz), 1 Wangenheim u. s. w. Abgeordnete bürgerlichen Standes gab es in der Vertretung des Grundbesitzes nicht weniger als 23, d. i. 1/3 aller Mitglieder dieser Klasse. In der Klasse der Kaufleüte und Fabrikanten bemerkte man die Vertreter von zwei noch heüte blühenden Geschäften, nämlich Löbbecke in Braunschweig und Nathusius in Magdeburg; und in der Klasse der Gelehrten rc. bemerkte man Niemeyer, den Kanzler der Universität Halle; Strombeck, damals zweiter Präsident des Appellhofes zu Celle; Wachler von Marburg; Dammers, der General-Vicar von Paderborn; Costenoble von Magdeburg.

Die **Rechenkammer**, die ihren Sitz im Collegienhofe zu Kassel hatte, bestand aus einem Vorsitzenden, 6 Rechenmeistern (maîtres des comptes), 12 Referenten (Référendaires), davon 4 von der ersten und 8 von der zweiten Klasse, und einem Schreiber (greffier). Die Mitglieder wurden vom Haüptling des plötzlich aus der Erde gestampften Staats ernannt. Bei dieser Behörde wurden die Rechnungen, welche über die Erhebung und Verwendung der öffentlichen Gelder zu führen waren, untersucht, geprüft, beglaubigt und entlastet. Ihre Befugnisse beschränkten sich nicht auf die Staatsgelderrechnungen, sondern erstreckten sich auch auf die Rechnungen der Gemeinden, für den Fall, wenn ihr Etat 10,000 Francs überstieg, so wie auch auf die Rechnungen von Stiftungen der Wohlthätigkeit, Witwenkassen, Versicherungs-Gesellschaften und allen anderen öffentlichen Anstalten, falls in deren Statuten es bestimmt war, daß die Landesregierung von ihrem Vermögen, dessen Verwaltung und Zustand Kenntniß zu nehmen habe. Die Rechenkammer hatte eine selbstständige und von allen übrigen Behörden ganz unabhangige Stellung, und zwar als ein Collegium, in welchem die Rechenmeister von Amtswegen, die Referenten aber nur auf die Berufung der Präsidenten im Pleno Sitz und Stimme hatten. Keine Rechnung konnte an die Kammer zu endgültiger Entlastung gelangen, wenn sie nicht vorher von der betreffenden Aufsichtsbehörde geprüft und festgestellt worden war;

von dieser gelangte sie an die Kammer, deren Entscheidungen gegen die Rechnungslegenden vollstreckende Kraft hatten. Die Kammer zerfiel für die besondere Prüfung der eingereichten Rechnungen in zwei Abtheilungen: der älteste der Rechenmeister hatte darin den Vorsitz.

Der Orden der westfälischen Krone zur Belohnung militärischer und bürgerlicher Verdienste war durch Dekrete vom 25. Dezember 1809 und vom 15. August 1812 gestiftet worden. Er sollte höchstens aus 10 Groß-Commenthuren oder Würdenträgern, 30 Commenthuren, 300 Rittern der ersten und 500 Rittern der zweiten Klasse bestehen. Drei von den Groß-Commenthuren sollten ein jeder mit einer Großcommenthurei ausgestattet werden; ob diese statutarische Bestimmung zur Ausführung gekommen, ist nicht mehr zu erkennen. In jener Zahl waren die Glieder der Familie Buonaparte und der fremden Fürsten nicht mit enthalten, deren der Haüptling des Ordens, der sich Großmeister nannte, das aüßere Zeichen desselben — anhängen wollte. Die Großcommenthuren hatten das Prädikat Excellenz und gingen, bei feierlichen Gelegenheiten, unmittelbar hinter den Ministern und den Oberst-Kronbeamten u. s. w. So viel Rücksicht gegen das unterjochte deütsche Volk hatte Buonaparte doch gehabt, daß er, als er seinen Bruder in Kassel zur Stiftung dieses, auf die Eitelkeit der Menschen berechneten Ordens anwies, er ihn zugleich ermächtigte, die Devise des Ordenszeichens in deütscher Sprache abzufassen. Sie lautete in goldenen römischen Buchstaben: „Charakter und Aufrichtigkeit. Errichtet den XXV. Dec. MDCCCIX." Über dem westfälischen Pferde und dem hessischen Löwen stand der steife. eülenartige Buonaparte'sche Adler mit der Devise „Je les unis". Auch gut! Der Bund hat nicht lange gedauert! Der Ordensrath bestand unter dem Vorsitz des Haüptlings mit dem Königstitel, aus dem Großkanzler, fünf Großcommenthuren und dem Ordensschatzmeister, der die Feder führte. Die erste Ernennung erfolgte am 24. Januar 1810. Sie traf, mit der Ritterschaft erster Klasse, den Grafen Schulenburg-Wolfsburg, der Präsident der Ständeversammlung war, den man — kirren wollte. Zwei Tage darauf wurden 26, und acht Tage später 22 Personen zu Rittern derselben Klasse ernannt. Der erste Commenthur war am 24. Juni 1810 der damalige Finanzminister Graf von Bülow, der, nach dem Einsturz des — westfälischen Reichs, Finanzminister in Berlin wurde; erster Groß-Commenthur wurde am 15. August 1810 M. le Camus, Graf von Fürstenstein; zweiter der Prinz von Hessen-Philippsthal! Von fremden Orden war der zeitige Haüptling hessischer, braunschweigischer, preußischer Lande 2c. mit den Orden fast aller eüropäischen Mächte geschmückt; außer dem russischen St. Andreas-Orden, den Buonaparte's guter Freünd von Tilsit her, Kaiser Alexander, geschickt hatte, trug er den preüßischen schwarzen Adler-Orden, den Friedrich Wilhelm III. zu verleihen gezwungen worden war, um die Schändlichkeiten nicht noch mehr zu haüfen, die auf sein Haupt und auf den Ueberrest seiner ausgesogenen Länder geladen waren. Nur Kaiser Franz von Oesterreich hat sich und die Ordensstiftungen seines Hauses rein erhalten von der Besudelung mit diesem Buonaparte'schen Ableger auf Wilhelmshöhe!

Die Einrichtung der Ministerien war selbstverständlich ganz nach französischer Weise. Unter dem Minister arbeitete ein General-Secretär, dem eigentlich die Leitung der laufenden Geschäfte oblag, welche im sogen. Büreau verrichtet wurden. Jedes Ministerium war, je nach Umfang der Geschäfte, in zwei, drei, auch mehr Abtheilungen zerlegt; und jede dieser Divisionen hatte ihren Vorsteher (chef de division).

Im Ministerio des Staatssecretariats und der auswärtigen Angelegenheiten gab es drei Divisionen. Fast alle Beamten in diesem Ministerio waren Franzosen. Am kasselschen Hofe ließen sich durch Gesandtschaften vertreten Frankreich, Österreich, Sachsen, Baiern, Württemberg, Preüßen, Dänemark, Frankfurt, Hessen, Baden. So war die Reihenfolge, wie der „königliche Kalender" die Gesandtschaften aufzählte. Bei denselben zehn Höfen hielt das — „Kabinet von Napoléonshöhe" seine Vertreter.

Das Justiz-Ministerium war in drei Divisionen eingetheilt, und der Generalsecretair und die Abtheilungsvorsteher waren, bis auf einen, abermals Franzosen. Dies war wol nothwendig, um die Deütschen in die Geheimnisse des Gesetzbuchs einzuführen, dem der Gewalthaber seinen Vornamen octroirt hatte, und sie mit Gerichtsformen bekannt zu machen, die für sie — böhmische Dörfer waren. Die Patrimonialgerichte, dieser Mißbrauch des Feüdalismus eines finstern Mittelalters, wie man sie nannte, sind, so jubelte man, für immer aufgehoben; Recht wird nur noch in Einem Namen gesprochen, — au nom du Roi. Wie das zu machen sei, das muß Eüch Deütschen von uns Franzosen erst beigebracht werden. Die Art zu prozessiren ist in Euren Landen gar sehr verschieden; bei dem einen bürgerlichen Gesetzbuche ist die Einförmigkeit nicht minder nothwendig in der Art des Instruirens, als des Richtens; Ihr müßt also eine neüe, eine entsprechende Prozeßordnung haben, u. s. w., u. s. w. — Nach Tit V des Grundgesetzes sollte das Justizministerium mit dem der innern Angelegenheiten in einer Person vereinigt sein. Kraft der dem Könige im Art. 54, Tit. XIII. beigelegten Befugniß ordnete Hieronymus Buonaparte am 23. Dezember 1808 eine Trennung der beiden Ministerien an, was vom 1. Januar 1809 ab in Ausführung kam.

Das Ministerium des Innern hatte, bis auf den Generalsecretair, der ein Franzose war, lauter Deütsche zu Beamten. Seine Geschäftszweige waren in drei Divisionen abgetheilt, davon die erste die Sachen der allgemeinen und örtlichen Verwaltung bearbeitete, der administrativen Polizei, der Rechnungsführung der Departemental- und Communalfonds; des Personals; der Civilbauten; der öffentlichen Arbeiten. Sie spaltete sich in zwei Bureaus; eben so die zweite Abtheilung, deren Vorsteher Georg Hassel, der statistische Schriftsteller von Weimar, war, und zu deren Geschäftskreis die Pflege des öffentlichen Unterrichts, der Künste und Wissenschaften, der Schauspielkunst ꝛc. gehörte; außerdem die Oberaufsicht über den öffentlichen Gottesdienst der verschiedenen Religionsgesellschaften, der Hospicien und öffentlichen Unterstützungsanstalten; die Ausführung der statistischen Arbeiten und alles dessen, was damit zusammenhangt; endlich die Medicinalpolizei für die Menschen sowol als fürs — liebe Vieh. Der erstern Abtheilung lag die Bearbeitung des Wasser- und Straßenbauwesens in oberster Stufe ob. Eine vierte Abtheilung endlich hatte das Rechnungs- und Archivwesen des Ministeriums des Innern.

Unmittelbar unter diesem Ministerium standen zwei abgesonderte Verwaltungen, nämlich:

1. Die Generaldirection des öffentlichen Unterrichts, welche durch Dekret vom 21. Januar 1808 errichtet worden war, und nur Deütsche zu Beamten hatte, den Staatsrath Baron von Leist als Generaldirector an der Spitze. Zu ihrem Geschäftskreise gehörte: die Leitung und Oberaufsicht aller Zweige des öffentlichen Unterrichts, die Einrichtung der Hochschulen, Lyceen, Seminarien, Bürger- und Volksschulen (écoles secondaires et primaires) und aller anderen Anstalten für den öffentlichen Unterricht; die oberste Verwaltung der

Güter und des Vermögens der Schulstiftungen; die Ernennung der Lehrer und zu dem Gutsverwaltungsstellen; die Aufsicht über Stipendien und Freitische bei den Hochschulen und Lyceen, so wie die Verleihung von gleichen Unterstützungen, deren Collationsrecht bei der Landesregierung stand; die Angelegenheiten, welche sich auf die Befreiung von Studirenden vom Militärdienst bezogen. Unter dieser Behörde standen die Verwaltungen der Güter, welche den Fond des öffentlichen Unterrichts bildeten, nämlich zu Klosterberge bei Magdeburg, zu Helmstedt, Rinteln, Marburg, Ilfeld und die sogenannte Schulverbesserungskasse.

2. Die Generalverwaltung des Wasser- und Straßenbauwesens, so wie der öffentlichen Gebaüde. Doch war durch Dekret vom 18. Februar 1812 das bürgerliche Bauwesen mit dem militärischen vereinigt, und zu dem Endzweck für beide Zweige eine Generaldirection errichtet worden, die für Militärbauten unter dem Kriegsminister, und für Civilbauten unter dem Minister des Innern stand. Generaldirector war ein Divisionsgeneral. Für das Civilbauwesen aber bestand eine eigene Baudeputation (conseil-général des Ponts et chaussées et édifices publiques) aus einem Generalinspektor, zwei Ingénieurs en chef, zwei Ingénieurs-inspecteurs, einem Architekten, zwei Bureauschefs 2c. bestehend. Auch dieser Zweig der Staatsverwaltung war ganz nach französischer Weise eingerichtet. So war in jedem Departement ein Ingénieur en chef (Baudirector), und drei bis fünf Ingénieurs ordinaires (Bauinspektoren) angestellt und an der Weser und Elbe noch besondere Wasserbaumeister (Ingénieurs hydrotechniques), nämlich zwei Ingénieurs en chef und drei Ingénieurs ordinaires.

Das Finanzministerium hatte, mit Ausnahme des Privatsecretairs des Ministers, nur Deütsche zu Beamten. Es spaltete sich in die Abtheilung für die directen, und in die Abtheilung der indirecten Einkünfte, und in eine dritte Abtheilung für das Rechnungswesen. Unter dem Finanzminister stand eine Liquitationscommission der öffentlichen Schulden, die am 8. Oktober 1812 errichtet worden war, nachdem bereits am 18. Mai 1811 das Königreich in vier Liquitationsbezirke für die Regelung der Landesschulden mit dem Sitz zu Magdeburg, Braunschweig, Hannover und Kassel angeordnet war. Anderer Seits waren —

Im Kriegsministerio nur Franzosen angestellt. Es gab in

demselben Abtheilungen für die Militärschule, das Militärpensionswesen, den Generalstab, die Personalangelegenheiten (in drei Bureaus), das Geschütz- und Ingenieurwesen, für das Verpflegungswesen (Militär-Ökonomiedepartement in vier Bureaus), das Rekrutirungswesen (conscription) und die Handhabung der militärischen Polizei (in vier Bureaus). Unter dem Kriegsminister stand die Inspektion zur besondern Beaufsichtigung des Rechnungswesens bei den verschiedenen Truppentheilen (Inspection aux revues); ein Directorium für die Bekleidung und Ausrüstung der Truppen; das Medicinaldepartement (conseil de santé) der Armee; das Invalidenhaus zu Karlshaven; und die Invalidenkasse, die nach dem Dekret vom 29. Juni 1808 von einem Curatorio beaufsichtigt wurde.

Die Hohe Polizei des Königreichs hatte einen Franzosen, der General war, an der Spitze. Ihre Amtsverrichtungen waren die der Sicherheitspolizei, womit aber auch das geheime Spionirwesen, wie es so recht eigentlich erst von Buonaparte da, wohin sein Arm unmittelbar und mittelbar reichte, eingeführt worden war. Die ausführenden Beamten waren die militärisch organisirten und aus ehemaligen Soldaten bestehenden Polizeiwächter, die sogenannte Gensd'armerie, die unter vier General-Polizeicommissarien, zu Braunschweig, Halberstadt, Göttingen und Marburg, aber auch unter militärischem Commando standen.

Die Generalintendantur des Staatsschatzes, durch Dekret vom 21. November 1811, vereinigte in sich die Verrichtungen der Generaldirection des öffentlichen Schatzes und der Schuldentilgungskasse, mit Ausnahme der Berechnung der nicht flüssigen Schuld. Der Generalintendant, ein Franzose, hatte zwar beim Haüptling mit dem Königstitel den Vortrag, doch nur in Gegenwart des Finanzministers, dem er alle drei Monate einen Bericht über den Zustand des Schatzes vorzulegen, auch jede Auskunft zu ertheilen hatte, welche dieser von ihm zu erfordern für gut fand. Die Verwaltung spaltete sich in drei Abtheilungen: für die Einnahmen, für die Ausgaben und für die Staatsschulden. Jede dieser Abtheilungen zerfiel in drei Bureaus. Mit Ausnahme des Generalintendanten waren alle Beamten dieses umfangreichen Geschäftszweiges lauter Deütsche.

Militärische Organisation. Der Generalstab der Armee bestand aus sieben Divisions- und 11 Brigadegeneralen, 12 Adjuncten (Obersten, Bataillonschefs und Capitains) und 11 Adjutanten. Ganz nach Art der französischen Einrichtung war das Königreich Westfalen in sogenannte Militärdivisionen eingetheilt, davon eine jede einen General als Gouverneur an der Spitze hatte. Unter ihm stand in jedem Departement ein Commandant, für jede Division aber ein Commandant der Gensd'armerie; in den Departementen gab es an verschiedenen Orten sogenannte Waffencommandanten (Commandant d'armes). Die militärische Eintheilung des Königreichs war folgende:

Militärdivision.	Hauptort.	Departement.	Waffenkommandos.
Erste	Kassel	Fulda . .	Kassel, Herford, Paderborn, Bielefeld, Fritzlar, Rittberg.
		Werra . .	Marburg, Schmalkalden, Ziegenhayn, Vacha.
Zweite	Braunschweig	Ocker . .	Braunschweig, Peine, Wolfenbüttel, Königslutter, Helmstädt.
		Harz . .	Mühlhausen, Heiligenstadt, Nordhausen.
Dritte	Magdeburg	Elbe . .	Egeln. Sonst stand das Elbdepartement ganz unter der Militäraufsicht des kaiserlichen Gouverneurs der Festung Magdeburg. Doch gab es hier einen westfälischen Platzmajor.
		Saale . .	Halle, Hessen, Hasselfelde.
Vierte	Hannover	Leine . .	Göttingen, Nordheim, Rinteln, Seesen, Dransfeld, Hameln, Einbeck.
		Aller . .	Hannover, Celle, Ülzen, Elze.

Die Gensd'armerie oder militärisch organisirte Polizeiwache hatte 4 Schwadronschefs, 8 Hauptleüte und 8 Lieutenants zu Anführern.

Es ist schon oben erwähnt worden, daß durch Dekret vom 18. Februar 1812 das militärische und bürgerliche Ingenieurwesen vereinigt und einem Generaldirector untergeben worden war, dem das Commando des königlichen Corps des Geschütz- und Ingenieurwesens, die Oberleitung der Constructionen und des Materials des Geschütz-, so wie des Festungsbauwesens, so wie der Leitung des Straßen- und Wasserbauwesens und des Baues und der Unterhaltung der Militärgebaüde untergeben war.

Zum Corps des Geschütz- und Ingenieurwesens gehörte, außer den Offizieren, welche die Aufsicht über die Arsenale und die Waffenfabrik zu Herzberg hatten, das erste Artillerieregiment, was vermuthen ließ, daß noch mehrere Regimenter dieser Waffe errichtet werden sollten, der Artillerietrain, und die Artillerie- und Ingenieurschule, welche am 29. Oktober 1810 errichtet und einstweilen auf 30 Zöglinge, welche Unterlieutenantsrang hatten, berechnet war, davon 8 Stipendiaten, 12 Halb- und 10 Ganzpensionairs waren. Die Schule hatte vier Professoren, drei Repetitoren und vier Sprach-, Zeichen- und Fechtmeister. Unter dem Generaldirector des Geschütz- und Ingenieurwesens stand auch die am 13. Dezember 1810 errichtete Direction der Pulverfabriken, deren es vier zu Kassel, Wunstorf, Göttingen und Halberstadt gab.

Das westfälische Heer war fast ganz nach französischer Weise eingerichtet. Der Etat vom Jahre 1812 besagte, daß

Die Linieninfanterie aus acht Regimentern bestehen sollte, wovon aber nur sechs wirklich vorhanden waren. Von leichtem Fußvolk gab es vier Bataillone.

Die Reiterei bestand aus zwei Regimentern Panzer-, einem Regiment leichter Reiter und zwei Husarenregimentern.

In jedem Departement gab es eine Veteranen- und eine sogenannte Departementalcompagnie, bestehend aus Halbinvaliden, die aus Spanien und von den übrigen Kriegsschauplätzen mit dem Leben davongekommen, zum Dienst im Felde nicht mehr brauchbar waren.

Bald nach Errichtung des Königreichs Westfalen war, am 4. März 1808, das berühmte Collegium Carolinum zu Braunschweig in eine Militärschule verwandelt worden, in welche junge Leüte von 14—17 Jahren aufgenommen wurden. Die Söhne von Militärs und Civilbeamten hatten entweder ganz freie Stellen, oder sie zahlten drei Viertel- oder ein Halb-Pension, deren Ganze 750 Francs betrug. 12 Lehrer waren bei dieser Schule angestellt und 1812 zählte sie 71 Zöglinge.

Administrative Organisation. Im Allgemeinen ist dieselbe aus dem Grundgesetz, Art. VIII, IX und X, bekannt. Wir können sie um so mehr mit Stillschweigen übergehen, da sie ganz auf französischem Fuß eingerichtet war, die wir oben im 38. Kapitel zur Genüge nachgewiesen haben; doch ist eines Zweiges zu erwähnen, nämlich der

Cantonsverwaltung. — Nach der in Frankreich in Kraft stehenden Verwaltungspraxis verfügte der Minister an den Präfecten, dieser an den Unterpräfecten, dieser an den Maire, d. i. den Vorsteher der Gemeinde. Im Königreich Westfalen hatte man zwischen dem Unterpräfecten und dem Maire einstweilen noch eine Instanz für nothwendig erachtet, die des Cantonmaire, welcher gleichzeitig meistens auch Maire der Gemeinde war, worin er seinen Wohnsitz hatte. Errichtet, um die Verwaltung gleichförmiger und ihren Gang rascher zu machen, leiteten und beaufsichtigten diese Maires, die keinen Beigeordneten hatten, die Arbeiten der Maires in den Gemeinden, und vertraten so gewissermaßen die Stelle der Amtmänner in deren Stellung zu den Bürgermeistern und anderen Ortsvorständen nach der uralten deütschen Verfassung. Die Cantonmaires bezogen eine Remuneration, die sich nach der Einwohnerzahl der von ihnen verwalteten Cantone richtete. Diese Einrichtung war, wie sich aus der Territorialeintheilung ergiebt, nicht überall gleich: in einigen Departements oder Districten gab es einen Cantonmaire für einen Canton, in anderen für zwei, in wiederum anderen für mehr Cantone.

Gerichtliche Organisation. Auch diese war ganz nach französischem Muster gemodelt. Es gab im ganzen Königreiche zwei Appellationsgerichtshöfe (Cours d'appel), den einen zu Kassel, den andern zu Celle. Jedes Departement hatte einen Kriminalgerichtshof, jeder District ein Civilgericht (tribunal), das zugleich als Strafpolizeigericht (tribunal correctionel) fungirte, und jeder Canton einen Friedensrichter. Außerdem war das in Braunschweig vorgefundene Handelsgericht in seinen bisherigen Amtsverrichtungen einstweilen beibehalten worden. Schlichtung von Streitigkeiten durch selbstgewählte Schiedsrichter war nicht ausgeschlossen. Über den Staatsrath in seiner Eigenschaft als Cassationsgerichtshof ist oben gesprochen worden.

Niemand konnte Richter oder Generalprokurator bei einem Appelhofe sein, der nicht das dreißigste Jahr vollendet und mindestens drei Jahre als Richter oder Generalprokurator bei einem Kriminalgericht, oder als Richter oder Prokurator des Königs bei einem Districtstribunal, oder endlich als Substitut des Generalprokurators bei einem Appellationsgerichte gedient hatte. Um Substitut des Generalprokurators werden zu können, mußte man bei einem Kriminal- oder bei einem Districtsgerichte als Richter, General- oder königlicher Prokurator drei Jahre lang gedient haben. Niemand konnte Richter oder Generalprokurator bei einem Kriminalgerichte, noch Richter der

Prokurator des Königs bei einem Districtsgerichte werden, der nicht das fünfundzwanzigste Jahr zurückgelegt und mindestens zwei Jahre als Beisitzer eines Krimininal-, oder eines Districtsgerichts gedient, oder sich durch Talente und juristische Kenntnisse als Friedensrichter, Advokat oder sonst bewährt und ausgezeichnet hatte. Die Assessoren mußten mindestens zweiundzwanzig Jahre alt sein.

Das französische Recht, Codex Napoléon, war in den alten Departements des Königreichs seit dem 1. Januar 1808 in Kraft und seit dem 1. September 1810 in den vereinigten hannoverschen Provinzen; die französische Prozeßordnung aber dort seit dem 1. März 1809, hier seit dem 1. September 1810.

Der Appellationsgerichtshof zu Kassel hatte die Departements Fulda, Harz, Leine und Werra zum Gerichtssprengel. Er bestand aus drei Präsidenten und zwanzig Richtern in zwei Klassen, unter denen die Vorsitzer der Kriminalgerichte in den genannten fünf Departements für deren jedesmaligen Sitzungen ernannt wurde, und war in drei Sectionen (Senate) abgetheilt. Der Generalprokurator gehörte hauptsächlich zur ersten Section, konnte aber auch in den beiden anderen seinen Sitz nehmen, wenn er es für dienlich erachtete. Seine zwei Substitute gingen alljährlich von einer Section zur andern über. Dem Appellationsgerichtshofe zu Celle waren die Departements der Aller, Elbe, Ocker und Saale zu Sprengel angewiesen. Zwei Präsidenten und ein Richter bildeten das Collegium, das in zwei Sectionen zerfiel. Der Generalprokurator hatte nur einen Substituten. Jeder dieser Gerichtshöfe hatte einen Greffier en Chef und einen Commis-Greffier, und zwei Huisssiers-Audienciers.

Jedes der Kriminalgerichte bestand aus einem Präsidenten, zwei Richtern, dem Generalprokurator, zwei Greffiers und einem Huissier. Bei diesen Gerichtshöfen gab es einen bis vier Assessoren, davon einer die Amtsverrichtungen des Generalprokurators versehen konnte, wenn dieser ihn dazu bestellte, während die anderen, insofern sie fünfundzwanzig Jahre alt waren, die Stelle abwesender Richter vertraten.

Die Districtsgerichte hatten ihren Sitz in dem Hauptorte des Bezirks, für den sie bestellt waren, außer dem Destrict Braunschweig, für den das Tribunal sich in Wolfenbüttel befand. Jedes Districtsgericht bestand aus einem Präsidenten und fünf bis sechs Richtern, einem Prokurator des Königs, zwei Greffiers und zwei bis drei Huissiers. Seit dem 22. September 1808 war bei jedem Districtsgerichte eine Hypothekenstube errichtet, die unter Aufsicht des Gerichts von einem Hypothekenbewahrer (greffier conservateur des hypothèques) verwaltet wurde und in den Städten von 10,000 Einwohnern noch einen besondern Greffier für das städtische Hypothekenbuch neben sich hatte. Die Districtsgerichte erkannten in allen Personal- und Mobiliarsachen bis zum Werth von 1000 Francs, und in Realsachen, deren Hauptgegenstand 100 Francs bestimmter Einkünfte betrug; sodann als Polizeistrafgericht (tribunal correctionel) in erster Instanz über alle Vergehen, auf die 20 Francs Geld- oder 18 Tage bis 2 Jahre Gefängnißstrafe gesetzt waren, auch über alle Steüerverletzungen, die mit mehr als 20 Francs Geldstrafe bedroht waren; und als Berufungsinstanz für die Urtheile der Friedensgerichte, wenn diese die Befugnisse der Municipalpolizei überschritten hatten.

Das Friedensgericht eines jeden Cantons bestand aus dem Friedensrichter, einem bis zwei Ergänzungsrichtern (suppléans), und einem Greffier. Der Friedensrichter erkannte in allen rein persönlichen und beweglichen Sachen ohne Appellation bis zum Werth von 74 Francs, und mit Appellation bis zum Werth von 148 Francs. Das Amt des Friedensrichters war in der Gerichtsverfassung des Königreichs Westfalen ohne Zweifel eines der wichtigsten, weil es auf die Eingesessenen des betreffenden Bezirks unmittelbar und zwar in den manchfaltigsten Beziehungen des Rechts einwirkte, und daher bei einer geeigneten Persönlichkeit des Friedensrichters sehr viel Segen verbreiten konnte. Er war auch Richter über Polizeivergehen, auf die eine Strafe von weniger als 20 Francs oder 8 Tage Einsperrung gesetzt war. Bei diesem Polizeigericht vertrat der Polizeicommissar, oder wo keiner war, der Beigeordnete des Maire die Stelle des öffentlichen Anklägers.

Für die freiwillige Gerichtsbarkeit gab es Districts- und Cantonsnotarien, mit der Befugniß, innerhalb ihres Bezirks rechtsgültige Akte aufzunehmen.

Das Handelsgericht zu Braunschweig hatte die Bestimmung, die auf den braunschweiger Messen etwa vorkommenden Streitigkeiten zu schlichten, beziehungsweise abzuurtheilen. Es war eine alte Einrichtung, die sich bewährt hatte und deshalb auch, wenigstens für einstweilen, unterm 27. Januar und 8. August 1808 bestätigt worden war. Es theilte sich in zwei Sectionen, davon die eine in erster, die andere in der Appellationsinstanz sprach. Die erste Section bestand aus einem Director, einem Richter und drei kaufmännischen Beisitzern aus Braunschweig, Glauchau und Leipzig; in der Appellationsinstanz saßen außer dem Director zwei Richter und drei Handelsherren aus Braunschweig, Bremen und Hamburg als Assessoren.

Finanzorganisation. Unter dem Ministerio der Finanzen, des Handels und des Schatzes standen folgende Verwaltungszweige, welche nach dem Datum ihrer Errichtung aufgezählt werden.

Die General-Postverwaltung, bestehend aus einem Generaldirector und zwei Generalinspektoren mit dem erforderlichen Kassen-, Rechnungs- und Schreiberpersonal. Es gab 1812 im Königreich Westfalen 253 Postanstalten, deren Vorsteher, je nach der Größe des Postamts, Directoren, in drei Klassen, Director-Expediteure und Expediteure hießen. Die westfälische Post erstreckte sich über die anhaltinischen Lande, und über die Fürstenthümer Waldeck-Pyrmont und Schaumburg-Lippe.

Directe Besteüerung. — Für die Verwaltung dieses wichtigen Zweiges der Staatswirthschaft war, nach französischem Vorbilde, am 29. März 1808 eine Generaldirection der directen Steüern errichtet, am 16. April 1811 aber wieder aufgelöst und ihr Geschäftskreis einem der Bureaux im Finanzministerio überwiesen worden, von dem nun die in jedem Departement vorhandene Direction, bestehend aus Director, Inspektor und Controleur, ressortirte, welche nach französischer Art in den Districtshauptorten einen Inspektor oder Controleur unter sich hatte.

Die General-Forstverwaltung bestand aus dem Generaldirector, zwei Generalinspektoren, einem Generalsecretair, einem Unterinspektor und einem Staatsrathsauditeur, die beiden letzteren als Hülfsarbeiter. Das Königreich war in fünf Forstbezirke eingetheilt. Man nannte sie Conservations des eaux et forêts, und ihre Vorsteher conservateurs, d. i. Forstmeister nach deütschem Begriff. Jeder Forstbezirk zerfiel in eine gewisse Anzahl von Inspektionen, denen ein Inspektor, und den einzelnen Revieren ein Oberförster (garde général) vorgesetzt war. Es gab überhaupt 27 Inspektoren.

Diese Forsteintheilung ergiebt sich aus folgender Übersicht.

Forstbezirk.	Sitz d. Forstmeist.	Dazu gehörige Districte.	Inspektionen.
Erster.	Kassel.	Kassel, Heiligenstadt, Duderstadt, Göttingen, Einbeck (zum Theil).	Habichtswald, Söhre, Rheinhardtswald, Münden, Nörten, Solling, Heiligenstadt . . . . 7.

Forstbezirk.	Sitz des Forstmeisters.	Dazu gehörige Districte.	Inspektionen.
Zweiter.	Marburg.	Die drei Districte des Werra-Departements.	Marburg 1, Marburg 2, Homberg, Schmalkalden, Allendorf . . . . 5.
Dritter.	Braunschweig	Einzelne Stücke von Braunschweig, Hildesheim, Helmstädt, Goslar, Celle u. Hannover.	Braunschweig, Hildesheim, Hannover, Celle 4.
Vierter.	Halberstadt.	Osterode, Nordhausen, das ganze Saal-Departement und Theile von Goslar und Einbeck.	Halberstadt, Blankenburg, Walkenried, Cellerfeld, Herzberg, Mansfeld . 6.
Fünfter.	Colbitz.	Magdeburg, Neühaldensleben, Stendal, Salzwedel, Ülzen.	Letzlingen, Neühaldensleben, Salzwedel, Barby, Ülzen . . . . . 5.

Eine Forstschule sollte errichtet werden; so hatte eine Verfügung vom 26. Juli 1811 bestimmt; allein sie ist nicht zu Stande gekommen.

Generaldirection der Domainen. — Sie war ursprünglich mit der Verwaltung des Forstwesens verbunden, wurde aber in der Folge davon getrennt. Aus einem Generaldirector (ein Franzose), zwei Generalinspektoren und zwei Hülfsarbeitern bestehend, lag ihr die Verwaltung der Einkünfte der, in Folge des berliner Vertrags vom 22. April 1808, dem Hieronymus Buonaparte verbliebenen Domainengüter ob; ebenso die Verwaltung der Güter der ehemaligen Kapitel, Klöster und anderen geistlichen Institute, welche durch das Dekret vom 1. Dezember 1810 aufgehoben worden waren. Sie regelte und beaufsichtigte den, durch die Verfügungen vom 12. und 17. Mai 1811 angeordneten Verkauf der Domainengüter, so wie die Ablösung der den Staatsdomainen gebührenden Renten und Leistungen. Ihrer Sorge war auch die Verwaltung und der Verkauf der Zunft- und Meisterrechtsbesitzungen, die das Dekret vom 22. Januar 1809 angeordnet hatte, so wie die Einziehung der Darlehne anvertraut, welche von der im alten Hessenlande bestehenden Hülfskasse ausgegeben waren. In jedem Departement gab es als Organ dieser Behörde einen Domainendirector mit dem gehörigen Hülfspersonale.

Generalverwaltung der indirecten Steüern. Am 5. Dezember 1808 errichtet und aus dem Generaldirector und vier Generalinspektoren bestehend, war diese Behörde mit allem betraut, was sich auf die Festsetzung und die Erhebung der indirecten Steüern bezog. Diese bestanden in der Verbrauchssteüer, dem Salzregal, dem Zoll und der Stempelsteüer. In jedem Departement gab es eine Direction, bestehend aus dem Director, einem Inspektor, einer Anzahl Controleure, für jeden District einen, einem Rechnungsbureau mit einem Vorsteher, und zwei Verificatoren, Stadtcontroleuren rc.

Generaldirection der Berg-, Hütten- und Salzwerke, — errichtet am 27. Januar 1809 und aus dem Generaldirector, zwei Generalinspektoren und dem nöthigen Hülfspersonale bestehend, hatte die Oberleitung des technischen Betriebes in diesem Verwaltungszweige. Das Königreich Westfalen war in drei Divisionen und diese in achtzehn Arrondissements folgender Maßen eingetheilt:

Divisionen.	Arrondissements.	
Harz . .	Clausthal, Cellerfeld, Goslar, Andreasberg, Blankenburg, Carlshütte	6.
Elbe . .	Mansfeld, Wettin, Schönebeck, Wefensleben	4.
Weser . .	Carlshaven, Allendorf, Riechelsdorf, Schmalkalden, Homberg, Rehme, Oberukirchen, Hameln	8

Jeder Division stand ein Chef divisionnaire vor, der mehrere Ingénieurs en chef, in zwei Klassen, und Sous-Ingénieurs des mines, in zwei Klassen, zu Mitarbeitern und Unterbeamten hatte; und jedem Arondissement ein Ingénieur en chef mit dem Hülfs- und Unterpersonal gleicher Benennungen. Die deütschen, altüblichen Titel: Oberberghauptmann, Berghauptmann, Berg- und Hüttenmeister, Berggeschworener, Steiger u. s. w. waren aus der Sprache des Berg- und Hüttenmannes im Königreich Westfalen ganz verschwunden.

Die General- und Districtsempfänger — waren mit Erhebung der directen und indirecten Steüern, der Domaineneinkünfte und der Einnahme der Kronkapitalien beauftragt. Jeder Districtsempfänger lieferte den Betrag seiner Einnahme an die Kasse des Generalempfängers ab. Nach dem in Frankreich üblichen System gab es in jedem Departement nur einen Generalempfänger (Receveur-général) und in jedem Arrondissement auch nur einen Empfänger (Receveur d'arrondissement). Im Königreich Westfalen war es aber anders: hier fiel der Generalempfänger des Departements aus, und die Bezirksempfänger führten seinen Titel, während die Steüerempfänger in den kleineren Hebungsbezirken, nach französischem System, Arrondissementsempfänger hießen.

In Braunschweig war von Privatleüten eine Lotterie errichtet worden, welche unterm 6. Juni die landesherrliche Genehmigung erhalten hatte. Die Verwaltung stand unter der unmittelbaren Aufsicht des dortigen Präfecten. Wie viel die Unternehmer an den Staatsschatz abzuliefern hatten, ist in dem unten folgenden Etat für 1813 nachgewiesen.

Der Staatshaushaltungsetat für das Jahr 1809 schloß in Einnahme und Ausgabe mit 17,108,208 Gulden oder, nach dem Ausdruck des Etats mit 37,375,000 Francs.

Von der Ausgabe trafen auf —

1. Die Abtragung der Schulden und die jährlichen Interessen	4,500,000	Frcs.
2. Die Unterhaltung des Hofes, oder die Civilliste des Königs	5,000,000	„
3. Den Staatsrath	322,000	„
4. Das Ministerium der Justiz und des Innern	5,000,000	„
5. Das Kriegsdepartement	13,000,000	„
6 Das Ministerium der Finanzen, des Handels und des Schatzes	8,463,000	„
7. Das Ministerium des Staatssecretariats und des Äußern	1,090,000	„

Für das Jahr 1813 war folgender Etat aufgestellt worden:

Einnahme.

I. Directe Steuern			16,897,065 Frcs. 23 Cs.
1. Personalsteuer . . .	4,000,000 Frcs.	—	
2. Grundsteuer	11,897,065 „	23	
3. Patentsteuer	1,000,000 „	—	
II. Indirecte Abgaben			14,871,685 „ —
4. Consumtionsabgaben .	11,500,000 „		
5. Stempelgefälle . . .	1,726,685 „		
6. Zoll- und Transito-Revenuen	700,000 „		
7. Posten	300,000 „		
8. Lotterie	70,000 „		
9. Münze	25,000 „		
10. Weg- und Brückengeld	550,000 „		
III. Domainen und Regalien			12,361,000 „ —
11. Domainen	3,950,000 „		
12. Forsten	3,909,000 „		
13. Berg- und Hüttenwerke und Salinen . . .	3,702,000 „		
14. Verschiedene gemischte Einnahmen . . .	800,000 „		
IV. Außerordentliche Einnahmen			6,365,760 „ —
Generalsumme der gesammten Einnahmen			50,495,510 Frcs. 23 Cs.

Ausgabe.

1. Staatsschuld, auswärtige 5,178,169, innere 3,003,425 Frcs.	8,181,594	Frcs.	63 Cs.
2. Pensionen	2,349,671	„	60 „
3. Unterhaltung des Hofes, oder Civilliste des Königs	6,000,000	„	—
4. Staatsrath	320,000	„	—
5. Justizministerium (Besoldung des Ministers 60,000 Frcs.)	1,945,433	„	33 „
6. Ministerium des Innern	5,733,445	„	75 „
7. Finanzministerium	4,617,358	„	— „
8. Generalintendanz des öffentlichen Schatzes	855,900	„	50 „
9. Ministerium des Staatssecretariats und der auswärtigen Angelegenheiten	713,800	„	— „
10. Kriegsministerium	19,000,000	„	— „
Für die französische Besatzung in Magdeburg (12,500 Mann und 1,250 Pferde), wenn dieselbe aus dem westfälischen Schatz unterhalten werden mußte, worüber Unterhandlungen schwebten, 6,799,024 Frcs.			
11. Außerordentliche Ausgaben	4,000,000	„	— „
Hauptsumme aller Ausgaben	53,717,203	Frcs.	81 Cs.
Von dieser Summe waren ab- und zur Ausgleichung mit den flüssigen Forderungen an die französische Regierung anzusetzen	3,221,693	„	23 „
Blieb Ausgabe	50,495,510	Frcs.	58 Cs.

Von den landesherrlichen Domainen, welche Buonaparte seinem Bruder Hieronymus belassen hatte, wurden in zwei Perioden folgende verkauft:

a) In der ersten Periode vom April 1809 bis April 1811: Wöltingerode, Dorstadt, Heiningen, Escheude, im Hildesheimischen; — St. Burchard vor Halberstadt, Hatmersleben, Adersleben, Hadersleben, Marienbeck, St. Nikolas in der Stadt Halberstadt; — Marienstuhl bei Egeln, Alt-Hallersleben, Mayendorf, im Magdeburgischen; — Teistungenburg, Zelle, Beuern, auf dem Eichsfelde; — Willebadessen, Wormele und Gehrden, im Paderbornschen, für 6,536,167 Francs.

b) In der zweiten Periode vom 7. April 1811 bis Ende September 1813: — Wiedenachel, Marienburg, Neübrück, Harbum, Walshausen, Algermisen, Bovenstadt, Marienrode und Sorsum, im Hildesheimischen; — Holzhausen, Brede, Lügde, im Paderbornschen; — domkapitularisches Amt Hattmersleben, Barleben und Marienborn, im Magdeburgischen; Annenrode, auf dem Eichsfeld; Dardesheim, im Halberstädtischen, für . . . . 6,300,000 Francs.

Kirchliche Eintheilung. Diese muß nach den drei christlichen Hauptbekenntnissen betrachtet werden, woran sich dann der mosaische Kultus anschließt.

I. Die katholische Kirche hatte, wie wir oben gesehen haben, verhältnißmäßig nur wenige Anhänger im Königreich Westfalen. Die Mehrheit der Einwohner bildeten die Katholiken, nur in den Districten Paderborn, Höxter, Heiligenstadt und Duderstadt. Sie waren in vier Diöcesen vertheilt.

1. Die Diöcese Kassel des Generalvicarius daselbst erstreckte sich über die Kirchen und Pfarren des ehemaligen Erzstifts Mainz und des Bisthums Osnabrück, daher im Fulda-Departement über die katholische Geistlichkeit und Unterthanenschaft der Hauptstadt Kassel und der Cantone Naumburg und Fritzlar, Districts Kassel, so wie in den zwei Dekanaten Rietberg und Wiedenbrück, Districts Paderborn, und im Kirchspiele Stockkämpen, Districts Bielefeld. Ferner im Werra-Departement über die Kirchspiele des Commissariats Amöneburg und Neustadt, Districts Marburg, mit Einschluß der katholischen Pfarre in der Stadt Marburg; im Harz-Departement über das ehemalige, fast ganz katholische Fürstenthum Eichsfeld und die Pfarre zu Nordhausen; im Leine-Departement über das Kirchspiel Nörten und die benachbarten Dörfer, Districts Göttingen.

Die Klöster der Ursulinerinnen zu Fritzlar und Duderstadt hielten ein Pensionat und eine Freischule.

2. Die Diöcese Hildesheim des Bischofs daselbst, der zugleich apostolischer Vicarius im Norden war, umfaßte alle katholischen Einwohner desjenigen Theils vom Königreich Westfalen, welche zwischen der Leine und der Elbe lag.

Das Bisthum Hildesheim an sich enthielt die katholischen Gemeinden fast des ganzen Ocker-Departements, nämlich in den Städten Braunschweig, Helmstedt, Wolfenbüttel und einigen Cantonen des Districts Einbeck; die Pfarrkirche der ehemaligen Abtei Marienrode mit den dazu gehörigen Dörfern; einige Nachbardörfer des Districts Hildesheim, im District Hannover, des Departements der Aller belegen.

Das apostolische Vicariat des Nordens umfaßte im Elb-Departement die Kirchen zu Stendal, Magdeburg, Egeln, Alt-Haldensleben, Meyendorf und Ammensleben; im Saal-Departement die Kirchen in der Stadt Halberstadt und mehrere andere Kirchen im District Halberstadt, als zu Huisburg, Hadmersleben, Adersleben, Hedersleben, Badersleben, so wie die Gemeinden zu Blankenburg, Halle 2c.; im Ocker-Departement die Kirchspiele Hamersleben und Helmstedt, des Districts Helmstedt; im Leine-Departement die Gemeinde Göttingen; und im Aller-Departement die Kirchen zu Hannover, Celle 2c.

In Hildesheim befand sich ein bischöfliches Seminar und Lyceum.

3. Die Diöcese Paderborn des Bischofs daselbst erstreckte sich über das ehemalige ganz katholische Fürstenthum Paderborn und über die Katholiken fast der ganzen Grafschaft Ravensberg, oder nach der neuen Eintheilung über einen großen Theil des Distrikts Paderborn, einen Theil des Districts Höxter, fünf Kirchspiele des Districts Kassel und die katholischen Pfarreien zu Bielefeld, Herford, Schildesche, Vlotho. Außerhalb des Königreichs auch über die katholischen Gemeinden im waldeckischen, lippeschen Lande 2c.

Das französische Damenkloster zu U. L. F. in Paderborn hielt ein Pensionat und eine Freischule, die unter Aufsicht des Generalvicars stand.

4. Die Diöcese Corvey des Fürstbischofs daselbst umfaßte das ehemalige Fürstenthum dieses Namens, davon ein Theil zum District Höxter, Departments Fulda, und der andere zum District Einbeck, Departements der Leine, gehörte.

II. Lutherische Kirche. Die Consistorien waren noch nicht neü eingerichtet worden; doch hatte das Dekret vom 27. Januar 1808, welches die richterliche Gewalt, mit der sie bekleidet waren, aufhob, ihnen das Aufsichtsrecht über Kirchenzucht, über die Verwaltung der Kirchengüter und der Almoseneinkünfte, so wie die Prüfung der Kandidaten zu Kirchenämtern belassen, die in Erledigungsfällen auf den Beruf des Ministers des Innern vom Könige besetzt wurden.

Es gab im Königreich acht Consistorien, deren Geschäftskreis ungefähr derselbe war wie ehedem, wiewol er durch die Aufhebung einiger Provinzialconsistorien etwas größeren Umfang bekommen hat. Es gehörten dazu 1516 Pfarrkirchen, welche in 121 Kirchenkreise vertheilt waren. Das Haupt eines Kirchenkreises hieß nach wie vor Superintendent, auch wol Inspektor, alle Superintendenten einer Consistorialprovinz standen unter einem Generalsuperintendenten.

Aller-Departement.

4. Der Consistorialbezirk Hannover umfaßte alle Lutheraner im hannoverschen Quartier, in einigen Cantonen des Quartiers Lauenau, im Fürstenthum Lüneburg und in einem Theile der vormaligen Grafschaft Schauenburg. Es gehörten dazu 242 Pfarrkirchen, die unter 23 Specialsuperintendenturen vertheilt waren, nämlich: Hannover, Jeinsen, Neüstadt, Pattensen, Ronnenberg, Seelze, Wunsdorf, Bleckede, Burgdorf, Celle, Ebsdorf, Lackum, Gifhorn, Schwarmstädt, Sievershausen, Ülzen, Winsen a. d. Aller, Wittingen, Klötze, Dannenberg, Fallersleben, Gartow, Lüchow.

Elb-Departement.

2. Der Consistorialbezirk Magdeburg erstreckte sich über den Holz- und den Saalkreis des ehemaligen Herzogthums Magdeburg, über das preüßische Mansfeld und die Herrschaften Barby und Gommern. Er enthielt 278 Kirchspiele in sechzehn Inspektionen, nämlich: Magdeburg zwei Inspektionen, Calbe, Neühaldensleben, Öbisfelde, Barby, Bornstedt, Gommern, Egeln, Halle zwei Inspektionen, Cönnern, Mansfeld, Gerbstedt Schraplau, Hadmersleben.

3. Der Consistorialbezirk Stendal umfaßte die Lutheraner in der ehemaligen Altmark, und enthielt 179 Pfarrkirchen unter zehn Inspektionen: Stendal, Arneburg, Calbe an der Milde, Salzwedel, Osterburg, Tangermünde, Werben, Gardelegen, Seehausen.

Harz-Departement.

4. Der Consistorialbezirk Heiligenstadt enthielt die funfzig lutherischen Kirchspiele im Eichsfelde, in den Gebieten von Mühlhausen, Nordhausen, Treffurt und Dorla, im hannoverschen Hohenstein und im Amte Walkenried. Sie standen unter den fünf Superintendenturen zu Heiligenstadt, Mühlhausen, Nordhausen, Ilefeld und Walkenried.

Leine-Departement.

5. Der Consistorialbezirk Göttingen erstreckte sich über die Fürstenthümer Göttingen und Grubenhagen, das hamelnsche Quartier, über einige Theile des Quartiers Lauenau und einen Theil der vormaligen Grafschaft Schauenburg und des einstigen Fürstenthums Minden. Es enthielt 200 Pfarrsprengel, unter zwei General- und einundzwanzig Specialsuperintendenturen: Göttingen General- und vier Specialsuperintendenturen, Horste, Uslar, Hohestedt, Dransfeld, Hardegsen, Clausthal General- und Specialsuperintendentur, Herzberg, Osterode, Zellerfeld, Einbeck, Catlenburg, Borry, Großenberkel, Münder, Oldendorf, Rinteln.

Ocker-Departement.

6. Der Consistorialbezirk Wolfenbüttel umfaßte das ehemalige Fürstenthum Wolfenbüttel und die Stadt Goslar. Zu seinem Sprengel gehörten 216 Pfarrkirchen, die unter fünf General- und achtundzwanzig Specialinspektionen vertheilt waren, nämlich:

a) Wolfenbüttel: Achim, Thiede, Salzdahlum, Scheppenstedt, Barum, Lichtenberg, Engelnstedt;

b) Braunschweig: Campen, Densdorf, Querum, Sickte, Wendeburg;

c) Helmstedt: Königslutter, Warberg, Borsfelde, Calvörde, Schöningen, Pabsdorf, Jerxheim.

d) Gandersheim: Seesen, Harlingerode, Brunkensen, Grene;

e) Holzminden: Halle, Golmbach, Eschershausen, Stadt Oldendorf, Goslar.

7. Der Consistorialbezirk Hildesheim erstreckte sich über die 136 lutherischen Pfarrkirchen des ehemaligen Fürstenthums Hildesheim, die unter zehn Superintenturen vertheilt waren: Alfeld, Nette, Salzgitter, Sarstedt, Kemme, Morkoldendorf, Peine.

Saal-Departement.

8. Der Consistorialbezirk Halberstadt umfaßte das Fürstenthum Halberstadt, die Grafschaft Wernigerode, den ehemals preußischen Antheil an der sogenannten Grafschaft Hohenstein, das sächsische Mansfeld, das Fürstenthum Blankenburg und die Abtei Quedlinburg Es gehörten dazu 207 lutherische und zwei reformirte Pfarrkirchen, die unter zwei Generalsuperintendenturen zu Halberstadt und Blankenburg, und achtzehn Inspektionen vertheilt waren: Derenburg, Gröningen, Cochstädt, Aschersleben, Veltheim, Osterwick, Schlanstädt, Hornburg, Oschersleben, Weferlingen, Westerhausen, Ermsleben, Wernigerode, Eisleben, Bleicherode, Groß-Wechsungen, Blankenburg, Quedlinburg.

III. Reformirte Kirche. Die Reformirten hatten nicht ein einziges reformirtes Consistorium; ihre Consistorien zu Kassel und Marburg waren alle beide gemischt; auch folgten die Gemeinden und ihre Geistlichen hier dem streng reformirten, dort einem milderen lutherischen Ritus. Unter beide Consistorien gehörten 384 Pfarrkirchen, welche in Klassen vertheilt waren, die Metropoliten zum Haupte hatten, welche ihrer Seits unter Generalsuperintendenten stand. In einigen Provinzen bildeten die Reformirten Presbyterien, die keinem Consistorium untergeordnet waren und unmittelbar vom Minister abhingen.

Fulda-Departement.

9. Der Bezirk des gemischten Consistoriums zu Kassel umfaßte ganz Niederhessen, das Fürstenthum Hersfeld, das Land Schmalkalden, die Herrschaft Plesse, das Fürstenthum Corvey, die Grafschaft Ravensberg und diejenigen Ortschaften im Werra-Departement, welche ehedem zur unmittelbaren Reichsritterschaft gehört hatten. Dieses Consistorium enthielt 318 Pfarrkirchen, davon 266 deütsch- und 7 französisch-reformirte und 45 lutherische waren. Die deütsch-reformirten Kirchen standen unter zwei Seperintendenten und neünundzwanzig Metropoliten; die französischen unter einem Inspektor, welcher unmittelbar vom Consistorium abhing; die lutherischen unter drei Superintendenten.

a) Kirchensprengel der deütsch-reformirten Pfarreien.

α) Generalsuperintendentur Kassel mit den Metropolitansprengeln: Ahne, Napoléonshöhe, Kauffungen, Lichtenau, Gudensberg, Felsberg, Homberg, Wolfhagen, Zierenberg, Hof-Geismar, Grebenstein, Trendelburg, Gottesbühren, Melsungen.

β) Generalsuperintendentur Allendorf, Allendorf, Eschwege, Rothenburg, Sontra, Bacha, Spangenberg, Waldkappel, Witzenhausen, Borken, Treysa, Ziegenhain, Neükirchen, Hersfeld, Schmalkalden, Bovenden.

b) Kirchensprengel der französisch-reformirten Pfarreien: Kassel.

c) Lutherische Superintendenturen: Bielefeld, Schmalkalden, Stadt Lengsfeld.

Werra-Departement.

10. Der Bezirk des gemischten Consistoriums zu Marburg erstreckte sich über ganz Oberhessen, vormals kasselschen Antheils. Es gehörten dazu 68 Pfarrkirchen, davon 54 lutherische, welche unter einem Superintendenten zu Marburg und vier Metropoliten zu Wetter, Rauschenberg, Frankenberg und Lohra standen, und vierzehn reformirte Pfarrkirchen, welche den Superintendenten zu Marburg zum Haupte hatten.

Der reformirten Presbyterien gab es drei, nämlich:

11. Das Presbyterium zu Magdeburg, zu dem die drei reformirten Kirchen in der Stadt Magdeburg (deütsche, französische, walonische) die zwei Kirchen zu Stendal (deütsche und französische), die Kirchen zu Schönebeck, Barby, Calbe, Hensdorf, Trüstedt und Hottendorf gehörten.

12. Das Presbyterium zu Halle mit zwei Kirchen zu Halle und zu Wettin.

13. Das Presbyterium von Niedersachsen erstreckte sich über die Kirchen zu Braunschweig, Hannover (deütsche und französische), Göttingen, Münden, Hameln und Celle.

Einem jeden Presbyterio stand ein Inspektor vor.

IV. Die Verhältnisse der Juden waren durch ein Dekret vom 31. März 1808 geordnet worden. Es hatte die Errichtung eines mosaischen Consistoriums zu Kassel anbefohlen, das aus einem Präsidenten, drei Rabbinern, zwei gelehrten Laien und einem Secretair bestand. Dieses Consistorium beaufsichtigte Alles, was sich auf den Gottesdienst, auf die Ausschreibung, Erhebung, Verwaltung und Verwendung der für Aufrechthaltung des Gottesdienstes und für die Besoldung der Consistorialmitglieder bestimmten Abgaben und Stiftungen, so wie auf die Schulen und Wohlthätigkeitsanstalten bezog. Der Gottesdienst, die Synagogen, die Zucht und der Religionsunterricht wurden vom Consistorium geregelt unter Oberaufsicht der Regierung. Der Minister des Innern bestimmte die Hauptsynagoge für jedes Departement, so wie die Zahl und Lage der Succursalsynagogen. In bürgerlicher Beziehung standen die Juden unter dem Maire ihres Wohnortes. Israelitische Gemeinden waren im Departement:

Aller zu Hannover, Celle und Ülzen.
Elbe „ Magdeburg und Stendal.
Fulda „ Kassel, Hofgeismar, Fritzlar, Niedenstein, Warburg, Beverungen, Nieheim, Paderborn, Bielefeld.
Harz „ Wanfried, Osterode, Elrich.
Leine „ Einbeck, Holzmünden, Rinteln, Hildesheim, Göttingen.
Ocker „ Braunschweig, Wolfenbüttel.
Saale „ Halberstadt und Halle.
Werra „ Marburg, Zwesten, Eschwege, Witzenhausen, Barchfeld, Rothenburg, Mansbach, Oberaula, Stadtlengsfeld.

Öffentlicher Unterricht. Bei Errichtung des Königreichs Westfalen war die Leitung des öffentlichen Unterrichts einem berühmten Schriftsteller anvertraut worden, den seine Zeitgenossen den „deütschen Tacitus" zu nennen liebten; diese Wahl war die sicherste Botschaft, die gegeben werden konnte, daß der öffentliche Unterricht, statt vernachlässigt zu werden, wo möglich einen neüen Glanz bekommen würde. Alle Länder, aus denen das Königreich Westfalen zusammengefügt war, hatten gewetteifert, den Unterricht zu begünstigen und auszudehnen. Hessen hatte die zwei Hochschulen zu Marburg und Rinteln, Braunschweig seine Universität Helmstedt, Preußen die zu Halle, und Hannover rühmte sich der Hochschule Göttingen, zwar der jüngsten, nichtsdestoweniger aber der nicht minder berühmten und vielbesuchten. So gab es also im neüen Königreich fünf Universitäten, die mit einem Luxus von Professoren, — es waren ihrer hundertundsiebzig — und von wissenschaftlichen Anstalten aller Art ausgestattet waren, um die es von einem großen Reiche hätte beneidet werden können. Es wurden zwei Universitäten aufgehoben, die zu Rinteln und zu Helmstedt, was schon durch den Umstand geboten wurde, daß Buonaparte viele der Domainen, auf deren Einkünfte die Unterhaltung der Hochschulen gestützt war, für sich behalten hatte, um sie an seine Soldaten zu vergeben. Auch die Universität Halle war, wegen der mißliebigen Gesinnungen ihrer Professoren, eine Zeit lang außer Thätigkeit. Es war folgendes —

Der Stand der Universitäten 1812.

Professoren und Privatdocenten.	Theol.	Jurist.	Mediz.	Philos.	Andere.	Zusammen:
Göttingen	7	15	16	34	13	85
Halle	6	6	8	23	2	45
Marburg	5	5	8	17	6	41
Zusammen .	18	26	32	74	21	171

Unter diesem Lehrerpersonal befanden sich dreiundachtzig ordentliche Professoren, davon einunddreißig zu Göttingen, sechsundzwanzig zu Halle und siebenundzwanzig zu Marburg. Jede Universität war mit den erforderlichen Hülfsanstalten reichlich versehen. Göttingen wurde, von Johannes Müller's Nachfolger in der Generaldirection des öffentlichen Unterrichts, der früher selbst Professor daselbst gewesen war, außerordentlich begünstigt. Er hatte die Einrichtung getroffen, daß jedes Jahr, am 15. November, dem Geburtstage S. Hieronymitischen M., vier Preise zu fünfundzwanzig Dukaten denjenigen Studirenden zu Theil wurden, welche über Fragen, welche von den vier Fakultäten aufgestellt worden waren, die besten Abhandlungen in lateinischer Sprache geschrieben hatten, die demnächst auf Kosten der Universität gedruckt wurden. Außerdem wurden zwei Preise, der eine von 50 Thalern, der andere von 24 Thalern denjenigen Studirenden der Theologie zuerkannt, welche die besten Predigten gehalten hatten. Göttingens größte Blüthezeit war 1808 — 1813!

Auch die königliche Societät der Wissenschaften, Geschichte und Literatur zu Göttingen erfreüte sich unter Leist's Verwaltung einer großen Fürsorge und nahm zu jener Zeit unter den gelehrten Gesellschaften Deütschlands unbestritten den ersten Platz ein. Sie spaltete sich in vier Klassen: für die physischen, die mathematischen, die historischen Wissenschaften und für die alte Literatur. Regelmäßig wurden jeden Monat eine Sitzung, und im November, am Jahrestage ihrer Stiftung, eine feierliche Sitzung gehalten, in welcher ein Preis von funfzig Dukaten für die beste, in lateinischer Sprache geschriebene Abhandlung über ein von einer der vier Klassen aufgegebenes Thema zuerkannt wurde. Zwei andere Preise, jeder von zwölf Dukaten, wurden jährlich, der eine im Monat Juni, der andere im Monat November, einer deütsch geschriebenen Beantwortung einer landwirthschaftlichen Preisfrage zu Theil.

Zum Geschäftskreise der Generaldirection des Unterrichts gehörten auch: die Bibliotheken zu Kassel, Hannover und Wolfenbüttel; die Museen zu Kassel und Braunschweig; die Akademie für Malerei, Bildhauer- und Baukunst zu Kassel; die Specialschulen für Chirurgie, Anatomie und Geburtshülfe zu Braunschweig, Celle und Hannover.

Schullehrer-Seminarien bestanden zu Hannover, Magdeburg, Klosterbergen, Kassel, Wolfenbüttel, Helmstedt, Halberstadt, Eisleben und Marburg, überhaupt also neün, von denen das Kasseler und namentlich das Marburger Seminar die vollendetste Einrichtung hatte.

Gymnasien gab es zu Hannover, Celle, Magdeburg (zwei, nämlich zu U. L. Frauen und das Domgymnasium), zu Stendal, Salzwedel, Kassel (Lyceum seit 28. Juni 1812 neü eingerichtet), zu Paderborn, Bielefeld, Herford, Heiligenstadt, Nordhausen, Ilfeld (Pädagogium), Mühlhausen, Göttingen, Einbeck, Holzminden (auch Pensionat), Braunschweig (zwei, nämlich zu St. Catharinen und zu St. Martin), zu Wolfenbüttel, Hildesheim (zwei, zu St. Andreas und zu St. Joseph), zu Helmstedt, Goslar, Halberstadt (zwei, Domschule und zu St. Martin), zu Halle (zwei, Pädagogien mit Pensionat, und lateinische Hauptschule), zu Blankenburg, Quedlinburg, Wernigerode, Eisleben, Aschersleben (St. Stephan), zu Marburg, Hersfeld und Schmalkalden; überhaupt sechsunddreißig gelehrte Schulen.

G e m e i n n ü t z i g e und W o h l t h ä t i g k e i t s a n s t a l t e n waren u. a.: das Landes-Ökonomiecollegium zu Celle, das Gestüt ebendaselbst und die Vieharzneischule zu Hannover; die Feüerversicherungsgesellschaft zu Kassel, gestiftet 1767, deren Wirkungskreis ganz Hessen, den District Bielefeld und das ehemalige Fürstenthum Corvey umfaßte und 1812 ein Versicherungskapital im Betrage von 32,601,950 Thalern hatte; die Gesellschaft mütterlicher Liebe, zur Unterstützung armer Wöchnerinnen in der Stadt Kassel und deren District, unterm Schutz Friederikes Catharines von Württemberg 1812 gestiftet, wozu sie jährlich 4000 Francs beisteüerte, während aus Staatsmitteln 12,000 Francs gewährt wurden.

Sechsundvierzigstes Kapitel.

Das Großherzogthum Baden, nach seinem Territorialbestande, seiner Verfassung und Verwaltung.

Grundmacht und Territorialeintheilung.

Wie in allen Rheinbundstaaten unaufhörlich Veränderungen in dem Territorialbestande und der damit zusammenhangenden Eintheilung in Verwaltungsbezirke, vorgekommen sind, so auch im Großherzogthum Baden, welches, als es, in Folge des Reichsdeputations-Recesses von 1803, ein Kurfürstenthum geworden war, demnach noch zur Reichszeit, in drei Provinzen eingetheilt wurde, und zwar in —

1) Die badensche Markgrafschaft mit	84 Q.-M.	238,177 Einw.
2) Die Pfalzgrafschaft	28 „	143,775 „
3) Das Oberfürstenthum am Bodensee	18 „	41,500 „
Zusammen	130 Q.-M.	423,452 Einw.

Das ganze Kurfürstenthum enthielt 41 Städte und Flecken, und 208 Dörfer und Weiler. Durch den presburger Frieden 1805, der den Breisgau, der alten Herzoge von Zähringen Stammland, wieder an Baden brachte, erhielt es einen neüen Länderzuwachs, und die gesammten Lande wurden, nach französischem Zuschnitt, in die Provinzen —

1) Ober-Rhein, mit	$125^1/_2$ Q.-M.	369,500 Einw.
2) Mittel-Rhein . . .	71 „	270,000 „
3) Nieder-Rhein . . .	$78^3/_4$ „	282,800 „
Zusammen	$275^1/_4$ Q.-M.	922,300 Einw.

vertheilt, eine Maßregel, welche durch ein Organisationsedikt vom 26. November 1809 wieder aufgehoben und das Land in zehn kleine Kreise getheilt wurde. In Folge der Territorialausgleichungen, welche 1810 mit Württemberg und Hessen Statt fanden, wurde eine neüe Kreiseintheilung nöthig. Diese bestimmte die Verordnung vom 15. November 1810. Durch selbige wurde der bisherige Odenwälder Kreis aufgelöst und in die drei anstoßenden, den Pfinz-Enz-, den Neckar- und den Main-Tauberkreis vertheilt. Der größte Theil der württembergischen Abtretung, nämlich das Oberamt Stockach, wurde zum Seekreise geschlagen. Seit der Zeit bestand folgende

Territorialeintheilung, 1810,
Ämter und Güter.

I. Der Seekreis, Sitz in Constanz, mit neün unmittelbaren und neün mittelbaren Ämtern, elf grundherrlichen Orten; Volkszahl 84,489.
(Mit den württembergischen Abtretungen des Nellenburgischen, und der Ämter Blumenfeld und Thengen. Letzteres war vorher ein standesherrliches Amt des Fürsten Auersberg, wurde aber durch Ankauf unmittelbar landesherrlich, und vom Donaukreise zum Seekreise gelegt.)

A. Landesherrliche Ämter:

1. Aach.
2. Blumenfeld mit Thengen.
3. Bohlingen.
4. Constanz.
5. Markdorf mit Meersburg.
6. Pfullendorf.
7. Radolfzell.
8. Stockach.
9. Überlingen.

B. Standesherrliche Ämter:

a) der Markgrafen von Baden:

1. Herdwangen.*)
2. Hilgingen.
3. Münchhof.
4. Salem (Salmansweil.)
5. Unter-Elchingen.**)
6. Stetten a. kalten Markt.

b) des Fürsten von Fürstenberg:

1. Engen.
2. Heiligenberg.
3. Möskirch.

*) In Gemäßheit des Vertrags mit Hohenzollern-Sigmaringen, vom 28. Mai u. 12. Juni 1812, überließ Baden an Hohenzollern die Hoheit über den zur Herrschaft Guttenstein gehörigen Ort Ablach; dagegen übergab Hohenzollern an Baden die ihm zustehende Hoheit über und in dem mit Eigenthum und niederen Gerichten markgräflich-badischen Ort und Bann Bast, welcher, unter Vorbehalt der Gülten und Jagdbarkeiten, als Privatrechte Sigmaringischer Seits, mit dem Justizamte Herdwangen vereinigt wurden.

**) Stand unter Landeshoheit des Königs von Baiern.

C. Grundherrlichkeiten:

1. Billafingen, A. Billafing.
2. Bodmann, „ Constanz.
3. Freüdenthal, „ —
4. Gailingen, „ Bobling.
5. Gütlingen, A. Constanz.
6. Langenrain, —
7. Möckingen, —
8. Liggeringen, —
9. Wangen. A. Bohlingen.
10. Worblingen, —
11. Worndorf, A. Möskirch.

II. Der Donaukreis, Sitz in Villingen; mit fünf landesherrlichen und elf standesherrlichen Ämtern, und eine Grundherrlichkeit; Volkszahl 93,352.

A. Landesherrliche Ämter:

1. Bettmaringen.
2. Bonndorf.
3. Hornberg.
4. Tryberg.
5. Villingen (mit den Orten, die zu Tuttlingen und Rottweil gehörten)

B. Standesherrliche Ämter:

a) des Fürsten Fürstenberg:

1. Blomberg.
2. Hüfingen (mit Donau-Eschingen).
3. Löffingen.
4. Möhringen.
5. Neustadt.
6. Stühlingen.
7. Haßlach.
8. Wolfach.
9. Vöhrenbach.

b) des Fürsten Schwarzenberg:

1. Jlstetten.
2. Thiengen.

C. Grundherrlicher Ort: — Immendingen, Amts Möhringen.

III. Der Wiesenkreis, Sitz in Lörrach; mit neun landesherrlichen Ämtern und funfzehn grundherrlichen Orten; Volkszahl 103,858

A. Landesherrliche Ämter:

1. Candern.
2. Kleinlaufenburg.
3. Lörrach.
4. Mühlheim.
5. Säckingen.
6. St. Blasien.
7. Schönau.
8. Schopfheim.
9. Waldshut.

B. Grundherrliche Orte:

1. Lambach, v. Rothbergisches Amt zu Liel.
2. Bellingen, v. Andlav. — —
3. Hag, A. Lörrach.
4. Ebrberg, —.
5. Inglingen, —
6. Liel, grundherrlich v. Baden. zu Liel.
7. Niederschwörstatt, A. Schwörstatt.
8. Obersückingen, Amts Wehr.
9. Oberschwörstatt, A. Schwörstatt.
10. Reflingen, —
11 Rheinweiler, Rothberg zu Liel.
12. Unteralpfen, A. Wehr.
13. Wehr, A. zu Wehr.
14. Zell, A. Schönau.
15. Wallbach, Amts Schwörstatt.

IV. Der Treisamkreis, Sitz in Freiburg; mit zehn landesherrlichen Ämtern und dreiundvierzig grundherrlichen Orten; Volkszahl 120,370.

A. Landesherrliche Ämter:

1. Breisach.
2. Emmendingen.
3. Endingen,
4. Freiburg, Stadtamt.
5. — 1. Landamt.
6. — 2. —
7. Kenzingen.
8. St. Peter.
9. Staufen.
10. Waldkirch.

C. Grundherrliche Orte:

1. Amaltern, A. Endingen.
2. Au, 1. L.:A. Freiburg.
3. Biederbach, A. Elzach.
4. Bingen, A. Emmendingen.
5. Bögingen, —
6. Bollschweil, A. Freiburg.
7. Buchheim, v. Mereysches A.
8. Buchholz, A. Waldkirch.
9. Burgheim, A. Breisach.
10. Dietenbach, v. Neveuisch. A.
11. Elzach, Amt.
12. Halbensteig, v. Pfirdisch. A.

13. Feldkirch, A. Breisach.
14. Föhrenthal, v. Wessenberg. A.
15. Gottenheim, A. Breisach.
16. Hausen, an der Möhle, A. Breisach.
17. Hedlingen, A. Kenzingen.
18. Heimbach, —
19. Hochdorf, v. Merey. A.
20. Holzhausen, v. Harschisch. A.
21. Hugstatten, v. Andlaw. A.
22. Ichtingen, A. Breisach.
23. Merzhausen, 1. L.-A. Freiburg.
24. Munzingen, A. Breisach.
25. Neuershausen, v. Falkenstein. A.
26. Niederspigenbach, A. Waldkirch.
27. Niederlainden, —
28. Oberbergen, A. Breisach.
29. Oberschaffhausen, A. Emmendingen.
30. Buchenbach, v. Kranzenau. A.
31. Oberringsingen, A. Breisach.
32. Ober- und Niederrothweil, A. Breisach.
33. Oberyach, v. Bolschweil. A.
34. Reute, v. Harschisch. A.
35. Saebach, v. Girard A.
36. Sölden, 1 L.-A. Freiburg.
37. Stegen, v. Kageneck. A.
38. Steig, v. Pfirdisch. A.
39. Umkirch, v. Kageneck. A.
40. Waltershofen, A. Breisach.
41. Weitersbach, v. Merey. A.
42. Wildthal, v. Kageneck. A.
43. Wittnau, 1. L.-A. Freiburg.

V. Der Kinzigkreis, Sitz in Offenburg; mit neün landesherrlichen Ämtern und vierzehn grundherrlichen Orten; Volkszahl . . 114,328.

A. Landesherrliche Ämter:

1. Appenweyer.
2. Bischofsheim.
3. Ettenheim.
4. Gengenbach.
5. Kork.
6. Lahr.
7. Mahlberg.
8. Oberkirch.
9. Offenburg.

B. Grundherrliche Orte:

1. Allmannsweiler, Amt.
2. Altdorf, Amt.
3. Bleichheim, A. Kenzingen.
4. Diersburg, A. Lahr.
5. Hofweyer, v. Binzburg. A.
6. Niederschopfheim, —
7. Meisenheim, A. Mahlberg.
8. Rennenweyer, Amt
9. Orschweyer, A. Mahlberg.
10. Rust, A. Ettenheim.
11. Schmieheim, A. Ettenheim.
12. Windschläg, A. Offenburg.
13. Wittenweyer, Amt.
14. Geisbach, A. Oberkirch.

VI. Der Murgkreis, Sitz in Rastadt, mit sieben landesherrlichen Ämtern; Volkszahl . . . . 82,251.

Landesherrliche Ämter:

1. Achern.
2. Baden.
3. Bühl.
4. Gernsbach.
5. Etlingen.
6. Rastadt, Stadt- und erstes Landamt.
7. — zweites Landamt.

VII. Der Pfinz- und Enzkreis, Sitz in Durlach, mit zehn landesherrlichen Ämtern, einem standesherrlichen Amte und siebzehn Grundherrlichkeiten; Volkszahl . . . . 123,589.

(Mit den vier württembergischen Orten, aber ohne die in dem Edikte vom 15. November 1810 hinzugeschlagenen Parzellen vom Odenwalderkreise, und ohne das Amt Philippsburg [Neckarkreis], welche späteren Verfügungen zu Folge beim Neckarkreise belassen wurden.)

A. Landesherrliche Ämter:

1. Bretten.
2. Bruchsal, Stadt- und erstes Landamt.
3. — zweites —
4. Karlsruhe, St.-A.
5. — L.-A.
6. Durlach.
7. Gochsheim.
8. Pforzheim, St.- u. 1. L.-A.
9. — zweites Landamt.
10. Stein.

B. Standesherrlich: — Gondelsheim, markgräflich badensches Amt.

C. Grundherrliche Orte:

1. Flehingen, Amt.
2. Hamberg, A. Neühausen.
3. Heübach, Amt.
4. Hohenwarth, A. Neühausen.

5. Hohenwattersbach, A. Durlach.
6. Lehmingen, A. Neuhausen.
7. Liebeneck, A. Heüdach.
8. Menzingen, A. Michelfeld.
9. Mühlhausen, A. Neühausen.
10. Sickingen, A. Flebingen.
11. Schöllbronn, A. Neühausen.
12. Sulzfeld, Amt.
13. Steinegg, A. Neühausen.
14. Thiergarten, A. Heüdach.
15. Tiefenbronn, A. Neühausen.
16. Würm, A. Heüdach.
17. Neühausen, Amt.

VIII. Der Neckarkreis, Sitz in Mannheim; mit zehn landesherrlichen und sechs standesherrlichen Ämtern, nebst siebzehn Grundherrlichkeiten; Einwohnerzahl 169,236

A. Landesherrliche Ämter:

1. Heidelberg, Stadtamt.
2. Ladenburg.
3. Mannheim, Stadtamt.
4. Nackargemünd.
5. Oberheidelberg.
6. Philippsburg.
7. Schwetzingen.
8. Unterheidelberg.
9. Weinheim.
10. Wießloch.

B. Standesherrliche Ämter:

a) Gräflich Hochbergisches Amt Zwingenberg.

b) Fürstlich Leiningische Ämter:

1. Eberbach.
2. Hilbach.
3. Lehrbach.
4. Mosbach.
5. Sinsheim.

C. Grundherrliche Orte:

1. Bischofsheim, Amt.
2. Eichtersheim, mit Rebbach.
3. Huffenhart.
4. Rappenau.
5. Siegelsbach.
6. Groß-Eichelsheim.
7. Obergimpern.
8. Michelfeld, Amt.
9. Gemmingen.
10. Schottbausen.
11. Mauer.
12. Mönchzell.
13. Binau und Klein-Eichelsheim.
14. Epvenbach.
15. Moosbrunn.
16. Angellach.
17. Leütershausen.

IX. Der Main- und Tauberkreis, Sitz in Wertheim; nur mit standesherrlichen Ämtern, neünzehn an der Zahl, und mit achtzehn grundherrlichen Ämtern; Volkszahl 97,944

B. Standesherrliche Ämter:

a) Fürstlich Leiningische:

1. Bischofsheim.
2. Boxberg.
3. Buchen.
4. Hardheim.
5. Killsheim.
6. Lauda.
7. Mudau.
8. Osterburken.
9. Walldürn.

b) Fürstlich Salm-Krautheimsche:

1. Ballenberg. 2. Grünfeld. 3. Krautheim.

c) Fürstlich Löwenstein-Wertheimsche:

1. Brombach. 2. Rosenberg. 3. Steinfeld zu Rothenfels.

d) Gräflich Leiningische: 1. Neüdenau. 2. Billigheim.

e) Gräflich Löwenstein-Wertheimsches Amt Freüdenberg.

f) Fürstlich und Gräflich Löwenstein-Wertheimsche gemeinschaftliche Ämter:

1. Gerichstetten, 2. Wertheim.

C. Grundherrliche Ämter und dazu gehörige Ortschaften:

1. Adelsheim — Adelsheim, Herzenstatt, Wemmersbach, Laudenberg.
2. Angeltbürn — Angeltbürn.
3. Balbach — Ober- und Unter-Balbach.
4. Bödigheim — Bödigheim, Waldhausen.
5. Eberstadt — Eberstadt, Sindelsheim.
6. Edelfingen — Edelfingen.

7. Eibigheim — Eibigheim.
8. Gamburg — Gamburg.
9. Geissigheim — Geissigheim mit Esselbrunn.
10. Heiligenbeüren — Heiligenbeüren.
11. Liebenstadt — Liebenstadt.
12. Merchingen — Merchingen, Hängheim.
13. Messelhausen — Messelhausen.
14. Neüenstetten — Neüenstetten.
15. Schöpf — Kupprichshausen, Langrieden, Ober- und Unterschöpf, Sachsenflur, Uffeigen.
16. Sennfeld — Sennfeld und Volkshausen.
17. Stein — Stein am Kocher sammt Buchhof, Lobenbach und Schelf Brükeneck
18. Gemeinde Widdern.

Auf den 289 Quadratmeilen, die man der Gesammtheit der vorstehend nachgewiesenen neün Kreise des Großherzogthums Baden beilegte, lebte, nach den im Jahre 1812 vorgenommenen Zählungen eine Bevölkerung von 989,717 unmittelbaren und mittelbaren Unterthanen, oder es kamen im Durchschnitt auf den Raum einer Geviertmeile 3,429 Einwohner. Gegen das Vorjahr hatte sich die Volksmenge um 15,035 Seelen vermehrt. Das weibliche Geschlecht übertraf das männliche um 26,623 Personen.

Der Religion nach spaltete sich die Bevölkerung zu zwei Drittel in Katholiken und ein Drittel in Protestanten. Von letzteren war ein Viertel dem reformirten Bekenntniß zugethan. Außerdem lebten noch 1,301 Mennoniten und 15,095 Juden im Lande.

Das nutzbare Land bestand in	1,300,000	Morgen	Ackerfeld,
	335,000	„	Wiesen,
	74,000	„	Weinberg,
	150,000	„	Allmanden,
	1,500,000	„	Waldung,
	3,359,000	Morgen	im Ganzen.

Der Viehstand zählte 64,000 Pferde, 74,000 Ochsen, 257,000 Kühe, 146,000 Schafe, 198,000 Schweine und 22,000 Ziegen.

Die Bevölkerung war in 97 Städte und Flecken und 2,454 ländliche Ortschaften vertheilt. Die Zahl der sämmtlichen Wohngebaüde im Großherzogthum wurde zu 143,984 angegeben.

Verfassung.

Der Großherzog war souverain in vollstem Umfange dieses Worts; er war alleiniger Gesetzgeber und einziger Vollstrecker der Gesetze. Die Macht der Gewohnheit ist außerordentlich groß! Die meisten der deütschen Fürsten, welche durch den pariser Pact vom 12. Juli 1806 vom Reiche abfielen, konnten doch nicht die alten Bande vergessen, vermittelst deren sie ans Reich und dessen kaiserliches Oberhaupt geknüpft gewesen waren. Das zeigte sich in den Titeln, die sie annahmen. Hier in Baden lautete der Titel:

Wir Karl von Gottes Gnaden Großherzog zu Baden, Herzog zu Zähringen, Landgraf zu Nellenburg u. s. w., Ober- und Erbherr in der Baar und zu Stühlingen, sammt Heiligenberg, Haußen, Mößkirch, Hohenhöwen, Wildenstein und Waldsberg; zu Mosbach sammt Düren, Bischofsheim, Hartheim und Laude; des Klettgaues; zu Krautheim; zu Wertheim; zu Neidenau und Billigsheim, u. s. w.; Graf zu Hanau, ꝛc.

Das Staatsrecht des Rheinbundes kannte nur einen Großherzog von oder zu Baden, und es war ihm ganz gleichgültig, ob der Großherzog auch noch Herzog, Landgraf, Ober- und Erbherr irgend anderswo sei; nicht vom Herrn zu Neidenau verlangte der Protektor des Bundes ein Kontingent Soldaten, um es nach Spanien, u. s. w. zu senden, sondern vom Großherzoge von Baden, welcher zu dem auf Grund der erlangten Souverainetät seine Lande zu einer souverainen Einheit formte, mit der eine Theilung der Regierungsgewalt unverträglich ist, die selbst die Form des Titels wahren muß.

Das großherzogliche Wappen war aus dreißig Feldern zusammengesetzt worden, um die alten und neüen Besitzungen des Hauses vorzustellen. Das Mittelschild hatte einen sogenannten schrägrechten goldenen Balken, als Zeichen des ganzen souverainen Staats, und einen Löwen, als Zeichen der Zähringischen Abstammung. — Der 1715 gestiftete Hausorden der Treüe wurde am 8. Mai 1803 erneüert (Großkreüze und Commandeurs); 1807 der militärische Karl Friedrich Verdienstorden, und am 26. Dezember 1812 der Orden vom Zähringer Löwen gestiftet (beide: Großkreüze, Commandeurs, Ritter). Der Hofstaat des Großherzogs und seiner Familie war wie gewöhnlich: es gab Oberhof- und Hofämter.

Schon seit langer Zeit hatten die Markgrafen zu Baden die Landstände beseitigt, mit denen ihre Vorfahren über neüe Gesetze und Abgaben zu Rathe gegangen waren; und nun wurden 1806 die Landstände aufgehoben, welche in dem, vormals dem Hause Österreich gehörigen Breisgau bis dahin bestanden hatten.

Nach den neüen Einrichtungen, welche durch sechs verschiedene, aus souverainer Machtvollkommenheit erlassene, landesherrliche Verordnungen, die Grundverfassung des Großherzogthums betreffend, im Jahre 1807 geordnet worden waren, gab es von Staatswegen anerkannte privilegirte Klassen von Staatsbürgern, nämlich die vom Großherzoge oder seinen Ministerien mit Patent angestellten

Staatsdiener und den Adel. Die patentisirten Staatsdiener hatten das Vorrecht, daß sie in Personalsachen in erster Instanz nicht den Bezirksämtern, sondern nur den Kreisdirectorien und Hofgerichten zu Recht zu stehen brauchten.

Der Adel theilte sich in den Herren- und Ritterstand. Zu jenem gehörten alle ehemaligen reichsunmittelbaren Fürsten und Grafen; zu diesem alle übrigen Grafen, Freiherren und Edelleüte.

Die ehemaligen Reichsfürsten und Reichsgrafen, welche im badenschen Großherzogthum Standesherren genannt wurden, behielten die ihnen in der Rheinbundakte zugesicherte niedere und mittlere Gerichtsbarkeit, welche sie durch ihre Ämter ausüben durften; auch hatten sie einstweilen noch bis auf weitere Verordnung Justizcollegien, welche mit den großherzoglichen Hofgerichten gleiche Rechte und gleichen Wirkungskreis hatten. Den Standesherren war eine Ehrenwache vom großherzoglichen Militär in allen denjenigen Orten ihrer Standesgebiete, wo Militär in Besatzung lag, bewilligt; auch war ihnen die Haltung eines eigenen Trabantencorps von 25 bis 30 Mann freigegeben; in den Kirchengebeten konnte, innerhalb des Standesgebiets, ihrer nach dem Landesfürsten erwähnt werden; ihre bisherigen Familiengesetze blieben in Kraft, so weit sie mit der Bundesakte und den Landesgesetzen vereinbar waren. In allen, ihre Person und Familien betreffenden Gegenstände der Rechtspolizei, oder der willkürlichen Gerichtsbarkeit standen sie nur unter dem Landesherrn und dem Justizministerio, und ging der erste Rechtsgang an die Hofgerichte. In peinlichen Fällen war ihnen das Austrägegericht gesichert.

Die Standesherren hatten die Aktivlehne behalten, worüber sie zur Zeit des Abschlusses der Rheinbundakte die Lehenherrschaft rechtmäßig besessen hatten, in so weit also damit nur Güter, Renten und Rechte, die sie sonst auch als Eigenthum besitzen konnten, verbunden waren. Was aber von den Lehen zur Souverainetät gehörte, fiel dem Landesherrn zu. Den Standesherren verblieben alle Einkünfte von ihren Domanialhöfen, eigentlichen Gütern und Erblehen, Zehnten, Bodenzinse, die eigenthümlichen Brauereien, Bier- und Weinverlage, alle aus dem Leibeigenschaftsverband fließenden Abgaben, als Leibschilling, Rauchhühner, Todfall-, Manumissionsgebühren, Einkommen der Bergwerke, die sie auf eigene Kosten bauten, Forstgefälle, Jagd- und Fischereinutzung u. d. m.

Der privilegirte Gerichtsstand im ersten Rechtsgange, der den

Gliedern der Ritterschaft und adlichen Grundherren früher zugestanden hatte, war aufgehoben worden: doch fand derselbe noch Statt in Lehenssachen, in Standes- und grundherrlichen Sachen, in Stammgutsstreitigkeiten, in Sachen, wo der Staat und dessen Anstalten mit eingeschlossen sind; bei den Gliedern der großherzoglichen Familie, bei den Standesherren und deren Familiengliedern, bei den in Hofdiensten stehenden Personen, den Ministern, Staatsräthen, geheimen Kabinetsräthen, Ministerial- und Departementaldirectoren, den Vorstehern der Oberhofgerichts-, Hofgerichts- und Justizkanzleien, den Kreisdirectoren und Oberforstamtsvorstehern. In Rechtssachen dieser angeführten Personen ging der Rechtszug erster Instanz an die Ober- oder Hofgerichte.

Die Mitglieder der Ritterschaft konnten unter gewissen Einschränkungen, auswärtige, in befreündeten Staaten liegende Güter behalten; sie konnten auch in fremde Dienste treten, mußten jedoch, wenn der Regent sie zurückrufen sollte, sofort ins Großherzogthum zurückkehren; sie und ihre Familien waren übrigens vom Milizzuge frei, nicht aber ihre Diener, als nur in sofern sie es auch in großherzoglichen Diensten ihres Amtes wegen sein würden; die Ritter konnten Majorate und Fideicommisse errichten, diese aber, sowie alle ihre Familienstatute, mußten vom Landesherrn bestätigt werden.

Die Ritter waren von persönlichen directen Steüern frei, und ihre Grundstücke und Liegenschaften wurden, wie jene der Standesherren, beim Steüeranschlage um ein Drittel geringer belastet, als andere ehedem steüerfreie Güter; dabei blieben ihre Hofraüme und Lustgärten, wie dies auch bei den großherzoglichen Domainen der Fall war, außer Steüerschaft. Endlich behielten sie auch ihre grundherrlichen Ämter, die regalia minora und das Patronatsrecht über die in ihrem Grundgebiet befindlichen Kirchen. Nach einer Verordnung vom 2. Januar 1812 hatten die Standes- und Grundherren bis zum 10. April desselben Jahres die Erklärung abzugeben, ob sie auf die bisherige Accisefreiheit verzichten, und dagegen von der Einkommensteüer befreit sein, oder mit Beibehaltung jener, diese entrichten wollten.

Außer dem hier angegebenen Unterschiede der Einwohner fand ein anderer Statt zwischen Staatsbürgern, Einsassen und Schutzgenossen, welche letztere beide unter dem gemeinschaftlichen Namen der Staatsangehörigen begriffen wurden.

Unter Schutzgenossen verstand man diejenigen Fremden, die ins

Inland gekommen waren, um für einen vorübergehenden Zweck einen zeitlichen Aufenthalt darin zu nehmen. Sie genossen für diesen Zweck den Schutz des Staats und trugen diejenigen Lasten, die verfassungsmäßig darauf ruhten. Hierher rechnete man Dienstboten, Gesellen, Lehrburschen, Fabrikarbeiter, Schüler, Studirende, Pächter von Landgütern oder Gewerben, und Rentner, die von auswärtigen Einkommen leben. Einsassen hießen diejenigen Fremden, welche, mit Beibehaltung des Heimathsrechts in ihrem ursprünglichen Staate, zugleich durch einen gesetzmäßig erlangten Besitz von liegenden Gründen in eine bleibende Verbindung mit dem Großherzogthum gekommen waren, sie waren Landsassen oder Marksassen, je nachdem ihr Gut eigene Markungsrechte hatte, oder einer Ortsmarkung unterworfen war. Hatten solche Fremde keine Liegenschaft, sondern nur ein Gewerbe ordnungsmäßig im Großherzogthum erlangt, so wurden sie Schirmsassen genannt. Staatsbürger waren nur diejenigen, welche sich der Staatsgewalt des Großherzogthums ohne alle Einschränkung unterworfen hatten.

In bürgerlichen Rechtsstreitigkeiten und peinlichen Fällen waren alle Staatsbürger vor dem Gesetze einander gleich, mit Ausnahme jedoch der oben angegebenen Anordnung über den privilegirten Gerichtsstand erster Instanz. Die Rechte und Pflichten aller verschiedenen Klassen der Einwohner waren durch die Constitutionsedikte des Großherzogthums bestimmt, in denen, wie wir gesehen haben, auch die Fremden nicht vergessen worden waren.

Die kirchliche Verfassung hatte in dem Edikte vom 14. Mai 1807 ihre Festsetzung erhalten. Dem zu Folge konnte jeder Mensch, wes Glaubens er sei, Staatsbürgerrecht genießen, so lange er nicht Grundsätze bekennt, die mit den Gesetzen und den guten Sitten in Widerspruch stehen. Jeder Staatsbürger konnte nach zurückgelegtem achtzehnten Jahr, nach eigener freier Überlegung von einem Glaubensbekenntniß zum andern übergehen, ohne daß dadurch seine allgemeinen Rechte, Ehren und Würden, sofern sie weltlich sind, verloren gingen. Die Kinder waren in der Religion der Ältern, und wenn diese verschiedenen Glaubens, in der Religion des Vaters zu erziehen, wenn nicht besondere Verträge der Ehegatten es anders bestimmten. Obgleich jedem einzelnen Menschen in Rücksicht seines Glaubens Duldung zugesagt war, so wurde doch nicht jede Kirche, als Religionsgesellschaft, im Staate anerkannt; sondern nur die evangelische (lutherische und reformirte) und die katholische. Jeder andern Kirchengemeinschaft konnte der Landesherr zwar Duldung bewilligen, sie ihr aber auch nach Gefallen wieder entziehen. Das Christenthum war als herrschende Religion insofern anzusehen, als die Regierungsgewalt und deren Ausübung in leitender und verwaltender Ordnung nur in die Hände von Christen niedergelegt werden konnte, womit aber andere Religionsverwandte von Dienststellen der vollstreckenden Macht nicht ausgeschlossen sein sollten. Keine der drei christlichen Confessionen war in Beziehung auf die andere herrschend.

Jede Kirchengesellschaft, welche Staatsbürgerrechte genoß, konnte Eigenthum erwerben; dieses Eigenthum erhielt aber dadurch keinen Vorzug, in Absicht auf Unterthänigkeit, Gerichtspflege, Steüerbarkeit und dergleichen. Das Vermögen einer Kirche konnte ihr niemals entzogen, wol aber zu anderen frommen Zwecken, als denen es vorhin gewidmet war, bestimmt werden. Das Vermögen der geistlichen Ordensgesellschaften gehörte nicht zum Kirchen-, sondern zum Staatsvermögen.

Jede im Staate aufgenommene Kirche hatte eine durch die Constitution anerkannte Kirchengewalt, d. h. eine Centralstelle, welche denjenigen Einfluß unter ihren Glaubensgenossen ausübte, welcher zur Erhaltung der Einheit ihres Glaubens unentbehrlich ist; keinem ihrer Zwangsmittel war aber ein Einfluß auf bürgerliche Verhältnisse eingeraümt worden. Die Gegenstände jeder Kirchengewalt betrafen die Erziehung der Jugend für die Religion der Gewissensleitung, die Prüfung der Bewerber zu Kirchen- und Schuldiensten, die Aufsicht über die Geistlichen und Schullehrer, die Miteinsicht in die Verwaltung des Kirchenvermögens und eine Art friedensrichterlicher Vermittelung bei Rechtsstreitigkeiten der Kirchenglieder. Strafgerichtsbarkeit über weltliche Vergehen der Kirchendiener, Streitgerichtsbarkeit über weltliche Angelegenheiten der Kirchenangehörigen, oder Rechtspolizei konnte von keiner Kirchengewalt ausgeübt werden.

In Bezug auf die katholische Kirchengewalt hieß es in dem Constitutionsedikte: „daß dieselbe nicht vom Oberhaupte derselben getrennt werden sollte, das Nähere aber über die Wirksamkeit der Verwalter der katholischen Hierarchie dem Concordate mit dem römischen Hofe vorbehalten bleibe, welchem der Großherzog bisher vergeblich entgegengesehen habe, dazu aber nach wie vor bereit sei“.

Eine Verordnung vom 1. Dezember 1810 theilte das Großherzogthum in 82 katholische und 35 evangelische Dekanate.

Die Judenschaft bildete einen eigenen constitutionsmäßig aufgenommenen Religionstheil der großherzoglichen Lande, der gleich den christlichen unter seinem eigenen angemessenen geistlichen Regimente stand, welches durch die Verordnung vom 13. Januar 1809 geregelt worden war. Die Ortssynagogen hingen von den Provinzsynagogen, und diese insgesammt von einem jüdischen Oberrathe ab, welcher aus einem Obervorsteher und vier Oberräthen bestand. Der volle Oberrath versammelte sich alle Jahre ein Mal; außerdem besorgte ein Ausschuß die Geschäfte.

Verwaltung.

Die Verwaltungsstellen waren, nach ihrem Instanzenzuge von unten nach oben, folgendermaßen geordnet worden:

1) In staatsrechtlicher und staatspolizeilicher Hinsicht: — Ortsvorgesetzte, Ämter, Kreisdirectorien: — Ministerium des Innern.

2) In staatswirthschaftlicher und finanzieller Hinsicht: — Ortsvorgesetzte, Revierförster und Waldaufseher, Rechnungskammern (Verrechnungen) und Forstämter, Kreisdirectorien und Oberforstämter: — Finanzministerium.

3) In gerichtlicher Hinsicht: — Ämter, Hofgerichte und einstweilen noch standesherrliche Justizkanzleien, Oberhofgericht: — Justizministerium.

Der Wirkungskreis der höheren Stellen fing erst da an, wo der Wirkungskreis der ihnen unmittelbar untergeordneten Stellen aufhörte. Alle Anliegen und Gesuche in Administrativ-, wie in Justizsachen mußten zuerst bei der untersten Stelle, in deren Geschäftskreis der Gegenstand gehörte, angebracht werden, ehe sie von der unmittelbar vorgesetzten Behörde angenommen werden konnten. Auf diese Art hatten sie höchstens drei Instanzen zu durchlaufen. Von der höchsten Stelle fand keine Berufung mehr Statt.

Die Art der Zusammensetzung und der Geschäftskreis aller Verwaltungsbehörden waren in dem „Generalrescript vom 26. Oktober 1809, die Organisation für das Großherzogthum betreffend", und in darauf erfolgten besonderen Edikten, wodurch einzelne Abänderungen verordnet wurden, enthalten. Das Wesentlichste davon ist, in der, im Generalrescript beobachteten Ordnung, von unten herauf, folgende:

1. Ortsvorstände. Der Ortsvorstand in Städten ist der Stadtrath, in Flecken und Dörfern das Gericht. — Jeder Ort von wenigstens 40 Bürgern soll, wenn er noch kein Gericht hat, ein solches erhalten. — Kleinere Ortschaften, ohne eigenes Gericht, stehen unter dem Gericht des Ortes, welchem sie herkömmlich zugetheilt sind. Sie

wählen einen ihrer Bürger, der, unter dem Namen Stabhalter die Ortspolizei und die Vollstreckung der Befehle im Orte besorgt, zugleich auch Mitglied des Gerichts im Hauptorte ist. — Das erste Mitglied der Gerichte ist der Ortsvorgesetzte, welcher in den Städten Bürgermeister oder Oberbürgermeister, und auf dem Lande Vogt heißt. — Seine Ernennung geschieht aus der Bürgerschaft durch die Wahl der Bürger mit Ausschluß der Ehrenbürger. — Das Amt leitet diese Wahl, verpflichtet ihn, und setzt ihn auf der Stelle ein. — Wo ein Ortsvorgesetzter Besoldung und andere Nutzungen hat, da bezieht er dieselben in der Regel von der Gemeinde. — Der Ortsvorgesetzte hat den Vollzug alles dessen zu leiten, was in die Orts- und Feldpolizei einschlägt, die Befehle der höheren Stellen zu verkünden, kleine Streitigkeiten zu entscheiden, kleine Polizeifrevel und Unordnungen zu rügen und zu bestrafen, Vormundschaftsbestellungen beim Amt zu betreiben, Besiegelungen bei Verlassenschaften 2c. zu besorgen, den Inventuren und Abtheilungen beizuwohnen, die Einziehung der herrschaftlichen und Staats- und Kirchengefälle zu besorgen, überhaupt alles das zu verrichten und zu fördern, wodurch er dem Lande, dem Regenten und der Gemeinde, welcher er vorsteht, nützlich sein kann. — Der Stadt- oder Gemeinderechner wird unter dem Vorsitz des Vorgesetzten von der Gemeinde erwählt, und vom Amte bestätigt; er ist zugleich Gerichtsglied. Seine Rechnung muß er jährlich 14 Tage auf der Gerichtsstube zur Einsicht und nach Befinden Erinnerung jedes Bürgers niederlegen und sodann an das Amtsrevisorat einsenden. — Die Stadträthe oder Ortsgerichte werden durch den Zusammentritt der Rathsglieder oder Gerichtsmänner mit dem Vorgesetzten und Gemeindeverrechner gebildet. — Die Rathsglieder und Gerichtsmänner werden vom Stadtrath oder Gericht selbst gewählt und vom Amte bestätigt. — Ein Hauptgeschäft der Stadträthe und Gerichte besteht in der Führung der Contrakten- und Unterpfandsbücher. — Die übrigen Geschäfte theilen sich in solche, welche die Vernehmung der Gemeinden erfordern, und in solche, über welcher sie allein entscheiden. — Die Gerichtsschreiberei ist in der Regel von den Ortsschulmeistern gegen Entgeld zu versehen. — Städte, die dazu das Vermögen haben, können eigene Rathsschreiber anstellen 2c.

2. Bezirksstellen. Dazu gehören: Beamtungen, Amtsrevisorate, Physikate, Dekanate, Bezirksverrechnungen und Forstämter.

Die Beamtungen oder Ämter sind die Gerichtsstellen erster Instanz in allen bürgerlichen Rechtssachen, und außerdem bilden sie die unterste politische Behörde, sowie auch die Polizei des Bezirks ihnen obliegt. — Jedes Amt soll in der Regel wenigstens 7000 Seelen enthalten. -- Die landesherrlichen Beamten werden vom Großherzoge ernannt; die standes- und grundherrlichen aber werden von den Standes- und Grundherren aus der Zahl der landesherrlich approbirten Subjekte gewählt und dem Kreisdirectorio angezeigt, welches die Bestätigung bei der höhern Stelle einholt. — Die Beamten sollen wenigstens 800 Gulden an festem Jahresgehalt und freie Wohnung oder Hauszins empfangen. — Sie erhalten, wo die Beamtung nicht besonders weitlaüfig ist, nur einen Scribenten, welcher aus der Sportelkasse bezahlt wird.

Die Amtsrevisorate haben die Notariatsgeschäfte im Amtsbezirke zu besorgen, als: Ausfertigung der Contracte, Testamente, Aufsicht über die Grundbücher, Ausfertigung der Inventuren, Stiftungsrechnungen, Gemeinderechnungsextracte, Bevölkerungstabellen 2c. — Die Amtsrevisoren beziehen eine feste Besoldung von wenigstens 600 Gulden.

Jeder Amtsbezirk hat einen Physikus, welcher die Aufsicht über die anderen im Bezirk wohnenden Ärzte, Chirurgen, Hebammen, Apotheker und Thierärzte führt. In allen Theilen der medizinischen Polizei hat er den Ämtern auf Verlangen ohne Verzug mit Rath und That beizustehen, auch von Amtswegen in den geeigneten Fällen das Nöthige an die Beamtung gelangen zu lassen. — Seinen Wohnsitz hat er am Hauptorte des Amts.

Der Dekan ist der Aufseher über das Kirchen- und Schulwesen und besonders über die Amtsführung der dabei im Amte angestellten Diener. Er wird, möge er evangelisch oder katholisch sein, vom Landesherrn ernannt. Wo Ämter vermischter Religion sind, werden mehrere unter ein Dekanat vereinigt, und für jede der beiden Confessionen ein besonderer Dekan angestellt. — Dem Dekan liegt die Prüfung der Subjekte ob, welche sich dem Schulwesen widmen.

Die Bezirksverrechnungen sind diejenigen Stellen, welche die landesherrlichen Gefälle im Bezirk erheben, die zum Dienst gehörigen Bücher führen, die Rückstände eintreiben, die Aufsicht über den ordnungsmäßigen Gebrauch des Stempelpapiers, desgleichen über die landesherrlichen Domainen haben, die Lehnsverhältnisse ausfertigen und überhaupt das Interesse und die Verwaltung der landesherrlichen Finanzen innerhalb des Bezirks besorgen. — Alle Gefälle in einem Amte sind in der Regel nur von einem Verrechner zu erheben. Wo eine Ausnahme unumgängig nöthig wird, da sollen doch nur zwei herrschaftliche Verrechnungen für einen Amtsbezirk aufgestellt werden, nämlich eine für die Domanialgefälle, als Domanialgüter, Forstnutzungen, Gülten, Zinsen, Zehnten 2c. (Domanialverwaltung), die andere aber für die directen und indirecten Steüern (Gefälleverwaltung). — Die landesherrlichen Bezirksverrechner werden vom Großherzog ernannt. — In der Regel haben sie auch die Amts-Land- oder Landkostenkassen zu verwalten. — Die Verrechner geistlicher Stiftungen und milder Fundation werden in Ansehung ihrer Geschäftskreise und ihrer Amtsobliegenheiten den landesherrlichen Verrechnern vollkommen gleich geachtet.

Die Forstämter haben die Aufsicht über die Waldungen im Amtsbezirke. — Rücksichtlich der herrschaftlichen Waldungen sind sie den Oberforstämtern allein, rücksichtlich der Gemeinde-, Genossenschafts-, Stiftungs- und Privatwaldungen aber den Kreisdirectorien und den Oberforstämtern gemeinschaftlich unmittelbar unterworfen. — Die landesherrlichen Forstmeister werden vom Großherzoge ernannt.

Für die Residenzstadt Karlsruhe war durch Verordnung vom 11. November 1811 eine eigene Polizeidirection bestellt worden, die von den übrigen stadtamtlichen Behörden unabhangig war, an die Ministerien berichtete und mit den übrigen Stellen communicirte, sonst aber unmittelbar unter dem Großherzoge stand und ihm allein verantwortlich war. Eigene Polizeicommissionen bestanden auch in Mannheim, Heidelberg, Freiburg und Bruchsal; und eine trefflich eingerichtete Polzeiarmenanstalt zu Mannheim.

3. Kreisdirectorien und Oberforstämter. — Das Personal der Kreisdirectorien besteht aus dem Kreisdirector, wenigstens zwei Räthen, einen aus dem Rechts- und staatspolizeilichen und dem andern aus dem staatswirthschaftlichen Fache, sodann aus den nöthigen Kreissecretairen, Registratoren, Kanzlisten oder Scribenten 2c. — Der Geschäftskreis der Kreisdirectorien begreift alle zur Regierung und Verwaltung in den Kreisen gehörige Gegenstände; er fängt indessen erst da an, wo der Wirkungskreis der Bezirksstellen aufhört, oder wo auch gegen die letzteren an sie appellirt wird. — Den Kreisdirectorien ist auch die Büchercensur anvertraut. — In Rücksicht

der bürgerlichen Gerichtsbarkeit haben die Kreisdirectorien blos die Beschwerden gegen die Ämter wegen verzögerter oder verweigerter Gerechtigkeitspflege zu erledigen. — Die Stellen der Kreisdirectoren, der Kreisräthe, der Secretaire und Revisoren werden vom Großherzog besetzt. — Alle eingehenden Geschäfte werden theils vom Kreisdirector selbst zur Bearbeitung übernommen, theils von ihm unter die Räthe, auch Revisoren, nach Materien, und wie er gut findet, vertheilt. Diese referiren dem Director, dessen Meinung allein entscheidet, und der daher auch für die Behandlung und den Betrieb der Geschäfte vorzüglich verantwortlich ist. — Den Kreisdirectorien sind alle im Kreise befindlichen weltlichen und geistlichen Bezirksdiener unmittelbar, die Lokaldiener aber mittelbar in ihrer ganzen Amtsführung, so weit sie auf den Staat Bezug haben, untergeordnet. — Sie selbst aber stehen unmittelbar unter den Ministerien. — Behufs der Pflege der Gesundheitspolizei ist in jedem Kreise ein Medizinalrath angestellt.

Die Oberforstämter haben die Oberaufsicht über alle im Kreise befindlichen Waldungen und über die Forstämter. Wo die dazu gehörigen Gegenstände für einen Kreis einem Forstbedienten nicht hinlängliche Beschäftigung geben, da kann seine oberforstamtliche Aufsicht über mehr als einen Kreis ausgedehnt werden. — Die Oberforstmeister werden vom Großherzog ernannt. — Sie bereisen jährlich gegen den Monat August hin die sämmtlichen Waldungen ihrer Kreise, untersuchen bei dieser Gelegenheit den Vollzug der Forstwirthschaftsplane des laufenden Jahres, erheben diejenigen, welche fürs künftige Jahr zu entwerfen sind, u. s. w.

4. Hofgerichte und standesherrliche Justizkanzleien. Die Hofgerichte verwalten die bürgerliche Gerichtsbarkeit erster Instanz in Gantsachen der Standes- und Grundherren und der von den Ministerien patentisirten Diener, auch der Räthe und Beisitzer der standesherrlichen Justizkanzleien. — In zweiter Instanz geht der Rechtszug von den Entscheidungen der Ämter, ohne Unterschied, ob sie landes-, standes-, oder grundherrlich sind, an die Hofgerichte, und zwar, wenn die Summe der Beschwerde wenigstens 100 Gulden ist, mittelst der Appellation, wenn sie aber 50 Gulden und darüber, jedoch unter 100 Gulden beträgt, mittelst der Revision. Im Wege der Cassation kann jede bürgerliche Rechtssache, ohne Rücksicht auf die Beschwerdensumme, von den Ämtern an die Hofgerichte gebracht werden. — In Ehesachen gehört alles, was die Auflösung stehender Ehen

betrifft, so weit es sich zu richterlichen Erkenntnissen eignet, vor die Hofgerichte. — In Strafsachen sind die Hofgerichte das Forum für alle Unterthanen des Staats, mit Ausnahme der Standesherren. — Die Prüfung der Rechtskandidaten geschieht von den Hofgerichten.

Es bestanden im Großherzogthum drei Hofgerichte, davon eines jeden Sprengel sich über folgende Kreise erstreckte:

Hofgerichte.	Zugehörige Kreise.	
1. Freiburg	See-, Donau-, Wiesen- und Treisamkreis	4
2. Rastadt	Kinzig-, Murg- und Pfinz-Enzkreis	3
3. Mannheim	Neckar- und Main-Tauberkreis	2

Zum mannheimer Hofgerichtssprengel hatte auch der aufgelöste Odenwälder Kreis gehört.

Das Personal eines jeden dieser Gerichtshöfe bestand aus dem Hofrichter als Präsidenten, einem Director, der in Mannheim den Titel eines Vicepräsidenten führte, 8—13 Hofgerichtsräthen, einen bis zwei Assessoren, und einem Medicinalreferenten, nebst dem erforderlichen Unterpersonal.

Die standesherrlichen Justizkanzleien üben die Gerichtsbarkeit in den standesherrlichen Besitzungen in eben dem Umfange aus, wie die Hofgerichte, jedoch mit Ausnahme der Fälle, wo der Standesherr oder seine Beamten als Partei auftreten, in welchem Falle die Hofgerichte zu entscheiden haben; ausgenommen sind auch die Personal- und Strafsachen der landesherrlichen Diener in den standesherrlichen Besitzungen, so wie die Fälle, wo es sich um ein Vergehen standherrlicher Diener oder Unterthanen gegen den Landesherrn oder die von ihm eingesetzten Obrigkeiten handelt.

Das Oberhofgericht verwaltet die bürgerliche Gerichtsbarkeit zweiter Instanz in Gantsachen der Standes- und Grundherren und der von den Ministerien patentisirten oder von ihnen bestätigten Diener, wenn sie mittelst der Revision von den Hofgerichten an dasselbe gelangen und die Beschwerdensumme sich dazu eignet, in allen anderen bürgerlichen Rechtssachen aber in dritter Instanz. In Strafsachen findet die oberhofgerichtliche Jurisdiction in Fällen Statt, wo von den Hofgerichten auf Todesstrafe, oder auf lebenslängliche Zuchthausstrafe, oder auf Deportation, oder auf Dienstunwürdigkeitserklärung erkannt worden ist; oder wo ein von einem Hofgericht Verurtheilter mittelst Rekurs seine gänzliche Unschuld ausführen will. — Das Oberhofgericht ist in zwei Senate getheilt.

Dieser Gerichtshof hatte seinen Sitz in Mannheim und bestand aus einem Oberhofrichter, zwei Kanzlern und 11 Oberhofgerichtsräthen nebst dem erforderlichen Unterpersonal.

Das französische Gesetzbuch, Code Napoléon genannt, wurde schon am 5. Juli 1808 als Landrecht für das Großherzogthum angenommen, und durch ein Edikt vom 3. Februar 1809 die Abänderungen bekannt gemacht, unter denen dies Gesetzbuch mit dem 1. Januar 1810 in den badenschen Landen in Kraft trat. Die Übersetzungen, Abänderungen und Zusätze erschienen in doppelten Ausgaben, die einzigen Übersetzungen, welche vor den Landesgerichten Gültigkeit hatten.

5. Ministerien. Außer den oben angegebenen drei Ministerien gab es ein viertes für die auswärtigen, und ein fünftes für die Militärangelegenheiten.

1) Das Ministerium des Innern spaltete sich in fünf Departements: a) das Landes-Hoheitsdepartement (eine Section desselben bildete einstweilen die Postdirection); b) das Landes-Polizeidepartement (dem als Section eine Sanitätscommission beigegeben war); c) das Landes-Ökonomiedepartement (dem auch das Ingenieurwesen so weit das Technische desselben auf Straßen-, Brücken- und Wasserbau, Landvermessungen und Maaß- und Gewichtspolizei sich bezieht, untergeordnet war); d) das katholisch-kirchliche und e) das evangelisch-kirchliche Departement, mit welchem auch die evangelische Kirchencommission als eine besondere Section verbunden war.

Dem Landes-Hoheitsdepartement war durch Verordnung vom 7. Dezember 1812 ein General-Einstandsbureau, zum Behuf derer, welche Militärpflichtige gegen Entgeld vertreten wollen, beigegeben; es bestand aus Mitgliedern des Ministeriums des Innern und des Kriegsministeriums.

Die wichtigeren Gegenstände, oder solche, welche nicht von den einzelnen Departements zu erledigen waren, gelangten zur weitern Berathschlagung in das Generaldirectorium, welches aus dem Minister als Präsidenten, dem referirenden geheimen Kabinetsrath oder Ministerialdirector, dem Generaldirector als Vicepräsidenten, den sämmtlichen Directoren der Departements und dem Generalsecretair bestand.

Den Departements waren die Kreisdirectoren unmittelbar, die Bezirks- und Lokaldienststellen aber mittelbar untergeordnet.

Die Verordnung vom 10. November 1810 führte ein allgemeines Maaß und Gewicht ein, dessen Grundeinheiten mit den in Frankreich eingeführten metrischen Maaßen und Gewichten in faßlichem

Verhältniß stehen und durch gleiche decadische Eintheilung das einfache Grundverhältniß für jede höhere und niedere Einheit beibehalten.

2) Das Finanzministerium theilte sich nach den Gegenständen seines Wirkungskreises in drei Departements: a) das Staatswirthschafts- und Domainendepartement, mit zwei Sectionen für Forst- und Jagdwesen und Landbau; b) das Steüer- und c) das Kassendepartement. Die innere Einrichtung dieser Departements war die nämliche. wie bei dem Ministerium des Innern; auch standen sie unter sich gegen die unteren und mittleren Stellen, gegen ihr Generaldirectorium und gegen den Minister ganz in denselben Verhältnissen, wie jene.

Unter dem Finanzministerium stand die im Jahre 1808 errichtete Amortisationskasse, deren Director gleichen Rang mit den anderen Departementsdirectoren und Sitz und Stimme im Generaldirectorium dieses Ministeriums hatte. — Dem Finanzministerium waren ferner untergeordnet: die oberste Rechnungskammer und die seit dem 15. Mai 1812 bestehende Controlkammer für die directen und indirecten Steüern.

Die Staatseinkünfte des Großherzogthums gab der Finanzetat von 1808 zu 2,953,936 Gulden an; 1812 rechnete man ihren Betrag auf 5—6 Millionen. Dagegen hafteten aber auch auf den neüen Ländern gegen 18 Millionen Schulden; während die der alten Lande in dem ebengenannten Etat von 1808 ungefähr 10 Millionen betrugen.

3) Das Justizministerium hatte mit dem vorigen gleiche innere Einrichtung, nur fiel die Eintheilung in Departements weg und die Versammlung seiner Mitglieder trat an die Stelle des Generaldirectoriums. Es führte die Oberaufsicht über alle Gerichtsstellen im Lande, regulirte im Einverständniß mit dem Steüerdepartement des Finanzministeriums die Taxen, Sporteln und Stempelgefälle, prüfte die Untersuchungen gegen die Standesherren und legte sie dem Großherzoge mit Gutachten vor, und machte Vorschläge über die Gesetzgebung im bürgerlichen Rechts- und Kriminalsache. Ferner gehörten zu seinem Wirkungskreise alle Lehnssachen, welche landesherrliche Activlehen betrafen, so weit sie nicht zur gerichtlichen Verhandlung sich eigneten.

4) Das Ministerium der auswärtigen Angelegenheiten war, wie bei allen Leüten, deren Macht im Werden begriffen ist, und die nach aüßerer Ausdehnung und Vergrößerung streben, daher

eines oder, je nach Umständen, mehrerer Schutzherren, mindestens mächtiger Allianzen bedürfen, das wichtigste. In seinen Wirkungskreis gehörten alle Angelegenheiten des großherzoglichen Hauses, die Oberaufsicht über das Hausarchiv, die Angelegenheiten des Hofstaats, die Aufsicht über die Redaction des jährlich herauszugebenden Staatshandbuchs und die oberste Censur der Zeitungen. Diplomatischen Verkehr unterhielt der Großherzog mit Frankreich, Österreich, Würtemberg, Baiern, Westfalen, Frankfurt und der Schweiz.

5) Das Kriegsministerium hatte die oberste Leitung aller Militärangelegenheiten, nicht aber einen Minister zum Chef, sondern nur einen Ministerialdirector, der kein Soldat, sondern ein Rechtsgelehrter war. Den unmittelbarsten Einfluß auf diesen Zweig der Staatsverwaltung hatte sich der Landesherr vorbehalten, oder mit anderen Worten, der Großherzog war sein eigener Kriegsminister, und gebrauchte seine zwei Generaladjutanten, den Chef des Generalstabs und seinen Flügeladjutanten zu Vollstreckern seiner Befehle. Ein Zweig des Kriegsministeriums war das Kriegscommissariat und das Kriegszahlamt, denen die Verpflegung der Truppen oblag.

Nach der Rheinbundakte war der Großherzog verpflichtet, 8000 Mann stets auf den Beinen marsch- und schlagfertig zu halten. Damit nicht zufrieden, hatte er seine Streitkräfte auf 12,000 Mann gebracht, die im Herbste 1811 folgendermaßen formirt waren:

Reiterei: Eine Eskadron Garde du Corps. Garnison Karlsruhe.
Ein Dragonerregiment (v. Freistedt), vier Eskadronen. Garnison Bruchsal.
Ein Husarenregiment (v. Geusau), vier Eskadronen. Garnison Karlsruhe und Durlach.

Fußvolk: Ein Bataillon Leibgrenadiergarde. Garnison Karlsruhe.
Erstes Linieninfanterieregiment Großherzog, auch Leibregiment genannt (Nr. 1). Garnison Karlsruhe.
Zweites Linieninfanterieregiment (Nr. 2), [Vacant]. Garnison Mannheim.
Drittes Linieninfanterieregiment (Nr. 3), Graf Hochberg. Garnison Rastadt, 1811 einstweilen in Mannheim.
Viertes Linieninfanterieregiment (Nr. 4), v. Neuenstein. War zum Rheinbündlerkontingent beordert, um auf dem spanischen Kriegstheater die Freiheit unterdrücken zu helfen.
Ein leichtes Infanteriebataillon, vormals Jägerbataillon, v. Lingg. Garnison Freiburg.

Schweres Geschütz: Ein Bataillon, bestehend aus drei Compagnien Fuß- und einer Compagnie reitender Artillerie, nebst Train; Commandeur Stolze. Garnison Karlsruhe.

Der badensche Heerkörper hatte 1811 in der Generalität, außer zwei Markgrafen, einen General der Kavallerie, einen Generallieutenant (vier Offiziere dieses Grades pensionirt) und neün Generalmajore (fünf pensionirt).

6. Der Staatsrath. Die durch das Organisationsedikt vom 26. November 1809 angeordnete Ministerialconferenz und die späterhin in deren Stelle gefolgte Ministerialversammlung und verstärkte Staatsberathung wurde durch einen großherzoglichen Befehl vom 21. September 1811 aufgehoben, und dafür ein Staatsrath eingesetzt, welcher aus den vier Staatsministern (der auswärtigen Angelegenheiten, der Justiz, des Innern und der Finanzen) und 10 Staatsräthen, als ordentlichen Mitgliedern, bestand, zu deren Sitzungen außerordentlicher Weise aber auch andere Staatsräthe vom Großherzoge berufen wurden. An diesen Staatsrath war ein- für allemal jede Abänderung in der Staatsverfassung und jedwede auf die Gesetzgebung Bezug habende Angelegenheit verwiesen. Andere im Schooße dieser Behörde zu berathschlagende Gegenstände wurden in jedem einzelnen Falle vom souverainen Landesherrn bestimmt. Nur auf seinen ausdrücklichen Befehl, auf Ansage aus dem Kabinet, konnten sich die Mitglieder des Staatraths versammeln.

7. Geheimes Kabinet. Aus den ordentlichen Mitgliedern des Staatsraths waren drei zu referirenden geheimen Kabinetsräthen ernannt, von denen einer den Plenarsitzungen der beiden Ministerien der Justiz und des Innern, der andere jenen des Finanzministeriums, und der dritte jenen des Ministeriums der auswärtigen Angelegenheiten mit Sitz und Stimme beizuwohnen und über die daselbst verhandelten Geschäfte dem Großherzog im geheimen Kabinet Vortrag zu halten hatte. Ein geheimer Expeditionsrath, der als solcher auch beim Staatsrathe arbeitete, hatte die Ausfertigungen, welche, wenn sie nicht vom Großherzog selbst unterzeichnet wurden, unter der Unterschrift des betreffenden geheimen Kabinetsraths ergingen.

Unterrichts- und wissenschaftliche Anstalten.

Für Unterricht, wissenschaftliche und Kunstbildung sorgte die aufgeklärte Regierung des Großherzogs mit ruhmvollem Eifer und großer Freigebigkeit: die Universitäten zu Heidelberg und Freiburg, beide von anderen Landesherren übernommen, deren Vorfahren sie gestiftet, so wie trefflich eingerichtete Gymnasien und andere Schulen beweisen das. Der Finanzetat von 1809 bestimmte für Künste und Wissenschaften 121,300 Gulden; davon erhielt Heidelberg 56,000 Gulden und das mannheimer Theater 20,000 Gulden. Es war —

Der Stand der Universitäten im Jahre 1812:

Lehrer.	Theol.	Jurist.	Mediz.	Staatswirthschaft.	Philos.	Zusammen.
Heidelberg	5	10	8	7	16	46
Freiburg	5	5	11	—	10	31
Zusammen	10	15	19	7	26	77

Zur Universität Heidelberg gehörten die Sammlungen von Naturalien und physikalischen Apparaten, die im großherzoglichen Schloßgarten angelegten forst- und landwirthschaftlichen Pflanzungen, die praktischen Medizinalanstalten, die beiden medizinisch-botanischen Gärten, das anatomische Theater, das Entbindungsinstitut und die Universitätsbibliothek. Die freiburger Universität hatte ähnliche Hülfsanstalten.

Lyceen, Gymnasien, lateinische und Bürgerschulen befanden sich in den Hauptstädten Karlsruhe, Mannheim, Heidelberg, Freiburg, Bruchsal, dann in Durlach, Pforzheim, Lahr, Lörrach, Weinheim, Meersburg, Konstanz, auch in Rastatt insonderheit noch ein Schullehrerseminar, aus welcher Anstalt vorzüglich brauchbare Individuen für die Volksschulen hervorgingen, deren Verbesserung und Aufnahme ein Hauptaugenmerk der Regierung ausmachte. — Unterrichtsinstitute für Forstkandidaten waren zu Freiburg und Karlsruhe; eine Taubstummenanstalt zu Karlsruhe; eine Handlungsakademie zu Mannheim. Weibliche Erziehungsanstalten befanden sich außer in Karlsruhe, Heidelberg und Mannheim, besonders und von Staatswegen in Ottersweier, Freiburg und Baden.

Die Hofbibliothek in Karlsruhe mit dem Münz- und Medaillenkabinet, das Hof-Naturalienkabinet, das Gemälde- und Kupferstichkabinet zu Karlsruhe und Mannheim, und das physikalische Kabinet in der Residenzstadt, waren Sammlungen, die der Großherzog einem jeden nach Weiterbildung Strebenden mit größter Freisinnigkeit eröffnet hatte.

Siebenundvierzigstes Kapitel.

Das Großherzogthum Berg nach seiner politischen Eintheilung, in zwei Epochen: 1808 und 1813.

Es ist an früherer Stelle erzählt worden, daß Buonaparte seinen Schwager Joachim Murat am 15. Juli 1808 der großherzoglichen Würde und des Besitzes des Großherzogthums Berg enthoben, und er dies Land selbst übernommen habe. Von da an nannte er sich auch Großherzog von Berg und Cleve, in welcher Eigenschaft er „auf den Bericht seiner Minister für das Großherzogthum Berg und nach Anhörung des Staatsraths" durch Erlaß, der in dem „kaiserlichen Hauptquartier zu Burgos am 15. November 1808" vollzogen wurde, beschloß, besagtes Großherzogthum in vier Departements einzutheilen. Diesem Beschluß war eine Übersicht der Bezirke, — die in der Urschrift bald Arrondissements und bald Districte hießen, — der Cantone und der Gemeinden, so wie eine sehr genaue Beschreibung der Gränzen der Departements und Bezirke, und ein Nachweis der Bevölkerung, hinzugefügt, eine Übersicht, die im Folgenden in abgekürzter Form wiedergegeben wird.

a) Eintheilung und Bevölkerung des Großherzogthums Berg, im Jahre 1808.

Die Departements, in welche das Großherzogthum zerfiel, wurden nach den Flüssen genannt: Rhein, Sieg, Ruhr, Ems; sie enthielten 12 Districte und 78 Cantone. Gesammteinwohnerzahl: 878,157 Seelen, auf 314 deütschen Q.-M.

I. Department des Rheins.

Es bestand aus dem alten Herzogthum Berg, mit Ausnahme des Amtes Windeck und eines Theils des Amtes Blankenberg; aus den durch den Herzog von Nassau abgetretenen, ehemals zum Erzstift Köln gehörig gewesenen Ämtern Vilich, Wolkenburg und Deütz; aus den Herrlichkeiten Elten, Essen und Werden; aus den Herrschaften Broich, Styrum und Hardenberg; und aus dem auf dem rechten Rheinufer gelegenen Theile des vormaligen Herzogthums Cleve, mit

Ausnahme der an Frankreich abgetretenen Stadt und Festung Wesel und des dazu gehörigen Gebiets, und der an Holland überlassenen Districte Huissen, Sevenaer und Malburgen.

Das Departement war auf folgende Weise begränzt:

Gegen Mitternacht von dem Königreich Holland, nämlich durch eine Linie, welche von der Spitze des Kijffwards am Waalstrom, bis zu dem alten Strome gleiches Namens, den genannten Ward umgibt, und demnächst diesem Strome bis zur S'Graevenward'schen Schleüse folgte; hiernächst ging sie mit der alten Gränze bis zu dem von dem Spijk kommenden alten Rhein, folgte dann diesem letztern bis zum Hauberg und lehnte sich hierauf an den vor dem Kijkwitt vorbeigehenden alten Rhein, mit welchem sie bis zum Geldernschen Ward fortging; demnächst folgte sie der alten Gränze des Herzogthums Cleve bis zur Noteboomschen Schleüse, von wo an sie, längs des Grabens am Fuße des Babberichschen Deichs, bis zur Poststraße von Elten auf Arnheim führte; hierauf ging sie bis auf ungefähr 100 Toisen (52 rheinl. Ruthen) mit dieser Straße zurück, und vereinigte sich dann mit der alten Gränze von Elten, welche sie bis zu der an das Amt Diedam sich anschließenden holländischen Gränze verfolgte, von hier führte sie längs der bestehenden Gränze zwischen dem Herzogthum Cleve und dem Königreich Holland, bis unweit der Stadt Anholt auf der Salmschen Gränze; — und von dem Fürstenthume Salm, welches von Anholt bis nördlich der Stadt Schermbeck, durch die bestehende Gränze des Herzogthums Cleve, von dem Großherzogthum Berg sich trennte.

Gegen Morgen, — von dem Fürstenthum Salm, und von dem Herzogthum Aremberg, nämlich: durch die östliche Gränze des Herzogthums Cleve, von nördlich der Stadt Schermbeck, gegen Mittag, bis auf die mitternächtliche Gränze des Amts Essen; die Gränze folgte dann dieser letztern gegen Morgen, bis sie beim Eintritt des Emsterbachs in das Land Essen die Gränze der Grafschaft Mark erreichte; — von der Grafschaft Mark und zwar durch die Gränze, welche diese Grafschaft von den Herrlichkeiten Essen und Werden, von der Herrschaft Hardenberg und von dem alten Herzogthum Berg, bis zur gimborn-neüstädtischen Gränze, trennt; — und endlich durch die westliche Gränze der Grafschaft Gimborn-Neüstadt, und durch eine Linie, welche die Kirchspiele Much, Wieterscheid und Eytorf im alten Herzogthum Berg gegen Abend umschließt, ehe sie, südlich vom Dorfe

Eytorf, mit der mittäglichen Gränze des genannten Herzogthums sich vereinigt.

Gegen Mittag, — vom Herzogthum Nassau, nämlich durch die Gränze zwischen dem alten Herzogthum Berg und den nassau-weilburgischen und usingenschen Ländern, von südlich des Dorfes Eytorf bis an den Rhein, welch' letztern sie unweit des bergischen Dorfes Honnef erreichte; und —

Gegen Abend, — durch den Rheinstrom, der die Gränze des Französischen Reichs bildete, ausgenommen bei dem Gebiete von Wesel, wo sie der Gränze dieses Gebiets folgte.

Einwohnerzahl des Departements: 322,284 Seelen. Eintheilung in vier Bezirke oder Arrondissements und 26 Cantone.

Bezirke.	Cantone.
1. Düsseldorf, mit 80,498 Einw. —	Düsseldorf, Sitz des Präfecten, (19,472 E.), Ratingen (13,713), Velbert (11,703), Mettmann (11,276), Richrath (10,714), Opladen (13,620).
2. Elberfeld, mit 96,471 Einw. —	Elberfeld (18,071), Barmen (14,304), Ronsdorf (12,737), Lennep (15,431), Wipperfürth (10,113), Wermelskirchen (9580), Solingen (16,235).
3. Mülheim, mit 72,924 Einw. —	Mülheim (13,309), Bensberg (9403), Lindlar (9143), Siegburg (15,034), Hennef (13,757), Königswinter (12,278).
4. Essen, mit 72,391 Einw. —	Essen (12,051), Werden (7589), Duisburg (17,955), Dinslaken (10,501), Ringenberg (7353), Rees (7772), Emmerich (9170).

II. Departement der Sieg.

Dieses Departement bestand aus dem Amte Windeck und einem Theile des Amtes Blankenberg; aus den Grafschaften Homburg und Gimborn-Neüstadt; aus der Herrschaft Wildenburg; aus den Fürstenthümern Siegen und Dillenburg, von letzterm die zum Herzogthum Nassau gehörenden Ämter Burbach und Wehrheim ausgenommen; aus der Herrschaft Beilstein; aus dem Fürstenthum Hadamar; aus den Herrschaften Schadeck und Westerburg; und aus dem auf dem rechten Lahnufer gelegenen Theile der eigentlichen Herrschaft Runkel.

Das Departement war auf folgende Weise begränzt:

Gegen Mitternacht, — von der Grafschaft Mark, nämlich durch die gemeinschaftliche Gränze dieser Grafschaft und des Landes Gimborn=Neüstadt; — und von dem zum Großherzogthum Hessen gehörenden ehemaligen kurkölnischen Herzogthum Westfalen; diese Gränze wurde gebildet durch die gemeinschaftliche Gränze des genannten Herzogthums und der Grafschaft Gimborn=Neüstadt, von Bracht, auf der märkischen Gränze, bis auf die Gränze des alten Herzogthums Berg; von hier folgte sie dieser letztern bis zur nördlichen Gränze der Herrschaft Wildenburg, mit welcher sie demnächst bis zur nördlichen Gränze des Fürstenthums Siegen fortging; hierauf folgte sie dieser Gränze, bis dieselbe auf das zum Großherzogthum Hessen gehörende sayn=wittgensteinische Gebiet traf.

Gegen Morgen, — von dem Großherzogthum Hessen, nämlich durch die gemeinschaftliche Gränze zwischen den Fürstenthümern Siegen und Dillenburg, und den wittgensteinischen und hessen=darmstädtischen Gebieten; — und von dem Herzogthume Nassau, nämlich durch die Gränze, welche das Fürstenthum Dillenburg, die Herrschaft Beilstein, das Fürstenthum Hadamar und die Herrschaft Runkel von den solms=braunfelsischen und nassau=weilburgischen Ländern trennt, und welche demnächst unweit des Dorfes Fallenbach in der Herrschaft Runkel, auf den Lahnfluß traf.

Gegen Mittag, — vom Herzogthum Nassau, nämlich durch den Lahnfluß, welcher von dem Dorfe Falkenbach bis zu dem auf dem rechten Lahnufer gelegenen herzoglich nassauischen Dorfe Aarfurt die Gränze bildete; — hier umgab sie das genannte Dorf gegen Mitternacht, vereinigte sich dann wieder mit der Lahn, und folgte demnächst diesem Flusse bis zu dem Dorfe Dehra im Fürstenthum Hadamar; — Die Gränze umschloß hier den auf dem linken Lahnufer gelegenen dehraer Wald, verließ demnächst den Lahnfluß und lehnte sich endlich, indem sie sich westwärts kehrte, mittäglich des Dorfes Offheim, in dem Fürstenthum Hadamar, an den Elsbach.

Gegen Abend, — vom Herzogthum Nassau, und zwar durch die Gränze, welche das Fürstenthum Hadamar und die Herrschaften Westerburg und Beilstein von den nassau=weilburgischen und sayn=altenkirchenschen Gebieten trennte, und welche vom Dorfe Offheim gegen Mitternacht bis auf die Gränze des Amts Burbach sich erstreckt; die Gränze umging demnächst dieses Amt gegen Morgen und vereinigte sich darauf mit der gemeinschaftlichen Gränze des Fürstenthums Siegen und des sayn=altenkirchenschen Landes, welche sie bis zur Gränze der Herrschaft Wildenburg verfolgte; — von hier bildete sich die Gränze durch die gemeinschaftliche Gränze der genannten Herrschaft und des Sayn-Altenkirchenschen, welche in ihrer Richtung gegen Mittag den Siegfluß erreichte; — diesem Fluß folgte sie demnächst bis nahe bei dem Dorfe Bissen auf der Gränze des Herzogthums Nassau, wo sie denselben verließ, um unweit des Dorfes Steimelhagen mit der Gränze des alten Herzogthums Berg sich zu vereinigen; — dann folgte sie dieser letztern bis südlich des Dorfes Eytorf, wo sie auf die östliche Gränze des Rheindepartements traf; — und von dem so eben genannten Departement, nämlich durch die östlichen Gränzen desselben von südlich des Dorfes Eytorf, gegen Mitternacht, bis zur Gränze der Grafschaft Mark.

Einwohnerzahl des Departements: 113,070 Seelen. Eintheilung in zwei Bezirke und 13 Cantone.

Bezirke.	Cantone.
5. Siegen, mit 75,026 Einw. —	Siegen (11,194 E.), Netphen (11,783), Wildenburg (2684), Waldbröl (14,358), Eytorf (12,147), Homburg (9163), Gummersbach (13,697).
6. Dillenburg, mit 58,014 Einw. —	Dillenburg, Sitz des Präfecten (11,524), Herborn (8039), Driedorf (7621), Rennerod (10,959), Hadamar (11,311), Westerburg (4723), Runkel (3867).

III. Departement der Ruhr.

Dieses Departement war zusammengefügt aus den Grafschaften Mark, Dortmund und Limburg; aus dem mittäglichen Theile des Fürstenthums Münster; aus der Herrschaft Rheda und der Stadt Lippstadt. Begränzt war es in nachstehender Weise:

Gegen Mitternacht, — von dem Herzogthum Aremberg, nämlich durch die Linie, welche die Grafschaft Recklinghausen und das Amt Dülmen von den Grafschaften Mark und Dortmund und von dem Fürstenthume Münster trennte, eine Gränze, welche ihren Anfang nahm bei dem Eintritte des Emsterbachs in das Land Essen, und demnächst längs dieses Bachs hinaufging bis zu dem Hause Grimberg, von wo an sie das Dorf Krange gegen Mitternacht umschloß, ehe sie wieder an den Emsterbach sich anlehnte; sie folgte hierauf diesem Bache wieder aufwärts und vereinigte sich dann nördlich des Dorfes Mengede mit der mitternächtlichen Gränze der Grafschaft Dortmund, welche sie bis wieder zur Gränze der Grafschaft Mark verfolgte; mit dieser letztern ging sie demnächst bis zum Austritt des Lippeflusses aus der genannten Grafschaft, und folgte dann diesem Flusse abwärts bis zu dem Hause Ronhagen im Fürstenthum Münster, wo sie auf die westliche Gränze dieses Fürstenthums traf; sie folgte endlich dieser letztern gegen Mitternacht bis zu dem Hause Gisking in dem mehrgenannten Fürstenthume; — und durch eine Linie, welche die Kirchspiele Senden, Venne, Drensteinfurt, Sendenhorst, Enniger, Ennigerlohe und Ostenfelde, im Fürstenthum Münster, gegen Mitternacht umgab und welche sich hierauf mit der gemeinschaftlichen Gränze dieses Fürstenthums und der Herrschaft Rheda vereinigte; die Gränze folgte hierauf der letztern gegen Mitternacht bis unweit des Stiftes Marienfelde, im Fürstenthum Münster, wo die östliche Gränze dieses Fürstenthums von der rhedaischen Gränze sich trennte; — und endlich von dem Königreiche Westfalen, nämlich durch eine Linie, welche die Herrschaft Rheda von dem so eben bezeichneten Punkte bis zu ihrer östlichen Gränze vom ravensbergischen Gebiete scheidet.

Gegen Morgen, — von dem Königreich Westfalen, nämlich durch die gemeinschaftliche Gränze der Herrschaft Rheda und des osnabrückischen Amtes Reckenberg, diese Gränze fing an auf der nördlichen Gränze der Herrschaft Rheda und ging südwärts bis unweit des Hauses Nordbeck, im Fürstenthum Münster, wo sie die östliche Gränze dieses Fürstenthums fand; durch die Gränze, welche das Fürstenthum Münster von dem Amte Reckenberg trennte, und welche vom Hause Nordbeck gegen Mittag bis an das lippe-detmoldische Gebiet sich erstreckte: — und durch die gemeinschaftliche Gränze des Fürstenthums Münster und des lippe-detmoldischen Gebiets, welche demnächst unweit des münsterischen Stifts Kappeln bei der Mündung des Leierbachs den Lippefluß erreichte; — und endlich von dem Großherzogthume Hessen und zwar durch die Linie, welche das ehemalige Herzogthum Westfalen von dem Fürstenthume Münster und von den Grafschaften Mark und Limburg trennte; diese Gränze ging von der Mündung des Leierbachs mit der Lippe abwärts bis zur östlichen Gränze der Grafschaft Mark, folgte dann dieser letztern und umschloß somit die sogenannte soester Börde in der Grafschaft Mark, wendete sich hierauf gegen Mittag bis an den Ruhrfluß, welchen sie bei dem Stifte Scheda in besagter Grafschaft traf und folgte dann diesem Flusse abwärts bis zu dem Hause Gerkendahl, auf der östlichen

Gränze der Grafschaft Limburg; sie lenkte sich demnächst mit dieser östlichen Gränze wieder gegen Mittag, bis dieselbe bei dem Dorfe Kalthoven mit der Gränze der Grafschaft Mark sich wieder vereinigte, welch' letztere sie dann endlich bis auf die mitternächtliche Gränze der Grafschaft Gimborn-Neüstadt verfolgte.

Gegen Mittag, — von dem Departement der Sieg, nämlich durch die gemeinschaftliche Gränze der Grafschaft Mark und der Grafschaft Gimborn-Neüstadt; und —

Gegen Abend, — von dem Departement des Rheins durch die oben beschriebene östliche Gränze dieses Departements, sofern dasselbe von der Grafschaft Mark begränzt wurde.

Einwohnerzahl des Departements: 212,602 Seelen. Eintheilung in drei Arrondissements und 20 Cantone.

Bezirke.	Cantone.
7. Dortmund, mit 72,864 Einw. —	Dortmund, Sitz des Präfecten (12,997 E.), Bochum (11,963), Hörde (9717), Unna (16,203), Werne (10,279), Lüdinghausen (11,705).
8. Hagen, mit 70,595 Einw. —	Hagen (12,154), Schwelm (12,612), Hattingen (8779), Limburg (4180), Iserlohn (7906), Nellenrode (10,137), Lüdenscheid (14,827).
9. Hamm, mit 69,143 Einw. —	Hamm (12,310), Soest (15,582), Ahlen (10,491), Beckum (10,294), Ölde (12,506), Lippstadt (2961), Rheda (5000).

IV. Departement der Ems.

Das Departement der Ems war aus dem nördlichen Theile des Fürstenthums Münster, und aus den Grafschaften Horstmar, Rheine-Wollbeck, Tecklenburg, Lingen, Steinfurt und Bentheim, letztere mit Einschluß der Herrlichkeit Lage, zusammengefügt. Es war auf folgende Weise begränzt:

Gegen Mitternacht, — vom Königreich Holland, nämlich durch die nördliche Gränze der Grafschaft Bentheim, die ihren Anfang nahm und noch heüt zu Tage nimmt nördlich vom Dorfe Laarwalde in der genannten Grafschaft, und endigte sich in ihrer Richtung von Abend gegen Morgen bei der Moorkolonie Adorf auf dem Twist, wo sie die Gränze des arembergischen Gebiets fand; — und von dem Herzogthume Aremberg; die Gränze folgte von dem eben bezeichneten

Punkte der gemeinschaftlichen Gränze der Grafschaft Bentheim und des alten Herzogthums Aremberg, bis unweit des Stiftes Wilmarschen, wo sie auf die nördliche Gränze der Grafschaft Rheine-Wollbeck traf; demnächst folgte sie der letztern bis zu dem Dorfe Altenlingen, wo sie den Emsfluß und mit demselben die Gränze der Grafschaft Lingen erreichte; endlich verfolgte sie die gemeinschaftliche Gränze zwischen Lingen und dem Herzogthum Aremberg, bis diese nördlich des Dorfes Wettrup in der Grafschaft Lingen an die Gränze des ehemaligen Hochstifts Osnabrück sich anschloß.

Gegen Morgen, — vom Königreich Westfalen, nämlich durch die Linie, welche die Länder Osnabrück und Ravensberg von den Grafschaften Lingen und Tecklenburg und von dem Fürstenthume Münster trennte; diese Gränze nahm ihren Anfang nördlich des Dorfes Wettrupp und bildete dann bis zu dem tecklenburgischen Kirchspiele Schale die östliche Gränze der Grafschaft Lingen; hier umgab sie das genannte Kirchspiel gegen Morgen, vereinigte sich darauf wieder mit der östlichen Gränze von Lingen und folgte dann dieser bis zur nördlichen Gränze der Grafschaft Tecklenburg; von hier folgte sie der Gränze zwischen Tecklenburg und Osnabrück, welche, nachdem sie die genannte Grafschaft gegen Mitternacht und Morgen umschlossen hatte, südlich vom tecklenburgischen Dorfe Kattenvenne an die östliche Gränze des Fürstenthums Münster sich anschloß; hiernächst verfolgte sie die gemeinschaftliche Gränze des Bisthums Osnabrück und des Fürstenthums Münster bis zur Gränze der Grafschaft Ravensberg, und ging endlich mit der gemeinschaftlichen Gränze dieser Grafschaft und des genannten Fürstenthums bis zu dem Stifte Marienfelde, wo sie die nördliche Gränze des Ruhrdepartements fand.

Gegen Mittag, — vom Departement der Ruhr, nämlich durch die nördlichen Gränzen dieses Departements vom Stift Marienfelde, bis zum Hause Gisking in ihrer Richtung von Morgen gegen Abend, wo sie an die Gränze der Grafschaft Horstmar sich anschloß; — und von dem Herzogthume Aremberg, nämlich durch die gemeinschaftliche Gränze der Grafschaft Horstmar und des herzoglich arembergischen Amts Dülmen; diese Gränze nahm ihren Anfang bei dem Hause Gisking und endigte in ihrer Richtung von Morgen gegen Abend auf der Gränze des Fürstenthums Salm-Kirburg, bei dem Austritt des Hallapebachs von der horstmarschen Gränze.

Gegen Abend, — von dem Fürstenthum Salm-Kirburg, nämlich

durch die gemeinschaftliche Gränze dieses Landes und der Grafschaft Horstmar; diese Gränze fing an bei dem Austritte des Hallapebachs aus dem horstmarschen Gebiet, wendete sich dann gegen Mitternacht und endigte hierauf unweit des horstmarschen Dorfes Epe auf der Gränze von Holland; — und von dem Königreiche Holland, und zwar durch die Gränze, welche das holländische Gebiet von den Grafschaften Horstmar und Bentheim schied; diese Gränze nahm ihren Anfang westlich vom Dorfe Epe und ging demnächst von Mittag gegen Mitternacht bis nördlich des Dorfes Laarwalde, wo sie die nördliche Gränze des Departements traf.

Einwohnerzahl des Departements: 210,201 Seelen. Eintheilung in drei Arrondissements und 19 Cantone.

Bezirke.	Cantone.
10. Münster, mit 80,918 Einw. —	Münster, Sitz des Präfecten (14,379 E.), St. Mauritz (11,751), Greven (13,502), Telgte (9525), Lengerich (11,569), Wahrendorf (10,153), Sassenberg (10,039).
11. Koesfeld, mit 62,958 Einw. —	Koesfeld (13,195), Billerbeck (10,534), Horstmar (11,668), Ochtrup (11,985), Rheine (9160), Bentheim (6416).
12. Lingen, mit 66,325 Einw. —	Lingen (12,365), Nordhorn (9401), Emlingkamp (7725), Freren (12,092), Ibbenbühren (12,602), Tecklenburg (12,140).

Napoléon Ludwig Buonaparte geb. am 11. Oktober 1804, ältester Sohn von Ludwig Buonaparte (seit 24. Mai 1806 König von Holland) und von des Kaisers „vielgeliebter" Stieftochter Hortense Eugenie, Gräfin Beauharnais war seit dem 3. März 1809 Großherzog von Berg und Cleve. Daß der Onkel durch Dekret vom 26. Dezember 1810 dem Neffen den vierten Theil seines Großherzogthums entriß, und er ihn dafür durch einen Raub entschädigte, der an dem Herzoge von Aremberg begangen wurde, ist oben erzählt worden. Mit Ausnahme der beiden Cantone Wahrendorf und Sassenberg ging dem Großherzogthum Berg das ganze Emsdepartement und der dritte Theil des Bezirks Essen vom Rhein-Departement verloren, wogegen es zwei Cantone gewann, die Cantone Dorsten und Recklinghausen, in welche die arembergsche Grafschaft Recklinghausen eingetheilt wurde. Diese gewaltsamen Abänderungen in dem Gebietsumfange des Großherzogthums führten demnach auch eine anderweitige Einrichtung in den Departements des Rheins und der Ruhr herbei. Auch das Sieg-Departement bekam eine andere Cantonalverfassung. Im Jahre 1808 war die französische Municipalverfassung in den Gemeinden des Großherzogthums, wie es scheint, noch nicht ins Leben getreten; vier Jahre später fand man sie aber vollständig durchgeführt, wie aus der nachstehenden Übersicht erhellt.

b) Eintheilung des Großherzogthums Berg in drei Departements, neün Arrondissements, 59 Cantone und 220 Mairien; Zustand vom Jahre 1812.

I. Departement des Rheins.

Bezirke.	Cantone.	Mairien.	
1. Düsseldorf.	1. Düsseldorf.	Düsseldorf	1
	2. Ratingen .	Angermund, Eckamp, Kaiserswerth, Mintard, Ratingen	5
	3. Velbert . .	Hardenberg, Velbert, Wülfrath . .	3
	4. Mettmann .	Gerresheim, Haan, Hubbelrath, Mettmann	4
	5. Richrath .	Benrath, Hilden, Monheim, Richrath .	4
	6. Opladen .	Burscheid, Opladen, Schlebusch, Witzhalden	4
2. Elberfeld.	7. Elberfeld .	Elberfeld	1
	8. Barmen .	Barmen	1
	9. Ronsdorf .	Kronenberg, Remscheid, Ronsdorf . .	3
	10. Lennep . .	Hückeswagen, Lennep, Lüttringhausen, Rade vorm Wald	4
	11. Wipperfürth	Kürten, Klüppelberg, Olpe, Wipperfürth	4
	12. Wermelskirchen	Burg, Dabringhausen, Wermelskirchen	3
	13. Solingen .	Dorp, Gräfrath, Höhescheid, Morscheid, Solingen, Wald	6
3. Mülheim am Rhein.	14 Mülheim .	Deütz, Hellmar, Merheim, Mülheim, Wahn	5
	15. Bensberg .	Bensberg, Gladbach, Odendahl, Ronsrath	4
	16. Lindlar .	Engelskirchen, Lindlar, Overrath . .	3
	17. Siegburg .	Lohmar, Niederkassel, Siegburg, Sieglar, Wahlscheid	5
	18. Hennef . .	Hennef, Lauthausen, Neünkirchen, Oberpleis, Uckerath	5
	19. Königswinter	Königswinter, Menden, Oberkassel, Vilich	4
4. Essen.	20. Essen . .	Altenessen, Borbeck, Essen, Steele . .	4
	21. Werden .	Werden, Kettwig	2
	22. Duisburg .	Duisburg, Mülheim a. d. Ruhr, Ruhrort	3

Bezirke.	Cantone.	Mairien.	
	23. Dinslaken .	Dinslaken, Gahlen, Götterswicker-Hamm, Holten	4
	24. Dorsten . .	Bottrop, Buer, Dorsten, Kirchhellen, Marle	5
	25. Recklinghausen	Datteln, Herben, Recklinghausen, Waltrop	4
	II. Departement der Sieg.		
5. Siegen.	26. Siegen*) .	Freüdenberg, Friesenhagen, Siegen, Weidenau, Willesdorf	5
	27. Netphen .	Ferndorf, Hilchenbach, Irmgartreich, Netphen	4
	28. Waldbröl .	Dattenfeld, Denklingen, Eckenhagen, Morsbach, Waldbröl	5
	29. Eytorf . .	Eytorf, Herchen, Ruppichter, Much	4
	30. Homburg .	Drabenderhöhe, Marienberghausen, Nümbrecht, Wiehl	4
	31. Gummersbach	Gimborn, Gummersbach, Marienheide, Neüstadt, Ründeroth	5
6. Dillenburg.	32. Dillenburg .	Dillenburg, Ebersbach, Eibach, Heiger	4
	33. Herborn .	Bisken, Eisemrod, Herborn, Hörbach	4
	34. Driedorf .	Driedorf, Elsoff, Mengerskirchen	3
	35. Rennerod**)	Emmerichenhain, Gemünden, Höhe, Marienberg, Rennerod, Westerburg	6
	36. Hadamar**)	Frickhofen, Hadamar, Lahr, Offheim, Schadeck, Schuppach, Zeüghheim	7
	III. Departement der Ruhr.		
7. Dortmund.	37. Dortmund .	Castrop, Dortmund, Lünen	3
	38. Bochum .	Bochum, Herne, Lütgendortmund, Wattenscheidt	4
	39. Hörde . .	Hörde, Schwerte, Witten	3
	40. Unna . .	Aplerbeck, Camen, Freildenberg, Unna	4
	41. Werne . .	Borck, Herbern, Nordkirchen, Werne	4
	42. Lüdinghausen	Ascheberg, Lüdinghausen, Olfen, Otmarsbocholt	4
	43. Sendenhorst†)	Amelsbühren, Everswinkel, Sendenhorst	3
8. Hagen.	44. Hagen . .	Böhle, Breckerfeld, Enneperstraße, Hagen, Herdecke	5

*) Mit diesem Canton war der Canton Wildenburg vereinigt worden.

**) Von den 1808 bestandenen Cantonen Westerburg und Runkel war ersterer dem Canton Rennerod und letzterer dem Canton Hadamar einverleibt.

†) Ein neü gebildeter Canton.

Bezirke.	Cantone.	Mairien.	
	45. Schwelm .	Ennepe, Haßlinghausen, Langerfeld, Schwelm, Vollmarstein	5
	46. Hattingen .	Blankenstein, Hattingen, Sprockhövel .	3
	47. Limburg .	Ergste, Limburg	2
	48. Iserlohn .	Hemer, Iserlohn	2
	49. Neüenrade .	Altena, Nellenrade, Plettenberg . . .	3
	50. Lüdenscheid.	Ebbe, Halver, Lüdenscheid, Meinerzhagen	4
9. Hamm	51. Hamm . .	Hamm, Pelkum, Rhienern	3
	52. Soest . .	Borgeln, Lohne, Schwefe, Soest . .	4
	53. Ahlen . .	Ahlen, Drensteinfurt, Heeßen . .	3
	54. Beckum . .	Beckum, Lippborg, Vorhelm	3
	55. Ölde . . .	Liesborn, Ölde, Ostenfelde, Watersloche	4
	56. Lippstadt .	Lippstadt	1
	57. Rheda . .	Gütersloh, Herzebrock, Klarholz, Rheda	4
	58. Sassenberg*)	Berlen, Harsewinkel, Sassenberg . .	3
	59. Wahrendorf*)	Alt-Wahrendorf, Freckenhorst, Hoetmar, Wahrendorf	4

Wie im Königreich Westfalen, so war auch im Großherzogthum Berg die politische und gerichtliche Verfassung ganz nach französischem Zuschnitt.

Ein Ministerstaatssecretair hatte bei dem, nicht in der Hauptstadt Düsseldorf residirenden, sondern mehrentheils im Feldlager stehenden, Landesherrn den Vortrag. Des Landesherrn Stelle vertrat ein, im Großherzogthum anwesender, kaiserl. königl. Regierungs-Commissar, der zugleich Minister der Finanzen war. Der Reichsgraf Beugnot bekleidete diese hohe Stelle. Minister des Innern, der Polizei, der Justiz und des Kriegs war ein Deütscher, der noch aus der Zeit des alten Herzogthums Berg stammte: ein Graf Nesselrode-Reichenstein. Er führte zugleich den Vorsitz im Staatsrath, der nach dem k. k. Dekrete vom 15. März 1812 in zwei Sectionen getheilt war, nämlich in die Section der streitigen Sachen, und in die der Rechnungsangelegenheiten. Der Staatsrath bestand aus 13 Mitgliedern, lauter Deütschen, früheren Beamten des Landes, darunter mehrere, welche nach Auflösung des Großherzogthums Berg hohe Stufen des Richterstandes erstiegen haben, wie Sethe, ein früherer preüßischer Regierungsrath zu Cleve und Münster, der als wirklicher Geheimer Rath und Präsident des Ober-Tribunals zu Berlin gestorben ist. Dem

*) Diese beiden Cantone waren früher Bestandtheile des Arondissements Münster im Ems-Departement.

Staatsrathe waren 7 Auditoren, ein General-Secretair für die streitigen Angelegenheiten und ein Secretair-Greffier für die Rechnungssachen beigegeben.

Ein jeder der beiden Minister hatte sein General-Secretariat, durch das er die Geschäfte seines Ressorts bearbeiten ließ. General-Secretair des Finanz-Ministeriums war Maassen († als preüßischer Finanzminister zu Berlin 1835). Sein Secretariat war in drei Divisionen abgetheilt: für die allgemeinen Angelegenheiten, für die Domainen, für die Schulden-Liquidation und das Pensionswesen.

Besondere Verwaltungszweige des Finanz-Ministeriums waren: — die General-Direction des öffentlichen Schatzes; — die General-Steüer-Direction; — die Domainen-, Enregistrements-, Stempel- und Hypotheken-Direction, bestehend, unter einem General-Director, aus einem General-Secretariat, einem Büreau der Finanzen des Staats, einem andern der Finanzen des Fürsten, einem dritten des Rechnungswesens und einem General-Stempel-Magazin. — Die General-Bergwerks- und Hütten-Verwaltung unter einem General-Director zu Düsseldorf und zwei General-Inspektoren zu Siegen und zu Dortmund; — die General-Conservation der Forsten und Gewässer; — die General-Administration der Zölle, der Regie, des Tabaks, Salzes, der Barrieren (Wegegeld-Hebestellen), und des Octroi, bestehend aus einem General-Administrator, einem Principal-Inspektor, 3 Divisions-Inspektoren zu Düsseldorf, Hamm und Dillenburg, 8 Principal-Controleurs zu Düsseldorf, Essen, Mülheim, Dortmund, Hagen, Hamm, Dillenburg und Siegen, 14 Ober-Einnehmern der Zölle und 9 Ober-Einnehmern des Tabaks- und Salz-Verkaufs und der Barrieregelder; — endlich die General-Post-Direction.

Das General-Secretariat des Ministeriums des Innern spaltete sich in sieben Divisionen: der Verwaltung, des Rechnungwesens, der Militairsachen, der Kriegsverwaltung, der Justizsachen, des statistischen und des topographischen Bureau.

Zu den besonderen Verwaltungszweigen dieses Ministeriums gehörten: — die Straßen- und Wasserbauverwaltung, welche von einer General-Direction geleitet wurde, und in jedem Arondissement einen Inspektor und mehrere Conducteurs, auch zwei Ober-Inspektoren hatte; die Kohlenwege standen unter Aufsicht einer besondern Inspektion; — der Medizinal-Rath, bestehend aus einem Director,

3 Medizinalräthen und 3 Beisitzern; — der Ober=Schuleninspector für die Leitung und Beaufsichtigung des öffentlichen Unterrichts.

Das französische Gesetzbuch, Code Napoleon genannt, war auch das Gesetzbuch für das Großherzogthum Berg. Der französischen Gerichtsverfassung zufolge hatte jeder Canton seinen Friedensrichter, deren es also überhaupt 59 gab, und eben so viel Gerichtsschreiber; aber nicht in jedem Arrondissement bestand ein Tribunal erster Instanz: die Bezirke Düsseldorf und Elberfeld hatten ein gemeinsames Tribunal zu Düsseldorf, und eben so war nur Ein Tribunal im Sieg=Departement zu Dillenburg. Ein jeder dieser zwei Gerichtshöfe hatte darum auch 2 Präsidenten und 7 Richter, auch der zu Dortmund, während bei den übrigen nur 1 Präsident und 3 Richter fungirten; jedes Tribunal hatte seinen Prokurator, dessen Substitut und einen Gerichtsschreiber, der Secretair genannt wurde. In Düsseldorf, Dillenburg und Dortmund hatte der Prokurator zwei Substitute. In Düsseldorf war ein besonderes Tribunal für Aburtelung der Zoll=Defraudations=Sachen, bestehend aus 1 Präsidenten, 2 Richtern, 1 Prokurator, 1 Greffier. Die höchste Justizstelle war der Appellations=Gerichtshof zu Düsseldorf; er hatte 1 ersten und 3 Senats=Präsidenten, 20 Räthe, 1 General=Prokurator, 2 General=Advokaten, 4 Substitute des Prokurators und 1 Secretair, war demnach ganz so besetzt, wie es bei den kaiserlichen Gerichtshöfen im französischen Reiche der Fall war. Bei diesem höchsten Gerichtshofe waren Advokaten, jedoch nur in den beiden Departements des Rheins und der Sieg, angestellt; im Ruhr=Departement waren 1813 noch keine vorhanden. Anwälte führten bei den Tribunalen erster Instanz und eben so beim Appellationsgericht den Gang der Rechtshändel. Für Handlungen der freiwilligen Gerichtsbarkeit gab es in jedem Canton 2—5 Notarien; die Notarien des Cantons Düsseldorf waren zugleich Notarien fürs ganze Großherzogthum. Huissiers gab es bei jedem Friedensgericht 2, bei jedem Tribunal erster Instanz 4—7, und beim Appellationsgericht 7. Die Schwurgerichte oder Assisenhöfe zur Pflege des peinlichen Rechts wurden aus den Tribunalen erster Instanz zu Düsseldorf, Dortmund und Dillenburg aller drei Monate gebildet.

Was die Departemental=Behörden betrifft, so gab es in jedem Departement eine Präfectur, in jedem Bezirk eine Unter=Präfectur, in jedem Departement eine Steüer=Direction mit Inspektoren, Controleurs und Cantons=Empfängern zur Hebung der directen Steüern, die nach französischer Weise eingerichtet und veranlagt waren; in jedem Departement bestand eine Domainen-Direction mit Inspektoren, Verifikatoren, Domainen- und Enregistrements-Empfängern, Hypotheken-Bewahrern und Stempel-Magazin-Verwaltern; an Medizinal-Beamten gab es in jedem Departement und in jedem seiner Bezirke einen Physikus.

Zur Verwaltung des Berg- und Hüttenwesens bestand: — im Rhein-Departement, das Essen-Werdersche Bergamt zu Essen; — im Sieg-Departement die sechs Bergmeistereien der Reviere Dillenburg, Gummersbach, Wildenburg-Homberg, Ober-Siegen, Unter-Siegen und des Altbergischen Reviers zu Ründeroth; — im Ruhr-Departement das Märkische Bergamt zu Wetter und das Tecklenburg-Lingensche Bergamt zu Ibbenbühren, welches, obwol es im Departement der Ober-Ems des Kaiserreichs belegen war, den Betrieb der dortigen Kohlenwerke für Rechnung des Großherzogs von Berg fortsetzte.

Das Forstwesen war unter 4 Inspektionen, 8 Unter-Inspektionen und 33 Oberförstereien vertheilt, wie folgende Übersicht zeigt.

Inspektionen.	Unter-Inspektionen.	Oberförstereien.	
1) Düsseldorf.	1) Ronsdorf. 2) Duisburg. 3) Bensberg.	Benrath, Lintorf, Essen, Duisburg, Hiesfeld, Bensberg, Bruck, Warth, Troisdorf	9
2) Siegen.	4) Windeck	Siegen, Hainchen, Lützel, Eiderf	4
3) Dillenburg.	5) Herborn. 6) Hadamar.	Sechshelden, Haiger, Ebersbach, Eibach, Sien Renderod, Schönbach, Marienberg, Seck, Steinbach	10
4) Dortmund.	7) Hagen. 8) Hamm. .	Dortmund, Cappenberg, Freüdenberg, Hombruch, Limburg, Altena, Schwelm, Hamm, Ölde, Freckenhorst	10

Die Municipalität der Hauptstadt Düsseldorf bestand aus dem Maire, 3 Beigeordneten, 18 Municipalräthen, dem Stadtrentmeister, dem Steüer-Empfänger, dem Stadtsecretair, dem Polizei-Commissar. Unter-Behörden waren: die Bau-Polizei-Commissare, das Central-Bureau für die allgemeine Armenversorgung, das Wohlthätigkeits-Bureau für das Hospital, Kranken- und Irrenhaus, das Aufseheramt der Schulanstalten und des Erziehungshauses, das der Arbeits- so wie das der Gassensaüberungs-Anstalt.

In Düsseldorf bestanden zwei höhere Lehranstalten: — 1) eine Art Universität, unter dem Namen der Academie der Wissenschaften, mit theologischer, juristischer und medizinischer Facultät, mit 4, 2 und 3 Lehrern, an die sich eine Unterrichtsanstalt der schönen Künste mit 3 Lehrern anschloß; und — 2) ein Lyceum mit 13 Lehrern, welche in den höheren Klassen Philosophie, lateinische und griechische Sprache, Religionsgeschichte, Mythologie, Physik und Mathematik, neüere Geschichte nebst Anwendung auf Bildung des Verstandes und Stilübung, ältere Geschichte, französische Sprache mit Stilübungen und Auslegung der französischen Classiker, lateinische und deütsche Sprache, Erdbeschreibung und Naturgeschichte, in den unteren Klassen auch Vocalmusik und Zeichnen lehrten.

Achtundvierzigstes Kapitel.

Das Großherzogthum Hessen, nach seinem Territorialbestande, seiner Verfassung und Verwaltung.

Das Großherzogthum Hessen war in drei Provinzen eingetheilt, nämlich in das Fürstenthum Starkenburg, das Fürstenthum Hessen, welches man auch das Oberfürstenthum nannte, und das Herzogthum Westfalen. Einer jeden dieser Provinzen war eine Regierung als oberste leitende Polizeibehörde vorgesetzt, so daß man sie auch einen Regierungsbezirk nennen konnte. Starkenburg und Hessen bestand aus eigenthümlichen Landen des Großherzogs und aus Landen der ehemaligen reichsunmittelbaren, nunmehr mediatisirten Fürsten, Grafen und Herren. Diese Lande pflegte man im Anfange des Rheinbundes Souverainetätslande zu nennen, in der Folge aber wurde die Benennung Standesherrschaften üblich. Westfalen war blos landesherrlich. Folgende Nachweisung giebt eine Übersicht der

Bestandtheile und Bevölkerung im Jahre 1806.

Provinzen.	Hauptorte.	a) Landesherrliche Ämter und b) Standesherrschaften.
I. Starkenburg.	Darmstadt.	a) Darmstadt (16,049), Dornberg (7126), Kelsterbach (5515), Lichtenberg (10,536), Pfungstadt (8104), Rüsselsheim (8011), Seeheim (2849), Zwingenberg u. Jägersburg (5628), Schafheim (3469), Umstadt
Flächeninhalt . . .	44¼ Q.-M.	
Landesherrlich . . .	29¼ "	
Standesherrlich . .	15 "	
Ämter und Cantone	33	
Städte	20	

Provinzen.	Hauptorte.
Flecken, Dörfer, Weiler . .	415
Haüser	25,988
Einwohner	179,823
Darmstadt	11,920

a) Landesherrliche Ämter und b) Standesherrschaften.

(9199), Otzberg (1791), Lindenfels (6383), Steinheim (5167), Dieburg (4178), Seligenstadt (5839), Alzenau (4680), Großkrotzenburg (939), Amtsverwalterei Seligenstadt (1020), Heppenheim (4476), Fürth (4639), Bensheim (3363), Lorsch (7083), Gernsheim (2836), Lampertsheim (4239), Hirschhorn (2109), Neckarsteinach (1645), Wimpfen (2565), Kürnbach (796). — Zusammen: 28 Ämter mit 140,034 Einw., darunter 76,609 Lutheraner, 9290 Reformirte, 51,242 Katholiken, 42 Mennoniten, 2851 Juden. — Städtebewohner 37,379, Landbew. 102,655.

b) Standesherrliche Ämter und Cantone: — 1) von Löwenstein-Wertheim 2 (4199). — 2) Grafschaft Erbach, und zwar: Erbach-Erbach 2 (6892); Erbach-Fürstenau 3 (11,003), Erbach-Schönberg 2 (5013). — 3) Herrschaft Breüberg 4 (9090). — 4) Ritterschaft 4 (3592). — Zusammen 17 Ämter mit 39,789 Einw.

II. Hessen.	Gießen.	
Flächeninhalt: . . .	$90\frac{3}{4}$	Q.-M.
Landesherrlich . . .	$57\frac{3}{4}$	„
Standesherrlich . .	33	„
Ämter		67
Städte		35
Flecken und Dörfer		542
Haüser		40,314
Einwohner		226,545
Gießen		7688

a) Gießen Stadtamt (7688), Gießen Landamt (10,713), Allendorf (4427), Alsfeld (18,284), Battenberg (6576), Biedenkopf (6201), Bingenheim (4883), Blankenstein (11,310), Burgemünden (2173), Butzbach (4671), Grebenau (1859), Grünberg (11,445), Homburg an der Ohm (4883), Hüttenberg (3559), Köhl oder Herrschaft Itter (4680), Königsberg (3608), Nidda (6820), Lißberg (7944), Oberroßbach (1360), Schotten u. Sternfels (5469), Storndorf (895), Ulrichstein (10,758), Vilbel u. Rockenburg (3944), Friedberg (1993). — Zusammen 24 Ämter, mit 146,143 Einw., darunter 138,396 Lutheraner, 572 Reformirte, 4423 Katholiken, 54 Mennoniten, 2698 Juden. — Städtebewohner 28,980, Landbewohner 117,163.

b) Standesherrliche Ämter; — 1) Amt Hessen-Homburg 2 (6366). — 2) Stoll-

Provinzen.	Hauptorte.	a) Landesherrliche Ämter und b) Standesherrschaften.
		bergische Grafschaft Königstein: Stollberg-Wernigerode: Gedernscher Antheil 1 (3508), Stollberg-Rosla-Ortenburgischer Antheil 1 (2832). — 3) Herrschaft Schlitz 1 (6500). — 4) Fürstlich und gräflich Solmsische Länder, und zwar: Solms-Braunfels 4 (10,000), Solms-Lich 2 (5730), Solms-Laubach 2 (6055), Solms-Rödelheim (5183), Solms-Wildenfels wegen der Herrschaft Engelthal (40). — 4) Grafschaft Wittgenstein, und zwar: Berleburg 1 (6275), Wittgenstein (7389). — 5) Riedeselsche Herrschaft 6 (8626). — 7) Burg Friedbergsche Besitzungen 5 (8086). — 8) Herrschaft Ilbenstadt (40). — 9) Ritterschaftliche Besitzungen und Deütsch-Ordens Commende 8 (3772); — zusammen 43 Ämter mit 80,402 Einw.
III. Westfalen. Flächeninhalt: . . . 72 Q.-M. Ämter . . . 18 Städte . . . 25 Flecken und Dörfer . . . 539 Adliche Häuser und Güter . 134 Häuser . . . 18,229 Familien . . . 24,950 Einwohner . . . 134,715*)	Arnsberg.	a) Arnsberg (7428), Attendorn (7577), Balve (5879), Belecke (8877), Bilstein (6696), Brilon (12,022), Erwitte (10,711), Esloh (7680), Fredeburg (7695), Gesecke (6182), Marsberg (6769), Medebach (8920), Menden (5457), Meschede (6501), Olpe (9403), Östinghausen (1615), Rüthen (6469), Werl (8445), Bergfreiheit Silbach (389). b) Standesherrliche Ämter: — davon gehörte keins zum Herzogthum Westfalen.

Hiernach hatte das Großherzogthum Hessen bei Errichtung des Rheinbundes einen Flächeninhalt von 207 Q.-M., auf dem 541,083 Einwohner lebten.

Dazu kamen die im Jahre 1810 durch die Verträge vom 11. Mai und 7. September erworbenen und durch den offenen Brief vom 13. November 1810 in Besitz genommenen —

*) Eine andere Angabe, welche sich muthmaßlich auf das Jahr 1803 bezieht, setzte die Bevölkerung des Herzogthums Westfalen auf 131,888 Seelen, darunter 128,781 Katholiken, 1133 Lutheraner, 109 Reformirte, 21 Mennoniten, 1844 Juden; Städtebewohner 32,922, Landbewohner 98,966.

a) hanau-fuldaischen Ämter Babenhausen, Dorheim, Rodheim, Heüchelheim, Münzenberg, Ortenberg und Herbstein, welche dem Fürstenthum Hessen einverleibt wurden, deren Bodenfläche man auf 4 Q.-M. und ihre Bevölkerung zu 15,000 Seelen schätzte; so wie —

b) die vom Großherzogthum Baden erworbene Souverainetät über die fürstlich leiningischen Ämter Amorbach und Miltenberg, das fürstlich löwenstein-wertheimsche Amt Heübach, das freiherrlich jechenbachsche Dorf Lauterbach, endlich über das fürstlich trautmannsdorfsche Dorf Umpferbach, deren Gesammtflächeninhalt ebenfalls zu 4 Q.-M. angegeben wurde, die Einwohnerzahl aber zu 14,995 Seelen. Diese mediatisirten Landestheile kamen unter die Regierung des Fürstenthums Starkenburg.

Demnach war —

Der Territorialbestand und die Bevölkerung im Jahre 1810:

1. Fürstenthum Starkenburg, oder Regierungsbezirk Darmstadt 48¹/₄ Q.-M. 194,828 Einwohner.
2. Fürstenthum Hessen, oder Regierungsbezirk Gießen 94³/₄ Q.-M. 241,545 E.
3. Herzogthum Westfalen, oder Regierungsbezirk Arnsberg 72 Q.-M. 134,715 E.

Das ganze Großherzogthum Hessen 215 Q.-M. 571,078 Einw.

Verfassung.

Von der Verfassung läßt sich nichts weiter sagen, als daß der Großherzog sich in den Besitz der vollsten Souverainetät gesetzt hatte, wie der Leser aus frühern Mittheilungen dieses Denkbuchs sich erinnern wird. Nur hatte er in Rücksicht auf die mediatisirten Fürsten, Grafen und Herren den Bestimmungen des Rheinbündler-Pakts Rechnung getragen. Daß er sich mit einem königlichen Hofstaat umgab, versteht sich von selbst. Da gab es denn Oberhof- und andere Hofchargen nach der gewöhnlichen Art, deren Aufzählung um so mehr überflüssig sein dürfte, da sie mit den in den vorigen Kapiteln nachgewiesenen mehr oder minder übereinstimmten, und wir im Kapitel 49 Gelegenheit haben werden, auf diesen, als nothwendig gehaltenen Prunk der regierenden Herren zurück zu kommen. Am 25. August stiftete der Großherzog einen Verdienstorden, d. h. Kreüzchen und Bändchen!

Verwaltung.

Collegien und Anstalten, welche sich über sämmtliche großherzogliche Lande erstreckten, waren: — Das Staats-Ministerium in 3 Departements: Äußeres, Inneres, Finanzen, jedes Departement mit einem geheimen Referendar an der Spitze. Der Ministertitel war dazumal in Darmstadt nicht üblich. Der Großherzog hatte Gesandte in Berlin, Kassel, Frankfurt, München, in Nassau, Paris, Rom und Wien. Von denselben Höfen, außer dem päpstlichen, befanden sich Gesandte am großherzoglichen Hofe. — Sodann: die General-Kasse; die Ober-Rechnungs-Justifikatur; die Gesetzgebungs-Commission, welche unter dem Directorio des geheimen Referendars vom Departement des Innern stand; das Ober-Appellationsgericht mit einem Präsidenten und 6 Mitgliedern, welche den Titel von wirklichen geheimen Regierungsräthen führten, zugleich Revisionsstelle und höchste Instanz in peinlichen Sachen, auch für die sog. Souverainetätslande (das französische Gesetzbuch war 1812 noch nicht eingeführt); das Ober-Forst-Collegium; das Ober-Bau-Collegium; die Ober-Post-Inspektion — Erblandpostmeister war der Fürst von Thurn und Taxis, der mit diesem Amt als Thronlehn belehnt war; die Civildiener-Wittwen-Kasse-Commission und die Klassenlotterie. — Das Forst- und das Bauwesen standen unter der unmittelbaren Leitung oder Einwirkung des Großherzogs.

Anstalten für die Provinzen Starkenburg und Hessen gemeinschaftlich waren: — die Schulden-Kassa-Deputation; die Ober-Einnehmerei-Commission; die Brand-Assekuranz-Commission; die Dispensations-Kasse; das Waisenhaus zu Darmstadt und die Administrations-Commission des adlichen Stiftsfonds zu Kauffungen. Dieser Ort gehörte nunmehr zum Königreich Westfalen, in dessen Fulda-Departement, District Kassel, er belegen war. Hieronymus Buonaparte hatte diese, aus dem Reformationszeitalter stammende Stiftung, — als Philipp der Großmüthige 1527 die Einkünfte des Benedictiner-Nonnenklosters Caufunga zur Aussteüer von Töchtern altadlicher hessischer Familien, die zu den Landständen gehörten, überwies, — geachtet und bestehen lassen. Westfälischer Seits wurde dieser Stiftsfonds vom zweiten Büreau in der zweiten Abtheilung des Ministeriums des Innern verwaltet.

Die Provinzial-Behörden für jede Provinz waren: — eine Regierung, welche die Hoheitssachen und die Polizei verwaltete und die Oberaufsicht über die Ämter führte. Dies Collegium bestand aus 1 Präsidenten und 7—12 Räthen, 2—3 Assessoren, und hatte in Darmstadt und Arnsberg, nicht aber in Gießen, ein besonderes Collegium medicum von 4—6 Mitgliedern als besondere Abtheilung neben sich. — Ein Hofgericht, welches die Justizpflege übte, aus 1 Director, 5—7 Räthen und 2 Assessoren bestand, und ein peinliches Gericht unter sich hatte. — Die Hofkammer, zu deren Geschäftskreis das gesammte Finanz- und Steüerwesen gehörte, und der die Rechnungs-Justifikaturen und Provinzial-Kammerkassen, in Starkenburg auch das Münz-Officium, im Oberfürstenthum und in Westfalen die Bergämter, in letzterem Herzogthum auch die Renteien untergeordnet waren. — Dann kamen die Commissarien für die Souverainetäts-Lande in Starkenburg 1, im Oberfürstenthum 3, zur Wahrung der großherzoglichen Hoheitsrechte. — Der Kirchen- und Schulrath in jeder der drei Provinzen bestand aus 1 Director, 3—6 Räthen, 2 Assessoren. Zum Geschäftskreise dieser Behörde gehörten: die Aufsicht über Anstalten für Volksbildung, Prüfung der Kirchen- und Schullehrer, in Hinsicht der Katholiken mit Ausnahme der bischöflichen Rechte, die Oberaufsicht über sämmtliche Fonds und Kassen, welche mit Kirchen- und Schulwesen zusammenhangen, die landesherrlichen Rechte über Kirchen und Kirchengemeinden. Rechtssachen gehörten nicht zum Wirkungskreise dieser Behörde. Der Schulrath des Herzogthums Westfalen hatte nur einen evangelischen Beisitzer, da die Provinz katholisch ist. — In jeder der beiden Provinzen Starkenburg und Hessen bestand eine Land-Kriegs-Commission, welche das Militairwesen, in so weit Rekruten-Aushebung dabei in Betracht kommt, zu verwalten hatte. — Standesherrliche Behörden waren: — in Starkenburg, die fürstlich löwensteinsche und gräflich erbachsche gemeinschaftliche Justizkanzlei zu Michelstadt, mit 1 Director und 3 Räthen; die fürstlich leiningensche Justizkanzlei zu Amorbach, mit eben so viel Beamten; — im Oberfürstenthum die Justizkanzlei zu Hungen für die solms'schen Besitzungen, mit eben so viel Beamten; und die Justizkanzlei in der Burg Friedberg, mit 1 Director und 1 Justizrath.

Unterrichtsanstalten. Für gelehrte Bildung bestand die Landesuniversität Gießen fort; 1812 hatte sie 23 Professoren zu ordentlichen Lehrern, 4 in der theologischen, 5 in der juristischen, 5 in der medizinischen und 9 in der philosophischen Fakultät. Sie besaß außer der sogen. alten Universitäts-Bibliothek auch noch die Senkenbergsche Bibliothek. Das Provincial-Gymnasium zu Darmstadt und das Provincial-Pädagogium zu Gießen waren beide für lutherische, das Gymnasium zu Arnsberg aber für katholische Schüler.

Finanzen. Die Einkünfte des Großherzogthums mochten sich auf 3,690,000 Fl. belaufen. Dazu trugen bei: — Starkenburg 990,000 Fl., Oberhessen 1,100,000 Fl., Westfalen 650,000 Fl., die Souverainetäts-Lande 900,000 Fl. und die neüen Erwerbungen von 1810: 50,000 Fl.

Streitmacht. Das Militärwesen leitete das Ober-Kriegs-Collegium zu Darmstadt, unter unmittelbarer Leitung des Großherzogs, der nach den Festsetzungen der Rheinbündler-Akte 4000 Mann in Feldbereitschaft zu halten, diesen Betrag aber verdoppelt hatte, denn sein Militairstaat bestand 1812 aus:

1) Linientruppen 7000—8000 Mann stark, nämlich
   Artillerie: 3 Compagnien und 1 Compagnie Fuhrwesen;
   Kavallerie: Garde du Corps, Leibwache des Großherzogs; 1 Regiment Chevauxlegers von 3 Schwadronen;
   Infanterie: 9 Bataillone.
   Aus Reiterei und Fußvolk zusammengesetzt: das zur innern Sicherheit des Landes dienende Landdragoner- und Landschützen-Corps.
2) Reservetruppen: 3 Bataillone, welche, so lange die Linientruppen nicht ins Feld gerückt waren, beurlaubt blieben.

Neünundvierzigstes Kapitel.

Das Großherzogthum Würzburg nach seiner Verfassung und seinen Bestandtheilen.

Das ehemalige Hochstift Würzburg hatte seit 1803 sehr wesentliche Veränderungen erlitten. Durch den letzten Reichsdeputations-Schluß wurde es säcularisirt. Die Hauptmasse kam an Baiern, einzelne Stücke wurden davon abgerissen und anderen Fürsten zur Entschädigung gegeben. Unter der baierischen Regierung erhielt es eine ganz neüe Organisation. Aber kaum war diese Einrichtung in Vollziehung gesetzt, als das Land durch den presburger Frieden dem vormaligen Kurfürsten von Salzburg zugetheilt und zum Kurfürstenthum erhoben wurde. Mit der Zertrümmerung des Deütschen Reichs am 12. Juli 1806 hörte die kurfürstliche Würde in Würzburg auf; der Kurfürst trat durch die Akte vom 25. September 1806 dem Rheinbunde bei und nahm den großherzoglichen Titel an. (II. 2, S. 234) und das Land erfuhr durch die Verträge vom 8. und 26. Mai 1810 manche Veränderungen, vermöge deren das nunmehrige Großherzogthum einen nicht unansehnlichen Zuwachs gewann (II. 2, S. 266, 267) die folgenden Nachweisungen sind aus dem Staatskalender für das Jahr 1811 entnommen.

Hofstaat. Der Großherzog, von Gottes Gnaden kaiserlicher Prinz des Hauses Österreich, königlicher Prinz von Ungarn und Böhmen, Erzherzog von Österreich, Großherzog zu Würzburg und in Franken Herzog ꝛc., vormals Großherzog von Toskana, hielt einen ansehnlichen Hofstaat, bestehend aus einem Oberstkämmerer, einem Obermarschall, einem Oberstallmeister, einem Hofmarschall, einem Oberstjägermeister, einem Leibgarde-Hauptmann, der ein österreichischer General-Major war, und 70 Kämmerern oder Kammerherren. Dieses Personal bildete die Hof-Chargen. Dann kam die Kammer des Großherzogs, und zu der gehörten: ein Beichtvater; ein geheimer Hofrath und Kabinets-Secretair mit zwei Kabinets-Beamten; ein Leibmedicus, ein Leib- und Hofchirurg, und der Referendarius der böhmischen Herrschaften, oder derjenigen Landgüter in Böhmen, welche der Großherzog als Privatgut besaß. Dann folgte der Hofstaat des Erb- und Kronprinzen und der der Erzherzoginnen, Töchter des Großherzogs. Ferner die Hofkapelle mit einem Hofpfarrer, 3 Kaplänen, einem Hofkapellmeister, einem Concertmeister, einem Organisten, 9 Sängern und Sängerinnen und 30 Personen für Instrumentalmusik ꝛc. Demnächst zählte der Staatskalender die Bedienten der Hoflivree, des Hofcontroleuramts, der Confectstube, der Hofkellerei und der Hofgärtnerei zu Würzburg, Werneck und Veits-Höchheim auf, so wie die des Garderobeamts und des Hofstalls. Die Leibgarde bestand aus 1 Hauptmann, der schon angeführt ist, 1 Lieutenant, 1 Cornet, 2 Wachtmeistern, 1 Rechnungsführer, 3 Brigadiers, 1 Trompeter, 24 Gardisten; die Palastgarde aber aus 2 Sergeant-Majors (Feldwebeln), 6 Sergeanten und 90 Gardisten. — Der vom Großherzog gestiftete St. Josephsorden war der Hausorden; er hatte 27 Großkreüze, 12 Commandeurs und 14 Ritter zu Mitgliedern, so wie seinen Kanzler und einen Secretair. Der geheimen Räthe waren 19 vorhanden.

Höchste Staats-Collegien waren:

1) Das Staats-Ministerium, welches aus einem dirigirenden Staatsminister, einem Staatsraths-Secretair, 4 Staatsministe-

rial-Secretairs, nebst dem erforderlichen Unterpersonal bestand, wozu auch 2 geheime Archivare gehörten.

2) Der geheime Staatsrath bestand aus dem dirigirenden Staatsminister, 3 geheimen Staatsräthen und 1 Secretair.

Frankreich, Österreich und Baiern hatten zu Würzburg Gesandte, und der Großherzog unterhielt auch an den Höfen zu Paris, Wien und München Gesandtschaften.

„Die Sorge für die Ausübung sowol, als für die Sicherung und Aufrechthaltung unserer Hoheitsrechte ist zwar, soweit dieser Gegenstand zum Wirkungskreise eines Landes-Regierungs-Collegiums gehört, unserer Landes-Direction übertragen, und es hat hierbei, so wie bei dem ihr deshalb vorgezeichneten Geschäftsgange sein unverändertes Verbleiben. Wir finden uns jedoch bewogen", — so verordnete der Großherzog unterm 23. Juli 1810, — „diesem Gegenstande, insofern er außer(halb) der Beurtheilung und Amtsgewalt des Regierungs-Collegiums liegt, diejenige besondere Aufmerksamkeit, welche der Wichtigkeit derselben angemessen ist, noch weiteres dadurch zu widmen, daß wir für dessen Beachtung in einer höhern Beziehung ein eigenes Staatsamt errichten. Dem Vorsteher desselben ist der Titel eines —

3) Geheimen Hof-Commissars beigelegt. Unser geh. H. C. steht mit keiner unserer Landesstellen oder unteren Behörden in einer unmittelbaren Geschäftsberührung und Communication; sondern, so wie er unmittelbar nur unserm dirigirenden Minister untergeordnet ist, so gehen alle ihn betreffenden Geschäfte nur durch unser dirigirendes Ministerium, welches alsdann, was hierauf beschlossen wird, den betreffenden Behörden zum Vollzug inscribirt und unsern geh. H. C. hiervon in Kenntniß setzt." Mit einem Worte, der geh. H. C. war des Landesherrn geheimster Rathgeber in allen innern und auswärtigen Staatsverhältnissen, bei denen die Hoheitsrechte mit ins Spiel kamen, und diejenigen Landes-Directions-Räthe, welche das Referat bei ihrem Collegio in diesen Gegenständen hatten, waren angewiesen, dem geh. H. C. mit mündlicher oder schriftlicher Information zur Hand zu gehen.

4) Die Commission zur Leitung des Kassawesens bestand aus 3 Räthen und 1 Secretair. Dann folgte —

5) Die Landes-Direction, welche einen Präsidenten und einen Vicepräsidenten hatte, und in drei Abtheilungen folgendermaßen sich spaltete:

a) die Regierungskammer, mit einer Medicinal-Section;

b) die Staatkammer, und

c) die Hofrechenkammer;

eine jede der beiden ersten Abtheilungen mit einem Director, 11 Räthen, 3 Secretairs und 2 Accessisten; die dritte mit einem Director und mehreren Buchhaltern, Rechnungs-Commissars, Assistenten.

Der Landes-Direction untergeordnet waren: das Zoll-Departement, die Salinen-Commission für das Salzwerk zu Kissingen, das Oberstforstmeisteramt, welches von der Landes-Direction unmittelbar versehen wurde, und 13 Forstämter unter sich hatte; die Brand-Assekuranz-Commission, das Forstmappirungs-Büreau, das Hofkassiramt, das Hofkassazahlamt, das Hofkassa-Aktivkapitalien- und Zinseneinnehmer-Amt, das Hofbauamt, das Münzamt, das Ober-Kriegs-Commissariat, die Kriegs-Kasse, die Militair-Proviant- und Fourage-Verwaltung, die Casernen- und die Zeughaus-Verwaltung; das Siegel- und Stempelamt, und die Straßenbau-Direction. — Unter der unmittelbaren Leitung der Landes-Direction standen 48 milde und sonstige mit den milden Stiftungen auf gleicher Stufe stehende und gleiche Begünstigung genießende Verwaltungen. — Die dritte Abtheilung der Landes-Direction, oder die Rechenkammer, zerfiel in drei Unterabtheilungen: das Gemeinde-, das rentkammerliche und das Rechnungswesen der milden Stiftungen betreffend.

Justiz-Verwaltung. Der höchste Gerichtshof im Großherzogthum Würzburg war:

1) Die oberste Justizstelle, bestehend aus einem Präsidenten und 8 Räthen; eine Mittel-Instanz aber —

2) Das Hofgericht, mit einem Präsidenten, einem Director und 15 Räthen nebst dem erforderlichen Unter-Personal in beiden Collegien; den ersten Rechtsgang aber bildeten —

3) Die Stadtgerichte zu Würzburg und Schweinfurt, die großherzoglichen Landrichter und die Patrimonialrichter auf dem Lande.

Bei der obersten Justizstelle und dem Hofgericht, beide in der Haupt- und Residenzstadt Würzburg, waren angestellt: 21 Advokaten, ferner in Schweinfurt 6, in Kitzingen 2, in der obern Landesgegend 2, in der östlichen 2; sodann 2 Prokuratoren, 22 Notarien in Würzburg und 10 auf dem Lande.

Landes-Eintheilung. Das würzburgische Land war von

baierischer Seite in Landgerichte eingetheilt, und diese Eintheilung vom Großherzoge Ferdinand beibehalten worden. Justiz und Polizei waren von der Rentei ganz getrennt. In jedem Landgericht gab es daher für die beiden ersten Zweige einen Landrichter, und für den dritten einen Rentamtmann. Dann war in jedem Landgericht ein Physikus und ein Amtswundarzt, auch wol mehrere. Den Grundherren war die untere Gerichtsbarkeit verblieben. Sie ließen dieselbe durch Patrimonialrichter verwalten. Den Ortschaften standen Schultheißen oder Bürgermeister vor.

Landgerichte u. Rentämter.	Städte.	Schultheißereien.	Patrimonialgerichte; deren Besitzer.
1) Arnstein.	1	27	1) Bonnland, — Freiherren Gleichen-Rußwurm.
			2) Rappolszaint, — Frh. v. Würzburg.
2) Bischofsheim.	1	20	3) Gersfeld, — Graf Frohberg.
3) Dettelbach.	1	17	4) Mainsundheim, — Frh. Bechtolsheim.
			5) Schernau, — Frh. Romann.
			6) Schwarzenau, — Graf Ingelheim.
			7) Bibergau, — Würzburger Universit.
			8) Albertshofen, — Kitzinger Hospital.
4) Ebern.	1	21	und 5 Ortschaften mit Zöllnern.
			9) Dürrenried, — Frh. Albini.
			10) Eyrichshof, — Frh. Rotenhan. 6 Schultheißereien.
			11) Gemünde, — Graf Ortenberg. 9 desgl.
			12) — —, — Frh. Greifenklau. 6 desgl.
			13) Heilgersdorf, — Frh. Lichtenstein 13 desgl.
			14) Heubach, — Frh. Rotenhan.
			15) — —, — Frh. Hendrich.
			16) Leuzendorf, — Frh. Erthal. 8 Schultheißereien.
			17) Marolsweisach — Frh. Horneck.
			18) Obermerzbach, — Graf Rotenhan.
			19) Pfaffendorf, — Frh. Altenstein, 16 Schultheißereien
			20) Waßmuthshausen, — Graf Voit v. Rieneck. 3 desgl.
			21) Weißenbrunn, — Frh. Oberkamp.
			22) Obermerzbach, Pfarrweisach, Juntersdorf und Gressergrund, — Frh. Könitz.
5) Eltmann.	1	13	23) Ebelsbach, — Frh. Rotenhan.

Landgerichte u. Rentämter.	Städte.	Schultheißereien.	Patrimonialgerichte; deren Besitzer.
			24) Fatschendorf und Himmelsmäler, — Graf Voit.
			25) Gleißenau, — Frh. Groß. 4 Schultheißereien.
6) Ellerdorf.	—	23	
7) Fladwegen.	1	18	26) Neßstädtles, — Graf Soden.
			27) Oberwaldbehrungen, — Frh. Fannische Familie.
			28) Huflar, — Frh. Boyneburg.
			29) Weimarschmieden, — Frh. Thon.
			30) Willmars, — Frh. Wildungen.
8) Gemünden.	1	15	31) Adelsheim, — Frh. Drachsdorf.
			32) Schunderfeld, Weihersfeld u. Michelau, — Graf Nostitz-Rieneck.
9) Gerolzhofen.	1	43	33) Bimbach, — Frh. Fuchs. 2 Schultheißereien. 2 Bauerschaften.
			34) Fraustadt, — Graf Voit-Rieneck. 2 Schultheißereien.
10) Haßfurt.	1	26	35) Marienburghausen, — Würzburger Universität.
			36) Wohnfurt, — Frh. Seckendorf.
			37) Sechsthal, — Frh. Gros.
			38) Eschenau, — Frh. Fuchs.
			39) Steinsfeld, — Frh. Schönborn.
11) Hilders.	—	7	40) Wüstensachsen — Würzb. Universität.
			41) Schackau u. Eckweißbach, — freiherrl. Rosenbach'sche Erben. 9 Schultheiß.
			42) Tann, — Frh. v. d. Tann. 6 desgl.
12) Hofheim.	2	22	43) Bettenburg, — Frh. Truchseß-Wetzhausen. 5 desgl.
			44) Birkenfeld,— Frh. Wöllwarth. 5 desgl.
			45) Bundorf, — Frh. Truchseß-W. 4 desgl.
			46) Burgeppach, — Frh. Fuchs. 5 desgl.
			47) Dieterswind, — Freifrauen Thüngen und Eyb. 3 desgl.
			48) Friesenhausen, — Frh. Dalberg. 3 dgl.
			49) Oberlauringen, — Frh. Truchseß. 2 desgl.
			50) Schweinshaupten, — Frh. Fuchs. 2 desgl.
			51) Stöckach und Wolchenfeld, — Frh. Hutten. 2 desgl.
			52) Unfinden, — v. Segnitz.

Landgerichte u. Rentämter.	Städte.	Schultheißereien.	Patrimonialgerichte; deren Besitzer.
			53) Wetzhausen, — Frh. Truchseß. 2 dsgl.
13) Homburg am Main.	—	10	54) Helmstadt, — v. Imhof.
			55) Holzhausen (Domaine), — Marschall Duroc, Herzog von Friaul!
			56) Remlingen, — Fürsten und Grafen v. Wertheim.
			57) — —, — Graf Castell. 6 Schultheißereien.
			58) Üttingen, — Frh. Wolfskrel.
14) Karlstadt.	1	17	59) Das Juliushospital mit 3 Schultheiß.
			60) Thüngen, — Frh. Thüngen.
			61) Stadelhofen, — Graf Sickingen.
			62) Lauderbach, — Graf Voit.
			63) Steinbach, — Frh. Hutten.
			64) Urspringen, — Graf Ingelheim.
15) Kissingen.	1	23	65) Kastrum zu Kissingen u. Steinbach, Frh. Hens.
16) Kitzingen.	1	10	
17) Königshofen.	1	20	66) Aubstadt, — Frh. Bibra.
			67) Brunhausen, — derselbe.
			68) Hochheim, — derselbe.
			69) Imelshausen, — derselbe.
			70) Mainbardorf, — Frh. Guttenberg.
			71) Sternberg, — derselbe. 3 Schultheiß.
			72) Kleinabstadt, — Frh. Münster.
			73) Trappstadt, — Graf Elz.
			74) Waltershausen, — Frh. Kalb.
18) Mainberg.	—	28	75) Gochsheimsche Besitzungen des Frh. Erthal.
			76) Schwebheim, — Frh. Bibra.
19) Mellrichstadt.	1	9	77) Bastheim, — Frh. Bastheim.
			78) Mühlfeld, — Frh. Seefried.
			79) Roßriet, — Frh. Stein. 8 Schultheiß.
20) Münnerstadt.	1	25	80) Rannungen, — Frh. Münster.
21) Neustadt.	1	25	81) Lobenhan, — Frh. Gelbsattel. 3 Schultheißereien.
			82) Nellhaus, — Frh. Borin. 2 desgl.
			83) Unsleben, — Frh. Habermann.
22) Ochsenfurt.	1	15	84) Darstadt, — Frh. Zobel, 1. Linie. 3 Schultheißereien.
			85) Giebelstadt, Frh. Zobel, 2. Linie. 2 dgl.
			86) Giebelstadt, Frh. Zobel, 3. Linie. 2 dgl.
			87) Sommerhausen, — v. Rechtern. 3 dgl.

Landgerichte u. Rentämter.	Städte.	Schultheißereien.	Patrimonialgerichte; deren Besitzer.
23) Prölsdorf.	—	5	Bürgermeistereien.
		3	Schultheißereien und Glasfabrik Schleichach. Prölsdorf kein Rent- sondern Kameralamt.
24) Röttingen.	2	28	
25) Volkach.	1	21	88) Zeilitzheim, — Graf Schönborn. 9 Schultheißereien.
26) Warneck.	—	23	89) Burgrheinfeld, — Juliushospital zu Würzburg.
			90) Ellerbach, — Frh. Münster. 4 Schultheißereien.
			91) Obbach, — Frh. Bobenhausen.
27) Wolfsmünster.	—	16	92) Amt Wolfsmünster, — Juliushospital. 7 Schultheißereien.
			93) Amt Sodenberg, — Universität zu Würzburg. 2 desgl.
			94) Gräfendorf, — Juliushospital und Frh. Thüngen.
			95) Burgsien, — Frh. Thüngen.
			96) Heßdorf, — derselbe.
			97) Höllerich, — derselbe.
			98) Waizenbach, — adeliges Damenstift.
28) Würzburg rechts am Main.	—	19	99) Oberdürrbach, — Juliushospital.
			100) Unterpleichfeld, — Großherzog von Frankfurt.
29) Würzburg links am Main.	1	16	101) Albertshausen, — Frh. Wolfskeel. 3 Schultheißereien.
			102) Rottenbauer, — Freifrauen Gros und Redwitz. 2 desgl.
Vier Filial-Justiz- und Rentämter.			
30) Hammelburg.			
31) Prichsenstadt.			
32) Röbelmeier.	—	3	
33) Thundorf.	—	3	
Provisorische Landgerichte u. Rentämter.			
34) Gleußdorf.	—	37	103) Kirchlautern u. Neubronn, — Frh. Guttenberg und Würzburg.
			104) Weinsdorf, — Frh. Rotenhan.

Provisorische Landgerichte u. Rentämter.	Städte.	Schultheißereien.	Patrimonialgerichte; deren Besitzer.
			105) Untermerzbach, — Graf Rotenhan.
35) Marktsteft.	—	23	106) Marktbreit, — Fürst Schwarzenberg.
			107) Kastel und Rüdenhausen, — Graf Kastel.
			108) Frühstockheim u. Rödelsee, — Frh. Crailsheim.
36) Schweinfurt.	—	6	109) Gochsheim, — Herzog von Sachsen-Weimar.
37) Sulzheim.	—	13	110) Altenschönbach, — Frh. Crailsheim.
			111) Westheim, — Frh. Fuchs v. Bimbach.
38) Zeil.	1	7	

Größe und Bevölkerung. Dem Großherzogthume Würzburg, in dem Umfange, wie ihn die vorstehende Territorialeintheilung nachweist, legte man einen Flächeninhalt von 108 Q.-M. bei und schätzte die ursprüngliche Einwohnerzahl auf 311,000 Seelen, und nach den Erwerbungen, in Folge der Verträge vom Mai 1810, auf 344,500 Seelen, — von einer andern Seite nur 279,000. Eine Volkszählung scheint während des ephemeren Bestandes dieses Staates nicht vorgenommen worden zu sein. Die Einwohner waren in der großen Mehrheit Katholiken, in der Minderzahl Lutheraner. Das gegenseitige Verhältniß ergiebt sich ungefähr aus der Zahl der Pfarreien, die weiter unten angemerkt werden.

Lokalbehörden in der Haupt- und Residenzstadt Würzburg waren: eine Polizeidirection mit einem Director, 5 Commissaren, eine Stadtarmen- und eine Feldpolizei-Commission, ein Stadtgericht, ein städtischer Verwaltungsrath, und noch besondere diesen untergeordnete Administrationen. Zum Oberpostamte gehörten ein Oberpostmeister, 5 Secretairs, 2 Expeditoren der Fahrpost 2c. Im ganzen Lande gab es noch 17 Postämter. — Die Lokalbehörden in der Stadt Schweinfurt waren erst provisorisch und bestanden aus einem Districts- und Stadtcommissarius für die Polizeipflege, einem Stadtgericht, einem städtischen Verwaltungsrathe und einer Stiftungs-Verwaltung.

Das Juliushospital für Arme, Preßhafte und Kranke, in ganz Deütschland eine der vorzüglichsten Verpflegungsanstalten für Hülfsbedürftige und musterhaft wegen der damit verbundenen medicinischen und chirurgischen Cliniken, hatte seinen eigenen Verwaltungsrath, bestehend aus einem Director, 3 Räthen, einem Secretair, und anderm Unterpersonal. Ferner waren dabei angestellt: 2 Ärzte, 1 Ober- und 1 Unterwundarzt, ein Apotheker und 1 botanischer Gärtner. Dieses Spital hatte sehr ansehnliche Grundbesitzungen, theils unter würzburgischer, theils unter badischer, baierischer und württembergischer Landeshoheit. Theils hatte es eigene Gerichtsbarkeit, theils blos Güter und Gefälle. In 43 Ortschaften unterhielt es an Justiz- und Rentbeamten, Actuarien, Förstern, Schultheißen und Boten überhaupt 77 Personen.

Fräuleinstifter gab es zwei, ein katholisches und ein evangelisches. Jenes war das Stift zur heiligen Anna in Würzburg, mit einer Äbtissin — Maria Ludovica, kaiserliche Prinzessin von Österreich, älteste Tochter des Großherzogs Ferdinand, — 9 Stiftfräuleins erster und 9 zweiter Klasse. Das Stift hatte sein eigenes Rentamt, wozu fünf Ortschaften gehörten. — Das evangelische Damenstift zu Waizenbach, zum Districte Wolfsmünster gehörig, hatte eine Pröpstin und 3 Stiftsdamen.

Kirchenstaat. Der katholische Klerus des Bisthums Würzburg, dessen Sprengel sich weit über die Gränzen des Großherzogthums ins Württembergische, Badische und Baierische erstreckte, bestand, bei erledigtem Bischofsstuhle, aus folgenden Personen: 1) der Weihbischof, Bischof zu Hippos in partibus, war in bischöflichen Verrichtungen Generalvicar; 2) das Generalvicariat des Bisthums Würzburg bestand aus einem Generalvicar und Präsidenten, einem Director (dem Weihbischof), 10 geistlichen Räthen und dem Unterpersonal; 3) das Consistorium, mit einem Director, 4 Consistorialräthen und dem Unterpersonal; 4) das Priester-Seminarium hatte 5 Professoren und 16 Alumnen. Der Staatskalender von 1811 führte die Domkapitularen nicht auf, wol aber 5) einen Domprediger und 22 Domvicarien. Sodann 6) in der Haupt- und Residenzstadt Würzburg 8 Pfarreien und 7) die Landdechaneien und Landkapitel, in welche der ganze Kirchsprengel getheilt war. Es waren deren 26, mit 372 Pfarreien und 151 Kaplaneien. Davon gehörten in den Umfang des Großherzogthums 21 Dechaneien und Kapitel mit 319 Pfarreien. An Klöstern bestanden noch 2 Augustiner-, 4 Franziskaner-, 2 Karmeliter-, 4 Kapuzinerklöster; und ein Ursuliner-Nonnenkloster in der Stadt Würzburg, mit dem eine Mädchenschule und eine vortreffliche Pensionsanstalt verbunden war.

Die protestantische Geistlichkeit hatte ein Consistorium, welches aus einem Director und 5 Räthen bestand und eine Section in der Regierungskammer der Landesdirection bildete. Die evangelischen Gemeinden des Großherzogthums waren durch Verordnung vom 13. Juni 1809 in 10 kirchliche Districte eingetheilt worden. Diese waren —

1) Albertshausen	mit	5	Pfarreien,	1 Filial.
2) Kleinglanzheim	„	7	„	
3) Zeülizheim	„	5	„	
4) Maßbach	„	6	„	
5) Bezhausen	„	7	„	
6) Rögheim	„	9	„	
7) Heilgersdorf	„	10	„	
8) Waltershausen	„	9	„	2 Filiale.
9) Gersfeld	„	5	„	1 „
10) Phüngen	„	8	„	

Im Jahre 1809 gab es also im Großherzogthume 71 protestantische Pfarreien und 4 Filiale. Einige nicht genannte sollten künftig noch einem District zugetheilt werden. Dies war 1811 geschehen, denn da wurden, mit Einschluß der Stadtpfarre Würzburg, 75 evangelische Pfarrkirchen aufgeführt, unabhängig von 33 Pfarreien, welche als einstweilen bestätigte in den, durch die Verträge von 1810 neü erworbenen Landestheilen vorhanden waren. Es gab mithin im ganzen Großherzogthume 108 evangelische Pfarreien neben 372 katholischen.

Über jeden evangelischen Kirchendistrict war, durch die Verordnung vom 13. Juni 1809, ein Inspektor gesetzt, der, aus den Geistlichen des Districts entnommen, das Mittelorgan zwischen dem Consistorium und den Pfarrern und Vicarien war. Die Inspektoren mußten den sittlichen Wandel der Geistlichen ihres Sprengels überwachen, ihnen bei etwaigen Fehlern bescheidene Erinnerungen machen, und wenn diese ohne Erfolg blieben, beim Consistorio Bericht erstatten. Sie hatten die Oberaufsicht über den öffentlichen Gottesdienst und sollten darauf sehen, daß sich die Pfarrer zu den Predigten und Katechisationen gehörig vorbereiteten. Die Inspektoren mußten zu diesen und andern Zwecken jährliche Visitationen anstellen. Ihr Einfluß auf das Schulwesen sollte in der Folge noch näher bestimmt werden.

Schulstaat. Zur Oberaufsicht über die Schulen bestand eine Schulcommission, mit einem Director und 6 Räthen, nebst dem erforderlichen Unterpersonal. Der Director dieser Commission war zugleich Curator der —

Universität, welche im Jahre 1812 in allen vier Fakultäten 32 Lehrer zählte, 5 in der theologischen, 7 in der juristischen, 12 in der medicinischen und 8 in der philosophischen. Insonderheit berühmt als medicinische Lehranstalt war mit der Fakultät nicht allein das Juliusspital verbunden, sondern auch ein geburtshülfliches Institut und eine Hebammenschule, so wie auch ein Veterinärinstitut. Mit anderweitigen Hülfsanstalten war diese Hochschule reich ausgestattet, so wie auch mit eigenem großen Vermögen, zu dessen Verwaltung es ein eigenes Receptorat gab, mit einem Director, einem Consulenten, einem Rentmeister, einem Secretair 2c. Die Universität besaß 19 Landämter; ihre Patrimonialgerichte sind in dem obigen Verzeichniß genannt.

Gymnasien gab es zu Würzburg und Münnerstadt und drei Lateinische Schulen zu Würzburg. In dieser Hauptstadt gab es auch ein Schullehrerseminar, sechs deütsche Knaben- und fünf Mädchenschulen, in welch' letzteren der Unterricht von Frauen ertheilt wurde. In den kleinen Städten und auf dem Lande waren 617 Schullehrer angestellt, diejenigen ungerechnet, welche in den neüerworbenen Landen übernommen wurden.

Finanzen. Über diesen Zweig der Staatswirthschaft ist etwas Sicheres wol nicht bekannt geworden; geschätzt wurden die Einkünfte zu 3,200,000 Gulden, und sie flossen aus der Grundsteüer nach Simpeln, der Besteüerung der Geistlichkeit, dem Rauchpfunde (13½ Kreüzer für jeden Rauchfang), den Zöllen, der Consumtionssteüer, der Handels- und Gewerbesteüer, der Stempelpapiertaxe, der Besoldungs- und Pensionssteüer. Von den Landesschulden glaubte man, daß sie 5 Millionen Gulden betragen könnten. Bei der letzten Gebietsausgleichung mit Baiern im Jahre 1810 mußte Würzburg eine große Zahl Pensionärs und Staatsdiener von Baiern übernehmen, 5,500 Gulden in baierischen Staatspapieren, als Theile der auf die überwiesenen Orte vertheilten Provinzialschulden an Baiern bezahlen, auf 118,000 Gulden flüssige Forderungen, und auch zu den von Baiern zu leistenden Landesschulden Beiträge entrichten, so wie eine namhafte Summe an Kriegsschulden dahin berichtigen.

Militärstaat. Die Militär-Ober-Kommission, bestehend aus einem Director, 5 Räthen und dem Unterpersonal, leitete alle auf das Kriegswesen Bezug habende Geschäfte. Der Staatskalender von 1811 führte von Stabs- und Oberoffizieren auf: 1 General-Brigadier, 1 Oberst, 1 Obristlieutenant, 2 Majors, 1 Platzhauptmann, 1 Generaladjutanten, 1 Platzlieutenant, 1 Festungscommandanten zu Würzburg; ferner 10 Hauptleüte, 6 Stabscapitains, 19 Ober- und 16 Unterlieutenants. Beim schweren Geschütz war 1 Obristlieutenant, 1 Ober- und 1 Unterlieutenant, und bei der Reiterei 1 Major, 2 Rittmeister, 3 Ober- und 2 Unterlieutenants. Zu Königshofen war eine Garnisonsstation, wozu außer einem Commandanten noch 4 Personen gehörten. Die Stärke des Militärs überhaupt war nicht angegeben. In dem Pact, welchen der Großherzog am 25. September 1806 wegen seines Beitritts zum Rheinbunde schloß, war die Stärke des würzburgischen Kontingents zu 2000 Mann festgesetzt worden.

Funfzigstes Kapitel.

Die Länder der Herzoge und Fürsten, Mitglieder des Rheinbundes.

1. Nassau. Die Lande des Gesammthauses Nassau bildeten einen vereinten, untheilbaren und souverainen Staat: das Herzogthum Nassau, und enthielten 103 Quadratmeilen und 273,000 Einwohner, oder, nach anderer Angabe, 100 Quadratmeilen, nämlich an eigenthümlichen Besitzungen 75, und an standesherrlichen 25 Quadratmeilen. Davon machte der sonst getrennte nassau-weilburgische Antheil 21 Quadratmeilen aus. Der landesherrlichen Unterthanen waren, nach der zweiten Angabe 190,000, der standesherrlichen 80,000. Noch eine dritte Angabe erhöhte die Einwohnerzahl auf 300,000 Seelen; sie stand im „kaiserlichen Almanach“ des Schutzherrn vom Jahre 1812. Welche ehemals reichsunmittelbaren Fürsten ꝛc. der Souverainetät des Herzogthums Nassau unterworfen waren, das ist im § 7 der Rheinbundakte, — II. 2, S. 194 u. fg. — nachzulesen.

Der souveraine Herzog von Nassau, Präsident (in partibus!) des Fürstencollegiums der Rheinischen Conföderation, u. s. w. und der souveraine Fürst von Nassau, u. s. w. — jener sonst von Usingen, dieser von Weilburg genannt, — hatten sich über eine gemeinschaftliche Regierung geeinigt, die sie durch einen dirigirenden Staatsminister, dem 18 wirkliche geheime Räthe aus allen Zweigen der Verwaltung zur Seite standen, vollstrecken ließen. Unter diesem Staatsminister standen geheime Staatsreferendare, die Staatsministerial-Kanzlei, Kanzleireferendare, die Oberrechnungsrevission, die Staatskasse, das Kriegscollegium mit seinem Anhang, der Lehnhof, die Oberpostamts-Direction (Erbland-Postmeister war Fürst Thurn und Taxis), die zwei General-Directionen der directen und der indirecten Steüern, und das Münzamt zu Ehrenbreitstein.

Behufs der Provinzial- und Lokalverwaltung waren die nassauschen Lande in 3 Regierungsbezierke und eine gewisse Anzahl von Ämtern, nämlich 48, abgetheilt. Diese Eintheilung war folgende:

Regierungsbezirke.	Ämter.	
1. Wiesbaden . . .	Braubach, Braunfels, Katzenelnbogen, Caub, Cleeberg, Dietz, Eltville, Greifenstein, Hochheim, Höchst, Hohensolms, Oberamt Idstein, Kirberg, Königstein, Limburg, Nassau, Oberursel, Rüdesheim, Runkel, Schaumburg, Usingen, Wallau, Wehen, Oberamt Wiesbaden .	24
2. Weilburg . . .	Azbach, Reichelsheim, Weilburg	3
3. Thal-Ehrenbreitstein.	Altenkirchen, Altenwied, Burbach, Dierdorf, Ehrenbreitstein, Freüsburg, Friedewald, Gränzhausen, Hachenburg, Hammerstein, Heddesdorf, Herschbach, Linz, Amt Meüdt, Montabaur, Neüerburg, Neünkirchen, Neüwied, Schöneberg, Schönstein, Vallendar	21

Zwölf dieser Ämter gehörten zu den sogen. Souverainetätslanden, welche zur Erhebung der Hoheitsgefälle in Hoheitsrecepturen vertheilt waren, und zwar folgendermaßen.

Hoheits-Recepturen.	Ämter.	
1. Dierdorf	Altenwied, Dierdorf und Neüerburg	3
2. Braunfels	Braunfels, Greifenstein	2
3. Neüwied	Gränzhausen, Heddesdorf, Stadtamt Neüwied	3
4. Hohen-Solms	Hohen-Solms	1
5. Runkel, zu Kirberg . . .	Runkel	1
6. Schaumburg, zu Holzapfel.	Schaumburg	1
7. Amt Schönstein, welches hinsichtlich der Hoheitsrevenuen zur Rentei Altenkirchen gehörte		1

Nassau hatte 152 katholische, 120 lutherische und 97 reformirte Pfarreien.

Die Einkünfte mochten sich auf 1,760,000 Gulden belaufen, wozu die sogen. Souverainetaitslande 350,000 Gulden beitrugen. Die Finanzverwaltung war musterhaft. Die Höhe der Landesschulden war nicht bekannt geworden, doch wußte man, daß sie nicht eben niederdrückend waren, wiewohl die nassauer Fürsten für 1400 verschiedene Pensionen, welche die Staatsveränderungen in Deütschland herbeigeführt hatten, aufkommen mußten, und auch pünktlich und richtig bezahlen ließen.

Zum Rheinbündler-Heere mußten die Nassauer 1680 Mann stellen; ihre bewaffnete Macht war aber stärker, denn sie bestand aus 2 Regimentern Fußvolk Feldtruppen, 2 Regimentern Landjäger und 2 Schwadronen Jäger zu Pferd.

In jeder der drei Provinzen bildete die Regierung die administrative und Polizei-Centralbehörde, der die Ämter untergeordnet waren. Die Ämter hatten die Polizei- und die Rechtspflege. — In den beiden Regierungsbezirken Wiesbaden und Weilburg gab es protestantische Consistorien für Kirchen-, Schul- und milde Stiftungssachen. — Die erzbischöflichen Generalvicariate von Regensburg zu Aschaffenburg, von Trier zu Limburg, und von Köln zu Deütz verwalteten die bischöflichen Amtsverrichtungen in den, vordem zu den Erzdiöcesen Mainz, Trier und Köln gehörigen katholischen Landestheilen des Herzogthums. Die Geistlichkeit in diesen Diöcesen theilte sich in 7 Landkapitel. — In Wiesbaden und ebenso zu Weilburg gab es eine Hofkammer, mit der ein Oberforst- und Bergcollegium verbunden war. Unter diesen Behörden standen die Oberforst- und Forstämter und die Forstmeistereien (die Forstanstalten des Landes waren seit langer Zeit als die vollkommensten und trefflichsten Schulen in diesem Fache bekannt); sodann die Berg-, Hütten- und Hammerwerke und die Cameralbehörden in den Ämtern. Im Regierungsbezirk Thal-Ehrenbreitstein gehörte alles dies, auch die Verwaltung der Mineralbrunnen, zum Ressort der Regierung. In Weilburg war der Regierung eine Landmessungscommission untergeordnet. — Zu den Landesverwaltungsbehörden gehörten auch die Weg- und Uferbau-Direction und die Sanitätscommission.

Justizbehörden waren: Das Ober-Appellationsgericht, welches am 6. Juli 1804 zu Hadamar installirt, in der Folge aber, als diese Stadt unter Murat's Regierung gekommen war, nach Dietz verlegt wurde; das Hofgericht zu Wiesbaden; der Justizsenat zu Ehrenbreitstein; die Justizamtsstellen in den landes- und den standesherrlichen Landen; die Bergämter; das eine Kriminalgericht für das obere Herzogthum zu Wiesbaden und das andere für das untere Herzogthum zu Ehrenbreitstein; und die Landschreibereien als Behörden für die freiwillige Gerichtsbarkeit, mit der Aufsicht auf Hypotheken- und Gemeindeangelegenheiten. Für die Standesherren, wie für die privilegirte Klasse der Beamten, war der Justizsenat zu Ehrenbreitstein der erste Gang; von da ging der Zug zum Hofgericht und im letzten Gange zum Ober-Appellationsgericht. Alle gegen den Fiskus gerichteten Klagen gingen den nämlichen Gang, und die Justizstellen hatten die ausdrückliche Weisung erhalten, in zweifelhaften Fällen eher gegen den Fiskus, als zu dessen Gunsten zu entscheiden, eine humane Vorschrift, die den Geist der nassauischen Regierung kennzeichnet. Das Militär hatte eigene Militärgerichte. Durch Edikt vom 1./4. Februar 1811 wurde das französische Recht — der Code Napoléon, im Herzogthum eingeführt.

Die Schulanstalten standen theils unter der Schulcommission zu Ehrenbreitstein, theils unter der Regierung und dem Consistorium zu Wiesbaden und Weilburg. Es gab Gymnasien zu Idstein, Weilburg und Montabaur, ein Schullehrerseminar zu Idstein, und eine Normalschule zu Montabaur; außerdem die Friedrichsschule zu Wiesbaden, das Tyrocinium zu Ehrenbreitstein und Lateinische Schulen zu Dietz, Hachenburg, Linz, Neüwied und Usingen.

„Ständische Verfassung und Gesetzgebung sollen erst nach reiflicher Erwägung organisirt werden. Der Friede, den die Erde erwartet, wird dieses Land, seine Herren und Vorsteher, zu allen Verbesserungen nicht saumselig finden." Bericht des Ministers über den Zustand des Herzogthums vom 3. Juni 1808. — Das Steüerpatent vom 10./14. Februar 1809 schrieb die allgemeine Steüerpflichtigkeit vor, und ordnete im Besondern die directen Steüern, welche in der Grundsteüer und in der Gewerbesteüer bestehen. Jener wurden alle Liegenschaften und alle darauf haftenden Abgaben, als Zehnten 2c., unterworfen, mit Ausnahme der landesherrlichen und standesherrlichen Schlösser und Lustgärten und der Staatsgebaüde. Die liegenden Güter sollten nach ihrer Größe, daher Landesvermessung, nach der Güte des Bodens, dem Grade der Cultur und dem Geldwerth der Produkte abgeschätzt werden. Der Gewerbesteüer wurden alle Arten des Nahrungserwerbes unterworfen, und zwar der Handwerker und Bauer so gut als derjenige, welcher durch Anwendung wissenschaftlicher Kenntnisse seinen Unterhalt erwirbt. Alle Gewerbe wurden in 16 Klassen eingetheilt, und bei der ersten Klasse 50 Gulden, bei der 16ten 9000 Gulden als Stammkapital angenommen.

2. Hohenzollern. Die zwei souverainen Fürsten zu Hohenzollern, Grafen zu Sigmaringen und Vöhringen, Herren zu Haigerloch u. s. w., besaßen:

1) Hechingen	5½ Q.-M.	14,000	Einw.
a) Die Grafschaft Zollern	4½ „	12,000	„
b) Die Herrschaften Hirschblatt u. Stetten	1 „	2,000	„
2) Sigmaringen	20 „	39,000	„
a) Landesherrliche Lande:			
1. Grafschaft Sigmaringen }	4 „	4,860	„
2. „ Vöhringen }		2,740	„
3. Herrschaft Haigerloch	3 „	6,580	„
4. Glatt, Beüren, Holzheim . . .	2½ „	5,030	„
5. Achberg und Hohenfels	1¾ „	4,500	„
b) Standesherrliche Lande:			
1. Trochtelfingen, Jungnau, Mößkirch.	5¼ „	10,510	„
2. Straßburg und Ostrach	1¾ „	3,600	„
3. Gamertingen und Hettingen . . .	1¾ „	1,180	„
Beide Linien der hohenzollernschen Fürsten .	51 Q.-M.	106,000	Einw.

Der hechingensche Antheil enthielt 1 Stadt, 1 Flecken, 13 Pfarrdörfer, 17 Dörfer und Weiler und 3 Schlösser; der sigmaringensche 6 Städte, 2 Märkte, 70 Dörfer, 6 Schlösser und 32 einzelne Höfe.

Die Revenuen von Hechingen wurden zu 80,000 Gulden geschätzt, wobei die Forstnutzung vorzüglich einträglich war. Sigmaringen soll 240,000 Gulden Einkünfte gehabt haben. Die Geschäfte führten unter der Leitung eines geheimen Raths die Landesregierungen zu Hechingen und Sigmaringen. Kammern und Forstämter hatten die Finanz- und Forstverwaltung und als Gerichtshof diente die Hofrathskanzlei. Diese Dikasterien standen sämmtlich unter Aufsicht eines Ministers, der an den Fürsten referirte. Die Religion beider fürstlicher Häuser, und eben so die ihrer Unterthanen, war die katholische, doch waren andere Confessions-Verwandte nicht ausgeschlossen.

3. Ysenburg, Isenburg. Die Lande der fürstlichen Linie nebst der mediatisirten Besitzungen der gräflichen Linie enthielten —

1) Eigenthümliche Besitzung:			
Das Fürstenthum Ysenburg-Birstein . .	7 Q.-M.	22,500	Einw.
2) Standesherrliche Besitzungen:			
a) Grafschaft Ysenburg-Büdingen . . .	3½ „	10,500	„
b) „ „ -Wächtersbach . .	2 „	6,000	„
c) „ „ -Meerholz . . .	1½ „	6,000	„
Zusammen	14 Q.-M.	45,000	Einw.

Das Fürstenthum Ysenburg-Birstein enthielt mit den gräflichen mediatisirten Besitzungen 17 Ämter oder Gerichte, 3 Städte, 4 Flecken, 93 Dörfer, 7 Schlösser, 22 Höfe. Die Mehrzahl der Einwohner, so wie das fürstliche Haus, gehörten der reformirten Confession an. Lutherische Kirchen befanden sich zu Offenbach, Büdingen und Stuckingen; auch die Katholiken hielten zu Offenbach Gottesdienst, und viele Juden lebten in dieser Stadt, woselbst der Staatsminister, die Regierung und Hofgericht, die Rentkammer und das Forstdepartement ihren Sitz hatten. Die Revenuen der gesammten Lande betrugen 261,000 Gulden; davon kamen auf Birstein 130,000 Gulden; auf Büdingen 40,000 Gulden, auf Wächtersbach 36,000 Gulden und auf Meerholz 35,000 Gulden. Ein großer Theil der Einkünfte floß aus der Forstnutzung und den Domainen. Mehrere Anstalten für Erziehung und Bildung gab es in Offenbach, und zu Büdingen eine Landesschule, welche Graf Wolfgang Ernst I. im Jahre 1600 ausgestattet hat.

4. Liechtenstein. Die Besitzungen des Fürsten als souverainen Gliedes des Rheinbundes waren die zwei Herrschaften, nämlich:

1) Vaduz mit Vaduz-Schön und Planken, Balzers und Mels, Triesen und am Triesenberg	1½ Q.-M.	2,926	Einw.
2) Schellenberg, bestehend aus Eschen, Mauren, Gamperin, Ruccell und Schellenberg . .	1 „	2,076	„
Zusammen	2½ Q.-M.	5,002	Einw.

Beide Herrschaften enthielten 1 Flecken, 8 Dörfer, 2 Schlösser und 1 Kloster. Das Haus Liechtenstein bekennt sich zur römischen Kirche, so wie das kleine souveraine Ländchen, von dem man glaubte, daß es 40,000 Gulden Einkommen gewähre. Die 40 Mann, welche der Fürst zum Bundesheer zu stellen hatte, waren durch einen besondern Staatsvertrag von Nassau übernommen worden. Die Geschäfte leitete nach Befehlen der in Wien befindlichen fürstlichen Hofkanzlei das Oberamt zu Vaduz, welches aus einem Landvogt, einem Rentmeister und Straßencommissar, einem Grundbuchführer und Gerichtsactuar, einem Zöllner und Förster bestand. Jede Herrschaft hatte einen Landamman und Waibel, die vom Oberamte ressortirten.

5. Leyen. Die Besitzung des souverainen Fürsten von der Leyen, die Grafschaft Hohen-Geroldseck, hatte einen Flächenraum von 2½ Quadrat-Meilen und 4500 Einwohnern. Sie bildete ein Oberamt, Forst- und Bergamt, von 9 Vogteien, 3 Pfarrdörfern und 12 bewohnten Thälern des Schwarzwaldes, in einzelnen Höfen bestehend, die in fruchtbarem Landstrich zerstreüt liegen. Der Hauptort der Grafschaft war der Marktflecken Seelbach. Die Einkünfte des Fürsten aus seinem Hoheits- und unmittelbarem Lande wurden zu 40,000 Gulden angegeben. Wegen einiger ritterschaftlichen Besitzungen, die von der Grafschaft Hohen-Geroldseck eingeschlossen waren, aber sich noch im Besitze des Großherzogs von Baden befanden, schwebten im Jahre 1812 Verhandlungen, vermöge deren Fürst von der Leyen auf einen Zuwachs an Umfang seines Landes und Vermehrung seiner Einkünfte hoffte. Die Regierungs-, Justiz- und Kammergeschäfte standen unter der Leitung einer Regierung und Rentkammer, bei welcher 3 Räthe und 1 Secretair angestellt waren. Mit dem Oberamt Hohen-Geroldseck, bestehend aus 1 Director und 1 Oberamtmann, war, wie gesagt, ein Rent- und Forstamt, auch ein Bergamt verbunden. Das Wappen des Fürsten führte eine blaue Leye, das ist: eine Schiefertafel, mit gerade stehenden silbernen Balken.

Die mittelbaren Besitzungen der Familie von der Leyen diesseits des Rheins bestanden aus den Herrschaften Nievern und Ahrenfels und mehreren ehedem reichsritterschaftlichen Gütern. Der Verlust des linken Rheinufers beraubte die Familie ihrer beträchtlichen, jenseits des Rheins gelegenen Güter, die zum Theil verkauft, zum Theil dem Orden der Ehrenlegion überwiesen worden waren. Buonaparte ließ sich herbei, durch einen Befehl vom 26 Juni 1804 die noch übrigen Güter dem Grafen Philipp Franz von der Leyen zurückzugeben: es waren die Renten aus den Kellereien Armada und Oberwesel, aus Bliescastel, Abendorf und Limburg, die durch besondere Kellner oder Verwalter erhoben wurden.

Der Fürst und der größte Theil seiner Unterthanen waren der katholischen Kirche zugethan.

6. Sachsen-Weimar-Eisenach. Im Jahre 1812 war Carl August von Weimar Senior des herzoglich-sächsischen Hauses ernestinischer Linie. Sein Herzogthum hatte dieselben Bestandtheile, wie vor hundert Jahren, doch war es durch den Vertrag vom 28. August

1811, welchen der Herzog mit Schwarzburg schloß, erweitert worden. Weimar erhielt dadurch das Vogteiamt Haßleben mit dem Kammergute Breitenheerda, das Rittergut Tännich, einen Antheil an dem Dorfe Dienstädt und die drei Freihöfe zu Büsleben, gegen Verzicht auf alle bis dahin von Sachsen-Weimar in der Herrschaft Arnstadt behaupteten Gerechtsame.

1) Fürstenthum Weimar . . . . Ämter: Weimar, Ober-Weimar, Cremsdorf, Berka, Kapellendorf, Geilsdorf, Dornburg, Bürgel, Roßla, Hardisleben, Jena, Allstedt, Universitätsamt Remda, Senioratsamt Oldisleben.	$23\frac{3}{4}$	Q.-M.	63,752	Einw.
Hierzu: Das eisenachische Amt Großen, Rudestädt mit 16 Orten	—	„	6,190	„
Das Vogteiamt Haßleben u. s. w. . . .	—	„	1,226	„
2) Fürstenthum Eisenach . . . . Ämter: Eisenach-Marksuhl, Gerstungen-Haus, Breitenbach, Tiefenort-Kreyenberg.	$7\frac{3}{4}$	„	29,792	„
3) Antheil an der gefürsteten Grafschaft Henneberg Davon waren das Amt Ilmenau zu Weimar, und die Ämter Lichtenberg und Kalten-Nordheim zu Eisenach geschlagen worden.	$5\frac{1}{4}$	„	15,396	„
Das Herzogthum Sachsen-Weimar im Ganzen:	$36\frac{3}{4}$	Q.-M.	116,356	Einw.

Die Einwohner des Herzogthums waren größtentheils Lutheraner, mit denen aber Katholiken und Reformirte gleiche bürgerliche Rechte hatten. Erstere erhielten zu ihrem öffentlichen Gottesdienste in Jena vom Herzoge ein Kirchengebaüde überwiesen und von Buonaparte, als er 1808 in Erfurt war, ein ansehnliches Geldgeschenk zur Einrichtung desselben, zum Ankauf einer Pfarrwohnung und zum Unterhalt der Kirche. Ein Leichtes war es, einer katholischen Gemeinde in Deütschland aufzuhelfen, wo man seit Jahren millionenweise geraubt, geplündert, gebrandschatzt hatte!

Obgleich jeder Fürst des sächsisch-ernestinischen Hauses, von dem im Jahre 1812 noch fünf Linien blühten, in seinen Landen allein regierte, so war ihnen allen doch gemeinschaftlich geblieben, außer Titel und Wappen:

1. Sämmtliche Gold- und Silberbergwerke in den Gesammtlanden;
2. Das alte Hausarchiv zu Weimar;
3. Die Belehnung der in den Gesammtlanden angesessenen Grafen und Herren;

4. Das Hofgericht und der Schöppenstuhl zu Jena, davon ersteres, aus dem Hofrichter, 4 Assessoren auf der adlichen und 5 auf der gelehrten Bank bestehend, alle Rechtssachen in sämmtlichen sächsisch-ernestinischen Landen in oberster Instanz entschied.

5. Die Universität zu Jena, — 1812 mit 35 ordentlichen und außerordentlichen Professoren, davon 4 in der theologischen, 6 in der juristischen, 10 in der medicinischen und 15 in der philosophischen Fakultät, — wovon bei vorkommendem Extraaufwand Weimar 1/2, Gotha 1/4, Meiningen, Hildburghausen und Coburg-Saalfeld zusammen 1/4 vertraten. Die Stadt Jena aber und auch die akademischen Patrimonialgerichte und Besitzungen, zu denen insonderheit das Amt Remda gehörte, waren lediglich der weimarischen Hoheit unterworfen.

Das Senioratsamt Oldisleben gehörte mit seinen Einkünften dem jedesmaligen Senior der ernestinischen Fürsten; das Besteuerungsrecht in demselben aber stand Weimar zu.

Carl August von Weimar, durch seinen Beitritt zum Rheinbunde ein souverainer Herr geworden, hatte nichtsdestoweniger die landschaftliche Verfassung nicht aufgehoben, sondern ihr nur eine, dem Geist der Zeit angemessene Einrichtung gegeben. Die bisherigen drei Landschaften, die weimarische, die eisenachische und die der sogen. jenaischen Landesportion waren in Eine vereinigt und die vormaligen einzelnen Körperschaften der Prälaten, der Ritterschaft und der Städte aufgehoben worden. Es bestand demnach nur Ein landständischer Körper aus den Lehngutsbesitzern und den Städten; beide schickten Abgeordnete aus ihrer Mitte zum Landtage, und die Universität Jena hatte, als Vertreterin des Gelehrtenstandes, einen beständigen Deputirten bei der allgemeinen Landschaft. Die Finanzen der Landschaft wurden durch ein eigenes Landschaftscollegium verwaltet, das aus 1 Präsidenten und 1 Vicepräsidenten und 8 Räthen bestand; auch hatten 6, aus der Mitte der Gutsbesitzen gewählte, Landräthe Sitz und Stimme in diesem Collegio. Die Landschaft wurde nur über Auflagen, Vertheilung der allgemeinen Landeslasten und wichtigere neüe Gesetze befragt; sonst aber war lediglich der souveraine Herzog im Besitz der gesetzgebenden, so wie auch der oberstrichterlichen Gewalt.

Weimar litt, wie alle kleine Gemeinwesen, an einem Übermaaß von Verwaltungsbehörden, die, anstatt den Geschäftsgang zu beschleünigen, ihn nur verwickelten und verwirrten, indem sie gar nicht selten sich einander im Wege standen. Das höchste Landescollegium war das geheime Consilium, das noch nicht den Titel eines Staatsministeriums angenommen hatte, und dessen Mitglieder,

Goethe und Voigt, nach alter deütscher Sitte geheime Räthe, und nicht Minister, des Herzogs hießen. Dann kamen in der Reihenfolge der Behörden: Die zwei Landesregierungen zu Weimar und zu Eisenach; die zwei Ober-Consistorien ebendaselbst; die Kammer mit einem Ober-Präsidenten an der Spitze, und zu deren Ressort das Bauwesen, das Berg- und Salinen-Departement und die herzogliche Jägerei gehörte. Letztere hatte auch das Forstwesen zu verwalten, zu welchem Behuf das Herzogthum Weimar in 4 Departements eingetheilt war: Weimar-Ilmenau, Allstädt, Eisenach und Zillbach. Sodann gab es ein Landespolizei-Collegium zu Weimar, und eine Landespolizei-Direction zu Eisenach. Die Rechtspflege wurde durch die zwei Landesregierungen und das gemeinschaftliche Hofgericht in der obern Instanz und durch die herzoglichen Stadtgerichte und Ämter, auch Patrimonialgerichte in erster Instanz verwaltet. Zu Weimar und Eisenach waren in neüerer Zeit eigene Kriminalgerichte errichtet worden. — Was Karl August in seinem kleinen Lande für die Ausbreitung der Bildung und echter Aufklärung gewirkt, ist zu weltbekannt, als daß es nothwendig wäre, hier daran zu erinnern. Unter seinen Augen blühte in der Stadt Weimar ein vorzügliches Gymnasium und er rief für bildende Künst ein freies Zeichnungsinstitut ins Leben.

Die Landeseinkünfte betrugen ungefähr 1,100,000 Gulden. Das Militär bestand aus 1 kleinen Husaren- und 1 größern Füsilier-Corps zusammen, etwa 1000 Mann stark, mit Einschluß einer Besatzungs-Compagnie zu Jena. Alle militärischen Angelegenheiten wurden vom Landschafts-Collegium besorgt. Der Herzog hielt Geschäftsträger zu Paris, Wien, Berlin und Dresden, und hatte an seinem Hofe einen französischen bevollmächtigten Minister, den Buonaparte auch bei den übrigen Ernestinischen Höfen beglaubigt hatte.

7. Sachsen-Gotha-Altenburg. In dem Territorialbestande auch dieser Linie der Ernestinischen Sachsenfürsten hatte sich seit den zuletzt vergangenen funfzig Jahren nichts verändert. Der Herzog von Sachsen-Gotha wurde ein Rheinbündler mit denselben Landen, welche seine Vorfahren von Kaiser und Reich zu erblichem Lehn empfangen hatten. Nur in der Ämtereintheilung waren einige leichte Abänderungen vorgekommen. Verfassung und Landesverwaltungs-Collegien standen in beiden Landestheilen, die das nunmehrige Gesammt-Herzogthum Sachsen-Gotha bildeten, ebenfalls auf dem nämlichen Fuße, wie zur Reichszeit, wie in der Mitte des 18. Jahrhunderts;

nur das geheime Raths-Collegium zu Gotha hatte seine Benennung in die eines geheimen Ministeriums verwandelt.

I. Unter der Landesregierung und dem Ober-Consistorium zu Gotha stand:		
1. Das Fürstenthum Gotha . . . Ämter: — Gotha, Tenneberg-Reinhartsbrunn, Georgenthal, Schwarzwald oder Blasienzell, Ichtershausen-Wachsenburg, Tonna mit Ober- und Niederpflege, Volkenroda, Oberamt Krannichfeld, Amt Ohrdruf, oder obere Grafschaft Gleichen des Hauses Hohenlohe, untere Grafschaft Gleichen des Hauses Schwarzburg-Sondershausen.	28 Q.-M.	82,000 Einw.
2. Antheil an der gefürsteten Grafschaft Henneberg . . . . 1/3 Amt Römhild.	1¼ „	4,100 „
II. Unter der Landesregierung und dem Ober-Consistorium zu Altenburg:		
3. Das Fürstenthum Altenburg, gothaischen Antheils . . . . Ämter: — Altenburg, Camburg, Kreisamt Eisenberg, Leuchtenburg-Orlamünde, Roda, Ronneburg.	25½ „	104,000 „
Das ganze souveraine Herzogth. Sachsen-Gotha	54¾ Q.-M.	190,100 Einw.

In der Kirchenverfassung waren einige Veränderungen eingetreten. Die früher bestandenen Unter-Consistorien und geistlichen Untergerichte im Gothaischen hatten aufgehört. Es gab Superintendenturen, nämlich Gotha, Walterhausen, Ichtershausen, Wangenheim, Tonna, Krannichfeld, Ohrdruf, Untergleichen und Römhild. Die beiden zuletzt genannten hießen Inspectionen; Themar war mit Koburg gemeinschaftlich. 182 Kirchen standen unter der Aufsicht dieser geistlichen Behörden. Im Altenburgischen waren 240 Kirchen unter 5 Superintendenturen zu Altenburg, Ronneburg, Eisenberg, Roda und Orlamünde vertheilt. Die Gymnasien zu Gotha und Altenburg zeichneten sich nach wie vor aus, namentlich das erstere. Überhaupt befand sich das Schulwesen, zum Theil schon seit Herzogs Ernst des Frommen Zeit († 1675) im musterhaftesten Zustande. Die Armenpflege war vor funfzig Jahren vielleicht nirgends zweckmäßiger eingerichtet, als im Altenburgischen: die Armenhaüser waren zugleich Arbeitshaüser, und die Armen wurden nicht nur gegen Noth, sondern auch gegen den Grundquell alles Übels, den Müßiggang, geschützt. Unter den milden Stiftungen war das freiadliche Magdalenenstift zu Altenburg für Töchter minderbegüterter Familien, mit einer Pröpstin und sieben Kapitularinnen, seiner Bestimmung, als Erziehungsanstalt für Mädchen adlichen Standes zu dienen, treü geblieben.

Wiewol der Herzog von Sachsen-Gotha zum Rheinbündler-Heer nur 1100 Mann zu stellen hatte, die sein Kontingent zum Gesammtregimente der Herzoge von Sachsen waren, über das er abwechselnd mit dem Herzoge von Weimar den Befehl führte, so hielt er doch eine doppelt so starke Wehrmacht unter Waffen, nämlich 2500 Mann, die zu einer — unberittenen Leibwache zu Pferde, einem Feldregiment Fußvolk und zwei Milizregimentern zu Gotha und Altenburg formirt waren. Auf der Leüchtenburg im Fürstenthume Altenburg war eine schwache Invalidenbesatzung. — Die Landes-Einkünfte von Gotha-Altenburg schätzte man auf 857,000 Thaler oder 1½ Millionen Gulden.

Das Amt Tonna war ehedem eine Herrschaft der Grafen zu Gleichen, und kam nach deren Erlöschen zuerst an die Schenken von Tautenburg, nach deren Abgang an die Grafen zu Waldeck, und 1678 kaüflich an den Lehnsherrn, Herzog Friedrich I. zu Gotha. Seit der Zeit setzte das gothaische Haus dem gewöhnlichen Titel der Herzoge zu Sachsen rc. noch hinzu: „Herren von Tonna", und schalteten den tonnaischen Löwen seinem Wappen ein.

Wegen Römhild's ist Folgendes zu bemerken: — Das Amt oder die ehemalige Herrschaft Römhild hat vordem einer besondern Linie, der hartenberg-römhildischen, des Hauses Henneberg gehört. Graf Berthold, der letzte von dieser Linie, nahm von dem Grafen von Mansfeld viel Geld auf, und verschrieb ihm dafür die ganze Herrschaft Römhild. Als er nun 1549 ohne Erben starb, nahmen die Grafen von Mansfeld Besitz davon, wogegen die Fürsten von Henneberg, schleüsingischer Linie, vergeblich Widerspruch erhoben. 1555 überließen die Mansfelder den Herzogen zu Weimar den ganzen römhildischen Anfall, nebst den Pfandschaften Lichtenberg und Brückenau, gegen das Amt Oldisleben und einen baaren Zuschuß von 50,000 Gulden. Aus der neüern Linie Weimar, die Johann 1573—1605 stiftete, entsprang mit Ernst dem Frommen, 1640—1675, die neüere Linie Gotha, als zweite Hauptlinie der Ernestiner, und aus dieser mit Heinrich die römhildische Nebenlinie, welche 1740 mit Herzog Ernst erlosch. Da kam die Herrschaft zu ⅔ an Meiningen, und zu ⅓ an Koburg-Saalfeld (I. 1, S. 193, 194). Seit 1805 aber war dieses koburgische Drittel bei Gotha, vermöge Vertrages, dessen unten, 10. Koburg-Saalfeld (S. 391,) Erwähnung, geschieht.

8. Sachsen-Meiningen. Im 34. Kap. Art. 3, ist eines sogenannten Reinigungsvertrags zwischen Würzburg und Meiningen Erwähnung geschehen. In diesem, am 20. Juni 1808 unterzeichneten Vergleich wurde die Hoheitsgränze zwischen dem Großherzogthume Würzburg auf einer, und dem herzogl. sachsen-meiningenschen und sachsen-römhildischen Gebiet auf der andern Seite folgendermaßen festgesetzt:

Die würzburgische Gränze geht von den beiden Weimarschmidten aus über Ober- und Unterfiske, Neüstädtles, Willmars, und Volkershausen nach dem altwürzburgischen Orte Süssenhausen, von wo die Linie die altwürzburgischen Gränzen befolgt, bis sie Mühlfeld erreicht, so fort sich nach Roßrieth richtet das (?) sachsen-römhildische Ort Sondheim im Grabfelde für das Großherzogthum Würzburg einschließt, Rappertshausen, die Wüstung Uttenhausen und Rothhausen dem Großherzogthum gleichfalls zutheilt, und über Höchheim, Irmelshausen, und das ehemals sachsen-römhildische Ort Gollmuthhausen nach Breitensee zieht, und sich bei Trappstadt endigt. § 1.

Sachsen-Meiningen und Römhild treten demnach an Würzburg ab: die volle Souverainetät mit allen Territorialgefällen, über den meiningischen Antheil an Willmars, die römhildischen Orte Sondheim im Grabfelde und Gollmuthhausen, und den römhildischen Antheil an Trappstadt. Nicht minder verzichtet Römhild auf seine Hoheitsansprüche auf das Ort Rothhausen, die Wüstung Uttenhausen, die drei römhildischen Sölden zu Sternberg und die Riedmühle bei Königshofen. § 3.

Würzburg tritt dagegen ab, und zwar an — Meiningen die volle Souverainetät über Walldorf mit Breüberg, Bibra mit dem Hofe Aroldshausen, den Hof Rupprechts und Nordheim. — An Sachsen-Gotha und Sachsen-Meiningen, als Besitzer der Herrschaft Römhild, die volle Souverainetät über den würzburgischen, im römhildischen Gebiete gelegenen Ort Wolfmannshausen, den ritterschaftlichen Antheil an Berkach, wie auch alle dem Großherzogthum Würzburg über dieses Dorf zustehende Hoheitsrechte, und den Ort Gleicherwiesen. § 4.

Seine k. k. Hoheit, der Erzherzog, Großherzog von Würzburg leisten für sich und ihre Regierungsnachfolger feierlichen Verzicht auf ihre lehnsherrlichen Rechte auf Stadt, Schloß und Amt Meiningen, das Dorf Jüchse und das Haus Hutsberg. Jedoch bleibt dem Großherzogthume Würzburg nach Erlöschung des herzogl. und königl. sächsischen Mannsstammes dies Successionsrecht auf die vorstehenden Besitzungen in Gemäßheit des Vertrags vom 19. Juli 1586 vorbehalten. § 9.

Sachsen-Meiningen und Sachsen-Gotha verbinden sich, zur großherzogl. Hauptkasse in Würzburg zu einiger Entschädigung für die in diesem Vertrag gemachten, und durch die jenseitigen nicht vollkommen compensirten Abtretungen die Summe von 50,000 Gulden rhein. Währung dergestalt zu bezahlen, daß 25,000 Gulden am Tage der Auswechselung der Ratificationen dieses Vertrags in der großherzogl. Residenzstadt dahier, und eben so viel im Monat Jänner 1809 gleichfalls dahier bezahlt, und bis diese Zahlung erfolgt, mit 4 vom 100 verzinset werden sollen. §. 13.

Das souveraine Herzogthum Sachsen-Meiningen bestand 1812 aus:

1. Dem Antheile an der ehemaligen gefürsteten Grafschaft Henneberg . . . . . Ämter: — Meiningen, Maßfeld, Wasungen-Sand, Frauenbreitungen, Salzungen, Altenstein, $^2/_3$ Römhild.	$13^1/_4$	Q.-M.	34,000 Einw.
2. Dem Antheile an dem ehemaligen Fürstenthum Koburg . . . . Ämter: — Neüenhaus, Schalkau, Sonnenberg, Gericht Rauenstein.	5	„	14,000 „
Das ganze souveraine Herzogth. Sachsen-Meiningen	$18^1/_4$	Q.-M.	48,000 Einw.

Man zählte $3^1/_2$ Städte, 5 Flecken, 141 Dörfer und 6,683 Wohnhaüser. Die Einkünfte wurden auf 350,000 Gulden geschätzt. Auch hier war, mit Rücksicht auf Verfassung und Verwaltung, Alles beim Alten geblieben. Das Ländchen hatte seine ständische Vertretung, welche bei Besteüerung, Schuldentilgung, überhaupt bei allen Geldfragen zu Rathe gezogen werden mußte. Die Stände waren die Rittergutsbesitzer und Abgeordnete der Städte Meiningen, Salzungen, Wasungen und Römhild. Ihre Verfassung beruhte auf Verträgen, die sich zum Theil noch von den Grafen von Henneberg herschrieben. Von ihnen ressortirte die landschaftliche Steüer- und Kassadeputation. Der Herzog hatte ein Geheimraths-Collegium, und Kriegscommission; für Rechtspflege und Polizeiverwaltung eine Landesregierung; für die Finanzverwaltung ein Kammer-Collegium, ein Oberforstamt, ein Bauamt. Der Kirchenstaat bestand aus dem Consistorium, dem sechs Superintendenturen untergeben waren: Meiningen, Wasungen, Salzungen, Schalkau, Sonneberg und die gemeinschaftliche zu Römhild. In Meiningen war das Gesammtarchiv der gefürsteten Grafschaft Henneberg.

Das herzogliche Haus Meiningen setzte, seiner mütterlichen Abstammung wegen, den gemeinschaftlichen sächsischen Titel noch hinzu: Graf zu Sayn und Wittgenstein.

9. Sachsen-Hildburghausen war mit dem Erzherzog-Großherzoge von Würzburg bereits vor Meiningen einen ähnlichen

Vertrag eingegangen, nämlich am 16. Juli 1807 (Kap. 34, Art. 3,) bei dem es sich um die Auseinandersetzung wegen der Ganerbenorte in den würzburgischen Ämtern Haßfurt, Hofheim und Mellrichstadt handelte. Diese Ortschaften waren Altershausen, Holzhausen, Kleinmünster, Oberhohenried, Römershofen, Silbach, Uchenhofen, Unterhohenried, Westheim; — Heblingen, Junkersdorf, Unfinden; — Lentershausen, Nügheim, Uschersheim und Berkach (?). Es wurde festgesetzt, daß die ganerbliche Verfassung in allen diesen Orten aufgehoben sein, und die ausschließende Souverainetät im Sinne der Rheinbundakte demjenigen — Souverain zufallen solle, welcher in denselben die Mehrzahl der Landesunterthanen besitzt. § 1, 2. — Dieses Abkommen wurde jedoch nur als ein einstweiliches angesehen und festgesetzt, daß bis zu einer allgemeinen Purification — d. h. Ausgleichung der gegenseitigen Gebiete, — alle ständigen Territorial- und Domanialeinkünfte, welche die beiden Staaten von ihren privativen und gemeinschaftlichen Unterthanen bisher bezogen, zu beziehen fortfahren sollten. § 3. — Das gemeinschaftliche Zentgericht wurde aufgehoben, und die peinliche Gerichtsbarkeit demjenigen Souverain zugesprochen, der, nach § 2, die meisten Unterthanen im Ganerborte hatte. § 4, u. s. w.

Das Herzogthum Sachsen-Hildburghausen hatte 1812 zum —

1. Antheil an der gefürsteten Grafschaft Henneberg . . . . Nämlich: — Das Amt Behrungen.	3/4 Q.-M.	1,800 Einw.
2. Antheil an dem Fürstenthume Koburg Und zwar: — Das Amt Hildburghausen, Klosteramt Veilsdorf, die Ämter Eisfeld und Königsberg (letzteres eine Exclave im Würzburgischen) und das Klosteramt Sonnenfeld.	10 1/4 „	31,200 „
Das ganze souveraine Herzogth. Sachs.-Hildburgh.	11 Q.-M.	33,000 Einw.

In diesem Ländchen gab es 5 Städte, 121 Dörfer und 5076 einzelne Höfe und Haüser. Die Einwohner waren, wie in Meiningen, Lutheraner, doch war die Zahl der Reformirten nicht unbeträchtlich. Auch hier blieb es bei der alten, in den sächsischen Herzogthümern hergebrachten Verfassung. Der Herzog ertheilte am 5. August 1807 den Landständen, welche aus der Ritterschaft und den Bevollmächtigten der fünf Städte Hildburghausen, Eisfeld, Heldburg, Ummerstadt und Königsberg bestanden, die Versicherung, daß er, trotz des Einsturzes des Reichs und trotz seines Beitritts zu den Rheinbündlern, wodurch er die Souverainetät nach allen Richtungen erlangt, die alte Verfassung nicht aufheben wolle. Seitdem wurde den Landesvertretern noch das Recht eingeraümt, daß ein, von ihnen erwählter, Land- und Steüerrath in allen Abtheilungen der Landesregierung, die Rechtspflege allein ausgenommen, Sitz und Stimme, und zwar nach dem vorsitzenden Rathe, nehmen konnte. Der Herzog hatte ein geheimes Conseil und eine Landesregierung, die in 6 Deputationen, für Justiz-, Finanz-, Polizei-, Militär-, Bau-, Kirchen- und Schulsachen zerfiel. Die 4 Superintendeuturen, welche ein halb Jahrhundert früher zu Hildburghausen (General-Superintendentur), Eisfeld, Heldburg und Königsberg bestanden, waren auch noch zur Zeit des Rheinbundes im Gange.

10. Sachsen-Koburg-Saalfeld. Der Herzog zu Sachsen, Landgraf zu Thüringen, Markgraf zu Meißen, souverainer Fürst zu Koburg-Saalfeld, gefürsteter Graf zu Henneberg, wie sich der Herzog nunmehr nannte, zufolge Willenserklärung, welche, ohne sein Vorwissen, der Präsident der koburger Landesregierung zu Koburg am 6. Januar 1807 erließ, besaß ein etwas größeres Ländchen, als sein Vetter in Hildburghausen. Sein Herzogthum bestand aus einem Theil des Fürstenthums Koburg, einem Theil des Fürstenthums Altenburg oder der sogenannten saalfeldischen Landesportion und einem Antheil an dem hennebergischen Amte Themar. Das Fürstenthum Koburg, oder die sogenannte koburgische Pflege, gehörte ehedem den Hennebergern und wurde deshalb auch die neüe Herrschaft Henneberg, oder der Ort Landes zu Franken genannt. Durch einen am 4. Mai 1805 zu Koburg geschlossenen Receß wurde die vormalige Verbindung der saalfeldischen Landesportion mit dem Fürstenthum Altenburg, — die darin bestand, daß der Besitzer von Altenburg, Herzog zu Gotha, die Landeshoheit im Saalfeldischen übte, die Landschaft auch gemeinschaftlich war, und hier den Saalfeldischen Kreis bildete, im gothaischen Antheil am Fürstenthum Altenburg aber den Altenburgischen und den Eisenbergischen Kreis, — gänzlich aufgehoben, auch der gothaische Antheil vom Amte Themar an Koburg-Saalfeld, und dagegen der koburgische Antheil von Römhild an Gotha abgetreten; so daß sich Koburg-Saalfeld seit dem Jahre 1805 im ungetheilten

Besitz der saalfeldischen Landesportion sowol, als des Amtes Themar befand.

Zum souverainen Herzogthum Sachsen-Koburg-Saalfeld gehörten also:

1. Von der koburgischen Pflege das Amt Koburg	$7^1/_2$ Q.-M.	29,778	Einw.
2. Von der gefürsteten Grafschaft Henneberg das Amt Themar	2 „	5,414	„
3. Das Saalfeldische: die Ämter Saalfeld und Gräfenthal-Propstzella	$8^1/_4$ „	22,074	„
Das ganze souveraine Herzogth. Koburg-Saalfeld	$17^3/_4$ Q.-M.	57,266	Einw.

Die Einwohnerzahl ist nach der Zählung von 1812, für das Jahr 1810 wurde sie nur zu 53,827 Seelen angegeben, und zwar: Koburg 28,207, Themar 5,211, Saalfeld 20,409. Die Einwohner waren alle Lutheraner. Es gab im ganzen Lande: 8 Städte, 4 Flecken, 2 kleine Bergfestungen oder Schlösser (Feste Koburg und Kallenberg) und 266 Dörfer und Weiler. Der souveraine Herzog hatte die alte ständische Verfassung zwar nicht ausdrücklich aufgehoben, doch aber außer Thätigkeit gesetzt und sich durch Edikt vom 4. Juni 1808 ein Landesministerium mit collegialischer Verfassung und drei geheimen Conferenzräthen, geschaffen, in welchem er selbst den Vorsitz führte. Es zerfiel nach den verschiedenen Geschäftskreisen in fünf Abtheilungen; die Landesregierung aber in zwei Collegien, als Justizcollegium, und als Collegium für die Landeshoheits-, Polizei- und Finanzsachen. Das eine kurze Zeit in seinen Landen bestandene Ober-Appellations- und Revisionsgericht hob der Herzog durch Verordnung vom 1. Juni 1808 wieder auf. Das Consistorium besorgte die Kirchen- und Schulangelegenheiten. Das Gymnasium Illustre, von seinem Stifter, Herzog Johann Casimir Casimirianum genannt, 1604 eingeweiht, behauptete seinen altbewährten Ruf als Gelehrtenschule. Superintendenturen waren zu Koburg, Rodach, Neüstadt an der Haide, und Saalfeld. Das Forstwesen leitete eine General-Forst-Administration; das Militärwesen eine Kriegscommission. — Vor hundert Jahren hielt man dafür, daß die saalfeldischen Ämter dem Herzoge 60,000 Thaler oder 105,000 Gulden einbrächten, und ebensoviel mochten Koburg und Themar eintragen. 1806 aber beliefen sich die Landesrevenuen auf 425,413 Gulden, die Ausgaben auf 362,113 Gulden, die Landesschulden auf 1,103,152 Gulden.

Die Länder des sächsischen Hauses beider Linien nach Bodenfläche und Einwohnerzahl, zur Zeit des Rheinbundes.

			Q.-M.	Einwohner.
I. Albertinische Linie.				
1. Das Königreich Sachsen			723	2,000,650
II. Ernestinische Linie, sämmtliche Herzogthümer			$138\frac{1}{2}$	444,722
2. Sachsen-Weimar-Eisenach . .	$36\frac{3}{4}$	116,356		
3. Sachsen-Gotha-Altenburg . .	$54\frac{3}{4}$	190,100		
4. Sachsen-Meiningen	$18\frac{1}{4}$	48,000		
5. Sachsen-Hildburghausen . . .	11	33,000		
6. Sachsen-Koburg-Saalfeld . .	$17\frac{3}{4}$	57,266		
Sämmtliche Lande des Hauses Sachsen			$861\frac{1}{2}$	2,445,372
Verglichen mit den Königreichen —				
Baiern im Jahre 1812			$1736\frac{1}{2}$	3,800,000
Württemberg „ „			363	1,340,000
Westfalen „ „			825	2,063,614

11. **Anhalt.** Der anhaltinischen Fürsten, welche, dem Drange der Zeitverhältnisse nachgeben und demgemäß der Rheinbündler-Gesellschaft beitreten mußten, waren drei, nämlich der dessauer, der bernburger und der cöthensche. Ihr Territorialbestand war, nachdem das zerbstische Haus am 3. Mai 1793 ausgestorben, und dessen Gebiet unter die überlebenden drei Linien zur Vertheilung gekommen war, folgender:

1. Dessau	17 Q.-M.	54,000 Ew.	Ämter: — Dessau, Wörlitz, Rehsen, Pötnitz, Retzau, Libbesdorf, Rellpzig, Schellder, Fraßdorf, Radegast, Gröbzig, Sandersleben, Groß-Alsleben, Zerbst, $\frac{1}{2}$ Lindau.
2. Bernburg	16 Q.-M.	35,193 Ew.	a) Unterfürstenthum 18,903 Einw. — Stadt Bernburg (4,844); Ämter: — Bernburg (2,088), Plötzkau (2,530), Mühlingen (1154), Koswig (5,683); abliche Gerichte: — Hohenerxleben und Rathmannsdorf (521), Hecklingen u. Gänsefurth (1,210), Schlewip, Gröna und Leau (265), Kliecken (417), Commenthurei-Gerichte zu Buro (291). b) Oberfürstenthum 16,290 Einw. — Ämter: Ballenstedt (6,203), Harzgerode (3,687), Güntersberge (782), Gernrode (1,630), Hoyer (3,987). — Zählung von 1805.
3. Cöthen	15 Q.-M.	28,842 Ew.	Stadt Köthen (5,074). Ämter: — Cöthen (4,272), Nienburg (3,814), Wulfen (1,426), Wormsdorf (3,595), Roslau (2,761), $\frac{1}{2}$ Lindau (1,429), Dornburg (345). — Herzogl. Gerichte (3,923), abliche Gerichte (2,198). — Zählung v 1807.

Zusammen: 48 Q.-M. 118,035 Einw.

Für Dessau ist aus jener Zeit eine Volkszählung nicht bekannt. Aus den Listen von Bernburg ist erzänzend zu bemerken, daß sie 22,946 Erwachsene und 12,247 Kinder nachweisen; im Cöthenschen aber wurden 6,345 Männer, 2778 sechszehnjährige und 5,297 jüngere Söhne, 6,676 Weiber und 7,746 Töchter gezählt. An Wohnplätzen gab es in

Dessau . .	8 Städte,	2 Flecken,	14 Vorwerke,	100 Dörfer	— in 16 Ämtern.
Bernburg .	7 „	— „	13 „	54 „	— in 9 „
Cöthen . .	4 „	1 „	13 „	93 „	— in 7 „
Zusammen	19 Städte,	3 Flecken,	40 Vorwerke,	247 Dörfer	— in 32 Ämtern.

Wie die anhaltinischen Fürsten zum Herzogstitel gekommen, ist bei einer frühern Gelegenheit angemerkt worden; doch fuhr Herzog Leopold Friedrich Franz von Dessau fort, sich auch Fürst zu nennen, indem er zugleich seinen Behörden befohlen hatte, sich als — herzoglich-fürstlich anhaltisch-dessauisch zu unterzeichnen.

Difficile est satyram non scribire!!

Cöthen. — Wenn man sich erinnert, daß alle drei Antheile des Fürstenthums Anhalt in einer Gesammtung standen, wie es auch heüte mit den noch vorhandenen zwei Antheilen der Fall ist, oder in einem Verhältnisse, nach welchem nicht allein jeder Linie die Erbfolge in die Antheile der übrigen vorbehalten, sondern auch die landständische Verfassung und das davon abhangige landschaftliche Credit- und Schuldenwesen von dem Gesammthause abhangig war, und ist, und unter der Oberleitung des jedesmaligen Seniors des fürstlichen Hauses stand, und stehet; so war es ein nicht zu rechtfertigender Eingriff in das zu Recht bestehende fürstliche Hausgesetz und Landesgrundgesetz, als einer der drei Fürsten von Anhalt durch die, von Buonaparte's Gnaden ihm zu Theil gewordene herzogliche Souverainetät schwindlig geworden, es sich herausnahm, jene Grundlagen der Verfassung mit einem Federstrich zu vernichten.

Dieser Fürst war der cöthensche: — „August Christian Friedrich von Gottes Gnaden, souverainer Herzog zu Anhalt ꝛc." der in einem Lebensalter, welches über die ersten Jugendjahre hinaus — er war den 18. November 1769 geboren, — den Phantasiespielen derselben für immer Lebewohl gesagt zu haben pflegt, sich lächerlich machte, indem er auf sein — — ungeheüeres Reich von 15 Geviertmeilen Bodenfläche und auf sein zahlreiches Volk von beinah 29,000 Seelen, mitten im Innersten von Deütschland, all' das großartige Wesen zur Anwendung brachte, was jenseits des Rheins bei der „großen Nation" gang und gäbe war, jenes Gebaüdes von Verfassung, Gesetzgebung, Rechtspflege, Schwurgericht, Verwaltung, Militärconscription, geheimer Polizei u. s. w., das den Sitten, Gewohnheiten und Anschauungen des Deütschen Volks ein fremdartiges Ding war, und sich so leicht und so bald nicht mit ihm verschmelzen wird.

Während der zehn Jahre Franzosenherrschaft und Franzosenwirthschaft, von 1803 bis 1813, hat man in Deütschland von Hohen und Niederen, von Großen und Kleinen viel Verwunderliches und manch' Entehrendes erlebt; allein das, was jener Fürst zu Anhalt-Cöthen in seinem Souverainetätsschwindel und nach dem Vorbilde seines geistlichen Herrn Bruders zu Frankfurt, Karl Theodor von Dalberg, unternahm, gränzte an Blödsinn! Einem der ältesten, der edelsten deütschen Fürstenhaüser entsprossen, dessen Altvordern für die Sache des Vaterlandes mit Gut und Blut eingestanden und Deütschlands Machtstellung gegen das slawische Morgenland begründet haben, war jener entartete Sohn dieses edlen Hauses schamlos genug, sich an den Triumphwagen des Großgebietigers auf eine Weise zu spannen, die das Andenken der großen Askanier entehren mußte. August Christian Friedrich, souverainer Herzog zu Anhalt, der deütsche Fürst, war durch und durch Franzos geworden! Nachdem er die Französirung seines Ländchens durch die, am 19. September 1809 verfügte Errichtung eines Staatsraths angebahnt hatte, erließ er aus seiner Haupt- und Residenzstadt Cöthen am 28. Dezember 1810 folgendes Constitutions-Edikt:

In Erwägung, daß die bisherige Verfassung und Civilgesetzgebung unseres Landes nach Auflösung der deütschen Reichsconstitution in mehreren Punkten durchaus nicht mehr passend ist, und beseelt von dem Wunsche, das Glück unserer Unterthanen nach Kräften zu fördern, glauben wir denselben keine Heil bringendere Constitution geben zu können, als diejenige, welche der größte Gesetzgeber der Welt, Napoleon der Große, seinen Völkern, welche er als Vater liebt, gegeben hat. Wir haben daher beschlossen und beschließen hiermit, in unsern Landen das nämliche Gesetzbuch einzuführen, welches unser erhabenster Protector als das angemessenste befunden hat; haben dekretirt, und dekretiren, wie folgt:

Der Code Napoleon erhält in unsern Staaten gesetzliche Kraft vom 1. März 1811 an, und ist alleiniges Gesetzbuch; sowie der Code de procédure die Bestimmungen für die Prozeßordnung giebt. Die wenigen Erlaüterungen, welche wir dabei für nöthig erachten, werden wir durch ein besonderes Rescript noch bekannt machen. Art. 1. — In Betreff der nach dem C. N. erforderlichen Institute wird es wie im Königreich Westfalen gehalten. Art. 2. — Die Justiz wird in der ersten Instanz durch ein Civiltribunal verwaltet, jedoch werden zur Entscheidung gewisser Streitigkeiten und zur gütlichen Vermittelung der Prozesse, nach dem Beispiele von Frankreich, Friedensgerichte angeordnet. Art. 3. — Unsere bisherige Landesregierung wird aufgelöst und das Personal derselben beim Civiltribunal angestellt werden. Art. 4. — Das Appellationsgericht wird seinen Sitz in der Stadt Nienburg haben, und werden wir, um unsern Unterthanen allen Kostenaufwand soviel möglich zu ersparen, denselben unser Schloß zu den Sitzungen einraümen. Art. 5. — Der Cassationshof soll mit dem Staatsrathe vereinigt sein. Art. 6. — Wir werden das Nähere wegen der Justizverwaltung und sämmtlicher dazu dienender Personen noch besonders festsetzen. Art. 7. — Alle unsere Unterthanen sind vor dem Gesetz gleich. Art. 8. — Der Adel besteht fernerhin fort, hat jedoch auf Staats- und Hofchargen kein ausschließliches Recht, da nur das Verdienst hierauf Anspruch hat. Art. 9. — Alle Patrimonial-Gerichtsbarkeit, als unvereinbarlich mit dem neüen Gesetzbuch, hören mit dem zur Einführung desselben festgesetzten Zeitpunkte gänzlich auf. Die Patrimonial-Gerichtshalter dürfen nach dieser Zeit keine Handlungen der Gerichtsbarkeit mehr verrichten, noch unsere Unterthanen solche anerkennen. Art. 10.

Was die verschiedenen Dienste betrifft, welche auf Grundbesitzungen haften, so können solche ebenso, wie im Königreiche Westfalen, abgelöst werden. Art. 11. — Das Verhältniß der Lehne in unserm Lande bleibt ferner bestehen, jedoch werden wir auf einzelne Allodifikationsgesuche nach Umständen Rücksicht zu nehmen nicht unterlassen. Art. 12. — Auch auf unsere Unterthanen jüdischer Religion findet Art. 8 Anwendung, jedoch haben dieselben alle bürgerlichen Verpflichtungen zu übernehmen und sind, wie alle unsere Unterthanen, der allgemeinen Conscription unterworfen.. Art. 13. — Alle Corporationen und Privilegien hören vom Tage der Einführung an auf. Art. 14. — Wir werden jedoch diejenigen Innungen, welche dem allgemeinen Besten nicht nachtheilig sind, fortbestehen lassen. Art. 15. — Es wird sofort eine allgemeine Conscription vom 1 Januar 1811 an gültig, so wie demnächst auch ein neües, auf Grundsätzen der allgemeinen Gleichheit beruhendes Steüersystem eingeführt und bekannt gemacht werden. Art. 16.

Unser Land soll in 2 Departements, jedes zu 2 Districten, eingetheilt werden. Art. 17. — Die Landesverwaltung wird unter unserm Vorsitze vom Staatsrath dirigirt. Art. 18. — Die bisherige Ritterschaft als unvereinbarlich mit der neüen Constitution hört mit dem Tage der Unterschrift dieses Edikts auf und werden an die Stelle derselben die Landstände treten. Die Landstände bestehen aus 12 Mitgliedern, deren 8 aus der Klasse der ackerbautreibenden Unterthanen, 2 aus der des Handelsstandes, und 2 aus der des Gelehrtenstandes genommen werden. Sie sollen in den wichtigeren Angelegenheiten unsers Landes das Organ unserer getreüen Unterthanen sein, und wir behalten uns vor, wegen des Umfangs ihrer Wirksamkeit, so wie wegen ihrer Wahl das Nähere mittelst eines besondern Rescriptes zu bestimmen. Art. 19.

Diesem Schriftstücke, dem denkwürdigen Beweise von den Verirrungen und dem revolutionären Sinne eines deütschen Fürsten, folgten andere nicht minder merkwürdige Verordnungen der souverainen Gewalt, die den Grundgedanken jenes Edikts weiter ausführten. So eine vom 19. Februar 1811, welche mit den Eingangsworten begann: — „In der festen Überzeügung, daß nur die gänzliche Einführung der französischen Constitution das Glück unserer Unterthanen begründen kann, haben wir folgende Organisation unsers Herzogthums festgesetzt". Und nun folgte die, in 37 Artikeln abgefaßte Vorschrift zur vollständigen Französirung des „souverainen Reichs von Anhalt-Cöthen!" Da hieß es denn gleich im Anfange: — „Unser Herzogthum wird in 6 Districte eingetheilt. Der 1. District begreift das Land Cöthen in sich; der 2. District das Land Wülfen; der 3. Stadt und Land Nienburg; der 4. die hohe Grafschaft Wormsdorf; der 5. Stadt und Amt Roslau; der 6. die Grafschaft Lindau." Art. 1. Die Grafschaft Wormsdorf wird hier, wie allermeist, die Hohe genannt; die ursprüngliche Benennung war Gow-Grafschaft: aus einem Schreibfehler, indem man das G für H gelesen hat, ist die falsche Benennung Hohe Grafschaft entstanden. — „Alle unsere Lande sollen nur Ein Departement bilden und ernennen wir in dieser Rücksicht Einen Präfecten." Art. 8. — Die Zahl der Mitglieder des Departements-Collegiums wurde auf 18 festgesetzt; sie hatten 2 Kandidaten für jede der 12 Abgeordnetenstellen in der Ständeversammlung vorzuschlagen; doch vergaß es der Gesetzgeber in seiner Weisheit zu sagen, daß er einen dieser Kandidaten in die Versammlung schicken werde! Und so ging es in dem Edikte fort und fort mit Organisiren und Reorganisiren, wozu auch am Schluß gehörte, daß der Herzog das Lokalblättchen, welches in seiner Residenzstadt allwöchentlich einmal erschien, zum — Bulletin des lois de l'Empire Anhaltin-Cöthien erhob! „Wir August Christian Friedrich von Gottes Gnaden souverainer Herzog zu Anhalt u. s. w." waren von einer ordentlichen Wuth zum Edikterlassen befallen. Wenige Tage nach dem eben angeführten Edikte, nämlich am 22. Februar 1811, erschien eine Verwaltungsordnung, die in 39 Artikeln und 4 Titeln von den Departementalbehörden, den Municipalitäten, den Ernennungen, den Gefällen handelte. Dann kamen fünf Tage nachher Nachträge zu diesen Organisationsedikten zum Vorschein, welche die Einführung mancher Vorschrift des neüen Wesens bis Ende Juni 1811 hinausschob, und andere Anordnungen abänderte, sehr wahrscheinlich, weil man dem klugen und weisen Gesetzgeber begreiflich gemacht hatte, daß seine deütschen Diener und Unterthanen nicht über Nacht Franzosen werden könnten.

Am 3. Mai 1811 erließ der Herzog eine Conscriptionsordnung, auf Grund deren das 210 Mann starke anhalt-cöthensche — Kriegsheer ergänzt werden sollte. In diesem Schriftstück liefen schon französische Ausdrücke, wie Conseil de Recrutement, Conseil militaire permanent, mitunter, weil man keinen passenden deütschen Ausdruck dafür finden konnte, oder wollte. Der Präfect, wenn er nicht sofort die zweckdienlichsten Maßregeln anordnet, um vermißte Conscribirte wieder herbeizuschaffen, wurde mit einer Geldstrafe von 1500 Francs bedroht. (Art. 16); und derjenige Maire, welcher nicht auf das Genaueste nachzuweisen vermochte, wo sich der Conscribirte befand, mit einer gleich großen Geldbuße (Art. 17); der Maire, in dessen Canton sich ein Ausreißer wieder eingefunden, und den er nicht auf der Stelle hatte aufgreifen lassen, sollte cassirt werden, und er außerdem 1500 Francs bezahlen (Art. 18). Eben dasselbe galt von den Gemeinde-Maires (Art. 19). Jedermann, der ein falsches Attest über körperliche Gebrechen, welche einem — Vaterlandsvertheidiger zum Dienst untauglich machen, ausstellte, sollte dieses Verbrechen der Fälschung mit 4000 Francs büßen (Art. 20). Ebenso viel wurde den Ältern und Brüdern eines widerspenstigen Conscribirten auferlegt, welche zu seiner Flucht förderlich gewesen waren, und außerdem wurde auf ihre Kosten ein Stellvertreter angeworben. (Art. 22). Höchst komisch waren die Strafandrohungen für den Ausreißer: erstens sollte er todtgeschossen werden, nach der Execution sollte die Leiche Kugeln nachschleppen, und, wenn sie damit fertig, öffentliche Zwangsarbeiten verrichten, und zuletzt diese Strafen für alle Fälle erleiden. (Art. 23). Es galt aber in Cöthen, wiewol es nicht ausdrücklich gesagt war, ein altes Nürnberger Gesetz, wonach man einen Dieb nicht eher hängte, bis man ihn hatte.

Am 19. Mai 1811 erschien ein neües Edikt, Bestimmungen enthaltend über die verschiedenen Regierungsverhältnisse. Hierin erklärte sich der Herzog für die alleinige Quelle aller Einrichtungen und Gesetze und das von ihm angeordnete Ministerium für den Vollstrecker, Handhaber und Aufrechthalter derselben. Man erfuhr zugleich, daß er die Stände seines Herzogthums ernannt und berufen habe, daß er aber nicht gewillet sei, denselben in Besteüerungsgesetzen mehr als eine berathende Stimme einzuraümen, wozu er um so mehr befugt sei, als er durch seinen Beitritt zur Gesellschaft der Rheinbündler die völlige Souverainetät in seinem — Reiche erworben habe, und es ganz von ihm abhange, ob er fortan noch Stände dulden wolle, oder nicht.

Die Constitution wurde an dem bestimmten Tage in Vollzug gesetzt. Um sie noch mehr zu befestigen, hatte der Herzog noch anderweite Schritte gethan. Hierbei scheinen die Schulden zur Sprache gekommen zu sein, welche er von seinen Vorfahren ererbt hatte, und durch den Drang der Zeitumstände, wie er es nannte, zu vermehren gezwungen worden war. Die constitutionellen Stände mögen bei dieser Geldfrage doch nicht so gefügig gewesen sein, wie es der Herzog erwartet haben mochte, denn nur unter Vermittelung von Commissarien des Königs von Sachsen, dessen Unterstützung entweder vom Herzoge oder von den Ständen nachgesucht worden war, kam am 23. September 1811 ein Vertrag zu Stande, kraft dessen der Herzog „mit uneigennütziger Selbstverleügnung" einen bedeütenden Theil seiner Domaineneinkünfte zum Opfer brachte, welchen er zur Tilgung jener Schulden, bis zur völligen Wiederbezahlung derselben bestimmte, indem er zuversichtlich erwartete, daß seine „lieben getreüen Unterthanen mit patriotischem Eifer zu jenem hochwichtigen Entzweck mitwirken würden".

Der Herzog erlebte nicht lange die Folgen seiner Umwälzungen und erfuhr also nicht, ob das cöthensche Ländchen dadurch so glücklich geworden sei, als er es sich eingebildet hatte. August Christian Friedrich zu Anhalt starb am 6. Mai 1812 im Alter von 43 Jahren. Er war zwar mit Caroline Friederike von Nassau-Usingen seit dem 9. Februar 1792 vermält; aber diese Ehe wurde nicht mit Kindern gesegnet, sondern vielmehr angeblich wegen Kränklichkeit der Fürstin mit beiderseitiger Einwilligung im Jahre 1803 getrennt. Nach der anhaltischen Erbfolgeordnung succedirte ihm daher in der Regierung seines am 16. September 1802 verstorbenen Bruders Ludwig Sohn, mit Namen Ludwig August Friedrich Emil, geboren nach des Vaters Tode den 20. September 1802.

Da dieser also bei dem Ableben des regierenden Herzogs noch minderjährig war, so wurde eine Vormundschaft nothwendig. Der verstorbene Herzog hatte unterm 24. Juli 1811 ein eigenes Hausgesetz verfaßt, und darin auch in Ansehung der Vormundschaft allgemeine, und auf den gegenwärtigen Fall besondere Verfügungen erlassen. Der Vater des jungen Herzogs hatte sich am 27. Juli 1800 mit Luise, Tochter der regierenden Landgrafen von Hessen-Darmstadt, vermält. Nach Art. 8 des besagten Haus- und Familiengesetzes sollte dem mütterlichen Großvater des minderjährigen Prinzen die Regierungsvormundschaft zufallen. Diesem sollte auch die Befugniß zustehen, wenn er nicht selbst die Vormundschaft übernehmen könnte, oder im Laufe derselben versterben würde, weiter einen Regierungsvormund ernennen. Erst alsdann, wenn er diesen nicht ernannt hatte, oder überall kein Großvater von mütterlicher Seite vorhanden sein werde, sollte die Regierungsvormundschaft vom jedesmaligen Senior des Hauses Anhalt geführt werden.

Der mütterliche Großvater, Ludwig von Hessen-Darmstadt, nunmehr Großherzog, hatte die ihm durch jenen Art. 8 des Hausgesetzes vom 24. Juli 1811 übertragene Vormundschaft noch im nämlichen Jahre durch eine besondere Urkunde im voraus angenommen, wie man aus der, dem Hausgesetze beigefügten Kundmachung vom 6. Mai 1812 erfuhr. Allein in der Folge verzichtete der Großherzog von Hessen auf die vormundschaftliche Regierung, und der Herzog und Fürst zu Anhalt-Dessau, ältester regierender Herr des gesammten Hauses Anhalt, nahm dieselbe am 3. Juli 1812 an. Die vom verstorbenen Herzoge neu eingeführte Constitution war bisher in ihrem Gange geblieben; allein am 24. Oktober 1812 sah sich der Vormund bewogen, das französische Wesen außer Kraft, und die vorherige Verfassung wieder in Wirksamkeit zu setzen.

Leopold Friedrich Franz zu Anhalt-Dessau bemerkte im Eingange seiner Verordnung:

„Nachdem wir uns aus den uns erstatteten Berichten und Gutachten unserer Räthe sowol, als den Bitten und Beschwerden der Landstände und Unterthanen überzeugt haben, daß die von des verstorbenen Herzogs zu Anhalt-Cöthen Liebden unterm 28. Dezember 1810 ohne gehörige Vorbereitung und Berücksichtigung der Umstände eingeführte neue Staats- und Justizverfassung ebensowenig dem Geiste des großen Musters“, — (der Herzog durfte es in seiner Stellung als Rheinbündler nicht unterlassen, dem Schutzpatron eine Artigkeit zu sagen), — „als dem Umfange des Landes angemessen ist, und bei dem ohnehin schon“ — (durch die Verschwendungssucht der cöthenschen Fürsten verschuldeten) — „gänzlich zerrütteten Zustände der Finanzen durchaus nicht länger beibehalten werden kann, ohne den völligen Ruin des Landes herbeizuführen, gleich wie denn auch aus eben dieser Besorgniß schon in dem, im vorigen Jahre am 21. September 1811 durch Vermittelung der Königl. Sächsischen Commissarien abgeschlossenen Vergleich mit den Ständen, daß solche nur auf ein Jahr zum Versuch beibehalten und in diesem Jahre einer Revision unterworfen werden solle, ausdrücklich festgesetzt worden: so haben wir, nach reiflicher Erwägung aller Umstände, diese neue Staats- und Justiz-Einrichtung zu suspendiren und dafür provisorisch, und bis eine allgemeinere Einführung dieser Verfassung dieselbe erleichtert, die vorige Staats- und Justizverfassung, insoweit solche mit den anjetzt allgemein anerkannten Grundsätzen einer guten Staats- und Justizverfassung und dem zerrütteten Finanzzustande des Landes verträglich ist, wieder herzustellen beschlossen."

Alle französirten Behörden verschwanden, und es traten vom 1. November 1812 an an ihre Stelle:

1. Eine Landesregierung, welche auf eben die Art, wie die vorige Landesregierung vor dem 1. März 1811, als Verwaltungs-Collegium, als Lehnhof, als Gerichts- und Appellationshof in erster Instanz für die Privilegirten, in zweiter für die Amtssassen, als Kriminalhof für das ganze Herzogthum, und als Consistorium zu fungiren hatte. — 2. Eine Rentkammer, welche an die Stelle des bisherigen Finanz-Collegiums und der einzelnen Directionen, die Verwaltung der sämmtlichen Landeseinkünfte und Ausgaben zu besorgen hatte. — 3. Ein Kammer-Kassenrendant, der, so wie — 4. eine Rechenkammer, der Kammer untergeordnet waren. — 5. Sieben Justizämter, als: ein Stadtgericht zu Cöthen, und die Justizämter Cöthen, Reinsdorf, Wulfen, Nienburg, Warmsdorf, Roslau nebst Lindau und Dornburg: — 6. Die Stadtmagistrate in der Stadt Cöthen, zu Nienburg, Güsten, Roslau und Lindau. — 7. Die Richter und Schöppen in den Dörfern.

Dessau und Bernburg. — Ganz auf dieselbe Weise wie sie in Cöthen wiederhergestellt wurden, waren die alten Einrichtungen in den beiden Antheilen Dessau und Bernburg. Nur kamen noch hinzu: 2 Forstämter, für Bernburg war es zu Harzgerode im Oberfürstenthum; in Dessau eine besondere Polizei- und eine Medizinalcommission; für Bernburg eine Bergwerkscommission zu Harzgerode und eine Eisenhüttencommission auf dem Mägdesprung. Der Herzog von Bernburg residirte auf dem Schlosse bei Ballenstedt, woselbst auch eine Medizinalommission war; seine Landes-Collegien aber hatten ihren Sitz in der Stadt Bernburg.

Vor funfzig Jahren schätzte man die Einkünfte von — Dessau auf 510,000 Gulden; sie flossen aus den Domainen und Forsten, aus jährlichen Abgaben, Accise und Zöllen; außerdem hatte der Herzog aus seinen Privatbesitzungen im Magdeburgischen und in Ostpreußen ein Einkommen von etwa 90,000 Gulden. — Bernburg hatte

450,000 Gulden Revenuen, und vorzüglich war das Berg- und das Forstregal. — Die cöthenschen Lande trugen 230,000 Gulden ein, und der Herzog besaß beträchtliche Privatgüter, die jedoch schwer verschuldet waren. In dem Vergleich von 1811 reservirte er sich aus den Domainen des Landes ein jährliches Einkommen von 50,000 Thalern oder 87,500 Gulden.

12. Lippe. Vor funfzig Jahren unterschied man die Lande der beiden lippeschen Fürstenhaüser gemeiniglich durch die Namen der zwei Residenzstädte und nannte sie demgemäß Lippe-Detmold und Lippe-Bückeburg, letztere auch wol Lippe-Schauenburg, oder man setzte für den eben angeführten Namen den unrichtigen Schaumburg, wie er auch heützutage vorzukommen pflegt. Gar nicht unrecht war es, von einem Fürstenthume Lippe-Bückeburg zu sprechen; denn da mit dem Deütschen Reiche tabula rasa gemacht worden war, so hatte der Name einer Grafschaft Schauenburg gar keinen staatsrechtlichen Sinn mehr, wogegen das in Bückeburg regierende, dem Geschlecht der Grafen und edlen Herren zur Lippe angehörende Haus fortlebte. Die edlen Herren zur oder von der Lippe, stolz auf ihren alten, von allem Lehnsverbande freien Adel, geizten nicht nach dem Titel der Reichsgrafschaft. Erst mit Bernhard VIII. geb. 1531, nahmen sie den gräflichen Titel, mit Beibehaltung des vorigen, an. Den Grafen zur Lippe in Detmold war zwar schon 1720 von Kaiser Karl VI. die Reichsfürstenwürde verliehen worden; sie machten davon aber erst mit dem Grafen Friedrich Wilhelm Leopold im Jahre 1789 Gebrauch; dagegen blieben die edeln Herren zur Lippe in Bückeburg bis zur Auflösung des Deütschen Reichs schlechtweg Grafen, und es wurde für sie der Fürstentitel in dem warschauer Abkommen vom 18. April 1807 von Talleyrand und Gagern als selbstverständlich vorausgesetzt, da gleich im Eingange des Vertrags nur von Princes de Lippe-Dettmold et Lippe-Schaumbourg die Rede war, in keinem der sechs Vertragsartikel aber der Annahme des Fürstentitels Erwähnung geschah. Die Grafen von Schauenburg-Lippe spalteten sich im 17. Jahrhundert in zwei Linien, zu Bückeburg und zu Alverdissen. Sie bestanden bis 1777, wo die erstere ausstarb, und die letztere die schauenburgischen Ämter mit ihren lippeschen Besitzungen vereinigte, ihren Wohnsitz auch in Bückeburg nahm. Als der Graf Philipp Ernst 1787 mit Tode abging, war es, daß der Landgraf von Hessen-Kassel seine im westfälischen Frieden bestätigten

lehnsherrlichen Rechte auf die erledigten schauenburgischen Ämter geltend, und der alverdissenschen Linie der Grafen zur Lippe unter dem Vorgeben, daß der letzte Graf nicht aus gesetzlicher Ehe entsprossen sei, die Erbfolge in Schauenburg-Lippe mit bewaffneter Hand streitig machte, was nur durch die Entschlossenheit eines Mannes, des nachmaligen Kammerdirectors Heinrich Christian Spring, † 1824, vom lippeschen Hause abgewendet wurde. Die 1732 an Kur-Braunschweig-Lüneburg verpfändete Grafschaft Sternberg wurde 1781 wieder eingelöst, und bei dieser Gelegenheit das schauenburg-lippesche Amt Alverdissen an Lippe-Detmold abgetreten, und auch gleichzeitig, oder späterhin, eine Ausgleichung wegen des Amtes Schieder getroffen, welches ebenfalls an Detmold überging. Der gemeinschaftliche Besitz der Stadt Lippstadt mit dem Könige von Preüßen, in dessen Eigenschaft als Grafen von der Mark, war nach Abtretung der Grafschaft Mark im tilsiter Frieden und nach Vereinigung dieser letztern mit dem Großherzogthume Berg an den Großherzog von Berg übergegangen. So waren denn die lippeschen Lande zwei unabhangige und souveraine Fürstenthümer, die folgende Größe, Einwohnerzahl und Bestandtheile hatten:

1. Das Fürstenthum Lippe-Detmold: 24 Q.-M. 70,540 Einw. 1808.
70,778 — 1812.

Darin:

			Ämter:		
Städte:	Detmold	2,369 Einw.		Detmold	12,106 Einw.
	Salzufeln	1,288 —		Örlinghausen	4,777 —
	Lemgo	3,372 —		Schöttmar	7,246 —
	Barntrup	931 —		Barnholz	8,838 —
	Blomberg	1,716 —		Sternberg	5,010 —
	Horn	1,246 —		Brake	4,859 —
	Lippstadt	2,961 —		Barntrup	931 —
Flecken:	Lage	883 —		Schieder	2,750 —
				Schwalenberg	5,057 —
	Städtebewohner	14,866		Horn	3,530 —
	Landbewohner	55,912		Lipperode und Stift Cappeln	560 —
	im Jahre 1812.			Alverdissen	579 —

Diese Einwohnerzahl war demnach in 7 Städte und außer Lage, noch in 4 Flecken, so wie in 152 Bauerschaften vertheilt.

2. Das Fürstenthum Schauenburg-Lippe (Lippe-Bückeburg):
8 Q.-M. 20,132 Einw. 1808.
23,105 — 1812.

Darin:

Städte:	Bückeburg . .	2,060 Einw.	Ämter:	Bückeburg . .	5,621 Einw.
	Stadthagen	1,461 —		Arensburg . .	1,143 —
				Stadthagen .	5,620 —
	Städtebewohner . . .	3,521		Hagenburg .	4,227 —
	Landbewohner	19,584		Blomberg, in	
	im Jahre 1812.			Lippe-Detmold	2,973 —

Außer den 2 Städten lebten die Einwohner in 2 Flecken, 9 Vorwerken, und 95 Dörfern und Weilern.

Das kirchliche Bekenntniß beider fürstlichen Haüser war das reformirte; auch die Mehrzahl der Einwohner im Detmoldischen gehörte dieser Confession an, im Bückeburgischen der lutherischen. Doch lebten schon vor den Berechtigungen der rheinischen Bundesakte Reformirte, Lutheraner und Katholiken in ungestörter Freiheit in beiden Landen. Die Reformirten waren im warschauer Vertrage vom 18. April 1807 — vergessen worden!

Zu dieser Zeit war der Fürst Paul Alexander Leopold zur Lippe minderjährig. Seine Mutter regierte das Land. Sie führte den Titel: Pauline Christine Wilhelmine von G. G. souveraine Fürstin, Vormünderin und Regentin zur Lippe, edle Frau und Gräfin zu Schwalenberg und Sternberg u. s. w. — Der Fürst zu Bückeburg schrieb sich: Georg Wilhelm von G. G. regierender Fürst zu Schauenburg-Lippe, Graf zu Schwalenberg und Sternberg u. s. w. Den edlen Herrn zur Lippe ließ er aus seinem Titel weg.

In Lippe-Detmold bestand seit uralter Zeit eine landständische Verfassung, an der die Fürstin-Regentin Pauline, trotz erlangter unbedingter Souverainetät nichts änderte. Überhaupt blieb Alles beim Alten, wie's zur Reichszeit gewesen war, auch in den Regierungs-Verwaltungsbehörden, unter denen die Regierung und das Consistorium 1812 die höchsten Landes-Collegien waren. Die Rechtspflege lag in höherer Instanz in den Händen des Hof-, des Kanzlei- und des Criminalgerichts. Die Polizeigeschäfte besorgte eine eigene Commission zu Detmold. Für das Medizinalwesen war ein eigenes Collegium medicum unter der Leitung der Regierung. Sämmtliche Finanzgeschäfte, das Bau- Forst-, und Salinenwesen, leitete die Rentkammer. Sämmtliche Einkünfte des fürstlichen Hauses Lippe-Detmold wurden zu 250,000 bis 300,000 Gulden angegeben; die des Fürsten zu Schauenburg-Lippe aber bald zu 180,000 Gulden, bald nur zu 80,000 bis 100,000 Gulden. Auch dieser Fürst hatte seine alten Behörden beibehalten: Landesregierung, Domainen- und Rentkammer, Justizkanzlei, Consistorium, Collegium medicum, und nur eine Polizeicommission hatte er in neüerer Zeit hinzugefügt. Als das uralte gräfliche und fürstliche Geschlecht der Schauenburger 1640 ganz ausstarb und erlosch (I. 1, S. 415) und die Grafschaft Schauenburg unter Hessen-Kassel und die edlen Herren und Grafen zur Lippe getheilt wurde, da gingen die bis dahin bestandenen Landstände, wie es scheint, stillschweigend schlafen.

Vor hundert Jahren besaßen die Grafen von der Lippe und der Fürstbischof zu Paderborn gemeinschaftlich, doch zu verschiedenen Antheilen, die Ämter Schwalenberg, Oldenburg und Stappel- oder Stapelberg (I. 1, S. 382 u. 421), wozu noch die Gerichte Hagendorn und Odenhausen kamen. In Schwalenberg war das lippesche und paderbornsche Sammtgericht. Im Amte Schwalenberg hatte Lippe 10, im Amte Oldenburg 9 Bauerschaften. Dieses Besitzverhältniß hat auch fortbestanden, als das Hochstift Paderborn nach dem luneviller Frieden ein preüßisches Fürstenthum, und nach dem tilsiter Frieden ein District Höxter vom Fulda-Departement des Königreichs Westfalen geworden war. Überhaupt befanden sich Lippe-Detmold und Lippe-Bückeburg 1812 in demselben Besitzstande, den sie am 1. Januar 1792 gehabt hatten.

13. Mecklenburg. Der schwerinsche Antheil dieses Herzogthums wurde während des preüßischen Kriegs im November 1806 von französischen Kriegsvölkern überschwemmt, und von ihrem Anführer Namens seines Kaisers und Herrn förmlich in Besitz genommen. Der Herzog war entflohen: sein Land stand vom 28. November 1806 bis 11. Juli 1807 unter französischer Botmäßigkeit und Verwaltung; aber die Hafenplätze behielten nach der Bestimmung des Art. 12 des tilsiter Vertrags bis zum künftigen Frieden zwischen Frankreich und England französische Besatzung.

Bei Besitzergreifung von Mecklenburg-Schwerin war es Absicht, auch die Lande des strelitzer Herzogs zu besetzen. Der französische Gesandte in Hamburg erließ auch an ihn eine der nach Schwerin abgefertigten vollkommen gleichlautende Note, in welcher die Klagen über russische Verwandtschaft, russisches Bündniß, russische Kriegsdienste, und mit Rußland abgeschlossenes Marschabkommen, wie in der schwerinschen, ausgeführt waren. Für den Herzog zu Strelitz paßte aber nicht eine einzige dieser Schwerin betreffenden Beschuldigungen, da er zwar Vater der Königin von Preüßen war, aber in keiner Verbindung irgend einer Art mit Rußland stand. Der Herzog blieb daher nicht nur in Neüstrelitz, sondern zeigte auch den völligen Ungrund der ihm gemachten Beschuldigungen. Diese Vorstellung veranlaßte einen Aufenthalt in der Besitzergreifung; und da sich vermuthlich die Verwandten des Herzogs — (seine in Neüstrelitz sich aufhaltende Schwiegermutter, die verwittwete Prinzessin Georg von Hessen-Darmstadt, war die Großmutter der Prinzessin Auguste von Baiern, vermälten Gräfin Eugen Beauharnais, Stiefsohnes von Buonaparte) — bei dem Gewalthaber für ihn verwendeten, so unterblieb die Besitznahme des Landes ganz und gar, und der Herzog führte die Regierung desselben während des preüßischen Kriegs ungestört fort.

Mit Ausnahme 1) der durch den Reichsdeputationsschluß von 1803 erworbenen Rechte auf das Eigenthum in den lübecker Hospitaldörfern Warneckenhagen, Altenbuchen und Crumbrook und auf der Insel Poel, die dem Herzoge von Mecklenburg-Schwerin als Entschädigung für zwei evangelische Canonicate im Domkapitel zu Strasburg, auf welche er im westfälischen Frieden die Antwartschaft erhalten hatte, zuerkannt wurden; und mit Ausnahme 2) der Stadt und Herrschaft Wismar und der Ämter Poel und Neükloster, welche der König von Schweden durch den malmöer Vertrag vom 26. Juni 1803 demselben Herzoge unter dem Titel eines antichresischen Besitzers, und gegen Leistung von 1,250,000 hamburger Banco-Thaler, auf hundert Jahre zum Nießbrauch überließ, schlossen sich die beiden mecklenburgischen Fürsten im Jahre 1808 der Brüderschaft der Rheinbündler mit demselben Grundgebiet an, welches sie vor hundert Jahren besessen hatten.

Die mecklenburgischen Staaten enthielten folgende Länder und nach Angaben, die für das Jahr 1810 zu gelten scheinen, die beigeschriebene Einwohnerzahl:

I. Das Herzogthum Mecklenburg, welches aus 4 Provinzen bestand:

1. Dem Mecklenburgschen Kreise mit	132,056
2. Dem Güstrowschen oder Wendischen Kreise sammt dem Lande Rostock	128,082
3. Dem Stargardschen Kreise, oder dem Herzogthum Mecklenburg-Stargard	46,000
Latus	306,138

	Übertrag:	306,138
4.	Der Herrschaft Wismar	9,600
II.	Das Fürstenthum Schwerin	25,400
III.	Das Fürstenthum Ratzeburg	10,000
	Gesammt-Volksmenge auf 274 Q.-M.	351,138

Davon gehörten:

1. Dem Herzoge von Mecklenburg-Schwerin 226 Q.-M. 295,138 Einw.

   Nämlich I 1, 2, 4, und II. mit 41 Städten, 7 Flecken, 621 Dörfern, 1112 Rittergütern, 43 Ämtern und 10,804 Haüsern in den Städten.

2. Dem Herzoge von Mecklenburg-Strelitz 48 Q.-M. 56,000 Einw.

   Und zwar I. 3, und III. mit 9 Städten, 2 Flecken, 219 Dörfern, 238 Domainengütern, 7 Rittergütern, 13 landesherrlichen und 3 ritterschaftlichen Ämtern.

Die in der Haupttabelle der Rheinbund-Staaten stehenden Zahlen der Bevölkerung sind bedeütend größer, als die hier gegebenen. Sie stützen sich auf Stückzählungen im Jahre 1806 und auf Schätzungen von Kamptz. Im schwerinschen Antheile lebten 1807 in den Städten, ohne die Kinder unter 5 Jahren, und ohne die Juden, 80,672 Menschen, von denen auf Rostock 10,744, Schwerin 8,141, auf Wismar 6,254, Güstrow 5,501, Parchim 3,384, Bützow 3,820 kamen. Ludwigslust, vom Herzoge Christian, 1747—1756, erbaut, hatte 2,964, und Neüstrelitz, vom Herzoge Adolf Friedrich II. seit 1733 angelegt, gegen 4,000 Einwohner.

Die herrschende Religion des Regentenhauses und des Landes ist bekanntlich die evangelisch-lutherische; doch hatten zu der Zeit, die uns hier zum Anhalt dient, die Reformirten zu Bützow und die Katholiken zu Schwerin, und die Juden, deren Zahl in ganz Mecklenburg gegen 3000 betrug, zu Schwerin und Altstrelitz öffentlichen Gottesdienst, wie denn überhaupt in Mecklenburg seit langer Zeit echte Toleranz herrschte, nicht erst seit den Tagen des Rheinbundes.

Das Haus Mecklenburg ist das älteste regierende Geschlecht nicht blos in Deütschland, sondern in ganz Europa, selbst dann, wenn man, ohne in das fabelhafte Alterthum der slawischen Welt hinaufzusteigen, bei dem diplomatisch erwiesenen Ahnherrn, Niklot, Fürsten der polabischen Völkerschaft der Bodrizer (Obodriten), stehen bleibt: im Jahre 1131 an die Spitze seines Volks getreten, nahm er 1147 den Christenglauben an, und starb den Heldentod gegen Heinrich den Löwen im Jahre

1160; mit ihm sank die letzte Stütze des Slawenthums in dieser Gegend des östlichen Deütschlands. In der ersten Hälfte des 12. Jahrhunderts war weder das Haus Habsburg, noch das Haus Bourbon, weder das Haus Hohenzollern noch das Haus Oldenburg, weder das Haus Wittelsbach noch das Haus Beütelsbach oder Württemberg, weder das Haus Braunschweig, noch das Haus Askanien oder irgendeine der übrigen jetzt regierenden Familien etwas anders, als Privatfamilien; allein die Ahnherren der mecklenburgischen Fürsten regierten schon damals als freie erbliche Haüptlinge über Mecklenburg. Sie waren freie, unabhangige, außer aller Unterwürfigkeit zu den deütschen Kaisern stehende, Fürsten in Mecklenburg; sie waren in ihrem kleinen Lande dasjenige, was die deütschen Kaiser im großen Deütschland waren: alleinige und höchste Regenten, welche von den deütschen Königen nicht überwunden, sondern nur nach und nach in eine Art von Zinspflichtigkeit zum Reich gerathen waren. Dies Verhältniß ward dadurch nicht geändert, daß Niklot's Sohn, Pribislaw II. am 5. Januar 1166 zum Reichsfürsten erklärt ward, indem die mecklenburgischen Fürsten dessenungeachtet fortfuhren, ihre Lande kraft eigener Landeshoheit, kraft eigener Regentenwürde, keinesweges aber im Auftrag des Kaisers und als seine Statthalter zu regieren. Als die Ahnherren der übrigen deütschen Souveraine in ihren jetzigen Landen noch kaiserliche Beamten, Grafen und Statthalter waren, da waren die Altvordern der Herzoge, oder jetzt Großherzoge, von Mecklenburg schon lange selbständige, ja selbst unabhangige Regenten.

Als die Territorial-Regentenwürde in den Provinzen Deütschlands noch persönlich war, da regierten seit unvordenklichen Zeiten die mecklenburgischen Fürsten über ihre Lande nach Erbgangsrecht. Wenn die Landeshoheit aller übrigen deütschen Fürsten aus den, auf die kaiserliche Machtvollkommenheit gestützten Eroberungen und empfangenen Abtretungen bestand; so war dies nicht der Fall bei der Landeshoheit der Mecklenburger, welche nicht aus überlassenen kaiserlichen Rechten zusammen gefügt war, sondern dem regierendem Hause als unabhangiges und ursprüngliches Erbeigenthum zustand.

Karl von Kamptz, der gründliche Kenner des deütschen, und insonderheit des Staatsrechts seiner mecklenburgischen Heimath, († als preüßischer Justizminister), stellte im Jahre 1808, als die beiden Herzoge von Mecklenburg dem Rheinbunde beigetreten waren, folgende fünfzehn Sätze auf:

1. Wenn die Landeshoheit der übrigen deütschen Fürsten nach und nach entstand und allmälig sich ausbildete; so umfaßte die mecklenburgische schon vom Anfange ihrer Entstehung an alle und jede Rechte der Landeshoheit.

2. Wenn die Landeshoheit der übrigen deütschen Fürsten aus der kaiserlichen Hoheit ausgegangen ist; so verhält sich dies gerade umgekehrt bei der mecklenburgischen. Sie war nicht aus der kaiserlichen hervorgegangen, sondern letztere vielmehr aus der erstern entstanden, mit Bezug nämlich auf die mecklenburgischen Lande.

3. Wenn daher die heütige sogenannte Souverainetät der deütschen Fürsten aus den Trümmern der kaiserlichen Macht entstanden ist; so ist dies doch nicht der Fall in Ansehung der mecklenburgischen, indem dasjenige, was sie der kaiserlichen Hoheit abgetreten hatte, nun wieder zu ihr zurückgekehrt ist.

4. Wenn daher die Souverainetät in den übrigen deütschen Staaten jetzt neü entstanden ist; so ist die mecklenburgische nur eine Wiederherstellung des ursprünglichen Zustandes.

5. Wenn von den Regenten der ursprünglich deütschen Völkerschaften, welche beim Eindringen der Franken ihrer Stellen entsetzt wurden, ja selbst von ihren Nachkommen nicht eine einzige bekannte Spur mehr vorhanden ist; so ist das jetzige Haus Mecklenburg noch das nämliche Geschlecht, welches, so weit die Geschichte reicht, in Mecklenburg regierte.

6. Wenn alle andern deütsche Fürstenhaüser von ehemaligen kaiserlichen Statthaltern oder Grafen, oder Vögten, oder selbst von großen Grundbesitzern abstammen; so sind, so weit die Geschichte reicht, die Ahnherren der Herzoge von Mecklenburg nie Unterthanen, nie Privatpersonen gewesen, sondern waren seit undenklichen Zeiten und als diejenigen ihrer gegenwärtigen Mitfürsten noch königliche Bediente waren, schon selbständige Regenten.

7. Wenn bei allen anderen Fürstenhaüsern der Zeitpunkt, in welchem sie zur Regierung gelangten, sich bestimmen läßt, so war das Haus Mecklenburg, so weit die Geschichte uns führt, schon ein regierendes Geschlecht.

8 Wenn alle andern deütschen Fürsten aus bestimmten nambaren vormaligen Privatfamilien, z. B. Wittelsbach, Beütelsbach, Oldenburg u. s. w. abstammen; so hat dagegen das Haus Mecklenburg keinen Geschlechtsnamen, weil es schon von jenen Zeiten her erblich regiert, in welchen es noch keine Geschlechtsnamen gab. Eben dies ist der Fall in Ansehung des Geschlechtswappens (dessen sechs Felder in ihrer Bedeütung hier nicht erklärt werden können). Da ferner das Haus Mecklenburg ein, seit den ältesten Zeiten regierendes Geschlecht ist; so ist es mit keinem andern Fürstengeschlechte erbfolgemäßig verwandt, und hat weder Titel noch Wappen von mitbelehnten Landen.

9. Wenn ein beträchtlicher Theil der Domainen in den übrigen deütschen Staaten ursprünglich kaiserliche Pfalzen, oder Reichs- und Königs-Domainen war, welche mit der Landeshoheit auf die regierenden Familien übergingen; so haben die deütschen Könige und römischen Kaiser nie einen Fuß breit Landes im Mecklenburgischen besessen; so sind die Domainen der Herzoge von Mecklenburg nie Reichs- und Königs-Domainen, sondern von Anfang an in ihrer Familie forterbende Allodialgüter gewesen.

10. Wenn die Lande der übrigen deütschen Fürsten aus vielen einzelnen Districten und Stücken entstanden sind, welche die, zu Fürsten sich emporschwingenden, kaiserlichen Beamten nach und nach zusammenzogen und aus den einzelnen Theilen ein Ganzes und eine Einheit machten; so ging die Bildung der mecklenburgischen Staaten einen ganz andern Gang. Mecklenburg ward von keinem Überwinder in viele einzelne Theile getheilt, aus deren Wiederzusammensetzung der Staat Mecklenburg entstand; sondern letzterer war zu allen Zeiten ein Ganzes, ein territorium originarium, non compositum et clausum, das seit den ältesten Zeiten nach derjenigen Einheit der Verfassung regiert wurde, welche die übrigen deütschen Fürsten erst jetzt ihren Staaten geben (d. h.: dann erst gaben, als sie, am 12. Juli 1806, dem berüchtigten Tage, dem Kaiser und Reich abtrünnig geworden waren).

11. Wenn in den meisten übrigen Staaten der Termin des Ursprungs der Territorialhoheit sich bestimmt angeben läßt, so übersteigt das Alter der mecklenburgischen Landeshoheit die Geschichte, welche uns nicht bis zu der Epoche hinauf führt, wo die Territorial-Hoheit (und die rheinbündlerische Souverainetät) entstand. Die mecklenburgische Landeshoheit ist daher älter, als (sogar) die Reichshoheit der Kaiser über Deütschland es war.

12. Wenn keiner der Fürsten des übrigen Deütschands seine Landeshoheit eigenthümlich und unabhangig besessen hat, sondern sie (dem Ausfluß der kaiserlichen Gnade) durch Verleihung verdankte, so verhielt sich dies umgekehrt bei der mecklenburgischen Landeshoheit, indem die mecklenburgischen Fürsten, welche eigenthümliche, ursprüngliche und unabhangige Landesherren waren, die ihre Landeshoheit nicht einer kaiserlichen Verleihung, sondern eben dem Titel verdanken, der den unabhangigen Fürsten Eüropa's ihre Krone giebt.

13. Wenn daher die Territorial-Hoheit in den übrigen deütschen Staaten im Grunde die Verwaltung der den Fürsten übertragenen königlichen Hoheit war, (wie dies heützutage beispielsweise bei den Ober- und Regierungs-Präsidenten, oder in militärischen Dingen die kommandirenden Generale der Armeecorps sind); so ist dies nicht der Fall in Ansehung der mecklenburgischen Landeshoheit, weil die deütschen Könige und römischen Kaiser über Mecklenburg nie die Landeshoheit gehabt haben, nie die unmittelbaren Regenten in Mecklenburg gewesen sind.

14. Wenn mithin in den übrigen deütschen Staaten die Landeshoheit jünger als die kaiserliche Hoheit war; so war dagegen die kaiserliche Hoheit und die des Reichs über Mecklenburg viel jünger, als die herzogliche Hoheit.

15. Wenn ferner die übrigen deütschen Fürsten ihre landeshoheitlichen Rechte erst nach und nach kraft kaiserlicher Verleihungen ausübten; so waren doch alle diese Gerechtsame in der vollen und uneingeschränkten Landeshoheit der Herzoge von Mecklenburg von selbst längst begriffen, ohne daß sie dazu erst einer kaiserlichen Verleihung bedurften. Sie übten diese Rechte längst, kraft eigener Gewalt aus, als sie im übrigen Deütschland noch kaiserliche Reservatrechte waren.

Sind auch diese Sätze ihrem Hauptinhalte nach anzuerkennen, so ist es doch unzweifelhaft, daß in späterer Zeit die mecklenburgischen

Urerbfürsten dem Kaiser ebenso unterthan gewesen sind, als die Nachkommen der vormaligen kaiserlichen Beamten. Adolf Friedrich I. zu Schwerin und Johann Albert II. zu Güstrow wurden 1627 von Kaiser Ferdinand II. entsetzt, weil sie mit dem Könige von Dänemark sich gegen ihn verbunden hatten; und als Karl Leopold, der 1713 in Schwerin zur Regierung gelangte, Angriffe auf die Landesverfassung machte und die Stände in ihren Rechten kränkte, schickte auf deren Beschwerden der Kaiser eine Commission nach Mecklenburg, auf deren Bericht er den Herzog 1728 der Regierung entsetzte, und dessen Bruder Christian Ludwig zum Administrator des Landes ernannte. Auch besaßen die mecklenburgischen Fürsten nicht das jus de non appellando. Sie erwarben es erst, wie wir bei anderen Gelegenheiten gesehen haben, im teschener Frieden, 1779. Daß sie die höchste Gerichtsbarkeit in ihrem Lande ursprünglich selbst geübt haben, unterliegt wol keinem Zweifel. Wann sie an den Kaiser abgetreten werden mußte, vermag der Herausgeber des Gedenkbuchs in dem Augenblicke, wo er diese Zeilen niederschreibt, nicht zu ermitteln; vermuthlich geschah es 1346, als Kaiser Karl IV. Heinrich's Söhne, Albrecht und Johann, welche die Linien zu Stargard und Schwerin stifteten, zu Herzogen erhob: den höhern Rang mogten sie der fernern Ausübung des höchsten Rechts eines Regenten vorziehen!

Das Grundeigenthum des mecklenburgischen Landes ist, es möge daran erinnert werden, zwischen der Landesherrschaft, den Gutsbesitzern und den Städten getheilt. Die herzogl. Domainen sind sehr ansehnlich: die schwerinschen enthielten vor funfzig Jahren, die beträchtlichen, nach und nach angekauften ritterschaftlichen Güter und die Herrschaft Wismar nicht mitgerechnet, 219,525,832 mecklenburgische Quadratruthen, oder $83^{11}/_{13}$ Q.-Meilen, und waren in 43 Domainenämter eingetheilt. Die den Privatbesitzern, den Communen und dem Landesherrn als Privatmann zugehörigen Güter betrugen 315,156,618 Q.-Ruthen, oder $120^{5}/_{13}$ Q.-Meilen. Mecklenburg unterscheidet sich darin von den meisten Staaten Deütschlands, daß Landesherr und Gutsbesitzer einziger Eigenthümer des Grund und Bodens des Gutes, und der Bauer keineswegs Eigenthümer, ja nicht einmal Erbzinsmann oder Maier, sondern blos Pächter seines Hofes ist, und denselben vom Grundherrn gegen einen jährlichen Pacht blos gepachtet hat; er war größtentheils sogar noch Leibeigener.

Ein unfreündlicher Genius hat von jeher über Manufakturen und Fabriken in Mecklenburg geschwebt, was eine nothwendige Folge von jener Vertheilung des Bodens ist. Dagegen enthielten die Städte eine vielleicht übervölkerte Anzahl von mechanischen Künstlern und besonders Handwerkern aller Art, die indessen mit den Fortschritten ihrer Gewerbe selten gleiches Maß hielten. Dagegen war der Handel, besonders der auswärtige, vorzüglich von Rostock, Wismar und Boitzenburg mit Getreide und anderen Produkten der Landwirthschaft betrieben, stets sehr blühend, war aber in dem Zeitraume, dessen Geschichte uns hier beschäftigt, außerordentlich gelähmt wenn nicht ganz zerstört; standen doch Buonaparte's Soldaten und bewaffnete Zöllner überall längs der Küste &c., um den verhaßten Englishman und seine Kauffahrer abzuwehren. Doch fehlte es auch hier in Mecklenburg nicht am Schleichhandel und schlauen Betreibern desselben, die im Gegentheil selbst die wachsamsten der französischen Douaniers zu überlisten verstanden. In der Folge zogen die Soldaten ab, und mecklenburgische Truppen traten an ihre Stelle.

Obgleich die rheinische Bundesakte den Herzogen die volle Souverainetät zusicherte, so haben sie doch nicht die Gewalt gehabt, die ständische Landesverfassung, welche auf der alten Landes-Union von 1523 und auf der 1572, 1621 und 1755 zwischen dem Landesherrn und den Ständen errichteten Verträgen beruhte, wesentlich abzuändern, wiewol der schweriner Herzog den Anlauf dazu nahm. Die Landstandschaft haftete auf Grundeigenthum und den vorzüglichsten der städtischen Gewerbe, jeder eigenthümliche Besitzer eines auf dem platten Lande liegenden Grundstücks von einiger Bedeütung, ohne Unterschied, ob er dem Stande oder der Geburt nach Fürst, Edelmann, Bürger oder Bauer ist, war Landstand; er gehörte zum ersten Stande der Landstände, zur Ritterschaft, zu welcher mithin, da von keinem Landgut ein Bauer Eigenthümer, sondern es ihm nur pachtweise inne gegeben war, die Bauern, als solche, nicht gehören konnten, obgleich sie durch den Erwerb des Eigenthums eines Landgutes Landstand wurden, wie deren auch mehrere Fälle vor funfzig Jahren in Mecklenburg vorhanden waren. Die städtischen Grundeigenthümer und die bürgerlichen Nahrungszweige bildeten den zweiten Landstand, die Städte oder Landschaft, welcher aus den Magistraten oder Vorstehern der einzelnen städtischen Verbindungen bestand. Alle Jahre wurde von beiden Landesherren ein für beide Lande gemeinschaftlicher Landtag ausgeschrieben; in der Zeit aber zwischen den Landtagen vertrat ein eigner Ausschuß der Landstände die Stelle derselben. Das Wesen dieser, auch zur Zeit des Reinbundes zu Recht bestehenden Landesverfassung ist an einer andern Stelle dieses Gedenkbuchs geschildert worden.

Nachdem der Beitritt zum Rheinbunde im Frühjahr 1808 erfolgt war, so schrieb der schweriner Herzog schon unterm 24. Juni desselben Jahres auf den 1. September einen allgemeinen Convocationstag aller Stände seines Herzogthums nach Rostock aus, ließ ihnen auf demselben seinen Beitritt zur Bundesakte bekannt machen und zugleich eröffnen, daß auch die bisherige innere Landesverfassung hiernach eine Veränderung bedürfen werde, deren Grundzüge nach landesfürstlicher Absicht folgende waren:

1. Erklärung der Souverainetät im Sinne und nach dem Wortlaute des pariser Pacts vom 12. Juli 1806.
2. Einheit der Landesverfassung mit Aufhebung aller Verschiedenheit der Verfassung, Vorrechte und Gesetze der herzoglichen Lande und Besitzungen.
3. Beibehaltung der Stände, als Repräsentation des Landes mit ausgedehnterer Vollmacht des engern Ausschusses in dessen repräsentativer Eigenschaft.
4. Untersuchung und Revision der allgemeinen und besondern Landesgrundgesetze mit Zuziehung der Landstände.
5. Volle und uneingeschränkte Souverainetät durch die oberste Gerichtsgewalt, Oberpolizei, Gesetzgebung, Besteuerungsrecht und Militär-Rekrutirung; d. i.: weitere Ausführung des ersten Punktes.
6. Vereinfachung des Contributions- und Steuerwesens, Abschaffung der Leibeigenschaft, Verbesserung der Lehnsverfassung und Verfügungen über die Klöster.
7. Einrichtung der ständischen Zusammenkünfte und zweckmäßigern gemeinsamen Eintheilung des Landes.
8. Gemeinsames System der Landesfinanzen und ihrer Verwaltung.
9. Plan zur Deckung der gewöhnlichen Ausgaben nach der eintretenden Erhöhung und Begründung eines gemeinsamen Schuldentilgungsfonds mittelst Aufhebung der ritterschaftlichen Steuerfreiheit, Entsagung der städtischen Bauhilfgelder und Beitrag der Domainen zur Grundsteuer.

Der Herzog forderte zugleich die Wahl einer ständischen Deputation, die Absendung derselben an das herzogliche Hoflager in Schwerin, um wegen dieser und aller übrigen Gegenstände die Unterhandlungen zum völligen Abschluß zu bringen. Die Ergebnisse des am 4. Oktober 1808 geschlossenen Convocationstags waren folgende:

1. Das Land übernahm 2 Millionen Reichsthaler, nelle $^2/_3$, herzogl. Schulden auf einen allgemeinen Tilgungsfonds, und noch außerdem die Aufbringung außerordentlicher Beträge von 80,000 Thaler, von 230,000 Thaler und 120,000 Thaler zu verschiedenen Landesbedürfnissen; zusammen also 2,430,000 Thaler.

2. Wurde eine allgemeine Tilgungs-, oder Abtragskasse, wie man sie nannte, errichtet, und hauptsächlich auf indirecte Steuern fundirt. Sie sollte jene 2 Millionen Kammerschulden übernehmen, die gemeinsamen Landkassenschulden der Ritter- und Landschaft zu gleichen Theilen, eine Staatsschuld von 2,310,000 Thaler und die noch nicht abgetragenen Schulden der allgemeinen Landes-Creditcommission.

3. Zur Fundirung der Militär-, Legations- und Landes-Civil-Administrationskasse wurden hinreichende Geldmittel angewiesen.

4. Die bisherige Garantie der Hufenzahl, der Unterschied zwischen steuerpflichtigen und steuerfreien Ritterhufen, und mit demselben die ritterschaftliche Steuerfreiheit, die städtischen Beihülfen und alle Exemtion des Adels und Anderer von der Consumtions- und Handelsaccise hörte künftig auf.

Alle übrigen Anträge des Herzogs wurden bis zur Revision der bisherigen Landesverfassung ausgesetzt und zum Behuf derselben eine landständische Deputation erwählt.

Am 10. Oktober 1808 nahm der schweriner Herzog den Titel eines „souverainen" Herzogs zu Mecklenburg, auch in Kanzlei-Ausfertigungen und im Kirchengebet öffentlich an.

Nachdem die Grundzüge der Veränderung der Landesverfassung auf diese Weise zwischen dem Herzoge zu Mecklenburg-Schwerin und den Landständen seines Herzogthums erörtert und festgestellt waren; so kamen die beiden Herzoge im Anfange des Monats Dezember 1808 zu Ludwigslust zusammen und vereinbarten sich daselbst durch den vorlaüfigen Hausvertrag vom 5. desselben Monats über die Beibehaltung der gemeinschaftlichen Verfassung ihrer beiderseitigen Lande, insonderheit über die gemeinschaftliche Errichtung und Besetzung des künftigen Oberappellations-Gerichts, — welches aber bis 1812 nicht zu Stande gekommen, — so wie auch einstweilen über die nothwendig gewordenen Abänderungen der Landesverfassung, welche sie gemeinschaftlich mit den Ständen in Erwägung nehmen und festsetzen wollten, und sich gegenseitig versprachen, künftig unter Grundlegung der solchergestalt revidirten Verfassung ihre Lande zu regieren.

Die herzogliche Regierung und die gewählte landständische Deputation beschäftigten sich, eine jede für sich, mit der Revision der bisherigen Landespolizei-, Justiz- und Kirchengesetze, und mit Vorschlägen zu deren Abänderung und Verbesserung, und sollten demnächst zusammentreten, um diese wichtigen Gegenstände gemeinschaftlich zu berathen, zu berichtigen und ihre Arbeiten den Herzogen und den Ständen vorzulegen. Ob dies damals, nämlich im Jahre 1809, geschehen, ist dem Gedenkbuchherausgeber nicht bekannt. Inmittelst erhielten die, mit der allgemeinen Verfassung in keiner unzertrennbaren Verbindung stehenden Zweige der Verwaltung durch einzelne Verfügungen diejenigen Abänderungen, welche die Umstände und der Geist der Zeit erheischten. In Bezug auf kirchliche Verhältnisse wurden den Katholiken, auf Grund der Rheinbundsakte, für ihren öffentlichen Gottesdienst gleiche Rechte mit den Protestanten zugestanden. Rücksichtlich der Finanzen waren die Beschlüsse des schweriner Herzogs und der Convocationstage zur Ausführung gekommen; mit dem Jahre 1808 hatte die Steüerfreiheit der Ritterschaft und des Adels ihre Endschaft erreicht; die Landesschulden-Tilgungskasse, die Militär- und die Civil-Administrationskasse waren alle drei gehörig fundirt und eingerichtet, und die zuerst genannte in voller Thätigkeit der planmäßigen Bezahlung sowol der Zinsen als des Kapitals der Schulden. Die Einkünfte von Mecklenburg-Schwerin wurden zu 1,800,000 Gulden und darüber angegeben, wozu die Domainengüter und der boitzenburger Elbzoll beträchtlich beitrugen. Von letzterm empfing Strelitz nach wie vor (seit 1701) ein Aversum von 9000 Thalern. Die Revenuen der strelitzischen Lande schätzte man auf 550,000 Gulden, die ebenfalls hauptsächlich aus Domainen und aus den Forsterträgen flossen.

Die Landes-Collegien waren zur Rheinbundzeit, trotz der Abänderungen, welche mit ihnen vorgenommen worden, in der Hauptsache noch eben so, wie in der Mitte des 18. Jahrhunderts, und eben so verhielt es sich mit den Ressortverhältnissen. Es waren jedoch die Behörden der Herrschaft Wismar hinzugekommen; und diese waren das herzogliche Hof- und Landgericht, das herzogliche Burggericht und das Consistorium. Die zuerst genannte Behörde hatte in Ansehung der Stadt und Herrschaft Wismar und deren Gerichte in Justizsachen und den daraus entstehenden Querelen und Appellationen in letzter Instanz die Stelle des 1653 für diese Districte und für Schwedisch-Vorpommern errichteten Tribunals zu Wismar, bis auf weitere Verfügung zu versehen. Das Burggericht zu Wismar war zum Forum für die, in dieser Stadt und der Herrschaft sich aufhaltenden herzoglichen Diener bestimmt, im Jahre 1812 aber noch nicht eingerichtet. Das Consistorium verwaltete die geistliche Gerichtsbarkeit und Aufsicht in der Herrschaft Wismar, und hatte das Hof- und Landgericht zur Berufungsinstanz.

Für Unterrichtsanstalten und wissenschaftliche Cultur wurde, besonders in neüern Zeiten, großmüthig gesorgt. Die im Jahre 1419 von den Herzogen und von der Stadt zugleich gestiftete Universität zu Rostock erfreüte sich in jener Drangsalszeit des Rheinbundes dennoch eines zahlreichen Besuchs, sie hatte 24 Lehrer, nämlich 3 Professoren in der theologischen, 4 in der juristischen, 4 in der medizinischen und 8 in der philosophischen Fakultät, sowie 5 Privat-Docenten. Zu Schwerin, Rostock, Güstrow, Parchim, Neüstrelitz und Neü-Brandenburg waren gute Schulen, die unmittelbar zur Universität entließen. In Ludwigslust und Neüstrelitz bestanden Schullehrerseminarien; in Rostock eine naturforschende Gesellschaft und für ganz Mecklenburg eine landwirthschaftliche Gesellschaft.

Was das Militär betrifft, so war dasselbe seit dem Monat Oktober 1808 ganz auf französischen Fuß gesetzt worden: Conscription, Dienst- und Exercierreglement, Kleidung, Bewaffnung &c. Der Militärbestand von Mecklenburg-Schwerin war ein Husarencorps, drei Bataillons Fußvolk und eine Compagnie zur Bedienung des schweren Geschützes. Bei diesen Truppen standen 1812 ein General-Lieutenant und vier General-Majors! Mecklenburg-Strelitz unterhielt eine Compagnie Grenadier-Garde zu Fuß, ein Husarencorps von 30 Mann und das 400 Mann starke Bundeskontingent.

14. Reüssen. Woher die kaiserlichen Vögte und nachmalige Herren von Plauen den Namen der Reüssen erhalten haben, wurde an einer andern Stelle dieses Gedenkbuchs im Allgemeinen angedeütet. Hier dürfte der Ort sein, dies näher zu erörtern. Es ging damit also zu:

Im Jahre 1232 vermälte sich Heinrich, des römischen Kaisers Vogt zu Plauen, mit Maria, der Tochter Brzetislaw's IV., eines böhmischen souverainen Fürsten, dessen Gemalin, oder die Mutter der Maria, die Tochter eines russischen Großen war. Aus der Ehe Heinrich's, Vogts zu Plauen, und Maria's entsprossen drei Söhne, die den Namen Heinrich der Ältere, Heinrich der Mittlere und Heinrich der Jüngere erhielten, weil vermöge eines Hausvertrags alle männliche Nachkommen den Namen Heinrich führen mußten. Zu mehrerer Unterscheidung benannte der Vogt von Plauen seine drei

Söhne auch mit Beinamen, vermuthlich nach sich, und ihrem Großvater und Urgroßvater zu Ehren; er nannte nämlich den ältern gemeiniglich den Plauer, den mittlern nur den Böhmen, und den jüngern den Russen, oder Reüssen, nach damaliger Aussprache und Schreibweise bald Ruzzo, Rüzze, bald Ruse, Rewzzen, bald Reüz, Ruza, Ruzse, wie Urkunden von 1259 bis 1332 beweisen, in denen der jüngere theils selbst sich dieses Beinamens bediente, theils vom Kaiser, vom König zu Böheim, dem Landgrafen zu Thüringen und Markgrafen zu Meißen mit demselben belegt wurde. Der Böhme starb frühzeitig ohne Erben; der ältere Heinrich und der jüngere, Russe genannt, theilten nun ihr Haus Plauen in die ältere, nachmals burggräfliche Linie, weil dieser ältern 1426 das Burggrafenamt zu Meißen, und mit demselben die Reichsfürstenwürde verliehen wurde; und in die jüngere, oder reüssische Linie, weil man die erste Descendenz Heinrich's des Jüngern oder Russen, nachdem ihm der Vater, kaiserlicher Vogt zu Plauen (Advocatus de Plavve) einmal den Beinamen Ruse &c. gegeben hatte, anfänglich nur unterscheidungsweise vom ältern Zweige der Familie der plauenschen Vögte, die Reüssen oder Rüzzen zu nennen pflegte, nachmals Reüssen; wie man auch heützutage noch den Beherrscher Russlands Kaiser aller Reüssen zu nennen liebt. In der Folge behielten die Nachkommen Heinrich's, der Ruse genannt, aus Gewohnheit selbst den Beinamen, die Russen, oder die Reüssen, als einen kennzeichnenden Geschlechtsnamen in dem ganzen jüngern Zweige der Vögte von Plauen bei; so schrieb sich z. B.: Heinrich XVI. Russe oder Reüss von Plauen. Da nun nach dem Aussterben der ältern plauenschen oder burggräflichen Linien im Jahre 1572 alle noch jetzt vorhandenen regierenden und nicht regierenden, fürstlichen und gräflichen Haüser von dem jüngern Sohne Heinrich's, Vogts zu Plauen, genannt Ruse, Rewzzen, abstammen, so verhielt sich auch bis auf den heütigen Tag der Beiname Reüß in diesem alten plauenschen Hause, dessen Stammnamen also eigentlich Plauen ist.

Der nähere Stammvater des Gesammthauses ist Heinrich Reüss, Herr zu Plauen, Greitz und Krannichfeld, der 1535 starb, und drei Söhne hinterließ, welche abermals eine ältere, mittlere und jüngere Linie stifteten. Die mittlere erlosch schon 1616, und so blühen nur noch die ältere und jüngere. Die ältere theilte sich zwar wieder in Ober- und Unter-Greitz; da aber die letztere 1763 im männlichen Erben erlosch, so succedirte das allein noch blühende Ober-Greitz.

Diese Linie wurde 1778 in den Reichsfürstenstand erhoben, und ihr ward im Reichsdeputations-Rezeß von 1803 eine Stimme im Reichsfürstenrathe zugesichert, zu deren Besitz sie aber nicht gelangt ist.

Zur Zeit des Beitritts der Reüssen zur Rheinbündlergesellschaft bestand die jüngere Linie aus Schleitz, Lobenstein und Ebersdorf. Schleitz war von Henrici Posthumi, † 1640, Sohn Heinrich's IX., gestiftet worden; † 1666 ohne Erben, worauf seines Bruders Heinrich's III., † 1640, Nachkommen zu Saalburg den Namen Schleitz annahmen, Heinrich's Posthumi ältester Sohn, Heinrich II. † 1670, stiftete die Linie zu Gera, welche am 26. April 1800 erlosch. Lobenstein war sonst eine Herrschaft, die auch Hirschberg und Ebersdorf in sich begriff. Aber die drei Söhne Heinrich's X., † 1671, theilten sich in die Herrschaft. Heinrich III. bekam Lobenstein, der auch Lobenstein zur Residenz wählte; Heinrich VIII. Hirscherg, und Heinrich X. Ebersdorf. Als aber Heinrich VIII. in Hirschberg 1711 ohne männliche Nachkommen starb, wurde die ganze Herrschaft, wie sie Heinrich X. bis 1671 besessen hatte, in zwei gleiche Theile getheilt, und nun regierte ein Herr zu Lobenstein, der andere zu Ebersdorf, beide von einander unabhangig. Man hat daher ihre Besitzungen die Herrschaften Lobenstein und Ebersdorf genannt; richtiger aber mußten sie heißen: 1. der lobensteinsche Antheil an der Herrschaft Lobenstein, und 2. der ebersdorfische Antheil an der nämlichen Herrschaft. Im reüssischen Hause Lobenstein hatte Heinrich III. vierzehn Kinder, darunter sechs Söhne. Der älteste, Heinrich XV., wurde des Vaters Nachfolger. Von den übrigen heiratete Heinrich XXVI. des Grafen von Tättenbach zu Selbitz Tochter, Juliane Rebecka, und seine Kinder wurden, wiewol fälschlich, die selbitz-reüssische Linie genannt, da doch Selbitz nie ein reüssisches Land gewesen ist, sondern es waren apanagirte Grafen Reüß-Plauen von Hohenstein, die auf dem Rittergute Selbitz, im Fürstenthum Kulmbach, oder Baireüth, ihren Wohnsitz hatte. Gedachter Heinrich XXVI. zu Selbitz hatte mehrere Kinder, unter denen Heinrich XVI. eine Tochter des regierenden Grafen Heinrich's XXIX. zu Ebersdorf heirathete und mit ihr Heinrich LIV. zeügte, welcher, nachdem die eigentliche Linie mit dem Tode seines Vetters, Heinrich's XXXV. der zu Paris 1805 unvermält verstarb, geendet hatte, als regierender Fürst zu Lobenstein dem Rheinbunde beitrat.

Nach dem Erlöschen der Linie Reüß-Gera, 1800, fiel die Herrschaft Gera an die Reüssen zu Schleitz, Lobenstein und Ebersdorf, so zwar, daß Schleitz mit einer Hälfte, und Lobenstein mit Ebersdorf mit der andern Hälfte betheiligt wurde. Die Grafen Reüss, welche bei Errichtung des Rheinbundes in Schleitz und Ebersdorf regierten, wurden untern 9. April 1806 in den Reichsfürstenstand erhoben, welches dann auch den regierenden Grafen zu Lobenstein veranlaßte, eine Übertragung der fürstlich lobensteinschen Würde, welche Heinrich XXXV. im Jahre 1790 erhalten hatte, auf seine, die sogenannte selbitz'sche, Linie nachzusuchen. Er empfing dieselbe auch vom Kaiser Franz unterm 5. Juli 1806, also nur wenige Tage vor dem — Thoresschluß des heiligen Römischen Reichs deütscher Nation! Seit dem 18. April 1807 nannte sich jeder regierende Reüß: Souverainer Fürst des Rheinbundes, Graf und Herr von Plauen, Herr zu Greitz, Krannichfeld, Gera, Schleitz und Lobenstein. Musterhafte Familienverträge verbinden beide Linien. Seit alter Zeit führt der älteste regierende Reüss den Titel: des ganzen Stammes Ältester, und der älteste regierende Fürst der andern Linie ist ihm beigeordnet.

I. Die Lande der Fürsten Reüss von Plauen jüngerer Linie wurden nach Bodenfläche und Bevölkerung zur Zeit des Rheinbundes folgendermaßen angegeben:

a) Die Herrschaft und das Amt Gera, mit Einschluß des zur Pflege Reichenfels gehörigen Pöllwitzer Waldes und der Pflege Saalburg, oder dem geraischen Antheil an der Herrschaft Schleitz, zusammen 7½ Q.-Meilen groß. Auf diesem Raume lebten nach der Zählung von 1794, nebst dem nach den Kirchenlisten bis 1808 berechneten Zuwachse 22,836 Seelen, und zwar 20,470 in der Herrschaft Gera, davon 6,587 in der Stadt Gera, und 2,366 in der Stadt und dem Lande Saalburg.

b) Die Herrschaft Schleitz mit den Städten Schleitz und Tanna, sammt dem Amte Hohenleüben oder der Pflege Reichenfels; berechnet durch Zusammenzählen der, während der letzten 21 Jahre, also seit 1787, stattgehabten Geburten und Sterbefälle, woraus die Mittelzahl gezogen, und die Gebornen mit 30 vervielfältigt worden, gibt für die Stadt Schleitz 4,620, das platte Land 8,790, die Stadt Tanna 1,260, und für die Pflege Reichenfels 1,890, zusammen 16,560 Seelen auf einer Bodenfläche von 6 Q.-Meilen.

c) Die Herrschaft Lobenstein, und zwar:

1. Lobenstein-Lobenstein, begreifend das Amt Lobenstein, 4½ Q.-Meilen, hatte nach der letzten Zählung, von 1794, mit dem seitdem stattgehabten, durch Rechnung sich ergebenden Zuwachse 7498 Einwohner, davon die Stadt 2,716, das platte Land 4,782.

2. Lobenstein-Ebersdorf, 3½ Q.-Meilen, nämlich das Amt Ebersdorf der Herrschaft Lobenstein und die Pflege Hirschberg, im Ganzen 7,674 Einwohner, eben so berechnet wie Lobenstein, und zwar in der Residenz Ebersdorf 1,068, im Städtchen Hirschberg 1,280 und in den Dörfern 5,266 Seelen.

II. Die Lande des Fürsten Reüss von Plauen älterer Linie, bestehend aus der Herrschaft Greitz, oder dem Ämtern Ober- und Unter-Greitz, nebst einem Theile der Pflege Reichenfels oder den Vogteigerichte Zeülenroda, nebst dem Amte oder der Herrschaft Burgk: 7 Q.-Meilen. Die Volksmenge wurde nach Zusammenzählungen, wie oben bei Schleitz, zu 21,800 Seelen angegeben, davon trafen auf die Stadt Greitz 6,195, auf das Städtchen Zeülenroda 3,615 und auf das platte Land sammt Burgk 11,090 Einwohner.

Hieraus ergiebt sich folgende Hauptübersicht:

		Q.-M.	Einw.
I.	Reüss jüngerer Linie		
	1. Gera mit Saalburg	$7^1/_2$	22,836
	2. Schleitz	6	16,560
	3. Lobenstein-Lobenstein	$4^1/_2$	7,498
	4. Lobenstein-Ebersdorf	$3^1/_2$	7,614
	Zusammen	$21^1/_2$	54,508
II.	Reüss älterer Linie: Greitz und Burgk	7	21,800
	Gesammtes Reüssenland	$28^1/_2$	76,308

Eine andere Angabe, welche im Jahre 1812 bekannt wurde, setzte die Bevölkerung von Greitz und Burgk auf 19,850 Seelen. — Das ganze Reüssenland hatte 9 Städte, 3 Marktflecken und 285 Dörfer. Die Religion der Einwohner, sowie die der Fürsten, war nach wie vor die lutherische, und die Kolonie mährischer Brüder oder Herrnhuter, welche sich vor länger als einem halben Jahrhundert in dem Orte Ebersdorf angesiedelt hatten, war 1812 bis auf 500 Köpfe angewachsen. Was man zu jener Zeit von den Einkünften der Fürsten Reüss wußte, das ist in der Haupttabelle des Rheinbundes nachgewiesen. — Jeder der regierenden Fürsten Reüss hielt einige Soldaten zur Besetzung der Schloßwachen; in dem Vertrage aber über den Beitritt zum Rheinbunde, vom 18. April 1807, hieß es aber Art. 5 wörtlich also: „Das Kontingent der reüssischen Fürstenthümer auf den Fall des Kriegs soll in 450 Mann Infanterie bestehen, welche auf die 4 Fürstenthümer, im Verhältniß ihrer Volksmenge, vertheilt werden. Die Fürsten Reüß-Greitz werden die Direction und die Inspection dieses Kontingents haben, welches für den jetzigen Feldzug — (zur Überwältigung und Vernichtung Preüssens) — unverzüglich gestellt werden soll." Dem zuletzt gedachten Befehle mußte sich Gagern in all' den Verträgen fügen, die er wegen des Beitritts deütscher Fürsten zur Rheinbündlergesellschaft in Warschau am 18. April 1807 mit Talleyrand abschloß. Die Vertheilung des reüssischen Kontingents erfolgte so, daß Greitz 117, Schleitz 125, Gera 125, Lobenstein-Lobenstein 39 und Lobenstein-Ebersdorf 23 Mann, und außerdem sämmtliche Haüser gemeinschaftlich noch 21 Mann stellten.

In den Landes-Collegien der reüssischen Fürstenthümer fand durch den Beitritt zum Rheinbunde keine Abänderung statt; es blieb Alles im Wesentlichen so, wie es in der Mitte des 18. Jahrhunderts gewesen war.

Die jüngere Linie der Reüssen von Plauen hatten seit 1604 in Gera und auch jetzt noch eine gemeinschaftliche Regierung, deren Kanzler Gesammtrath des ganzen fürstlichen Hauses älterer und jüngerer Linie war, oder erster und — einziger Minister für alle Reüssen. Diese Regierung war zugleich gemeinschaftlicher Lehnhof. Gemeinschaftlich für die jüngere Linie waren ferner zu Gera: das Consistorium, die Kammer, das Steüer- und Geleits-Directorium; das Marschcommissariat, dessen Errichtung durch den Beitritt der Reüssen zu den Rheinbündlern nothwendig geworden war; die Verwaltung des Waisen- und Zuchthauses; das Justizamt und die Polizei-Direction, so wie das Stadt- und Landgericht zu Gera, und endlich das geistliche Inspektionsamt zu Saalburg, woselbst sich auch ein Justizamt und die damit verbundene Polizei-Direction befand. In jedem der drei selbständigen und souverainen Fürstenthümer der Reüssen jüngerer Linie verhielt es sich mit den Landesbehörden ähnlich, nicht minder auch in dem Fürstenthume Greitz, der ältern Linie. In Schleitz ressortirten von der Hof- und Kammercommission: die Forst- und die Domainen-Administrationen, die Gränz- und Triftscommission, das ganze Rechnungs-Revisionswesen, die fürstliche Generalkasse und Rentei, die Hofadministration, das Bau- und das Amt des fürstlichen Stalls — von dem Steüerdirectorium, die Kriegssteüerkasse, das Marsch- und Verpflegungscommissariat, das Tranksteüer-Collegium und die Rendantur, die Landsteüereinnahme. Die höhern Justizstellen für die reüssischen Lande jüngerer Linie bestanden in den drei gemeinschaftlichen Collegien zu Gera, nämlich der Regierung, dem Lehnhofe und dem Consistorium. Was ein paar tüchtige Männer, mit Arbeitslust und Arbeitskraft hätten bewerkstelligen können, unterstützt von einigen Schreibern, welche, statt auf die Kegelbahn zu gehen oder Abends sich an den leidigen Spieltisch zu setzen, am Arbeitstisch geblieben wären, dazu waren in diesen — Staaten der Fürsten Reüss von Plauen ganze Collegien von Beamten erforderlich! Darin bestehen die Leiden der Kleinstaaterei und der Kirchthurmspolitik, daß sie, wie hier im Reüssenlande und anderwärts in Deütschlands — Gauen, die Einrichtung großer Reiche nachäffen muß! In der Herrschaft Lobenstein gab es ein, beiden hohen Fürsten gemeinschaftliches, Bergamt, welches außer dem technischen Betrieb auch die Bergwerksgerichtsbarkeit verwaltete. Von alten Zeiten her waren die kaiserlichen Vögte von Plauen, und auch dann, als sie erbliche Herren Reüss geworden waren, durch die ständische Vertretung ihrer Untergebenen beschränkt gewesen. Die Beitrittsakte zum Rheinbunde änderte in der ständischen Verfassung der reüss-plauenschen Lande nichts; die patriarchalische Lebensweise der Fürsten Reüss mit ihren Vasallen und Unterthanen blieb auf dem alten Fuße.

15. Schwarzburg. Mit den Landen der Fürsten von Schwarzburg war durch deren Beitritt zum Rheinbunde keine wesentliche Veränderung vorgegangen: Umfang und Ämtereintheilung blieben so, wie sie in der Mitte des 18. Jahrhunderts gewesen waren, mit Ausnahme der Territorialausgleichung, welche der weimarische Vertrag vom 28. August 1811 herbeigeführt hatte.

Man rechnete für die Besitzungen des Hauses Schwarzburg, bestehend aus der Ober- und Unter-Herrschaft Schwarzburg, nebst dem Unter-Gleichenschen und dem Amte Bodungen von der Herrschaft Lohra, welches nunmehr eine Enclave im Harz-Departement des Königreichs Westfalen bildete, zusammen 100,000, oder 115,000 Einwohner, oder nach anderer Angabe 45 Q.-M. 94,050 Einw.

Davon enthielt:

1.	Schwarzburg-Sondershausen . . . vertheilt in 4 Städte, 8 Flecken, 91 Dörfer und 10 Ämter.	23 Q.-M.	44,050 Einw.
2.	Schwarzburg-Rudolstadt . . . . . in 9 Städten und Flecken, 144 Dörfer, 12 Ämter.	22 Q.-M.	50,000 Einw.

Die Einkünfte von Sondershausen schätzte man auf 250,000 Gulden, die von Rudolstadt zu 200,000 Gulden. Das Militär bestand, außer der Schloßbesatzung und einem Gardebataillon zu Sondershausen, aus dem Bundeskontingent von 650 Mann Infanterie, welches von beiden Haüsern zu gleichen Theilen gestellt werden mußte. Der Älteste der beiden Fürsten hatte, in Gemäßheit der Familienverträge, das Commando dieser Kriegsmacht. Die Fürsten, die sich in beiden Linien sonst Fürsten zu Schwarzburg, der vier Grafen des Reichs, auch Grafen zu Hohenstein, Herren zu Arnstadt, Sondershausen, Leütenberg, Lohra und Klettenberg genannt hatten, führten nunmehr den Titel: Fürst zu Schwarzburg-Sondershausen, Fürst von Schwarzburg-Rudolstadt, souveraines Mitglied des Rheinischen Bundes. Sie regierten als Souveraine und waren nicht durch Landstände beschränkt. Aber trotz der Bestimmungen der Rheinbundakte, welche den Mitgliedern des Bundes die unbedingte Souverainetät zusicherte, scheint das lehnsherrliche Band, welches die untere Herrschaft Schwarzburg an Kur-Sachsen, oder nunmehr an den König von Sachsen knüpfte, nicht gelöst worden zu sein; ja, die Ämter Kelbra und Heringen, welche der rudolstädter Fürst gemeinschaftlich mit Stollberg besaß, blieben, so wie das sonderhaüsische Amt oder Rittergut Ebeleben, unter königlicher sächsischer Landeshoheit, und die Fürsten schickten wegen derselben nach wie vor Abgeordnete zu den sächsischen Landtagen zahlten auch ferner die in dem Receß von 1719 verglichenen 7000 Thaler in die sächsische Steüerkasse, und standen in Appellations- und Lehnssachen unter der Landesregierung zu Dresden, hatten aber übrigens die Landeshoheit und Gesetzgebung in Übereinstimmung mit den Gesetzen des Königreichs Sachsen. Dagegen war der Receß von 1731, welchen das fürstliche Haus Schwarzburg wegen der von Sachsen-Weimar lehnrürigen Herrschaft Arnstadt, des Amtes Kefernburg, des obern Fürstenthums Schwarzburg eingegangen war, durch den oben erwähnten Vertrag vom 28. August 1811 aufgehoben, und vermöge desselben alle Lehnsherrlichkeit des Hauses Sachsen-Weimar beseitigt worden. Es waren aber auch die fürstlich schwarzburgischen Lande theils kaiserliche und unmittelbare Reichslehen, theils böheimische, theils kur-mainzische, vom erfurter Lehnhofe abhangige Lehen, theils gingen sie bei Sachsen-Gotha, Hessen-Kassel, Magdeburg, Fulda zu Lehen, und nur aüßerst wenig von ihrem Lande besaßen die Fürsten erb- und eigenthümlich durch Schenkung oder Kauf. Wie nach Auflösung des Deütschen Reichs die neüen Landesherren es mit diesen, soeben aufgezählten Lehen gehalten haben, ist dem Herausgeber des Gedenkbuchs nicht bekannt. Die kaiserlichen unmittelbaren Reichslehen waren ohne Zweifel erloschen, weil Kaiser und Reich zu Grabe getragen worden waren. Dahin gehörten: die Ämter Gehren, Blankenroda (Blankenburg), Schwarzburg, Leütenberg, Ehrenstein; böheimische Lehen waren: die Ämter Rudolstadt und Könitz. Hatte der Kaiser von Österreich, als König von Böhmen, die Fürsten von Schwarzburg-Rudolstadt, dem diese zwei Ämter gehören, seiner Lehnspflicht entbunden?

Hinsichtlich der Verwaltungsweise blieb es im Schwarzburgischen wie es in der Mitte des 18. Jahrhunderts gewesen. Jeder Fürst hatte zwei Regierungen und zwei Consistorien: der sondershaüsische zu Sondershausen im untern und zu Arnstadt im obern Fürstenthum; der rudolstädter zu Frankenhausen im untern und zu Rudolstadt im obern Fürstenthum. Von den Regierungen im untern Fürstenthum gingen die Berufungen in gewissen Sachen noch immer an die königlich sächsische Landesregierung zu Dresden; dagegen war die Appellation von der Regierung zu Arnstadt an die sachsen-weimarische Landesregierung durch den Receß von 1811 aufgehoben. Für die Finanzverwaltung bestand in Sondershausen noch immer das Kammer-Collegium, außerdem ein Forst-Collegium, ein zweites in Gehren. In Rudolstadt spaltete sich die Finanzverwaltung in das Steüer-Collegium, die Kammer und das Ober-Forstamt; zu Frankenhausen befand sich ein Rent- und Forstamt. Jeder Fürst hatte überdem sein Geheimraths-Collegium, welches der sondershaüsische sein geheimes Kabinet nannte. Das Hauptarchiv des Hauses Schwarzburg befand sich auf dem Schlosse zu Rudolstadt.

16. Waldeck. Auch in diesem Fürstenthum brachte die Rheinbundakte keine Änderung zu Wege, außer daß sich der Fürst für souverain erklärte, die ständische Verfassung (I. 1, S. 333) aber in ihrer Wirksamkeit beließ. An dieser hatte jedoch die Grafschaft Pyrmont keinen Theil. Fürst Friedrich, der am 29. August 1763 zur Regierung gelangte, hatte diese Grafschaft seinem Bruder Georg als Paragium abgetreten. Als er nun aber am 24. September 1812 unvermählt mit Tode abging, und Waldeck durch Erbgang an den nunmehrigen Fürsten Georg fiel, so wurde Pyrmont wieder mit dem Fürstenthume unter Einen Herrn vereinigt. Der Territorialbestand war wie am 1. Januar 1792.

1. Für Waldeck rechnete man zur Zeit des Rheinbundes . . . . in 13 Städten, 1 Flecken, 41 Pfarrdörfern, 55 anderen Kirchdörfern, 42 Weilern, Schlössern und Rittersitzen, und 9 Ämtern.	20 Q.-M.	45,500 Einw.
2. Für Pyrmont dagegen . . . . . . in 1 Flecken, 10 Dörfern und 1 Schlosse, ein Oberamt bildend.	$1^2/_3$ „	4,500 „
Zusammen	$21^2/_3$ Q.-M.	50,000 Einw.

Mit der Landesverwaltung war es auf dem alten Fuße geblieben. Die Einkünfte des Fürsten schätzte man auf 400,000 Gulden und darüber, wozu der pyrmonter Mineralbrunnen 50,000 Gulden beitrug. Zum rheinischen Bundesheere hatte der Fürst 400 Mann zu stellen. Vor der Vereinigung Hollands mit dem französischen Kaiserreiche standen 5 Bataillone waldeckischer Truppen im Dienst der Generalstaaten, und nachmals des Königs von Holland. Dieser Subsidienvertrag, ein Überrest von dem im 18. Jahrhundert bei so manchem deütschen Fürsten so üblich gewesenen Gewerbe der Seelenverkaüferei war nach dem Ableben des Fürsten Friedrich aufgehoben worden. Überhaupt haben die waldecker Fürsten es oft geliebt, in Diensten fremder Mächte, namentlich von Republiken, den Lanzknecht zu spielen: Fürst Christian August war Feldmarschall der portugiesischen Armee; Graf Josias war Heerführer der Republik Venedig; Fürst Georg Friedrich General-Feldmarschall im Dienst der sieben vereinigten Provinzen der Niederlande; beide Republiken haben dem Andenken beider Männer prachtvolle Denkmale setzen lassen, für den ersten im Chor der Kirche zu Nieder-Wildungen, für den zweiten in der neüstädter Kirche zu Corbach. In dieser eigentlichen Hauptstadt des Fürstenthums Waldeck blühte das schon im vorigen Jahrhundert bestehende Gymnasium fort, und ebenso die Lateinische Schule zu Nieder-Wildungen.

Zum ältern Staatsrecht der Grafschaft (oder des spätern rheinbündlerischen Fürstenthums) Waldeck ist zu bemerken, daß sie unterm 21. Oktober 1438 dem Landgrafen von Hessen, Ludwig dem Friedfertigen, zu Lehn aufgetragen wurde. Dieser hatte damals, als einzig am Leben seiender Landgraf von Hessen, das ganze Fürstenthum im Besitze. Die Theilung der hessischen Lande erfolgte erst unter dem Landgrafen Philipp dem Großmüthigen, nach dessen Tode die Belehnung der Grafen zu Waldeck durch verschiedene Verträge der kasselschen Linie anheimgegeben wurde. Allein der zwischen Landgraf Wilhelm IV. und Landgraf Ludwig dem Ältern am 29. April 1567 über verschiedene Gegenstände geschlossene Vertrag besagte im § 1: „So viel die Grafschaft Waldeck anlangt, dieweil unter unsern löblichen Voreltern allwege der eltestregierende Fürst dieselbige Grafschaft gelowen hat; so soll es nachmals bey solchem Brauch und Herkommen bleiben.“ Und der zwischen Kassel und Darmstadt 1648 aufgerichtete Vergleich sagt ausdrücklich: „Daß die waldeckische Belehnung auf begebende Fälle jedes Mal von dem ältesten Fürsten zu Hessen, sowohl hessen-kasselscher als darmstädtischer Linie nomine communi geschehen, und dafern es inskünftige zum Apertur kommt, solche Grafschaft in zwei gleiche Theile gesetzt und halb der hessen-kasselschen und die andere Hälfte der hessen-darmstädtischen Linie zufallen soll."

Hieraus ergiebt sich ganz deütlich, daß man im 18. Jahrhundert, und auch noch zur Zeit des Rheinbundes, im Irrthum war, wenn behauptet wurde, daß die Grafschaft ein privatives hessen-kasselsches Lehn sei, wobei sogar ein Artikel des westfälischen Friedens als Stütze angezogen wurde. Allein in diesem Artikel (XV, § 14 des osnabrücker, Art. VII, § 59 des münsterschen Instruments) ist kein Wort von einer Belehnung zu finden; sondern er enthält nur die Bestätigung des am 11. April 1635 zwischen Hessen-Kassel und Waldeck errichteten und vom Landgrafen Georg II. am 14. April 1648 vollzogenen Vertrags. Als in der Folge König Friedrich von Schweden als Landgraf von Hessen-Kassel am 4. Juni 1742 privativ für die kasselsche Linie die Anwartschaft auf die waldeckischen Lehen, oder vielmehr aufs ganze Land Waldeck erhielt, Hessen-Darmstadt sich aber durch diesen Vorgang mit Recht in seinen Gerechtsamen verletzt fand, behielt sich letzteres deswegen am 10. Januar 1747 in einem nach Kassel erlassenen Schreiben alle rechtlichen Befugnisse bevor.

Was die Grafschaft Pyrmont betrifft, so machte zu der Zeit, als sie von Johann Ludwig, dem letzten Grafen zu Gleichen, dessen erbverbrüderten Bettern, Christian und Wolrad von Waldeck übergeben wurde, also im Jahre 1625, das Hochstift Paderborn Ansprüche auf dieselbe geltend. Daß diese Ansprüche nicht ohne Grund gewesen, sieht man daraus, daß nach langen und langwierigen Unterhandlungen endlich 1668 ein Vergleich zu Stande kam, vermöge dessen die Grafschaft Pyrmont dem Hause Waldeck als Erbe und Eigenthum ohne einige Lehnbarkeit und Recognition, sammt Sitz und Stimme auf Reichs- und Kreistagen, zu besitzen und zu genießen überlassen; dem Hochstifte aber das Recht vorbehalten wurde, künftig, wenn der männliche Stamm der Waldecker abginge, die Grafschaft, gegen Auszahlung von 20,000 Thalern, an die alsdann etwa vorhandenen waldeckischen Töchter zu ererben, und den Stiftslanden einzuverleiben; auch wurde die Herrschaft oder das Amt Lägde damals an Paderborn abgetreten.

Leipzig, Druck von Giesecke & Devrient.